Der PE-Selbstcheck

Indikator	Nein? Dann fehlt es ...	Leseanregung
Es existiert eine mit der Unternehmensleitung abgestimmte PE-Strategie, die handlungsleitend für die PE-Arbeit ist.	...an einer explizierten PE-Strategie.	Etappe 1, **Seite 77**
Die Personalentwicklung wird mittels Kennzahlen gesteuert und macht seinen Beitrag zu Wertschöpfung und Unternehmenserfolg sichtbar.	...an einer klaren Steuerungssystematik für die PE.	Etappe 2, **Seite 105**
Die Personalentwicklung stellt sicher, dass unternehmensweit vergleichbare Anforderungen an Mitarbeiter und Führungskräfte gestellt werden und diese an der Unternehmensstrategie orientiert sind.	...an einem durchgängigen Kompetenzmodell, welches als Basis für sämtliche PE-Instrumente dient.	Etappe 3, **Seite 145**
Die Personalentwicklung sorgt für eine leistungsfördernde, an den Unternehmenszielen ausgerichtete Steuerung der Mitarbeiter und Führungskräfte.	...an einer klaren Leistungssteuerung im Unternehmen.	Etappe 4, **Seite 181**
Die Personalentwicklung unterstützt den Prozess, dass der richtige Mitarbeiter mit den richtigen Fähigkeiten zum richtigen Zeitpunkt am richtigen Ort ist.	...an einem definierten und betriebenen Talentmanagementprozess.	Etappe 5, **Seite 215**
Die Personalentwicklung sorgt für eine bedarfs- und unternehmensstrategieorientierte Qualifikation der Mitarbeiter und Führungskräfte.	...an bedarfsgerechter Weiterbildung im Unternehmen.	Etappe 6, **Seite 245**
Die Personalentwicklung stellt sicher, dass Mitarbeiter bedarfsgerecht an das Unternehmen gebunden werden.	...an einem gezielten Prozess zur Mitarbeiterbindung.	Etappe 7, **Seite 291**
Die Personalentwicklung unterstützt eine leistungs- und motivationsfördernde Kultur im Unternehmen.	... an einer leistungs- und motivationsfördernden Kultur im Unternehmen?	Etappe 8, **Seite 315**

Strategische Personalentwicklung

Matthias T. Meifert
Herausgeber

Strategische Personalentwicklung

Ein Programm in acht Etappen

Zweite, überarbeitete und aktualisierte Auflage

Herausgeber
Matthias T. Meifert
Kienbaum Management Consultants GmbH
Potsdamer Platz 8
10117 Berlin
matthias.meifert@kienbaum.de

ISBN 978-3-642-04399-4   e-ISBN 978-3-642-04401-4
DOI 10.1007/978-3-642-04401-4
Springer Heidelberg Dordrecht London New York

Die Deutsche Nationalbibliothek verzeichnet diese Publikation in der Deutschen Nationalbibliografie; detaillierte bibliografische Daten sind im Internet über http://dnb.d-nb.de abrufbar.

© Springer-Verlag Berlin Heidelberg 2008, 2010
Dieses Werk ist urheberrechtlich geschützt. Die dadurch begründeten Rechte, insbesondere die der Übersetzung, des Nachdrucks, des Vortrags, der Entnahme von Abbildungen und Tabellen, der Funksendung, der Mikroverfilmung oder der Vervielfältigung auf anderen Wegen und der Speicherung in Datenverarbeitungsanlagen, bleiben, auch bei nur auszugsweiser Verwertung, vorbehalten. Eine Vervielfältigung dieses Werkes oder von Teilen dieses Werkes ist auch im Einzelfall nur in den Grenzen der gesetzlichen Bestimmungen des Urheberrechtsgesetzes der Bundesrepublik Deutschland vom 9. September 1965 in der jeweils geltenden Fassung zulässig. Sie ist grundsätzlich vergütungspflichtig. Zuwiderhandlungen unterliegen den Strafbestimmungen des Urheberrechtsgesetzes.
Die Wiedergabe von Gebrauchsnamen, Handelsnamen, Warenbezeichnungen usw. in diesem Werk berechtigt auch ohne besondere Kennzeichnung nicht zu der Annahme, dass solche Namen im Sinne der Warenzeichen- und Markenschutz-Gesetzgebung als frei zu betrachten wären und daher von jedermann benutzt werden dürften.

Einbandentwurf: WMXDesign GmbH, Heidelberg

Gedruckt auf säurefreiem Papier

Springer ist Teil der Fachverlagsgruppe Springer Science+Business Media (www.springer.com)

Geleitwort

In den vergangenen 50 Jahren hat sich das Personalmanagement grundlegend verändert. Ursprünglich wurde die Funktion der „Industrial Relations" im Unternehmen geschaffen, um Managern bei Verhandlungen mit Gewerkschaften über die Arbeitsbedingungen und -konditionen zu helfen. Mit der Einsicht, dass der Mensch wichtiger ist als die materiellen Rahmenbedingungen der Arbeit, verwandelten sich diese „Industrial Relations" in eine Personalfunktion, die Richtlinien und Verfahren zur Personalauswahl, Training, Vergütung, Kommunikation und den Aufbau des Unternehmens aufstellte. Diese Richtlinien ermöglichen es Managern, die Mitarbeiter so zu führen, dass sie sich mit dem Unternehmen stärker emotional verbunden und ihm gegenüber mehr verpflichtet fühlten.

Im letzten Jahrzehnt hat sich der Fokus des HR-Managements stärker hin zu strategischen Aufgaben verschoben. Bei der strategischen Personalarbeit geht es nicht mehr nur darum, Personen mit Respekt und Würde zu behandeln, sondern auch um die Erhöhung ihres Commitments zum Unternehmen. Durch strategisches HR-Management wird dem Commitment eine Zielrichtung gegeben. Ist das Commitment nicht zielorientiert, dann handelt es sich um ungerichtete Energie. Mit einer Zielorientierung wird das Commitment zu einem Hilfswerkzeug für die Erreichung der gesteckten Ziele und Zwecke. Das Unternehmen wird dabei mithilfe der Unternehmensstrategie ausgerichtet. Das strategische HR-Management dient dazu, die Mitarbeiter zur Implementierung dieser Strategie anzuhalten. So verstanden, erhält das Commitment der Mitarbeiter eine Zielrichtung und eine Bestimmung.

In den letzten Jahren hat die wirtschaftliche Rezession unser Denken über den Stellenwert der Personalentwicklung verändert. Die wirtschaftliche Unsicherheit, einhergehend mit dem technologischen Wandel, der demografischen Entwicklung, der industriellen Konsolidierung, den Erwartungen von Investoren und Verbrauchern und der Globalisierung haben sowohl das Führungsverhalten als auch das Human Resource Management beeinflusst. In wirtschaftlich schwierigen Zeiten müssen Manager mit kurz-, aber auch mit langfristigen Ambiguitäten umgehen können, sie müssen sowohl Kosten als auch Wachstum berücksichtigen, lokal und global denken etc. Personaler, die einen wertvollen Beitrag leisten, helfen beim Umgang mit diesen Ambiguitäten und entwickeln Verfahren, die sowohl kurz- als auch langfristig greifen. Ausgangspunkte dieser innovativen Verfahren werden aus der ganzen Welt kommen und Führungsverhalten, Stellenbesetzung, Trainings, Belohnungssysteme, Kommunikation und organisationale Designs verändern. Diese Gedanken konzentrieren sich auf den Beitrag zur Wertschöpfung, den HR-Professionals in einem Unternehmen durch den Aufbau von organisationalen Ressourcen und Fähigkeiten schaffen können (Ulrich & Smallwood, 2003; Ulrich & Brockbank, 2005).

Europa blickt auf eine lange Tradition innovativer Arbeiten zum Thema HR-Management zurück. Diese beinhaltet die sozio-technischen Arbeiten, in denen darüber berichtet wird, wie Technologien an den Menschen angepasst werden, um eine bessere Gestaltung von Produkten und Dienstleistungen zu erzielen (Emery, 1959). Die Gestaltung der Beziehungen zu Gewerkschaften anhand von Mitbestimmung (Nutzinger & Backhaus, 1989), das Prinzip der Berufsausbildung und die globale Organisation (Evans & Pucik, 2002) basieren alle auf HR-Innovationen aus Europa.

Das vorliegende Buch konzentriert sich vor allem auf den deutschsprachigen Zielmarkt, die dargelegten Konzepte und Theorien sind aber auch auf Europa, Asien und Nordamerika anwendbar. Die Beiträge dieses Bandes vermitteln nicht nur ein Verständnis vergangener Leistungen und Errungenschaften in der strategischen Personalentwicklung, sondern auch von Entwicklungsbedarfen in der Zukunft. Sie bieten Einblicke in das, was Linienmanager von Personalern, die zur Wertschöpfung des Unternehmens beitragen, erwarten können. Sie geben auch spezifische Leitlinien für Prozesse und Instrumente, die Personalentwickler beherrschen sollten.

Der Lektüre der Aufsätze kann ich acht Themen entnehmen, die aufzeigen, in welche Richtung das strategische HR-Management sich in Zukunft bewegen sollte.

1. Die Unternehmensstrategie mit HR-Praktiken verknüpfen

Die Beiträge von Meifert (Was ist strategisch an der strategischen Personalentwicklung?), Jochmann (Status quo der Personalentwicklung – eine Bestandsaufnahme) und Hölzle (Strategien der Personalentwicklung) zeigen auf, dass Bedarf besteht, HR-Management mit der Unternehmensstrategie zu verknüpfen, und stellen Typen von HR-Plänen (People, Functional und Business) dar, die dem HR-Management die Wertschöpfung ermöglichen. Darüber hinaus werden jene Bereiche des HR-Managements hervorgehoben, die in der Vergangenheit Schwierigkeiten in der Bereitstellung vorausschauender Pläne hatten.

2. Professionelle Standards gewährleisten

Kabst und Wehner liefern einen Beitrag (Institutionalisierung der strategischen Personalentwicklung – Ist der Patient auf dem Wege der Besserung?) zur Anerkennung des professionellen Status des HR-Managements. Anhand der Ergebnisse einer umfangreichen Befragung von Personalverantwortlichen stellen sie die Entwicklung der Bedeutung des Personalmanagements seit den 1990er-Jahren dar. Dieser Aufsatz zeigt, dass Personaler vollständig in der Lage sein müssen, ihre Arbeit mit dem Geschäftsbetrieb in Verbindung zu bringen und eine Vielfalt an Prozessen beherrschen sollten (Organisationsentwicklung, Corporate Development, Kommunikation und Technologie), um neue professionelle Standards zu erfüllen.

Auf Basis unserer Untersuchungen mit über 40.000 Personen seit 1987 konnten wir sechs Rollen bzw. Kompetenzfelder für HR-Professionals identifizieren (Ulrich, Brockbank, Johnson, Sandholtz, Younger, 2008):

- Der glaubwürdige Aktivist: besitzt die Fähigkeit, vertrauensvolle Beziehungen auf Basis eines vollen Geschäftsverständnisses aufzubauen.
- Der Kultur- und Change-Agent: hat die Fähigkeit, Transformationsprozesse zu fördern, indem er Wissen zu Taten werden lässt und so kulturelle Muster für nachhaltigen Wandel aufgebaut werden.
- Der Talentmanager & Organisationsentwickler: hat die Fähigkeit, den Menschen und der Organisation innovative HR-Praktiken nahezubringen und diese zu integrieren.
- Der strategische Architekt: hat die Fähigkeit, strategische Leitlinien zu entwerfen, die Strategie in den HR-Praktiken und in der Mitarbeiterführung im Unternehmen lebendig zu machen und Strategieentwicklung zu fördern.
- Der Businesspartner: ist optimal mit Geschäftsfragen vertraut und wird als vollwertiger und umfassend informierter Geschäftspartner wahrgenommen.
- Operativer Vollstrecker: besitzt die Fähigkeit, einen absolut fehlerfreien administrativen HR-Betrieb sicherzustellen.

Personaler mit diesen Fertigkeiten tragen wesentlich zum Unternehmenserfolg bei.

3. Organisationale Fähigkeiten aufbauen

Der Fokus des neuen HR-Managements liegt nicht nur auf Talenten und Personen, sondern auch auf Organisationen und Prozessen. Ihre Fähigkeiten verkörpern die Identität einer Organisation so, wie sie von Kunden wahrgenommen wird und wie sie in HR-Verfahren verankert ist. Döring (Was messen? Umriss eines modernen Bildungscontrollings) diskutiert die Kontrollprozesse für Kosten, Qualität, Strategie und Berichterstattung. In Kombination ergeben diese Prozesse die Unternehmenskultur (Meifert & Weh: Kulturmanagement) und ermöglichen es, innerhalb der Organisation eine Identität zu schaffen, die extern auf die Kunden abgestimmt ist. Geithner, Krüger und Pawlowsky (Wie lernen? Wissensmanagement in der lernenden Organisation) behandeln die Frage, inwieweit Organisationen fähig sind, Wissen zu generieren oder zu lernen. Sie zeigen, dass die Fähigkeit zu lernen in einem Unternehmen ein erwünschtes Ergebnis von guter HR-Arbeit ist, und sie verdeutlichen die verschiedenen Arten, wie Wissen generiert und im Unternehmen weitergegeben werden kann. Die organisationalen Fähigkeiten sind das eigentliche Ziel aller HR-Arbeit. Sie bilden die immateriellen Werte, die von Investoren gewünscht und erwartet werden, und sind gleichzeitig die Grundlage jeder tragfähigen Kundenbeziehung.

4. Die Vorbereitung von HR-Maßnahmen

Um eine Disziplin systematisch voranzubringen, sind Mittel und Wege erforderlich, um sowohl ihre Aktivität als auch ihren Einfluss zu messen. Im letzten Jahrzehnt war ein deutlicher Bedeutungsanstieg von HR-Messmethoden zu verzeichnen (Becker, Huselid & Ulrich, 2001). Die Aufsätze von Girbig und Härzke (Steuerung der Personalentwicklung) und von Girbig und Meifert (Was vergleichen? Zum Sinn von PE-Benchmarks) berichten, wie HR-Kosten gemessen werden sollten und wie das HR-Management Benchmarking betreiben könnte und sollte, um das Leistungsverhalten sicherzustellen. Je mehr HR zu einer Wissenschaft wird, desto mehr muss sich die Arbeitskraft- und Arbeitsplatzanalyse nicht nur in der Messung von HR-Aktivitäten, sondern auch zur Messung von Ergebnissen etablieren.

5. Innovationen und Integration von HR-Praktiken

Damit das HR-Management vorankommt, müssen traditionelle Techniken und Verfahren weiterentwickelt werden. Dieser Sammelband bietet nützliche Einblicke in das, was für einige dieser Schlüsselpraktiken „als Nächstes kommen wird". Ein Schwerpunkt der Innovationen in den HR-Verfahren wird die Integration der verschiedenen Verfahren sein. Von Preen, Blang, Costa und Schmidt (Performancemanagement) zeigen, dass die traditionelle Performance-Bewertung mit der Unternehmenskultur und den Geschäftsergebnissen verbunden werden muss, um effektiv zu sein. Fredersdorf und Glasmacher (Weiterbildungsmanagement) zeigen, dass übliche Weiterbildungsmaßnahmen mit der Unternehmensstrategie und den wirtschaftlichen Rahmenbedingungen verknüpft sein können und sollten. Leinweber stellt in seinem Beitrag (Kompetenzmanagement) heraus, dass auch die in Weiterbildungsmaßnahmen entwickelten Kompetenzen der Strategie entspringen und diese antreiben sollten. In einem abschließenden Kapitel fügen Bruch und Kunz (Erfolgsfaktor Organisationale Energie – Gezieltes Energiemanagement durch strategische Personalentwicklung) der Personalentwicklung eine neue innovative Perspektive hinzu: Die der Organisationalen Energie. Sie zeigen auf, wie gezieltes Energiemanagement die Effektivität und Effizienz der Unternehmensmitglieder beeinflusst und so zum Unternehmenserfolg beiträgt, und beschreiben die damit verbundenen Implikationen für die Personalentwicklung.

6. Die Umsetzung des neuen HR-Managements

HR-Management muss auf einem neuen und kreativen Weg implementiert werden. Bittlingmaier (Wie überzeugen? Zum Umgang mit Auftraggebern von PE-Projekten) zeigt, dass HR-Prozesse in spezifische Projekte aufgeteilt werden können. Jedes Projekt kann dann mit Disziplin und Strenge geleitet werden, um den Erfolg des HR-Managements sicherzustellen. Oft bleiben die HR-Grundsätze zu unklar und zu langfristig angelegt. Der Fokus auf HR-Projekte unterstreicht die Bedeutung von Ergebnissen und vermittelt die Übernahme von Verantwortung. Wir haben über die Implementierung oder die Transformation von HR durch [1] HR-Praktiken, [2] HR-Abteilungen und [3] HR-Professionals gesprochen. Fortschritt kann nur stattfinden, wenn Verbesserungen auf allen drei Ebenen erreicht werden.

7. Tiefgang in der Führung entwickeln

Eine der wichtigsten Herausforderungen und gleichzeitig eine der vielversprechendsten Chancen für heutige Organisationen liegt in der Entwicklung von Führungskräften, die mit den derzeitigen wirtschaftlichen Unsicherheiten gut umgehen können. Noch wichtiger ist es jedoch, Führungskräfte bzw. die nächste Generation von Führungskräften auszubilden, die der scheinbar unendlich unsicheren Zukunft gewachsen sind. Personaler, die eine Leadership Brand entwickeln, wandeln die zukünftigen Erwartungen der Kunden in Arbeitstätigkeiten und Organisationsprozesse um.

8. Neue wirtschaftliche Kontexte erfassen und das HR-Management daran angleichen

Müller, Thomas und Müller (Wie internationalisieren? Sinn der Internationalisierung der Personalentwicklung) und Hartmann (Wie reagieren? Umgang mit Budgetkürzungen) sprechen davon, wie sich das HR-Management kontinuierlich weiterentwickeln und an dynamische, vom Wandel geprägte wirtschaftliche Kontexte anpassen muss. Veränderungen in Bezug auf Technologien, Wettbewerb und Demografie sowie die Globalisierung werden eine permanente Anpassung im HR-Management erfordern.

Alle nicht genannten Beiträge dieses Werkes lassen sich nicht eindeutig einer dieser Richtungen zuschreiben, sondern sind interdisziplinär zu verstehen und stellen eine Verbindung zwischen den Themen her. Insgesamt können und sollten diese sieben Erkenntnisse einen Leitfaden für Personalabteilungen und Personalverantwortliche darstellen. Das strategische HR-Management wird in der Lage sein, Konzepte in Aktionen umzuwandeln. Dieses Buch zeigt den intellektuellen Bezugsrahmen rund um Strategie, Standards, Fähigkeiten, Maßnahmen, Integration, Umsetzung und wirtschaftliche Bedingungen auf, der das HR-Management in den kommenden Jahren maßgeblich prägen wird. Ein Lob für die Verfasser und Herausgeber sollte ausgesprochen werden, da diese Stellung dazu nehmen, wie das strategische HR-Management und insbesondere die betriebliche Personalentwicklung sich in Zukunft entwickeln kann.

Prof. Dave Ulrich, Ph.D.
Universität von Michigan und Partner der RBL Gruppe

Literatur

Becker, B., Huselid, M. & Ulrich, D. (2001). *The HR Scorecard: Linking people, strategy, and performance.* Boston: Harvard Business School Press.

Emery, F. E. (1959). *Characteristics of Socio-technical Systems: A Review of Critical Theory and Facts.* London: Tavistock Institute of Human Relations.

Evans, P. & Pucik, V. (2002). *The Global Challenge: Frameworks for International Human Resource Management.* New York: McGraw-Hill.

Nutzinger, H. G. & Backhaus, J. (eds.). (1989). *Codetermination: A discussion of different approaches.* Berlin: Springer.

Ulrich, D. & Brockbank, W. (2005). *The HR Value Proposition*. Boston: Harvard Business School Press.

Ulrich, D., Brockbank, W., Johnson, D., Sandholtz, K., Younger, J. (2008). *HR Competencies*. Arlington Virginia: Society for Human Resource Management.

Ulrich, D. & Smallwood, N. (2003). *Why the Bottom Line Isn't*. New York: Wiley.

Ulrich, D. & Smallwood, N. (2007). *Leadership Brand*. Boston: Harvard University Press.

Ulrich, D., Smallwood, N. & Sweetman, K. (2009). *Leadership Code*. Boston: Harvard University Press.

Vorwort des Herausgebers zur 2. Auflage

Seit seinem Erscheinen zum Jahresanfang 2008 ist das Buch Strategische Personalentwicklung mehrfach unverändert nachgedruckt worden und hielt vordere Plätze in den Verkaufsrängen. Die hohe Nachfrage freut die Autoren, den Verlag und den Herausgeber. Sie zeigt, dass das Buch eine Lücke in der umfangreichen Literatur zur Personalentwicklung geschlossen hat. Der Band befriedigt den Bedarf nach einer klar strukturierten, umsetzungsorientierten und dabei elaborierten Darstellung der strategischen Personalentwicklung in erwerbswirtschaftlichen wie nicht-erwerbswirtschaftlichen Organisationen.

Die erste Auflage hat viel Zuspruch und positive Rezensionen erhalten. Besonders freut es, dass sowohl Praktiker, Hochschullehrer und Studierende das Buch schätzen. Auch zeigt sich, dass Beraterkollegen anderer Häuser in Klientenprojekten mit den in diesem Buch dargelegten Vorgehensweisen gut arbeiten können. Insbesondere wird das Acht-Etappen-Konzept als gelungene Komplexitätsreduzierung des eher sperrigen Themenfeldes charakterisiert. Das bewährte Strukturkonzept der ersten Auflage bleibt daher erhalten: Nach dem einführenden Kapitel werden in acht Etappen die Bausteine der strategischen Personalentwicklung ausgebreitet. Anschließend werden die erfolgskritischen Fragen des Alltags der Personalentwicklung besprochen. Ein hoher Praxisbezug wird hier durch Checklisten am Ende der Beiträge sichergestellt.

Anregungen zur Überarbeitung des Buches speisen sich im Wesentlichen aus drei Quellen: Zum einen wurden das Konzept und die Inhalte des Buches in vielen Diskussion mit Klienten, Kollegen und Studierenden immer wieder „herausgefordert". Daraus ergab sich ein Füllhorn an neuen bzw. weiterführenden Gedanken. Beispielsweise was die Frage der Eindeutigkeit von unternehmensstrategischen Vorgaben und ihrer tatsächlichen Steuerungskraft und -wirkung angeht. Es ist durchaus ein hohes Maß an Skepsis angebracht, ob die basalen Konzepte des Strategischen Managements tatsächlich im Alltag wirken. Gemäß der Einsicht der systemtheoretischen Schule(n), dass Interventionen in organisierte Komplexität schwer, wenn nicht gar unmöglich sind, darf zumindest hinterfragt werden, ob die klassischen Elemente wie „Strategische Planung" und „Strategic Alignment" tatsächlich so wirken, wie immer angenommen. Zum anderen bewegt sich der Diskurs um die strategische Personalentwicklung nicht im luftleeren Raum. Er ist u.a. beeinflusst von aktuellen wirtschaftlichen Entwicklungen, Entwicklung in der betrieblichen Praxis und neueren Forschungsergebnissen. Dem entsprechend wurden aktuellere Entwicklungslinien aufgenommen, soweit sie über eine ausreichend lange Halbwertszeit verfügen (wie beispielsweise die Internationalisierung der Personalentwicklung oder das Konzept der Organisationalen Energie). Mit anderen Worten: Kurzfristige Moden wurden möglichst ausgespart, nachhaltige Entwicklung berücksichtigt. Zum Dritten wurde die Gelegenheit genutzt, um kleinere sprachliche und inhaltliche Unzulänglichkeiten der ersten Auflage auszubessern. Alle Beiträge wurden durchgesehen, teilweise ersetzt, aktualisiert und entsprechend überarbeitet.

Diesen Band zu realisieren war nur mit der Hilfe und Unterstützung von Vielen möglich. Allen voran sei unseren Autoren gedankt, die sich bereitwillig und engagiert in die Arbeit gestürzt und pünktlich die Beiträge geliefert haben. Den Mitarbeitern des Springer-Verlages, insbesondere Martina Bihn und Irene Barrios-Kežić, möchte ich für die gute Zusammenarbeit danken. Julia Lemmer hat in vorbildlicher Weise den gesamten Prozess der Erstellung gesteuert. Ein besonderer Dank gilt auch den folgenden Personen für viele Inspirationen und inhaltlichen Anregungen: Dave Ulrich, Rüdiger Kabst, Walter Jochmann, Eberhard Hübbe sowie Klaus Döring.

Eine informative Lektüre wünscht

Matthias T. Meifert

Berlin im Winter 2009

Vorwort des Herausgebers zur 1. Auflage

> Mach die Dinge so
> einfach wie möglich
> – aber nicht einfacher.
>
> Albert Einstein

Ein Buch über strategische Personalentwicklung (PE) herauszugeben, das macht in mehrfacher Weise verdächtig. Verdächtig, weil schnell der Vorwurf des Etikettenschwindels naheliegt. Ist das Etikett *strategisch* nicht lediglich ein neuer Schlauch für den alten Wein einer professionellen und bedarfsorientierten Personalentwicklung? Oder noch viel schlimmer: Ist die strategische PE nicht ein Artefakt – ein künstliches Phänomen –, was in der Realität ohnehin nicht vorkommt? Und ohnehin, betreiben nicht die meisten deutschen Unternehmen eine moderne und damit strategische Personalentwicklung? Ist damit der Begriff der *strategischen Personalentwicklung* nicht eine Worthülse und damit potenziell inhaltsleer? Warum also dann dieses Buch?

Überdeutlich bringt es einer meiner Klienten auf den Punkt: „Bei uns ist die Personalentwicklung *Karibik*. Anstelle der Bedarfsorientierung steht das Lustprinzip. Anstelle von Selters werden Cocktails geschlürft." Was meint der Personaldirektor eines großen deutschen Finanzdienstleistungsunternehmens mit dieser pointierten Umstandsbeschreibung? Nun, er ist unzufrieden mit dem Status quo. Er sieht seine PE in einer Nische eingerichtet, in der sie Aufgaben wahrnimmt, die mehr von den persönlichen Präferenzen der Handelnden geleitet sind als von der betrieblichen Notwendigkeit. Auch wenn dieses Bild etwas überzogen ist, verdeutlicht es auf eindrucksvolle Weise den Handlungsbedarf.

Die PE wird in deutschen Unternehmen häufig in einer Art und Weise betrachtet, die für sie nicht förderlich ist. Auf der einen Seite betont nahezu jede unternehmerische Verlautbarung den Wert der Mitarbeiterentwicklung. Auf der anderen Seite sehen sich die Personalentwickler nach wie vor einem starken Rechtfertigungsdruck ausgesetzt. Häufig werden ihnen pikante Fragen gestellt: Was bringt die Personalentwicklung? Woran lässt sie sich messen? War das eingesetzte Geld sinnvoll investiert? Warum ist sie pro Mitarbeiter so teuer? Kommen wir nicht auch ohne eigene Trainer aus? Oder: Warum kann die Konkurrenz für 30 Prozent weniger ihre Mitarbeiter entwickeln?

Ähnliches fördert eine Studie der Unternehmensberatung McKinsey zu Tage. Sie interviewte Vorstände und fragte nach der Bedeutung der Personalentwicklung im Unternehmen. Die dokumentierten Äußerungen sind wenig schmeichelhaft: „Weiterbildung hat wohl in der Summe eine hohe Bedeutung. Diese Potenziale werden in unserem Unternehmen kaum genutzt." Ein anderer Manager meint: „Unser Trainingsprogramm ist historischer Wildwuchs, eine gezielte Schwerpunktsetzung ist kaum zu erkennen." Oder: „50 Prozent unserer Bildungsausgaben sind wahrscheinlich vergeblich. Wir wissen leider nicht, welche 50 Prozent." (Pichler, 2003).

An dieser Stelle setzt dieses Buch an. Es versteht sich als ein Plädoyer für einen grundlegend anderen Zugang zur Personalentwicklung. Der Schlüssel liegt in einer konsequenten Orientierung der Personalentwicklung an der Unternehmensstrategie oder kurz in der strategischen Personalentwicklung. Gemeint ist eine nachhaltige Ausrichtung sämtlicher Personalentwicklungsinstrumente und -aktivitäten an der Unternehmensstrategie. Konkret heißt dies, dass die Personalentwicklung in enger inhaltlicher und zeitlicher Nähe zur unternehmensstrategischen Planung vorbereitet wird. Die Personalentwicklung versteht sich so als (Business-) Partner der anderen Organisationseinheiten und unterstützt sie bei der Erfüllung ihrer strategischen Vorgaben mit ihrem spezifischen Know-how. In diesem Verständnis entwickelt sich die ausschließlich Kosten erzeugende Organisationseinheit PE zu einem vollwertigen Geschäftsbereich mit eigenem Leistungsspektrum und Beitrag zum Erfolg des Unternehmens.

Zugegeben, dieser Anspruch ist nicht ganz neu. Trotzdem ist eine nachhaltige Strategieorientierung im betrieblichen Alltag häufig noch Mangelware. Sei es aufgrund fehlender Ressourcen, Wissen oder inkonsequenter Umsetzung. Im Ergebnis werden häufig die Chancen, die mit einer strategischen Personalentwicklung einhergehen, vergeben. In einer US-amerikanischen Kolumne klingt dieser Umstand wie folgt: „Nach zwanzig Jahren hoffnungsvollen und vollmundigen Absichtserklärungen, ein strategischer Partner zu werden, mit einem Platz in gewichtigen Vorstandssitzungen, ist die Realität ernüchternd. Die meisten HR-Professionals haben weder einen Platz in den wichtigen Gremien noch einen Schlüssel zu dem Meetingraum, in dem hinter verschlossenen Türen getagt wird." (Hammonds, 2005, Übersetzung durch den Autor) Auch wenn dies etwas überspitzt formuliert ist, macht es das Umsetzungsdilemma deutlich. Es wird viel von strategischer Orientierung gesprochen, aber wenig davon eingehalten. Was bedeutet das für die Personalentwicklung in deutschen Unternehmen? Die PE muss sich dem Vorurteil des *Betriebspädagogen*, der nur für die weichen Themen zuständig ist, entziehen und sich als (Mit-) Unternehmer positionieren. Dazu ist sowohl ein Mentalitäts-, Kompetenz- als auch Strukturwandel nötig. Dieses Buch versteht sich als handlungsorientierter Leitfaden, um diesen notwendigen Prozess zu befördern.

Diesen Herausgeberband zu realisieren, war eine längere Geburt und nur mit der Hilfe und Unterstützung von vielen möglich. Allen voran sei den Autoren gedankt, die sich bereitwillig und engagiert an die Arbeit gemacht und (fast) pünktlich ihre Beiträge abgeliefert haben. Besonders hilfreich waren die Anregungen von Prof. Dave Ulrich, der diese Schrift maßgeblich geprägt hat. Frau Dr. Martina Bihn vom Springer-Verlag hat wie gewohnt das Projekt in vorbildlicher Weise unterstützt. Das Projektmanagement lag in den Händen von meinem Kollegen Johannes Sattler. Er hat alle Klippen und Fallstricke, die bei der Produktion eines Herausgeberwerkes lauern, sicher umschifft und mit Nachdruck die Autoren zur Abgabe ihrer Texte ermuntert. Weitere Unterstützung erhielt ich von meinem Berliner und Düsseldorfer Kienbaum-Team. Meine Kollegen haben maßgeblich zur besseren Lesbarkeit des Textes beigetragen und zuverlässig orthografische und sprachliche Überarbeitungen des Manuskriptes ausgeführt. Danken möchte ich auch den Studierenden an der European Business School, der Hamburg School of Business Administration und der Technischen Universität Berlin für ihre konstruktiv-kritischen Fragen und die fruchtbaren Diskussionen in meinen Lehrveranstaltungen.

An dieser Stelle ein Hinweis: Ich habe bewusst in Kauf genommen, dass es leichte inhaltliche Redundanzen gibt, da die einzelnen Beiträge in sich argumentativ abgerundet sind. Jeder Artikel ist sorgfältig ausgewählt und folgt stringent dem roten Faden des Buches. Einführende Beiträge sowie eine Vielzahl an strukturierenden Abbildungen sollen der Orientierung dienen. Die Autoren haben unterschiedliche Schreibstile, die ich absichtlich nur vorsichtig angeglichen habe. Aus Gründen der Vereinfachung und besseren Lesbarkeit des Textes wird in allen Beiträgen stets die maskuline Form verwendet. Gemeint und angesprochen sind selbstverständlich sowohl Frauen als auch Männer. Ich wünsche Ihnen eine informative und ergiebige Lektüre. Möge dieser Text einen Beitrag dazu leisten, dass die Personalentwicklung in deutschen Unternehmen eine unangefochtene Position einnimmt. Eine Position, die sie nach meiner Überzeugung verdient. Anregungen und Verbesserungsvorschläge würden mich freuen. Meine Kontaktdaten finden sich im Kapitel Autorenangaben.

Matthias T. Meifert

Berlin im August 2007

Literatur

Hammonds, K. H. (2005). Why we hate HR. *FastCompany, 97.* Online abgerufen am 23. April 2007 von: http://www.fastcompany.com/magazine/97/open_hr.html.

Pichler, M. (2003). Was Vorstände von Trainings erwarten. *Wirtschaft & Weiterbildung, 5*, S. 8–12.

Inhaltsverzeichnis

Kapitel 1: Einführung in die strategische Personalentwicklung

Was ist strategisch an der strategischen Personalentwicklung?
Matthias T. Meifert 3

Status quo der Personalentwicklung – eine Bestandsaufnahme
Walter Jochmann 29

Institutionalisierung der Personalentwicklung – Ist der Patient auf dem Weg der Besserung?
Rüdiger Kabst & Marius C. Wehner 45

Kapitel 2: Die strategische Personalentwicklung in acht Etappen

Prolog – Das Etappenkonzept im Überblick
Matthias T. Meifert 63

Etappe 1: Strategien der Personalentwicklung
Philipp Hölzle 77

Etappe 2: Steuerung der Personalentwicklung
Robert Girbig & Peter Härzke 105

Etappe 3: Kompetenzmanagement
Stefan Leinweber 145

Etappe 4: Performancemanagement
Alexander v. Preen, Hans-Georg Blang, Giuseppe Costa & Wibke Schmidt 181

Etappe 5: Talentmanagement
Nico Bödeker & Eberhard Hübbe 215

Etappe 6: Weiterbildungsmanagement
Frederic Fredersdorf & Beate Glasmacher 245

Etappe 7: Retentionmanagement
Matthias T. Meifert 291

Etappe 8: Kulturmanagement
Saskia-Maria Weh & Matthias T. Meifert 315

Kapitel 3: Erfolgskritische Fragen der Personalentwicklung

Wie überzeugen? Zum Umgang mit Auftraggebern von PE-Projekten
Torsten Bittlingmaier 333

Wie reagieren? Umgang mit Budgetkürzungen
Thomas Hartmann 345

Wie gestalten? Systematische Personalentwicklung im Funktionszyklus
Manfred Becker 365

Wie messen? Umrisse eines modernen Bildungscontrollings
Klaus W. Döring 385

Was vergleichen? Zum Sinn von PE-Benchmarks
Robert Girbig & Matthias T. Meifert 401

Wie lernen? Wissensmanagement in der lernenden Organisation
Silke Geithner, Veronika Krüger & Peter Pawlowsky 409

Wie internationalisieren? Wege zu einer internationalen
Personalentwicklung
Henriette-Muriel Müller, Alexander Thomas & Jan-Peter Müller 427

Kapitel 4: Vision der strategischen Personalentwicklung

Erfolgsfaktor Organisationale Energie – Gezieltes Energiemanagement
durch strategische Personalentwicklung
Heike Bruch & Justus Julius Kunz 445

Anhang: Verzeichnisse

Glossar 461

Autoren 479

Stichwortverzeichnis 491

Kapitel 1

Einführung in die strategische Personalentwicklung

Was ist strategisch an der strategischen Personalentwicklung?

Matthias T. Meifert

Der Begriff „strategisch" ist modern. Er wird in inflationärer Weise in Vorträgen und Praktikerbeiträgen verwendet. Es wird vom strategischen Planungsprozess gesprochen, die Notwendigkeit von Geschäftsfeldstrategie hergeleitet und gar in Bestsellern die Mäuse-Strategie dem Manager von heute empfohlen (Johnson, 2000). Und wohl jede Führungskraft verfügt über einen zumindest rudimentären Wortschatz des Strategischen. Die viel benutzte Suchmaschine Google weist für den Begriff der Strategie alleine 31.100.000 Einträge[1] auf. Und auch vor der Personalentwicklung (PE) macht der Begriff – wie dieses Buch dokumentiert – nicht halt. Ziel dieses ersten Beitrages ist es, in die Diskussion um die strategische Personalentwicklung und in das vorliegende Buchkonzept einzuführen.

Es bietet sich dazu an, die beiden zentralen Begriffe „Personalentwicklung" und „strategisch" getrennt voneinander zu betrachten. Zunächst soll es darum gehen, welche Auffassung von PE diesem Buch zugrunde liegt. Anschließend wird aufgezeigt, welche Vorzüge eine strategische PE hat, in dem die typischen Defizite der PE im betrieblichen Alltag ausgeleuchtet werden. Mittels des gedanklichen Dreisprungs Strategie – strategisches Management – Personalentwicklungsstrategie wird dann erläutert, von welchem Strategieverständnis die vorliegenden Beiträge ausgehen. Ein weiterer Abschnitt fasst die Argumentation zusammen und umreißt, was mit strategieorientierter Personalentwicklung gemeint ist. Die anschließende Vorschau auf die einzelnen Kapitel des Buches zeigt, in welche Handlungsfelder sich die strategieorientierte Personalentwicklung zerlegen lässt, und bietet Orientierung.

---

[1] Stand: 5. November 2009.

1. Begriff der Personalentwicklung

Ein Buch, das sich der strategischen PE widmet, tut gut daran, offenzulegen, was im Folgenden unter Personalentwicklung verstanden wird. Dass dies keine rein akademische Übung, sondern dringend inhaltlich geboten ist, hat Neuberger mit seiner Auflistung von 18 unterschiedlichen PE-Definitionen verdeutlicht (Neuberger, 1994, S. 1 ff.). Kurz gesagt, es ist nach wie vor in der wissenschaftlichen wie betrieblichen Fachdiskussion umstritten, was exakt PE ist. Häufig entstehen die Missverständnisse bei der Frage, wie die Grenzlinie zwischen der betrieblichen Weiterbildung und der Personalentwicklung verläuft. In einem engen Begriffsverständnis, welches die klassische Personalwirtschaftslehre benutzt, werden Personalentwicklung und betriebliche Weiterbildung gleichgesetzt. In einem weiteren Begriffsverständnis wird Personalentwicklung definiert als die Summe von Tätigkeiten, die für das Personal nach einem einheitlichen Konzept systematisch vollzogen werden. „Sie haben in Bezug auf einzelne Mitarbeiter aller Hierarchie-Ebenen eines Betriebs Veränderungen ihrer Qualifikation und/oder Leistung durch Bildung, Karriereplanung und Arbeitsstrukturierung zum Gegenstand. Sie geschehen unter Berücksichtigung des Arbeits-Kontextes, wobei ihre Orientierungsrichtung die Erreichung (Erhöhung des Erreichungsgrades) von betrieblichen und persönlichen Zielen ist. Bereits diese Orientierung legt eine spezifische Art und Weise der Erfüllung der Personalentwicklungsaufgaben nahe: Die Zusammenarbeit der Betroffenen bei der Bedarfsermittlung, Programmplanung und -durchführung sowie Kontrolle'" (Berthel & Becker, 2007, S. 226). Oder kurz gefasst: „Personalentwicklung umfasst alle Maßnahmen der Bildung, der Förderung und der Organisationsentwicklung, die zielgerichtet, systematisch und methodisch geplant, realisiert und evaluiert werden" (Becker, 2005, S. 8).

Aus den oben zitierten Definitionen wird deutlich, dass Personalentwicklung umfassender verstanden werden muss als betriebliche Weiterbildung. Die Personalentwicklung wirkt wie die betriebliche Weiterbildung auf das Qualifikationsprofil und die Arbeitsbedingungen der Mitarbeiter ein, bedient sich dabei aber einer größeren Anzahl an Instrumenten und Herangehensweisen. So verstanden ist die betriebliche Weiterbildung ein Kernelement der Personalentwicklung oder systemtheoretisch ausgedrückt: Die Weiterbildung ist ein Subsystem des Systems Personalentwicklung.

2. Herausforderungen der betrieblichen Personalentwicklung

Wie ist es um den Zustand der PE im betrieblichen Alltag bestellt? Trotz aller Professionalisierungsbemühungen und -fortschritte sehen sich nach wie vor Personalentwickler in deutschen Unternehmen einer kritischen (internen) Öffentlichkeit ausgesetzt. Gemäß dem Motto „von Personalentwicklung verstehen alle etwas" fühlen sich etliche „Experten" berufen, den Nutzen von PE-Initiativen kontrovers zu diskutieren.

Welche Ursachen können dafür verantwortlich sein, dass die Personalentwicklung sich in einer derartigen Lage in deutschen Unternehmen befindet? Anders formuliert: Warum gelingt es häufig noch zu wenig, ihre professionelle Expertise herauszustellen und damit auch ihren spezifischen Wertschöpfungsbeitrag für das Unternehmen deutlich zu machen? Oder noch finaler gefragt: Kann die Personalentwicklung ihre Daseinsberechtigung begründen? Diese Fragestellung ist aktueller denn je. In einigen deutschen Großunternehmen ist angesichts der wirtschaftlichen Entwicklung der Trend zu erkennen, PE-Leistungen deutlich herunterzufahren und möglichst auszulagern (Outsourcing). Döring sieht ohnehin die PE insgesamt in einem gefährlichen Fahrwasser: „Wohl in keinem betrieblichen Hand-

Tabelle 1. Typische SWOT-Analyse der betrieblichen PE (Stärken & Schwächen)

Stärken	Schwächen
• Große Vielfalt an PE-Instrumenten	• Geringe Messbarkeit der Programme, Tools und eigenen Effizienz
• Bewusstsein für die Bedeutung von PE in den Unternehmen vorhanden	• Wenig Vernetzung der PE-Instrumente
• PE-Know-how in den Konzernunternehmen und bei größeren Mittelständlern gut ausgeprägt	• Zu komplizierte Instrumente
	• Ein eigener Strategieprozess fehlt
• PE unterhält etablierte interne Kundenbeziehungen zu den Führungskräften	• Mangel an unternehmensstrategischen Kompetenzmodellen
	• Opportunismus und fehlende Langfristigkeit
• Gutes Kundenfeedback bei den Aspekten Servicequalität, Kunden- und Bedarfsorientierung	• Geringes PE-Know-how in kleineren Unternehmen

Chancen	Risiken
• Akzeptanz von PE als Erfolgsfaktor	• Kostensensibilität und Verschärfung von Input-Output-Relation
• Ganzheitliche Sicht der Unternehmensentwicklung	• Personalqualitäten und Kompetenzprofilierung in HR
• Akzeptanz der PE-Steuerungsmodelle und der Wirksamkeitsketten	• Virtualisierung und Outsourcing von HR-Prozessen/Instrumenten

lungsfeld klaffen derart Anspruch und Wirklichkeit auseinander wie im Sektor der Personalentwicklung. Die betriebliche PE genieße allen Verlautbarungen zum Trotz nach wie vor den *Hauch* des Nachgeordneten, des Zweitrangigen, des *Nicht-so-Wichtigen*" (Döring, 2008). Werden die Analyseergebnisse von typischen Beratungsprojekten der Kienbaum Management Consultants GmbH zusammengefasst, dann ergibt sich zugespitzt das folgende Bild der PE (s. Tabelle 1).

Welche Ursachen können als Erklärungsmuster für diese Situation der PE herangezogen werden?

In den Beratungsprojekten von Kienbaum stoßen wir regelmäßig auf sieben Phänomene, die im Folgenden näher erläutert werden sollen. Zugegeben handelt es sich dabei um eine vereinfachte Zuspitzung. Sie veranschaulicht jedoch Ansatzpunkte für eine weitere Entwicklung. Es handelt sich dabei um:

1. den Mangel an Kommunikationsfähigkeit,
2. die Angst vor dem Controller,
3. die Trendversessenheit,
4. die vagabundierende Verantwortung,
5. die Eigendynamikfalle,
6. der stille Gehorsam sowie
7. die Strategievergessenheit.

2.1 Der Mangel an Kommunikationsfähigkeit

Mit diesem Aspekt ist gemeint, dass die Personalentwickler häufig nicht über eine anschlussfähige Art der Kommunikation verfügen. Sie sind weniger in der Lage, die Sprache ihrer internen Klienten zu sprechen. Diese Aussage ist zu belegen, denn viele Personalentwickler behaupten von sich, dass sie aufgrund von spezifischen Ausbildungen (wie z. B. als Verhaltenstrainer, Coach, systemischer Berater etc.) über vielfältige Kenntnisse der Kommunikation verfügen. Wie ist es möglich, dass sie ein Kommunikationsdefizit haben? Um diese Frage zu beantworten, ist zunächst ein etwas allgemeinerer Blick auf das Personal in der Personalentwicklung nötig.

In der Literatur werden unterschiedliche Personengruppen benannt, die für die Entwicklung der Mitarbeiter als verantwortlich gelten. Sie könnten alle als Personalentwickler bezeichnet werden. Zunächst ist es der Mitarbeiter selbst, der für seine persönliche Entwicklung eintreten und seine individuellen Entwicklungsfelder kennen muss. Daneben gilt der unmittelbare Vorgesetzte als der Personalentwickler vor Ort. Damit ist gemeint, dass er Bildungsbedarfe erkennen und eine adäquate Entwicklungsmaßnahme mit dem Mitarbeiter einleiten soll. Unterstützung erhält die Führungskraft von einem hauptamtlich agierenden Personalentwickler. Die folgenden Überlegungen gelten der letztgenannten Personengruppe. Dass erhebliche Defizite auch bei den beiden erstgenannten Personengruppen zu verzeichnen sind, soll hier nicht geleugnet werden. Die vorgenommene Eingrenzung ist jedoch dienlich, um die Argumentation zuzuspitzen.

Mit der Qualität des Personals in der Organisationseinheit Personalentwicklung beschäftigt sich die Fachliteratur schon längere Zeit. „Der Einstieg in die Personalentwicklung erfolgt [...] aus sehr mannigfaltigen Ausbildungs-, Weiterbildungs- und Berufskarrieren [...] aufgrund der ungeregelten Zugangswege, der erratischen Karrierepfade und da der Beruf des Personalentwicklers außerdem nicht basaler Natur ist (übertrieben könnte sogar von einem ‚Anything goes'-Beruf gesprochen werden), erfolgt der dringend notwendige berufsbiografische Substanzaufbau primär und individuell in der Tätigkeit." (Niedermair, 2005, S. 579). Angesichts dieser vorgefundenen Defizite wird unter der Überschrift „Professionalisierung" früh die Forderung nach einer stärkeren „Kriterienorientiertheit des beruflichen Handelns pädagogisch tätiger Menschen" aufgestellt (Döring & Ritter-Mamczek, 1999, S. 132). Gemeint ist eine Spezialisierung und Akademisierung von Berufswissen hin zu einem Expertenstatus (vgl. Faulstich, 1998, S. 228 f.). Die Personalentwickler sollen in die Lage versetzt werden, in konkreten Situationen ihre Qualifikation angemessen anzuwenden. Dazu bedarf es Voraussetzungen. Gefordert werden:

- Festgelegte Ausbildungs- und Fortbildungswege für den Zugang zum Expertenstatus.
- Klar definierte Zugangsvoraussetzungen, welche den Bewerberkreis einschränken und ein Mindestmaß an Homogenität sichern.
- Spezifische Einkommens- und Aufstiegschancen, welche ein Sozialprestige verleihen und ein auf die Arbeitstätigkeit bezogenes professionalisierungstypisches Ethos ermöglichen.
- Interessenvertretungen in Form von Berufsverbänden zur Durchsetzung von Interessenlagen (vgl. ebenda, S. 229).

Die Professionalisierungsdebatte mündet in der Forderung, dass das Personal in der Personalentwicklung aufgrund der Aufgabenfülle und -intensität über eine breit angelegte Qualifikation verfügen muss. Trotz dieser recht alten Forderungen und einigen Erfolgen[2] gibt es weiter Unzufriedenheit in der betrieblichen Praxis. Diese resultiert im Wesentlichen daraus, dass Personalentwickler über einen anderen Bezugsrahmen verfügen als viele ihrer internen Kunden (Führungskräfte und Topmanagement). In der Organisationseinheit PE arbeiten überwiegend Absolventen geistes- und sozialwissenschaftlicher Studiengänge (Sorg-Barth, 2000). Diese lernen in ihrer Hochschulausbildung, dass die Erklärungen sozialer Phänomene nie vollständig sind, sondern dass eine gewisse Skizzenhaftigkeit auch ausgesprochen gewollt ist (vgl. Schanz, 2000, S. 46). Es geht in diesen Disziplinen darum, „charakteristische bzw. typische Bedingungskonstellationen zu betrachten und darin Erklärungsmodelle zu erblicken, die bewusst von den zahlreichen Besonderheiten des Einzelfalls abstrahieren" (ebenda, S. 47). Damit sehen sich die Vertreter dieser Zunft dem prinzipiellen Vorwurf ausgesetzt, dass es ihnen an „Exaktheit" mangele hinsichtlich ihrer Theoriebildung und Erklärungskraft. „Mit diesem Handicap müssen die mitunter als ‚soft science' bezeichneten Wissenschaften jedoch leben, denn es wird aus verschiedenen Gründen vermutlich nie gelingen, in dieser Hinsicht zu den Naturwissenschaften aufzuschließen." (ebenda). Mitarbeiter, die diese universitäre Sozialisation hinter sich gebracht haben, treffen als Personalentwickler in den Unternehmen auf Führungskräfte mit gänzlich anderem Erfahrungshintergrund. Viele der Entscheidungsträger sind Kaufleute oder Ingenieure. Die erstgenannten haben über die „ceteris paribus-Bedingung"[3] schlicht vergessen, dass Unschärfen und unmessbare Phänomene existieren. Und die Ingenieure nähern sich methodisch eher den Natur- als den Sozialwissenschaften an.

Die Folgen dieser unterschiedlichen Sozialisationen sind deutlich: Jeder konstruiert seine soziale Wirklichkeit vor dem Hintergrund seiner Erfahrung. Mit dem Ergebnis, dass es an einem gemeinsamen Verständnis mangelt. Mit anderen Worten: Die PEler sprechen selten die Sprache ihrer Kunden. Daraus folgt: Die immer wieder geforderte Professionalisierung des Personals in der Personalentwicklung muss um diesen Aspekt erweitert werden. Personalentwickler sollten eine stärkere Sozialisation im Umfeld ihrer Klienten erfahren und stärker in den relevanten Themen ihrer Klienten ausgebildet werden.

---

[2] Seit geraumer Zeit existieren einige Angebote von zielgruppenspezifischen, postgradualen Studiengängen im deutschsprachigen Raum.

[3] Die „ceteris paribus-Bedingung" ist eine von den Ökonomen häufig verwandte Modellannahme. Sie geht vereinfachend davon aus, dass in einem Modell alle Umweltbedingungen konstant gesetzt werden bis auf einen Faktor, der variiert.

2.2 Die Angst vor dem Controller

In der Diskussion zum Stellenwert der betrieblichen Personalentwicklung wird argumentiert, dass sie ein wichtiges Instrument sei. Sie sei bedeutsam, um optimale Stellenbesetzungen vornehmen zu können, sie habe eine positive Wirkung auf die Attraktivität des Arbeitgeberimages und würde so helfen, durch hoch qualifizierte Mitarbeiter die Wettbewerbsposition zu sichern (vgl. für viele bspw. Lung, 1996, S. 40). Auch lässt sich in realiter eine unüberschaubare Anzahl an Unternehmenserklärungen zum besonderen Stellenwert des Personals im Allgemeinen und der betrieblichen PE im Besonderen konstatieren. „Das Glaubensbekenntnis, für die weitere ökonomische Perspektive sei Personal – und damit Qualifikation – ein zentraler Faktor, ist weit verbreitet. Diese Unterstellung wird kaum angezweifelt, obwohl Wirtschaftswachstum sich doch offensichtlich von Arbeitsplatzzuwächsen abgekoppelt hat und die Zahl der arbeitslosen Hochqualifizierten zunimmt." (Faulstich, 1998, S. 2) Auch sehen sich PE-Verantwortliche, wie eingangs geschildert, einem zunehmenden Legitimationsdruck ausgesetzt. Es wird von der Entwicklungsarbeit erwartet, dass sie zielorientiert ist und wertschöpfend wirkt. Folgerichtig werden die Ergebnisse mittels Bildungscontrolling gemessen. Trotz oder gerade deswegen sehen sich Personalentwickler in ökonomisch schwierigen Zeiten mit erheblichen Budgetkürzungen konfrontiert. Die Unternehmenspraxis drängt den Verdacht auf, dass die These „PE als Wertschöpfungsbeitrag" eher umformuliert werden muss in „PE als Luxusgut". Nur solange Budgets vorhanden sind, wird PE betrieben. Drucker, der schon früh darauf hingewiesen hat, dass die Humanressourcen über ein eigenständiges organisationales Leistungspotenzial verfügen, kritisiert diese Entwicklung. Für ihn behaupten heute alle Unternehmen routinemäßig: „Unsere Mitarbeiter sind unser größtes Kapital". Doch nur wenige praktizieren, was sie propagieren – geschweige denn, dass sie wirklich daran glauben (vgl. Drucker, 1993). Und noch etwas pointierter: „Wie können Arbeitgeber behaupten, dass die Mitarbeiter bei ihnen ‚an erster Stelle' kommen, wenn das Jahreseinkommen eines Vorstandsvorsitzenden höher ist als das Trainings-Budget ihres Unternehmens für die nächsten fünf Jahre?" (Friedman, Hatch & Walker, 1999, S. 3). Für Merk hat sich der globale Wettbewerb teilweise verheerend auf die Einstellung zur betrieblichen PE ausgewirkt (Merk, 1998, S. 86). Auch verzeichnet das Institut der deutschen Wirtschaft im Zeitvergleich eine Stagnation der Personalentwicklungsbudgets. So liegen die betrieblichen Aufwendungen seit 1995 nahezu auf dem gleichen Niveau.

Die Gründe dafür, dass Absichtserklärungen und tatsächliches Handeln auseinanderklaffen, lassen sich auch systemimmanent beleuchten. Viele Personalentwickler scheuen den Controller wie der „Teufel das Weihwasser". Der Grund ist einfach: Sie glauben, dass sie ihn nicht überzeugen können. Dass dem häufig so ist, wurde bereits oben unter der Überschrift ‚Kommunikationsprobleme' dargelegt. So einfach sind die Dinge jedoch nicht: Zwar wird die produktive Wirkung von Bildung auf das Humankapital bereits seit mehr als einem Jahrhundert intensiv diskutiert, doch sind die Schwierigkeiten der Berechnung und Bilanzierung von PE-Investitionen bis heute nicht gelöst. Es ist bis jetzt nicht gelungen, eine geschlossene Kausalkette zwischen Bildungserfolg einerseits und Unternehmenserfolg andererseits herzuleiten. Ein Grund mag darin liegen, dass auch die Ziele und Erfolgsmaßstäbe in der Personalentwicklung sich nur sehr schwer quantifizieren lassen. Solange keine klaren Maßstäbe für die Wahl der PE-Strategie und der Erfolgsmessung von PE bestehen, solange kann der Zusammenhang von PE und unternehmerischem Erfolg nur vermutet werden. Er lässt sich zwar logisch herleiten, jedoch nicht eindeutig messen. Gebert und Steinkamp formulieren pointiert: „Dem Leser muss dabei nicht näher erläutert werden, warum es einer Utopie gleichkäme, zweifelsfreie Belege für die ökonomische Wirksamkeit von PE erbringen zu wollen" (Gebert & Steinkamp, 1990, S. 3).

Zwar hat die Debatte um ein intensives Bildungscontrolling Anfang der 1990er-Jahre zu vielfältigen Ansätzen geführt, PE-Erfolg zu explizieren, doch bleibt der ökonomisch ausgedrückte Nutzen von PE nach wie vor offen. So kommen die beiden Vorreiter[4] des Bildungscontrollings von Landsberg und Weiß zu dem Schluss: „Wer alles auf die Kosten herunterrechnet, der läuft Gefahr, auch die ‚added values' und den ‚strategic thrust' der Bildung wegzurechnen" (von Landsberg & Weiß, 1995, S. 3). Auch Weiß resümiert, nachdem er unterschiedliche Ansätze[5] zur Nutzenmessung von betrieblicher PE in Betrieben diskutiert hat: „Die Beispiele zeigen, dass es durchaus Möglichkeiten gibt, sich dem Thema Nutzenmessung zu

---

[4] Nach eigener Aussage sind sie die Wegbereiter der Bildungscontrolling-Idee: „Vor mehreren Jahren kam uns die Idee, die Bereiche Bildung und Controlling miteinander zu verbinden. Das war damals neu und mutig." (von Landsberg & Weiß, 1995, S. 3)

[5] Weiß unterscheidet Verfahren zur Nutzenmessung durch Kennziffern, durch Teilnehmerzufriedenheit, durch Kundenzufriedenheit, durch qualitative Analysen, durch Ermittlung der Opportunitätskosten sowie durch Bilanzierung des Humankapitals (Weiß, 2000, S. 85 ff.).

nähern. Sie zeigen aber auch die Grenzen der verschiedenen Ansätze sehr deutlich. Denn die jeweils gewählten Verfahren geben nur partiell Hinweise zur Entwicklung des Nutzens oder sie sind in ihrem Aussagegehalt so vage, dass verlässliche Entscheidungen daraus kaum abzuleiten sind. Letztlich muss jedes Unternehmen daher immer wieder neu für sich entscheiden, welcher Grad an Genauigkeit gewünscht wird und welche Ressourcen hierfür bereitgestellt werden." (Weiß, 2000, S. 95) Oder um es mit Albert Einstein auszudrücken: „Nicht alles, was zählt, kann gezählt werden und nicht alles, was gezählt werden kann, zählt." Es bleibt festzuhalten, dass sich ein Teil des Nutzens von betrieblicher PE einer streng quantitativen Messung entzieht – sicherlich einer der bedeutsamen Gründe dafür, dass PE wie oben beschrieben häufig zum Spielball der ökonomischen Situation des Unternehmens wird. Trotzdem bietet die Diskussion genügend Ansatzpunkte, um die Furcht vor dem Controller zu verlieren. Wenn auch der Entwicklungserfolg nicht mit letzter Genauigkeit explizierbar ist, so ist er zumindest näherungsweise erfassbar. Im Übrigen stehen die Controller in ihrer Berufspraxis vor ähnlichen Herausforderungen. Beispielsweise lassen sich Gemeinkosten auf die Kostenträger auch nur näherungsweise verteilen[6].

2.3 Die Trendversessenheit

Ein drittes Phänomen, was die Alltagswirklichkeit der Personalentwicklung trübt, ist das der Modewellen. Insbesondere die häufig praktizierte Orientierung an „Benchmarks" anderer Unternehmen führt zu einer ausgeprägten Trendbewegung. In kaum einem anderen unternehmerischen Handlungsfeld wurden in den vergangenen Jahren derart viele „Moden" hervorgebracht wie in der betrieblichen PE. Die Schlagworte arbeitsplatzorientierte PE, Bedarfsorientierung der PE, Coaching, DIN ISO 9001-9004, selbstorganisiertes Lernen, E-Learning wie CBT und WBT, Telelearning, Blended Learning etc. (vgl. Merk, 1998, S. VI) zeugen von diesen Trends. Unabhängig davon, ob sich diese Entwicklung im Einzelfall als sachlich sinnvoll herausstellt, ist festzuhalten, dass das System betriebliche PE permanent mit Neuerungen konfrontiert wird, die es zu bewerten gilt und ggf. zu implementieren. Die Gefahr ist groß, dass angesichts der vielfältigen Trendwellen von den Personalentwicklern Innovationen nicht ausrei-

---

[6] Gemeinkosten sind Kosten, die keinem Kostenträger direkt zuzuordnen sind. Um sie auf die Kostenträger zu verteilen, müssen Annahmen zu ihrem Entstehen getroffen werden.

chend kritisch bewertet werden. Der Eindruck der Trendversessenheit entsteht. PE-Trends werden so verstanden zum Selbstzweck.

2.4 Die vagabundierende Verantwortung

Wie bereits argumentiert wurde, können verschiedene Akteure im Unternehmen als verantwortlich für die Entwicklung der Mitarbeiter gelten. Insbesondere der Mitarbeiter selbst, die Führungskraft als Entwickler vor Ort und der hauptamtliche PEler wurden diesbezüglich genannt. So inhaltlich richtig diese Unterscheidung ist, so problematisch ist sie im Alltag. Konkret bedeutet dies, dass die Verantwortlichkeit für PE unklar bleibt. Die Geschäftsleitung delegiert sie an die Organisationseinheit Personalentwicklung, diese wiederum fordert von den Führungskräften als „PEler vor Ort" zu agieren und letztgenannte fühlen sich von der Aufgabenfülle erschlagen und legen die „PE-Hände" in den Schoß. Nur eine eindeutige Klärung der Verantwortlichkeiten hilft weiter, um eine Laissez-faire-Personalentwicklung zu vermeiden. Eine grobe Orientierung bietet die in Tabelle 2 dargestellte Arbeitsteilung.

Tabelle 2. Akteure der Personalentwicklung und ihre Verantwortung

Akteur der Personalentwicklung	Verantwortung
Geschäftsführung bzw. Vorstand	Legen strategischen Rahmen für das Unternehmen fest, determinieren damit die Notwendigkeit und Ausprägung der Personalentwicklung, leben aktiv Personalentwicklung im Führungsprozess vor
Organisationseinheit Personalentwicklung	Bricht die unternehmensstrategischen Vorgaben auf die Personalentwicklung herunter, liefert notwendige PE-Instrumente, ist Dienstleister und Partner der Führungskräfte, ist Manager aller Personalentwicklungsaktivitäten
Führungskräfte	Agieren als Personalentwickler vor Ort, haben hohen Anteil an der operativen Personalentwicklung
Mitarbeiter	Sind für das eigene Kompetenzprofil und den Lernprozess verantwortlich, müssen Bildungsdeltas aktiv erkennen

2.5 Die Eigendynamikfalle

Wie jedes dynamische System unterliegt auch die betriebliche Personalentwicklung Veränderungen. Mit Becker (1999, S. 2 und S. 29 ff.) und Bäumer (1999, S. 267) können drei Entwicklungsphasen der betrieblichen Personalentwicklung unterschieden werden:

- Institutionalisierungsphase (1. Generation): „Wir müssen etwas tun!"
- Differenzierungsphase (2. Generation): „Wir müssen systematisch vorgehen!"
- Integrationsphase (3. Generation): „Wir müssen Betroffene zu Beteiligten machen!"

Damit ist intendiert, dass die PE nicht unbedingt nach rationalen Kriterien errichtet wird, sondern Ergebnis eines (eigen-) dynamischen Entwicklungsprozesses ist. In der Literatur findet sich diese Annahme als Analogie zur Reifung von Organisationen wieder (vgl. Bäumer, 1999, S. 267; Becker, 2005, S. 14 ff.). Nach diesem Verständnis existieren weniger klar erkennbare Motive für die Gestaltung der PE, vielmehr bildet sie sich eher situativ heraus. Wenn dies weitgehend unabhängig von der Unternehmensentwicklung erfolgt, begibt sich die PE in die Eigendynamikfalle: Ihre Entwicklung entkoppelt sich von ihrem Auftrag. Im Extremfall wird PE zum Selbstzweck.

2.6 Der stille Gehorsam

In welche Richtung diese Eigendynamik weist, wird nicht selten durch einzelne handelnde Personen geprägt. Insbesondere die persönlichen Präferenzen von Entscheidern spielen eine gewichtige Rolle. So gehen Impulse von Personen aus, die zuvor in anderen Unternehmen andere Formen von PE kennengelernt haben oder besonderen Einfluss auf Entscheidungen ausüben können (bspw. Mitglieder der Geschäftsführung). Bäumer verdeutlicht diesen Faktor mit einer Reihe von Statements, die er in Interviews mit PE-Verantwortlichen geführt hat. Exemplarisch sei eine Aussage einer PE-Leiterin eines Verlagsunternehmens zitiert: „Es gibt einen Geschäftsführer, der für Personal zuständig ist. Der hat den Bedarf erkannt, dass wir dringend etwas für unsere Führungskräfte tun müssen. Und dann wurde das von der Geschäftsleitung so entschieden [...] Ja, PE war immer ein großes Thema, vom Inhaber initiiert." (Bäumer, 1999, S. 270). Der Autor hat ähnliche Erfahrungen in einem Beratungsprojekt im Winter 2005 bei einer mittelständischen Bank gesammelt. Das für Personal zuständige Vorstandsmitglied hat regelmäßig alle Vorschläge, die für sein Haus ausgearbeitet wurden, mit den Konzepten verglichen, die bei seinem vorigen Arbeitgeber – einer Großbank mit mehreren Zehntausenden Mitarbeitern – eingesetzt wurden. So begrüßenswert das Engagement der beiden Geschäftsleitungsmitglieder in den Beispielen ist, so problematisch ist es, wenn die PE im stillen Gehorsam die Anregungen umsetzt. Sie verliert die Rolle des Experten und wird zum stillen Erfüllungsgehilfen. Stiller Gehorsam ist so verstanden fehl am Platz und wirkt kontraproduktiv.

2.7 Die Strategievergessenheit

Die vier letztgenannten Phänomene hängen eng mit dem nun zu erörternden Aspekt zusammen: die Strategievergessenheit. Döring weist darauf hin, dass in vielen Unternehmen auf Strategiediskussionen weitgehend verzichtet wird. Eine 3-jährige oder gar 5-, 8- oder 10-jährige Planung wird angesichts der enormen weltwirtschaftlichen Verflechtungen (Globalisierung) und der sich ständig wechselnden Marktsituationen nämlich schlicht als unrealistisch angesehen (vgl. Döring, 2008). Die Folge ist, dass viele Prozesse und Kampagnen intuitiv verlaufen, ohne klare Orientierung an einem übergeordneten Bezugssystem. Becker formuliert dazu pointiert: „So ist es auch in der Personalentwicklung immer noch keine Seltenheit, wenn die Verantwortlichen der Personalentwicklung Maßnahmen ohne systematische Bedarfsanalyse, ohne Prüfung geeigneter Durchführung und ohne leistungsfähige Methoden der Evaluierung realisieren. Vieles in der Personalentwicklung ist vom Zufall bestimmt" (Becker, 2005, S. V).

Zwar belegen aktuelle Studien zum Zustand des Personalmanagements, dass die Verbreitung von allgemeinen HR-Strategien in den letzten Jahren deutlich zugenommen hat (vgl. CapGemini 2009, CRANET 2009, Kienbaum 2008) doch gilt das wenig für die Personalentwicklungsstrategie. Sie ist in praxi selten anzutreffen und es herrscht nach wie vor ein Mangel an Strategie sowie daraus folgend an Struktur.

So setzt die PE unterschiedliche Instrumente ein, ohne erkennbaren „roten Faden". Dass diese Gefahr keine inhaltsleere Floskel ist, zeigen Beispiele aus dem Unternehmensalltag: Da existieren in einem Finanzdienstleistungskonzern unterschiedliche Kompetenzmodelle für die Personalauswahl, Beurteilung und Beförderung. In einem Handelsunternehmen benutzen die verschiedenen Niederlassungen unterschiedliche Formulare zur Mitarbeiterbeurteilung. In einer großen Versicherungsgruppe werden Potenzialträger nach unterschiedlichen Kriterien ausgewählt und völlig differierend ausgebildet und gefördert. Damit vermitteln die Akteure dieser PE-Funktionen den Eindruck: Alles ist beliebig. Gern wird an dieser Stelle argumentiert, das Angebot der PE ist historisch gewachsen und es sei vor dem Hintergrund von „Sachzwängen" zu beurteilen. So nachvollziehbar diese Gründe sind, sie sind organisational betrachtet verheerend: Die PE wird ihrer Funktion nur eingeschränkt gerecht und wird als unstrukturierter „Gemischtwarenladen" wahrgenommen. Nicht immer geht dieser Mangel unmittelbar von der PE aus, sie hat ihn letztendlich aber zu verantworten.

Döring (2008) weist darauf hin, dass die „Strategie" in vielen Unternehmen gleichbedeutend mit dem Geschäftsplan für das folgende Kalenderjahr ist und dieser möglichst spät im Jahr verabschiedet wird, um „Planungssicherheit" zu gewinnen. Damit verkommen die strategischen Planungen, Zielperspektiven und -entscheidungen, die über das folgende Geschäftsjahr hinausgehen, zu mehr oder weniger verbindlichen „Überlegungen". So leicht traue sich in den Vorständen niemand, darüber hinauszugehen, denn das wäre viel zu riskant angesichts der ständig sich beschleunigenden Veränderungen der geschäftlichen Rahmenbedingungen. Es stellt sich daher unabwendbar die folgende Frage: Wie soll betriebliche PE strategisch auf die Beine kommen, wenn die Kategorie des „Strategischen" selbst im Unternehmen keine solide Basis hat? So Recht Döring mit dieser Beobachtung hat, so unbefriedigend bleibt sie. Die Antwort ist letztendlich trivial: Ein Mangel an Strategie kann nur mit einer Strategie behoben werden. Damit ist gemeint, dass die Personalentwickler sehr wohl ihr Handeln strategisch fundieren können, indem sie die unternehmerischen Absichtserklärungen mit Strategierelevanz auswerten und daraus ihre PE-Strategie ableiten. Trotzdem muss sie berücksichtigen, dass die Halbwertzeit von strategischen Aussagen dramatisch gesunken ist. Im Kern kann es daher nur um eine robust-dynamische Strategie gehen.

2.8 Zwischenfazit: Nutzen der strategischen Personalentwicklung

Vor dem Hintergrund der aufgezeigten Mängel ist es nicht schwer herzuleiten, worin der Nutzen einer strategischen PE besteht. Konkret geht es darum, die PE aus dem Rechtfertigungsdruck zu befreien und für sie eine unumstrittene Daseinsberechtigung zu formulieren. Das gelingt nur, wenn der Strategievergessenheit eine Strategieorientierung entgegengestellt wird. Der Schlüssel dazu liegt in einer konsequenten Orientierung der Personalentwicklung an der Unternehmensstrategie oder kurz der strategieorientierten Personalentwicklung. Gemeint ist eine nachhaltige Ausrichtung sämtlicher Personalentwicklungspraktiken auf die Unternehmensstrategie. Konkret heißt das, dass sie in enger inhaltlicher und zeitlicher Nähe zur unternehmensstrategischen Planung vorbereitet wird. Die Personalentwicklung versteht sich so als (Business-) Partner der anderen Organisationseinheiten und unterstützt sie bei der Erfüllung ihrer strategischen Vorgaben mit ihrem spezifischen Know-how. Oder anders gewendet: Der Auftrag der Funktion Personalentwicklung ist es, den Erfolg der Organisation dadurch zu erhöhen, dass sie Entscheidungen fundiert und verbessert, die Auswirkungen auf Mitarbeiter haben. Um diesem ehrgeizigen Anspruch gerecht zu werden, ist es zusätzlich nötig,

- den Mangel an Kommunikationsfähigkeit der PEler zu überwinden und die „Sprache" der Kunden zu sprechen;
- die Angst vor dem Controller abzulegen und sich auf Augenhöhe mit ihm auszutauschen;
- die Trendversessenheit zugunsten eines „kritischen Pragmatismus" aufzugeben;
- die vagabundierende Verantwortung dadurch zu vermeiden, dass sie eindeutig geklärt wird;
- die Eigendynamikfalle zu erkennen und jede Veränderung in der PE am Unsystem Unternehmen zu orientieren;
- den stillen Gehorsam aufzugeben und sich selbstbewusst sowie offensiv zu positionieren.

Was mit der strategischen PE genauer gemeint sein soll und worauf sie sich konkret bezieht, greifen die folgenden Abschnitte auf.

3. Begriff der Strategie

Nachdem das Feld der Personalentwicklung in den vorangegangenen Abschnitten beleuchtet wurde, geht es im Folgenden um den Begriff der Strategie. Konkret: Welches Strategieverständnis liegt diesem Buch zugrunde?

In seiner ursprünglichen Bedeutung geht der Begriff „Strategie" zurück auf das griechische Wort „strategós". Es entstammt dem Militärischen und meint so viel wie „Heerführer". Im Kern steht die Frage, wie militärische Einheiten erfolgreich geführt werden. Nachhaltigen Einzug in die Betriebswirtschaftslehre fand der Begriff mit den Arbeiten von Ansoff aus den 1960er-Jahren. Für ihn sind Strategien „Maßnahmen zur Sicherung des langfristigen Erfolges eines Unternehmens." (nach Bea & Haas, 2009,

S. 51) Im Sinne von Porter ist die Strategie „eine in sich stimmige Anordnung von Aktivitäten, die ein Unternehmen von seinen Konkurrenten unterscheidet." (Porter, 1999, S. 15) Dieser Weg zu dauerhaften Wettbewerbsvorteilen bestehe im „spezifischen Aktivitätenprofil" eines Unternehmens. Dieses spezifische Aktivitätenprofil stellt insofern die Strategie dar. Besonders bekannt geworden ist seine grundsätzliche Unterscheidung zwischen drei Ausrichtungen der Unternehmensstrategie: der Kostenführerschaft, der Differenzierung sowie der Fokussierung bzw. dem Nischenangebot.

4. Vom strategischen Management zur strategischen Personalentwicklung

Auf diesen grundlegenden Einsichten basiert das, was üblicherweise als Legitimation für eine strategische PE herangezogen wird: das strategische Management. „Das Strategische Management befasst sich mit der zielorientierten Gestaltung unter strategischen, d.h. langfristigen, globalen, umweltbezogenen und entwicklungsorientierten Aspekten. Es umfasst die Gestaltung und gegenseitige Abstimmung von Planung, Kontrolle, Information, Organisation, Unternehmenskultur und strategischen Leistungspotenzialen." (Bea & Haas, 2009, S. 20) Somit ist das strategische Management in erster Linie eine Führungs- bzw. Steuerungsphilosophie. Diese Begriffsdefinition macht deutlich, dass die PE im strategischen Sinne relevant ist: Sie kann den übergreifenden Führungs- und Steuerungsprozess unterstützen. Wie dies konkret aussehen kann, wird weiter unten noch zu konkretisieren sein.

Der Strategie kommt im strategischen Management die Aufgabe zu, einen Weg für die Zukunftssicherung des Unternehmens festzulegen. Mit anderen Worten: Sie ist für die Geschäftsführung der zentrale Masterplan für die weitere Unternehmensentwicklung. Damit die Strategie dieser Aufgabe gerecht werden kann, muss sie konsequent an zukünftigen Erfolgspotenzialen orientiert sein. Im Mittelpunkt stehen folgerichtig nicht operative Größen wie Erfolg oder Liquidität, sondern Größen, welche die Voraussetzung dafür sind dass es überhaupt zu einem operativen Erfolg kommen kann. (vgl. Riekhof, 1994, S. 5) Dazu zählen nicht zuletzt Lern-, Wissens- und Adaptionspotenziale einer Organisation, die wiederum u. a. von der Art und Intensität der Personalentwicklung determiniert sind.

Eine zentrale Rolle im strategischen Management spielt das „concept of fit". Gemeint ist damit, dass das Kompetenzprofil eines Unternehmens konsequent auf die Anforderungen aus der Unternehmensumwelt auszurichten ist. Anders formuliert: Die Organisation muss mit der Umwelt in Passung gebracht werden (System-Umwelt-Fit) (vgl. Bea & Haas, 2009, S. 16). Diese Forderung wirkt auch nach innen: Die Faktoren einer Organisation wie Struktur, Personal, Kultur etc. stellen nicht nur die Voraussetzung dar, um Strategien umzusetzen, sondern bieten auch die Möglichkeit, diese zu generieren. „Denn je nachdem, über welche Fähigkeiten ein Unternehmen verfügt, hat dies meist direkte Auswirkungen auf seine Handlungsmöglichkeiten gegenüber der Umwelt." (Müller-Stewens & Lechner, 2005, S. 29) So kann eine schnittstellenintensive Vertriebsorganisation eines Unternehmens es dabei behindern, die Kostenführerschaft im Markt zu erreichen, weil ihre Vertriebskosten zu hoch sind. Andersherum können flexible Vertriebsprozesse und eine motivierte Vertriebsmannschaft Alleinstellungsmerkmale einer Unternehmung sein. Im strategischen Management ist somit in zweifacher Weise ein *strategic fit* herzustellen: zum einen der externe Fit zwischen Umwelt und der Organisation und zum anderen der interne Fit zwischen den wichtigsten Organisationselementen.

Welche Organisationsbestandteile dabei in den internen Fit zu bringen sind, wird in der Literatur lebhaft diskutiert (vgl. Bea & Haas, 2009, S. 16 ff.; Müller-Stewens & Lechner, 2005, S. 25 ff.). Nach wie vor hat sich in der betrieblichen Praxis eine Orientierung an dem von der Unternehmensberatung McKinsey vorgelegten 7-S-Modell bewährt (vgl. Peters & Waterman, 1982). Das Modell basiert auf Untersuchungen der Autoren, die erhellen sollten, welche Erfolgsfaktoren Unternehmen besitzen. Zu diesem Zweck analysierten sie zahlreiche Großunternehmen, um ihre Hypothese zu überprüfen, dass nicht nur die berechenbaren Unternehmenszahlen, sondern vor allem die in den Unternehmen beschäftigten Menschen und ihre Werte den Erfolg oder Misserfolg verursachen. Danach sind die Elemente Strategy, Structure, Systems, Style/Culture, Staff, Skills und Shared Values/Superordinate Goals in Passung als zentrale Erfolgsfaktoren anzusehen und in geeignete Passung zu bringen. Was verstehen die Autoren unter diesen aufgezählten Faktoren?

Strategy: Bezeichnet das Verhalten und die Maßnahmen des Unternehmens in Antwort auf externe Veränderungen.

Structure: Meint die Aufbauorganisation des Unternehmens, d. h. die Aufteilung in Organisationseinheiten.

Systems: Diese sind die informellen und formellen Geschäftsprozesse und Arbeitsabläufe, die großen Einfluss auf die Effizienz der Unternehmensorganisation haben.

Style/Culture: Der Kulturbegriff ist bei Peters & Waterman zweigeteilt. Zum einen geht es um die direkte Unternehmenskultur, welche Werte, Verhaltensweisen, Normen und andere historisch entwickelte Aspekte des Arbeitsstils im Unternehmen umfasst, zum anderen um den Führungsstil, der in erster Linie durch das Verhalten der Führungskräfte geprägt wird.

Staff: Zu diesem Aspekt gehören alle Prozesse des Personalwesens. Insbesondere die Karrierewege, die Integration neuer Mitarbeiter und die Sozialisationsprozesse formeller und informeller Art gehören hierzu. Der Begriff „Stallgeruch" trifft diesen Aspekt wohl am besten.

Skills: Die Kenntnisse und Fähigkeiten (Kernkompetenzen) einer Organisationseinheit sowie ihre Lernprozesse.

Shared Values/Superordinate Goals: Die gemeinsamen Werte halten alles andere zusammen. Sie können sehr unterschiedlich formuliert sein. Es kann ein offizielles Mission Statement existieren, aber auch eine informelle, nur für Insider nachvollziehbare Vision kann an dessen Stelle treten.

Bei Durchsicht der Begriffe wird deutlich, dass das Konzept zwischen harten Faktoren (Strategy, Structure, Systems) und weichen (Style, Staff, Skills, Shared Values) unterscheidet. Somit lassen sich die Aufgaben einer strategischen PE klar umreißen. Es ist deutlich, dass Aktivitäten der Personalentwicklung besonders auf die weichen Faktoren zielen. Es geht darum, Spezialkenntnisse zu fördern, einen gemeinsamen Führungsstil zu hinterlegen, Werte und Normen allen Mitarbeitern zu vermitteln, Karriere- und Sozialisationswege zu definieren etc.

> In dieser Argumentation finden die Überlegungen zur strategischen Personalentwicklung ihre zentrale Begründung. Aus Motiven des *strategic fit* muss die Personalentwicklung strategisch orientiert werden. Zum einen muss sie bei der Umsetzung der Strategie unterstützen, zum anderen kann sie eigene Strategiepotenziale fördern.

Damit ist die Notwendigkeit einer strategischen PE konzeptionell hergeleitet. In der Praxis liegen die Dinge etwas komplizierter. Die Frage ist, wie das Verhältnis von Personalentwicklungsstrategie und Unternehmensstrategie genau zu charakterisieren ist. Dominiert der erste Teil der Begründung (Strategieumsetzung)? Herrscht eher der zweite Aspekt (Strategiepotenziale entwickeln) vor? Oder existiert eine erweiterte Sichtweise? Gedanklich lassen sich drei mögliche Konstellationen von PE-Strategie und Unternehmensstrategie konstruieren:

1. Die Personalentwicklungsstrategie folgt der Unternehmensstrategie,
2. die Unternehmensstrategie folgt der Personalentwicklungsstrategie und
3. die Personalentwicklungsstrategie ist integrativer Teil der Entwicklung der Unternehmensstrategie.

1. Die PE-Strategie folgt der Unternehmensstrategie

Gemäß der obigen Argumentation zur Rolle der PE liegt diese Sichtweise nahe. Die PE-Strategie muss somit aus Motiven des *strategic fit* so gestaltet sein, dass sie die Umsetzung der Unternehmensstrategie ermöglicht. Damit nimmt die PE den Platz eines Erfüllungsgehilfen ein. So sachlogisch richtig diese Argumentation zu sein scheint, sie ist in der Praxis mit zwei erheblichen Problemen konfrontiert: Zum einen sind Interventionen beim Faktor Humankapital mittel- bis langfristig angelegte Prozesse. Sollte es zu kurzfristigen Änderungen der strategischen Planung kommen – und dies ist angesichts der Innovationsdynamik und Globalisierung durchaus möglich –, dann mag der Strategieimplementierung ein nicht ausreichend qualifiziertes Personal im Wege stehen. Zum anderen besitzt die Ressource Mensch auch ein eigenes Wertschöpfungspotenzial wie bspw. das Hervorbringen von Innovationen und Generieren von Alleinstellungsmerkmalen in der Klientenbetreuung. Damit weist dieser Faktor eine Eigendynamik auf, die bei der Strategieentwicklung berücksichtigt werden sollte (vgl. Müller-Stewens & Lechner, 2005, S. 437). Somit ist es problematisch, die PE-Strategie lediglich auf die Rolle des Erfüllungsgehilfen zu reduzieren.

2. Die Unternehmensstrategie folgt der PE-Strategie

Die obige Argumentation aufgreifend kann gefordert werden, dass nur eine Strategie umgesetzt werden kann, wenn die Human Resources dazu in der Lage sind. Pointiert formuliert: Die Organisation kann nur das leisten, was die Mitarbeiter leisten können. Diese auch als ressourcenorientierter Ansatz bezeichnete Sichtweise geht davon aus, dass die Unternehmensstrategie durch den Faktor Personal limitiert wird. So nachvollziehbar diese Argumentation ist, sie ist zu einseitig und begrenzt die Unternehmensführung übermäßig. Im Zweifel muss in der betrieblichen Praxis bei der Implementierung einer Strategie, für die das Personal noch nicht ausreichend qualifiziert ist, nachhaltig mittels Bildungsinvestitionen oder externen Einstellungen nachgesteuert werden. Die Human Resource darf nicht zu einem limitierenden Faktor der Organisation werden.

3. Die PE-Strategie ist Teil der Entwicklung der Unternehmensstrategie

Angesichts von immer kürzeren Innovationszyklen, komplexen Marktgegebenheiten und globaler Verflechtung werden die Halbwertzeiten von Unternehmensstrategien immer kürzer. Einige Praktiker und Autoren behaupten bereits, dass sich daher die klassische langfristige Unternehmensplanung bereits überlebt hat. Auch wenn diese pessimistische Einschätzung etwas weit geht, fordern die objektiven Veränderungen der Rahmenbedingungen die Strategieentwicklung heraus. In der Perspektive geht es darum, dass eine robuste, aber auch flexible Strategie entwickelt wird. Es müssen mit einem deutlichen zeitlichen Vorlauf geplant gewisse Unschärfen in der Umsetzung eingeplant und die besonderen Fähigkeiten der Belegschaft in der Strategieentwicklung berücksichtigt werden. In der eigentlichen Umsetzung der Strategie werden die Mitarbeiter zum Dreh- und Angelpunkt: Es geht nicht *gegen sie* und auch nicht *ohne sie*.

Ein Strategieentwicklungsprozess versteht sich somit als Interaktionsprozess der verschiedenen Teildisziplinen eines Unternehmens. Die grundlegende Unternehmensstrategie wird durch Funktionsstrategien flankiert. Die PE-Strategie ist eine derartige Substrategie und ist wiederum Teil der Personalstrategie. Erstgenannter kommt die Rolle zu, die Aufgaben der PE zu konkretisieren und zu priorisieren sowie die Schnittstellen mit den anderen Funktionsbereichen zu definieren und zu koordinieren. In der Entwicklung der Funktionsstrategie sind zwei grundlegende Aspekte zu unterscheiden: Zum einen geht es um eine längerfristig angelegte, grundlegende Strategie und zum anderen um ein aktionsorientiertes strategisches Kampagnenmanagement. Während Erstgenanntes als zentraler Masterplan für die weitere Entwicklung der PE angesehen werden kann, bezieht sich der zweite Aspekt auf die Umsetzung dieses Masterplans. Während für die Strategie eine Gültigkeitsspanne von mehreren Jahren unterstellt wird, sind die Kampagnen üblicherweise mit einer Perspektive von einem Jahr geplant. Sie ermöglichen so, dass leichte Veränderungen in der relevanten Umwelt oder innerhalb des Unternehmens entsprechend berücksichtigt werden können.

In neuerer Zeit wird diese sachlich-logische Argumentation immer wieder grundlegend hinterfragt. Die Zweifel gehen in zwei Richtungen: Zum einen wird – wie oben angedeutet – gefragt, ob es angesichts der Marktdynamik, -unsicherheit und -komplexität redlich ist, eine Strategie zu formulieren. Kann sie tatsächlich dem Unternehmen helfen seine Zukunftsfähigkeit zu sichern? Ist dieser Glaube nicht letztendlich Ausdruck eines mechanistischen und damit überholten Verständnisses von Unternehmensführung? Verkennt ein derartiges Vorgehen nicht die Komplexität unternehmerischen Handelns? Neue Nahrung hat diese pessimistische Sichtweise durch die Wirtschafts- und Finanzkrise ab dem Jahr 2008 erhalten. Die wenigsten Experten haben diese Entwicklung prognostiziert und auch herrscht(e) große Unsicherheit darüber, wie auf die Krise angemessen zu reagieren ist. Die wirtschaftliche Entwicklung hat viele Unternehmensstrategien in dieser Zeit zur Makulatur werden lassen.

Zum anderen wird angezweifelt, ob jedwede Strategie in der Unternehmenspraxis überhaupt eine Steuerungswirkung entfalten kann. Gemäß der systemtheoretischen Einsicht ist der Erfolg von Interventionen in organisierte Komplexität häufig gering. Das bedeutet im übertragenen Sinne, dass die in praxi formulierten Strategien mehr eine wohlfeine Managementrhetorik sind und kaum in praktisches Handeln umgesetzt werden. In der Tat ist der Blick auf die Empirie ernüchternd. Es wird in elaborierten Studien sowie in der betrieblichen Praxis immer wieder von Schwierigkeiten mit der Exekution einer strategischen Planung berichtet (vgl. bspw. Fink und Hartmann 2009). Da werden strategische Vorgaben umgangen und kontraproduktive Aktivitäten gestartet. Woran liegt das? Nun vor allem daran, dass es sich bei den relevanten Systemen, die mittels der Praktiken des strategischen Managements verändert werden sollen, um vorrangig Menschen (und ihre Verhaltensweisen) sowie soziale Systeme handelt. Es ist diesen gemein, dass sie sich grundsätzlich und mit guten Gründen einer Veränderung von außen widersetzen. Sie sind nur unter ganz besonderen Bedingungen von außen erfolgreich zu beeinflussen. Jeder Erzieher, Lehrer, Manager und Berater wird dies bestätigen. Der entscheidende Punkt ist daher – auch für die Fragestellung der strategischen Personalentwicklung –, unter welchen Bedingungen Interventionen in komplexe Systeme Misserfolge bewirken und unter welchen Bedingungen sie erfolgreich verlaufen (vgl. Willke, 2006, S. 6 ff.).

Beiden obigen Argumentationen ist gemein, dass sie das grundsätzliche Muster von Zukunftsbeherrschung durch strategische Leitbilder und Vorgaben kritisch diskutieren. Es wird in dem vorliegenden Herausgeberband daher immer wieder auch zu fragen sein, wie dem Damoklesschwert der

„Nichtrelevanz" von strategischen Absichtserklärungen entgangen werden kann.

Somit ist das inhaltliche Spektrum des Buches überblicksartig erläutert. Es geht darum, die Personalentwicklung in das strategische Management trotz aller Schwierigkeiten und Unkenrufe in einer Art und Weise zu integrieren, die ihre Wirkungswahrscheinlichkeit erhöht. Konkret heißt das, dass sie in enger inhaltlicher und zeitlicher Nähe zur unternehmensstrategischen Planung vorbereitet wird. Die Personalentwicklung versteht sich so als (Business-) Partner der anderen Organisationseinheiten und unterstützt sie bei der Erfüllung ihrer strategischen Vorgaben mit ihrem spezifischen Know-how. In diesem Verständnis entwickelt sich die ausschließlich Kosten produzierende Organisationseinheit PE zu einem vollwertigen Geschäftsbereich mit eigenem Leistungsspektrum und Beitrag zum Erfolg des Unternehmens. Die Frage nach der Daseinsberechtigung der PE stellt sich in dieser Interpretation nicht mehr, sondern erübrigt sich.

5. Struktur des Buches

Das Buch gliedert sich in vier Hauptkapitel. Im ersten Abschnitt werden die Grundlagen der strategischen PE behandelt. Es wird aufgezeigt, warum es sich lohnt, sich mit ihr zu beschäftigen. Nach diesem einführenden Beitrag umreißt Jochmann zuversichtlich den aktuellen Status quo der PE. Er zeigt aber ebenso klar die Handlungsnotwendigkeit auf, indem er fordert: „Der Personalentwicklungsbereich als zentraler Teilbereich der Personalfunktion muss gemeinsam mit den anderen HR-Kollegen seine Arbeit noch konsequenter an den strategischen Erfolgsfaktoren, an Unternehmenszielen und Marktherausforderungen orientieren." (Seite 42, vgl. auch Ulrich, 2005) Kabst und Wehner zeigen basierend auf empirischen Daten im folgenden Beitrag pointiert auf, wie es um den „Patienten Personalentwicklung" bestellt ist. Letztendlich liefern die ersten drei Beiträge die inhaltliche Legitimation dieses Buches. Sie begründen, warum eine grundlegende (Neu-) Ausrichtung der Personalentwicklung notwendig ist.

Das Herzstück dieser Schrift bildet das zweite Kapitel. In insgesamt neun Beiträgen werden die zentralen Handlungsfelder – die Etappen – der strategischen Personalentwicklung ausgebreitet. Nach einer kurzen Einführung in das Etappenkonzept durch Meifert bewegt sich die Diskussion im „Dachstuhl" des PE-Hauses (vgl. Abbildung 1).

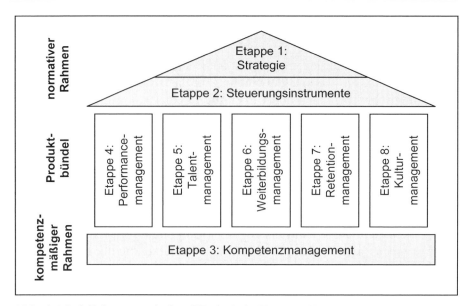

Abb. 1. Modell der strategischen PE als Acht-Etappen-Konzept

Hölzle zeigt mit seinem Artikel auf, wie eine Personalentwicklungsstrategie entwickelt wird und welche Faktoren dabei zu berücksichtigen sind. Girbig legt anschließend dar, wie die PE gesteuert werden kann, oder anders formuliert: Wie kann überprüft werden, ob der formulierte PE-Strategierahmen im Alltag tatsächlich umgesetzt wird? Diese beiden Handlungsfelder werden als normativer Rahmen der PE bezeichnet. Anschließend geht Leinweber mit seinem Beitrag das Fundament des PE-Hauses an und wendet sich dem Kompetenzmanagement zu. Er zeigt, dass ohne eine übergreifende Vorstellung von Kompetenzen im Unternehmen die PE-Instrumente nicht sinnvoll auf die Unternehmensstrategie ausgerichtet werden können, und gibt pragmatische Hinweise, wie dies in der Praxis erfolgen kann. Die Produktbündel werden in den anschließenden Artikeln vorgestellt. Den Auftakt bilden von Preen, Blang, Costa und Schmidt. Sie erläutern, welche Rolle die Personalentwicklung im Performancemanagement spielt, und zeigen auf, wie die Vergütung zur Steuerung der Mitarbeiterleistung eingesetzt werden kann. Anschließend widmen sich Bödeker und Hübbe einem aktuell sehr bedeutsamen Themenfeld, dem Talentmanagement. Im Kern geht es um die Frage, wie Talente im Unternehmen identifiziert und sinnvoll eingesetzt werden können. Fredersdorf und Glasmacher nehmen sich eines Klassikers an, der angesichts der dramatisch gesunkenen Halbwertzeit von Wissen und Kompetenzen wichtiger ist denn je, dem Weiterbildungsmanagement. Die beiden Autoren zeigen auf, wie betriebliche Lehr- und Lernarrangements so gestaltet werden können, dass sie ihren Zweck, nämlich Mitarbeiter zu befähigen, erfüllen. Die siebte Etappe greift eine Fragestellung auf, die bereits zur Jahrtausendwende sehr aktuell war und darauf etwas in Vergessenheit geriet, das Retentionmanagement. Meifert diskutiert in seinem Beitrag Rahmenbedingungen und Möglichkeiten zur Bindung von Mitarbeitern. Den Abschluss findet das zweite Kapitel in Form des Textes von Weh und Meifert. Es geht darum, wie die PE eine strategieunterstützende Unternehmenskultur befördern kann.

Das dritte Kapitel widmet sich den erfolgskritischen Fragen der PE in der betrieblichen Praxis. In sieben Beiträgen werden die gerne so bezeichneten „frequently asked questions" der PE aufgegriffen. Diese stellen und beantworten folgende Fragen: Wie den Auftraggeber überzeugen? (Bittlingmaier), Wie reagieren angesichts von gekürzten Budgets? (Hartmann), Wie gestalten? (Becker), Wie controllen und benchmarken? (Döring; Girbig & Meifert) sowie Wie internationalisieren? (Müller, Thomas & Müller).

In einem abschließenden Beitrag legen Bruch und Kunz dar, wie das Konzept der organisationalen Energie das Verständnis von Personalmanagement im Allgemeinen und das der Personalentwicklung im Speziellen verbessern kann.

6. Fazit

Dieser Artikel hat gezeigt, dass es Personalentwickler in deutschen Unternehmen nicht besonders leicht haben. Sie werden von ihren Kollegen kritisch beäugt und sehen sich häufig einer Rechtfertigungsdebatte ausgesetzt. Als Ursache für diese Zustandsbeschreibung wurden sieben hausgemachte Problemfelder herausgearbeitet. Diese lassen sich pointiert damit zusammenfassen, dass

- ein Mangel an Kommunikationsfähigkeit bei den Personalentwicklern besteht,
- sie Angst vor dem Controller haben,
- sie trendversessen sind,
- sie es zulassen, dass die Verantwortung für die Personalentwicklung vagabundiert,
- sie sich von der Eigendynamik fangen lassen,
- sie stillen Gehorsam praktizieren und
- sie zu wenig gegen die Strategievergessenheit tun.

Anschließend wurde aufgezeigt, was unter einer strategischen Personalentwicklung in diesem Buch verstanden wird. Dabei wurde das Konzept des strategischen Managements als Bezugsrahmen gewählt. Aus Motiven des *strategic fit* ist die Personalentwicklung strategisch zu orientieren. Zum einen muss sie bei der Umsetzung der Unternehmensstrategie unterstützen, zum anderen kann sie eigene Strategiepotenziale fördern. Konkret heißt dies, dass sie in enger inhaltlicher und zeitlicher Nähe zur unternehmensstrategischen Planung vorbereitet wird. Die Personalentwicklung versteht sich so als (Business-) Partner der anderen Organisationseinheiten und unterstützt sie bei der Erfüllung ihrer strategischen Vorgaben mit ihrem spezifischen Know-how. In diesem Verständnis entwickelt sich die ausschließlich Kosten produzierende Organisationseinheit PE zu einem vollwertigen Geschäftsbereich mit eigenem Leistungsspektrum und Beitrag zum Erfolg des Unternehmens. Die Frage nach der Daseinsberechtigung der PE stellt sich in dieser Interpretation nicht mehr, sondern erübrigt sich.

An dieser Stelle setzt dieses Buch an. Es versteht sich als ein Plädoyer für einen grundlegend anderen Zugang zur Personalentwicklung. Der Schlüssel liegt in einer konsequenten Orientierung der Personalentwicklung an der Unternehmensstrategie oder kurz der strategieorientierten Personalentwicklung. Wie dies erreicht werden kann, sollen die Kapitel 2 und 3 dieses Buches näher erläutern.

Literatur

Bäumer, J. (1999): *Weiterbildungsmanagement – Eine empirische Analyse deutscher Unternehmen* (Diss.). München.

Bea, F. X. & Haas, J. (2009). *Strategisches Management*. 4., neubearb. Aufl., Stuttgart: Schäffer-Poeschel.

Becker, M. (1999). *Aufgaben und Organisation der betrieblichen Weiterbildung*. 2. Auflage, München: Hanser.

Becker, M. (2005). *Systematische Personalentwicklung – Planung, Steuerung und Kontrolle im Funktionszyklus*. Stuttgart: Schäffer-Poeschel.

Berthel, J. & Becker, F.G. (2007): *Personal-Management – Grundzüge für Konzeptionen betrieblicher Personalarbeit*. 8. überarbeitete und erweiterte Auflage. Stuttgart: Schäffer-Poeschel.

Capgemini Consulting (2009): *HR-Barometer 2009. Bedeutung, Strategien, Trends in der Personalarbeit – Schwerpunkt Strategic Workforce Management*.

CRANET (2009): *Ergebnisbericht* der deutschen Erhebungswelle des Cranfield Network on International Human Resource Management 2009.

Dohmen, C. (2006). Hunderttausend Bürojobs auf der Kippe. *Süddeutsche Zeitung, 21. August 2006*, S. 17.

Döring, K. W. (2008). Strategische Personalentwicklung – Vision und realistische Perspektive. In: M. Meifert (Hrsg.): *Strategische Personalentwicklung – Ein Programm in acht Etappen*. Heidelberg, New York: Springer-Verlag.

Döring, K. W. & Ritter-Mamczek, B. (1999). *Weiterbildung im lernenden System*. Basel, Weinheim: Beltz.

Drucker, P. (1993): Manager in der nachkapitalistischen Ära. *Harvard Business Manager, 4*.

Faulstich, S. (1998). *Strategien betrieblicher Weiterbildung*. München: Vahlen.

Fink, D. & Hartmann, M. (2009). *Das Missing-Link-Prinzip*. München. Hanser.

Friedmann, B. S., Hatch, J. A. & Walker, D. M. (1999). *Mehr-Wert durch Mitarbeiter – Wie sich Human Capital gewinnen, steigern und halten lässt*. Neuwied: Luchterhand.

Gebert, D. & Steinkamp, T. (1990). *Innovativität und Produktivität durch betriebliche Weiterbildung – Eine empirische Analyse in mittelständischen Unternehmen*. Stuttgart: Schäffer-Poeschel.

Goltz, M. (1999). *Betriebliche Weiterbildung im Spannungsfeld von tradierten Strukturen und kulturellem Wandel* (Diss.). München.

Johnson, S. (2000). *Die Mäuse-Strategie für Manager. Veränderungen erfolgreich begegnen*. Aristion-Verlag.

Kienbaum (2008): Studie HR-Strategie und Organisation 2008/2009.

Lung, M. (1996). *Betriebliche Weiterbildung – Grundlagen und Gestaltung* (Diss.). Leonberg.

Meifert, M. (2010). Grundzüge der strategischen Personalentwicklung. In: M. Meifert (Hrsg.): *Prolog – Das Etappenkonzept im Überblick*. Heidelberg, New York: Springer-Verlag.

Merk, R. (1998). *Weiterbildungsmanagement – Bildung erfolgreich und innovativ managen*. 2. Auflage, Neuwied: Luchterhand.

Müller-Stewens, G. & Lechner, C. (2005). *Strategisches Management – Wie strategische Initiativen zum Wandel führen*. Stuttgart: Schäffer-Poeschel.

Niedermair, G. (2005). *Patchwork(er) on Tour – Berufsbiografien von Personalentwicklern*. Habil.-Schr. Universität Linz, Münster, New York, München und Berlin.

Peters, T. & Waterman, R. H. (1982). *In search of excellence. Lessons from Americas best run companies.* New York: Grand Central Publishing.

Porter, M. E. (1999). *Wettbewerbsvorteile. Spitzenleistungen erreichen und behaupten* (5. Auflage). Frankfurt am Main: Campus Fachbuch.

Riekhof, H.-C. (1994). Einleitung: Personal- und Managemententwicklungsstrategie in der Praxis. In: H.-C. Riekhof (Hrsg.): *Strategien der Personalentwicklung* (5. Auflage, S. 3–12). Wiesbaden: Gabler.

Schanz, G. (2000). *Personalwirtschaftslehre – Lebendige Arbeit in verhaltenswissenschaftlicher Perspektive.* 3. Auflage. München: Vahlen.

Scholz, C. (2000). *Personalmanagement – Informationsorientierte und verhaltenstheoretische Grundlagen.* 5. Auflage, München: Vahlen.

Sorg-Barth, C. (2000). *Professionalität betrieblicher Weiterbildner – Eine Analyse der erforderlichen Kompetenzen.* (Diss.). Hamburg.

Ulrich, D. (2005). *The HR Value Proposition.* Boston: Harvard Business School Press.

von Landsberg, G. & Weiß, R. (1995). Was uns bewegt! In: G. von Landsberg & R. Weiß (Hrsg.): *Bildungscontrolling.* Stuttgart: Schäffer-Poeschel.

Weiß, R. (2000). Ansätze und Schwierigkeiten einer Nutzenmessung in Betrieben. In: C. Bötel & E. Krekel (Hrsg.): *Bedarfsanalyse, Nutzungsbewertung und Benchmarking – Zentrale Elemente des Bildungscontrollings*, S. 81–98. Bielefeld: Bertelsmann.

Willke, H. (2006): *(Un)Möglichkeit der Intervention.* Studienbrief SYM 200 im Fernstudium Systemic Management. TU Kaiserslautern.

Status quo der Personalentwicklung – eine Bestandsaufnahme

Walter Jochmann

Die Funktion der Personalentwicklung ist innerhalb der klassischen Personalfunktionen – Personalbetreuung, Personalstrategie und Personalcontrolling, Grundsatzfragen sowie Personalverwaltung/-abrechnung – seit mehr als 30 Jahren vertreten. Hierbei hat sie sich von der Potenzialanalyse und Förderung auf der Führungsnachwuchsebene sowie der Trainings-/Qualifizierungseinheit zu einem Entwickler und Umsetzer wesentlicher Förderkonzeptionen entwickelt, die sich längst nicht mehr nur an individuellen Bildungsbedarfsanalysen festmachen lassen. Durch das steigende Bewusstsein darum, dass die Umsetzung von Unternehmensstrategien am häufigsten an der Qualifikation/Motivation der entscheidenden Mitarbeitergruppen scheitert – und dadurch dass das Betreiben komplexer kundennaher und dienstleistungsorientierter Geschäfte letztlich über die Kompetenzausprägungen ausgewählter Mitarbeitergruppen entschieden wird – ist die Personalentwicklung auch in den Fokus des Linienmanagements gerückt. Nicht nur aus der Sicht der Personalfunktionen selber sind ausgewählte Prozesse und Konzepte der Personalentwicklung heute mit erfolgsentscheidend für die Entwicklung der Unternehmen. So ist es auch kein Zufall, dass die häufigste pragmatische Operationalisierung des Humankapital-Begriffs die zukünftig notwendigen fachlichen und überfachlichen Kompetenzen auf allen Mitarbeiterebenen zum Inhalt hat (Jochmann, Kötter & Dievernich, 2006).

Dennoch bleibt ein wenig Unzufriedenheit, die sich festmacht an Effektivität und Effizienz von Qualifizierungsbausteinen, am Allgemeinheitsgrad und der Austauschbarkeit vieler Anforderungsmodelle sowie an der Fokussierung auf relativ wenige ausgewählte Potenzialträger. So liegt denn auch die Herausforderung für die Personalentwicklung im nächsten Jahrzehnt darin, die strategische Verankerung ihrer wesentlichen Konzepte und Instrumente zu optimieren, noch transferorientiertere Qualifizierungsmaßnahmen zu designen, sich stärker auf die strategischen und kundenorientierten Jobgruppen sowie auf die Rentabilität von Qualifizierungsinvestitionen zu konzentrieren (Jochmann, 2006).

1. Entwicklung des Stellenwertes der Funktion Personalentwicklung

Der gewählte Funktionsbegriff für die Personalentwicklung orientiert sich an häufig vorzufindenden Verantwortlichkeiten im Organigramm und somit an der Aufbauorganisation der Personalbereiche. Unter diesem Sammelbegriff finden sich oft die folgenden Aufgabenstellungen:

- Ausbildungskonzepte und teilweise auch Umsetzung/Betreuung.
- Potenzialanalysen und Standortbestimmungen insbesondere auf der Nachwuchsebene, zunehmend im Bereich der Führungskräfteentwicklung auch in höheren Verantwortungsebenen.
- Durchführung von Bildungsbedarfsanalysen.
- Eigene Entwicklung oder Einkauf von fachlichen und überfachlichen Qualifizierungsbausteinen.
- Beratung des Managements in Fragen der Potenzialausschöpfung, Leistungsverbesserung und Laufbahnentwicklung.
- Unterstützung von Veränderungsprozessen durch maßgeschneiderte Workshops und Trainings.
- Aufbau von Lernplattformen – vom klassischen Trainingskatalog bis hin zu internetbasierten Modulen oder interaktiven Lernformen/„blended learning".

Unserem aktuellen HR-Klima Index (Kienbaum, 2007) zufolge ist insgesamt über die letzten Jahre eine Anpassung von PE-Investitionen anhand der wirtschaftlichen Situation der Unternehmen/Branchen zu beobachten. Bei Trainings- und Weiterbildungskosten handelt es sich um eine flexible Kostengröße, die zumindest kurzfristig ohne Weiteres reduzierbar ist – auch wenn sich mittelfristig strategische Erfolgsfaktoren der Unternehmung verschlechtern. Die Infrastruktur von Personalentwicklungsbereichen und hier im Wesentlichen die Headcounts und die Anzahl von Schlüsselpositionen/Experten hat sich in den letzten Jahren kontinuierlich positiv entwickelt. Wir gehen heute davon aus, dass ein modern aufgestellter Personalbereich etwa 25 % der beschäftigten HR-Professionals den Personalentwicklungs- und Ausbildungsfunktionen zuordnen sollte. Diese Größe entspricht dem Stellenwert dieser Funktion, ihrer Hebelwirkung für Strategieumsetzung, Unternehmensprofilierung, Innovationsabsicherung und ihrem Beitrag zum erfolgreichen Kundenmanagement. Dementsprechend bestätigt Abbildung 1 den in den letzten Jahren durchgängig entscheidenden Stellenwert von Personalentwicklung und Führungskräfteentwicklung innerhalb des Gesamtkanons von HR-Themen.

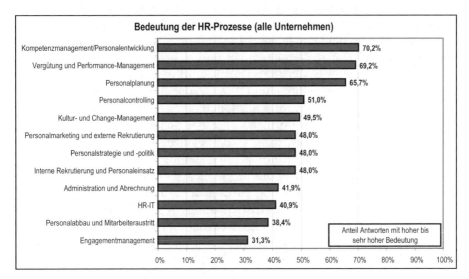

Abb. 1. Kompetenzmanagement und Personalentwicklung als Top-Themen der Personalarbeit

Diese Gewichtung durch die Leiter der Personalfunktionen bildet sich im Übrigen auch in der relativen Gehaltspositionierung der Personalentwicklungsfunktionen gegenüber anderen HR-Funktionen ab, des Weiteren in der typischen Karrierenentwicklung in die Gesamtleitung des Personalbereiches. Hier dominierten in der Vergangenheit personalgrundsatz- und administrationsorientierte Kompetenzen. Zunehmend erweist sich die Leitung von Personalentwicklung/Führungskräfteentwicklung – bei entsprechender On-the-Job- und Off-the-Job-Qualifizierung – als gleichwertiger Karrierehebel neben Top-Betreuungsfunktionen (Business-Partner-Prinzip oder Job-Rotation aus anderen Bereichen). Ein alternativer Blickwinkel zur Bedeutung der Personalentwicklung orientiert sich an den strategischen Zielen der gesamten Personalarbeit, die sich u. a. in den Antworten auf folgende Fragen finden:

- Was sind die aktuellen Top 10 der HR-Ziele in entsprechenden Strategiedokumenten?
- Was sind die wesentlichen Erwartungen des Topmanagements an die Personalfunktion?

Abbildung 2 zeigt die direkten und indirekten Deckungsgrade/Zusammenhänge mit Leistungsmöglichkeiten der Personalentwicklung auf und bestätigt ungefähr einen 40%- bis 65%-Anteil von Personalentwicklungshebeln. Mit anderen Worten: Ausgewählte Aktivitäten der Personalentwicklung mit überzeugenden inhaltlichen Konzepten, mit umsetzungsorientierten Instrumenten und hoher Durchführungskompetenz auf der Ebene der Personalentwickler und Linienführungskräfte haben einen klaren Einfluss auf HR-Zielerreichungen und das vom Topmanagement geforderte HR-Leistungsspektrum. Dabei wird der klassische Zweiklang zwischen Personalbeurteilung und Potenzialanalyse auf der einen Seite sowie Anpassungsqualifizierung bezüglich der jetzigen Position und Befähigung für weiterführende Aufgaben auf der anderen Seite ergänzt durch die Sicherstellung der Unternehmenskompetenzen in den strategischen Geschäftsfeldern. Unternehmenskompetenzen bilden sich in einem für alle Positionsziele relevanten Mix aus fachlichen und überfachlichen Kompetenzen ab und konzentrieren sich auf alle Jobgruppen im Unternehmen – wobei die Funktionen Produktentwicklung, Vertriebsmanagement und Konzernsteuerung Priorität erhalten. Erfolgreiche Unternehmen müssen zum einen die strategischen Erfolgsfaktoren ihrer Märkte überzeugend abbilden, zum anderen über zwei bis drei Kernkompetenzen Einzigartigkeit im Rahmen der sogenannten Unique Selling/Unique Competence Proposition herausbilden (Prahalad & Hamel, 1990). Wie stark bei diesen Einzigartigkeiten personelle Faktoren zu bewerten sind, wird in den neueren Ansätzen

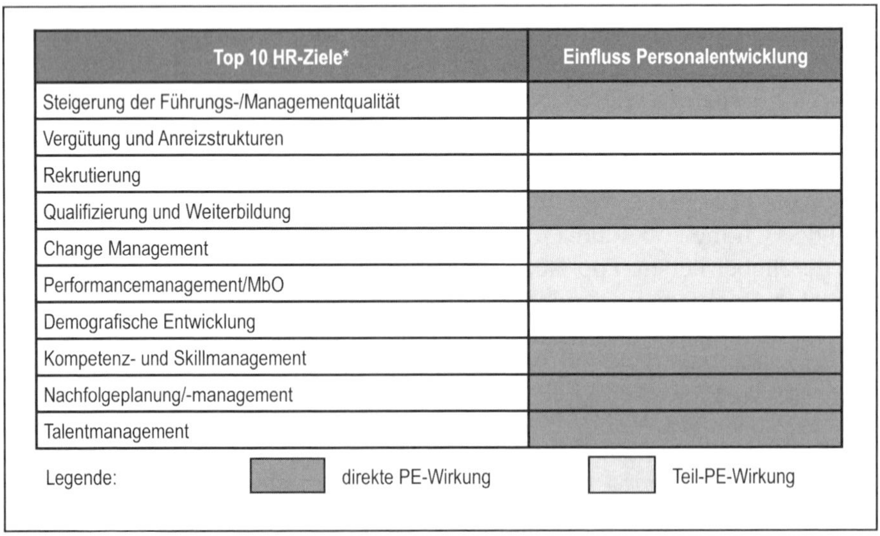

Top 10 HR-Ziele*	Einfluss Personalentwicklung
Steigerung der Führungs-/Managementqualität	
Vergütung und Anreizstrukturen	
Rekrutierung	
Qualifizierung und Weiterbildung	
Change Management	
Performancemanagement/MbO	
Demografische Entwicklung	
Kompetenz- und Skillmanagement	
Nachfolgeplanung/-management	
Talentmanagement	

Legende: ▇ direkte PE-Wirkung   ▢ Teil-PE-Wirkung

Abb. 2. Treiberwirkung Personalentwicklung (Quelle: HR-Klima-Index, 2007)

zum Intangible Asset Management herausgearbeitet. Tangible Assets können im Rahmen der klassischen Unternehmensbewertung vergangenheits- und gegenwartsbezogen bestimmt werden und umfassen alle bilanzierten Vermögensgegenstände, wie z. B. Gebäude, Produktionsanlagen, Grundstücke etc.

Demgegenüber erklären die Intangible Assets die Differenz zwischen dem an den Kapitalmärkten gehandelten Unternehmenswert (Marktkapitalisierung) und dem Buchwert (Kaplan & Norton, 2004). Analysen in vielen Branchen mit ihren häufig fünf bis acht strategischen Erfolgsfaktoren zeigen hierbei in der Regel einen Aufklärungsgrad der Intangible Assets von 40 % bis 60 % durch Humankapital-Faktoren, gefolgt von Strategie- und Strukturkapital, Kundenwert und Unternehmensimage. Unter der Maßgabe, dass zumindest ein beträchtlicher Anteil des Humankapitals durch die Qualität der richtigen Mitarbeitergruppen in entscheidenden Aufgabenstellungen bestimmt wird und dass unter Qualität zukunftsorientierte Kompetenzen sowie Arbeitszufriedenheit und Motivation/Commitment verstanden werden, ist die Personalentwicklungsfunktion wesentlicher Treiber des entscheidenden Intangible-Asset-Faktors.

2. Prozessbeschreibungen und wesentliche Personalentwicklungsinstrumente

Gegenüber dem breiten Funktionsbegriff beschreiben Prozesse Abläufe mit definierter Anfangs- und Abschlussphase. Zwischen diesen Finalpunkten stehen in unterschiedlicher Körnung zwischen drei und acht Prozessstufen, in denen zusammengehörige Aktivitäten-Bündel (Zusammenhang durch Zeitpunkte, gemeinsame Verantwortung, vereinheitlichende Kompetenzen und Entscheidungspunkte) platziert sind. Abbildung 3 zeigt eine typische Prozesslandkarte, wobei hier zwischen strategischen, betreuenden und administrativen HR-Prozessen unterschieden wird. Einige der Prozessbezeichnungen finden sich in den Organigrammen von Personalbereichen als klassische Teilfunktionen wieder, andere – wie etwa die Nachfolgeplanung oder das Performance Management – integrieren Aktivitäten in sinnvoller Form. Die Sinnhaftigkeit ist dabei daran festzumachen, dass

- hinter jeden Prozess Leistungskriterien mit Zeiten, Kosten und Ergebnisqualitäten gestellt werden können;
- die Verantwortungsstufen mit Gesamtverantwortung, Aktivitätenträgern, Entscheidern und Informationsempfängern verdeutlicht werden;

- abteilungsübergreifende Zusammenarbeitsnotwendigkeiten und gemeinsame Arbeitsformate in Form von Instrumenten, Ergebnisdokumentationen und IT-Systemen erarbeitet werden;
- die Benchmark-Fähigkeit des Prozesses mit seinen Quantitäten und Qualitäten erzielt wird.

Es ergeben sich je Körnungstiefe drei bis fünf ausschließliche Personalentwicklungsprozesse sowie weitere funktionsübergreifende Prozesse mit Personalentwicklungsinvolvierung.

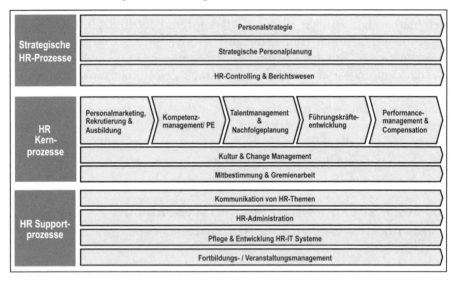

Abb. 3. HR-Prozesslandkarte

Als Beispiel für eine detaillierte Prozessbeschreibung wird in Abbildung 4 der Prozess „Strategisches Kompetenzmanagement" dargestellt. Um gemeinsame inhaltliche Kerne herum sollten Unternehmen mit Blick auf Anwendungsbreite und -komplexität sowie vorhandene Konzepte und Instrumente letztlich zu eigenen Prozessbeschreibungen gelangen. Ergänzend zu dieser Abbildung wären im Anwendungsformat alle einzusetzenden Instrumente zu jeder Prozessstufe zu benennen, des Weiteren die Verantwortungsmatrix mit Handlungsträgern und Schnittstellen. Der dargestellte Prozess des strategischen Kompetenzmanagements ist als relativ neu zu bezeichnen, da in der Vergangenheit operative Qualifizierungsprozesse dominierten. Ein besonderes Augenmerk gilt bei diesem ausgewählten Prozess der schon erwähnten Transformation von Unternehmenskompetenzen in personelle Kompetenzen, strukturiert über ein unternehmensübergreifendes Kompetenzmodell (Jochmann, 2006). In der dominierenden

Anwendungsform umfassen diese Kompetenzmodelle heute 10 bis 20 überfachliche Kompetenzdimensionen und konzentrieren sich auf Top- und Schlüsselfunktionen. Sie vernachlässigen damit wesentliche Jobgruppen mit Kunden- und Operationsbezug, konzentrieren sich einseitig auf Management- sowie Führungsqualität und lassen technologische Kernkompetenzen außer Acht. Gerade angesichts des demografischen Wandels und der sich abzeichnenden Engpässe in einer Reihe von fachnah geprägten, spezialisierten Ausbildungsgängen kommt der Sicherung von insbesondere technischen informations- und verfahrensablaufbezogenen Kompetenzen eine hohe Bedeutung zu. Integrierte Geschäftsmodelle mit Produktvertrieb, Service und anspruchsvoller Beratung erhöhen die Anforderungen an viele Mitarbeitergruppen und machen innerhalb des Personalplanungsprozesses neben dessen quantitativen Elementen die technologie- und kundenbezogenen Kompetenzen als wesentlichen Bezugspunkt aus. Hieraus abgeleitete Kompetenz-Handbücher beschreiben für alle Jobgruppen anhand von Beispielen oder verhaltensorientierten Performance-Indikatoren die notwendigen Abstufungen zwischen Normalleistung, Potenzialausprägung und Spitzenleistung. Aus dem strategischen Kompetenzprozess werden dementsprechend keine individuellen Weiterbildungsbedarfe abgeleitet, sondern Entwicklungsbedarfe an jobgruppen-spezifische oder übergreifend eingesetzte Qualifizierungsprogramme formuliert.

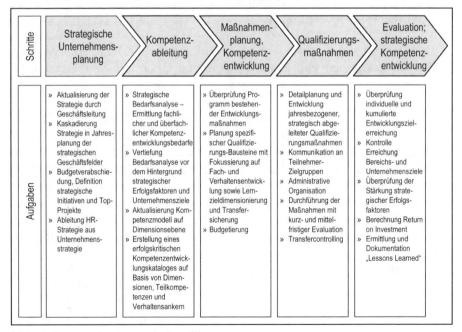

Abb. 4. Prozess des strategischen Kompetenzmanagements

Der operative Qualifizierungsprozess orientiert sich hingegen an den jährlichen Mitarbeitergesprächen und hier an der Analyse von Zielabweichungen, der Kompetenzeinschätzung, somit des Verhaltensfeedbacks sowie seiner Potenzialaussagen. Für jeden Mitarbeiter resultieren hieraus Verhaltensentwicklungsziele und Vorschläge für individuelle Personalentwicklungsmaßnahmen. Diese sind auf den Erhalt der Leistungsfähigkeit in der jetzigen Funktion ausgerichtet (Schwächenkompensation oder Zukunftsanpassung) oder beziehen sich auf weiterführende Verantwortungsstufen oder neue Funktionsbilder. Die Summation der Qualifizierungsbausteine ergibt die jährliche Planung an unternehmensinternen oder -externen Verhaltenstrainings, fachlichen Weiterbildungsveranstaltungen, Coachings, selbstlernbezogenen Inputs und Erfahrungsaustausch-Kreisen/Netzwerktreffen. Eine bleibende Herausforderung ist die Umsetzung der Transfer- und Evaluationsschleifen von Kirkpatrick und Kirkpatrick (2006) mit folgenden Hauptanforderungen:

- Sicherstellung der Beherrschung vermittelter Inhalte mit angestrebten Wissens- und Methodenzugängen.
- Umsetzung vermittelter Inhalte in wichtigen Jobsituationen auf der Verhaltensebene.
- Erzielung besserer Jobresultate.
- Erzielung eines positiven Returns on Investment für die entstandenen Qualifizierungsinvestitionen.

Der Prozess der Nachfolgeplanung umfasst die jährliche Analyse aller wichtigen Positionen und Positionsträger mit Blick auf Neubesetzungen/Rotationen, die Vorbereitung für potenzielle neue Aufgaben, die Identifikation von Schwachleistern sowie die bevorzugte Behandlung des Talente-Pools mit Blick auf Qualifizierungsmaßnahmen und Besetzungen. Hierbei gilt es im Wesentlichen, die quantitativen Personalbedarfe in wichtigen Jobgruppen zumindest mittelfristig abzubilden und sich dem gängigen Performance-Kriterium zu stellen, 60 % bis 80 % an Nachfolgern aus den eigenen Reihen bestellen zu können. Des Weiteren ist ein akuter Absicherungsquotient von 80 % anzustreben. Wesentliche Elemente innerhalb dieses Prozesses sind die Umsetzung der Unternehmens- und Geschäftsfeldplanung in definierte Führungskräftebedarfe, die dezentrale Erhebung von Leistungs- und Potenzialstufen, ihre Absicherung durch Quervergleiche und externe Benchmarks, das Matching von Positionen und Personen insbesondere in Transferphasen sowie abgeleitete Rotations- und Qualifizierungsmaßnahmen. Unter der Prämisse des internen Besetzungsmanagements werden außerdem Vorschläge für Nachfolger einschließlich ihrer nachgelagerten Potenzialträger fixiert. Ein besonderes Augenmerk gilt in der Regel dem High-Potential-Pool, dessen Mitglieder mit bevorzugter Platzierung oder Auslandsentsendung auf den Weg ins obere Management vorbereitet werden.

Im Performancemanagement-Prozess gilt das Augenmerk der Personalentwicklung der qualifizierten Vorbereitung und Durchführung turnusmäßiger Mitarbeitergespräche und hier der kompetenzbasierten Vorgesetzteneinschätzung, welche

- die Ursachen für Performance-Erfolge und -Defizite in Kompetenzeinschätzungen abbildet;
- mit Blick auf mögliche zukünftige Funktionsverantwortungsstufen und Funktionsbilder Entwicklungsbedarfe identifiziert;
- akzeptierte Defizite in Vorschläge für Personalentwicklungsmaßnahmen überführt und mit PE-Aktionsplänen sowie gegebenenfalls Change Scorecards unterfüttert;
- Potenzialeinschätzungen für anstehende Aufgaben und gegebenenfalls weiterführende Verantwortungsebenen durch die Beschreibung von Potenzialindikatoren unterstützt, um einen unternehmensweit möglichst ähnlichen Einschätzungsstandard zu gewährleisten.

Hinter diese Personalentwicklungsprozesse müssen Schlüsselkonzepte gestellt werden. Am häufigsten anzutreffen sind folgende Konzepte:

- Karriere- und Laufbahnmodell (Komponenten Karriereformel, Rolle Auslandsaufenthalt, Rotationspolitik etc.)
- Unternehmensspezifisches Kompetenzmodell
- Grundsätze der Weiterbildung mit Unternehmens-Commitments, der Beschreibung von Eigenverantwortlichkeiten etc.
- Gewollte Unternehmenskultur mit Führungs- und Zusammenarbeitsgrundsätzen, der Beschreibung unternehmerischer und gesellschaftlicher Verantwortung, dem Commitment zu fairen Geschäftsprinzipien sowie Aussagen zu Gleichberechtigung/Diversity etc.
- Unternehmensspezifisches Vergütungsmodell, u. U. mit Incentivierung von Personalentwicklungszielen über variable Gehaltskomponenten

Zur Umsetzung dieser Konzepte werden standardisierte Instrumente benötigt, die insbesondere durch die Vorgabe von IT-Programmen in ihrer Umsetzung forciert werden. Im mittelständischen Bereich sind fünf bis zehn derartige Instrumente rund um die Personalentwicklungsfunktion notwendig, in Großunternehmen/Konzernen eher 15 bis 20. Ausgewählte Schlüsselinstrumente sind dabei

- Beurteilungsbogen,
- Potenzialerhebungsbogen,
- Nachfolgeplanungsbogen,
- Formular zur Laufbahnplanung,
- Individuelle Personalentwicklungsplanung,
- Zielvereinbarungsbogen,
- Vorgesetzteneinschätzung,
- Personal-Portfolio,
- Unmittelbares und mittelfristiges Bewertungsinstrument von Qualifizierungsmaßnahmen.

Die Träger der Personalentwicklung sind in ihren unterschiedlichen Rollen:

- Der Vorgesetzte – als Mentor und Coach sowie unmittelbarer Beobachter in wichtigen beruflichen Situationen.
- Die Personalfunktion/Personalentwicklungsfunktion – als Business-Partner und Spezialist, zudem als Berater und Coach.
- Der externe Trainer und Coach in seiner Rolle als neutraler Spezialist und Change Agent.

Nur wenn es gelingt, diese Handlungsträger in ihrem Prozessbeitrag zu qualifizieren und für die hiermit verbundene Mitarbeiterkommunikation zu sensibilisieren, können gute Konzepte und personalwirtschaftliche Strategiepapiere wirkungsvoll umgesetzt werden.

3. Personalentwicklung als Baustein von HR-Strategien

Personalarbeit vollzieht sich in Zyklen. Phasen der Reaktion auf deutliche Unternehmensveränderungen folgen eigeninitiierte, an Benchmarks oder internen Veränderungszielen orientierte Ausrichtungen. Neben den zitierten Kienbaum-Studien verdeutlicht Abbildung 5 ein über zahlreiche Workshops und Diskussionsforen entstandenes Bild aktueller Themen und Handlungsbedarfe von Personalbereichen. Es zeigen sich unternehmensinterne Projekte oder gar mehrjährige strategische Initiativen, etwa die erfolgreiche Positionierung als Business-Partner oder die Neuausrichtung des Geschäftsmodells mit Betreuungsmodellen und Shared-Services-Strukturen. Die Formulierung einer Strategie für den Personalbereich bündelt derartige Veränderungs- und Verbesserungsprojekte unter dem Dach einer Vision oder eines Langfristziels, einer formulierten Business-Mission und einem Set von mittelfristigen und somit strategischen Zielen der Personalarbeit. Strategien beschreiben den Fokus des eigenen Handelns, die Spezialisierung sowie die Entwicklung von Einzigartigkeitsmerkmalen. Mit der Formulierung der Business-Mission erfolgt die Beschreibung des Wertbeitrages für die anderen Unternehmensprozesse, für die wesentlichen Kundengruppen und die wesentlichen Geschäftsprozesse der Unternehmung. Interne Analysen von etwa 70 potenziell möglichen HR-Zielen lassen sich in folgende Zielfelder einordnen:

- Performancemanagement – Vergütungs- und Anreizsysteme, Mitarbeiterproduktivität und Personalkosten sowie Arbeitseffizienz.
- Kompetenzmanagement – Einstellung und Bindung, Sicherstellung des Qualifikationsniveaus und Steigerung der Führungs- und Managementqualität.
- Kultur- und Change Management – Positionierung als Arbeitgeber, Mitarbeiterzufriedenheit und Commitment, Unterstützung von Wachstums- und Veränderungsprozessen.
- Interne Ziele des Personalbereiches – Effektivität und Effizienz der HR-Prozesse, Kundenmanagement und Messbarmachung des Wertschöpfungsbeitrags.

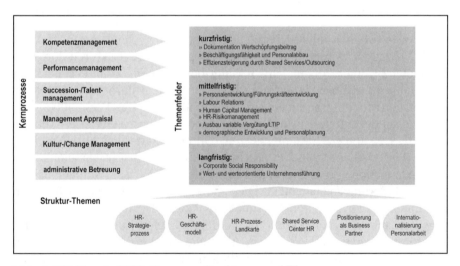

Abb. 5. HR-Trends 2009: Prozesse, Strukturen und Themen

Der schon beschriebene Anteil von Personalentwicklungs- und im strategischen Sinne erweiterten Kompetenzentwicklungszielen sowie resultierenden Projekten und Kernaktivitäten spiegelt sich ebenso in Messmodellen und hier insbesondere dem Anteil von PE-Messkriterien wider. Hervorgehoben seien an dieser Stelle Performance-Indikatoren wie:

- Passung der Kompetenzlevels für alle wichtigen Jobgruppen
- Prozentsatz abgesicherter Top- und Schlüsselpositionen – dies über Nachfolgeplanungssysteme und Talente-Pools
- Kostenbenchmarks und Rentabilitäten von Personalentwicklungsmaßnahmen
- Grad der Transparenz über vorhandene Management- und Nachwuchspotenziale
- Lernbereitschaft und Lernfähigkeit wichtiger Mitarbeitergruppen

Fast noch stärker ist das Gewicht von Personalentwicklungsthemenstellungen in auf alle Mitarbeiter ausgerichteten Kernaussagen zur Personalarbeit, häufig als Personal-Leitbild oder People Strategy bezeichnet. Zahlreiche Studien belegen, dass für zunehmend umworbene Hochschulabsolventen die Qualifizierungsangebote, idealerweise verbunden mit attraktiven Laufbahnmodellen, einen wesentlichen Beitrag zur Arbeitgeberwahl ausmachen. Unternehmen verknüpfen hiermit natürlich auch Erwartungen mit Blick auf Eigeninitiative, Offenheit für Feedback, Lernbereitschaft und Lerneffizienz.

Die wesentlichen inhaltlichen Konzepte und angewendeten Instrumente in PE-Prozessen werden in den meisten Organisationsstrukturen durch das Kompetenz-Center Personalentwicklung bereitgestellt. Während noch vor zehn Jahren teilweise dezentrale, direkt mit den Mitarbeitern arbeitende Personalentwicklungsbereiche agierten, sind heute die Personalbetreuer/ -berater als dezentrale Business-Partner und Coaches integrierter Anbieter aller HR-Leistungen. Sie unterstützen Führungskräfte und Mitarbeiter vor Ort/in den Business Units bei HR-Fragestellungen, in Entscheidungs- und Konfliktsituationen rund um Förderung, Potenzialanalyse, Laufbahnplanung und Veränderungsmanagement. Dies ändert jedoch nichts an der Rolle der Führungskraft als primärem Personalentwickler, als Mentor und Coach der zugeordneten Mitarbeiterstruktur. Die durchgängige Zusammenarbeit, das detaillierte Kennen der Arbeitssituation und der Leistungsergebnisse machen die Führungskraft zum wesentlichen Träger von Feedback und zum Veränderungsmanager, was sich in Kombination mit Zielvereinbarungen und Laufbahnperspektiven im jährlichen Mitarbeitergespräch abbildet. Das Corporate Center Personalentwicklung kann seinerseits die dezentralen Personalbetreuer und die Führungskräfte durch Schulungsmaßnahmen in ihrer Personalfunktion unterstützen, es plant und realisiert – teils mit eigenen Kräften, teils mit externen Beratern – Potenzialanalyseseminare und nachgelagerte Förderbausteine.

4. Veränderungschancen und Handlungsfelder

Die Positionierung von Personalbereichen innerhalb der klassischen unternehmerischen Querschnittsfunktionen weist über die letzten Jahre ein uneinheitliches Bild mit leicht positiver Tendenz auf. Die personelle und finanzielle Ausstattung von Personalbereichen ist stabil bis leicht steigend, im Gehaltsranking halten sich die HR-Funktionsträger knapp im ersten Vergleichsdrittel (Jochmann, 2005). Dennoch gibt es klare Verbesserungssignale durch den Kunden Top- und Mittelmanagement, beispielsweise:

- Unterfütterung der eingeforderten Positionierung als Business-Partner durch eine deutlich verbesserte personelle Qualität, gesamtunternehmerische Orientierung und Qualifizierung in Strategieinstrumenten,
- Dokumentation des Wertschöpfungsbeitrages der Personalarbeit insgesamt und der Rentabilität von Qualifizierungsinvestitionen im Einzelnen,
- Verbesserte Ausschöpfung IT-technischer Möglichkeiten,
- Entwicklung innovativer Konzepte als Antwort auf die demografische Entwicklung,
- Steigerung von Eigeninitiative und proaktiver Problemlösung gegenüber einer starken Verwaltungs- oder Spezialistenorientierung,
- Vorbildwirkung in der eigenen Kompetenzanalyse und Kompetenzentwicklung,
- Steigerung der Präsenz in Change-Projekten mit Kommunikations-, Moderations- und Qualifizierungsleistungen,
- Steigerung einer nachweisbaren strategischen Verankerung wichtiger Handlungsprogramme,
- Erhöhung des Anteils direkter Beratungstätigkeit,
- Verknüpfung und Vereinfachung der Instrumentenvielfalt,
- Steigerung der Wirkung von Trainings durch ihre Einbindung in zentrale Geschäftsprozesse und die Abbildung von kritischen Arbeitssituationen.

Als Grundmuster dieses Spektrums an Veränderungsbotschaften lassen sich herausarbeiten:

- die konsequente Anwendung eines fach-/verhaltensintegrierten Kompetenzmanagements für die HR-Professionals selbst – quasi als Vorbild und als Hebel für die steigenden Anforderungen in der HR-Funktion,
- die Weiterentwicklung eingesetzter Verfahren und Methoden unter den Prämissen von Effizienz, Effektivität und Innovation,
- die Erhöhung der unternehmens- und bereichsstrategischen Verankerung von Personalentwicklungsbausteinen, verbunden mit entsprechend geschäftsorientiertem Kundenbezug in Ergänzung zur in der Regel hochklassigen operativen Serviceorientierung,
- die Steigerung des Kennzahlenbezugs des eigenen Arbeitens mit Blick auf Zusatznutzen und Rentabilität sowie langfristig wirkende Leistungskennzahlen der Humankapital-Entwicklung.

Der Personalentwicklungsbereich als zentraler Teilbereich der Personalfunktion muss gemeinsam mit den anderen HR-Kollegen seine Arbeit noch konsequenter an den strategischen Erfolgsfaktoren, an Unternehmenszielen und Marktherausforderungen orientieren (Ulrich, 2005). Abbildung 6 skizziert beispielhaft personalwirtschaftliche Herausforderungen, welche aus unternehmerischen Herausforderungen resultieren, und verdeutlicht, dass die erfolgreiche Unternehmensentwicklung von morgen in globalen Märkten den Wettbewerb um Talente und Kompetenzen „zu bezahlbaren Rahmenbedingungen" ausmacht.

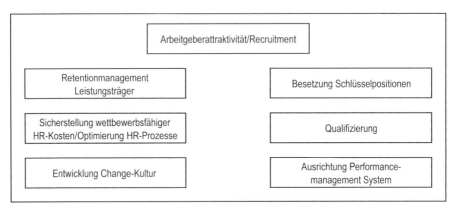

Abb. 6. Wesentliche HR-Handlungsfelder zur Unterstützung des Erfolgs der Gesamtorganisation

Literatur

Jochmann, W. (2005). Mythos der Nichtmessbarkeit. *Personal. 12.*

Jochmann, W. (2006). Transformation unternehmerischer Erfolgsfaktoren in personalwirtschaftliche Kompetenzmodelle. In W. Jochmann & S. Gechter (Hrsg.): *Strategisches Kompetenzmanagement.* Berlin: Springer.

Jochmann, W., Kötter, P. & Dievernich, F. (2006). Besser berichten. *Personal, 10.*

Kaplan, R.S. & Norton, D.P. (2004). *Strategy Maps. Converting Intangible Assets into Tangible Outcomes.* Boston: Harvard Business School Press.

Kienbaum (2007). *HR-Klima-Index.* Gummersbach: Kienbaum Management Consultants GmbH.

Kirkpatrick, D.L. & Kirkpatrick, J.D. (2006). *Evaluating Training Programs. The Four Levels.* New York: McGraw-Hill Professional.

Prahalad, C.K. & Hamel, G. (1990). The Core Competence of the Corporation. *Harvard Business Review,* May-June, S. 79–91.

Ulrich, D. (2005). *The HR Value Proposition.* Boston: Harvard Business School Press.

Institutionalisierung der Personalentwicklung – Ist der Patient auf dem Weg der Besserung?

Rüdiger Kabst & Marius C. Wehner

Aus früheren Untersuchungen des Cranet[1] ist hinlänglich bekannt, dass dem Personalmanagement im Reigen der betrieblichen Funktionen zumeist eine eher untergeordnete Bedeutung zuteil wird. Dies ist zweifelsohne ein internationales Phänomen; es ist aber gerade in Deutschland besonders augenfällig (Weber & Kabst, 2002; Kabst & Giardini, 2006).

Wird als Indiz für den Stellenwert einer Unternehmensfunktion dessen Verankerung in der Geschäftsführung betrachtet, waren die ersten Befunde des Cranet aus dem Jahr 1990 in der Tat ernüchternd: Nur 33 % der deutschen Personalleiter waren Mitglied der Geschäftsleitung! Erfreulicherweise hat sich das Personalmanagement in Deutschland in den 90er-Jahren zunehmend professionalisiert und konnte an Gewicht im Unternehmen gewinnen. So hat sich bis zum Jahr 2000 der Anteil der in der Geschäftsführung vertretenen Personalleiter auf 46 % erhöht. Eine positive Entwicklung – auf der sich aber nicht ausgeruht werden kann. Ähnliches gilt für die Herkunft des Personalleiters. Waren im Jahr 1995 nur knapp 23 % der Personalleiter vor ihrem Stellenantritt im Personalbereich der eigenen Unternehmung tätig, stieg dieser Prozentsatz im Jahr 2000 auf 28 %. Umgekehrt bedeutet dies aber auch, dass immer noch ein beträchtlicher Anteil

---

[1] Das „Cranfield Network on International Strategic Human Resource Management" (kurz: Cranet) ist ein weltweites Forschungsnetzwerk aus mehr als 40 Universitäten bzw. Business Schools (mit jeweils einem nationalen Vertreter), das sich zum Ziel gemacht hat, Personalmanagementpraktiken international komparativ und im Zeitverlauf zu untersuchen (Kabst, Giardini & Wehner, 2009; Brewster, Mayrhofer & Morley, 2004; Brewster, Mayrhofer & Morley, 2000). Seit Beginn des Jahres 2009 werden in allen 40 Cranet-Ländern neue Daten erhoben, deren Ergebnisse voraussichtlich im Laufe des Jahres 2010 veröffentlicht werden. Die deutsche Erhebung ist in Kooperation mit der Kienbaum Management Consultants GmbH erfolgt.

der verantwortlichen Personalleiter aus anderen Funktionsbereichen (und somit im Kern ohne fundierte Erfahrung im Personalmanagement) besetzt wird.

Sowohl die fehlende Verankerung der Personalfunktion in der Geschäftsleitung als auch die mangelnde Pfadabhängigkeit des Kompetenzprofils der eigenen Personalleiter waren beunruhigende Befunde in Bezug auf die gesamte Personalarbeit in deutschen Unternehmen. Hinzu kommt, dass im internationalen Vergleich vor allem Unternehmen aus anderen mittel- und westeuropäischen Ländern der Personalabteilung einen deutlich höheren Stellenwert beimessen.

Seit den Untersuchungen aus dem Jahr 2000 sind fast zehn Jahre vergangen. Daher stellt sich die Frage, was sich seitdem geändert hat. Haben deutsche Unternehmen ihre Personalfunktion als wesentlichen Erfolgsfaktor erkannt? Sind sich deutsche Unternehmen des Werts ihres Personals bewusst und setzen sie gezielt eine strategische Personalentwicklung ein, um diesen Wert dauerhaft zu erhalten bzw. auch auszubauen? Wenn es bereits bei der Institutionalisierung des Personalmanagements knirscht, wie sieht es dann erst um den Stellenwert und die Professionalisierung der strategischen Personalentwicklung in Deutschland aus? Oder stehen Institutionalisierung, Strategie und gelebte Weiterbildungspraxis unverbunden nebeneinander?

Die Erhebung des Cranet aus dem Jahre 2005 kann hierzu Antworten liefern. Mittels eines standardisierten schriftlichen Fragebogens wird jeweils der oberste Personalverantwortliche in privatwirtschaftlichen Unternehmen und öffentlichen Organisationen befragt. In der letzten Erhebungswelle wurden weltweit 45.000 Fragebögen versandt und mehr als 7.200 Rückläufe erzielt (Kabst, Giardini & Wehner, 2009, S. 12 ff.).

Der Personalleiter als HR-Business-Partner

Damit der Personalleiter als Human-Resource-Business-Partner (Ulrich, 1997) der Geschäftsleitung agieren kann, muss ihm sowohl genügend Verantwortung als auch ein Mitspracherecht an strategischen Entscheidungen am Tisch der Geschäftsführung eingeräumt werden. Die Cranet-Daten des Jahres 2005 zur Institutionalisierung des Personalleiters in der Geschäftsführung scheinen die bereits bekannten Ergebnisse aus den Vorjahren erneut zu bestätigen. Während in französischen Unternehmen 94 %, in schwedischen Unternehmen 88 % und in spanischen sowie italienischen Unternehmen immerhin ca. 76 % der Personalleiter Mitglied der Geschäftsleitung sind, trifft dies nur für rund 56 % der deutschen Unternehmen zu. Nur in Großbritannien (46 %) besitzen die Personalleiter noch weniger Mitsprache.

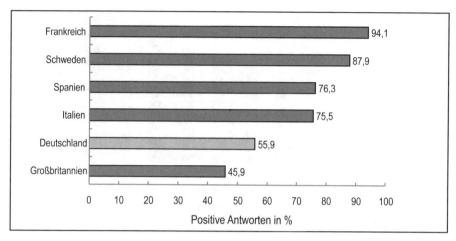

Abb. 1. Ist der Personalleiter Mitglied der Geschäftsleitung? (Ländervergleich im Jahr 2005)

Deutsche Unternehmen scheinen im internationalen Vergleich die strategische Bedeutung des Personalleiters als HR-Business-Partner (noch) nicht hinreichend zu teilen. Der Blick in den Zeitverlauf von 1990 bis 2005 macht jedoch Mut und kann als Tendenz zum Umdenken gewertet werden.

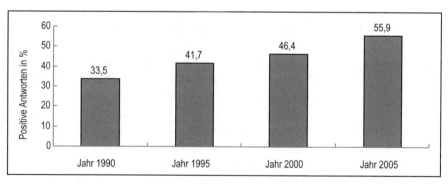

Abb. 2. Ist der der Personalleiter Mitglied der Geschäftsleitung? (Entwicklung in Deutschland von 1990 bis 2005)

So zeigen die Cranet-Daten, dass der Anteil der Personalleiter, die Mitglied der Geschäftsleitung sind, seit dem Jahr 1990 stetig zugenommen hat. Während im Jahr 1990 nur 33 % der Personalleiter zur Geschäftsleitung gehörten, stieg dieser Prozentsatz im Jahr 2005 auf immerhin nahezu 56 %.

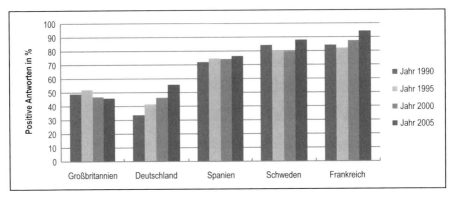

Abb. 3. Ist der Personalleiter Mitglied der Geschäftsleitung? (Entwicklung im Ländervergleich von 1990 bis 2005)

Selbst wenn deutsche Unternehmen mit knapp über der Hälfte der Personalverantwortlichen in der Geschäftsleitung im internationalen Vergleich (statistisch betrachtet) weiterhin Nachholbedarf haben, so ist doch die deutlich positive Entwicklung im Zeitverlauf ermutigend. Offensichtlich sind sich immer mehr deutsche Unternehmen ihres Defizits im Verständnis ihres Personalleiters als HR-Business-Partner bewusst. Dieser Trend steht zudem keineswegs auf wackeligen Füßen, sondern es zeigt sich, dass über alle Unternehmensgrößen und Branchen hinweg die Institutionalisierung der Personalabteilung kontinuierlich zugenommen hat.

Im internationalen Vergleich schließt Deutschland damit weiter zu den Spitzenreitern Schweden und Frankreich auf, bei denen die Verankerung des Personalleiters in der Geschäftsführung bereits seit 1990 offenbar als selbstverständlich gilt. Obwohl in Schweden und Frankreich von 1990 bis 2000 ein leichter Rückgang zu beobachten war, zeigen die Zahlen von 2005, dass in fast neun von zehn schwedischen bzw. französischen Unternehmen die Teilnahme des Personalleiters an wesentlichen Entscheidungsprozessen am Tisch der Geschäftsführung erwünscht und anerkannt wird. Dies kann aus deutscher Sicht als ein Ideal angesehen werden, an dem sich deutsche Unternehmen in Zukunft orientieren sollten. Lediglich in britischen Unternehmen ist ein Abwärtstrend oder zumindest eine Konsolidierung zu beobachten, was der zunehmenden Bedeutung des Wettbewerbsfaktors Mitarbeiter nicht gerecht werden kann. Im Gegensatz zu Deutschland ist in Großbritannien anscheinend die Zeit seit 1990 stehen geblieben und bis heute die Chance zur Professionalisierung der Personalfunktion nicht genutzt worden.

Herkunft des Personalleiters

Der Grad der Professionalisierung des Personalmanagements in einem Unternehmen lässt sich unter anderem auch daran messen, ob der Personalleiter vor seinem Amtsantritt (entweder im eigenen Unternehmen oder in einem fremden Unternehmen) in der Personalabteilung tätig war und ein fundiertes Kompetenzprofil im Personalmanagement aufweist. Es ist davon auszugehen, dass ein erfahrener Personalleiter Aktivitäten gezielter und somit erfolgreicher umsetzen kann als Personalleiter, die zuvor in anderen (fachfremden) Unternehmensfunktionen tätig waren und im Kern wenig einschlägige Erfahrungen im Personalmanagement besitzen.

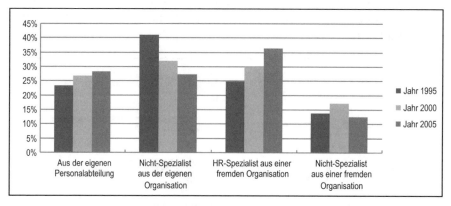

Abb. 4. Herkunft des Personalleiters vor seinem Amtsantritt (Entwicklung in Deutschland von 1995 bis 2005)

Wir gehen aus zwei Gründen von einer zunehmenden Professionalisierung des Personalmanagements in deutschen Unternehmen aus. Zum einen nimmt der Anteil der Personalleiter, die vor ihrem Amtsantritt in der eigenen Personalabteilung tätig waren, seit 1995 kontinuierlich zu, zum anderen steigt im gleichen Zeitraum die Rekrutierung von HR-Spezialisten aus anderen Organisationen. Und dennoch liegt der prozentuale Anteil der Personalleiter, die zuvor Erfahrungen in der eigenen Personalabteilung gesammelt haben, bis 2005 deutlich unter dem Anteil der Nicht-Spezialisten aus anderen Unternehmensfunktionen oder HR-Spezialisten aus fremden Unternehmen. Obwohl deutsche Unternehmen die Bedeutung einer strategischen Personalentwicklung erkannt haben, sind aber längst noch nicht ausreichend Maßnahmen ergriffen, um die Personalleitung mit Personalprofis aus dem eigenen Unternehmen zu besetzen.

Außerdem zeigt sich, dass die Unternehmen noch in den Jahren 1995 und 2000 die Personalleitung vermehrt mit Nicht-Spezialisten (ohne Personalerfahrung) besetzten, anstelle HR-Spezialisten (aus dem eigenen oder fremden Unternehmen) zu gewinnen. Die vielfach negativen Erfahrungen, die deutsche Unternehmen mit dieser Stellenbesetzungspolitik gemacht haben, scheinen jedoch im Zeitverlauf bis 2005 nun (endlich) dazu geführt zu haben, die Stelle des Personalleiters vermehrt mit HR-Spezialisten (auch von fremden Organisationen) zu besetzen.

Stellenwert der Personalfunktion

Die Befragung des Personalleiters zum Stellenwert der Personalfunktion im Unternehmen zeigt auf, dass weiterhin eine Lücke zwischen Selbst- und Fremdbild klafft.

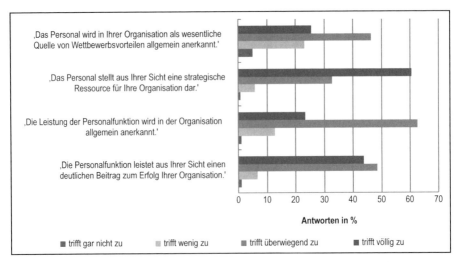

Abb. 5. Strategische Bedeutung der Personalfunktion (Deutschland in 2005)

Während auf die Fragen, ob „das Personal [aus Sicht des Personalleiters] eine strategische Ressource für die Organisation darstellt" bzw. „die Personalfunktion [aus Sicht des Personalleiters] einen deutlichen Beitrag zum Erfolg der Organisation leistet", 61 % bzw. 44 % der teilnehmenden Organisationen mit „trifft völlig zu" antworteten, ändert sich dies, wenn es um die „Quelle von Wettbewerbsvorteilen" oder die „allgemeine Anerkennung der Personalfunktion im Unternehmen" aus Organisationssicht geht. Diese Fragen beantworteten nur 26 % bzw. 24 % der Personalleiter mit „trifft völlig zu". Dies belegt, dass die Mitarbeiter sowie die Personalfunktion zwar aus Sicht des Personalleiters eine unverzichtbare strategische Ressource darstellen und zum Gesamterfolg der Unternehmung beitragen, diese Wertung jedoch nur eingeschränkt innerhalb der gesamten Organisation bzw. der Geschäftsleitung geteilt wird. Diese Befunde ernüchtern zwar, sind jedoch wenig überraschend. Einerseits weil eine solche Einschätzung zu antizipieren war und somit intuitiv die gelebte (und gefühlte) Praxis widerspiegelt, andererseits weil die Befunde selbst in der Fremdwahrnehmung durchaus Potenzial für eine weitere Professionalisierung und Erhöhung des Stellenwertes des Personalmanagements aufzeigen. Werden bspw. die beiden Antwortkategorien „trifft völlig zu" und „trifft überwiegend zu" betrachtet, dann befinden sich sowohl Selbst- als auch Fremdbild auf einem durchaus ansprechenden Niveau. So wird von den Befragten die Einschätzung vertreten, dass „das Personal eine strategische Ressource" ist (93 %), „das Personal einen deutlichen Beitrag zum Erfolg leistet" (92 %), „die Personalfunktion innerhalb der Organisation allgemein anerkannt ist" (86 %) und „das Personal als wesentliche Quelle von Wettbewerbsvorteilen" (72 %) wahrgenommen wird.

Keine Strategieformulierung ohne Personalfunktion

Um das Personalmanagement systematisch und perspektivisch aufzustellen, sollte die wesentliche Voraussetzung, nämlich das Vorliegen einer schriftlich festgelegten Personalmanagementstrategie, erfüllt sein. In dieser Hinsicht sind deutsche Unternehmen im internationalen Vergleich jedoch weiterhin Schlusslicht. Während in beinahe acht von zehn schwedischen und britischen Unternehmen eine schriftlich fixierte Personalmanagementstrategie vorhanden ist, beantwortet diese Frage nur knapp ein Drittel aller deutschen Unternehmen positiv. Fasst man das schlichte Vorhandensein einer Personalstrategie zusammen, gleich ob diese schriftlich festgelegt ist oder nicht, dann belegen deutsche Unternehmen immer noch den letzten Platz mit 71 % hinter Frankreich (76 %), Großbritannien (83 %), Spanien (87 %), Schweden (90 %) und Italien (92 %). Dies ist im Hinblick auf die Bedeutung einer strategischen Personalentwicklung alarmierend, da eine fundierte Entwicklungsstrategie eine vorher festgelegte und zielorientierte Personalmanagementstrategie zwingend voraussetzt.

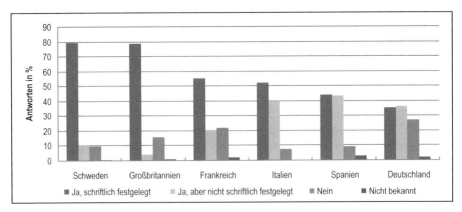

Abb. 6. Ist eine Personalmanagementstrategie vorhanden? (Ländervergleich im Jahr 2005)

Ist der Befund zum Vorliegen einer Personalmanagementstrategie in deutschen Unternehmen bereits ernüchternd, so ist die Erwartungshaltung in Bezug auf das Vorliegen einer Personalentwicklungsstrategie zwangsläufig ebenso reserviert. In der Tat zeigen unsere Ergebnisse ähnlich geringe Ausprägungen. Deutsche Unternehmen schenken damit im internationalen Vergleich sowohl der grundsätzlichen Strategieformulierung im Personalmanagement als auch speziell der strategischen Personalentwicklung deutlich zu wenig Aufmerksamkeit.

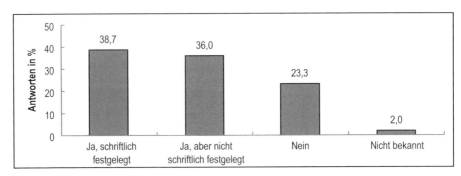

Abb. 7. Ist eine Personalentwicklungsstrategie vorhanden? (Deutschland in 2005)

Zusätzlich zeigt sich im internationalen Vergleich, dass deutsche Personalverantwortliche nicht selbstverständlich von Anfang an in die Entwicklung der Unternehmensstrategie einbezogen werden. Deutsche Unternehmen belegen zusammen mit britischen Unternehmen erneut den letzten Platz in unserem Ländervergleich. Das heißt, der Einfluss des obersten

Personalverantwortlichen auf die Gestaltung der Unternehmensstrategie ist deutlich limitiert. Dies ist für eine erfolgreiche Personalmanagement- sowie Personalentwicklungsstrategie unzureichend. Personalmanagement ist nicht nur eine ausführende Funktion, sondern sollte gestalterisch als HR-Business-Partner in die Ausrichtung des Gesamtunternehmens aktiv involviert sein. Für eine wirkungsvolle strategische Personalentwicklung verursacht dieser Befund schlichtweg Bauchschmerzen.

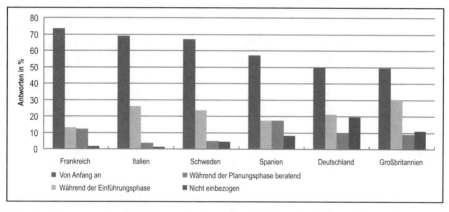

Abb. 8. Wann wurde der Personalverantwortliche in die Entwicklung der Unternehmensstrategie einbezogen? (Ländervergleich in 2005)

Unsere Betrachtung des Strategiekontextes zeigt, dass deutsche Unternehmen im internationalen Vergleich den eigenen Personalleiter noch lange nicht als den HR-Business-Partner der Geschäftsführung anerkennen. Dadurch wird ihre wichtigste strategische Ressource, das Personal, unzureichend wahrgenommen, unzureichend in die Strategieformulierung einbezogen und deshalb vielleicht auch nur unzureichend gefördert. Dem letzten Punkt, der Förderung und Weiterbildung, wollen wir uns im folgenden Abschnitt eingehender zuwenden.

Die strategische Personalentwicklung

Wir wollen in diesem Zusammenhang die Personalentwicklungspraktiken und -investitionen, die in deutschen Unternehmen eingesetzt bzw. getätigt werden, näher betrachten.

Investitionen in Aus- und Weiterbildung

Eine wichtige Kennzahl für die Personalentwicklung ist der Anteil der jährlichen Aus- und Weiterbildungskosten an der Lohn- und Gehaltssumme. Hierbei sind die Cranet-Befunde aus zweierlei Sicht augenfällig: (1) Vielen Personalverantwortlichen ist diese Kennzahl für ihr Unternehmen nicht bekannt (oder zumindest nicht präsent), (2) die Befunde für deutsche Unternehmen reihen sich wiederum in das bekannte Muster ein, sprich am unteren Ende des internationalen Vergleichs.

Obwohl jeweils der oberste Personalverantwortliche durch das Cranet befragt wird, gaben in Deutschland, Großbritannien, Schweden und Spanien jeweils fast die Hälfte der antwortenden Unternehmen an, dass sie diese Kennzahl nicht wüssten. In Frankreich und Italien war diese Kenngröße beinahe allen Unternehmen bekannt. Wenn wir den Wegfall von fast der Hälfte der Unternehmen berücksichtigen, dann zeigt sich, dass deutsche Unternehmen im internationalen Vergleich mit durchschnittlich 2,3 % am wenigsten in die Aus- und Weiterbildung ihres Personals investieren. Spitzenreiter ist Schweden (durchschnittlich 4,0 %), gefolgt von Großbritannien (3,5 %) und Spanien (2,4 %). In Frankreich wurden immerhin fast 3,3 % und in Italien 3,5 % in die Aus- und Weiterbildung investiert.

Auch die durchschnittliche Anzahl der Tage im Jahr für Aus- und Weiterbildung nach Mitarbeiterkategorien, eine weitere Kennzahl für die Personalentwicklungsintensität, untermauert die ernüchternden Befunde in deutschen Unternehmen.

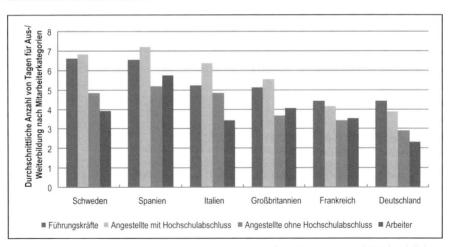

Abb. 9. Durchschnittliche Anzahl Tage im Jahr für die Aus- und Weiterbildung nach Mitarbeiterkategorien (Ländervergleich in 2005)

Die durchschnittliche Anzahl der Tage für Aus- und Weiterbildung, die deutsche Führungskräfte und Angestellte mit Hochschulabschluss im Jahr erhalten, liegt mit insgesamt 8,3 Tagen deutlich unter dem Niveau von Spitzenreiter Spanien (13,7), Schweden (13,5), Italien (11,6), Großbritannien (10,7) und sogar Frankreich (8,6). Allerdings ist auch hier zu berücksichtigen, dass beinahe ein Drittel der deutschen Unternehmen bei dieser Frage angegeben hat, die Anzahl der Tage für Aus- und Weiterbildung nicht zu kennen. Es bleibt der Lichtblick, dass wenigstens 53 % der Unternehmen angegeben haben, dass die Anzahl der Aus- und Weiterbildungstage in den letzten drei Jahren „deutlich" bzw. „leicht" zugenommen hat, bei 33 % blieb die Anzahl der Tage „unverändert" und bei insgesamt 14 % hat die Anzahl der Tage sogar „leicht" bzw. „deutlich" abgenommen.

Sowohl die Ausprägung der Kenngrößen selbst als auch der hohe prozentuale Anteil der Personalleiter, die diese Kenngrößen nicht kennen, lassen die Vermutung aufkommen, dass deutsche Unternehmen im internationalen Vergleich noch Lernpotenziale heben können. Es ist zu kurz gegriffen, wenn deutsche Unternehmen mit Blick auf das duale Ausbildungssystem den Trainings- und Entwicklungsbedarf im Vergleich zu anderen Ländern deutlich niedriger einschätzen, denn es erklärt weder die deutliche Differenz noch berücksichtigt es den geringeren Anteil an Hochschulabsolventen und die Bedeutung der kontinuierlichen Weiterbildung der Mitarbeiter. Hinzu kommt, dass durch die Umstellung auf Bachelorstudiengänge Fach- und Führungskräfte deutlich schneller an den Arbeitsmarkt gelangen, sprich ein Teil der bisherigen Hochschulausbildung nunmehr ins Unternehmen verlagert wird (Taffertshofer, 2008; Balzter, 2008). Hier ist ein Umdenken anzuraten, um auch in Zukunft international wettbewerbsfähig zu sein. In ausländischen Unternehmen, die auch auf dem deutschen Markt aktiv sind, wurde bereits vor Jahren die kontinuierliche Weiterbildung des Personals als wesentlicher Erfolgsfaktor erkannt. Dies birgt die Gefahr, dass in Zukunft die „High Potentials" unter den Studienabgängern eher von ausländischen Firmen rekrutiert werden und dadurch den deutschen Unternehmen nicht zur Verfügung stehen.

Die Ermittlung des Weiterbildungsbedarfs

Wichtige Voraussetzung einer erfolgreichen Personalentwicklung ist die vorhergehende Planung des Weiterbildungsbedarfs, welcher in der Regel auf Basis der Unternehmensziele, der Unternehmensstrategie und der Personalentwicklungsstrategie zu ermitteln ist (Giardini & Kabst, 2007, S. 26–28). Obwohl zuvor die Einbindung der Personalfunktion in die Strategieformulierung und -implementierung in deutschen Unternehmen zu bemängeln war, so zeigt sich bei der Planung des Weiterbildungsbedarfs, dass dieser in immerhin 70 % der deutschen Unternehmen systematisch ermittelt wird. Die Analyse der Kreuztabellen zwischen der systematischen Ermittlung des Weiterbildungsbedarfs und der Existenz einer Personalmanagementstrategie bzw. Personalentwicklungsstrategie offenbart deutlich, dass hauptsächlich diejenigen Unternehmen, die eine manifeste Strategie verfolgen, auch den Weiterbildungsbedarf systematisch ermitteln. Damit wird unsere anfängliche Aussage untermauert, dass eine strategische Personalentwicklung stets mit der Verankerung in der Strategieformulierung beginnt.

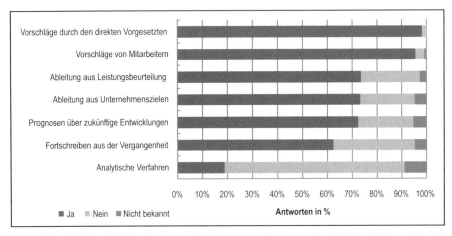

Abb. 10. Welche Methoden werden angewendet, um den Weiterbildungsbedarf systematisch zu ermitteln? (Deutschland in 2005)

Die Betrachtung der Methoden zur systematischen Ermittlung des Weiterbildungsbedarfs zeigt, dass mit Abstand die Vorschläge durch den direkten Vorgesetzten bzw. durch die Mitarbeiter für die Bedarfsermittlung am wichtigsten sind. Darauf folgt jeweils gleichauf die Ableitung aus der Leistungsbeurteilung, die Ableitung aus den Unternehmenszielen und Prognosen über zukünftige Entwicklungen bzw. die Fortschreibung aus der Vergangenheit. Analytische Verfahren finden dagegen kaum Anwendung in deutschen Unternehmen.

Die Ermittlung des Weiterbildungserfolges

Wird die strategische Personalentwicklung aus den Unternehmens- bzw. Personalmanagementzielen abgeleitet und der Weiterbildungsbedarf im

Vorhinein systematisch ermittelt, dann sollte auf die Durchführung der Weiterbildungsmaßnahmen schließlich eine Evaluation dieser Maßnahmen folgen. Unsere Daten zeigen allerdings, dass nur 61 % der deutschen Unternehmen den Erfolg ihrer Weiterbildungsmaßnahmen evaluieren. Dieser Anteil ist aus Sicht einer strategisch ausgerichteten Personalentwicklung viel zu gering. Vier von zehn Unternehmen evaluieren im Umkehrschluss den Erfolg ihrer durchgeführten Personalentwicklungsmaßnahmen überhaupt nicht!

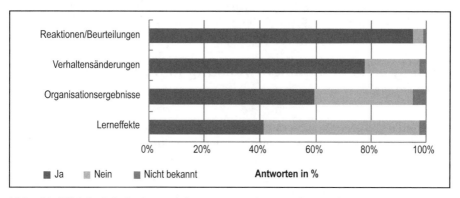

Abb. 11. Welche Methoden werden angewendet, um den Weiterbildungserfolg zu evaluieren? (Deutschland in 2005)

Ein Blick auf die konkret verwendeten Methoden in denjenigen Unternehmen, die ihre Weiterbildungsmaßnahmen evaluieren, ermöglicht zusätzliche Erkenntnisse. Hierbei überwiegen – wenig überraschend – die Beurteilungen durch Teilnehmer von Weiterbildungsmaßnahmen. Diese „happy sheets" sind natürlich einfach erhebbar, haben aber hinlänglich bekannte Probleme in Bezug auf die Güte der Messung. Um den Weiterbildungserfolg weitreichender zu messen, bedarf es anderer Methoden, die zumindest Pre- und Post-Tests umfassen. Da solche Evaluierungsdesigns entsprechend aufwendig sind, finden sich bei nur knapp 40 % der Unternehmen Evaluierungspraktiken, die Lerneffekte fundiert abprüfen.

Weiterhin ist zu fragen, inwieweit das neu erworbene Wissen zu einer tatsächlichen Verhaltensänderung am Arbeitsplatz führt. Dies kann in Form einer Analyse der Arbeitsleistung, einer subjektiven Einschätzung durch den Vorgesetzten oder durch den Mitarbeiter selbst geschehen. Diese Methode ist zwar weniger objektiv als die Durchführung eines Abschlusstests, aber besonders praktikabel und wird vielleicht deswegen von knapp 78 % der Unternehmen zur Evaluation der Weiterbildungsmaßnahmen eingesetzt.

Letztlich verfolgen die meisten Unternehmen mit ihrer Personalentwicklung das Ziel, das Organisationsergebnis zu verbessern. Demnach sollten sich die Aufwendungen für Training und Weiterbildung des Personals im Organisationsergebnis niederschlagen. Interessanterweise evaluieren auf diese Weise nur 60 % der Unternehmen den Erfolg ihrer Weiterbildungsmaßnahmen. Natürlich ist der Anspruch einer seriösen Ermittlung der Erfolgswirkungen von Weiterbildung nicht trivial, sondern ganz im Gegenteil hoch komplex. Hierbei sollten Ausgaben für die Weiterbildung nicht als kurzfristige oder sogar einmalige Kosten, sondern vielmehr als langfristige regelmäßige Investition in das Personal verstanden werden.

Strategische Personalentwicklung in Deutschland: Quo vadis?

Trotz aller aufgezeigten Herausforderungen sind die Ergebnisse der aktuellen Cranet-Erhebung im Vergleich zu den Vorjahren ermutigend. Im Trend zeigt sich, dass deutsche Unternehmen die unzureichende Institutionalisierung der Personalentwicklung erkannt haben und aktiv gegensteuern, wenngleich das Niveau im internationalen Vergleich immer noch verbesserungsbedürftig ist.

Es wird deutlich, dass die Verankerung des Personalleiters als HR-Business-Partner der Geschäftsleitung in den letzten Jahren forciert wurde und dennoch im internationalen Vergleich weiterhin unzureichend ist. Ein strategisches Personalmanagement und eine darauf aufbauende strategische Personalentwicklung erfordert die Formulierung von Zielen anhand der Vision des Unternehmens. Dies kann nur geschehen, wenn Geschäftsführung und Personalleiter gemeinsam auf Augenhöhe die Ziele benennen und daraus Strategien für das Personal ableiten. Eine erfolgreiche und an den Zielen ausgerichtete Personalentwicklung steht somit am Ende eines solchen Prozesses. Wird der Personalleiter zu spät oder überhaupt nicht in diesen Prozess mit eingebunden, muss er sich mit der Rolle des Erfüllungsgehilfen der Geschäftsführung zufriedengeben. Einen HR-Business-Partner zeichnet aber gerade die Teilnahme an wesentlichen Entscheidungsprozessen aus, denn nur auf diese Weise kann das Potenzial der Mitarbeiter und der gezielten Personalentwicklung voll ausgeschöpft werden.

Gleichzeitig zeigen die Daten des Cranet, dass zwar das Selbstverständnis der Personalfunktion durchaus vorhanden, allerdings die Fremdwahrnehmung und Anerkennung des Beitrags der Personalfunktion durch die

Geschäftsleitung oder andere Unternehmensbereiche weiterhin zu verbessern ist. Zukünftige Erhebungen des Cranet müssen die Frage beantworten, ob es deutschen Personalleitern gelingt, den Status der Personalentwicklung im Unternehmen kontinuierlich zu erhöhen.

Die eingehende Analyse des Status und der Professionalisierung der strategischen Personalentwicklung hat gezeigt, dass deutsche Unternehmen im internationalen Vergleich in Bezug auf die Investitionen in die Aus- und Weiterbildung eher am unteren Ende rangieren. Während derzeit Maßnahmen zur Erhöhung der Arbeitgeberattraktivität bei Studienabgängern und vor allem „High Potentials" ganze Marketingetats verschlingen, investieren deutsche Unternehmen nur unzureichend in die Weiterbildung der eigenen Mitarbeiter. Den Rufen nach Mitarbeitern als kritische Ressource müssen auch manifeste Taten folgen, um das Potenzial der internen Mitarbeiter gezielt auszuschöpfen. Dazu sind, neben einer eindeutigen Ziel- und Strategieformulierung für die Personalentwicklung, ausreichende Mittel für die Aus- und Weiterbildung notwendig, um zur europäischen Spitze aufzuschließen. Gleichzeitig wird im kommenden Jahr 2010, aufgrund der Einführung der Bachelor-Studiengänge, eine Fülle von Graduierten auf den deutschen Arbeitsmarkt strömen, deren Ausbildung an den Hochschulen nun deutlich früher zu Ende geht. Diese gestutzte Ausbildungsdauer und die damit einhergehende eingeschränkte Kompetenz der Hochschulabgänger müssen letztendlich die Unternehmen auffangen. Dies ist ein zusätzlicher Anlass, in Zukunft die Investitionen in die Aus- und Weiterbildung deutlich zu erhöhen.

Als besonders problematisch bewerten wir den hohen Anteil der Unternehmen, die weder den Weiterbildungsbedarf noch den Weiterbildungserfolg systematisch ermitteln. Grundsätzlich gilt natürlich auch hier, dass in vielen deutschen Unternehmen sowohl eine explizite Personalmanagementstrategie als auch eine Personalentwicklungsstrategie fehlt. Man kann es nicht genug betonen: Ohne eine klare Vorgabe der Richtung wird es den Unternehmen in Zukunft schwerfallen, den Weiterbildungsbedarf zu ermitteln, geeignete Weiterbildungsmaßnahmen einzuleiten, den Weiterbildungserfolg zu evaluieren und darauf aufbauend neue Ziele zu formulieren. Damit bleibt der dringende Rat für deutsche Unternehmen bestehen, den Personalleiter als HR-Business-Partner zu verstehen und die Personalfunktion als eine strategische Ressource gleichberechtigt im Reigen anderer betrieblicher Funktionen zu positionieren.

Literatur

Balzter, S. (2008, 02. April). Studienobjekte – Der Bachelor, das unbekannte Wesen. *Frankfurter Allgemeine Zeitung.*

Brewster, C., Mayrhofer, W. & Morley, M. (eds.). (2000). *New Challenges for European Human Resource Management.* Houndmills & Basingstoke: Macmillan Press.

Brewster, C., Mayrhofer, W. & Morley, M. (eds.). (2004). *Human Resource Management in Europe: Evidence of Convergence?* Oxford et al.: Elsevier.

Giardini, A. & Kabst, R. (2007). Wenn dem Bildungscontroller die Ziele fehlen. *Personalwirtschaft, Nr. 3*, S. 26–28.

Kabst, R. & Giardini, A. (2006). Status und Professionalisierung des deutschen Personalmanagements: Ist Besserung in Sicht? *Personalführung, Nr. 11*, S. 74–77.

Kabst, R., Giardini, A. & Wehner, M. C. (eds.). (2009). International komparatives Personalmanagement: Evidenz, Methodik & Klassiker des "Cranfield Projects on International Human Resource Management". München/Mering: Hampp.

Taffertshofer, B. (2008, 05. September). Der Bachelor-Blues. *Süddeutsche Zeitung.*

Ulrich, D. (1997). *Human Resource Champions: The Next Agenda for Adding Value and Delivering Results.* Boston: Harvard Business School Press.

Weber, W. & Kabst, R. (2002). Internationale Vergleichsuntersuchung schreckt auf: Deutsches Personalmanagement offenbar nicht immer Spitze. *Zeitschrift für Personalführung, Heft 10*, S. 40–49.

Kapitel 2

Die strategische Personalentwicklung in acht Etappen

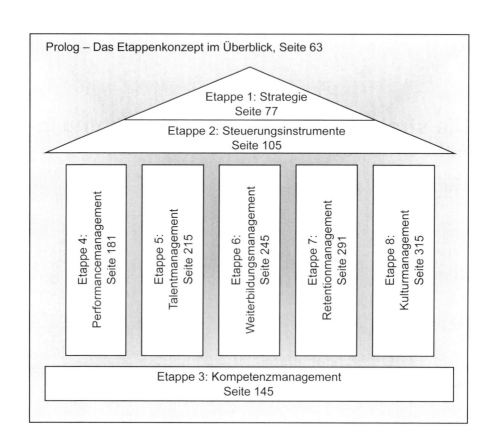

Prolog – Das Etappenkonzept im Überblick

Matthias T. Meifert

Das zweite Kapitel dieses Buches widmet sich der Frage, wie eine strategische PE in der Praxis gestaltet werden kann. Dass dies kein einfaches Unterfangen ist, haben die ersten drei Beiträge im vorigen Kapitel gezeigt, in denen u. a. der Status quo der PE umrissen wurde. Als größte Hindernisse haben sich in der betrieblichen Praxis immer wieder folgende Aspekte erwiesen: Die eigentliche Komplexität des Themenfeldes (Was gehört alles zur PE? Was ist sinnvoll?), fehlende Budgets und Ressourcen (Was ist angesichts der rigiden Einsparungen erreichbar?), die mangelnde Konsequenz in der Umsetzung (Trauen wir uns das alles auch zu? Lässt man uns gewähren?), der Umstand, dass die PE in den Unternehmen meist organisch gewachsen ist (Warum setzen wir so heterogene Instrumente ein? Wo ist der rote Faden?) und nicht zuletzt die fehlende Kompetenz der Personalentwickler (Warum werden wir von den Linienführungskräften nicht akzeptiert? Sind wir so anders als sie?).

Wie ist angesichts dieser Schwierigkeiten das Ziel einer strategischen PE zu erreichen? Ähnlich einer längeren Reise kann es nicht in einem Zug erreicht werden. Es müssen mehrere Reiseabschnitte bewältigt, schlechtes Wetter überstanden und unwegsame Straßen passiert werden. Nur so wird das Projekt ein Erfolg und das Reiseziel erreicht. Diese Metapher prägt auch das diesem Buch zugrunde liegende Acht-Etappen-Modell: Acht Etappen bis zu einer strategischen PE. In Projekten mit vergleichbaren Fragestellungen hat sich eine inhaltlich-konzeptionelle Orientierung an diesem achtschrittigen Raster bewährt. Es bietet eine klare gedankliche Orientierung, um die Komplexität des Themenfeldes PE zu reduzieren und damit im besten Wortsinne handhabbar zu machen. Gleichzeitig ist es ein handlungsorientierter Leitfaden, um konsequent die notwendigen Felder der PE zu bearbeiten. Etwas abstrakter formuliert: Es ist eine Wirklichkeitskonstruktion des Autors über die Arbeits- und Funktionsweise der PE innerhalb eines Unternehmens. Bei aller Klarheit und Struktur des Etappenkonzepts soll es nicht als reines Rezeptbuch verstanden werden. Wie die folgenden acht Artikel in diesem Kapitel dokumentieren, hält jedes Teilstück vielfältige und tiefgründige Fragen bereit, die notwendigerweise vor der Umsetzung geklärt werden müssen. Mit anderen Worten: Das Programm versteht sich nicht als Kauf eines Kleidungsstücks von der Stange. Vielmehr geht es um modularisierte Maßanfertigungen. Schließlich ist die PE eines Unternehmens stark von ihren Umfeldbedingungen geprägt. „Jedes Unternehmen ist anders und muss im Vergleich zum Wettbewerb und aus der Sicht der Kunden deshalb anders sein, weil nur heterogene Unternehmen dem Kunden einen besonderen Nutzen bieten und so dem Wettbewerb einen Anteil am Marktvolumen streitig machen können. ... Um nun einschätzen zu können, was an spezifischen Maßnahmen der Personalentwicklung benötigt wird, muss der Reifegrad, der Entwicklungsstand des Unternehmens bekannt sein." (Becker 2005, S. 13 f.). In diesem Buch haben wir die Forderung von Becker aufgegriffen und weitergeführt. Wenn die PE strategisch ausgerichtet werden soll (zur Notwendigkeit der strategischen PE, vgl. Meifert, 2008), dann muss nicht allgemein der Reifegrad des Unternehmens bekannt sein, sondern es muss vielmehr die (explizite oder implizite) Unternehmensstrategie und der Grad ihrer Umsetzung im Unternehmen geklärt werden.

Einige Praktiker werden an dieser Stelle einwenden: „Gerade hier liegt ja das Problem. Wir bekommen keine klaren strategischen Vorgaben von der Geschäftsführung." Auch können alltägliche Herausforderungen angeführt werden: „Eines der grundlegenden Probleme besteht für Unternehmen darin, die Zukunft nicht vorhersehen zu können. Veränderungen in seiner Umwelt, wie sie durch neue Technologien, veränderte Kundenanforderungen, Aktionen von Konkurrenten oder staatliche Eingriffe ausgelöst werden, sind kaum prognostizierbar." (Müller-Stewens & Lechner, 2005, S. 15). So berechtigt dieser Praxiseinwand sein mag, er ist keine Legitimation dafür, auf die strategische Akzentuierung der PE zu verzichten. Schließlich existiert auch in einem Unternehmen ohne eine niedergeschriebene Strategie eine faktische oder implizite Unternehmensstrategie. Sie wird durch das operative Managementhandeln gespeist und lässt sich mit etwas Geschick im betrieblichen Alltag gut erheben. Die folgenden Informationsquellen haben sich als nützlich erwiesen, um eine implizite Strategie zu erheben:

- Hintergrundgespräche mit der Geschäftsleitung zur weiteren Unternehmensentwicklung;
- Analyse von Dokumenten, wie z. B. dem Marketing-, Produktions- und Innovationskonzept;

- Interviews mit Projektmanagern, die für das Unternehmen wichtige Projekte bearbeiten;
- Expertengespräche mit Branchenvertretern hinsichtlich der strategischen Handlungsoptionen der Konkurrenzunternehmen;
- Durchsicht von aktuellen und vergangenen Managemententscheidungen hinsichtlich ihres strategischen Pfades (Was ist der rote Faden?);
- etc.

Es ist naturgemäß einfacher, auf eine ausformulierte Unternehmensstrategie zurückzugreifen. Trotzdem mag es sinnvoll sein, einige der obigen Informationsquellen zu nutzen, auch wenn eine ausformulierte Unternehmensstrategie vorliegt. Anhand dieser ist es möglich, die vorliegenden Strategiedokumente noch zu detaillieren bzw. auch punktuell zu validieren.

1. Inhalt der acht Etappen

Bevor dieser Beitrag nun näher die Inhalte des Acht-Etappen-Programms vorstellt, lohnt es sich für den Praktiker, kurz innezuhalten und anhand der folgenden Tabelle selbstkritisch den PE-Status zu ermitteln. Mit anderen Worten, zu überprüfen, inwieweit die Personalentwicklung im „eigenen" Unternehmen bereits strategisch ausgerichtet ist, d. h., tatsächlich die Unternehmensstrategie aufnimmt und unterstützt. Dieser Selbstcheck ist angelehnt an das Etappenkonzept und enthält für den besonders eiligen Leser Hinweise dazu, an welchen Stellen des Buches er vertiefende Informationen findet.

Tabelle 1. Situationsanalyse der betrieblichen Personalentwicklung

Indikator	Nein? Dann fehlt es ...	Leseanregung
Es existiert eine mit der Unternehmensleitung abgestimmte PE-Strategie, die handlungsleitend für die PE-Arbeit ist.	... an einer explizierten PE-Strategie.	Etappe 1, Seite 77
Die Personalentwicklung wird mittels Kennzahlen gesteuert und macht ihren Beitrag zu Wertschöpfung und Unternehmenserfolg sichtbar.	... an einer klaren Steuerungssystematik für die PE.	Etappe 2, Seite 105

Tabelle 1. (Fortsetzung)

Indikator	Nein? Dann fehlt es ...	Lese-anregung
Die Personalentwicklung stellt sicher, dass unternehmensweit vergleichbare Anforderungen an Mitarbeiter und Führungskräfte gestellt werden und diese an der Unternehmensstrategie orientiert sind.	... an einem durchgängigen Kompetenzmodell, welches als Basis für sämtliche PE-Instrumente dient.	Etappe 3, Seite 145
Die Personalentwicklung sorgt für eine leistungsfördernde, an den Unternehmenszielen ausgerichtete Steuerung der Mitarbeiter und Führungskräfte.	... an einer klaren Leistungssteuerung im Unternehmen.	Etappe 4, Seite 181
Die Personalentwicklung unterstützt den Prozess, dass der richtige Mitarbeiter mit den richtigen Fähigkeiten zum richtigen Zeitpunkt am richtigen Ort ist.	... an einem definierten und betriebenen Talentmanagementprozess.	Etappe 5, Seite 215
Die Personalentwicklung sorgt für eine bedarfs- und unternehmensstrategieorientierte Qualifikation der Mitarbeiter und Führungskräfte.	... an bedarfsgerechter Weiterbildung im Unternehmen.	Etappe 6, Seite 245
Die Personalentwicklung stellt sicher, dass Mitarbeiter bedarfsgerecht an das Unternehmen gebunden werden.	... an einem gezielten Prozess zur Mitarbeiterbindung.	Etappe 7, Seite 291
Die Personalentwicklung unterstützt eine leistungs- und motivationsfördernde Kultur im Unternehmen.	... an einer leistungs- und motivationsfördernden Kultur im Unternehmen?	Etappe 8, Seite 315

Für die gründlichen Leser – die besonders eiligen haben sich wahrscheinlich an dieser Stelle bereits in Richtung ihrer Handlungsfelder aus diesem Beitrag verabschiedet – wird nun das Etappenkonzept prägnant vorgestellt. Einen ersten Überblick verschafft die Abbildung 1. Es wurde die Form eines Hauses gewählt. Es soll veranschaulichen, dass die einzelnen Bausteine der PE eng miteinander verzahnt sind, aufeinander aufbauen und in starker Abhängigkeit zueinander stehen. Alle Teile stehen in Interaktion miteinander. Wie ein Haus weder auf ein Fundament noch auf ein Dach verzichten kann, kommt keine PE, die den Anspruch „strategisch" für sich glaubhaft reklamiert, ohne eine PE-Strategie und ein Kompetenzmanagement aus. Dieses PE-Haus lässt sich gedanklich in drei „Baugruppen" zusammenfassen.

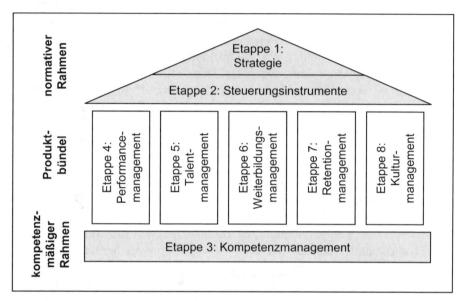

Abb. 1. Modell der strategischen PE als Acht-Etappen-Konzept

Da sind zum einen die strategischen Grundlagen und die dazu notwendigen Steuerungsinstrumente (Etappe 1 und 2). Diese werden zusammen als normativer Rahmen bezeichnet und bilden das Dach des Hauses. Das Dach überspannt das Haus und gibt ihm die „strategische Gestalt". Die Argumentation dazu ist schlicht: Wenn PE-Instrumente eingesetzt werden sollen, dann muss mittels des normativen Rahmens die Zielsetzung definiert sein. Ansonsten begibt sich der PE-Verantwortliche auf einen ausgesprochenen Blindflug. Ein Flug, der die glückliche Landung dem Zufall überlässt. Die PE kann so nur zufällig den Unternehmenszielen dienlich sein, d. h., sie bringt die zukünftig benötigten Mitarbeiterqualifikationen hervor oder auch nicht. Dieses Buch ist ein Plädoyer dafür, vor dem Einsatz operativer PE-Instrumente die PE-Strategie zu klären und Kriterien dafür zu definieren, die darüber Auskunft geben, ob diese Strategie tatsächlich auch handlungsleitend im Alltag geworden ist (Steuerungsindikatoren).

Da ist zum anderen das Fundament des PE-Hauses in Form des strategischen Kompetenzmanagements (Etappe 3), entsprechend bezeichnet als kompetenzmäßiger Rahmen. Bei der Ist-Analyse in den Beratungsprojekten von Kienbaum wird immer wieder die Situation deutlich, dass in den Unternehmen vielfältige PE-Instrumente mit verschiedenen Qualitäten entwickelt werden. Sehr häufig unterscheiden sie sich in den zugrunde liegenden Kompetenzvorstellungen. So unterscheiden sich die Anforderungen im Auswahlassessment deutlich von denen bei einer Beförderungsbeurteilung; das Auszubildenden-Feedback vom Mitarbeitergespräch etc. Die Folge ist „Wildwuchs". Wie sollen Instrumente der PE der Unternehmensstrategie dienlich sein, wenn sie letztendlich unterschiedliche Sollvorstellungen von „idealen Mitarbeitern" vermitteln? In diesem Sinne ist das Kompetenzmanagement das Fundament für die Personalentwicklungsaktivitäten, weil es eine geschlossene kompetenzmäßige Basis für unterschiedliche Jobfamilien (siehe zum Begriff ausführlich Leinweber, 2008) schafft.

Vom normativen und kompetenzmäßigen Rahmen umgeben sind die eigentlichen instrumentellen Handlungsfelder der PE, kurz auch als Produktbündel benannt. Anders formuliert: Die Produktbündel sind durch den normativen und kompetenzmäßigen Rahmen geprägt und definiert. Welche Produktbündel haben sich als besonders sinnvoll herausgestellt, um von der PE aufgegriffen zu werden? Die Abbildung 2 verdeutlicht, welche allgemeinen HR-Themen aktuell in der Praxis als besonders wichtig angesehen werden. Es fällt auf, dass es sich überwiegend um typische PE-Themen handelt.

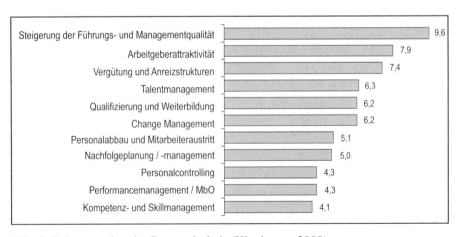

Abb. 2. Schwerpunkte der Personalarbeit (Kienbaum, 2009)

Vor diesem Hintergrund und den Beratungserfahrungen des Autors wird vorgeschlagen, die folgenden Produktgruppen als zentrale instrumentelle Handlungsfelder der PE zu hinterlegen (siehe Tabelle 2). Dabei handelt es sich um einen maximalen Umfang. Es kann sich durchaus als sinnvoll erweisen, dass einzelne Elemente nicht installiert werden. Zentrale Kriterien, um dies zu entscheiden, sind das Geschäftsmodell, der Reifegrad und die Unternehmenskultur der Organisation.

Tabelle 2. Produktgruppen der PE im Überblick

Produktgruppe	Charakterisierung
Etappe 4: Performancemanagement	Die Steuerung der Leistung von Mitarbeitern geschieht meist in Form von Zielvereinbarungs- und Feedbackprozessen. PE ist Qualitätssicherer, Berater und Implementierungspartner.
Etappe 5: Talentmanagement	Absicherung der Besetzung von kritischen Jobs im Unternehmen. PE ist Prozesstreiber, Kompetenzzentrum und Berater der Führungskräfte bei der Einschätzung von Talenten.
Etappe 6: Weiterbildungsmanagement	Bedarfs- und strategiegerechte Förderung und Entwicklung der Kompetenzen der Mitarbeiter und Führungskräfte im Unternehmen. PE ist Manager des Prozesses, Kompetenzzentrum und interagiert mit den Führungskräften bei der Bedarfsklärung.
Etappe 7: Retentionmanagement	Bindung der erfolgskritischen Mitarbeiter an das Unternehmen. PE ist Prozesstreiber und Kompetenzzentrum.
Etappe 8: Kulturmanagement	Befördern einer gewünschten strategieunterstützenden Kultur im Unternehmen. PE ist Kompetenzzentrum und Treiber des Prozesses.

Damit ist das Acht-Etappen-Konzept dem Wesen nach vollständig erläutert. Die Struktur des zweiten Kapitels wird von ihm bestimmt. Die Argumentation arbeitet sich vom Dach des Hauses (Etappe 1 und 2) über das Fundament (Etappe 3) in die einzelnen Stockwerke (Etappe 4 bis 8).

Kritiker werden einwenden, dass dieses Etappenkonzept eine unzureichende Verkürzung der Realität ist. Schließlich ist der Alltag der PE nicht in acht Schritte zu pressen. Sie haben Recht damit, denn es ist eine prototypische Darstellung. Wie jede Modellbildung, die helfen soll, die Komplexität zu reduzieren, können auch Unschärfen auftreten. Nur eine Landkarte im Maßstab 1:1 ist vor dieser Kritik gefeit. Ob diese dem Anwender Orientierung bietet, darf bezweifelt werden. Andere kritische Stimmen werden anmerken, dass dieses Konzept nur für Großunternehmen gilt. Wer hat in kleinen und mittleren Unternehmen (KMU) schon die Zeit für ein ausgefeiltes PE-Konzept? Im Sinne von Peter Drucker geht es aber bei Managementaufgaben nicht darum, die Dinge richtig zu tun, sondern die richtigen Dinge zu tun. In diesem Verständnis gewährleisten es die Etappen 1 bis 3, dieser Forderung gerecht zu werden.

Ob in KMU die Strategie und Steuerungsinstrumente derart elaboriert formuliert werden müssen wie in Großkonzernen, steht auf einem anderen Blatt. Eine prägnante PE-Strategie mit den dazugehörigen Messkriterien kann auch knapp auf wenigen DIN-A4-Seiten formuliert werden. Besser eine knappe Konzeption als gar keine. Die Abbildung 3 verdeutlicht beispielhaft, wie in einem Unternehmen mit 450 Mitarbeitern eine strategische PE mit überschaubarem Umfang installiert wurde.

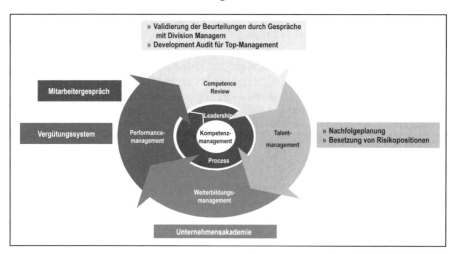

Abb. 3. Vorgehen bei der Installation einer strategischen PE mit überschaubarem Umfang

Es handelt sich hierbei um ein deutsches Unternehmen, welches Teil eines japanischen Konzerns ist. Die Unternehmensgruppe zählt zu den weltmarktführenden Produzenten von elektrischen und elektronischen Geräten. Die Schwerpunkte der Tätigkeiten konzentrieren sich auf die Bereiche Informationsverarbeitung und Kommunikation, Weltraumentwicklung und Satellitenkommunikation, Haushaltselektronik, Industrietechnologie, Energie, Transport und Gebäudetechnik. Die deutsche 100%ige Tochter verantwortet das gesamte deutsche Vertriebs- und Marketinggeschäft. Nach Formulieren des normativen und kompetenzmäßigen Rahmens wurde das Mitarbeitergespräch als zentraler Prozess positioniert. An ihm „docken" das Performance-, Talent-, Weiterbildungs- und Retentionmanagement in einer sehr pragmatischen Form an.

2. Umsetzung einer Neuausrichtung

Fraglich ist, ob das vorgeschlagene Acht-Etappen-Konzept ausreichend ist, um ein Projekt zur Neuausrichtung der Personalentwicklung in einem Unternehmen zu gestalten. Die Antwort lautet: ja und nein. Ja, weil es inhaltlich die relevanten Handlungsfelder der PE strukturiert und damit handlungsleitend ist. Und nein, weil die inhaltliche Strukturierung nicht ausreicht, um ein derartiges Projekt im betrieblichen Alltag abzuarbeiten. Dazu ist eine andere Betrachtungs- und Herangehensweise nötig. Es versteht sich mehr als eine konzeptionell-inhaltliche Gliederung als ein operativer Projektplan. Bei den Zeitangaben handelt es sich um Erfahrungswerte, die je nach Ausgangssituation erheblich schwanken können. Üblicherweise sind vier Schritte eines derartigen Projektvorhabens zu unterscheiden: Die Analyse-, die Konzept-, die Umsetzungs- und die Evaluationsphase (vgl. Abbildung 4).

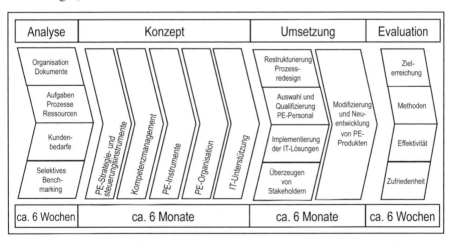

Abb. 4. Projektphasenmodell zur Neuausrichtung der Personalentwicklung

In der Analysephase geht es darum, die Ist-Situation der Personalentwicklung abzuklären. Dazu werden z. B. die Aufgaben, Prozesse und Ressourcen aufgenommen, die Organisation, Instrumente und Dokumente (insbesondere die Unternehmens- und Personalstrategie) analysiert und gegebenenfalls mit externen Informationen verglichen („Benchmarking"). Daneben können die Erwartungen und Bedürfnisse der unternehmensinternen Kunden erhoben werden. Zwar ist eine Kundenbefragung wichtig, um etwa die Zufriedenheit abzuklären, doch zeigt sich in der Beratungspraxis häufig, dass interne Klienten an die betriebliche Personalentwicklung wenig klare Erwartungen äußern können.

Basierend auf den Ergebnissen der Analysephase wird in der Konzeptphase eine Sollvorstellung für die betriebliche Personalentwicklung erarbeitet. Im Zentrum steht eine verbalisierte Personalentwicklungsstrategie. Sie sollte mindestens Antworten auf folgende Fragen liefern:

- Wofür wollen wir stehen?
- Welche Rollen und Werte sollen unser Handeln prägen?
- Welches Verhalten wollen wir fördern?
- Was soll uns auszeichnen?
- Welche Leistungen wollen wir anbieten, welche werden wir einfordern?
- Welchen Erfolgsmaßstab setzen wir uns?
- Wann haben wir Erfolg?

Neben diesen grundlegenden Fragen bieten die folgenden fünf Hinweise eine gute Orientierung zur praktischen Formulierung einer PE-Strategie (in Anlehnung an Harrison, 2005, S. 232, Übersetzung aus dem Englischen durch den Autor):

1. **Einigen Sie sich auf ein Strategie-Entwicklungsteam:**
   Wichtig ist eine breit aufgestellte Gruppe. Diese umfasst nicht nur Schlüsselfunktionen aus dem Unternehmen und der PE, sondern auch eine Reihe von kritischen Zeitgenossen. So kommt frischer Wind in die Diskussion einer PE-Strategie.

2. **Klären Sie die organisationale Mission des Unternehmens:**
   Identifizieren Sie Absichten des Unternehmens und langfristige Ziele, die die PE unterstützen muss.

3. **Überprüfen Sie die Kernwerte:**
   Analysieren Sie die Wahrnehmung von internen und externen Anspruchsgruppen bezüglich:
   - der Unternehmensidentität in der Innen- und Außenperspektive.

- Visionen und Werten. Werden diese innerhalb der Organisation geteilt? Werden Werte von der Unternehmensführung (oder anderer Stelle) unterstützt?
- dessen, was die PE Funktion von anderen im Unternehmen unterscheidet, in positiver wie in negativer Hinsicht.

4. **Nutzen Sie SWOT-Analysen[1], um strategische Aspekte zu identifizieren, mit der die Organisation konfrontiert ist:**
   Nutzen Sie professionelles und Unternehmenswissen zur Analyse der Daten. Priorisieren Sie die Ergebnisse nach den folgenden Kriterien:
   - Aspekte, die in der Zukunft beobachtet werden sollen, jetzt keinen sofortigen Handlungsbedarf haben, jedoch ein Gefahren- bzw. Chancenpotenzial zu einem späteren Zeitpunkt besitzen.
   - Aspekte, die das Unternehmen innerhalb laufender Pläne und Aktivitäten bearbeiten kann und die daher keine neuen Strategien erfordern.
   - Aspekte, die in der PE-Strategie zu berücksichtigen sind.

5. **Verabschiedung einer PE-Strategie und eines strategischen Plans:**
   Einigen Sie sich auf PE-Ziele und eine Strategie.

Aufbauend auf dieser niedergelegten Strategie werden die weiteren konzeptionellen Arbeiten eingeleitet. Sie betreffen die zukünftigen Planungs- und Controllinginstrumente der PE (vgl. Etappe 2), das zentrale Kompetenzmodell (vgl. Etappe 3) sowie die PE-Instrumente und -kampagnen (vgl. Etappe 4 bis 8). Zusätzlich müssen in einem derart grundlegenden Veränderungsprozess die Ablauf- und Aufbauorganisation der PE definiert, die kompetenzmäßigen Anforderungen an die Personalentwickler formuliert und die gegebenenfalls benötigte IT-Unterstützung beschrieben werden.

In der Umsetzungsphase werden die in der Konzeptphase definierten Sollvorstellungen in die Tat umgesetzt. Diese Phase ist für das Projekt am erfolgskritischsten. Schließlich ist der gesamte Prozess wirkungslos, wenn

---

[1] Die **SWOT-Analyse** (aus dem Englischen für **S**trengths (Stärken), **W**eaknesses (Schwächen), **O**pportunities (Chancen) und **T**hreats (Gefahren)) ist ein Instrument des strategischen Managements. In ihrer Grundform werden sowohl innerbetriebliche Stärken und Schwächen (Strength-Weakness), als auch externe Chancen und Gefahren (Opportunities-Threats) betrachtet. Aus der Kombination der Stärken/Schwächen-Analyse und der Chancen/Gefahren-Analyse kann eine ganzheitliche Strategie für die weitere Ausrichtung der Organisationseinheit PE abgeleitet werden.

er nicht mit Leben gefüllt wird. Mit einem derartigen Prozess lässt sich bei erfolgreicher Durchführung nachhaltig der Stellenwert der Personalentwicklung im Unternehmen steigern und damit das Standing insgesamt verbessern.

Den Abschluss eines derartigen Projektes bildet die Evaluationsphase, die vor allem der Qualitäts- und Erfolgskontrolle dient. Es gilt zu beurteilen, ob die gesteckten Ziele der Initiative erreicht wurden und an welchen Punkten noch Verbesserungspotenziale bestehen. Daraus lassen sich die weiteren notwendigen Interventionen in die Organisationseinheit Personalentwicklung planen sowie „Lessons Learned" für weitere Projekte ableiten.

3. Fazit

Das zweite Kapitel dieses Buches wirbt für den Aufbau der Personalentwicklung in acht Etappen. Das Programm versteht sich als inhaltlich-konzeptionelle Strukturierung der Handlungsfelder der PE, nicht jedoch als operativer Projektplan. Dazu hat sich, wie oben dargestellt, ein klassisches Projektmanagement mit den Schritten Analyse-, Konzeptions-, Umsetzungs- und Evaluationsphase bewährt.

Die acht Etappen lassen sich gedanklich zusammenfassen in den normativen Rahmen (Etappe 1: Strategie, und Etappe 2: Steuerungsinstrumente), dem kompetenzmäßigen Rahmen (Etappe 3: Kompetenzmanagement) sowie den eigentlichen instrumentellen Handlungsfeldern (Etappe 4 bis 8). Nur wenn der normative und kompetenzmäßige Rahmen definiert und ausformuliert ist, lassen sich die PE-Aktivitäten zielgerichtet so akzentuieren, dass sie nachweislich mit der Unternehmensstrategie konform gehen und sie unterstützen.

Literatur

Becker, M. (2005). *Systematische Personalentwicklung. Planung, Steuerung und Kontrolle im Funktionszyklus*. Stuttgart: Schäffer-Poeschel.

Kienbaum (2009). *HR-Klima-Index 2009*. Gummersbach.

Leinweber, S. (2008). Etappe 3 – Kompetenzmanagement. In: M. T. Meifert (Hrsg.): *Strategische Personalentwicklung – Ein Programm in acht Etappen*. Heidelberg, New York: Springer-Verlag.

Meifert, M. T. (2005). *Mitarbeiterbindung – Eine empirische Analyse betrieblicher Weiterbildner in deutschen Großunternehmen.* Dissertation, München, Mering.

Meifert, M. T. (2008). Was ist strategisch an der strategischen Personalentwicklung? In: M. T. Meifert (Hrsg.): *Strategische Personalentwicklung – Ein Programm in acht Etappen.* Heidelberg, New York: Springer-Verlag.

Müller-Stewens, G. & Lechner, C. (2005). *Strategisches Management – Wie strategische Initiativen zum Wandel führen.* Stuttgart: Schäffer-Poeschel.

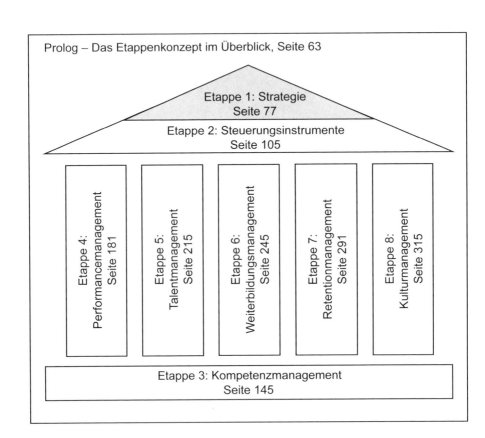

Etappe 1: Strategien der Personalentwicklung

Philipp Hölzle

Wofür Personalentwicklung im Unternehmen? Nach einer Studie haben die HR-Prozesse der Personalentwicklung/des Kompetenzmanagements bei 66 % aller Unternehmen eine hohe bis sehr hohe Bedeutung, der zweithöchste Wert aus einer HR-Prozesslandkarte mit 12 Prozessclustern (Kienbaum HR Strategiestudie 2008/2009). Die Qualität der diesbezüglichen Arbeit bewerten aber nur 48 % mit einer guten Einschätzung.

„Strategieorientierte PE ist darauf ausgerichtet, systematisch *Schlüsselqualifikationen* zu entwickeln, die zur *Bewältigung unternehmensstrategisch begründeter Leistungsanforderungen* benötigt werden" (Solga et al., 2005, S. 18). Diese Aussage ist sicherlich richtig und die Entwicklung von strategiekonformen Schlüsselqualifikationen ist eine der Hauptaufgaben der PE, allerdings kann eine strategisch ausgerichtete Personalentwicklung auch in weiteren Themenfeldern einen wesentlichen Beitrag zum Unternehmenserfolg liefern, z. B. über die Beeinflussung der Unternehmenskultur, der Mitarbeitermotivation und des Unternehmensimage, den Betrieb eines HR-Risikomanagements und durch viele weitere Maßnahmen, die individuell für die Bedarfe der jeweiligen Organisation ausgewählt und angepasst werden müssen.

Die Personalentwicklungsstrategie dient dazu, die Leitplanken für die Ausgestaltung der PE in der Organisation zu definieren. Hauptfokus ist dabei die organisationsspezifische Ausgestaltung der Ziele der Personalentwicklung und die Darstellung des entsprechenden Beitrages zum Unternehmenserfolg. Viele Unternehmen haben erkannt, dass die Umsetzung von Wachstumsstrategien nur mit strategisch passenden, flankierenden PE-Maßnahmen zu erreichen ist. Insbesondere mangelnde Führungskompetenzen limitieren Wachstum (nach Möhrle, 2005) und fehlende fachliche Skills die Erschließung von strategischen Marktchancen.

Der vorliegende Beitrag widmet sich der Frage, wie eine handlungsrelevante Personalentwicklungsstrategie aufgestellt werden kann, die hilft, die unternehmerischen Zielsetzungen umzusetzen.

1. Bausteine einer Personalentwicklungsstrategie

In den letzten Jahren hat sich bei der Diskussion des Rollenverständnisses von Personalbereichen der Businesspartner als meistgenanntes Bild durchgesetzt. HR-Bereiche wollen „auf gleicher Augenhöhe" mit ihren Partnern im Unternehmen diskutieren, nicht nur Dienstleistungen effizient erbringen, sondern Strategien mit entwickeln und umsetzen. Der empirische Beweis, dass „gute" HR-Strategien das Erreichen der Unternehmensziele fördern, konnte bislang nicht erbracht werden. Teilweise wird dies sogar von renommierten Vertretern explizit angezweifelt (vgl. Roehling et al., 2005, S. 209: „Most SHRM research focusing on ‚fit' has failed to find a positive effect for the fit between HR and firm strategy."; ergänzend Cascio, 2005; Lawler, 2005).

Die strategische Ausrichtung, manifestiert in der Ausgestaltung der Rolle des Businesspartners, wird aktuell wieder zahlreich diskutiert. Dabei kristallisiert sich deutlich heraus, dass mit einer funktionalen Personal- und Personalentwicklungsstrategie die Komplexität des Themas nicht ausreichend berücksichtigt wird, da sich eine solche Strategie zu stark vom Unternehmenskontext löst und bei der Identifikation belastbarer, strategierelevanter Ursache-Wirkungsketten versagt.

Als Ergänzung wird die im Vorfeld der Ausarbeitung einer Funktionalstrategie HR/PE vorzunehmende Definition einer „People Strategy" vorgestellt. Das „Komplettpaket" für einen strategisch ausgerichteten HR-Bereich bzw. eine Untereinheit, wie z. B. die Personalentwicklung, wird sinnvollerweise aus der „People Strategy" (Welche Ziele hat meine Organisation in Bezug auf ihre Belegschaft?), der Funktionalstrategie HR/PE (Wie organisiere ich die HR/PE-Arbeit, um möglichst effizient die strategischen Ziele zu erreichen?) und dem Businessplan, der aussagt, welche Aktivitäten für welche Kundengruppe mit welchem Aufwand durchgeführt werden, zusammengestellt.

1.1 Was? – Die People Strategy/People Development Strategy

Die People Strategy stellt eine ganzheitliche Strategie zur Weiterentwicklung des Humankapitals der Organisation dar, die sich an den strategischen Erfordernissen der Organisation ausrichtet. Somit orientiert sich die People Strategy nicht an den Grenzen des Personalbereiches, es geht hierbei nicht um Effizienzgewinne bezüglich der Arbeit des HR-Bereiches. Im Fokus stehen zusätzlich die Führungskräfte als größter Wirkungshebel zur Beeinflussung der Humanressourcen, aber auch andere Unternehmensfunktionen, z. B. das Marketing, wenn es darum geht, die Attraktivität als Arbeitgeber zu steigern, Imagekampagnen ins Leben zu rufen oder Kundenzufriedenheitsmessungen zu konzipieren. Das Aufbrechen dieser traditionellen Grenzen des HR-Wirkungsbereichs wird mittlerweile als einer der wesentlichen Schlüssel zum Erfolg bzw. beim Nichtgelingen für das Versagen der HR-Funktion gesehen (vgl. z. B. Cascio, 2005, S. 160).

Die People Strategy beantwortet die Frage, wo die Belegschaft der Organisation in drei bis fünf Jahren steht und welche längerfristigen Ziele (z. B. 10-Jahres-Perspektive) verfolgt werden müssen. Neben den quantitativen und qualitativen Anforderungen (wie viele Beschäftigte in welchen Jobklassen mit welchen Skill- und Kompetenzprofilen) geht es dabei vor allem auch um die Frage, wie die unternehmerischen Rahmenbedingungen gestaltet werden müssen, damit diese Ziele erreicht werden können. Insbesondere von Bedeutung sind dabei die Betrachtung von Rekrutierungsstrategien und -instrumenten (vor dem Hintergrund der aktuellen und zukünftigen Situation der konkreten Organisation, des demografischen Wandels, der Wettbewerbssituation etc.), Bindungskonzepten („Retentionmanagement"), Aus- und Weiterbildung der Beschäftigten, Flexibilisierungsmodellen und geeigneten Trennungskonzepten, deren Auswirkung auf die jeweils anderen Bausteine berücksichtigt werden müssen.

Aktuelle Konzepte versuchen im Rahmen der Diskussion der People Strategy auch den Wert des Faktors Personal in der Organisation bewertbar zu machen. Die bisher vorgestellten Konzepte (einen guten Überblick bietet Scholz, 1995) entbehren allerdings einer praktikablen Anwendbarkeit. Der Autor bezweifelt auch, dass es in absehbarer Zeit gelingen wird, alle Faktoren, die den monetären Wert des Humankapitals bestimmen, in geeignete Größen und berechnende Formeln zu überführen. Selbst wenn dies gelingen sollte, stellt sich die Frage des tieferen Nutzens. Ist es (z. B. durch eine „gute" PE-Arbeit) gelungen, den monetären Wert der Belegschaft im Laufe eines Jahres um 5% zu steigern, mag dies zur Rechtfertigung der PE-Funktion eine schöne Zahl sein, als Controller oder gar Shareholder fragt man sich allerdings nach dem Aussagegehalt. Kann der Shareholder z. B. fordern, diese 5 % in liquide Mittel umzuwandeln und auszuschütten?

Solche Diskussionen haben dazu beigetragen, dass der Begriff „Humankapital" zum Unwort des Jahres 2005 gekürt wurde. Begründung war die Reduzierung des arbeitenden Menschen auf eine monetäre Größe. Die People Strategy hat ein anderes Ziel. Sie betrachtet als Humankapital die intellektuelle, motivationale und integrative Leistung aller Mitarbeiter und sieht mit dieser an die Auffassung des Human Capital Clubs angelehnten Definition eine Aufwertung der Mitarbeiter, weg vom (negativen) Status als Kostenfaktor hin zum (positiven) Status als bedeutsamer Bestandteil des Unternehmens, auf den der strategische Fokus gelegt werden muss.

1.2 Wie? – Die Funktionalstrategie PE

Der Zielkanon für eine strategisch ausgerichtete PE-Arbeit ergibt sich überwiegend aus der People Strategy. Dort ist formuliert, was als Output der HR- und schwerpunktmäßig der PE-Arbeit erreicht werden sollte. Ergänzt werden diese Punkte durch bereichsinterne Ziele der HR- bzw. PE-Funktion: Wie wollen wir uns in der PE-Funktion organisieren, was sind Optimierungsfelder der eigenen Arbeit, wie sieht das Produktportfolio aus und wie wird es den (internen) Kunden angeboten?

Die Funktionalstrategie beginnt mit dem Selbstverständnis der Funktion (Welche Rolle wollen wir als PEler in der Organisation einnehmen? Sind wir strategischer Partner oder ausführende Trainer?), führt über die einzelnen Zielfelder zum Produktkatalog (Was bieten wir in welcher Form an?) und den Kernprozessen der Einheit (Wie machen wir unser Geschäft?) zu standardisierten Regeln über die PE-Arbeit in der Gesamtorganisation. Letzteres kann insbesondere in Konzernen oder sehr dezentral organisierten Unternehmen eine hohe Bedeutung haben. Sogenannte Governance Regelungen oder strategische Guidelines legen fest, in welchen Prozessen wer welche Rolle einnimmt und welche Freiheitsgrade bewusst definiert werden. So sollte festgelegt werden, welche Stellen/Funktionen bei der Beförderung eines Mitarbeiters zur Führungskraft involviert sind und wer ggf. ein Veto einlegen kann. Ein weiteres Beispiel wäre die Betreuung der oberen Führungskräfte. Hier besteht häufig Regelungsbedarf, wer diesen Personenkreis in welchen Themen anspricht, welche Daten ausgetauscht werden und wie die Trennung zwischen administrativer Betreuung und

Performance-Beratung definiert wird. Alle in Abbildung 1 skizzierten Elemente sollten dann Grundlage für ein Steuerungsmodell sein, dass eine Überprüfbarkeit beider Strategien, der People Strategy und der Funktionalstrategie ermöglicht.

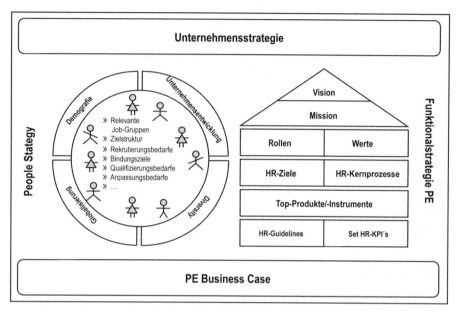

Abb. 1. PE-Strategie

1.3 Womit? – Der Businessplan PE

Mit dem Businessplan wird festgelegt, welche Leistungen für wen mit welchem Mitteleinsatz wann erbracht werden.

Der Businessplan hilft, die HR – und hier speziell die PE-Funktion – als wirtschaftliche Funktion zu verstehen. HR als „Business" zu verstehen und das Angebotsspektrum dementsprechend regelmäßig unter wirtschaftlichen Gesichtspunkten zu überprüfen, ist der wesentliche Schlüssel dazu, dass die HR-Funktion einen erkennbaren Beitrag zum Unternehmenserfolg liefert (vgl. z. B. Lawler, 2005) und es HR gelingt, an die aktuellen Nachhaltigkeitsdiskussionen Anschluss zu finden (vgl. Boudreau & Ramstad, 2005). Eben an diesem Punkt, dem wirtschaftlichen Blick auf die eigene

Arbeit, scheitern die meisten HR-Organisationen.[1] Für die PE-Funktion ist dieser Schritt jedoch einfacher als für den gesamten HR-Bereich, da Letzterer insbesondere in Deutschland zu weitaus größeren Teilen mit „Pflichtgeschäft" belastet ist, das nicht aus strategischen Überlegungen heraus reduziert oder gar weggelassen werden kann.

In den folgenden Ausführungen wird der Begriff „PE-Strategie" als Klammer für die hier dargestellten Elemente "People Strategy", Funktionalstrategie und Businessplan genutzt.

2. Einflussfaktoren auf die PE-Strategie

Die unternehmensspezifische Ausgestaltung der PE-Strategie ist ein Prozess, für den es erprobte Methodiken gibt, allerdings wenige allgemeingültige Inhalte. Die spezifische Ausgestaltung ist durch zahlreiche Einflussfaktoren determiniert. Die folgenden kurzen Unterkapitel widmen sich den wichtigsten Faktoren.

2.1 Rahmenbedingungen

Die externen und internen Rahmenbedingungen setzen die Leitplanken für eine PE-Strategieentwicklung. Vor allem folgende Rahmenbedingungen sollten in jedem Fall berücksichtigt werden:

1. Demografie und Arbeitsmarkt
2. Wirtschaftliche Situation der betrachteten Organisation
3. Bedarfe/Wünsche der (internen) Kunden

Zunächst wesentlich, insbesondere zur Ausgestaltung der Elemente der People Strategy, sind der für die betrachtete Organisation relevante Arbeitsmarkt und dessen Beeinflussung durch Demografie und globale Ent-

---

[1] "It is nearly unanimous that HR can and should add more value to corporations. The best way to do this is by being a business partner – by directly improving the performance of the business. This can be accomplished by effective talent management, helping with change management, influencing strategy, and a host of other value-added activities that impact effectiveness. But HR does not seem able to position itself as a business partner in many cases. To analyze the problem HR has in transitioning to a new role, think of HR as a business and what products it should offer" (Lawler, 2005, S. 165).

wicklungen. Für zahlreiche Jobfamilien ist es heute schon schwierig, geeignetes Personal auf dem externen Arbeitsmarkt zu rekrutieren. Betrachtet man ergänzend die Szenarien, die sich aus der demografischen Entwicklung ergeben, zeigt sich, dass es in den kommenden Jahren sogenannte „Mangelqualifikationen" geben wird, für die – zumindest in vielen Regionen – keine oder kaum Berufseinsteiger zur Verfügung stehen werden. Daneben ist zu beobachten, dass immer weniger Unternehmen ältere Arbeitnehmer beschäftigen, so sind nur noch in ca. 50 % der deutschen Unternehmen Arbeitskräfte tätig, die älter als 50 Jahre sind. Jede Organisation wird individuelle Konzepte kreieren müssen, wie sie mit dieser Rahmenbedingung umgeht. Für die einen löst die demografische Entwicklung gegebenenfalls bestehende Probleme oder schafft Wachstum (z. B. im Pflegesektor), bei anderen werden Modelle wie die Sicherung der Beschäftigungsfähigkeit im Alter, „Lebenslanges Lernen" und alternative Rekrutierungskonzepte deutlich an Stellenwert gewinnen.

Nicht außer Acht gelassen werden darf selbstverständlich die wirtschaftliche Situation der Organisation. Gerade in wirtschaftlich schwierigen Zeiten zeigt sich, dass PE-Budgets oftmals deutlich reduziert wurden. Mittelknappheit wird häufig eine wesentliche Rahmenbedingung sein und nur eine schlüssige Strategie mit einem hinterlegten Businessplan kann zur Argumentation dienen, die Budgets abzusichern oder gegebenenfalls sogar aufzustocken. Dies wird nur mit einer für das Management greifbaren, nachvollziehbaren Strategie funktionieren. Eine aus der wirtschaftlichen Situation resultierende Rahmenbedingung ist somit auch die Adressatenorientierung. Eine PE-Strategie schreibt man nicht (nur) für PE-Spezialisten, für zentrale Stäbe, die Kompetenzmanagement-Modelle entwickeln, oder für operative Trainer, um diesen Gruppen Orientierung zu geben, sondern vor allem auch für die Anspruchsgruppen, Geldgeber und Kunden.

Eine PE-Strategie sollte, wie jede andere Strategie auch, nicht am Bedarf und den Wünschen der Kunden vorbei entwickelt werden. Die besten Konzepte werden kaum nutzen, wenn diese von den Kunden nicht erkannt bzw. nicht gewünscht werden. Spezifische Kundenbedarfe können dazu führen, dass neue Leistungen in das PE-Produktportfolio aufgenommen werden, die aus der PE-Expertenbrille eventuell nicht im Fokus waren (z. B. einzelne Weiterbildungsmaßnahmen), oder dass gegebenenfalls sogar Tätigkeitsfelder entfallen, die strategisch im PE-Portfolio Sinn machen würden (z. B. Beteiligung der PE bei der Besetzung von Führungspositionen, wenn dies in der Organisation nicht durchsetzungsfähig ist). Neben der grundsätzlichen Beeinflussung des Dienstleistungsportfolios sollten die

Kundenwünsche auch bei der Priorisierung bzw. Mittelzuteilung im Businessplan Berücksichtigung finden. Voraussetzungen für eine adäquate Berücksichtigung von Kundeninteressen ist zunächst die Kundensegmentierung (siehe Business-Plan) und dann der Spagat zwischen kundenorientierter Umsetzung und strategischer Positionierung. Grundlage, diese Gratwanderung zu meistern, ist das mit der Funktionalstrategie definierte Rollenverständnis. Für eine PE-Funktion, die in der Organisation als kundenorientierter Dienstleister auftritt („Immer da, immer nah!"), ist eine umfassende Berücksichtigung der Kundeninteressen aller Zielgruppen deutlich wichtiger als für die PE-Funktion, die sich als verlängerter Arm der Unternehmensleitung versteht und als strategischer Gestalter sich auf den internen Kunden Vorstand bzw. Geschäftsführung fokussiert.

2.2 Business- und Geschäftsfeldstrategien

Zur Erarbeitung reicht die Berücksichtigung der zuvor beschriebenen Rahmenbedingungen allerdings nicht aus. Die PE-Strategie muss sich erkennbar an übergeordneten Strategien in der Organisation orientieren. Übergeordnet versteht sich dabei nicht im strengen hierarchischen Sinne, dass nur die Unternehmensstrategie als Quelle dient, übergeordnet sind alle Strategien der Organisation, die dem organisationalen Zweck dienen, also z. B. die Produktstrategie, Vertriebsstrategie etc.

Ergänzend zu detailliert ausgearbeiteten Strategien sollten weitere Quellen – sofern verfügbar – zur Ableitung von PE-Zielsetzungen herangezogen werden, so z. B.:

- Leitbilder,
- Führungsgrundsätze,
- Bereichsziele, Geschäftsfeldplanungen, mittel-/langfristige Absatzplanungen, Produktplanungen etc.,
- Ziele des Top-Managements,
- Strategische Projekte/Initiativen.

Von besonderem Interesse sind häufig die beiden letztgenannten Quellen, denn insbesondere wenn in der Organisation keine explizite Strategie in ausformulierter Form vorliegt, können diese gute Orientierung bieten. Managementziele, deren Bewertung zur Bemessung von Langzeitboni herangezogen werden (sogenannte LTIP), beinhalten häufig die strategisch relevanten Ziele der Organisation (sollten sie zumindest, wenn das *longterm incentive program* zielführend ausgestaltet ist). Diese sollten auch daraufhin geprüft werden, welche Ableitungen für die Personalentwicklung relevant sind. Ebenso verhält es sich mit den wesentlichen Projekten und Initiativen der Organisation. Stehen größere Internationalisierungsvorhaben an? Sind durch Merger oder Zukäufe vielleicht auch Standortverlagerungen oder -schließungen zu erwarten? Erschließt man sich durch solche unternehmerische Aktivitäten neue Skill-Sets, die es gilt einzubinden? Diese Themen sollten sich in einer PE-Strategie wiederfinden.

Übergeordnete strategische Aussagen müssen zur Entwicklung einer HR- bzw. PE-Strategie unbedingt gesichtet und es muss durch eine stringente Ableitung die Berücksichtigung in der PE-Strategie sichergestellt werden. Das Fehlen einer übergeordneten Strategie entschuldigt allerdings nicht das Auslassen der Strategiedefinierung für die PE-Arbeit. Auch ohne eine verbriefte Unternehmensstrategie lässt sich eine für die spezifische Situation der Organisation passende PE-Strategie definieren. Quellen für strategische Orientierung gibt es zahlreiche. Fehlen alle oben angegebenen Inputs, reichen auch intensive Gespräche mit den Top- und Schlüsselkräften der Organisation.

2.3 Geschäftsmodell/Governance Regelungen

Die PE-Strategie definiert Regeln (Guidelines/Governance), wie PE-Arbeit in der Organisation funktioniert. Insbesondere werden Verantwortlichkeiten, Ausführungskapazitäten und gegebenenfalls Verrechnungsregeln festgelegt. Um dies so tun zu können, dass diese Regeln auch Bestand haben werden und auf Akzeptanz stoßen (also keine Umgehungsstrategien generiert werden), ist es notwendig, die ansonsten im Unternehmen bestehenden Regelungen detaillierter zu analysieren. Wie funktioniert die betriebswirtschaftliche Steuerung in der Organisation? Wer hat Ergebnis- und Budgetverantwortung, wer wird an welchen Zielen gemessen?

Wenn eine Einheit die komplette Ergebnisverantwortung für ihr Handeln hat und selbstständig Budgets verwaltet, wird es schwer möglich sein, dem Management dieser Einheit aus einer PE-Funktion heraus vorzuschreiben, welche Weiterbildungsveranstaltungen verpflichtend zu belegen sind oder, noch weiter führend, wer in dieser Einheit zur Führungskraft ernannt werden darf und wer nicht. In einer Organisation mit starker zentraler Steuerung auch in anderen Themen (z. B. durch ein zentrales Controlling, einen zentralen Einkauf etc.) ist es durchaus vorstellbar, dass auch die PE-Funktion eine starke steuernde Funktion einnimmt und nicht nur beratend zur Seite steht. Solche Grundsatzregeln lassen sich jedoch nur in den wenigsten Organisationen aus einer Personalfunktion heraus neu gestalten. Hier ist zumeist eine Orientierung an bestehenden Systemen sinnvoll bzw. die Gewinnung des Top-Managements notwendig, wenn grundlegende Änderungen vorgenommen werden sollten.

Ähnlich verhält es sich mit der Diskussion um Zentralität oder Dezentralität. Wie sieht die kapazitive Verteilung, wie die Teilung von Verantwortung, Aufgabenspektrum und Kundenansprache aus? Auch zur Definition dieser Aspekte ist eine Orientierung an anderen Bereichen zumindest als weitere Quelle für die Ausgestaltung der PE-Strategie unbedingt empfehlenswert.

2.4 Personalbestand und Personalbedarf

Weiterer wesentlicher Einflussfaktor zur Ausarbeitung einer spezifischen PE-Strategie ist schließlich die Ist-Situation der Organisation und der daraus resultierende Personalbedarf in quantitativer und qualitativer Hinsicht.

Zunächst sollte ein exakter Überblick über die vorhandene Belegschaft hergestellt werden. Die meisten hierfür benötigten Daten enthalten klassische Personalberichte, also z. B. Daten zum Personalbestand (in „Köpfen" und Kapazitäten), zur Struktur (Altersstruktur, Betriebszugehörigkeit, Entgeltstufen), zur Bewegung (Zugänge, Abgänge, interne Wechsel, Fehlzeiten) oder zu den anfallenden Kosten (Fixgehälter, variable Gehälter, Abfindungen). Zu qualitativen Sachverhalten liegt häufig eine dünnere Datenbasis vor. Über die vorhandenen Qualifikationen haben die meisten Organisationen noch einen recht guten Überblick (zumindest über die höchste formale Qualifikation bei Einstellung). Über aktuell vorhandene Kompetenzen und fachliche Skills wissen allerdings viele Personalbereiche nur ungenügend Bescheid. Ebenso verhält es sich häufig mit Daten zur aktuellen Performance (Leistungsbeurteilung) und zum Potenzial. Alle vorhandenen Daten sollten auf Aktualität und Qualität geprüft werden. Sind wesentliche Daten nicht vorhanden bzw. nicht ohne ungerechtfertigt hohen Aufwand zu generieren, ist dies gegebenenfalls ein wichtiger Hinweis für die Erarbeitung der Funktionalstrategie PE. Hier scheint ein Handlungsfeld vorzuliegen.

Die Ist-Daten haben im Strategieprozess zweierlei Funktion. Zum einen dienen sie als Basis für ein HR-Risikomanagement, das nicht selten durch PE-Funktionen betrieben wird, zum anderen sind die Daten Basis für den Personalplanungsprozess, der im Rahmen des Strategieprozesses wesentliche Inputs liefert (z. B. Aufbau- und Abbauvorgaben).

Ein ganzheitliches HR-Risikomanagement betrachtet zunächst personelle Risiken wie etwa:

- Vakanzrisiko: Risiko, dass kritische Positionen unbesetzt sind/bleiben,
- Portfoliorisiko: Risiko des suboptimalen Einsatzes der vorhandenen Kapazitäten, insb. Risiko, dass A-Positionen nicht mit A-Kandidaten besetzt sind und A-Kandidaten nicht auf A-Positionen ihren maximalen Wertschöpfungsbeitrag leisten können,
- Verfügbarkeitsrisiko: Risiko, dass nicht genügend entwickelte Nachfolger/Potenzialträger zur Verfügung stehen,
- Eingliederungsrisiko: Risiko, dass Nachfolgekandidaten/Potenzialträger auf neuen Positionen nicht ihre Leistung entfalten,
- motivationale Risiken: Risiko zurückgehaltener Leistungen.

Ergänzt man diese personellen Risiken mit weiteren betriebswirtschaftlichen Risikogrößen mit HR-Bezug, entsteht ein ganzheitliches HR-Risikomanagement mit vier Risikofeldern (s. Abbildung 2).

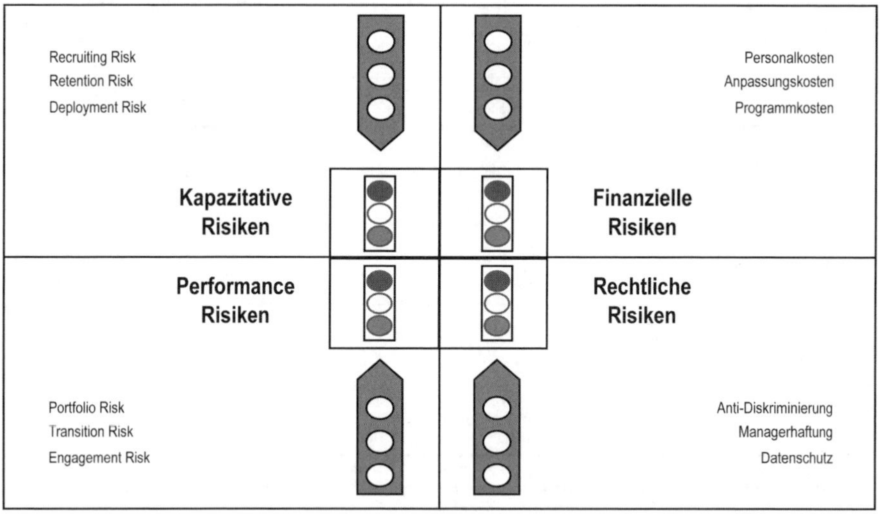

Abb. 2. Die vier Risikofelder des ganzheitlichen HR-Risikomanagements

Unter Berücksichtigung dieser Rahmenbedingungen lässt sich eine Personalentwicklungsstrategie mit den Bestandteilen People Strategy, Funktionalstrategie PE und Businessplan erstellen. Die folgenden Kapitel erläutern kurz, wie ein solcher Erstellungsprozess methodisch aufgebaut werden kann.

3. Vorgehensmodell zur Entwicklung einer integrierten PE-Strategie

Das im Folgenden skizzierte Vorgehensmodell zur Entwicklung einer individuellen PE-Strategie gliedert sich in fünf Phasen.

3.1 Erste Phase: Ist-Analyse

Die Ist-Analyse dient zur Aufnahme aller zu berücksichtigenden Faktoren, um eine PE-Strategie zu entwickeln, die maßgeschneidert für die Situation und Zielsetzungen der betrachteten Organisation ist.

Erhoben werden vor allem die zuvor beschriebenen Rahmenbedingungen. Neben den dort beschriebenen externen Faktoren interessieren in der Ist-Analyse aber auch die internen Aspekte, der Blick auf die bestehende PE-Organisation, das Personal, die Infrastruktur, PE-Prozesse etc. Eine Aufstellung, welche Aspekte Gegenstand der Ist-Analyse sein sollten, ist Abbildung 3 zu entnehmen.

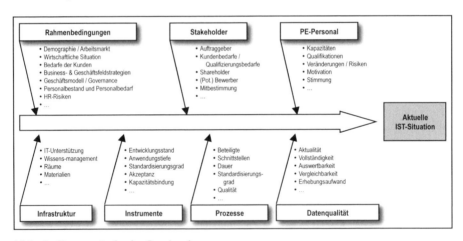

Abb. 3. Gegenstände der Ist-Analyse

Methodisch eignen sich für die Aufnahme der Ist-Analyse zum einen die Dokumentenanalyse, teilstrukturierte Interviews, Befragungen (online/papierbasiert) und die Auswertung mittels SWOT-Analyse. Vollerhebungen (z. B. Befragung aller Führungskräfte) sind zumeist nicht erforderlich, hilfreich ist es aber, die Ergebnisse einer Stichprobenerhebung in einem Validierungsworkshop auf breiterer Basis zu diskutieren und gegebenenfalls ergänzende Fakten aufzunehmen bzw. Einzelmeinungen der Erhebung zu relativieren. Die SWOT-Analyse gliedert die Ergebnisse der Ist-Analyse in die 4 Felder:

- Stärken (**s**trengths),
- Schwächen (**w**eaknesses),
- Chancen (**o**pportunities) und
- Risiken (**t**hreats).

Durch diese Art der Ergebnisdarstellung erhalten die Stärken eine gleichgewichtige Beachtung und man läuft nicht so schnell Gefahr, die Erfolgsfaktoren der heutigen Arbeit zu vernachlässigen. Zudem wird über die Betrachtung der Chancen und Risiken der externe Fokus (z. B. Rahmenbedingungen) explizit betrachtet und die zukunftsorientierte Beeinflussung der Arbeit beleuchtet. Alle vier Bereiche der SWOT-Analyse können Quellen für strategische Zielfelder sein.

3.2 Zweite Phase: Ableitungen aus übergeordneten Strategien

Übergeordnete Strategien, seien es die HR-, Unternehmens- oder Fachbereichsstrategien, sollten auf relevante Aspekte für die PE-Strategie geprüft werden.

Dies geschieht über eine Ableitung in drei Stufen: Zunächst werden die inhaltlichen Konzepte der vorliegenden Strategien gesammelt. Zu jedem für die PE relevanten Konzept werden die Hebel der PE-Arbeit gesammelt und in einem weiteren Schritt zu diesen Hebeln erste Zielsetzungen oder bereits konkrete Maßnahmen festgehalten. Tabelle 1 zeigt ein schematisches Beispiel.

Über diese inhaltliche Ableitung entsteht eine Vielzahl von möglichen PE-Zielen und -Maßnahmen, die im Rahmen der weiteren Strategieentwicklung priorisiert und dann gegebenenfalls in den PE-Zielekanon aufgenommen werden.

Tabelle 1. Inhaltliche Ableitungen aus übergeordneten Strategien

Strategisches Konzept	Hebel der PE-Arbeit	Ansätze für PE-Ziele/ -Maßnahmen
Unternehmensstrategie: Kostensenkung	Kapazität in PE Auszahlungswirksame PE-Kosten Senkung Opportunitätskosten bei PE-Veranstaltungen PE-Administrationskosten	Automatisierung der administrativen Prozesse (Veranstaltungsmanagement, Buchung, Genehmigung, Verrechnung, Bescheinigungen etc.) Reduzierung der externen Trainings Nutzung effizienterer PE-Formate (Blended Learning, Virtual Classroom, …)
Unternehmensstrategie: weitere Globalisierung, Standortaufbau	Sprachkompetenzen Interkulturelle Kompetenzen Anzahl „Pioniere"	Überarbeitung Kompetenzmodell Internationale Job-Rotation Identifizierung „Pioniere"
HR-Strategie: Sicherung der Rekrutierungsbedarfe	Attraktivität als Arbeitgeber	Marketing des PE-Angebotes, Laufbahnmodelle, Karrieremöglichkeiten etc.
HR-Strategie: Verzahnung des Personalcontrolling mit dem Unternehmenscontrolling	Human Capital Management	Aufbau HR-Risikomanagement Aufbau Human Capital Measurement

3.3 Dritte Phase: Strategieentwicklung

3.3.1 Erarbeitung einer Vision und Mission

Die Vision einer Organisation bzw. einer einzelnen Organisationseinheit stellt die Leitidee, das treibende Motiv dar. Sie soll prägnant darstellen, worauf das Handeln der Einheit ausgerichtet ist, wie der anzustrebende Idealzustand aussieht.

Für die Erarbeitung empfiehlt sich die Beteiligung möglichst aller Mitarbeiter der Einheit, die einen aktiven Gestaltungsanspruch haben. In einem zweitägigen Strategie-Workshop lassen sich in aller Regel für eine PE-Einheit Vision, Mission, Rollendefinition, strategische Zielsetzungen und die Definition der Kernprozesse zumindest in einer ersten groben Fassung erarbeiten.

Zur Bestimmung der Vision werden zunächst in Form von Brainstorming Aspekte gesammelt, die enthalten sein sollten. Diese werden dann in einen Formulierungsvorschlag gebracht. Abbildung 4 zeigt ein Praxisbeispiel.

Vision: Der Leitstern, die Beschreibung des angestrebten Idealzustands

Inhalte:

- Anerkannt von Vorstand und Management
- PE als strategischer Partner der Zukunftsgestaltung des Unternehmens
- Benchmark der Branche in Sachen wertschöpfender Personalentwicklungsarbeit
- Hervorragende Mitarbeiter sorgen für die Marktführerposition
- Akzeptierter Innovationsführer
- Attraktivster Arbeitgeber der Region
- Erstklassige Besetzungsqualität auf allen Top- und Schlüsselpositionen

Formulierungsvorschlag:

- Als anerkannter strategischer Partner der Unternehmensleitung fördern wir durch innovative, wertschöpfende Personalentwicklungsinstrumente für eine erstklassige Besetzungsqualität der Top- und Schlüsselpositionen im Unternehmen und stärken somit sowohl Image als auch Wettbewerbsposition.

Abb. 4. Praxisbeispiel für die Erarbeitung einer Vision

Das Vorgehen zur Definition der Mission ist ähnlich. Allerdings sind die Anforderungen an die Prägnanz hier höher. Die Mission beschreibt das Leistungsversprechen der Einheit entweder durch Nennung des Auftrages, des Oberziels oder des Wertschöpfungsbeitrages. Tabelle 2 zeigt für diese verschiedenen Ausrichtungen klassische Einleitungen für das Mission Statement.

Tabelle 2. Formulierungsvorschläge für Mission Statements.

Grundidee der Mission	Typische Einleitungen für das Mission Statement
Auftrag/Lieferversprechen der Einheit	„Wir liefern …"/„Wir leisten …"
Oberziel/Gesamtziel	„Unser Oberziel ist es …"
	„Wir sorgen für …"
Definierter Wertschöpfungsbeitrag/„Value Proposition"	„Wir schaffen Wert, indem wir …"
	„Wir tragen zum Unternehmenserfolg bei, indem wir …"

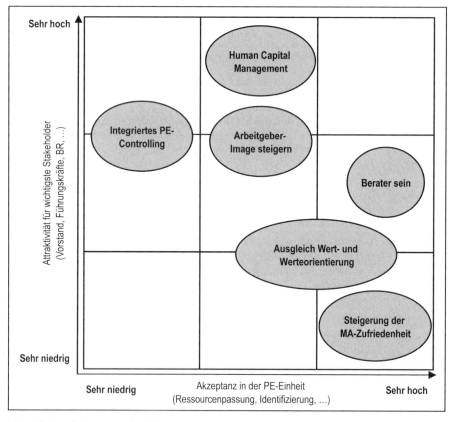

Abb. 5. Portfolio zur Klassifikation der Missionsaussagen

Auch zur Generierung eines Mission Statements eignet sich zunächst das Brainstorming in gemeinsamer Runde. So empfiehlt es sich z. B., jeden Teilnehmer zwei bis drei Missionsaussagen formulieren zu lassen und diese anschließend in gemeinsamer Runde zu diskutieren. Hierfür ist es eventuell sinnvoll, die einzelnen Aspekte über ein Portfolio zu klassifizieren, wie es Abbildung 5 veranschaulicht.

Für dieses schematische Beispiel lautet ein Formulierungsvorschlag für das Mission Statement:

> „Wir tragen zum Unternehmenserfolg bei, indem wir unsere Mitarbeiterstruktur und die Qualifikationen unserer Mitarbeiter (Humankapital) vorausschauend an den strategischen Anforderungen des Unternehmens ausrichten."

3.3.2 Beschreibung des Selbstverständnisses durch Rollen und Werte

Tabelle 3. Rollendefinition für HR-Funktionen

Rolle	Kurzbeschreibung
Dienstleister	Servicefunktion für die internen Kunden, deren Belange/Bedarfe mit hoher Kundenorientierung schnell umgesetzt werden
Spezialist	Ausgewiesene Spezialisteneinheit zu verschiedenen fachlichen Fragestellungen. Eher nachfrage- denn angebotsorientiert
Experte	Spezialisten mit externer Reputation. Das Selbstverständnis des Bereiches ist geprägt durch den Anspruch, qualitative Benchmarks zu setzen und Vorreiter zu sein.
Berater	Proaktive Einheit, die ihre Aufträge bei den (internen) Kunden akquiriert und mit ganzheitlichem Anspruch Problemlösungen generiert.
Moderator	„Neutrale Instanz" zur Vermittlung und effektiven Erreichung von Kompromissen im Spannungsfeld zwischen Wert- und Werteorientierung. Herbeiführung eines Interessensausgleiches zwischen allen Anspruchsgruppen.

Tabelle 3. (Fortsetzung)

Rolle	Kurzbeschreibung
Change Agent	Spezialist in Veränderungsprozessen, Begleiter zur Absicherung des nachhaltigen Umsetzungserfolges aller organisatorischen Veränderungen.
Businesspartner	Strategischer Partner „auf Augenhöhe". Starke Nähe zum Geschäft, Key Accounter in allen HR-Fragen, beteiligt in den Meetings des Fachbereiches, Sparringspartner in allen strategischen Fragestellungen.

3.3.3 Definition der strategischen PE-Ziele

Die bisherigen Arbeiten im Strategieprozess bieten bereits zahlreiche Quellen für strategische PE-Ziele. Aus den inhaltlichen Ableitungen der übergeordneten Ziele sind bereits Ansätze generiert worden. Eine Operationalisierung von Vision und Mission wird weitere Ziele generieren. Bei dieser Operationalisierung sollte die Frage im Vordergrund stehen, woran sich für einen (internen) Kunden zeigt, dass das dort gegebene Leistungsversprechen eingehalten wird.

Auch die Rollen- und Werte-Diskussion kann Quelle für strategische Ziele sein. Hier zeigt die Operationalisierung der dort erstellten Aussagen ebenfalls, ob strategischer Handlungsbedarf besteht.

Neben diesen inhaltlichen Ableitungen gibt es weitere Methodiken zur Zielegenerierung. Die zurzeit am stärksten diskutierte ist die Aufstellung von Werthebelbäumen. Bei dieser Methodik wird versucht, die Steuerungssysteme des Unternehmens zu analysieren und die Leistungen der Personalentwicklung auf den Prüfstand zu stellen, an welcher Stelle sie die Wertgenerierung beeinflussen. Dort, wo stärkere Wirkungszusammenhänge entdeckt werden, werden strategische Ziele definiert.

Eine weitere Methodik ist schließlich der „Blick über den Tellerrand" durch Trendscouting und Benchmarking. Experten der Personalentwicklung sollten regelmäßig analysieren, in welche Richtung sich die Themen weiterentwickeln und welche Ziele andere Organisationen verfolgen. Durch Adaption guter, auch für die eigene Organisation geeigneter Ansätze kann die strategische Weiterentwicklung der eigenen Arbeit gefördert werden, auch wenn der Bedarf intern bisher noch gar nicht erkannt wurde.

3.3.4 Anpassung des Leistungs-/Produktportfolios

Vor dem Hintergrund der formulierten Ziele der People- und Funktionalstrategie gilt es dann, das Produktportfolio der PE-Einheit zu überprüfen. Dabei werden

- vorhandene Produkte/Instrumente auf ihren Strategiebeitrag geprüft. Gegebenenfalls werden sie ersatzlos gestrichen, wenn sie keinen nennenswerten Beitrag zur Erreichung der strategischen Ziele aufzeigen und kein „Pflichtgeschäft" darstellen.
- Anpassungsbedarfe analysiert. Produkte/Instrumente, die einen wichtigen Beitrag zur Zielerreichung leisten, bei denen in der Ist-Analyse aber festgestellt wurde, dass sie Optimierungspotenzial haben, werden gesondert ausgewiesen. Im Rahmen der Umsetzungsplanung gilt es, hier Aktivitäten zur Optimierung zu planen.
- Ergänzungsbedarfe analysiert. Ziele und Leistungsversprechen, zu denen im Status quo keine Produkte/Instrumente angeboten werden, bedürfen einer Neukonzeption. Auch hier muss das Umsetzungskonzept besondere Schwerpunkte setzen.

3.3.5 Bestimmung der Kernprozesse der PE-Arbeit

Aus den strategischen Zielen und den zugeordneten Produkten lässt sich ableiten, welche Prozesse besondere Bedeutung für die Arbeit der Personalentwicklung haben.

Bei einem breiten Leistungsspektrum einer PE-Einheit macht die Aufstellung einer Prozesslandkarte Sinn, um Interdependenzen zwischen den Themen aufzuzeigen und die einzelnen Produkte und Instrumente sinnvoll miteinander zu verzahnen. Ratsam ist hier häufig der Perspektivenwechsel. Aus der Sicht von PE-Experten ist die Fülle der komplexen Themen vielfach noch zu durchdringen, aus der Sicht einer betrieblichen Führungskraft ist aber oft nicht nachvollziehbar, warum zu den unterschiedlichsten Zeitpunkten im Jahr von verschiedenen HR-Funktionen mit unterschiedlichen Instrumenten und Methoden „Zeit gestohlen" wird. So ist es etwa denkbar, dass eine Führungskraft mindestens einmal jährlich ein Mitarbeitergespräch zu führen und dieses zu dokumentieren hat. Daneben gibt es vielleicht ein 360°-Feedback, in dem diese Führungskraft sowohl Feedback-Empfänger als auch -Geber für zahlreiche andere Kollegen ist. Zu anderer Zeit wird die Führungskraft als Beobachter zu einem Assessment-Center geladen und muss Kompetenzdimensionen ausfüllen. Diese unterscheiden sich eventuell von denen, die ansonsten der Führungskraft in Interviewleitfäden für

Einstellungsgespräche zur Verfügung gestellt werden. Im Rahmen der Gehaltsüberprüfung der Mitarbeiter gibt es Formblätter, ebenso zur Zeugniserstellung, bei der Umgruppierung/Umstufung und so weiter. Diese Liste ließe sich beliebig fortsetzten. Für eine nicht HR-affine Führungskraft sind keine durchgängigen Prozesse oder verzahnten Instrumente erkennbar.

3.3.6 Definition des Geschäftsmodells

Über die weitere Ausgestaltung der Prozesse ergibt sich das Geschäftsmodell der Personalentwicklung. Dieses regelt, wer für welche Arbeiten verantwortlich ist, wer ausführt und wer informiert werden muss. Größere Diskussionsbedarfe bestehen hier häufig in dezentral aufgestellten Organisationen. Es macht zumeist wenig Sinn, dass an jedem Standort jedes Thema sowohl konzeptionell als auch in der Durchführung und Administration bearbeitet wird.

Für jeden Prozess gilt es daher festzulegen, in welchem Ausmaß er standardisiert wird und damit verbindlich für alle Beteiligten, egal wo angesiedelt, anzuwenden ist. In der Regel werden die Prozesse in vier Cluster einsortiert:

1. Zentrale Durchführung: Für alle Standorte/Divisionen etc. finden alle Stufen der Bearbeitung zentral einheitlich statt. Beispiel: Kompetenzmodellentwicklung;
2. Zentrale Standards: Der Prozess wird dezentral durchgeführt, allerdings nach einheitlichen, zentral definierten Standards mit vorgegebenen Instrumenten. Beispiel: Potenzialerkennungsverfahren;
3. Zentrale Rahmenbedingungen: Der Prozess wird dezentral durchgeführt, wobei auch individuelle Instrumente zum Einsatz kommen können, Rahmenbedingungen und Prozesskomponenten sind aber festgelegt. Beispiel: Einmal jährlich ist ein Mitarbeiterfeedback an Vorgesetzte durchzuführen. Die Methodik ist freigestellt, das Ergebnis ist aber in aggregierter Form an die Zentrale zurückzumelden;
4. Lokaler Prozess ohne Beteiligung der Zentrale, ohne vorgegebene Standards. Beispiel: unterjähriges Feedback des Vorgesetzten zu Entwicklungserfolgen des Mitarbeiters.

Neben dem Standardisierungsgrad werden im Geschäftsmodell auch die wichtigsten Schnittstellen definiert. Für die Personalentwicklung sind dies zumeist die Abgrenzungen zur Personalbetreuung (Kundenansprache, Informationsaustausch etc.) und zu den Führungskräften der Organisation (Betreuung der Mitarbeiter, Verantwortung, Rückmeldung etc.).

3.4 Vierte Phase: Aufstellung Businessplan

In den Themenfelder der PE stehen bei der Erstellung des Businessplans nicht nur die Prognosen für Einnahmen- und Ausgabenrechnungen im Vordergrund, sondern vor allem die Prioritätensetzung für die Vielzahl der Themen und damit verbunden die Verteilung der vorhandenen Kapazitäten und Budgets. Die Methodik des Businessplans für die PE unterscheidet sich dabei nicht grundlegend von der für die am freien Markt wirtschaftenden Bereiche. Die Kostenseite erscheint zunächst relativ leicht abbildbar. Aus den in der Strategie formulierten Zielen lässt sich ableiten, welche Maßnahmen ergriffen werden müssen. Interne Verrechnungskosten für eigene Kapazitäten bzw. Erfahrungswerte für externe Kräfte, ergänzt um notwendige Sach- und sonstige Kosten lassen sich schnell summieren. Allerdings bedarf es hierfür entweder bereits sehr gut operationalisierter Ziele oder aber das Herunterbrechen auf die Maßnahmenebene geschieht im Rahmen der Erstellung des Businessplans. Schwierigkeiten bereitet zumeist die Abschätzung der Mengengerüste. Unter Umständen sind Szenarien anzusetzen, um mit verschiedenen Mengengerüsten kalkulieren zu können. Um nicht lediglich eine Fortschreibung vergangener Jahre vorzunehmen, sondern wirklich strategisch zu arbeiten, ist eine Kundensegmentierung notwendig. Wenn nicht bereits im Rahmen der Strategiedefinition erfolgt, muss spätestens jetzt die Frage beantwortet werden, wer die A-Kunden der Personalentwicklung sind, die mit einer besonderen, individuellen Betreuung rechnen können, wer eher B- oder auch C-Kunde ist und eventuell lediglich Standardangebote erhält.

Noch schwieriger gestaltet sich zumeist die Definition der Einnahmenseite. Einige Organisationen arbeiten mit einer internen Leistungsverrechnung und verrechnen die Dienstleistungen der Personalentwicklung an den internen Kunden. Zumeist beschränkt sich dies aber auf Teilnahmegebühren an Seminaren und sonstigen Weiterbildungsangeboten. Wie aber berechnet man die Erstellung eines strategischen Kompetenzmodells? Zudem birgt die konsequente Verrechnung die Gefahr, dass zum einen strategische Initiativen, zum anderen Qualifizierungen für Folgepositionen in anderen Bereichen/Units aus Kostengründen von der Linie nicht wahrgenommen werden. Zumindest für solche Maßnahmen sollten Zentralbudgets vorgesehen werden.

Neuere Ansätze versuchen allgemeiner den Nutzen der in der Strategie beschriebenen PE-Funktion darzustellen. Dieser wird sodann differenziert in den monetär bewertbaren Teil und den rein qualitativen Teil, zu dem keine monetären Aussagen getroffen werden können. Zu Letzterem werden stattdessen Wirkungsbeziehungen aufgezeigt, der Nutzen liegt in der positiven Beeinflussung von Erfolgsfaktoren der internen Kunden.

Ist beispielsweise die Einführung von E-Learning geplant, können verschiedene Modelle zur Bewertung der Einspareffekte angenommen werden. Für die Kompensationsrate von Präsenztrainings durch Online-Kurse können Zielvorgaben definiert werden, die exakte Kalkulation aller daraus resultierenden Einsparpotenziale, wie z. B. Reisekosten, Hotelkosten, Trainerkosten etc., wird eine Abschätzung bleiben.

Schwieriger gestaltet sich das Thema bei weniger technisch gelagerten Themen. Als Beispiel sei exemplarisch das strategische Ziel „Steigerung der Besetzungsqualität der Top- und Schlüsselpositionen" genommen. Eine Umsetzungsinitiative könnte lauten: Durchführung eines Management-Audits für die oberen Führungsebenen zur Schaffung von Transparenz über die aktuelle Besetzungsqualität. Summarische Auswertung zur Identifikation der größten Kompetenzdefizite und Entwicklung eines unternehmensspezifischen Management-Development-Programms.

Die Kosten für das Management-Audit lassen sich relativ leicht kalkulieren, schwierig wird es jedoch, im Vorfeld abzuschätzen, wie umfangreich das Management-Development-Programm werden wird, welche Entwicklungsmaßnahmen erforderlich werden und wie diese dann zu Buche schlagen. Noch weitaus schwieriger ist es, die Nutzenaspekte dieses Vorhabens zu bewerten. Letzteres ist auch nicht zwangsläufig Ziel des Businessplans. Wenn das Topmanagement nicht von der Hebelwirkung dieser Initiative auf den Unternehmenserfolg überzeugt werden kann, wird diese nicht durchgeführt werden. Der Businessplan dient zur Priorisierung der Maßnahmen und zeigt auf, welche Anteile des Budgets für welche Themen verwendet werden. Für dieses Beispiel bietet sich für die Bewertung des Development-Programms die Methodik des Target Pricing an. Nicht die Summe aller notwenigen Maßnahmen multipliziert mit deren Marktpreis ergibt das Budget, sondern aus der Gesamtsicht der geplanten strategischen Initiativen wird der zur Verfügung gestellte Budgetanteil für ein Management-Development-Programm definiert. Aus strategischer Sicht heraus werden dann die Ergebnisdaten des Management-Audits interpretiert und Prioritäten aus unternehmerischer Sicht gesetzt.

3.5 Fünfte Phase: Umsetzungsplanung

Der Businessplan zeigt auf, welche Themen mit welcher Kapazität angegangen werden. Insbesondere für die strategischen Initiativen zur Umsetzung der definierten Ziele ist neben der kapazitativen und monetären auch die zeitliche Dimension entscheidend.

Zunächst werden alle für die Umsetzung der Strategie notwendigen Themen, Initiativen und Projekte nach Schwierigkeit der Umsetzung und dem mit der erfolgreichen Umsetzung verbundenen Nutzen (diese Information sollte für die Aufstellung des Businessplans diskutiert worden sein) klassifiziert. Abbildung 6 zeigt schematisch ein solches Portfolio, aus dem sich schnell sogenannte „Quick wins" ableiten lassen; Lösungen, die ohne großen Aufwand deutlich spürbaren Mehrwert liefern. Eine detailliert vorgenommene Ist-Analyse generiert häufig mehrere solcher schnellen Umsetzungserfolge.

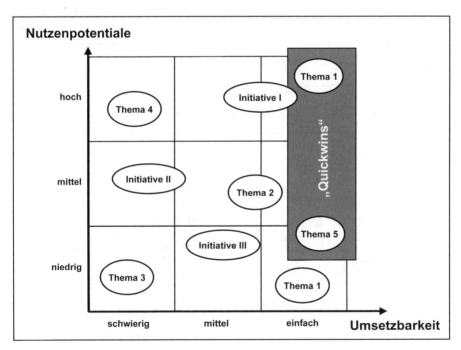

Abb. 6. Priorisierung von Initiativen und Themen

Für die Planung der Umsetzung aller weiteren Initiativen und Maßnahmen sollten die klassischen Instrumente des Projektmanagements genutzt werden. Zunächst wird über einen Projektstrukturplan (PSP) gesammelt, welche Arbeitspakete in Summe anzugehen sind. Hierbei wird noch nicht auf zeitliche Aspekte geachtet, sondern die Vollständigkeit wird in den Vordergrund gestellt. Ist der PSP erarbeitet, wird dieser in einen Phasenplan überführt und dadurch auch auf einer Zeitleiste abbildbar.

Geachtet werden sollte dabei darauf, dass möglichst frühzeitig „Leuchtturm-Projekte" angegangen und zu einem erfolgreichen Ergebnis geführt werden. Hierunter versteht man Projekte, die relativ zeitnah größere Veränderungen hervorbringen und sichtbar zeigen, dass die neue Strategie Auswirkungen hat. Sowohl für die Mitarbeiter der PE als auch für die (internen) Kunden kann so demonstriert werden, dass die Strategie ernst genommen wird und mehr darstellt als ein kommuniziertes Papier.

Gerade die Kommunikation sollte in der Umsetzungsplanung großgeschrieben werden. Diskutiert werden muss, wer wann in welcher Form über die PE-Strategie informiert wird. Sowohl alle Mitarbeitenden in PE-Funktionen als auch alle anderen unmittelbar oder mittelbar Beteiligte sollten in angemessener Form erfahren, welche Leistungsversprechen aus der PE-Strategie resultieren und welche Veränderungen in gegebenenfalls eingespielten Prozessen und Instrumenten geplant sind.

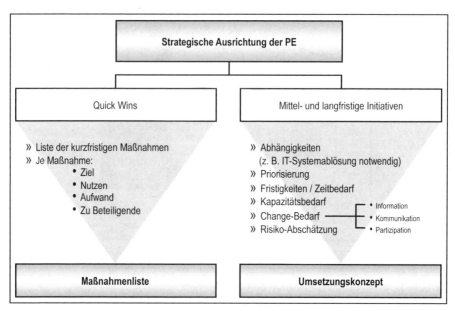

Abb. 7. Kurzfristig vs. langfristig orientierte Maßnahmen

4. Erfolgsfaktoren und Stolpersteine in Strategieprozessen

Die Inhalte und das Vorgehen für eine individuelle PE-Strategie lassen sich schnell skizzieren, die Probleme entstehen zumeist erst in der Entwicklung bzw. systematischen Umsetzung. Tabelle 3 zeigt die häufigsten Stolpersteine sowie Möglichkeiten zur Umgehung und mündet in der Benennung der wichtigsten Erfolgsfaktoren.

Tabelle 4. Stolpersteine und Gegenmaßnahmen in der Entwicklung und Umsetzung von Strategieprozessen

Stolpersteine	Gegenmaßnahmen
Der Start des Strategieprozesses wird „verschleppt", es wird keine Zeit und Kapazität für das Thema eingeräumt, schließlich dominiert das Tagesgeschäft das Handeln.	Frühzeitige Planung eines „Strategie-Kick-off"-Termins. Gesondertes Meeting hierzu, nicht Tagesordnungspunkt auf sonstiger Veranstaltung. Bestimmung eines Kernteams, dass federführend die Strategiearbeit übernimmt, die Teilnahme sollte eine Auszeichnung sein.
Der Strategie mangelt es an Transparenz, die Ausarbeitungen sind für die Mitarbeiter nicht spürbar.	Überführung in individuelle Zielvereinbarungen. Erstellung Projektkalender und Transparentmachung, wer in welchem Projekt/in welcher Initiative involviert ist.
Kunden, die laut genug rufen, erhalten weiterhin die gleichen Dienstleistungen, auch wenn diese nicht strategiekonform sind.	Kundensegmentierung und Vereinbarung von Service Level Agreements mit den (internen) Kunden. Keine pauschale Ablehnung des nicht strategischen Kundenwunsches, aber Sensibilisierung für Kapazitätseinsatz und dadurch entstehende Kosten, für Maßnahmen, die für das Gesamtunternehmen nicht zielführend sind.
Eine Überprüfung der Strategie findet nicht statt.	Überführung des Strategieprozesses in einen jährlichen Ablauf, wenn vorhanden, in Verzahnung mit dem Prozess der Überarbeitung der Unternehmensstrategie. Daneben Aufbau eines strategischen Controllings/Reportings, das auch unterjährig Überprüfung bietet.

Tabelle 4. (Fortsetzung)

Stolpersteine	Gegenmaßnahmen
Die Geschäftsführung/ der Vorstand zeigt kein Interesse an einer PE-Strategie.	„Guerilla-Taktik": dennoch machen und mit positiven Effekten für Akzeptanz werben.
Die Aussagen der befragten Führungskräfte der Ist-Analyse erweisen sich als nicht belastbar, im täglichen Geschäft weichen die Wünsche deutlich von den Aussagen in der Befragung ab.	Befragte Personen der Ist-Analyse erhalten nach der Erfassung ein Protokoll. In der Strategie wird auf die Aussagen der Ist-Analyse referenziert. Starke Abweichungen im operativen Geschäft werden dokumentiert und im Rahmen der jährlichen Strategieüberarbeitung berücksichtigt.
Der Businessplan erweist sich als nicht tragfähig, die Mittel reichen nicht aus.	Ursachenanalyse: Bei unterjähriger Budgetkürzung müssen neue Prioritäten gesetzt und ggf. weniger strategische Leistungen eingestellt werden. Bei Fehlplanung Nutzung der neuen Erfahrungswerte im Folgejahr.
Es fehlen die personellen Ressourcen zur Umsetzung.	Häufig liegt der Fehler in zu ambitionierten Zielen im Rahmen der Strategieerarbeitung. Zumeist mangelt es an qualitativen, gar nicht an den quantitativen Ressourcen, daher eher etwas zurückhaltender planen mit erreichbaren Zielen.
Die Motivation sinkt, da die Wirkungszeiträume zu langfristig sind.	Bewusste Definition von „Leuchtturm-Projekten" mit schnellen Umsetzungserfolgen. Würdigung erreichter Ziele (auch unterjährig), Feiern von Erfolgen.

Positiv formuliert zeigen sich in Strategieprojekten folgende Haupterfolgsfaktoren:

- **Machen**
  Loslegen anstatt Ausreden suchen bei ungünstigen Rahmenbedingungen, fehlenden Informationen, Zeitknappheit und Ressourcenengpässen.
- **Zeit & Kapazität**
  Bereitstellung der notwendigen Kapazitäten zur Erarbeitung und regelmäßigen Steuerung der strategischen Zielsetzungen.

- **Mut zu üben**
Zumeist wird nicht gleich im ersten Jahr eine ausgefeilte Businessstrategie PE mit allen hier beschriebenen Elementen erwartet. Der Prozess kann jährlich erweitert werden.

- **Klein beginnen**
Zunächst Starten mit wenigen Zielen und Maßnahmen, Fokussierung auf das Wesentliche. Ausgestaltung eines lernenden Prozesses, jährliche Erweiterung um neue Aspekte.

- **Validieren und Konsequenzen ziehen**
Alle Beteiligte spüren lassen, dass die Strategie ernst genommen wird und die dort definierten Themen relevant sind sowie dass Umsetzung bzw. Verfehlung der Ziele Konsequenzen hat.

- **Nicht nur im eigenen Saft kochen**
Gezieltes Einholen externer Anregungen und Unterstützung (z. B. Kollegen aus anderen Bereichen mit mehr Erfahrung in Strategieprozessen oder externe Berater).

Literatur

Boudreau, J. W. & Ramstad, P. M. (2005). Talentship, Talent Segmentation, and Sustainability. A new HR Decision Science Paradigm for a new Strategy Definition. *Human Resource Management 44,* 2, S. 129–136.

Cascio, W. F. (2005). From business partner to driving business success. The next step in the evolution of HR Management. *Human Resource Management, 44,* 2, S. 159–163.

Lawler, E. E. III (2005). From Human Resource Management to Organizational Effectiveness. *Human Resource Management, 44,* 2, S. 165–169.

Möhrle, M. (2005). Qualifikation und Weiterbildung von Führungskräften aus Unternehmenssicht. *Zeitschrift für betriebswirtschaftliche Forschung, 57,* S. 752 ff.

Roehling, M. V., Boswell, W. R., Caligiuri, P., Feldman, D., Graham, M. E., Guthrie, J. P., Morishima, M. & Tansky, J. W. (2005). The Future of HR Management. Research Needs and Directions. *Human Resource Management, 44,* 2, S. 207–216.

Scholz, C. (1995). *Innovative Personal-Organisation. Center-Modelle für Wertschöpfung, Strategie, Intelligenz und Virtualisierung.* Neuwied: Luchterhand.

Solga, M., Ryschka, J. & Mattenklott, A. (2005). Ein Prozessmodell der Personalentwicklung. In: J. Ryschka, M. Solga & A. Mattenklott (Hrsg.): *Praxishandbuch Personalentwicklung. Instrumente, Konzepte, Beispiele, 17–30.* Wiesbaden: Gabler.

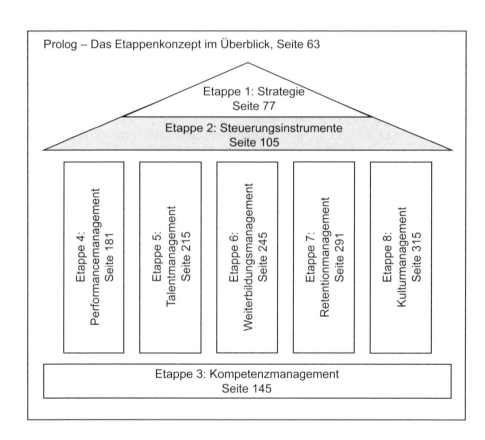

Etappe 2: Steuerung der Personalentwicklung

Robert Girbig & Peter Härzke

Das folgende Kapitel beantwortet die Fragen: Wie kann eine strategiebasierte Steuerung der Personalentwicklung praktisch aussehen? Was macht deren Erfolg aus? Das Verständnis von Steuerungssystematik begrenzt sich in Personalbereichen häufig auf das einfache Reporting von Kennzahlen. Es wird ein Set von Kenngrößen definiert, das sich vergleichbar in zahlreichen anderen Unternehmen findet. Die Prüfung auf Steuerungsrelevanz entfällt. Die PE-Kennzahlen dienen aber nicht zum Selbstzweck, sondern sie begleiten eine Strategie in ihrer Umsetzung, messen regelmäßige Zielerreichungen und zeigen Abweichungen an.

Bevor man sich dem PE-Controlling nähert, ist die im vorangegangenen Kapitel beschriebene PE-Strategie ein absolutes Muss. So wie ein Reporting mit einzelnen, voneinander unabhängigen Kennzahlen wenig sinnvoll ist, ist auch eine Strategie ohne ein aufsetzendes Steuerungssystem wirkungslos und birgt darüber hinaus die Gefahr eines „Blindfluges". Bei der folgenden Erörterung der Kennzahlen wird offensichtlich, dass diese der Strategiediskussion erst ihren Feinschliff geben. Nach Wunderer und Jaritz (1999) wird Personalcontrolling definiert als planungs- und kontrollgestütztes, integratives Evaluationsdenken und -rechnen zur Abschätzung von Entscheidungen des Personalmanagements, insbesondere zu deren ökonomischen und sozialen Folgen (Wunderer & Jaritz, 1999). Neue Ansätze verfolgen vielfältige Ziele und richten sich differenzierter an unternehmensspezifischen Reifegraden und Zielgruppen aus.

Neben der Weiterentwicklung der Konzepte muss sich auch die thematische Neuausrichtung der Personalentwicklung in den Kennzahlen und Controllingsystemen widerspiegeln. Dies bezieht sich insbesondere auf drei Aspekte:

- Der PE-Schwerpunkt hat sich in den letzten 2 Jahren mehr und mehr zu einem integrierten Nachfolgemanagement verlagert, das stark auf die

Geschäftsziele fokussiert ist. Damit ist die Aufgabe der Personalsteuerung stark geprägt von Kompetenzmanagement bzw. Portfoliosteuerung sowie Diversity-Aspekten.
- Ein weiterer Aspekt ist die Ausrichtung der Development-Programme auf zentrale Fragestellungen der Arbeitgeberattraktivität. Absolventen und junge Führungskräfte verbinden immer stärker attraktive und spannende Entwicklungsprogramme mit Employer Attractiveness. Das gilt sowohl nach außen (Attract talents) als auch nach innen (Retain high performer).
- Last but not least muss die Personalentwicklung gerade in den deutschen Unternehmen einen wichtigen Beitrag zur Internationalisierung des Managements leisten. Neben Diversity-Aspekten gilt es, die Rolle der HR-Businesspartner als Change Manager zu stärken. Konkret geht es um die Befähigung der HR-Businesspartner, Change und Internationalisierung der Führungskompetenz im Unternehmen zu treiben.

Wir stellen zunächst ein Grundmodell zur Systematisierung von Steuerungsinstrumenten der Personalentwicklung vor. Das Modell besteht aus drei Gruppen, die näher beschrieben werden. Ausgewählte Ansätze werden anschließend detailliert erklärt und mit Beispielen belebt.

1. Grundmodelle von Steuerungsinstrumenten der Personalentwicklung

In unseren Beratungsprojekten ergeben sich vielfältige Handlungsbedarfe zur Entwicklung eines systematischen PE-Controlling-Ansatzes. Immer wieder kommt aus dem Topmanagement die Frage: Wie kann der Wertbeitrag der Personalentwicklung gemessen und dargestellt werden? Auch Personalentwickler bemängeln häufig die unzureichende Steuerung des Bereiches und seiner Aktivitäten über Kennzahlen. Eine Erfolgsmessung von Maßnahmen findet selten statt. Bei IT-Systemen zeigt sich aufgrund von Insellösungen oft die Problematik einer unzureichenden Datenbasis. Eine Kienbaum-Studie (Girbig & Kötter, 2005) bestätigt: Im Bereich des Personalcontrollings besteht teilweise noch erheblicher Handlungsbedarf.

Der Standardpersonalbericht ist noch immer das vorherrschende Personalcontrollinginstrument im deutschsprachigen Raum. 98 % aller Unternehmen setzen dieses Instrument zur Steuerung der Personalarbeit ein. Die strategische Steuerung der Personalarbeit gewinnt jedoch an Bedeutung. Bereits 86 % der Personaler richten sich bei ihrer Arbeit an operationalisierten Zielen aus (Girbig & Kötter, 2005). Dies ist auch ein Ausdruck der aktuellen Entwicklung des noch relativ jungen Feldes Personalcontrollings. Den Entwicklungspfad visualisiert ein zweidimensionales Diagramm in Abbildung 1. Die Perspektiven sind der Umfang der Daten, die zur Verfügung stehende Datenbasis und der Grad der Fokussierung auf die Wertschöpfung.

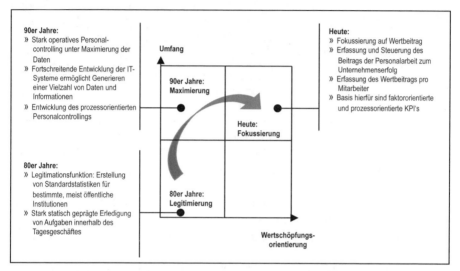

Abb. 1. Zeitliche Entwicklung des Personalcontrollings

In den 80er-Jahren umfasste das Personalcontrolling vor allem die Erstellung von Standardstatistiken. Diese waren hauptsächlich für öffentliche Institutionen bestimmt und wurden kaum unternehmensintern genutzt. Im Vordergrund stand die Legitimationsfunktion. Durch die fortschreitende Entwicklung der IT-Systeme war es möglich, auf eine Vielzahl von Daten und Informationen zurückzugreifen. Dies führte in den 90er-Jahren zum Durchbruch des Personalcontrollings. Gleichzeitig kam es zu einer Maximierung der Berichte und einer entsprechenden Datenflut. Inzwischen besinnt man sich auf einen fokussierteren Dateneinsatz. Die Steuerungsrelevanz ist als Auswahlkriterium in den Vordergrund gerückt.

Zunehmende Bedeutung gewinnen der Wertbeitrag des Personalbereiches und die maßgeblichen Wert- und Leistungstreiber. Es existiert eine Vielzahl unterschiedlicher Steuerungssysteme für diesen Bereich. Das in Abbildung 2 dargestellte Modell zeigt eine Systematisierung dieser Methoden.

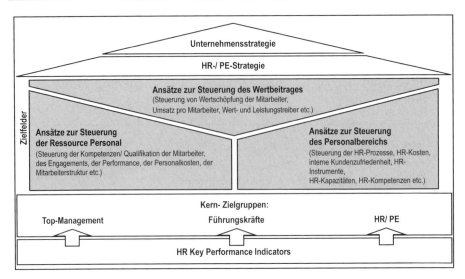

Abb. 2. Systematisierung der HR-/PE-Steuerungsinstrumente

Die Basis für ein wertschöpfendes Personalcontrolling muss immer die Unternehmensstrategie und die abgeleitete HR- bzw. PE-Strategie sein. Die Ansätze zur Steuerung der Strategie lassen sich drei Zielfeldern zuordnen.

Das erste Zielfeld konzentriert sich auf die Steuerung der Ressource Personal. Das faktororientierte Personalcontrolling dient insbesondere zur Unterstützung der quantitativen und qualitativen Personalplanung (Deutscher Wirtschaftsdienst, 1999). Diese Kennzahlen sind vor allem für die Linienverantwortlichen interessant und beantworten Fragen wie z. B.:

- Wie viele Mitarbeiter verlassen in den nächsten drei Jahren altersbedingt das Unternehmen?
- Wie hoch ist der Anteil an Mitarbeitern, die das Soll-Profil ihrer Position erfüllen?
- Wie viele Top- und Schlüsselpositionen sind mit einem möglichen Nachfolger abgesichert?
- Wie hoch ist das Mitarbeiterengagement?
- Wie gut ist die Führungsqualität?
- Wie hoch ist der durchschnittliche Zielerreichungsgrad der Mitarbeiter?

Dem gegenüber fokussiert das zweite Zielfeld auf die Instrumente zur Steuerung der eigenen Organisationseinheit – der Personalentwicklung. Sie erlauben Aussagen über die Effizienz und Effektivität des Bereiches. Diese Gruppe wird oft auch als prozessorientiertes Personalcontrolling bezeichnet (Gmür & Peterhoff, 2005). Betrachtet werden personalwirtschaftliche Prozesse, wie Qualifizierung, Mitarbeitergespräche etc. Das erste Zielfeld beinhaltet beispielsweise folgende Fragen:

- Wie hoch ist die Betreuungsquote von Personalentwicklern zu Mitarbeitern des Unternehmens?
- Wurden alle geplanten PE-Maßnahmen umgesetzt?
- Wie hoch ist der Auslastungsgrad der Seminare?
- Was kostet ein Seminartag durchschnittlich?
- Wie viele Absolventen des Führungsnachwuchsprogramms sind innerhalb von 12 Monaten in die erste Führungsposition gekommen?
- Wie zufrieden sind die internen Kunden mit der Personalentwicklung?

Auf die aktuelle Diskussion der Controllingansätze fokussiert das dritte Zielfeld: die Steuerung des Wertbeitrages der Personalabteilung zum Unternehmenserfolg. Dafür stehen Human-Capital- oder Werttreiberansätze. Erfasst wird der Wertbeitrag pro Mitarbeiter. Dieser dient zur Steuerung der Personalarbeit. Warum werden solche Ansätze entwickelt? Hintergrund ist häufig die durch die Geschäftsleitung geäußerte Unzufriedenheit bezüglich der Wertschöpfung des Personalbereiches. Dies belegt auch die schon angesprochene Kienbaum-HR-Strategie-Studie. Demnach sind nur 33 % der Unternehmen mit dieser Kenngröße zufrieden. Die Ansätze zur Steuerung des Wertbeitrags sind noch sehr jung und müssen ihre Praxistauglichkeit noch unter Beweis stellen. Immerhin 67 % der Unternehmen, deren HR-Arbeit als exzellent bewertet wird, steuern über solche Verfahren. Bei den Unternehmen, die nicht in diese Kategorie fallen, sind es lediglich 11 %. (Siemen, Werthschütz & Kötter, 2009).

Im Folgenden werden für diese drei Zielfelder beispielhafte Ansätze vorgestellt. Beim Aufbau eines Personal- bzw. Personalentwicklungscontrollings ist zunächst der Fokus auf die ersten beiden Felder zu setzen. Darüber hinaus ist die Personalentwicklung natürlich auch mit Fragen des Bildungscontrollings konfrontiert, die im fünften Abschnitt diskutiert werden.

2. Ansätze zur Steuerung der PE-Funktion

Die folgenden Ansätze dienen Personalentwicklern vor allem zur Steuerung ihrer Arbeit. Erfasst werden sowohl der Input, z. B. Kapazitäten und Kosten, als auch der Output, z. B. Qualität und Dauer. In der Praxis ist oft noch ein reines Kostencontrolling anzutreffen, auch wenn dies kaum steuerungsrelevant ist. Da die Kosten der Personalentwicklung im Vergleich zu den Personalkosten einen deutlich geringeren Wert darstellen, widmen wir uns der Effektivität. Im Folgenden sind vier Beispiele für ein strategisch angelegtes PE-Controlling detaillierter dargestellt, die sich auch in der Praxis etabliert haben.

2.1 Steuerung von PE-Zielen über Kennzahlen

In diesem Ansatz geht es darum, geeignete Messkriterien zu finden, anhand derer die Erreichung des formulierten Zieles festgestellt werden kann. In den Diskussionen mit unseren Klienten kommen wir hier immer wieder zum gleichen Ergebnis: Ein Ziel ist nur durch die Definition eines Messkriteriums vollständig. Erst dann wird der Blick für die wirkliche Stoßrichtung geschärft. In einem unserer Projekte in einem Stadtwerk ergab die erste Sammlung möglicher Key Performance Indicators (KPI) zum Ziel ‚Steigerung der Führungsqualität' folgendes Ergebnis:

Tabelle 1. Operationalisierung des Zieles ‚Steigerung der Führungsqualität'

Ziel: Steigerung der Führungsqualität

Kennzahl/Messkriterium	Einheit	Messinstrument	Erhebungsrhythmus
Kompetenzfit Führungskräfte (Abweichung Soll- und Ist-Profil)	Punkte	Einschätzung Vorgesetzter	Jährlich
Teilnahmequote Führungskräfteentwicklungsprogramm	%	Qualifizierungsdatenbank	Quartalsweise
PE-Investitionen je Führungskraft	€	Qualifizierungsdatenbank	Quartalsweise
Mitarbeiterfeedback	Punkte	360°-Feedback	Jährlich
Fluktuationsquote	%	SAP	Quartalsweise
Anzahl Potenzialträger, die durch die Führungskräfte hervorgebracht wurden	Anzahl	Potenzialmeldungen	Jährlich
Durchschnittliche Zielerreichungsgrade in den Geschäftsbereichen	%	Zielvereinbarungsformulare	Jährlich

Es wird schnell ersichtlich, dass die Messkriterien teilweise völlig unterschiedliche Interpretationen der Zielsetzung beinhalten. Während die Teilnahmequote und die Investitionen inputorientiert sind und eher auf die Prozesse abzielen, sind die anderen Kriterien outputorientiert und haben einen jeweils anderen Fokus. Neben der Benennung der Kennzahl empfiehlt es sich, auch Einheit, Messinstrument und Erhebungsrhythmus festzulegen. Bei den oben genannten Beispielen ist der Erhebungsrhythmus relativ selten, da es sich um ein strategisches Steuerungsinstrument handelt, das im Rahmen der Strategieentwicklung und -umsetzung angewendet wird. Die Kennzahlen sind noch bezüglich ihrer Güte zu diskutieren und zu priorisieren, worauf später eingegangen wird.

Dieser Ansatz ist im deutschsprachigen Raum sehr verbreitet: 86 % der Personaler steuern ihre Arbeit bereits über die Operationalisierung von Zielen anhand geeigneter Kennzahlen (Girbig & Kötter, 2005). Gründe hierfür liegen in der Praxisnähe und der hohen Akzeptanz dieses Ansatzes bei Vorstand und Geschäftsleitung. Nicht zuletzt können die Ziele im Rahmen des MbO-Prozesses bis auf die Mitarbeiterebene heruntergebrochen werden kann.

2.2 Steuerung von PE-Prozessen über Kennzahlen

Der zweite Ansatz ist Ausdruck der zunehmenden Prozessorientierung in Personalbereichen. Bereiche mit einer guten Aufbau- und Ablauforganisation unterscheiden sich insbesondere bei den Personalprozessen, d. h. bei der Beschreibung und Dokumentation aller Personalprozesse sowie der unternehmensweiten Standardisierung der HR-Kernprozesse.

Der Weg der Verbesserung der Organisation geht vor allem über die stärkere Prozessorientierung. Wie kann das aussehen? Zunächst muss eine Prozesslandkarte mit den wesentlichen PE-Abläufen entwickelt werden. Diese sollten – idealerweise – einem regelmäßigen Controlling unterzogen werden. Typische PE-Prozesse sind z. B. Mitarbeiterbeurteilungen, Veranstaltungsmanagement, Qualifizierung und Nachfolgeplanung. Die darauf folgende Beschreibung der PE-Prozesse kann in einer unterschiedlichen Detailtiefe und Darstellungsform erfolgen, sollte aber als Minimum neben den Prozessschritten und dazugehörigen Kernaufgaben auch eingesetzte Instrumente, wesentliche Meilensteine und Verantwortlichkeiten enthalten. Des Weiteren ist es wichtig, dass man sich der Erfolgsfaktoren der PE-Prozesse bewusst ist, um geeignete Gütekriterien für die Steuerung zu definieren. Dies können Zeit-, Kosten- oder Qualitätsindikatoren sein. In einem deutschen Energiekonzern haben wir für die Beratung und Betreuung des Topmanagements (ca. 0,2 % der Gesamtbelegschaft) die in Tabelle 2 dargestellten Kernprozesse und die dazugehörigen KPI definiert.

Tabelle 2. Prozesse und KPI für die Beratung und Betreuung des Topmanagements

Prozess	Key Performance Indicators (KPI)
Nachfolgeplanung	Prozentsatz abgesicherter Top- und Schlüsselpositionen
	Anteil Besetzungen auf Basis Nachfolgeplanungsprozess
	Anteil Besetzungen aus Pool
	Anteil in der Datenbank erfasster Führungskräfte
Kompetenzentwicklung	Profilvergleich Kompetenzmodell
	PE-Kosten je Mitarbeiter
Recruitment	Interne Besetzungsquote
	Evaluation Besetzungsentscheidung nach 1 Jahr
Performancemanagement	Durchschnittlicher Grad der Zielerreichungen

Die steigende Prozessorientierung zeigt sich auch im angewandten Steuerungssystem. Fast in jedem zweiten Personalbereich werden HR-Prozesse über diesen Ansatz gesteuert (Girbig & Kötter, 2005). Für Unternehmen, die Optimierungspotenziale in ihrer Arbeit sehen und diese konsequent über Effizienz- und Effektivitätskriterien heben und steuern wollen, ist dieser Ansatz besonders gut geeignet.

2.3 Steuerung über die PE-Scorecard

Die PE-Scorecard integriert die Ansätze. Die theoretische Basis liegt in der von Kaplan und Norton (1996) entwickelten Balanced Scorecard; diese diente zunächst als Steuerungsinstrument für das gesamte Unternehmen (Kaplan & Norton, 1996). Die Scorecard kann aber auch an den Personalbereich und die Personalentwicklung angepasst werden. Letzterer Schritt ist abhängig von der Größe der Organisationseinheit.

Für die Übertragung des Transformationsbegriffs auf den Personalbereich sind zunächst die Perspektiven neu zu definieren. Die *Finanzperspektive* beinhaltet die finanziellen Auswirkungen der Personalentwicklung. Dazu zählen beispielsweise: Kosten der Personalentwicklung, Wertbeitrag pro Mitarbeiter, externe Erlöse eigener Seminare oder Programme. Die *Kundenperspektive* umfasst die internen Kunden (Geschäftsleitung, Führungskräfte, Mitarbeiter etc.). Sie sagt etwas über Akzeptanz, Qualitätseinschätzung und Bedarfsdeckung aus. Die *Prozessperspektive* deckt sich zum großen Teil mit dem vorher beschriebenen Ansatz der Prozesssteuerung. Die vierte Perspektive führt in der Transformation zur *Perspektive Mitarbeiter der Personalentwicklung*. Diese gibt beispielsweise Auskunft über Engagement, Kompetenzen/Qualifikation etc. Für den Fortbildungsbereich eines Versicherers wurde die in Abbildung 3 dargestellte Scorecard entwickelt.

	Strategische Ziele	Key Performance Indicators
Finanzen	• Senkung der Seminarkosten	• Administrationskosten in % der Gesamtfortbildungskosten • Stornoquote
	• Steigerung der externen Erlöse	• Deckungsbeitrag für externe Kunden
Interne Kunden	• Erhöhung der Kundenzufriedenheit	• Kundenzufriedenheitsindex • PE-Tage pro Mitarbeiter
	• Ausbau der Bedarfsorientierung	• Index Transfercontrolling • Anteil der umgesetzten Maßnahmen aus den Mitarbeitergesprächen • Besetzungsquote aus den Nachwuchsprogrammen
PE-Prozesse	• Effizienzsteigerung der Fortbildungs-prozesse	• Auslastungsgrad der Seminare • Qualifizierungsdauer (Bedarfsmeldung bis zur Teilnahme)
Mitarbeiter der Personal-entwicklung	• Nutzung der Mitarbeiterpotenziale	• Kompetenzfit (Gap zwischen Soll- und Ist-Profil) • Mitarbeiterengagement-Index

Abb. 3. Beispiel einer Scorecard für den Fortbildungsbereich einer Versicherung

Unsere Projekterfahrungen zeigen drei wesentliche Stärken dieses Konzeptes.

1. Die BSC ist ausgewogen, da sie „balancierend" vier Perspektiven gewichtet und bewertet. Dominiert auf Unternehmensebene oftmals der Blick auf die Finanzen, konzentrieren sich Personalentwickler in der Praxis vor allem auf den internen Kunden. Bei der kritischen

Analyse von PE-Strategien ist immer wieder auffällig, dass insbesondere die Finanzperspektive kaum berücksichtigt wird. Hier ist das Instrument wertvoll, da es durch die Erfassung der verschiedenen Blickwinkel eine Perspektiverweiterung erzeugt.
2. Indem die Scorecard zeitlich vorgelagerte Perspektiven integriert, übernimmt sie die Funktion eines Frühwarnsystems. Finanzkennzahlen stellen eine reine Nachbetrachtung dar und geben somit lediglich Auskunft über abgelaufene Perioden. Die anderen Felder hingegen deuten auf einen finanziellen Erfolg in der Zukunft hin. So können beispielsweise schlechte Werte in den Prozesskennzahlen wie der Qualifizierungsdauer zu einer Umsatzreduktion in den Folgejahren führen.
3. Die KPIs sind über Ursache-Wirkungsbeziehungen miteinander verknüpft. Dies ist ein Qualitätsindikator für eine gute Balanced Scorecard. So sollten in den unteren drei Perspektiven nur Indikatoren erscheinen, die in einem direkten Ursache-Wirkungszusammenhang zu den KPIs stehen. Im Beispiel in Abbildung 3 bewirkt ein hohes Mitarbeiterengagement einen hohen Kundenzufriedenheitsindex. Dieser wiederum beeinflusst die Stornoquote positiv. Zu klären ist noch die Wirkungsstärke.

Knapp 40 % der teilnehmenden Unternehmen der Kienbaum-HR-Strategie-Studie nutzen dieses Werkzeug aktiv (Girbig & Kötter, 2005). Ein Grund dafür ist einerseits, dass dieses Instrument den Prozess der Strategieentwicklung stark unterstützt. Andererseits ist die Balanced Scorecard ein geeignetes Tool für die interne Kommunikation, da auf ihrer Basis sowohl die strategische Ausrichtung als auch die Zielerreichung der Personalarbeit transparenter gestaltet werden kann.

Bei der Entwicklung einer PE-Scorecard gehen wir wie in Abbildung 4 dargestellt vor. Die Basis ist eine entwickelte PE-Strategie und eine eindeutige Definition und Abgrenzung der vier Perspektiven. Die Zuordnung der definierten PE-Ziele zu den Feldern verdeutlicht, dass das Zielsystem noch nicht wirklich ‚balanced' ist. Eine Nachjustierung ist oftmals notwendig und sinnvoll. In Ausnahmefällen ist aber auch die bewusste Einschränkung auf eine Perspektive sinnvoll. Die Sammlung von möglichen KPIs erfolgt wie beim Ansatz ‚Steuerung von PE-Zielen über Kennzahlen'. Als Ergebnis stehen oftmals mehr als 50 Messkriterien zur Verfügung. Die Kunst besteht nun darin, die wesentlichen KPIs zu finden. Bei der Scorecard gilt: Weniger ist mehr. Um die Steuerbarkeit gewährleisten zu können, sollten nicht mehr als 15 bis 20 Kennzahlen verwendet werden.

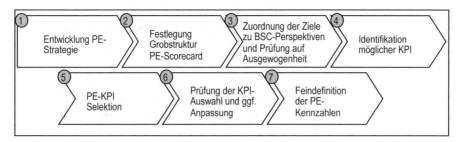

Abb. 4. Vorgehensmodell zur Entwicklung einer PE-Scorecard

Die abschließenden Schritte stellen die Qualität des Instrumentes sicher. Dies erfordert sorgfältige Arbeit, um die Gefahr der Fehlsteuerung durch nicht aussagekräftige Kennzahlen und Wirkungszusammenhänge zu vermeiden.

2.4 Steuerung von PE-Projekten

Die Steuerung von PE-Projekten betrifft das Projektmanagement komplexer, bereichsübergreifender Projekte und hilft die PE-Strategie erfolgreich umzusetzen. Bei einem Krankenversicherer wurde ein intranetbasiertes Tool installiert, das den Führungskräften des Personalbereiches einen schnellen Überblick über Projektfortschritt, Termin- und Budgeteinhaltung gibt. Damit haben diese die Möglichkeit, zeitnah steuernd einzugreifen.

3. Ansätze zur Steuerung der Ressource Personal

Die zweite Gruppe von Controllinginstrumenten hat sich zum Ziel gesetzt, die Human Assets über Kennzahlen zu steuern. Für die quantitativen Größen (Kapazitäten, Kosten, Trainingstage etc.) existiert eine Reihe von Lösungen in der Praxis. Herausforderungen bestehen hier vor allem darin, Qualität, Aktualität und Vollständigkeit der Daten sicherzustellen. Noch anspruchsvoller ist die Abbildung qualitativer Größen, z. B. Skills und Kompetenzen, Nachfolgemanagement, Performancemanagement (Hölzle, 2005). Wir unterscheiden im Folgenden zwischen den drei Ansätzen des Linien-Reportings, die auch einen steigenden Reifegrad widerspiegeln:

- Häufig findet sich in Personalbereichen der Ansatz des klassischen themenbezogenen Reportings. Dieser wird überwiegend in kleineren Unternehmen und in Unternehmen, in denen sich das Personalcontrolling noch im Aufbau befindet, eingesetzt.

- Eher strategisch ist der zweite Ansatz: die Anknüpfung an den unternehmerischen Erfolgsfaktoren. Die zu berichtenden KPIs werden hierbei aus den Anforderungen des Unternehmens bzw. des Bereiches abgeleitet.
- Im dritten Ansatz – dem sogenannten Linien-Reporting – spielen HR-Portale eine tragende Rolle. Die Führungskräfte erhalten durch den Einsatz IT-gestützter Systeme Berichte, die im Sinne eines Managers Desktop flexibel gestaltet werden können. Diese drei Ansätze werden im Folgenden detaillierter erläutert.

3.1 Klassisches themenbezogenes Reporting

Diese Form des Reportings stellt die einfachste Entwicklungsstufe dar. Im Bericht für die Linienverantwortlichen werden relevante Kennzahlen zu typischen Themenfeldern wie Personalkosten, Kapazitäten, Altersstruktur, Kompetenzen, Engagement bereitgestellt. In Tabelle 3 ist am Beispiel eines mittelständischen Kosmetikartikelherstellers der für die Personalentwicklung relevante Ausschnitt dieses Berichtswesen abgebildet.

Einige der oben genannten Kennzahlen sind durchaus kritisch zu hinterfragen, z. B. der Anteil von Mitarbeitern mit Zusatzausbildung. Ursachen sind die sich aufgrund der Wettbewerbssituation sehr dynamisch ändernden Jobprofile und die resultierende Flexibilität der Belegschaft. Die Auswahl der geeigneten Messkriterien ist stets im unternehmensspezifischen Kontext zu treffen.

Wie mehrfach betont, stellt die Auswahl der relevanten Kennzahlen oftmals die entscheidende Hürde in Personalcontrolling-Projekten dar. Die meisten Ansätze scheitern an einem Zuviel an Messgrößen. Viele Kennzahlen, die für eine einzelne Analyse interessant sein können, sollten dennoch nicht in eine Reportingsystematik übernommen werden. Eine klare Selektion auf Basis einer Bewertung der Kennzahlen ist erforderlich. Ein mögliches Beurteilungsraster ist in Abbildung 5 dargestellt. Es wird deutlich, dass die Bewertung von Kennzahlen immer in Verbindung mit dem angestrebten Ziel und im Kontext der jeweiligen Unternehmenssituation bewertet werden muss. Die hier dargestellte Bewertung würde bei anderen Zielen oder in anderen Unternehmen möglicherweise völlig anders ausfallen.

Tabelle 3. Klassisches themenbezogenes Reporting

Tabelle	KPI	Einheit	Instrumente
Kompetenzen/ Qualifikationen	Durchschnittlicher Kompetenzfit (Differenz aus Soll- und Ist-Profil)	Punkte	Kompetenzdatenbank
	Anteil Französisch sprechender Mitarbeiter	%	SAP
	Durchschnittlicher Führungskompetenzindex (Differenz aus Soll und Ist in den Führungsdimensionen)	Punkte	Kompetenzdatenbank
	Anteil Mitarbeiter mit Zusatzausbildungen (IHK-Ausbildungsschein)	%	SAP
Motivation/ Engagement	Engagementindex	Punkte	Mitarbeiterbefragung
	Betriebszugehörigkeitsdauer	Jahre	SAP
	Fluktuationsquote (Kündigungen durch Mitarbeiter)	%	SAP
Nachfolgemanagement	Anteil der ausscheidenden Führungskräfte in den nächsten 5 Jahren	%	SAP
	Anteil der durch Nachfolger abgedeckten Toppositionen	%	Nachfolgeplanung
	Durchschnittsalter der Führungskräfte nach Ebene	Jahre	SAP
Performancemanagement	Leistungseinschätzung der Mitarbeiter (Potenzialanalyse)	Punkte	Leistungsfeedback
	Zielerreichungsgrad der Mitarbeiter	%	Zielvereinbarung

Ziel	Kennzahl	Akzeptanz		Strategische Bedeutung		Messbarkeit	
		... vom Top-Management	... von Personal-entwicklern	Wirkung auf HR-Strategie und -Ziele	Beeinfluss-barkeit	Validität	Höhe des Mess-aufwands
• Steigerung Mitarbeiter-kompetenzen	• Seminarauslastungs-grad	◐	◐	◐	◐	●	◐
	• Trainingstage pro Mitarbeiter	◐	◐	◐	◐	◐	●
	• Kompetenzfit	●	●	●	●	◐	◐
• Steigerung Führungsqualität	• Fluktuation	◐	◐	◐	◐	◐	●
	• Mitarbeiter-engagement	◐	●	●	◐	●	◐
	• Hervorgebrachte Beförderungen	◐	●	◐	◐	◐	◐

● Geeignet
○ Nicht geeignet

Abb. 5. Beispiel zur Bewertung von Kennzahlen

3.2 Andockung an unternehmerische Erfolgsfaktoren

Beim Aufbau eines Reportings für die Linienverantwortlichen stehen Personalbereiche oftmals in Konkurrenz mit dem Controlling. In einem Unternehmen der Immobilienbranche existierten bereits drei Steuerungsinstrumente des Finanzbereichs: eine Deckungsbeitragsrechnung, eine Balanced Scorecard, die auch bis auf Teamebene heruntergebrochen wurde, und ein Prozess-KPI-Report. Letzterer lieferte für die Kernprozesse des Unternehmens jeweils sechs bis acht Kriterien für die Prozessgüte. Diese wurden in gemeinsamer Arbeit mit den Führungskräften entwickelt. Abbildung 6 zeigt die Berichte in der Übersicht.

Es ergaben sich zwei Ansätze für Steuerungsinstrumente des Personalbereiches. Zunächst wurde aus der Unternehmensstrategie die Personalstrategie abgeleitet, die über eine HR-Balanced-Scorecard gesteuert wurde. Zum Teil wurden in diese Scorecard auch Kriterien direkt oder indirekt aus der Unternehmens-BSC integriert.

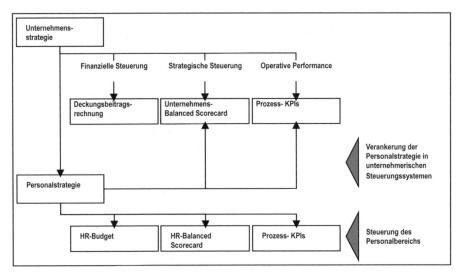

Abb. 6. Übersicht des Berichtswesens eines Immobilienunternehmens

Um auch den Führungskräften geeignete HR-Kennzahlen zur Verfügung zu stellen, hat sich das Projektteam für die Integration in den Prozess-KPI-Report entschlossen. Dazu wurden mit den Linienverantwortlichen Workshops durchgeführt, in denen die Prozesse und deren Erfolgsfaktoren beschrieben wurden. Die Fragestellungen folgten einem Dreiklang:

1. Was sind die Gütekriterien für einen erfolgreich ablaufenden Prozess?
2. Was sind die abgeleiteten HR-Erfolgsfaktoren?
3. Mit welchen KPIs können die HR-Faktoren quantitativ transparent gemacht werden?

Beispiele für diese Ableitungsmethodik sind in Tabelle 4 zu finden.

Dieses Vorgehen erfordert, dass die Personalentwickler das Geschäft der Bereichsleiter verstehen und somit als Businesspartner agieren können. Empfehlenswert ist, sich zunächst nur auf wenige, relevante Kennzahlen für die Führungskräfte zu konzentrieren.

Tabelle 4. Ableitung von HR-Erfolgsfaktoren und HR-KPIs für das Linien-Reporting. Prozess: Auftragsannahme

Prozess-KPI	Abgeleiteter HR-Erfolgsfaktor	HR-KPI
Durchlaufzeit der Aufträge	Verfügbarkeit Personalkapazitäten	Rekrutierungsqualität: Austritt neuer Mitarbeiter innerhalb von 12 Monaten
		Arbeitsbelastung: Arbeitszeitüberhänge in Stunden
	Mitarbeiterengagement	Index Mitarbeiterengagement
Quote der durch Kunden veranlassten Stornos	Führungsqualität	Index Führungsverhalten aus der Mitarbeiterbefragung
		Nutzungsgrad Zielvereinbarungsinstrument
	Kompetenzentwicklung	Schulungsergebnisse (Ergebnisse des obligatorischen Lerntests)
		Kompetenzgap (Führungskräfteeinschätzung)
	Kundenorientierung	Serviceindex aus Mitarbeiterbefragung

3.3 HR-Portale

Den höchsten Reifegrad eines HR-Controllings für die Führungskräfte besitzen die HR-Portale, auch Manager Desktop genannt. Kennzeichnend für diesen Ansatz ist die flexible Gestaltung der Controllingberichte, die durch den Einsatz IT-gestützter Work-Flow-Systeme möglich ist. Den Führungskräften stehen nicht nur standardisierte Berichte zur Verfügung, sondern diese sind je nach Anwendergruppe, Art der gewünschten Informationen und Zweck der KPI flexibel gestaltbar. Für die Konzeption eines solchen Tools wurde bei einem Automobilunternehmen der in Abbildung 7 dargestellte „Datenwürfel" entwickelt.

Als Erstes ist zu klären, an welche Zielgruppen HR-KPI geliefert werden sollen. In diesem Beispiel sind es vor allem die AT-Führungskräfte und die Meister, aber auch die Controller und die Personaler selbst. Es ist

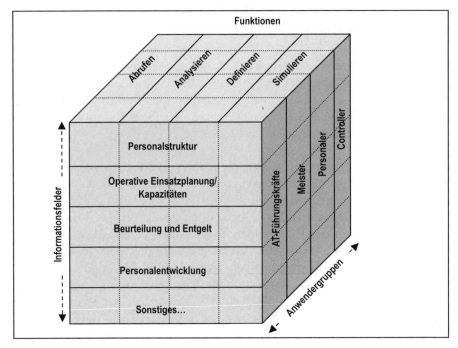

Abb. 7. Systematisierung der Daten für einen Manager Desktop

leicht vorstellbar, dass diese Zielgruppen unterschiedliche Anforderungen an die Möglichkeiten haben, in welcher Form sie mit den Informationen weiter verfahren können. Die folgenden Optionen sind als Zweites zu klären und beinhalten:

- Abrufen vordefinierter Berichte,
- Analysieren vordefinierter Berichte inkl. Filterfunktion, grafischer Aufbereitung oder die Übergabe in eine dezentrale Anwendung wie Excel,
- Definieren eigener Berichte/Abfragen mit der Möglichkeit, auf spezielle Zeiträume, Gruppen oder Kriterien einzugrenzen,
- Durchführung von Simulationen, d. h. Hochrechnungen auf Basis von Ist-Daten, Wirkungsanalysen von Maßnahmen etc.

Als Drittes sind noch die Themenfelder zu definieren, in denen Informationen zur Verfügung stehen sollen. Zum Beispiel analysieren Personaler die Informationen der Personalentwicklung bei folgender Abfrage: Filtern der Mitarbeiter in Führungspositionen des eigenen Betreuungsbereiches, die noch kein Moderations- und Präsentationstraining erhalten haben.

4. Ansätze zur Steuerung des Wertbeitrages der Personalentwicklung

Inzwischen ist die Wertbeitragsdiskussion zu Humankapital und die den Kapitalwert beeinflussenden Faktoren wie die Personalentwicklung weiter vorangeschritten. Die bestehenden Ansätze wurden verfeinert, wenngleich sich immer noch kein Standardansatz zur Wertbeitragsbestimmung und Steuerung durchgesetzt hat.

Neuen Schub erhält die Diskussion um den Wertbeitrag des Humankapitals durch die aktuelle Finanzkrise, die auch eine Krise der Bewertung von Vermögensgegenständen und Risiken darstellt. Damit ist die Hoffnung der Befürworter der Humankapitalbewertung gestiegen, das Thema stärker in das Bewusstsein der Entscheider, Asset Manager und Bewerter zu rücken. Oder wer hätte zu Beginn des Jahres 2008 das Verschwinden einer der bedeutendsten Investmentbanken vom Markt je für möglich gehalten. Auch in der Frühzeit der Industriegesellschaft gab es solche Schocks, beispielsweise die abrupte Beendigung der Begeisterung der Wall Street für Auto und Fließband mit dem Schwarzen Freitag 1929. Als Konsequenz wurde auf Druck der Investoren und Stakeholder die Unternehmens- und Finanzberichterstattung reformiert. Damals wie heute wollen die Investoren wissen, welche Innovationen Anspruch auf Seriosität erheben dürfen, welche Risiken kalkulierbar sind, welche Werte die jeweils neue Ökonomie konstituieren und wo die Macht der Zahlen an ihre Grenzen stoßen muss. Da das Humankapital wesentliche Grundlage für den Erfolg unserer Wissensgesellschaft ist, ist die Forderung nach seiner Bewertung völlig unstrittig.

Innerhalb der Rechnungslegungsvorschriften ist eine Bewertung der selbst erschaffenen immateriellen Vermögenswerte völlig unmöglich, dies wird nach Auffassung der normgebenden Institute auf absehbare Zeit auch so bleiben. Für das Humankapital gilt das umso mehr, da die Menschen nicht dem Unternehmen gehören.

Das bedeutet jedoch nicht, dass für Humankapital nicht an anderer Stelle wie z.B. im Lagebericht eine Informationsverpflichtung geschaffen werden kann. Der Druck, und hier besteht in der Fachwelt Einigkeit, auf Ratingagenturen, Wirtschaftsprüfer und Analysten muss nur groß genug sein. Erforderlich ist jedoch ein Standard, der Allgemeingültigkeit hat.

Welche Ansätze der Humankapitalbewertung, in der die Personalentwicklung angemessen berücksichtigt wird, werden aktuell diskutiert?

Um das Humankapital zu bewerten, gibt es eine Vielzahl von konkreten Steuerungsansätzen, die fünf Gruppen zugeordnet werden können.

Tabelle 5. Ansätze zur Steuerung des Humankapitals (in Anlehnung an Scholz & Bechtel, 2004)

Gruppe	Basisformel	Beispiele
Marktwert-orientierte Ansätze	$HC := f(Marktwert, Buchwert, Mitarbeiterzahl)$	Markt-/Buchwert-Relation
Accounting-orientierte Ansätze	$HC := f(Personalaufwandsgrößen, Abschreibungen)$	Lernzeitbasierte Wissensbilanz
Indikatoren-basierte Ansätze	$HC := \sum Indikatoren$	BSC Humantics
Value-Added-Ansätze	$HC := Output - Input$	Market Value Added (MVA)
Ertrags-orientierte Ansätze	$HC := \dfrac{Ertragsgröße}{Kapitalkostensatz}$	ICM Model Knowledge Capital Scoreboard

Bei den marktwertorientierten Ansätzen errechnet sich das Humankapital auf der Basis des Wertes des Unternehmens am Kapitalmarkt – als Funktion aus Marktwert, Buchwert und gegebenenfalls der Mitarbeiterzahl des Unternehmens. Die Daten sind vor allem für die externe Unternehmensbewertung interessant. Die accountingorientierten Ansätze bedienen sich der Daten aus dem Rechnungswesen, insbesondere dem Personalaufwand und der Abschreibungen. Ziel ist eine Bilanzierung der investierten Werte (z. B. Beschaffungs-, Einarbeitungs- und Fortbildungskosten) und der Abschreibung über einen definierten Zeitraum. Dies führt zu Korrekturen sowohl in der Bilanz, als auch in der Gewinn- und Verlustrechnung. Die indikatorenbasierten Ansätze haben nicht zum Ziel, tatsächlich einen Wert zu errechnen. Vielmehr steht im Fokus die Steuerung über Indikatoren – z. B. bei der Balanced Scorecard die Key Performance Indicators. Dies schließt aber auch weitestgehend einen Vergleich von Unternehmen bezüglich des Humankapitals aus. Bei den Value-Added-Ansätzen ist das Humankapital die Resultierende aus Output- und Inputgrößen. Ein bekannter Vertreter ist die Darstellung des EVA als das Geschäftsergebnis abzüglich der Kapitalkosten. Der verbleibende Mehrwert wird hauptsächlich als personeninduziert betrachtet. Dabei wird generell der Frage nachgegangen, ob die Mitarbeiter des Unternehmens im Durchschnitt eine Wertschöpfung erwirtschaften, welche alle im Zusammenhang mit der Pflege und Erhaltung der Human Resources entstehenden Kosten mindestens deckt, und ob somit eine Wertsteigerung stattfindet. In den ertragsorientierten Ansätzen errechnet sich das Humankapital aus den Erträgen zukünftiger Perioden, diskontiert um einen Kapitalkostensatz. Auch diese Methodik weist als Ergebnis einen finanziellen Betrag aus (Scholz et al., 2004).

Ein in der Vergangenheit viel diskutierter Ansatz zur Human-Capital-Bewertung ist die Saarbrücker Formel. Diese Formel bedient sich an Ansatzpunkten aus allen genannten Gruppen und führt zu folgender Rechnung (Scholz et al., 2004):

$$HC := \sum_{i=1}^{g} \left[\left(FTE_i * 1_i * \frac{W_i}{b_i} + PE_i \right) * M_i \right]$$

HC-Wertbasis	HC-Wertverlust	HC-Wertkompensation	HC-Wertveränderung
$FTE_i * 1_i$	$\frac{W_i}{b_i}$	PE_i	M_i

Legende der Saarbrücker Formel

i   Beschäftigtengruppen, hier nach den Kriterien „höchster erreichbarer Ausbildungsabschluss" mit i=9; nämlich Beschäftigte mit Hauptschulabschluss, Mittlerer Reife, Abitur, Lehre, Berufsakademieabschluss, FH-Abschluss, Universitätsabschluss, MBA oder Promotion

FTE_i	Full-Time-Equivalent: in Vollzeitkräfte umgerechnete Beschäftigte des Unternehmens der Beschäftigungsgruppe i
l_i	Branchenübliche Durchschnittsvergütungen als Arbeitsmarktpreise der Beschäftigtengruppe i
W_i	Durchschnittliche Wissensrelevanzzeit für die Beschäftigtengruppe i
b_i	Durchschnittliche Betriebszugehörigkeit der Beschäftigtengruppe i
PE_i	Im letzten Einjahreszeitraum für die Beschäftigtengruppe i aufgewendete Personalentwicklungskosten
M_i	Motivationsindex der Beschäftigtengruppe i

Die Saarbrücker Formel kann grundsätzlich als marktpreisorientiertes Bewertungsverfahren gekennzeichnet werden. Eine ertragsorientierte Bewertung ist nicht inkludiert und auch nicht intendiert.

Die Saarbrücker Formel differenziert zunächst die relevanten *Beschäftigtengruppen* und berechnet für jede Gruppe einen Wert. Eine Vorschrift über die Segmentierung der Gruppen existiert nicht, so dass sie unternehmensspezifisch vorgenommen werden kann.

Der Gesamtwert entsteht durch Addition der Gruppenwerte, wobei jeweils nur *ein Bewertungsjahr* Berücksichtigung findet.

Jede Beschäftigtengruppe (**i**) wird auf der Basis von drei Werteelementen bewertet:

1. Anzahl der Beschäftigten, gemessen als **FTE**.
2. Das durchschnittliche Marktgehalt (**l**) dieser Gruppe hat nicht die Funktion, den Personalaufwand eines Unternehmens wiederzugeben. Es stellt vielmehr einen erwartbaren Grundertrag dar und ist damit eine potenzielle Wertkomponente. Unternehmensspezifische Kosten bewertet die Formel nicht.
3. Die Wissensrelevanzzeit im Verhältnis zur Betriebszugehörigkeit (**wi/bi**) gibt den Abschmelzungsfaktor wieder. Er wird grundsätzlich für alle Wirtschaftsgüter angesetzt. Für Humankapital gilt, dass fachliches Wissen – ohne Investition – stetig abnimmt und Erfah-

rungswissen zunimmt. Beide Wissenskurven haben ihre spezifische Ausprägung je nach Betriebszugehörigkeit eines Mitarbeiters. Der Quotient gibt an, in welchem Grad der Mitarbeiter seine dem Marktgehalt entsprechende Kapazität einbringen kann, wobei von Investitionen in sein Wissen zunächst abstrahiert wird.
4. Personalentwicklung (**PE**) stellt nun diese Investitionen des Unternehmens dar, die der Aufrechterhaltung der „Betriebsfähigkeit" des Mitarbeiters dienen.
5. Der Motivationsfaktor (**M**) gibt die grundsätzliche Bereitschaft der Mitarbeiter wieder, ihre Kapazität auch zum Einsatz zu bringen. Sie ist der humanspezifische Wirkfaktor.

Die Saarbrücker Formel bewertet insofern die grundsätzliche Kapazität, die eine Beschäftigtengruppe für das Unternehmen darstellt. Kosten und Ertragswerte sind in der Formel explizit nicht berücksichtigt und können erst in nachgelagerten Analysen beachtet werden.

Einige Simulationen machen deutlich:

Die Beschäftigtengruppe (i) stellt in der Saarbrücker Formel eine Kapazitätseinheit dar, die nicht genauer spezifiziert wird. Für die Segmentierung in die Beschäftigtengruppen ist jedoch darauf zu achten, dass sowohl eine gewisse Homogenität der Gruppe wie auch eine Vergleichbarkeit der Gruppen über verschiedene Unternehmenseinheiten hinweg gewährleistet ist.

Die *Anzahl der FTE* (FTE) in einer Beschäftigtengruppe hat einen entscheidenden Einfluss auf die Höhe des Humankapitalwertes. Je höher die Anzahl der FTE, desto höher kann ceteris paribus auch der Humankapitalwert sein. Für einen objektiven Vergleich wird der Humankapitalwert je FTE entscheidend sein. Die relationale Betrachtung sollte leitend für die Definition der Handlungsstrategie zur gewünschten Veränderung des Humankapitalwertes sein.

Das Marktgehalt (M) wird per Definition für jedes Unternehmen in gleicher Höhe in der Berechnung des Humankapitalwertes berücksichtigt. Damit wird eine tendenziell höhere oder geringere Vergütung im Vergleich zum Durchschnitt (Marktgehalt) keinen Einfluss auf die Höhe des Humankapitalwertes ausüben. Lediglich das „relativ" hohe Marktgehalt der hoch qualifizierten Beschäftigtengruppe wird im Vergleich zu geringer vergüteten Beschäftigtengruppen einen ceteris paribus höheren Humankapitalwert entstehen lassen.

Als weiterer Inputparameter wird der Quotient wi/bi in der SFO berücksichtigt. Je geringer der Quotient, desto geringer wird ceteris paribus der Humankapitalwert entsprechend der SFO sein. Grundsätzlich wird dieser Quotient in einer hoch qualifizierten Beschäftigtengruppe niedriger sein. Das impliziert einen entsprechend hohen Investitionsaufwand für die Erhaltung und die Ausweitung des Wissens und damit für die Wissensrelevanzzeit. Die Erfassung der Zugehörigkeit zu einer jeweiligen Funktionsgruppe, unabhängig vom beschäftigenden Unternehmen, wäre aussagekräftiger. Erst dadurch kann das für die Wissensrelevanzzeit wichtige Erfahrungswissen angemessen berücksichtigt werden. Simulationen zeigen, dass in vielen Unternehmen der Humankapitalwert nur über Investitionen verändert werden kann. Eine Veränderung der Strukturdaten dürfte keine realistische Handlungsoption sein.

Durch Personalentwicklung (PE) werden die Investitionen in die Bewertung aufgenommen, die dem Wissensverfall entgegenwirken. Dabei werden nur die durch das Unternehmen getragenen Kosten einbezogen. Private Weiterbildungen durch die Mitarbeiter sind nicht Teil der Humankapitalbewertung.

Entsprechend dem Kerngedanken der Saarbrücker Formel sollen die Personalentwicklungsaufwendungen gemäß den Prinzipien der Rechnungslegung die Wertaufholung des Humankapitals ermöglichen. Damit sind die Personalaufwendungen eine Art Erhaltungsinvestition in das Humankapital.

Je höher dieser Wert, desto höher wird ceteris paribus auch der Humankapitalwert sein. Zu berücksichtigen ist die summarische Verknüpfung mit den anderen Inputparametern FTEs, dem Marktgehalt und dem Quotienten aus Wissensrelevanzzeit und Beschäftigungsdauer. Damit ist die Wertaufholung immer nur in gewissem Umfang möglich. Sinkt insbesondere der Quotient wi/bi sind hohe Personalentwicklungsaufwendungen für die Werterhaltung notwendig. Weitere Studien und die weitere Diskussion müssen zeigen, ab welchem Verhältnis die Investitionen in Personalentwicklung Aufwand und Nutzen nicht mehr rechtfertigen.

Simulationen verdeutlichen, dass die Erhöhung der Beschäftigungsdauer bereits um ein Jahr (also lediglich die Alterung der Belegschaft um ein Jahr), bei sonst unveränderten Parametern, bereits mehrere Mio. Euro Personalentwicklungsaufwendungen erfordert, sodass der Humankapitalwert unverändert bleibt – also nicht sinkt. Im konkreten Fall handelt es ich um ca. 70 Mitarbeiter der relevanten Beschäftigtengruppe.

Der Motivationswert als zweiter Term der Saarbrücker Formel hat aufgrund seiner multiplikativen Verknüpfung mit dem ersten Term den größten Einfluss als Einzelwert auf die Höhe des Humankapitals. Damit wird der Motivation die höchste Bedeutung bei der Bestimmung des Humankapitals zugeordnet. Durch den Motivationsfaktor kann der Kapazitätswert (HC) entscheidend beeinflusst werden: im Extremfall kann der Wert vollständig vernichtet oder verdoppelt werden.

Kritische Würdigung

Die Saarbrücker Formel liefert einen monetären Humankapitalwert. Sie ist fokussiert auf einige wenige personalwirtschaftliche Bewertungsparameter, die einen handhabbaren Bewertungsprozess ermöglichen.

Sie erlaubt grundsätzlich eine umfassende Bewertung des gesamten Mitarbeiterstamms, nicht nur ausgewählter Gruppen.

Durch eine freie Definition der Beschäftigtengruppen lassen sich unternehmensspezifische Anpassungen vornehmen. Durch die Verbindung von unternehmensspezifischen und marktrelevanten Daten werden vergleichende Aussagen möglich.

Es ist allerdings nicht abschließend zu entscheiden, welchem Bewertungsansatz die Saarbrücker Formel zuzuordnen ist. Ihrem Selbstverständnis nach ist sie eine marktbasierte Bewertung. Gleichzeitig ist eine Nähe zum kostenorientierten Verfahren nicht abweisbar.

Die Wertermittlung steht vor einigen Detailproblemen, die einer Lösung zugeführt werden müssen:
- die Wissensrelevanz ist bisher nicht zuverlässig bestimmbar, beeinflusst aber maßgeblich den Abschmelzungsfaktor.
- die Bereitstellung von Marktdaten zur Vergütung stellt jede Bewertung vor eine Herausforderung, da sie umfängliche Marktanalysen verlangt.

Studien zeigen, eine Korrelation zu Bilanzwerten ist auf den ersten Blick nicht erkennbar. So scheint eine gute Kapazität der Beschäftigtengruppe keinen Einfluss auf die – in der Bilanz abgebildete – Performance eines Unternehmens zu haben.

Als wesentlicher Kritikpunkt bleibt, dass keinerlei Verbindungen zu Finanzdaten vorhanden sind. Somit ist der ermittelte Wert ein singulärer

Wert. Eine Verbindung mit der Ertragslage und dem Unternehmenswert (zukünftige Ertragslage) bedarf weitergehender Bewertungsschritte.

Dieser Kritik muss sich nicht nur die Saarbrücker Formel stellen, auch die aktuell diskutierten Ansätze des Human Capital Clubs, der DGFP und Psychonomics lassen einen Bezug zu Finanzkennzahlen weitestgehend vermissen und bleiben überwiegend der HR-Welt verbunden. Was sind Alternativen, welche Ansätze stellen eine Beziehung zum geschäftlichen Erfolg und der HR-Performance eines Unternehmens her?

PwC-Ansatz

Der Ansatz von PwC zur Bewertung von Humankapital nach der Methode der „PwC Advanced Human Capital Valuation" dient der Ermittlung eines monetären Wertes für Humankapital. Dieser Wert stellt analog zu anderen immateriellen Vermögenswerten den humanspezifischen Anteil am Unternehmenswert dar, weshalb die Leistungen der Mitarbeiter immer in Abhängigkeit vom tatsächlichen Unternehmenserfolg bewertet werden.

Implizites Ziel dieses Bewertungsverfahrens ist eine Optimierung der Personalsteuerung. Das Verfahren enthält deshalb gleichermaßen quantitative wie qualitative Erfolgsfaktoren. Insofern handelt es sich bei dem Verfahren um eine integrale Bewertung, die personalspezifische und finanzwirtschaftliche Parameter ebenso berücksichtigt wie die Wertbeiträge anderer Vermögenswerte.

Eine Bearbeitung der personalwirtschaftlichen Parameter wird der weiteren Bewertungssicherheit dienen. Mit wachsender Sicherheit kann der Humankapitalwert dann auch als Äquivalent gegenüber der Personalsteuerung über Kosten dienen.

Das Verfahren ist hingegen nicht geeignet, Einzelleistungen von Mitarbeitern zu beurteilen. Ebenso werden humanspezifische Potenziale, die sich in dem jeweils betrachteten Unternehmen nicht umsetzen lassen, bei der Humankapitalbewertung (noch) nicht berücksichtigt.

Ist eine Stabilität des Bewertungsverfahrens erreicht, kann der Humankapitalwert auch berichtet werden. In Anbetracht der Tatsache, dass Humankapital für die meisten Unternehmen das bedeutendste und am schwierigsten zu steuernde Vermögen darstellt, kann eine Berichterstattung das Vertrauen der Stakeholder nachhaltig erhöhen.

Das Institut der Wirtschaftsprüfer (IDW) hat im August 2006 einen Entwurf für einen zunächst offenen Standard zur Bewertung immaterieller Vermögenswerte vorgelegt (IDW ES 5). In diesem Standard werden die für alle immateriellen Vermögenswerte anzuwendenden Grundsätze und die Besonderheiten bei der Bewertung von Marken dargestellt. Der Standard soll in Zukunft ergänzt werden um Ausführungen zu weiteren speziellen immateriellen Vermögenswerten (z. B. Kundenstamm, Patente und Technologien). Die „PwC Advanced Human Capital Valuation" wurde in Analogie zum neuen Bewertungsstandard für immaterielle Vermögenswerte entwickelt.

Insbesondere da, wo das Humankapital einen signifikanten Anteil am Unternehmenswert darstellt, muss es auch in strategischen Entscheidungen besonders berücksichtigt werden. Wenn die zukünftige Ertragskraft zu mehr als 15 % oder gar zu mehr als 35 % von den Mitarbeitern abhängt, ist in allen Entscheidungen, die die Zukunft des Unternehmens nachhaltig beeinflussen auch der Einfluss auf das Humankapital zu berücksichtigen. Wie werden der HC-ROI und die Risikomatrix durch eine Entscheidung beeinflusst? Welchen Einfluss hat das auf die zukünftige Ertragskraft eines Unternehmens?

Die Ermittlung des Humankapitalwertes erfolgt in 4 Schritten:

1. Ermittlung der zukünftigen humanspezifischen Erträge

Human Capital Return on Investment (HC-ROI)

Ohne Menschen kein Unternehmen. Ohne Einsatz von Humankapital also auch kein Unternehmenserfolg. Um jedoch den humanspezifischen Anteil am Unternehmenserfolg isolieren und quantifizieren zu können, ist die Festlegung geeigneter Parameter für die Bewertung des Humankapitals erforderlich.

Bereits Einzug in die unternehmensinternen Controllingsysteme gehalten hat ein Ansatz, wonach die Rendite bzw. der Return einer Investition in Humankapital (= Personalaufwand) als Funktion der Wertschöpfung pro Mitarbeiter bzw. pro Beschäftigtengruppe verstanden wird. Dieser Zusammenhang wurde mit dem Workonomics-Ansatz der Boston Consulting Group erstmals praxistauglich umgesetzt. Dabei werden quantitative personalorientierte Kennzahlen wie der „Value Added per Person" (VAP) ermittelt, die in Konsistenz zu klassischen kapitalwertbasierten Kennzahlen wie dem „Economic Value Added" (EVA) bzw. dem „Cash Value Added" (CVA) aufgebaut sind: Der VAP ergibt sich als Unternehmensumsatz abzüglich aller periodisch angefallenen Kosten (ohne Berücksichtigung der Personalkosten) sowie der zu berücksichtigenden periodischen Kapitalkosten. Diese Größe wird abschließend in Relation zur Anzahl der Mitarbeiter gesetzt. Mindert man nun den VAP um die durchschnittlichen Personalkosten und multipliziert das Ergebnis mit der Anzahl an Mitarbeitern, so erhält man den CVA. Das bestehende kapitalwertbasierte Kennzahlensystem wird folglich nicht ersetzt, sondern nur um den für die Steuerung des Humankapitals entscheidenden Teil ergänzt.

Noch deutlicher kann die Beziehung zwischen Investitionen in das Humankapital und Profitabilität durch den „Human Capital Return on Investment" (HC-ROI) dargestellt werden. Der HC-ROI gibt die Profitrate der in Personal und Soziales investierten Aufwendungen an. Die dabei verwendete Formel wurde von Jac Fizenz vom Saratoga Institute entwickelt. Nach Subtraktion der operativen Kosten, ausgenommen der Personalkosten, entsteht eine bereinigte Gewinngröße. Nach Division dieser Größe durch die Personalkosten erhält man den operativen Ertrag, der aus jedem in Personal investierten Euro resultiert – mit anderen Worten den Hebeleffekt der Personalinvestition. Die für die Berechnungen auf Unternehmens- und Segmentebene benötigten Daten sind in der Regel öffentlich verfügbar.

$$\text{HCROI} = \frac{\text{Umsatz} - (\text{operative Kosten} - \text{Personalkosten})}{\text{VZK} \times \text{durchschn. Vergütungskosten je VZK}}$$

(VZK = Vollzeitarbeitskraft)

Im Gegensatz zu rein kapitalwertbasierten Größen beinhaltet der HC-ROI die wesentlichen auf dem Einsatz von Humankapital beruhenden Werttreiber, mit denen Gewinnsteigerungen erreicht werden können. Er kann damit als Key Performance Indicator für die Effektivität einer Organisation angesehen werden. Diese Voraussetzungen prädestinieren den HC-ROI als zentrale Größe für die Bewertung des Humankapitals bzw. der humanspezifischen Erträge.

Allerdings wäre es zu einfach (und die realen Verhältnisse verzerrend), würde man für die Berechnung des HC-ROI schlicht die im Geschäftsbericht ausgewiesenen Größen für Umsatz, operative Kosten und Personalkosten verwenden. Diese Verzerrung betrifft insbesondere die Umsatzbeiträge, die andere immaterielle Vermögenswerte wie Marken und Patente zum Unternehmenserfolg leisten. Zur Berechnung des HC-ROI gilt es deshalb zunächst, die Umsatzgröße um alle spezifischen Umsätze zu bereinigen, die ihrer Entstehung nach direkt weiteren immateriellen Vermögenswerten zugeordnet werden können.

Liegt der HC-ROI unter 1, wird der HC-Return demnach negativ: Mit den Investitionen in Humankapital wurde in einem solchen Fall kein Überschuss, sondern ein Verlust erzielt. Dieser Schwellenwert wird als Human Capital Break Even (HC Break Even) bezeichnet.

Berücksichtigung des Businessplans

Die Ableitung des Werts eines Unternehmens erfolgt grundsätzlich aus seiner Eigenschaft, durch Zusammenwirken aller die Ertragskraft beeinflussenden Faktoren finanzielle Überschüsse für die Unternehmenseigner zu erwirtschaften. Dabei stellt die Prognose der künftigen finanziellen Überschüsse die Kernaufgabe jeder Unternehmensbewertung dar. Die in der Vergangenheit erwiesene Ertragskraft dient im Allgemeinen als Ausgangspunkt für Plausibilitätsüberlegungen. Dabei sind bei der Bewertung nur diejenigen Überschüsse zu berücksichtigen, die in bereits eingeleiteten Maßnahmen oder einem dokumentierten Unternehmenskonzept ihren Niederschlag gefunden haben. Sofern die Ertragsaussichten aus unternehmensbezogenen Gründen bzw. aufgrund veränderter Markt- und Wettbewerbsbedingungen zukünftig andere sein werden, sind die erkennbaren Unterschiede ebenfalls zu berücksichtigen. Aufbauend auf diesen Überlegungen wird ein Businessplan bzw. eine Planungsrechnung für das Unternehmen erstellt. Die Businesspläne bzw. die Planungsrechnungen sind in Abstimmung mit dem Unternehmen im Hinblick auf Konsistenz der Prämissen und Stichhaltigkeit sowie vor dem Hintergrund von Erfahrungswerten und Marktanalysen zu plausibilisieren. Der Businessplan ist der Gradmesser für den zukünftigen Erfolg. Steigen beispielsweise die Einkaufspreise, verringert dies ceteris paribus den zukünftigen Überschuss und damit auch den Ertragswert des Humankapitals. Dieser Zusammenhang, obwohl kausal nicht begründbar, ist durchaus gewollt: Denn es liegt am Humankapital und hier insbesondere am Management, das Unternehmen so zu steuern und Veränderungen in der Zukunft zu antizipieren, dass mittel- und langfristig die angestrebten Unternehmensziele und damit Gewinnziele erreicht werden. Hierauf geht das PwC-Bewertungsverfahren ein. Dabei wird im Rahmen der Bewertung von Humankapital vor allem berücksichtigt, dass nicht der gesamte Unternehmensumsatz dem Humankapital zugeschrieben werden kann. Denn es ist unbestritten, dass auch andere immaterielle Vermögenswerte zum Unternehmenswert beitragen. Zwar sind sie auch von Mitarbeitern geschaffen worden, dennoch entfaltet sich ihre Wirkung aufgrund eines eigenen Wertes. Ähnlich der Vorgehensweise bei der Ermittlung des historischen HC-ROI wird deshalb auch eine Bereinigung der Umsätze im Businessplan bzw. in den Planungsrechnungen vorgenommen. Im ersten Schritt wird der Businessplan dem üblichen Bewertungsvorgehen folgend um andere einmalige Sondereinflüsse bereinigt.

Weiterhin werden die Umsatzbeiträge anderer immaterieller Werte von den Unternehmensumsätzen abgezogen, z.B. insbesondere Marken- und Patentwerte.

Bestimmung der strategisch relevanten Beschäftigungsgruppe

Da der durchschnittliche HC-Return nicht ohne Weiteres auf bestimmte Funktionsgruppen aufgeteilt werden kann, wird in einer Verfeinerung der Humankapitalbewertung nach bestimmten Funktionsgruppen unterschieden. Auf diese Weise wird untersucht, ob der größte Teil der Rendite durch Gruppen von Spezialisten (etwa in Technik oder Vertrieb) oder durch den Humankapitaleinsatz im Management erzielt wird.

Hierzu wird die gesamte Belegschaft nach organisatorischen Kriterien in vier Gruppen entlang der Wertschöpfungskette eines Unternehmens unterteilt (vgl. Matrix). Darin ist die für ein umfassendes Bewertungsverfahren unabdingbare Werttreiberanalyse enthalten.

Grundsätzlich beinhaltet das Vorgehen folgende Schritte:
- Segmentierung der Wertschöpfungskette in Funktionsbereiche bzw. Beschäftigtengruppen, z. B. Produktion – Administration – Vertrieb – Innovation
- Zuordnung der Funktionen zu den Funktionsbereichen (z. B. auf der Basis der Funktionsbewertung zur Ermittlung von Gehaltssystemen)
- Bewertung der Funktionsbereiche anhand geeigneter Key Performance Indicators (KPIs)
- Aufschlüsselung der HC-Returns auf die Funktionsbereiche entsprechend der Bewertung durch die KPIs

Die Summe aller KPI-Ergebnisse dient als Basis für die Aufteilung des HC-Returns. Der Diskussionsprozess bei der Einteilung in vier Beschäftigtengruppen ist ein kritischer Erfolgsfaktor des Bewertungsverfahrens. Die

Diskussion mit den Fachleuten ist die einzige Möglichkeit zur Identifikation der Mitarbeiter, insbesondere derjenigen für die „strategische" Gruppe. Es wird davon ausgegangen, dass von den Beschäftigten dieser Gruppe wichtige Prozesse gemanagt werden, die den Wettbewerbsvorteil und damit auch den humankapitalspezifischen Wert des Unternehmens ausmachen.

2. Personalspezifische Risiken

Herleitung des Kapitalisierungszinssatzes

Zur Ermittlung eines Ertragswerts werden die künftigen HC-Returns mit einem geeigneten Zinssatz auf den Bewertungsstichtag diskontiert. Als Kapitalisierungszinssatz werden bei Unternehmensbewertungen üblicherweise die mit den Kapitalanteilen der Eigen- und der Fremdkapitalgeber gewichteten Eigen- und Fremdkapitalkosten herangezogen (WACC = Weighted Average Cost of Capital = gewogener Gesamtkapitalkostensatz). Diese Größe stellt die Mindestverzinsung dar, die das zu bewertende Unternehmen für die Gesamtheit der Kapitalgeber zu erwirtschaften hat. Um zu berücksichtigen, dass das der "strategischen" Beschäftigtengruppe inhärente Risiko möglicherweise nicht identisch mit dem Gesamtunternehmensrisiko ist, wird der für das Gesamtunternehmen erhobene WACC durch einen humankapitalspezifischen Risikobeitrag angepasst. Die Höhe des Risikobeitrags wurde aus einem Risikoscoring (s. unten) übernommen und für die Anwendung auf den WACC entsprechend transformiert.

Personalspezifisches Risikoscoring

Das Risiko für das Humankapital eines Unternehmens muss nicht identisch mit dem Unternehmensrisiko sein. Für das Humankapital greift der Ansatz weitere personalwirtschaftliche Einflussgrößen auf, die zusätzlich zum Kapitalisierungszins berücksichtigt werden müssen. Ein Unternehmen, das beispielsweise mit einer überalterten Belegschaft arbeitet, wird zukünftig hohe Kosten für die Rekrutierung und Einarbeitung neuer Mitarbeiter aufwenden oder Gewinneinbußen hinnehmen müssen, etwa wegen ausbleibender Innovationen.

Dies würde das personalspezifische Risiko erhöhen und somit in einem Risikozuschlag berücksichtigt. Aufgrund dieser Unterschiede werden die wesentlichen Risiken, die auf die Personalstruktur einwirken detailliert bewertet und zur Ermittlung des Werts des Humankapitals im Rahmen eines Risikozu-/-abschlags auf den Kapitalisierungszinssatz berücksichtigt.

Im PwC-Modell werden diese personalspezifischen Risiken in einem Scoringmodell erfasst, das vor allem personalwirtschaftliche Kenngrößen beinhaltet und zeigt, welche Zukunftsfähigkeit ein Unternehmen dank seiner Personalstruktur hat.

3. Personalspezifischer Ertragsanteil

Zur Ableitung des personalspezifischen Ertragsanteils werden die Umsätze der Unternehmen wie bei der Ermittlung des HC-ROI um die nicht den Mitarbeitern zurechenbaren Anteile bereinigt.

Als Kosten werden alle operativen Kosten berücksichtigt, da diese unabhängig von der Personalqualität anfallen. Zusätzlich werden alle Personalkosten derjenigen Beschäftigtengruppen berücksichtigt, die als Werttreiber identifiziert wurden.

Auf Basis der Ergebnisplanungen im Detailplanungszeitraum wird abschließend ein nachhaltiges Ergebnis abgeleitet.

4. Ermittlung des Humankapitalwerts

Um den Ertragswert der relevanten Beschäftigtengruppe (und damit den gesetzten Annahmen entsprechend dem Humankapitalwert des Unternehmens) zu ermitteln, werden die periodischen Ertragsanteile mit dem humankapitalspezifischen Kapitalisierungszinssatz auf den Bewertungsstichtag diskontiert.

Da absolute Beträge für Vergleiche mit anderen Unternehmen oder Branchen nicht geeignet sind, wird der Humankapitalwert für diese Zwecke durch die für die relevante Gruppe ermittelte Anzahl von Beschäftigten (FTE) geteilt, um so den durchschnittlichen Humankapitalwert pro Mitarbeiter zu erhalten.

Bewertung

Mehr als andere immaterielle Vermögenswerte trägt das Humankapital dazu bei, die Stabilität eines Unternehmens und die Nachhaltigkeit eines wertorientierten Managements zu demonstrieren. Der monetäre Humankapitalwert kann deshalb in einer freiwilligen Kapitalmarktinformation veröffentlicht werden. Damit kann das Vertrauen der Investoren in ein Unternehmen gestärkt und der Aktienkurs gestützt werden.

Viele Unternehmen veröffentlichen gegenwärtig Personal- und Sozialberichte und/oder Nachhaltigkeitsberichte (sustainability reports). Wie alle freiwilligen Kapitalmarktinformationen ist deren Aussagekraft insofern eingeschränkt, als sie nicht auf der Basis definierter Parameter erstellt und geprüft werden. Außerdem beinhalten sie häufig Ansammlungen von Kennzahlen, deren Bezug zum Geschäftserfolg nicht hergestellt werden kann. Die Gefahr, dass diese Berichte reine Marketinginstrumente bleiben, ist sehr groß. Selbst dort, wo diese Berichte durch Wirtschaftsprüfungsgesellschaften geprüft werden, kann lediglich die ordnungsgemäße Herleitung der Inputgrößen testiert werden, nicht die Aussagekraft der Werte.

Die Publikation von monetären Humankapitalwerten ist jedoch nur dann sinnvoll, wenn das Unternehmen sicher sein kann, dass der Humankapitalwert auch aktiv gemanagt wird, um – unerklärbare – Schwankungen in den jährlichen Wertmessungen zu vermeiden. Die Bewertung von Humankapital hat damit in erster Linie einen unternehmensinternen strategischen Wert. Sie erlaubt dem Personalvorstand eine sehr klare Aussage zu dem von ihm verantworteten Vermögenswert und dessen Anteil am Unternehmenswert. Damit wird die Diskussion um Investitionen in die Werterhaltung und Wertsteigerung auf eine neue Basis gestellt. Personal ist für jedes Unternehmen ein großer Kostenfaktor. Aber es ist auch ein Wert – und erst die Abwägung beider Größen ermöglicht eine zukunftsorientierte und fundierte Entwicklung des Humankapitals.

5. Bildungscontrolling

Im Zuge der Forderung nach Wertschöpfung der Personalarbeit stehen auch immer wieder Kosten-Nutzen-Betrachtungen von PE-Maßnahmen im Fokus. Gerade wenn Unternehmen Kostensenkungsprogramme durchführen, stehen Personalentwickler unter Beweisnot. Wer ein effektives und strategisches Bildungscontrolling betreibt, investiert zielgerichtet in das Humankapital. Neben der einfachen Mitarbeiterqualifizierung ist ein langfristiges, bedarfsorientiertes Bildungskonzept zu implementieren, d. h. die Auswahl der Seminare orientiert sich an unternehmerischen bzw. strategischen Zielen des Unternehmens. Mithilfe des Kirkpatrick-Modells (Abbildung 8) lässt sich der Erfolg von Personalentwicklungsmaßnahmen stufenweise evaluieren (Kirkpatrick, 1998).

Abb. 8. Kirkpatrick-Modell zur Evaluation von Qualifizierungsmaßnahmen

Dieses mehrstufige Modell der Erfolgs- bzw. Nutzenmessung gibt auch den Reifegrad des Bildungscontrollings wieder. Die erste Stufe mit den sogenannten Happiness-Sheets findet in fast allen Unternehmen Anwendung. Die zweite Stufe, die Überprüfung des Lernerfolgs, hat oftmals mit Akzeptanzproblemen seitens der Teilnehmer zu kämpfen und erfolgt üblicherweise nur dort, wo dies auch gesetzlich vorgeschrieben ist, z. B. bei einer Beratungshaftpflicht in Banken oder aus Sicherheitsgründen wie in Kraftwerken. Die dritte Stufe ist das Transfercontrolling und beinhaltet eine Kaltabfrage, d. h., nach ca. sechs Monaten wird noch einmal geprüft, ob die zuvor gesetzten Ziele tatsächlich durch Veränderungen im Arbeitsalltag erreicht wurden. Diese Stufe ist in gut aufgestellten Personalentwicklungsbereichen noch häufig zu finden. Auf der vierten Stufe wird hinterfragt, was die einzelne PE-Maßnahme für das Geschäft gebracht hat. In welchem Maße hat die Maßnahme zum Geschäftserfolg beigetragen? Ein typisches Beispiel hierfür ist die Umsatzsteigerung in einer Produktgruppe, für die Vertriebsmitarbeiter vorher geschult wurden. Die größten Schwierigkeiten bestehen auf der fünften Stufe – der Ermittlung des Investitionserfolgs. Die Kosten einer Maßnahme sind meist noch klar berechenbar, aber bei der Bestimmung des Nutzens in Euro-Werten scheitern die meisten. Dies wird jedoch von der Geschäftsleitung zunehmend gefordert. Der Schlüssel hierfür liegt in der genauen Zieldefinition, der Hinterlegung mit klaren Messkriterien und die Abschätzung der Wirkung auf finanzwirtschaftliche Kennziffern.

Vor einer solchen Aufgabenstellung standen wir in einem Projekt der Immobilienbranche. Für die Gebäudebewirtschaftung waren bisher Teams mit bis zu 40 Mitarbeitern aktiv. In ausgewählten Pilotbereichen wurden als neue Arbeitsform teilautonome Arbeitsgruppen (TAG) eingeführt. Die Gruppen von bis zu zehn Mitarbeitern steuerten sich eigenständig in Fragen der Urlaubs- und Einsatzplanung, Auftragssteuerung, der Prozessverbesserung sowie in Teamkonflikten. Wesentlicher Schritt für die finanzwirtschaftliche Abschätzung des Nutzens war die Formulierung der Ziele und die Ermittlung geeigneter Messkriterien:

- Qualitätssicherung und Steigerung der Produktivität (Messkriterien: Auslastung, Planzeitquote, Strukturzeiten, Dokumentationslücken, Fahrzeit, Termintreue),
- Steigerung der Eigenverantwortung und Selbstständigkeit (Messkriterien: Kompetenzeinschätzung in den Dimensionen),
- Ein Miteinander, kein Gegeneinander (Messkriterien: Dimensionen in der Mitarbeiterbefragung, Gesundheitsquote, Zeitnutzungsgrad [Prod.-zeit/Anwesenheit]),
- Identifizierung mit dem eigenen Unternehmen forcieren (Messkriterien: Dimensionen in der Mitarbeiterbefragung, Fluktuationsquote).

Zur Berechnung des Wertbeitrags ist dieser in Einzelkomponenten zerlegt worden (Abbildung 9). Die Kosten der Maßnahme waren relativ leicht erhebbar und wurden in Einmalkosten (Schulungskosten der Projektleitung, Ausfallzeiten, Einarbeitung, Laptop etc.) und laufende Kosten (Büro- und Sachkosten für die Teambesprechungen, Fahrtkosten etc.) unterteilt.

Der Nutzen wurde in drei Kategorien unterteilt. Quantitativ erfassbar waren die Produktivzeiterhöhung (Steigerung aufgrund von verbesserter Gesundheitsquote, Fahrzeitquote) und die Kostenreduktion (Senkung durch optimierten Materialeinsatz, Fahrtroutenplanung etc.). Die Differenz dieser bewertbaren Nutzen- und Kosteneffekte führte zu einem monatlichen positiven Saldo, der die Anfangsinvestitionen in weniger als einem Jahr amortisierte. Für den Ausschluss von Nebeneffekten sind die Daten einer TAG mit denen einer vergleichbaren Kontrollgruppe bereinigt worden. Neben diesem finanziellen Ergebnis ist aber auch ein möglicher nichtbewertbarer Effekt nicht zu vernachlässigen. Denn auch wenn in diesem Projekt eine Näherung an den ROI gelungen ist, so wird nicht immer alles so ausdrückbar sein. Die Effekte der deutlich besseren Mitarbeiterbefragungsergebnisse, insbesondere bei Items zur Erfüllung in der Tätigkeit sind nicht vernachlässigbar. Es ist also abzuwägen, wie weit der Forderung

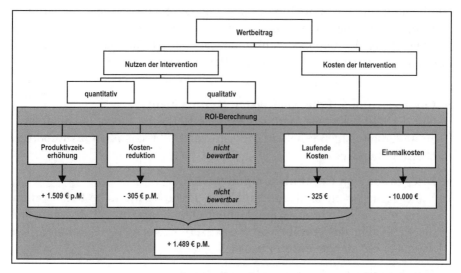

Abb. 9. Vergleich einer teilautonomen Arbeitsgruppe und einer Kontrollgruppe

nach Quantifizierung nachgekommen werden soll, ohne dabei aber die gesamte Betrachtung darauf zu reduzieren.

Ansatzpunkte für dieses Vorgehen sind einerseits die Berechnung eines Business Case für Investitionsentscheidungen, wie es auch in unseren Projekten zunehmend gefordert wird, andererseits kann darüber auch eine Evaluation im Nachhinein erfolgen, um entweder den flächendeckenden Rollout eines Pilotprojekts wie in dem vorgestellten Fall zu entscheiden oder Erkenntnisse für zukünftige Investition zu gewinnen.

6. Fazit

Der Handlungsbedarf im HR- und PE-Controlling ist offensichtlich geworden. Personalentwickler haben erkannt, dass die bisherigen Standardpersonalberichte als alleiniges Controllinginstrument nicht dem Anspruch einer wertorientierten Steuerung gerecht werden. Obwohl diese Disziplin noch relativ jung ist, hat sich eine Reihe von Ansätzen herausgebildet. Insbesondere die Verfahren für die Personalorganisation haben schon einen hohen Verbreitungsgrad gefunden. Hingegen haben die Methoden zur Messung des Humankapitals zwar eine hilfreiche Diskussion für das Selbstverständnis von Personalentwicklern ausgelöst, aber deren Praxistauglichkeit muss sich noch beweisen. Beim Neuaufbau einer Steuerungssystematik ist daher eine Fokussierung im ersten Schritt auf die Ansätze zur Steuerung der Organisationseinheit sowie der Ressource Personal zu empfehlen. Dabei sollten folgende Punkte besondere Berücksichtigung finden:

- **Fokussierung auf die wichtigsten Kennzahlen:**
  Nur die KPIs, die eine klare strategische Relevanz haben und auch nicht zu unverhältnismäßig hohem Messaufwand führen, sollten ins Reporting übernommen werden.

- **Integration von Ergebniskomponenten:**
  Viele Kennzahlen sind ausschließlich inputorientiert, deshalb sollten, wenn möglich, Ergebniskomponenten enthalten sein – z. B. nicht nur die Erfassung der Anzahl von Verbesserungsvorschlägen, sondern des daraus erzielten Nutzens in Euro.

- **Kombination von inputorientierten Daten:**
  Bestimmte inputorientierte Kennzahlen scheinen auf dem ersten Blick nicht relevant zu sein. Allerdings können inputorientierte Kennzahlen durch Kombination mit outputorientierten Kennzahlen durchaus eine hohe Aussagekraft besitzen, z. B. Trainingsstunden pro Mitarbeiter in Kombination mit der durchschnittlichen Leistungsbeurteilung nach der Durchführung von Schulungen.

- **Eindeutige Definition von Kennzahlen:**
  Zur Sicherstellung der Transparenz und der Validität ist eine exakte Definition bis auf die operative Ebene notwendig. So können Fehlentscheidungen, die auf Basis fehlerhaft erhobener Daten gefällt wurden, vermieden werden, z. B.: Soll die Fluktuationsquote alle Austritte messen oder nur die arbeitnehmerinitiierten?

- **Benchmarking durch Übernahme von standardisierten Kennzahlen:**
  Hat das Personalcontrolling Benchmarking zum Ziel, kann es sinnvoll sein, die Erhebungsweise an die übliche Definition von Benchmarkinganbietern anzupassen.

Für eine kurze Selbsteinschätzung des Reifegrades des Personal- bzw. Personalentwicklungscontrollings dient die Checkliste, die in Abbildung 10 dargestellt ist.

Etappe 2: Steuerung der Personalentwicklung 141

		Stimme gar nicht zu	Stimme nicht zu	Stimme eher nicht zu	Stimme eher zu	Stimme zu	Stimme voll und ganz zu
1.	Existiert eine dokumentierte PE-Strategie mit klar formulierten PE-Zielen?	①	②	③	④	⑤	⑥
2.	Sind die PE-Ziele mit klaren KPIs und Soll-Werten hinterlegt?	①	②	③	④	⑤	⑥
3.	Sind die PE-Kernprozesse mit KPIs und Soll-Werten hinterlegt?	①	②	③	④	⑤	⑥
4.	Werden PE-Ziele über Zielvereinbarungen bis auf Mitarbeiterebene heruntergebrochen?	①	②	③	④	⑤	⑥
5.	Sind die Kennzahlen des Linien-Reportings direkt aus den Erfolgsfaktoren der Bereiche abgeleitet?	①	②	③	④	⑤	⑥
6.	Wird über Zufriedenheitsbefragungen und PE-Maßnahmencontrolling hinaus auch Transfercontrolling durchgeführt?	①	②	③	④	⑤	⑥
7.	Wird zumindest näherungsweise der ROI von PE-Investitionen berechnet?	①	②	③	④	⑤	⑥
8.	Erfolgen größere Investitionsentscheidungen der Personalentwicklung auf Basis eines Business Case?	①	②	③	④	⑤	⑥

Abb. 10. Checkliste zur eigenen Standortbestimmung PE-Controlling

Literatur

Deutscher Wirtschaftsdienst (1999). *Human Resource Management. Neue Formen betrieblicher Arbeitsorganisation und Mitarbeiterführung.*

Dürndorfer, M. & Friedrichs, P. (2004). *Human Capital Leadership. Wettbewerbsvorteile für den Erfolg von morgen.* Hamburg: Murmann.

Girbig, R. & Kötter, P. (2005). *Kienbaum-HR-Strategie-Studie 2005.* Berlin: Kienbaum Management Consultants GmbH.

Gmür, M. & Peterhoff, D. (2005). Überblick über das Personalcontrolling. In: U. Schäffer & J. Weber (Hrsg.): *Bereichscontrolling: Funktionsspezifische Anwendungsfelder. Methoden und Instrumente,* S. 235–258. Stuttgart: Schäffer-Poeschel.

Hölzle, P. (2005). Die Praxis des Personalcontrollings aus Consultant-Sicht. In: U. Schäffer & J. Weber (Hrsg.): *Bereichscontrolling: Funktionsspezifische Anwendungsfelder. Methoden und Instrumente,* S. 259–270. Stuttgart: Schäffer-Poeschel.

Kaplan, R. S. & Norton, D. P. (1996). *The Balanced Scorecard. Translating Strategy Into Action.* Harvard: Harvard Business School Press.

Kirkpatrick, D. L. (1998). *Evaluating Training Programs.* San Francisco: Berrett-Koehler.

Scholz, S. & Bechtel, R. (2004). *Human Capital Management. Wege aus der Unverbindlichkeit.* München: Luchterhand.

Siemen, C; Werthschütz, R. & Kötter, P. (2009). *Kienbaum-HR-Strategie-Studie 2009.* Berlin: Kienbaum Management Consultants GmbH.

Wunderer, R. & Jaritz, A. (1999). *Unternehmerisches Personalcontrolling: Evaluation der Wertschöpfung im Personalmanagement.* Neuwied: Luchterhand

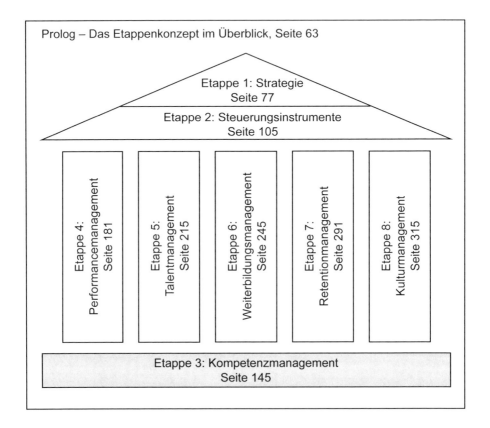

Etappe 3: Kompetenzmanagement

Stefan Leinweber

Dieser Beitrag verfolgt das Ziel, eine Möglichkeit aufzuzeigen, wie die PE zum Strategie-Treiber werden kann. Denn eine echte Veränderung in Unternehmen wird nicht dadurch bewirkt, dass das Management eine Strategie entwickelt, dass Standorte gegründet oder aufgelöst, Prozesse verändert oder Abteilungen umstrukturiert werden. Vielmehr muss die Unternehmensstrategie in tatsächliches tägliches Handeln umgesetzt werden. Eine Veränderung ist also nur möglich, wenn das Verhalten der Mitarbeiter auf die Strategie des Unternehmens ausgerichtet ist. Genau dies kann die PE durch strategisches Kompetenzmanagement leisten. Indem die Vision und die strategischen Ziele in beobachtbare, beeinflussbare Verhaltensweisen heruntergebrochen werden, wird es möglich, das Ist-Verhalten der Mitarbeiter dem Soll-Verhalten, wie es aus der Unternehmensstrategie abgeleitet wird, anzunähern. Dadurch kann strategiekonformes Verhalten erzeugt und die Umsetzung der Unternehmensstrategie gefördert werden. Voraussetzung ist allerdings, dass ein Kompetenzmodell entwickelt und konsequent in allen PE-Instrumenten eingesetzt wird.

Zunächst wird direkt aus der Unternehmensstrategie ein Kompetenzmodell abgeleitet, das für die Gesamtorganisation darstellt, durch welche Mitarbeiterkompetenzen und durch welches Verhalten die strategischen Ziele erreicht werden können. Es wird also durch das Kompetenzmodell ein Unternehmenshandeln (im Sinne des Organisationshandelns auf Basis der individuellen Handlungen) beschrieben und darüber hinaus messbar und entwickelbar gemacht. Denn die Kultur und Werte eines Unternehmens sind das von den Personen im Unternehmen täglich gezeigte Verhalten, sei es intern oder extern, sei es im Rahmen von Führung oder Verkauf.

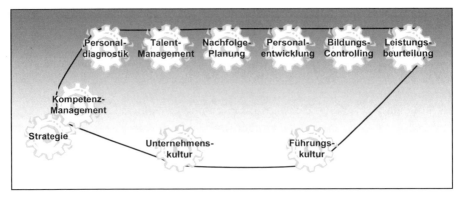

Abb. 1. Verzahnung der Strategie mit Kompetenzmanagement und weiteren HR-Prozessen

Entsprechend werden aufbauend auf dem Kompetenzmodell und der darin abgeleiteten Unternehmensstrategie die genauen überfachlichen Anforderungen für die Tätigkeitsfelder im Unternehmen definiert. Das strategische Kompetenzmanagement befasst sich dabei nicht nur mit dem vorhandenen Kompetenzportfolio, sondern vielmehr mit der Veränderung des Verhaltens der Mitarbeiter hin zum strategischen Zielkompetenzportfolio. Dies ermöglicht wiederum die kompetenzbasierte Besetzung von Stellen durch HR-Instrumente im Zuge der Personaldiagnostik und Personalentwicklung. So kann strategisches Kompetenzmanagement zum Motor der Strategieumsetzung und zum Motor von Veränderung werden.

Soll – wie voranstehend dargestellt – das Verhalten von Menschen in eine bestimmte Richtung verändert werden, so ist es hilfreich, sich neben den strukturgebenden und zuweilen statisch anmutenden Maßnahmen zur Herleitung und Implementierung eines Kompetenzmodells auch mit der grundsätzlichen Veränderbarkeit oder auch Entwickelbarkeit von Kompetenzen zu beschäftigen. Im Folgenden wird daher zunächst eine Begriffsdefinition zur Kompetenz gegeben, um anschließend die besagte Veränderbarkeit von Kompetenzen zu diskutieren. Dann wird dargestellt, wie man ein Kompetenzmodell entwickelt, und schließlich die Nutzung des Kompetenzmanagements als Strategieträger im Unternehmen beschrieben.

1. Begriff des Kompetenzmanagements

Kompetenz (v. lat. competere – zusammentreffen) bezeichnet die Fähigkeit (psychologisch)[1] und ist juristisch gleichbedeutend mit der Zuständigkeit eines Menschen (oder eines Organs), bestimmte Aufgaben selbstständig durchzuführen. Die Unterscheidung der psychologischen und juristischen Bedeutung des Wortes Kompetenz ist entscheidend für den Umgang mit dem Thema Kompetenzmanagement. Denn in diesem Zusammenhang ist ausschließlich die psychologische Bedeutung gemeint, also die Fähigkeit eines Menschen, nicht seine Zuständigkeit. Kompetenz ist zu verstehen als allgemeine Disposition von Menschen zur Bewältigung bestimmter lebensweltlicher Anforderungen, die im Rahmen des betrieblichen Kompetenzmanagements auf die berufsbezogenen Anforderungen beschränkt werden können. Hilfreich ist darüber hinaus eine Unterscheidung fachlicher und überfachlicher Kompetenzen. In Kompetenzmodellen werden häufig nur die überfachlichen Kompetenzen abgebildet, die häufig auch als „soft skills" oder „social skills" bezeichnet werden.

Für gewöhnlich wird *Kompetenzmanagement* wie folgt definiert: „Kompetenzmanagement ist eine Managementdisziplin mit der Aufgabe, Kompetenzen zu beschreiben, transparent zu machen sowie den Transfer, die Nutzung und die Entwicklung der Kompetenzen, orientiert an den persönlichen Zielen des Mitarbeiters sowie den Zielen der Unternehmung, sicherzustellen" (North & Reinhardt, 2005).

Für ein tieferes Verständnis von Kompetenzmanagement sind jedoch weitere Erläuterungen nötig. So unterscheidet man grundsätzlich den ressourcenorientierten vom lernorientierten Ansatz:

- Der *ressourcenorientierte Ansatz* beschäftigt sich mit der Potenzialnutzung einer Organisation mit dem Ziel, die Überlebensfähigkeit eines Unternehmens durch die richtige Ressourcenakkumulation langfristig zu sichern und sich dadurch vom Marktumfeld abzuheben. Hierbei werden die Kompetenzen direkt aus der Unternehmensstrategie abgeleitet (top-down). Dies entspricht dem Prozess der Bildung eines Kompetenzmodells abgeleitet aus der Unternehmensstrategie, welches als Soll-Vorgabe für die Verhaltensweisen der Mitarbeiter dient.

---

[1] Als Fähigkeit ist die Gesamtheit dessen bezeichnet, die ein Mensch, ein Tier oder eine Maschine beherrscht oder vollbringen kann.

- Der *lernorientierte Kompetenzansatz* fokussiert im Gegensatz dazu auf das Individuum als Kompetenzträger und beschäftigt sich mit der Messung, Evaluierung, Transparentmachung und dem Transfer von Individualkompetenzen (bottom-up). Der Ansatz beschreibt also die Nutzung des Kompetenzmodells durch Messung, Allokation und Entwicklung der bei den Mitarbeitern vorgefundenen Kompetenzen. Hierdurch wird gezielt der vorgefundene Ist-Zustand im Unternehmen beschrieben und an den durch das Kompetenzmodell vorgegebenen Soll-Zustand angepasst.

Die zwei unterschiedlichen Ansätze greifen in der betrieblichen Praxis ineinander und ermöglichen erst im Zusammenwirken die strategieumsetzende Wirkung des Kompetenzmanagements. Dies wird ermöglicht, indem zunächst ressourcenorientiert definiert wird, welche Kompetenzen die Mitarbeiter benötigen, um die Unternehmensstrategie zu verwirklichen. Daraufhin werden die im Unternehmen vorhandenen Kompetenzen analysiert und Lücken zwischen Soll- und Ist-Zustand festgestellt. Diese Lücken werden entsprechend des lernorientierten Ansatzes durch Stellenbesetzungen, -umbesetzungen oder gezielte Personalentwicklungsmaßnahmen geschlossen. Schließlich müssen regelmäßig die Ressourcen entsprechend der veränderten Anforderungen an das Unternehmen und veränderter strategischer Ausrichtung neu definiert werden. Das Zusammenwirken des ressourcen- und des lernorientierten Ansatzes ist somit zyklischer Natur und steht in einem regelmäßigen Abstimmungsprozess.

Um die strategische Kraft des Kompetenzmanagements für das Unternehmen nutzbar zu machen, muss also aus der Unternehmensstrategie ressourcenorientiert ein Kompetenzmodell abgeleitet werden. Weiterhin müssen lernorientiert die Anforderungen des Kompetenzmodells an die Mitarbeiter durch strategische Personalarbeit umgesetzt werden. Wie aus der Praxis bekannt, ergibt sich die Notwendigkeit derartiger Personalarbeit daraus, dass oftmals nicht jeder Mitarbeiter von Grund auf über die notwendigen Kompetenzen verfügt, die er zur anforderungsgerechten Erfüllung seines Verantwortungsbereiches benötigt. Möchte man also mit entsprechender Entwicklungsarbeit darauf aufbauen, so empfiehlt sich mit Blick auf unterschiedliche Kompetenzdimensionen eine Einschätzung, inwieweit die dahinterliegenden Kompetenzen überhaupt entwickelbar sind. Dies bringt eine Definition von Potenzialfaktoren mit sich, zumal es sich bei diesen oftmals um schwer entwickelbare Kompetenzen handelt.

2. Entwickelbarkeit von Kompetenzen

Es gibt zum einen Kompetenzen, die durch verschiedene Entwicklungsmodule problemlos aufgebaut werden können, wohingegen andere Kompetenzen durch Veranlagung oder auch Sozialisation stark in der Person verankert sind. Aus letzteren Kompetenzen resultieren daher nur langsam bzw. gar nicht zu entwickelnde Fähigkeiten. So lassen sich sicherlich Fähigkeiten wie das Überzeugungsvermögen, das Verhandlungsgeschick oder auch Techniken zur Motivation im Rahmen verschiedener Trainings verhältnismäßig einfach und mit schnell sichtbarem Erfolg stärken. Die grundlegende analytische Kompetenz ist jedoch beispielsweise weit schwerer zu entwickeln, da sie ein Teil des jeder Person innewohnenden und unveränderbaren Intellekts ist. Methoden zur Aufbereitung komplexen Materials können erlernt, hierdurch allerdings nicht die einer Komplexitätsreduktion zugrunde liegende Auffassungsgabe gesteigert werden. Der Intellekt kann und sollte natürlich immer wieder durch neuartige Aufgaben und „Denksport" fit gehalten werden, doch wird man einen grundlegenden Aufbau nicht erzielen können.

Zu den schwer entwickelbaren Kompetenzen gehört somit die *analytische Kompetenz* als Teilkonzept von Intelligenz. Im eignungsdiagnostischen Kontext ist hiermit die Qualität und Geschwindigkeit der Lösung neuartiger (also nicht routinebestimmter) Aufgaben gemeint. Im Allgemeinen gilt: Je höher die Position, desto neuartiger, komplexer und weniger strukturiert werden die Aufgaben. Aus diesem Grund gilt die analytische Kompetenz als eine der besten Prädiktoren für den Berufserfolg – vor allem in Führungspositionen – und sollte daher auch als Potenzialfaktor definiert werden.

Ebenso wenig trainierbar erscheint die Motivationsstruktur eines Menschen. Hierzu gehört zum einen die *Leistungsmotivation* im Sinne persönlicher Zielsetzungen und dem Willen, sich überdurchschnittlich – auch bei steigendem Arbeitsanfall – zu engagieren. Zum anderen gehört hierzu sicherlich der Wille, ständig an sich arbeiten zu wollen und vor allem eine hohe Begeisterung für seine Tätigkeit – auch verstanden als hohe Aufgabenorientierung oder intrinsische Motivation – mitzubringen. Fehlt diese grundsätzliche Einstellung, so kann das Potenzial als geringer bezeichnet werden. Um – überspitzt formuliert – aus dem klassischen Beamtentum, das sich im Volksmund nicht gerade durch einen übergroßen Eigenantrieb auszeichnet, ein hohes Leistungsdenken bei einem Menschen zu machen, bedarf es eines längeren kulturellen Prozesses, sodass die Frage nach der

Kurzfristigkeit einer möglichen Entwicklung mit nein beantwortet ist. Leistungsmotivation sollte demzufolge ebenfalls als Potenzialfaktor gelten.

Weiterhin wird die *Belastbarkeit* oftmals als Potenzialfaktor herangezogen, zumal es sich bei dieser um einen Ableger eines fundierten psychologischen Konzepts handelt – dem Neurotizismus, womit wiederum die emotionale Belastbarkeit eines Menschen beschrieben wird. Die eine Person – jeder wird sie aus seinem erweiterten Umfeld kennen – hat das berühmte „dicke Fell", lässt nichts an sich heran, wirkt oftmals souverän und kann auch in unterschiedlichen Druck- und Belastungssituationen den Überblick bewahren. Andere Menschen hingegen sind emotional labiler, oftmals konflikt- und problemvermeidend und zeigen bei länger anhaltenden Belastungen schneller Zeichen von geistiger oder körperlicher Übermüdung. Möchte man einen Mitarbeiter in eine weiterführende Position bringen, die u.a. mit Führungsverantwortung verbunden ist, so erscheint in Bezug auf eine Potenzialeinschätzung die stärker belastbare Person als geeigneter. Dies nicht zuletzt deshalb, weil die Belastbarkeit eines Menschen stark durch Persönlichkeitsausprägungen und Erfahrungen aus der Vergangenheit (sei es beruflich oder auch privat) bestimmt ist. Explizit sei hier betont, dass durch das „dickere Fell", das zuweilen in Verbindung mit geringerer Empathie steht, die Soft Skills nicht vernachlässigt werden dürfen, zumal diese unabdingbar für eine emotionale Steuerung von Menschen sind. Ohne emotionale Intelligenz ist man in seiner Verhaltensvarianz hinsichtlich Motivation oder Entwicklung von Mitarbeitern deutlich limitiert, sodass unterdurchschnittliche Ausprägungen dieser Kompetenzen auch nicht durch eine höhere Belastbarkeit kompensiert werden können.

Darüber hinaus erweist sich die *Lern- und Veränderungsfähigkeit oder auch -bereitschaft* als ein guter Potenzialindikator, da es sich bei diesem ebenfalls um einen bestimmenden Faktor der Persönlichkeitspsychologie handelt, mit dem sich – neben weiteren Faktoren – die Persönlichkeitsausprägung eines Menschen gut charakterisieren lässt. Menschen unterscheiden sich vielfach in der Art und Weise, in der sie nach neuen Herausforderungen suchen, offen für Neuartiges sind, nicht gern lange an einer Stelle verbleiben, ständig neue Anregungen suchen und dazu lernen möchten. Andere Menschen hingegen belassen Dinge gerne wie sie sind, bevorzugen lieber ein ruhigeres, gefestigtes Arbeitsumfeld und orientieren sich bevorzugt an bewährten Methoden und traditionellen Vorgehensweisen. Mit Hinblick auf eine höhere Position darf der erstgenannten Person wertfrei sicherlich mehr Potenzial bescheinigt werden. Die Eigenschaften der anderen Person sind alles andere als negativ, befähigen jedoch weniger zu einer weiterführenden Aufgabe und sind aufgrund der grundlegenden Verankerung in der Person auch schwerer entwickelbar.

Derartige Kompetenzdimensionen dürfen als gute Potenzialfaktoren gelten, doch sollten bei der Konzeption eines Kompetenzmodells auch immer kulturspezifische Rahmenbedingungen berücksichtigt und diskutiert werden. Aus diesen können sich möglicherweise noch ganz andere unternehmensspezifische Potenzialfaktoren ergeben.

Diese eben dargestellten und aufgrund von Intellekt- oder Persönlichkeitsdispositionen nur schwer entwickelbaren Kompetenzdimensionen sollten daher bereits bei einer Person vorhanden sein oder spätestens bei Neubesetzungen oder auch in Development-Centern (ebenso in Orientierungscentern, bei der Potenzialanalysen, Standortbestimmungen etc.) explizit berücksichtigt und als eine Art K.o.-Kriterium definiert werden (auf die Formulierung von Anforderungs- und Stellenprofilen und der damit einhergehenden Festlegung von K.o.-Kriterien wird unter 3.4 nochmals vertiefend eingegangen).

Nachdem nun verschiedene Anforderungen an ein Kompetenzmodell definiert wurden, wird im Folgenden zunächst die Entwicklung eines Kompetenzmodells beschrieben und im Anschluss daran seine strategische Nutzung verdeutlicht.

3. Entwicklung eines Kompetenzmodells

Ein strategisches Kompetenzmodell wird durch das Verdichten der Unternehmensstrategie zu konkreten Schlüsselaufgaben im Unternehmen erreicht. Diese werden in Bezug auf die positionsspezifischen Situationen in förderliche und hinderliche Verhaltensweisen übersetzt. Das wiederum dient entsprechend des lernorientierten Ansatzes der Auswahl und Entwicklung von Mitarbeitern. Das Kompetenzmodell stellt also dar, welches Verhalten von den Mitarbeitern erwartet wird. Erfüllen die Mitarbeiter ihre Schlüsselaufgaben mit den im Kompetenzmodell beschriebenen Verhaltensweisen, fördern sie dadurch die Umsetzung der Strategie.

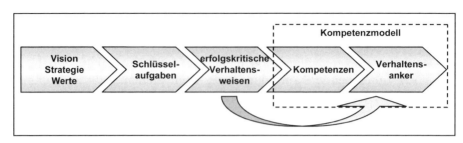

Abb. 2. Von der Vision zum Kompetenzmodell

Schritt 1: Erfolgskritische Verhaltensweisen

Die Frage nach der Entwicklung eines Kompetenzmodells ist also die Frage nach den Verhaltensweisen, die die Unternehmensstrategie umsetzen. Entsprechend müssen die ersten Überlegungen von der Vision, der Strategie und den Leitwerten des Unternehmens ausgehen: Was möchte ich mit meinem Unternehmen erreichen (Vision, Ziele)? Wie möchte ich diese Ziele erreichen (Werte, Leitbild, Corporate Governance)?

Aus den aus der Strategie abgeleiteten Zielen ergeben sich kritische Handlungsfelder und Aufgabenbereiche. Diese sind die Schlüsselaufgaben, also Aufgabenstellungen, die – von den Unternehmenszielen abgeleitet – für die einzelnen Tätigkeitsfelder entscheidend für die Erreichung der gesteckten Ziele sind. Die Leitfrage lautet also: Welche Kernaufgaben leiten sich aus den Zielen ab?

Nun bleibt die Überlegung, wie diese Aufgaben erfolgreich bewältigt werden können und so zur Erreichung der Unternehmensziele führen: Welche Verhaltensweisen stellen die besonders erfolgreiche Bewältigung dieser Aufgaben sicher? Über diese Kaskadierung der Fragen bricht das Management die Strategie über die Ziele und Aufgaben bis zu den Verhaltensweisen der Mitarbeiter gedanklich herunter.

Ergänzend zu dieser Innensicht lohnt auch ein Blick über den Tellerrand: Was macht meinen Mitbewerber erfolgreich und wie tragen die Mitarbeiter dazu bei? Aus diesem Vergleich lassen sich gegebenenfalls auch strategische Positionsabweichungen erkennen.

Die Rolle der PE ist es hierbei, das Management durch die richtigen Fragen zu leiten. In diesem Zusammenhang geht es vor allem darum, die strategisch erwarteten Handlungsfelder als konkrete Aufgaben bzw. Situationen zu begreifen. Im Anschluss werden die Verhaltensweisen herausgearbeitet, die für die Bewältigung der Aufgaben eher förderlich oder hinderlich erscheinen. Eine Methode, die sich hierbei aus der Wissenschaft stammend in der Praxis bewährt hat, ist die *„Critical Incident Technique"*, die Methode der kritischen Ereignisse oder Schlüsselereignisse. Bei dieser Methode werden für den Unternehmenserfolg kritische Ereignisse gesammelt und die jeweiligen Verhaltensweisen analysiert, die in besonderem Maße zu Erfolg oder Misserfolg führen.

Erläuterung zur Formulierung „Kritischer Ereignisse (Verfahrensbeispiel)"

Denken Sie an ein Beispiel für das Arbeitsverhalten eines Mitarbeiters, das eine besonders effektive oder besonders ineffektive Arbeitsweise veranschaulicht. Beschreiben Sie die Situation und das fragliche Verhalten möglichst konkret. Stellen Sie sich dazu die folgenden Fragen:

- Was waren die Umstände oder Hintergrundbedingungen, die zu diesem Verhalten führten?
- Beschreiben Sie das konkrete Verhalten des Mitarbeiters. Was war besonders effektiv oder ineffektiv an diesem Verhalten?
- Was waren die Konsequenzen dieses Verhaltens?

[Quelle: Schuler, Lehrbuch der Personalpsychologie, 2001]

Durch diese Betrachtung von Schlüsselereignissen ergibt sich eine mitunter lange Liste erfolgskritischer Verhaltensweisen, also genau der Verhaltensweisen, die die Unternehmensstrategie in Handlungen umsetzen.

In diesen Prozess sollten neben dem Management auch die Mitarbeiter durch Erstinterviews einbezogen werden. In den Interviews beginnt schon das Nachdenken über Ziele, Kernaufgaben und förderliches Verhalten. So wird das momentane Handeln reflektiert und in Bezug auf die wahrgenommenen strategischen Ziele bewusst gemacht.

Schritt 2: Verdichtung der Verhaltensweisen zu Kompetenzen

Im nächsten Schritt müssen die ermittelten Verhaltensweisen reduziert, verdichtet und sinnvoll gruppiert werden. Dies kann auf verschiedene Arten geschehen, die sich in ihrer Genauigkeit und Umsetzbarkeit unterscheiden. Zum einen ist eine statistische Gruppierung möglich. Hierfür werden die Verhaltensweisen in einen Fragebogen übersetzt, der von einer ausreichend großen Stichprobe (>100) ausgefüllt werden sollte. Die so gewonnenen Daten werden nun mittels statistischer Analysen so gruppiert, dass Verhaltensweisen, die häufig miteinander auftreten und eng zusammenhängen, zu einer Dimension zusammengefasst werden. Das Ergebnis ist eine bestimmte Anzahl von verhältnismäßig unabhängigen Dimensionen, die jeweils eine bestimmte Kompetenz beschreiben. Das Verfahren ist methodisch sauber, jedoch fehlt es ihm an Pragmatik und ist nur selten umsetzbar. Geeigneter für die Praxis ist ein Expertenkonsens in der Gruppierung der Verhaltensweisen. Die Analyse erfolgt hierbei erfahrungsgeleitet-intuitiv entlang der Frage „Welche Kompetenz steckt hinter dieser Verhaltensweise?".

Schritt 3: Strukturierung eines Kompetenzmodells durch Kompetenzfelder und Kompetenzdimensionen

Sind die relevanten Kompetenzdimensionen durch dieses Vorgehen definiert worden, kann ein Kompetenzmodell strukturiert und entsprechend inhaltlich hinterlegt werden. Den entsprechenden Prozess zeigt Abbildung 3:

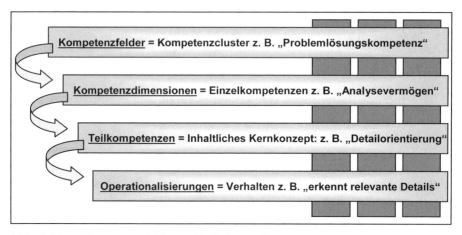

Abb. 3. Vom Kompetenzfeld zum Verhaltensanker

Üblicherweise werden bei der Entwicklung von Kompetenzmodellen und somit bei der Zusammenstellung von Kompetenzen zunächst sogenannte *Kompetenzfelder* gebildet, d.h. übergeordnete Kategorien, die eine bestimmte Art von Kompetenzen in sich vereinen (s. Abbildung 4).

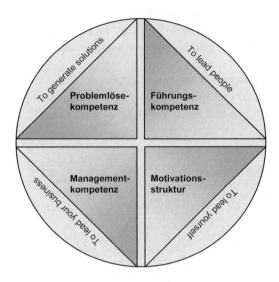

Abb. 4. Bündelung von Kompetenzfeldern

Die Festlegung der Kompetenzfelder basiert zum einen auf logisch klar abgrenzbaren Themenfeldern, so z. B. Führungskompetenz (Umgang mit anderen Menschen, Einsatz von Führungsinstrumentarien) oder Motivationsstruktur (auf die eigene Person bezogen), zum anderen sollten sich in ihnen aber auch kulturelle Besonderheiten des jeweiligen Unternehmens widerspiegeln. Um das gesamte Modell noch handlungsleitender, kulturspezifischer und auch für Mitarbeiter inspirierender zu gestalten, ergeben sich schöne Ergebnisse immer dann, wenn Unternehmensgrundsätze oder -werte als Leitsprüche die Kompetenzfelder begleiten oder auch zu ihrer Namensgebung dienen (z.B. „wir eröffnen Freiräume" statt Führungskompetenz oder „wir sind bereit" für Motivationsstruktur). Oftmals ergeben sich folgende Kompetenzfelder:

- **Problemlösekompetenz** (Fasst die Fähigkeit eines Menschen zusammen, Probleme zu analysieren, Komplexität zu reduzieren, neuartige Ansätze zu finden und konsequent in der Entscheidung und Umsetzung zu sein.)
- **Führungskompetenz** (Hierunter fallen die klassischen Führungsthemen wie Motivation und Entwicklung von Mitarbeitern, Delegation, aber auch die eigene Wirkung und Überzeugungsfähigkeit als Führungskraft.)
- **Motivationsstruktur** (Hierunter fallen Dimensionen, die sich stärker auf Persönlichkeitsfaktoren, individuelle Konstitution oder auch Einstellungen beziehen.)

- **Managementkompetenz** (Innerhalb dieses Feldes findet man Kompetenzdimensionen, die die klassischen Unternehmerfähigkeiten wie strategisches Denken oder auch Kundenorientierung abbilden.)

Sind die Kompetenzfelder festgelegt, so werden die einzelnen Dimensionen entsprechend zugeordnet bzw. ergeben sich aus der besagten Logik. Abbildung 5 zeigt ein beispielhaftes Kompetenzmodell.

		1 2 3 4 5	
Problemlöse-kompetenz	Analysevermögen Konzept- und Entscheidungsqualität Innovation und Change Handlungs- und Resultatorientierung	○○○○○ ○○○○○ ○○○○○ ○○○○○	
Führungs-kompetenz	Mitarbeiterführung und -motivation Performance Management Überzeugungskraft Souveränität Kooperation und Einfühlungsvermögen	○○○○○ ○○○○○ ○○○○○ ○○○○○ ○○○○○	
Motivations-struktur	Leistungsmotivation Dynamik/Belastbarkeit Lern- und Veränderungsbereitschaft Integrität/Commitment	○○○○○ ○○○○○ ○○○○○ ○○○○○	
Management-kompetenz	Fachkompetenz/Erfahrungsspektrum Unternehmerisches Denken Strategiekompetenz Kundenorientierung/Business Partnership Internationalität	○○○○○ ○○○○○ ○○○○○ ○○○○○ ○○○○○	Skala: Kompetenz ist... 1 = nicht vorhanden 2 = ansatzweise vorhanden 3 = ausreichend vorhanden 4 = gut ausgeprägt 5 = herausragend ausgeprägt

Abb. 5. Beispielhaftes Kompetenzmodell

Wie bereits unter Punkt 1 „Begriffsdefinition" angedeutet, finden sich in den meisten Kompetenzmodellen überwiegend überfachliche und kaum fachliche Dimensionen. Dies macht aus unserer Perspektive heraus Sinn, zumal das Kompetenzmodell mit einer stärkeren Ausdifferenzierung verschiedener fachlicher Kompetenzen keine allgemeingültige Basis für alle Mitarbeitergruppen mehr darstellt, sondern als Resultat vielmehr in einer Fülle von Einzelfällen ausarten würde. Es wird kaum gelingen, alle in einem Unternehmen in den unterschiedlichen Tätigkeitsfeldern notwendigen fachlichen Kompetenzen in ein Kompetenzmodell aufzunehmen und dieses dabei doch übersichtlich und praktikabel zu belassen. Dennoch bewährt sich beispielsweise mit Hinblick auf eine Einschätzung des weiteren Potenzials eines Kandidaten die Einschätzung der fachlichen Kompetenz, die sich für diese Zwecke jedoch mehr auf die fachspezifische Erfahrungsbreite und -tiefe beziehen sollte. Unter Berücksichtigung des Lebensalters und Werdeganges lässt sich eine gute Einschätzung darüber abgeben, wie das vertikale Potenzial eines Kandidaten gelagert ist.

Immer wieder taucht die Frage nach der optimalen Kompetenzanzahl innerhalb eines Kompetenzmodells auf. Sollten es 10, 20 oder gar 40 sein? Eine derart hohe Zahl ist nicht übertrieben, denn bei Durchsicht unternehmensinterner, aber noch nicht systematisch zur Gestaltung verschiedener Prozesse zusammengeführter Kompetenzen ergeben sich oftmals Unmengen von Kompetenzen, die dann am besten alle in ein strukturiertes Kompetenzmodell überführt werden sollen. Neben der schnell einsehbaren Unübersichtlichkeit birgt eine solch hohe Zahl an Kompetenzen jedoch auch noch einen weiteren Nachteil: Sie bietet im Vergleich zu weniger Kompetenzen keine wirkliche Zusatzinformation. Die Intelligenzforschung hat sich unter anderem mit der Identifikation von Grundprozessen oder auch -dimensionen beschäftigt, die unsere Intelligenz maßgeblich determinieren. Letztendlich lassen sich verschiedene verbale, numerische oder auch figurale Fähigkeiten auf einige wenige Grunddimensionen zurückführen. Ähnlich verhält es sich bei der Konstruktion eines Kompetenzmodells. Macht man sich den Spaß und unterzieht die Kompetenzdimensionen eines Kompetenzmodells einer Faktorenanalyse, d. h. einem statistischen Verfahren, das eine Vielfalt von Variablen aufgrund ihrer korrelativen Beziehung auf gemeinsame Grunddimensionen zurückzuführen in der Lage ist, so würden auch hier nur einige wenige wirklich trennscharfe Dimensionen übrig bleiben. Ein Kompetenzmodell sollte daher aus so wenigen Kompetenzen wie möglich bestehen. Innerhalb der Kompetenzdimensionen lassen sich dann nochmals Teilkompetenzen hinzuziehen (s. Abbildung 3), die der Formulierung der in einer Dimension enthaltenen Kernkonzepte in Form der Verhaltensanker dienen. Diese Teilkompetenzen sollten jedoch im finalen Kompetenzmodell nicht mehr mit auftauchen.

Im Zuge der Festlegung von Kompetenzdimensionen sollte man sich neben der Berücksichtigung einer angemessenen Trennschärfe und der hinter den einzelnen Kompetenzen liegenden Grunddimensionen die Frage stellen, ob sich zu fein differenzierte Kompetenzdimensionen überhaupt noch valide durch Instrumente abbilden und messen lassen. Gelingt es beispielsweise, Entscheidungsfähigkeit, Ergebnisorientierung, Handlungsorientierung, Umsetzungsorientierung, Innovationsfähigkeit und Kreativität sauber und trennscharf voneinander zu formulieren und sie differenziert beobachtbar zu machen? Ein eignungsdiagnostisches Instrument wie das Rollenspiel dient dazu, ein bestimmtes Verhalten „zu provozieren", d. h. aufgrund der gegebenen Situationsbeschreibung herbeizuführen. Man muss sich dann fragen, ob überhaupt derartig viele Reaktionen und Verhaltensweisen in dem erforderlichen Differenzierungsgrad beobachtbar werden. Die Antwort erübrigt sich. Natürlich lassen sich durch den Einsatz verschiedener Instrumente unterschiedliche Situationen erstellen, die unterschiedliche Facetten einer Person ansprechen (s. auch Multitrait-Multimethod-Ansatz) und somit eine breitere Anzahl von Verhaltensweisen der Beobachtung zugeführt wird, doch bleibt das Plädoyer für wenig Kompetenzdimensionen. Auch hier geht also Qualität vor Quantität.

Exkurs: Die Bedeutung der Kompetenzdimension „Integrität"

Über die Kompetenzdimension „Integrität" wird derzeit viel diskutiert. So kann man sich fragen, ob die Weltwirtschaft noch in ihren Fugen wäre, wenn einige Spitzenmanager ein höheres Ausmaß an Integrität und Verantwortungsbewusstsein besitzen würden oder vielmehr: besessen hätten? Wahrscheinlich schon. Die Meldungen über skrupellose Manager häufen sich und befeuern die Diskussion, inwieweit die genauere Betrachtung oder Messung der Integrität fester Bestandteil von Personalauswahlprozessen oder auch von Anforderungsprofilen und Kompetenzmodellen sein sollte. Damit einher gehen mindestens drei Fragen: 1. Wie ist Integrität definiert? 2. Wie lässt sich Integrität messen? und 3. Welches kulturelle Signal geht von einer Integritätsmessung im Zuge von eignungsdiagnostischen Verfahren aus?

(1) Zur Definition von Integrität:

Befasst man sich mit dem Begriff der Integrität, so wird seine Vielschichtigkeit aus ethischen, moralischen, psychologischen oder sozialphilosophischen Ansätzen deutlich. Da in dem vorliegenden Buch jedoch eine möglichst praxisnahe Betrachtungsweise eingenommen werden soll, gehen wir von Folgendem aus: Wenn wir von einem Menschen sprechen, der integer ist, haben wir dabei typischerweise „Personen vor Augen, von denen es heißt, sie seien ´unbestechlich´, sie hätten ´feste Werte´, zu denen sie stehen, und von denen sie sich nicht abbringen lassen" (Pollmann, 2005). Mit Blick auf einige der besagten Managertypologien liegt die Vermutung nahe, dass weniger gesellschaftlich akzeptierte und persönlich unverrückbare Werthaltungen Grundlage ihres Handelns waren, sondern vielmehr monetäre Verlockungen einen größeren Einfluss ausgeübt haben dürften. Wirklich integere Personen hätten sich wohl zu einem solch eher an

Ich-Bedürfnissen denn am Wohl anderer orientierten Umgang mit Geld nicht hinreißen lassen.

Nun kann man sich die Frage stellen, ob nur „Gelegenheit Diebe macht" und somit in der Arbeitswelt die Auseinandersetzung mit dem Begriff Integrität vielleicht nur in Branchen oder mit Blick auf Positionen eine Rolle spielt, in denen mit verhältnismäßig geringem Aufwand großer persönlicher Nutzen erzielt werden kann und in denen somit ein besonders großer Reiz auf die handelnden Personen ausgeübt wird, sich *nicht* integer zu verhalten? Zumindest ist festzuhalten, dass es sicherlich Branchen und Positionen gibt, in denen nicht integer handelnde Personen deutlich größere Schäden anrichten können – sei es mit Blick auf Image, auf die Existenzgrundlage oder auch mit Blick auf andere Organisationen und Menschen – als in anderen. Dadurch erhält die Integritätsmessung eine größere Bedeutung.

Grundsätzlich ist aber integeres Verhalten auch von branchen- und positions*unabhängiger* Bedeutung. So wird „in der Eignungsdiagnostik der Arbeitswelt [...] von mangelnder Integrität eines Arbeitnehmers ausgegangen, wenn er dem Betriebsklima zuwiderlaufendes Fehlverhalten zeigt (deviantes Verhalten, Fehlzeiten, Pflichtverletzung wie Missbrauch von Arbeitsmaterialien und Arbeitsmitteln)" (Glossar Personalpsychologie). Derartiges Fehlverhalten kommt sicherlich in unterschiedlichen Ausmaßen, aber doch in vielen Unternehmen vor. Sollte Integrität also fester Bestandteil eines Kompetenzmodells oder deren Messung fester Bestandteil eignungsdiagnostischer Prozesse werden? Und wie lässt sich Integrität messen?

(2) Zur Integritätsmessung:

Bei „Integrität" handelt es sich um ein eher stabiles Persönlichkeitsmerkmal, das sich durch entsprechende „Integritätstests" erfassen lässt (Mussel, 2003). Integritätstests wurden entwickelt, um Bewerber insbesondere im Zuge von Personal*auswahl*prozessen systematisch hinsichtlich ihrer Integrität zu testen und somit die Wahrscheinlichkeit von kontraproduktivem – oder auch „deviantem" – Verhalten am Arbeitsplatz prognostizieren zu können.

Bei der Messung von Integrität lassen sich grundsätzlich zwei verschiedene Ansätze unterscheiden: Der *einstellungsorientierte* und der *eigen-*

schaftsorientierte Ansatz. Den dazugehörigen Verfahren liegen jeweils unterschiedliche Ausgangspunkte zugrunde.

Einstellungsorientierte Tests erfragen persönliche Wertehaltungen oder auch Einstellungen des Bewerbers zu relevanten Themen und damit einhergehend auch, wie er sich in bestimmten Situationen verhalten würde. Zum Beispiel kann erfragt werden, ob der Kandidat schon einmal daran gedacht hat, Geld von seiner Arbeitsstelle zu entwenden und dies dann doch nicht tat. Aufgrund seiner offenkundigen und zumeist durchschaubaren Fragestellungen spricht man auch von „overt" Tests (engl. offenkundig). Dies hat nicht selten zur Folge, dass Kandidaten eher gemäß „sozialer Erwünschtheit" antworten und somit dazu neigen, Antworten zu geben, die indirekt von ihnen erwartet werden. Die Ergebnisse derartiger Tests sind insofern häufig weniger aussagekräftig (Marcus et al., 1997).

Eigenschaftsorientierte Verfahren erfragen wiederum eher Persönlichkeitseigenschaften und deren Ausprägung bei Bewerbern. Die Fragen sind weniger einfach für den Kandidaten zu durchschauen. Zum Beispiel wird erfragt, ob man eher abenteuerlustig oder vernünftig ist oder ob man glaubt, dass viele Menschen Steuern hinterziehen. Derartige Fragestellungen stehen in Zusammenhang mit integerem Verhalten und die entsprechenden Verfahren lassen besser auf dieses schließen (mehr dazu bei Marcus, 2000) als die einstellungsorientierten.

Ende der 1990er-Jahre wurden erstmals in Deutschland Integritätstests in Personalauswahlverfahren eingesetzt, wenngleich man derzeit von einer Nutzungshäufigkeit von unter einem Prozent in Deutschland spricht (Frintrup et al., 2004). In den USA, dem Entstehungsland des Integritätstests, kursiert derweil eine Vielzahl von unterschiedlichen Testverfahren, welche in ca. 50 % der Einstellungsverfahren angewendet werden (Tenzer, 2005).

Die bekanntesten Testverfahren in Deutschland sind das „Persönlichkeitsinventar zur Integritätsabschätzung" (PIA) und der „Psychologische Integritätstest" (PIT). Beide Verfahren bedienen sich ausschließlich eigenschaftsorientierter Fragestellungen.

Das PIA, entwickelt von Wissenschaftlern des Lehrstuhls für Psychologie an der Universität Hohenheim, erfragt in neun Dimensionen das Persönlichkeitsmerkmal „Integrität" (Frintrup et al., 2004). In insgesamt 45 Items (einzelnen Fragestellungen/Annahmen) wird die persönliche Integrität u.a. mit Blick auf die Dimensionen „Vertrauen"; „Gelassenheit", „Gefahrenvermeidung" und „Integrationsverhalten" abgefragt. Auf einer Bewertungsskala kreuzt der Kandidat an, inwieweit die Aussagen auf ihn zutreffen (von „trifft vollständig zu" bis „trifft überhaupt nicht zu").

Das zweite deutsche Testverfahren, der Psychologische Integritätstest (PIT), ging aus der Zusammenarbeit von Wissenschaftlern der Forensischen Psychologie der TU Darmstadt und der Abteilung für Forensische Psychiatrie und Psychotherapie der Universität Regensburg hervor. „Das Neue: Im Unterschied zu den meisten bisherigen Verfahren konzentriert sich der PIT vor allem auf das Phänomen Diebstahl am Arbeitsplatz." (Wilmer & Hoffmann, 2005)

Trotz einer Vielzahl an Studien hinsichtlich der durchaus befriedigenden Validität dieser Testverfahren (Ones et al., 1993) lehnen viele Personaler den Einsatz von Integritätstests innerhalb von Personalauswahlverfahren ab. Ein deutsches Unternehmen, welches dennoch öffentlich vom Einsatz und auch dem Erfolg des Integritätstest PIA berichtet, ist VW in seinem Projekt „5000x5000" (Tenzer, 2005). Im Rahmen dieses Projektes sollten aus 48.000 zumeist arbeitslosen Bewerbern nicht nur die fachlich geeignetsten, sondern auch die integersten Personen ausgewählt werden, welche keine offensichtliche Neigung zu abweichendem Verhalten wie Mobbing, Sabotage, Drogenkonsum und Diebstahl aufweisen. Der Erfolg des Verfahrens im Sinne einer guten Vorauswahl zeigt sich vor allem in einem Sachverhalt: Im Zuge der Einstellung neuer Mitarbeiter sei im Unternehmen typischerweise eine arbeitsmedizinische Untersuchung üblich, die ein Drogenscreening beinhaltet. Als selbiges bei den u.a. mit Hilfe des PIA ausgewählten Kandidaten durchgeführt worden sei, habe „der Betriebsarzt […] bald danach sein Messgerät zur Reparatur gebracht, denn ‚das schlug nur noch bei zwei Prozent der Arbeiter an. Früher waren das immer sieben.'"(Reinhold, 2007) Weniger integere Personen mit Blick auf Drogenkonsum wurden also offensichtlich erfolgreich „aussortiert".

Möchte man Integrität messen, so ist auch die 2002 vom Deutschen Institut für Normung e.V. entwickelte DIN-Norm 33430 zu berücksichtigen. Diese legt die „Anforderung an Verfahren und deren Einsatz bei berufsbezogenen Eignungsbeurteilungen" fest (Reimann, 2005). Dort ist verankert, dass „[…] ausschließlich arbeitsplatzbezogene psychische Merkmale des Bewerbers erhoben werden (dürfen)." (a.a.O.) Dieser Passus ist natürlich breit interpretierbar und mit Blick auf das Merkmal Integrität meist anwendbar – da z.B. die Neigung zu häufigen Fehlzeiten an jedem Arbeitsplatz relevant ist –, doch sind bei vielen Arbeitsplätzen andere Dimensionen für die Vorhersage des Berufserfolges bedeutsamer. Es sollten also schon deutliche Indizien dafür vorliegen, dass gerade die Dimension „Integrität" arbeitsplatzbezogen erfolgkritisch ist. Zwar liegt der Umsetzung der DIN 33430 keine Rechtsverbindlichkeit zugrunde und sie ist nach Ermessen des Unternehmens freiwillig einsetzbar, doch gebietet es eine seriöse Eignungsdiagnostik, sich an den damit verbundenen Standards zu orientieren.

Verbindlich bei der Verwendung von Integritätstests sind andere rechtliche Rahmenbedingungen zu berücksichtigen. So hat der Betriebsrat eines privatwirtschaftlichen Unternehmens nach § 94 (Personalfragebögen, Beurteilungsgrundsätze) und § 95 (Auswahlrichtlinien) BetrVG ein entsprechendes Mitbestimmungsrecht. In öffentlich-rechtlichen Organisation gilt das Personalvertretungsgesetz und somit auch hier das Mitbestimmungsrecht des Personalrats (§ 75 Mitbestimmung in Personalangelegenheiten der Angestellten und Arbeiter und § 76 Mitbestimmung in Personalangelegenheiten der Beamten) (Reimann, 2005). Erfahrungsgemäß wird der Betriebs- oder Personalrat der Aufnahme einer Integritätsmessung im Zuge eignungsdiagnostischer Verfahren aufgrund des möglicherweise zu starken Eingriffs in die Persönlichkeit und der Irritation in der Belegschaft wohl eher kritisch gegenüber eingestellt sein. Dies führt einen zur kulturellen Wirkung von Integritätsmessungen.

(3) Zur kulturellen Wirkung von Integritätsmessungen:

So ist das kulturelle Signal zu bedenken, das von der Messung der Dimension „Integrität" oder Integration der Dimension „Integrität" in ein unternehmensweites Kompetenzmodell ausgehen kann. Wenngleich wie beschrieben die Diskussion oder Erfassung der Dimension aufgrund zunehmender Anlässe bedeutsamer erscheint, so könnte dies doch gleichermaßen von Mitarbeitern und Außenstehenden als Ausdruck einer Misstrauenskultur wahrgenommen werden. Durch die Messung von Integrität misst oder bewertet man nun mal Verhalten bei einer Person, das die Mehrzahl von uns sicherlich als selbstverständlich bezeichnen würde. So bedeutet schließlich auch die explizite Erwähnung im Zeugnis einer Kassiererin, dass sie „eine ehrliche Mitarbeiterin" gewesen sei, in der Regel nichts Gutes. Ganz im Gegenteil: Ehrlichkeit im Job einer Kassiererin ist eigentlich eine nicht zu diskutierende Grundvoraussetzung.

Integeres Handeln heißt auch, einander vertrauensvoll zu begegnen und zum Wohle des Unternehmens und der Mitarbeiter zu handeln. Die explizite Erwähnung der Dimension Integrität in einem Kompetenzmodell kann somit zu einem Stück weit ausdrücken, dass dies in der Vergangenheit nicht immer so gelebt wurde und man nunmehr – aus welchen Gründen auch immer – einander misstraut. Insbesondere für junge und hochqualifizierte Bewerber, die aufgrund der demografischen Entwicklung sehr gute Chancen auf dem Arbeitsmarkt haben, könnte dieses Signal einer Misstrauenskultur abschreckend wirken. Natürlich gibt es für viele Bewerber wichtigere Kriterien für ihre Entscheidung (Vergütungsstruktur, Karrieremöglichkeiten), doch sprechen sich derartige Beobachtungspunkte typischerweise recht schnell herum und sind somit auch Bestandteil der Imagebildung.

Zum anderen kann die Erwähnung der Dimension Integrität in einem Kompetenzmodell andere wichtige Dimensionen konterkarieren. Ein Beispiel: moderne Führungstheorien, die auf Partnerschaftlichkeit und die Gestaltung einer dyadischen Beziehungsbeziehung (z. B. Zalesny & Grean, 1995) ausgerichtet sind, finden glücklicherweise in einer stetig steigenden Anzahl von Unternehmen ihren Raum. In derartigen Theorien ist das Geben von Vertrauen und das damit verbundene Risiko, „sich angreifbar machen" ein elementarer Bestandteil. Durch die –sinnvolle – unternehmensweite Definition und Schulung eines solchen partnerschaftlichen Führungshandelns stellt man Vertrauen als maßgeblichen Faktor in der Unternehmenskultur heraus. Nun droht also Gefahr, dass die explizite Erwähnung beider Dimensionen dazu führen könnte, dass die Messung der einen (Integrität) die andere Dimension (vertrauensvolles Führungshandeln) ad absurdum führt.

Es ist also genauestens zu hinterfragen, ob mit Blick auf die Branche, in der man sich bewegt, und mit Blick auf die Position, die man betrachtet, die Messung der Kompetenzdimension Integrität notwendig erscheint. Oder auch die Überführung in ein Kompetenzmodell. Angenommen, die Dimension Integrität wäre fester Bestandteil eines Kompetenzmodells und deshalb gar einer gezielten Entwicklungsinitiative, dann stelle man sich Folgendes vor: Integrität soll auf einer Skala von 1-5 – wobei 1 für unzureichend und 5 für herausragend stünden und 3 der grüne Bereich sei – von einer Führungskraft mit Blick auf einen direkten Mitarbeiter eingeschätzt werden. Welche Führungskraft würde ihren Mitarbeiter schon schlechter als „3" einschätzen? Die meisten würden eher deutlich höher bewerten. Dies ist sicherlich intuitiv nachvollziehbar, denn welche Signale würde man dem Mitarbeiter senden, wenn man „Entwicklungsbedarf" sehen würde? Wäre dieser Mitarbeiter überhaupt noch tragbar? Was wäre also die Konsequenz? Da es sich bei der Dimension Integrität zudem um einen eher schwer zu entwickelnden Bestandteil der Persönlichkeit handelt, ist mit einer wirklichen „Weiterentwicklung" auf diesem Feld auch eher weniger zu rechnen. Pragmatisch gedacht, lassen sich einige mit Integrität verbundenen – und für viele Positionen erfolgskritischen – Verhaltensbeschreibungen, die sich beispielsweise auf Gewissenhaftigkeit oder Zuverlässigkeit beziehen, je nach Perspektive auch in typische Dimensionen wie „Führungsverständnis" oder eben „Verantwortungsbewusstsein" integrieren.

Beabsichtigt man hingegen, bewusst das beschriebene kulturelle Signal zu setzen, um eine breitere Diskussion im Unternehmen über die bisweilen fehlende Integrität einiger Mitarbeiter anzustoßen – wohl wissend, damit durchaus Aufruhr zu stiften –, so kann die Dimension aufgenommen werden. Ein weiterer Grund für die Integration ist, wenn das Wort „Integrität" im firmeninternen Sprachgebrauch tief verankert und schon in vergangenen Prozessen aufgetaucht ist.

Letztendlich sprechen mehr Argumente gegen eine Integration der Dimension Integrität in ein Kompetenzmodell als dafür. Kompetenzmodelle sollten – wie in diesem Kapitel bereits ausgeführt – Grundlage aller HR-relevanten Prozesse sein. So sollten sich die Kompetenzdimensionen beispielsweise im Rahmen jährlicher Leistungsbeurteilungen, im Talentmanagement oder auch in internen Entwicklungsprogrammen, d.h. im Seminarkatalog wiederfinden. Aufgrund der geringen Entwickelbarkeit von Integrität kann selbige kein Bestandteil regelmäßiger Bewertungen oder auch von PE-Vereinbarungen sein. Was die Messung von Integrität betrifft, so sollte diese nur unter Zuhilfenahme geeigneter Integritätstests und dies wiederum nur in der Personal*auswahl* erfolgen. Des Weiteren darf ein derartiges Verfahren, wie alle anderen Persönlichkeitsverfahren auch, nur als *ergänzende* Informationsquelle herangezogen werden. Vor allem mit Blick auf die kulturelle Wirkung einer Integritätsmessung und den Standards der DIN 33430 wird der Einsatz derartiger Tests allerdings nur in sehr begrenzten Einsatzgebieten – wie z.B. bei der Auswahl von Personen, die in unmittelbaren Kontakt zu Geld kommen oder die für die Sicherheit anderer verantwortlich sind – empfohlen.

Schritt 4: Bildung von Jobfamilien

Ausgehend von unserer Ausgangsfrage, wie man mit Kompetenzmanagement das Verhalten der Mitarbeiter verändern kann, haben wir bisher die Antwort gegeben, dass die Unternehmensstrategie und -werte konsequent auf das Kompetenzmodell heruntergebrochen werden müssen. Dazu ist es erforderlich, kritische Situationen des jeweiligen Tagesgeschäftes zu untersuchen und auf der Basis von Werten und Einstellungen die gewünschten oder nicht gewünschten Verhaltensweisen zu formulieren, wie Schritt 5 noch weiter ausführen wird.

Nachdem ein Kompetenzmodell entwickelt wurde, muss die nächste Überlegung sein: Welche Anforderungen stellen sich an die Mitarbeiter auf den verschiedenen Stellen? Der nächste Schritt des Kompetenzmanagements liegt somit in der Bildung von *Jobfamilien*, worauf aufbauend Stellen- und Anforderungsprofile erstellt werden können. Mit Jobfamilien sind die unterschiedlichen Bereiche eines Unternehmens (Vertrieb, Produktion, Technik etc.) gemeint, innerhalb derer anschließend optional noch eine levelspezifische Ausformulierung der Verhaltensanker erfolgen kann.

Zur Bildung von Jobfamilien gilt es, verschiedene Fragen zu klären: Was sind die Schlüsselaufgaben für die jeweilige Stelle? Was die erfolgskritischen Verhaltensweisen? Welche der Kompetenzen aus dem Kompetenzmodell stecken hinter diesen Verhaltensweisen? So kann für jede Stelle eine Gruppe an benötigten Kompetenzen zusammengestellt werden. Diese bilden gemeinsam mit den fachlichen Anforderungskriterien das Anforderungsprofil für eine Stelle. Bei Betrachtung aller Stellen im Unternehmen wird auffallen, dass sich bestimmte Stellen hinsichtlich ihrer Tätigkeits- und Kompetenzanforderungen ähneln. Diese Stellen können zu Jobfamilien zusammengefasst werden.

Bevor man jedoch zu einem solchen Anforderungsprofil gelangt, ist es notwendig festzulegen, welche Kompetenzen in den unterschiedlichen Jobfamilien von größter Relevanz sind. So mag beispielsweise die analytische Kompetenz für den Bereich Technik von maßgeblicherer Bedeutung sein, als dies für den Vertrieb der Fall ist. Umgekehrt ist für einen Vertriebsmitarbeiter die Überzeugungsfähigkeit oder das Kommunikationsvermögen entscheidender für seinen Erfolg, als es für einen Techniker der Fall ist. Durch Befragungen im Unternehmen sollte zunächst eine derartige Relevanzeinschätzung der Kompetenzen durch Experten erfolgen. Das gleiche Vorgehen ist angezeigt, wenn man innerhalb der Jobfamilien die Kompetenzmodelle levelspezifisch auslegen, d. h. beispielsweise die Anforderungen an eine Führungskraft von denen eines Sachbearbeiters explizit unterscheiden möchte.

Wenn man sich mit Fragen der levelspezifischen Formulierung oder auch Ausgestaltung von Verhaltensankern nach Jobfamilien beschäftigt, so wird man schnell mit der Frage konfrontiert, in Relation zu welchem Bezugspunkt die Ausprägung der Kompetenzen eingeschätzt werden soll: Sollte man mit den jeweiligen Verhaltensankern eine allgemeingültige „Optimal-Ausprägung" einer Dimension formulieren, anhand derer dann die Anforderungen an eine bestimmte Position einge-stuft werden (z. B. braucht der Sachbearbeiter bei Konfliktfähigkeit nur eine „2" auf der Skala, während die Führungskraft eine „4" benötigt?), oder erscheint es sinnvoll, pro Level einen eigenen Bezugspunkt zu bilden, um dann die gesamte Bandbreite der Skala pro Position ausnutzen zu können? Die Frage ist also: Bedient man sich einer Absolut- oder einer Relativskala?

Um diese Frage zu beantworten, sei zunächst noch einmal zu den Relevanzeinschätzungen zurückgekehrt. Es empfiehlt sich, alle Kompetenzdimensionen des Kompetenzmodells aufzulisten, sie jeweils zum einheitlichen Verständnis mit einer kurzen Erläuterung zu versehen und dann im Hinblick auf eine bestimmte Position einschätzen zu lassen. Hierbei hat sich eine 5er-Skala mit folgendem Wording bewährt:

Beispiel einer Skala zur Relevanzeinschätzung der Kompetenzdimensionen für unterschiedliche Positionen				
☐	☐	☐	☐	☐
1 ansatzweise relevant	2 eingeschränkt relevant	3 relevant	4 hoch relevant	5 höchst relevant

Auf Basis dieser Einschätzungen können die einzelnen Dimensionen mit levelspezifischen Formulierungen hinterlegt werden. Möchte man anschließend beispielsweise einschätzen, inwieweit ein Kandidat die formulierten Anforderungen an eine Position erfüllt, so kann zu diesem Zweck ein weiterer Bogen erstellt werden, der auf den Relevanzeinschätzungen aufbaut. So lassen sich aus den vorangegangenen Einschätzungen der Relevanz der Kompetenzen „Top-Boxen" (Werte 4 und 5) identifizieren, welche die entsprechende Kompetenz als höchst bzw. hoch relevant identifiziert haben. Diese Kompetenzen können in dem nachfolgenden Bogen nun als K.o.-Kriterium dienen. Innerhalb dieses Bogens eignet sich die Verwendung einer 4er-Skala (s. nachfolgende Abbildung).

Beispiel einer Skala zur Relevanzeinschätzung der Kompetenzdimensionen für unterschiedliche Positionen			
Die Anforderungen werden:			
☐	☐	☐	☐
1 ansatzweise erfüllt	2 eingeschränkt erfüllt	3 erfüllt	4 übererfüllt

Erreicht ein Kandidat in diesen „Top-Kompetenzen" nicht mindestens eine 3 auf der Skala, so ist er für die entsprechende Position nicht geeignet. Die Einschätzung wiederum, inwieweit die Anforderungen erfüllt sind, erfolgt somit auf Basis einer Relativskala, zumal der „Erfüllungsgrad" entlang der jeweils levelspezifischen Operationalisierung erfolgt. Somit wäre eine „2" zum Thema Konfliktmanagement bei einer Führungskraft nicht zwangsläufig schlechter als eine „4" bei einem Sachbearbeiter, da entsprechend unterschiedliche Anforderungen definiert wurden. Der Bezugspunkt der Einschätzung sollte somit die level- und positionsspezifische Formulierung der jeweiligen Kompetenzdimension sein.

Schritt 5: Hinterlegung der Kompetenzen mit Verhaltensankern

Um die Kompetenzen für das Unternehmen handhabbar und einheitlich nutzbar zu machen, müssen die Kompetenzen jeweils mit mehreren Verhaltensankern hinterlegt werden. Sie sollen beschreiben, in welchem Verhalten sich eine Kompetenz wie z. B. Konfliktbereitschaft ausdrücken kann. Wie wohl intuitiv einsichtig ist, führt nicht jede Verhaltensweise auf unterschiedlichen Ebenen zum gleichen Erfolg bzw. zu den gleichen Ergebnissen. Dies hängt – wie unter Schritt 4 schon eingeführt – damit zusammen, dass die Komplexität der Aufgabenstellungen mit aufsteigenden Hierarchie- oder auch Funktionsebenen ansteigt, d.h., dass sich erfolgskritische Verhaltensweisen der jeweiligen Kompetenzdimensionen levelspezifisch unterscheiden. Greifen wir als Beispiel erneut die Kompetenzdimension *Konfliktfähigkeit* auf. Die Anforderung an einen Sachbearbeiter wäre in der Formulierung eines Verhaltensankers beispielsweise: „Erfragt in Konfliktsituationen aktiv die Absichten anderer." Die Anforderungen an eine Führungskraft sind unter dieser Dimension sicherlich höher als das alleinige Erfragen von Absichten in einer konfliktreichen Situation. Von ihr fordert man z. B. vielmehr: *Steuert aktiv den Prozess einer konstruktiven Lösungsfindung.* Daher ist zuvor unbedingt Schritt 4 erforderlich und hiermit die Überlegung, für welche Zielgruppen das Kompetenzmodell gelten soll, sodass die Verhaltensanker entsprechend levelspezifisch ausformuliert werden können.

Im Zuge der Formulierung von Verhaltensankern fällt in nahezu allen Unternehmen immer wieder auf, dass mehrere Aspekte einer Kompetenzdimension in einen einzelnen Anker überführt werden. So findet man beispielsweise Verhaltensanker der Marke: *Hört aktiv zu, bindet andere mit ein und kann durch rhetorische Vielseitigkeit überzeugen.* Dies trägt sicherlich der Notwendigkeit Rechnung, möglichst alle Werte und Zielsetzungen des Unternehmens und hiermit verbunden unterschiedlicher Interessengruppen in das Kompetenzmodell zu überführen oder auch Facetten eines zusammenhängenden Vorgangs in einer Formulierung abzubilden, hat aber zum Nachteil, dass daraus oftmals unscharfe und infolgedessen schwer bewertbare Formulierungen resultieren. Wenn nun Beobachter in einem Assessment-Center oder auch Kollegen, Mitarbeiter oder Vorgesetzte im Rahmen eines 360°-Feedbacks das Kommunikationsvermögen eines Teilnehmers durch diesen Verhaltensanker einschätzen möchten, so geraten sie zwangsläufig vor ein Problem: Wie wird bewertet, wenn ein Teilnehmer zwar insgesamt durch rhetorische Vielseitigkeit überzeugt, aber andere Personen nicht mit einbindet? Oder wenn er zwar aktiv zuhört, dabei aber eher unsicher und nicht überzeugend wirkt? Es wird also klar, dass Verhaltensanker mit *und-Formulierungen* möglichst zu vermeiden und durch eindeutig bewertbare Anker zu ersetzen sind.

Schritt 6: Einbindung von Beteiligten

Nichtsdestotrotz erleben wir die Einbindung der besagten unterschiedlichen Interessen- und Personengruppen in die Entwicklung eines Kompetenzmodells als erfolgsentscheidend und deswegen als unabdingbar. Wenn zwei konträre Ansichten in Form eines Kompromisses in ein Modell überführt werden, führt dies zwar zuweilen zwangsläufig zu Konzessionsentscheidungen, die jedoch durch den Nutzen einer solchen Maßnahme mehr als egalisiert werden. So empfiehlt es sich, neben Dokumentenanalysen und Interviews mit Wissensträgern auch unbedingt Workshops mit Führungskräften unterschiedlicher Ebenen und Bereiche des Unternehmens durchzuführen, um diese aktiv in den Konstruktionsprozess einzubinden. Schließlich sind sie es, die im Anschluss mit dem Modell arbeiten sollen. Die Einbindung sollte in verschiedenen Phasen der Entwicklung erfolgen: Zur Festlegung der Kompetenzdimensionen, von Jobfamilien und Anforderungsprofilen oder auch zur eigentlichen Formulierung der Verhaltensanker. Natürlich ist immer abzuwägen, welche Teilschritte man in derartigen Workshops gemeinsam diskutieren lässt, ohne zu viele zeitliche, finanzielle und personelle Ressourcen unnötig zu investieren oder auch ohne den gesamten Prozess zu verschleppen und möglicherweise eine Orientierungslosigkeit aller Beteiligten zu erzeugen. Bestenfalls geht der Projektverantwortliche mit eigenen strukturierten Vorschlägen zu den einzelnen Projektschritten als Diskussionsgrundlage in derartige Abstimmungsrunden, um diese dann systematisch innerhalb eines gegebenen Handlungsrahmens bearbeiten zu lassen und mit einem weiterführenden und von allen verabschiedeten Ergebnis die Runde zu verlassen. Diesbezüglich gelten sicherlich die Maximen einer guten Steuerung und Moderation im Zuge von Teamsitzungen.

Festzuhalten bleibt, dass der Wille, das erarbeitete Kompetenzmodell und die daraus resultierenden Instrumente nicht nur zu akzeptieren, sondern sie auch zu unterstützen, sie im Unternehmen zu promoten, ja: sie zu leben, umso größer wird, je stärker der Einzelne im Zuge der Entstehung die Möglichkeit hatte, seine Ansichten und Bedenken zu äußern. Ziel soll es sein, das viel zitierte Commitment bei allen Beteiligten einzuholen. Das Commitment eines Menschen wiederum hängt – wie uns die Sozialpsychologie lehrt – u.a. von der Freiwilligkeit einer Entscheidung, aber auch von sozialen Normen und entstehendem Gruppendruck ab. Hat man in der Gruppe gemeinsam eine Entscheidung herbeigeführt, jeden Wortbeitrag aufgefangen und diesen in irgendeiner Form berücksichtigt (und sei es nur durch Verständnis oder Wertschätzung), so werden unter den teilnehmenden Personen explizit oder auch implizit gemeingültige Normen gebildet, die eine Bindung an das erarbeitete Ergebnis erzeugen.

Unsere Erfahrung zeigt, dass ein Projekt mit hoher Wahrscheinlichkeit zum Scheitern verurteilt ist, wenn eine solche Einbindung wichtiger Personen im Unternehmen unterbleibt bzw. zu spät erfolgt. Bei einem derart kulturrelevanten und alle aufsetzenden HR-Prozesse beeinflussenden Instrument gehört hierzu insbesondere auch der Vorstand/die Geschäftsleitung. Wird der Prozess nicht von oberster Stelle getragen, so hat er kaum eine nachhaltige Überlebenschance. Dies klingt plausibel und nahezu banal, wird aber in zu vielen Unternehmen vernachlässigt, sodass die Arbeit von mitunter vielen Monaten zunichte gemacht wird und sich viele

Personalverantwortliche bei Zurückweisung ihrer Konzepte die Augen ob soviel Ungerechtigkeit reiben.

Im Folgenden ist aufgeführt, wie die Agenda eines solchen Workshops aussehen könnte:

Beispielhafte Agenda eines Workshops mit Führungskräften zur Erarbeitung eines Kompetenzmodells

1. Einführung in den Workshop

2. Festlegen der Kompetenzfelder und -dimensionen
   - Vorstellung eines Vorschlages zum Kompetenzmodell
   - Diskussion typischer Potenzialfaktoren
     - Diskussion unternehmensspezifischer Kernkompetenzen
     - Verabschiedung eines vorläufigen übergreifenden Kompetenzmodells

3. Abstimmung eines Jobfamilien-Gitters
   - Diskussion eines Jobfamilien-Gitters anhand der zuvor durchgeführten Experteninterviews
   - Überprüfen der Zuordnung von Rollen/Jobs zu den Levels
   - Festlegen des vorläufigen Jobfamilien-Gitters

4. Priorisierung der Kompetenzdimensionen für die Jobfamilien
   - Diskussion einer sinnvollen Skala zur Einschätzung der Kompetenzen
   - Sichtung der zuvor durchgeführten Relevanzeinschätzungen für die Kompetenzdimensionen der jeweiligen Jobfamilien und Level
   - Festlegen von Kick-out-Kriterien je Jobfamilie bzw. Level

5. Level- und jobspezifische Operationalisierung
   - Vorstellung der Anforderungen an Operationalisierungen
   - Diskussion von unternehmensspezifischen Keywords
   - Charakterisierung der Jobs und Rollen
   - Festlegen der vorläufigen Operationalisierungen (arbeitsteilig in Kleingruppen)

6. Definition der weiteren Schritte
   - optional: Klären möglicher Einsatzwecke der Operationalisierungen (Auswahl, Entwicklung, Talentmanagement, Performancemanagement, ...)

Unter 5. erscheint der Agendapunkt „Diskussion von unternehmensspezifischen Keywords" aus einem unbedingt zu berücksichtigenden Grund: Aus gleicher Motivation wie die Einbindung relevanter Personengruppen/Führungskräfte sollten in die Verhaltensanker kulturspezifische Keywords eingearbeitet werden. Je mehr sich die Mitarbeiter der unterschiedlichen Jobgruppen mit den Operationalisierungen identifizieren können und sich und ihre Arbeitswelt durch bekannte Begriffe und Bezeichnungen wiederfinden, desto stärker wirken diese handlungsleitend. Auch hierdurch steigt das Commitment der einzelnen Mitarbeiter.

Der hier beschriebene Prozess für die Entwicklung eines Kompetenzmodells ist sicherlich aufwendig. Alternativ kann auf bereits entwickelte Modelle zurückgegriffen werden. Es gibt Studien und Vergleiche von Kompetenzmanagement-Modellen für unterschiedliche Firmengrößen und Branchen. Diese Modelle können an das eigene Unternehmen angepasst und das Modell mit den zugrunde liegenden Standardinstrumenten wie zum Beispiel Interviewleitfäden genutzt werden.

Schritt 7: Qualitätssicherung

Wichtig für die Qualität von Kompetenzmodellen ist zum einen die gewissenhafte Ableitung des Modells aus der Unternehmensstrategie. Irgendein auf dem Markt befindliches Kompetenzmodell einzusetzen, das nicht an die Bedürfnisse des Unternehmens angepasst ist, macht wenig Sinn. Zum anderen ist die saubere Verdichtung der erfolgskritischen Verhaltensweisen zu Kompetenzdimensionen entscheidend. Häufig sind mehrere Kompetenzen hinter einer Verhaltensweise zu vermuten. Daher sollte man sich nicht mit alltagspsychologischen Erklärungen von Verhalten zufriedengeben, sondern die eigenen Deutungen immer wieder kritisch hinterfragen. Um das Kompetenzmodell schließlich sinnvoll zu nutzen, müssen die hinterlegten Verhaltensanker trennscharf sein, das heißt, die Verhaltensweisen sollten möglichst nur die zugeordnete Kompetenz, nicht aber eine andere messen. Neben der Trennschärfe ist darauf zu achten, dass es sich bei den Verhaltensankern tatsächlich um Verhalten handelt und nicht Eigenschafts- oder Persönlichkeitsbeschreibungen wie „ist durchsetzungsstark" aufgenommen werden. Zur Qualitätssicherung kann folgende Checkliste hilfreich sein:

- Ableitung aus der Unternehmensstrategie, geleitet von Werten und Einstellungen
- Gültigkeit des Modells für das Gesamtunternehmen

- Einheitlichkeit des Modells sowohl für Führungs- als auch für Nicht-Führungskräfte, Differenzierung nur auf Ebene der Job-Familien
- Aufteilung des Modells nach Jobfamilien und Job-Level
- Trennschärfe der Kompetenzen
- Verhaltensnahe Ausdifferenzierung der Kompetenzen in Verhaltensankern
- Keine „und-Formulierungen" innerhalb der Verhaltensanker
- Stringenz in der Implementierung aller Personalinstrumente von der Rekrutierung bis zur Freisetzung
- Skalierung sollte der strategischen Zielsetzung angepasst sein (gerade oder ungerade Skala, Leistungsdifferenzierung in den Verhaltensankern oder im Rahmen der Skalierung, Relative oder fixe Einstufung)

Um die nötige Qualität sicherzustellen, empfiehlt sich eine Benchmark des eigenen Modells an anderen bestehenden Kompetenzmodellen.

4. Nutzung des strategischen Kompetenzmanagements

Sind Kompetenzmodell und Job-Familien einmal aus der Unternehmensstrategie abgeleitet, bestimmen sie sämtliche Personalprozesse, wie Stellenbeschreibungen, Stellenausschreibungen, Vorauswahl, Auswahl (zum

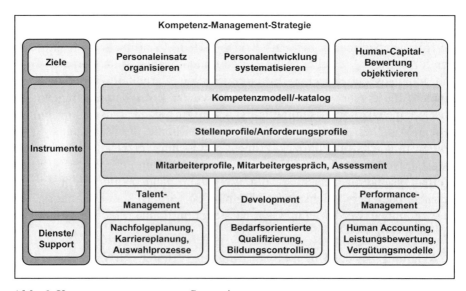

Abb. 6. Kompetenzmanagement-Strategie

Beispiel durch ein kompetenzbasiertes Interview), Feedback-Systeme, Selbsteinschätzungen, Mitarbeitergespräche, Potenzialbewertungen, Talentmanagement, Risikopositionsvorsorge, Beförderungen, Rückstufungen, und Freisetzungen. So ist das strategische Kompetenzmanagement Grundlage für die Organisation des Personaleinsatzes, für die Systematisierung der Personalentwicklung und für die Objektivierung der Human-Capital-Bewertung.

4.1 Personaleinsatz organisieren

In den Bereich des Personaleinsatzes fallen Auswahlprozesse sowie Nachfolge- und Karriereplanung, was das Thema Talentmanagement einschließt. Grundlage für all diese Instrumente ist eine kompetenzbasierte Personaldiagnostik, sei es am Bewerber durch Personalauswahl oder am Mitarbeiter im Unternehmen durch Potenzialanalysen oder Ähnliches.

Das Ziel kompetenzbasierter Personaldiagnostik ist die Optimierung der Passung zwischen individuellen Kompetenzen und unternehmensspezifischen Positionsanforderungen. Die jeweiligen Positionsanforderungen sind den Jobfamilien zu entnehmen. Neben den fachlichen Qualifikationen und Anforderungen sind durch die Jobfamilien die überfachlichen Anforderungen, sprich Kompetenzen, identifizierbar. Nun gilt es, durch gezielte Personaldiagnostik diese Kompetenzen beobachtbar zu machen. Hierfür steht das gesamte Portfolio der Personaldiagnostik zur Verfügung, von psychometrischen Tests über Interviews, Rollenspiele oder Präsentationen bis hin zum Assessment-Center. Um die *richtige* Auswahlmethodik zu wählen, ist die Überlegung nötig, welche Kompetenzen durch welches Verfahren am besten erfasst werden können. So ließe sich beispielsweise eine Kompetenz wie analytisches Denken besonders gut in einem Business Case beobachten, Teamorientierung eher in einer Gruppenaufgabe und Ergebnisorientierung im Interview.

Entscheidend ist zusätzlich, wie die Kompetenzen des Anforderungsprofils in Situationen übersetzt werden, in denen sie konkret und verhaltensbezogen beobachtbar werden. Diese Übersetzung geht den umgekehrten Weg der bei der Entwicklung des Kompetenzmodells kennengelernten Critical Incident Technique, indem die Kompetenz in Verhaltensanker und die Verhaltensanker in Situationen umgesetzt werden, die die Kompetenz im Auswahlverfahren beobachtbar machen.

Ergebnis der kompetenzbasierten Personaldiagnostik ist das Ist-Profil der individuellen Kompetenzen des Bewerbers/Mitarbeiters, das mit den unternehmensspezifischen Positionsanforderungen abgeglichen werden kann. Eine Gap-Analyse zeigt hierbei, wo die Stärken des Bewerbers/Mitarbeiters liegen und welches seine Entwicklungsfelder sind. Hieraus können unterschiedliche Aussagen getroffen werden. Zum einen ist die *Trainierbarkeit* der einzelnen Kompetenzen zu berücksichtigen. Zeigt sich bei einem Bewerber/Mitarbeiter eine Lücke zwischen geforderten und gezeigten Kompetenzen, so ist dies nicht immer gleich schwerwiegend. Zeigt sich beispielsweise eine Dis-Performance auf der Kompetenz Entscheidungsfindung, wird dies leichter durch Training auszugleichen sein als eine Dis-Performance auf der Kompetenz Lern- und Veränderungsbereitschaft. Zum anderen stellt sich die Frage nach dem *Potenzial* des Bewerbers/Mitarbeiters. So können schon bei der Einstellung Talente identifiziert und im weiteren Verlauf ein gezieltes Talentmanagement und eine sinnvolle Nachfolgeplanung sichergestellt werden. Potenzialindikatoren sind – wie voranstehend erörtert – häufig Kompetenzen, die stabil und schlecht trainierbar sind und darüber hinaus die Grundlage für eine Weiterentwicklung der Person bieten.

Somit stellt kompetenzbasierte Personalauswahl neben der Überprüfung der Passung zwischen individuellen Kompetenzen und unternehmensspezifischen Positionsanforderungen auch den ersten Schritt der Personalentwicklung dar, in dem mit der Gap-Analyse Bedarfe für Personalentwicklung aufgedeckt werden.

4.2 Personalentwicklung systematisieren

Stellt man sich ein ganzheitliches Kompetenzmanagement vor, so zeichnet sich ein Bild, in dem sämtliche Stellen im Unternehmen mit den für die Stelle benötigten Kompetenzprofilen hinterlegt sind. Auf der anderen Seite stehen die tatsächlichen und potenziellen Mitarbeiter mit ihren individuellen Kompetenzprofilen, die durch personaldiagnostische Verfahren erhoben wurden. Im Sinne einer Organisationsdiagnose ist auf dieser Basis eine Aussage darüber möglich, inwieweit das Personal des Unternehmens die Kompetenzen zur Verfügung stellt, die für die Erreichung des strategischen Unternehmensziels nötig sind. Die Analyse dieser Abweichung entspricht einer strategischen Bildungsbedarfsanalyse. Ergänzend kann auf individueller Ebene das Kompetenzprofil eines Mitarbeiters mit den Anforderungen seiner Stelle abgeglichen und somit eine individuelle Bildungsbedarfsanalyse durchgeführt werden.

Aufbauend auf diesen Analysen und den oben erläuterten Überlegungen zur Trainierbarkeit von Kompetenzen lassen sich gezielte PE-Maßnahmen ableiten. So könnte sich beispielsweise im Vertrieb eine große strategische Bedeutung der Kompetenz Kundenorientierung ergeben, die jedoch bei den Vertriebsmitarbeitern nicht ausreichend ausgeprägt ist. Daraufhin könnte für die gesamte Abteilung oder Teile der Abteilung ein Kundenorientierungstraining angesetzt werden. Ein anderes Beispiel wäre ein Mangel an Strategiekompetenz im Management, das durch gezieltes Coaching einzelner Personen kompensiert werden könnte. So bestimmen sich Inhalte, Methoden, Zielgruppen und Budget der PE-Maßnahmen direkt aus dem Kompetenzmanagement.

Auch das Bildungscontrolling lässt sich durch strategisches Kompetenzmanagement systematisieren und transparenter abbilden. Zum einen leitet sich aus der Kompetenzanalyse ein konkreter Bildungsbedarf ab, der einen klar darstellbaren Bezug zur Unternehmensstrategie hat. Ist das Bildungsangebot zum anderen an der Entwicklung von Kompetenzen ausgerichtet, so lässt sich eben diese Entwicklung der Kompetenzen im Sinne einer Vorher- und Nachher-Messung erheben. Dadurch ist der Nutzen der PE-Maßnahmen klar argumentierbar und kalkulierbar. Zusätzlich können über diese Evaluationen Veränderungen im Bereich der Mitarbeiterkompetenzen zurückgemeldet werden.

4.3 Human-Capital-Bewertung objektivieren

Sind durch das strategische Kompetenzmanagement die Anforderungen an die Mitarbeiter klar festgelegt, so kann auch die Leistungsbewertung und Vergütung darauf abgestimmt werden. In Kombination mit Zielvereinbarungen stellt die Kompetenzbeurteilung der Mitarbeiter eine Grundlage für das Mitarbeitergespräch dar. So kann die Führungskraft deutlich darlegen, wie sie ihren Mitarbeiter wahrnimmt und was sie von ihm erwartet, sowohl auf fachlicher als auch auf überfachlicher Ebene. Rückmeldungen zwischen Führungskraft und Mitarbeiter sind anhand des Kompetenzmodells besser steuer- und kommunizierbar, da eine Beurteilung nicht mehr „aus dem Bauch heraus" getroffen wird, sondern sich klar an den vorher definierten Kompetenzen und ihren Verhaltensankern orientiert. Vor allem die Rückmeldung anhand von Situationen und konkreten Verhaltensweisen erhöht die Transparenz der Beurteilung und die Akzeptanz der Beurteilungsergebnisse durch den Mitarbeiter. Wie bereits oben beschrieben fällt auch die Ableitung eines Bildungsbedarfs aus dem Mitarbeitergespräch auf Basis des Kompetenzmodells erheblich leichter.

Parallel zu der Beurteilung des Mitarbeiters durch die Führungskraft wird selbstverständlich auch die Beurteilung der Führungskraft durch seine Mitarbeiter objektiviert. So können mithilfe des Kompetenzmanagements Führungsfeedbackprozesse, etwa im Sinne eines 360°-Feedbacks, aufgesetzt werden.

5. Fazit

Der vorliegende Beitrag hat gezeigt, dass ein strategisches Kompetenzmanagement der Motor eines jeden unternehmerischen Veränderungsprozesses sein kann. Insofern ist es im Change-Management-Prozess unverzichtbar. Veränderungen im Unternehmen werden nur getragen durch Verhaltensänderungen der Mitarbeiter.

- Das strategische Kompetenzmanagement gibt die Richtung dieser Veränderung vor, indem es die Kompetenzen beschreibt, die für die Erreichung der Unternehmensstrategie notwendig sind. Dies wird zum einen für das gesamte Unternehmen im Sinne einer Unternehmens- und Führungskultur getan und zum anderen für den individuellen Mitarbeiter durch die Anforderungsprofile der Jobfamilien.
- Das strategische Kompetenzmanagement dient der Steuerung des Kompetenzeinsatzes heute und in der Zukunft, indem es die Kompetenzen von Mitarbeitern und Bewerbern misst und so Grundlage für Stellenbesetzungen, Talentmanagement und Nachfolgeplanung ist.
- Das strategische Kompetenzmanagement stellt die zielgerichtete Entwicklung von Kompetenzen und damit die Organisationsentwicklung hin auf die strategischen Unternehmensziele sicher. Jegliche Personalentwicklung dient somit nicht nur der individuellen Weiterentwicklung der Mitarbeiter, sondern auch der Entwicklung des Unternehmens. Durch diese Entwicklung wird gezielt eine die Unternehmensstrategie unterstützende Unternehmens- und Führungskultur begründet und gelebt.

Immer wieder sollte das Kompetenzmodell in Bezug zur Zukunft gesetzt werden. Wie schnell und wie häufig werden sich die Anforderungen an Mitarbeiter ändern? Wie wird das Unternehmen in drei, fünf oder zehn Jahren positioniert sein und mit welchen Konsequenzen für die Kernaufgaben? Was müssen Mitarbeiter in der Zukunft an Fähigkeiten und Fertigkeiten mitbringen? In dieser Diskussion ist das Management gefragt. Hier ist auch die persönliche Visionsfähigkeit des Managements gefordert, die entscheidend für ein erfolgreiches strategisches Kompetenzmanagement ist.

Die Grundlage eines strategischen Kompetenzmanagements ist die Entwicklung eines unternehmensweiten Kompetenzmodells. Abschließend sind daher noch einmal stichpunktartig die Fragen in einer Checkliste zusammengefasst, die für die Entwicklung eines Kompetenzmodells entscheidend sind:

- Wurde die Unternehmensstrategie explizit mit in die Entwicklung einbezogen? Wurden entsprechende Unterlagen gesichtet?
- Wurde die Geschäftsleitung/der Vorstand frühzeitig mit in den Entwicklungsprozess einbezogen und Erwartungen abgeholt?
- Erfolgte eine Gewichtung über strategisch besonders erfolgskritische Kompetenzen?
- Wurde die grundsätzliche Entwickelbarkeit einzelner Kompetenzen diskutiert?
- Wurden durch Experteninterviews die für eine Funktion jeweils erfolgskritischen Verhaltensweisen identifiziert?
- Wurde stringent auf ein übersichtliches, mit wenigen Kompetenzen befülltes Modell geachtet?
- Wurde die Möglichkeit, bestimmte erfolgskritische Verhaltensweisen in Jobfamilien zu bündeln, diskutiert?
- Wurde auf eine pragmatische Arbeitsweise geachtet und somit die Ausformulierung der Verhaltensanker einem kleinen Kernteam überlassen?
- Wurden während der Entwicklungsphase für Zwischenfeedbacks „Leuchttürme" im Unternehmen eingebunden, um das Commitment zu steigern?

Literatur

Frintrup, A. & Schuler, H. & Mussel, P. (2004). Gelegenheit macht Diebe? – Berufliche Integritätsdiagnostik mit PIA. In: *Wirtschaftspsychologie aktuell*; Heft 4; 2004, S. 58–61.

Glossar Personalpsychologie, *S & F Personalpsychologie*.

Marcus, B. (2000). *Kontraproduktives Verhalten im Betrieb*. Göttingen: Hogrefe.

Marcus, B. & Funke, U. & Schuler, H. (1997). Integrity Tests als spezielle Gruppe eignungsdiagnostischer Verfahren: Literaturrückblick und metaanalytische Befunde zur Konstruktvalidität. In: *Zeitschrift für Arbeits- und Organisationspsychologie*, Heft 41, 1997, S. 2–11.

Mussel, P. (2003). Persönlichkeitsinventar zur Integritätsabschätzung (PIA). In: Erpenbeck, J. & von Rosenstiel, L. (Hrsg.). *Handbuch Kompetenzmessung*. Stuttgart, 2003, S. 3–18.

North, K. & Reinhardt, K. (2005). *Kompetenzmanagement in der Praxis – Mitarbeiterkompetenzen systematisch identifizieren, nutzen und entwickeln. Mit vielen Fallbeispielen.* Wiesbaden: Gabler.

Ones, D. S. & Viswesvaran, C. & Schmidt, F. L. (1993). Meta-analysis of Integrity Tests Validities. In: *Journal of Applied Psychology,* Heft 78, 1993, S. 679–693.

Pollmann, A. (2005). *Integrität: Aufnahme einer sozialphilosophischen Personalie.* Transcript-Verlag: Bielefeld. Zugl.: Frankfurt (Main), Univ., Dissertation 2004.

Reimann, G. (2005). Einführung in die DIN 33430 – Rechtliche Rahmenbedingungen. In: Westhoff, K. & Hellfritsch, L. J. & Hornke, L. F. & Kubinger, K. D. & Lang, F. & Moosbrugger, H. & Püschel, A. & Reimann, G. (Hrsg.) (2005). *Grundwissen für die berufsbezogene Eignungsbeurteilung nach DIN 33430.* 3. Aufl. Lengerich: Pabst Science Publishers.

Reinhold, T. (2007). Der Korruptionstest. In: *Frankfurter Allgemeine Zeitung,* Nr. 53 vom 03. März 2007, S. C4.

Schuler, H. (2001). *Lehrbuch der Personalpsychologie.* Göttingen: Hogrefe.

Tenzer, E. (2005). Integrität: Was taugt der „Weiße-Weste-Check"? In: *wirtschaft + weiterbildung – Das Magazin für Führung, Personalentwicklung und E-Learning,* Heft 10, 2005, S. 46–48.

Wilmer, R. & Hoffmann, J. (2005). Heuristik statt Bauchgefühl. In: *CD-Sicherheits-Management,* Heft 5, 2005, S. 147.

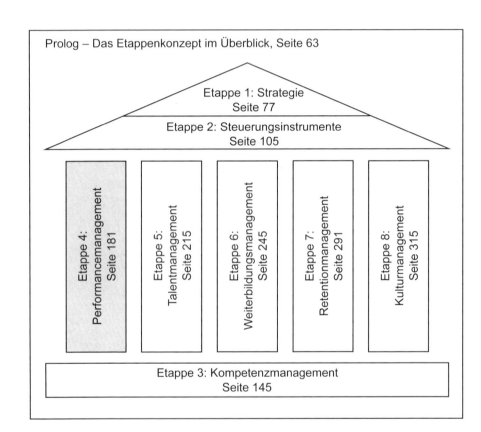

Etappe 4: Performancemanagement

Alexander v. Preen, Hans-Georg Blang, Giuseppe Costa & Wibke Schmidt

Das Performancemanagement der meisten Unternehmen zeichnet sich durch eine starke Orientierung an den Unternehmenszielen aus. Diese Ausrichtung unterstützt zum einen die Strategieumsetzung durch die Weitergabe der Unternehmensziele und davon abgeleiteter Ziele. Zum anderen wird die Erreichung des Unternehmensergebnisses dadurch unterstützt.

Ein wesentlicher Erfolgsfaktor für die Umsetzung des Performancemanagements und die Nachhaltigkeit als Führungs- und Steuerungsinstrument ist ein gut funktionierender Zielvereinbarungsprozess und die Verknüpfung der Zielvereinbarungen mit dem Steuerungssystem des Unternehmens. Die Performanceziele sollen sich idealerweise aus den Unternehmenskennzahlen ableiten und bei Zielerreichung auch den entsprechenden Wertbeitrag für das Unternehmen sicherstellen.

Der Zielvereinbarungsprozess muss strukturiert erfolgen und unternehmensweit einheitlich angewandt werden. Aufgrund seiner Rolle ist das Performancemanagement ein idealer Prozess, mit dem sich die Organisationseinheit PE in engem Zusammenwirken mit dem Controlling hervortun kann. Es dürfte außer Frage stehen, dass ein von der PE gut begleiteter Zielvereinbarungsprozess ihr eine hohe Reputation als geschäftsorientiert agierender Bereich einbringen wird.

Ziel dieses Beitrages ist es aufzuzeigen, wie eine nachhaltige Performanceorientierung einer Organisation erreicht werden kann.

1. Strategische Herausforderungen an ein Performancemanagement

In den meisten Unternehmen sind Schritte zu einem Performancemanagement weitestgehend erfolgt oder die Einführung solcher Maßnahmen ist eingeleitet. Aus unserer Erfahrung besteht bei vielen Unternehmen, die ein Performancemanagement praktizieren, allerdings noch Optimierungsbedarf, vor allem:

- In der Einhaltung der vorgegeben Zeitachse.
  Oftmals werden die Zielvereinbarungen nicht im vorgesehenen Zeitrahmen verabschiedet;
- In der Steuerung/dem Monitoring des Zielvereinbarungsprozesses. Oft hat die Unternehmensführung keinen Überblick über den Stand des Zielvereinbarungsprozesses und der Zielerreichung;
- Welche Führungskraft hat die Zielvereinbarungsgespräche schon geführt?
  - Wie wurden die übergeordneten Ziele in den Zielvereinbarungen kaskadiert?
  - Wurden die Review-Gespräche unterjährig geführt?
  - Wie hoch ist der aktuell zu erwartende Zielerreichungsgrad?
- In einer administrativen IT-Unterstützung des Performancemanagement-Prozesses, die zum einen den Pflegeaufwand minimiert und zum anderen durch Monitoring-Elemente den reibungslosen Ablauf sicherstellt.

Neben dieser – an definierte Abläufe gebundenen – Form des Performancemanagements gibt es auch eine „Gegenbewegung", die eher auf die Deregulierung des Performancemanagements setzt und die eine Stärkung der Führungsverantwortung fordert. Der Grundgedanke ist der, die Führungskräfte nicht durch ein Regelwerk zu „ent-antwortlichen", sondern die Verantwortung für das Performancemanagement und somit die Performance der Mitarbeiter in die Linie zu transportieren.

Es zeichnen sich auch neue Herausforderungen ab. In einigen Märkten genügt die pure Erreichung der budgetierten Ziele nicht mehr, um in einem kompetitiven Umfeld mithalten zu können. Das Erreichen nachhaltiger Wettbewerbsvorteile wird hier nur durch eine Outperformance und nachhaltige Leistung sichergestellt werden können.

Bei börsennotierten Unternehmen ist die Plan-Performance im Aktienkurs bereits eingepriced. Es sind Überraschungen gefordert, um als Top-Player hervorzugehen. Neue zusätzliche innovative Instrumente sind hier gefragt, um die Performance der Mitarbeiter zu steigern und die richtigen Anreize zu setzen. Der im Abschnitt „Fokussierung der Steuerung durch spezielle STI-Komponenten" vorgestellte Top-Performance-Bonus-Ansatz (s. u.) ist eines dieser Instrumente.

Zunehmend gewinnen neben den kurzfristigen auch mittel- und langfristige Formen der Performanceorientierung an Bedeutung. Anders als bei den Short Term Incentives, die sich meist auf das Geschäftsjahr beziehen, rückt hier die direkte Partizipation des Mitarbeiters am mittel- bis langfristigen Erfolg des Unternehmens verbunden mit unternehmerischem Handeln stärker in den Vordergrund.

Auch mittlere und kleine Unternehmen sehen zunehmend den Bedarf, mit derartigen Instrumenten die Bindung und die nachhaltige Motivation ihrer Top-Leister zu fördern. Bei der Umsetzung der Long Term Incentives werden Aktienoptionen verstärkt durch alternative Modelle der Beteiligung abgelöst. So werden beispielsweise Short Term Incentives und Long Term Incentives in Mid-Term-Bonus-Modellen verknüpft. Auch die Partnerschaftsmodelle erfahren eine Wiederbelebung. Diese Modelle fördern langfristig orientiertes unternehmerisches Handeln und die Bindung an das Unternehmen.

Zusammenfassend kann festgehalten werden, dass das Performancemanagement zunehmend einer ganzheitlichen systemübergreifenden Betrachtungsweise folgt. Vorhandene Einzelsysteme werden intelligent miteinander zu einem integrierten Performancemanagement verknüpft. Als Beispiel kann hier eine Stellenbewertung anhand des Beitrags der Position zur Wertschöpfung des Unternehmens angeführt werden, welche dann mit dem strategischen Kompetenz- und Nachfolgemanagement verknüpft wird. Gleichzeitig bildet das Grading die Grundlage für die Gestaltung der Vergütungsstrategie.

Ein integriertes Performancemanagement umfasst also eine ganzheitliche Steuerung der erfolgsrelevanten Instrumente und Systeme, was eine enge Vernetzung mit einer geschäftsorientierten Steuerung voraussetzt. Der zentrale Erfolgsfaktor jedoch ist die ganzheitliche Führung und die damit verbundene Stärkung der Führungsverantwortung. Damit ist die PE als Partner der Führungskräfte herausgefordert.

2. Performanceorientierung von Organisation und Positionen

Die Wahrnehmung und der Wert eines Unternehmens hängen neben den finanziellen Größen auch maßgeblich von der Qualität des Managements und der Transparenz der Organisation ab. Da sich die Wertschöpfung des

Unternehmens entlang der Prozesskette vollzieht und die darin eingebundenen Funktionen ihren Beitrag in unterschiedlichsten Ausprägungen leisten, bildet eine Einstufung der Funktionen anhand des Beitrages zum Unternehmenserfolg und eine konsequente, performanceorientierte Führung und Steuerung der Humanressourcen die Qualität des Managements ab. Die Organisationsstruktur muss einer Kultur des kontinuierlichen Wandels zunehmend gewachsen sein und alle Veränderungen mittragen können. Hierbei sollte die Organisationsstruktur die Performancekultur des Unternehmens widerspiegeln. Dadurch werden auch die Anforderungen an ein optimiertes Zusammenspiel zwischen den Geschäftsprozessen und der Aufbau- und Ablauforganisation verdeutlicht bzw. dargestellt. Betrachtet man die Unternehmenslandschaft kritisch, so fällt auf, dass die Zugehörigkeiten von Funktionen zu verschiedenen Gruppen jedoch oftmals Hierarchien und Berichtswege abbilden. Folgt die Eingruppierung hingegen einer Positionsbewertung, die sich nicht an den vorhandenen Berichtswegen orientiert, so spiegeln die angewandten Einstufungskriterien vorwiegend inputorientierte Faktoren wie Ausbildung und Betriebszugehörigkeit wider.

Unter dem Gesichtspunkt der Performanceorientierung sollten hingegen bei der Neuordnung der Organisation vor allem outputorientierte Faktoren im Vordergrund stehen. Kernfragen, die es hierbei zu beantworten gilt, sind:

- Welches sind die erfolgskritischen Geschäftsprozesse und wer gestaltet und steuert die Performance in diesen Prozessen?
- Welche Funktionen liefern maßgebliche Beiträge im Wertschöpfungsprozess?

Dies sind die Hebel, die maßgeblich zum Unternehmenserfolg beitragen und langfristig die Wettbewerbsfähigkeit der Organisation sicherstellen. Moderne wertorientierte Stellenbewertungsansätze, wie das „Value Based Job Grading" folgen genau dieser Philosophie.

Der Gesamtbeitrag der Position zum Geschäftserfolg und zur Wertschaffung wird im Einzelnen anhand folgender Fragestellungen gemessen:

- Welchen Beitrag leistet die Position zur Entscheidung und Entwicklung der Konzern-/Unternehmensstrategie?
- Welchen Beitrag leistet die Position zur Steuerung und Optimierung der Werttreiber?
- Welchen Beitrag leistet die Position zur Gestaltung und Steuerung der Geschäftsfelder und Geschäftsprozesse?

- Welche Dimension besitzt die Führungs- und Steuerungsaufgabe der Position in der Organisation?
- Welche besondere Kommunikationswirkung besitzt die Position?

Der wesentliche Vorteil eines solchen Ansatzes in Bezug auf die Performanceorientierung ist der hohe Business-Bezug durch Unterstützung des Wert- und Prozessmanagements:

- Identifizierung des Einflusses der Funktionen auf die Werttreiber des Unternehmens,
- Identifizierung der Rolle von Funktionen im Prozesszusammenhang,
- Identifizierung von Redundanzen in der Aufgabenwahrnehmung, gegebenenfalls vorhandener Steuerungsdefizite und fehlender Rollen bei erfolgskritischen Prozessen.

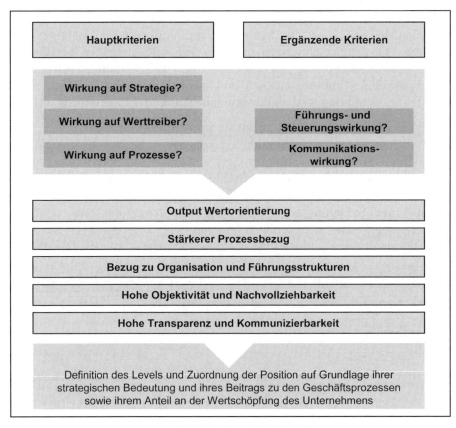

Abb. 1. Positionsbewertung nach Value Based Job Grading

Im Ergebnis bildet das Value Based Job Grading die Grundlage und das Rückgrat für die Gestaltung des Performancemanagement:

- **Job Grading grenzt die Führungskreise ab:**
  Die Grading-Ergebnisse zeigen unmittelbar die tatsächliche dispositive Funktion einer Position auf und vermeiden die Orientierung an traditionellen hierarchieorientierten Kriterien (wie Anzahl unterstellter Mitarbeiter, Berufserfahrung, Ausbildungshintergrund etc.)
- **Die Transparenz und Einfachheit des Ansatzes erleichtern die Kommunikation der Gründe für die Eingruppierung.**
- **Job Grading ist die Basis zur Definition von Gehaltsbändern:**
  Durch unternehmerische und businessbezogene Kriterien wird das Wertschöpfungspotenzial der Position im jeweiligen Marktumfeld und in der jeweiligen Geschäftssituation berücksichtigt. Dadurch wird das Matching mit Marktdaten verbessert. Zusätzlich kann die Gestaltung der Gehaltsbänder besser die finanzielle Tragfähigkeit berücksichtigen. Die hohe Transparenz und Nachvollziehbarkeit erleichtert die Begründung der Positionszuordnung zu Gehaltsbändern. Die Zuordnungskriterien sind ausschließlich unternehmerisch und businessbezogen. Dadurch richtet sich die Vergütung an dem Performancebeitrag der Position aus.
- **Harmonisierung von Organisation und Prozessen:**
  Die Eingruppierung ist unmittelbar von der Rolle und Reichweite der Position im Wertschöpfungsprozess abhängig und somit stark an der Performance der Position ausgerichtet (z. B. Bedeutung für Kundenbeziehungen, Rolle in den Geschäftsprozessen, geschäftsbezogene Führungs- und Steuerungsaufgabe). Da die Gruppierung der Positionen nicht an formalen Kriterien, wie der Hierarchieebene, ausgerichtet ist und keine organisatorische Positionierung des Jobs voraussetzt, können die Grading-Ergebnisse für die Gestaltung der Organisationsstruktur genutzt werden.

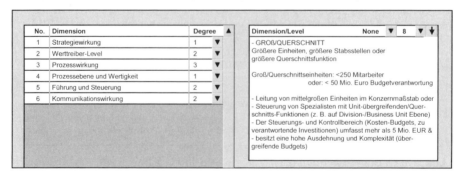

Abb. 2. People Management Centre: IT-Unterstützung bei Value Based Job Grading

3. Verknüpfung des Vergütungssystems mit dem Steuerungssystem des Unternehmens

Das Steuerungssystem eines Unternehmens erzielt seine größte Wirkung, wenn es im Unternehmen kommuniziert und von den Mitarbeitern als solches wahrgenommen wird. Die Verankerung des Wertmanagements im Vergütungssystem für Führungskräfte und Mitarbeiter wird daher berechtigterweise zunehmend als zentrales Element wertorientierter Führung angesehen.

Die Unterstreichung der Performanceausrichtung des Unternehmens durch die Kopplung an die Vergütungsbestandteile wirkt als zusätzlicher Hebel in der operativen Umsetzung der Unternehmensziele (s. Abbildung 3).

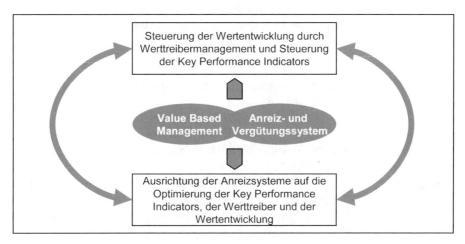

Abb. 3. Performancemanagement als integrativer Managementprozess

Das Value-Based-Management beinhaltet die Steuerung der Wertentwicklung durch das Werttreibermanagement und die Steuerung der Key Performance Indicators. Unterstützt wird diese Steuerung durch die Verknüpfung mit dem Vergütungssystem und der Ausrichtung der Anreizsysteme auf die Optimierung dieser Größen. Wesentliche Bestandteile und Zielsetzungen des Steuerungsprozesses sind:

- Transfer des Wertmanagement-Ansatzes auf das operative Geschäft. Aus dem Ansatz zum Performancemanagement werden geschäftsorientierte Zielgrößen schrittweise abgeleitet und übersichtlich dargestellt;

- Zuordnung der zentralen Steuerungsgrößen zu den verantwortlichen Einheiten, Führungskräften und Mitarbeitern: Wer beeinflusst welche Größe, ist verantwortlich für die Erreichung der jeweiligen Zielgrößen?;
- Kopplung des Anreizsystems (Short- und Long-Term-Incentives) an das Erreichen der jeweiligen Steuerungsgrößen/geschäftsspezifischen KPI; dabei sollte eine Kombination individueller und unternehmens- bzw. konzernbezogener Erfolgsgrößen berücksichtigt werden;
- Design eines transparenten, nachvollziehbaren Zusammenhangs zwischen Zielerreichung und erfolgsabhängiger variabler Vergütung;
- Umfassende Kommunikations- und Trainingsmaßnahmen zur Einführung des Performancemanagements;
- Quality Check und Monitoring der Umsetzung des Prozesses im Unternehmen.

Um das Performancemanagement optimal zu unterstützen, sollten alle Vergütungsbestandteile performanceorientiert gestaltet sein. Der Total-Compensation-Ansatz unterstreicht diese Herangehensweise.

3.1 Performanceorientierung der Vergütungsbestandteile: Der Total-Compensation-Ansatz

Die Vergütung wird zunehmend als Gesamtleistung verschiedener monetärer und nicht-monetärer Vergütungsbestandteile gesehen und als Gesamtpaket wahrgenommen. Daher sollten sich Unternehmen nicht darauf beschränken, nur einen Teil dieses Paketes, nämlich vorrangig die kurzfristige variable Vergütung, als Instrument zur Steuerung und Umsetzung der Unternehmensziele einzusetzen, sondern das gesamte Vergütungspaket performanceorientiert auszurichten.

Denn nicht nur klare, auf die Unternehmensstrategie abgestimmte Ziele im Rahmen eines Zielvereinbarungssystems, sondern auch performancebezogene Gesamtvergütungssysteme führen zu mehr Effizienz und Motivation der Mitarbeiter. Eine individuelle Vergütung hat zudem den Vorteil, dass sie das Unternehmen als Arbeitgeber attraktiv macht und Impulse für Produktivität und Wertschöpfung gibt.

Der Total-Compensation-Ansatz umfasst alle Komponenten der Vergütung vom Grundgehalt über die variable Vergütung, die Altersversorgung bis hin zu Dienstwagen und weiteren Benefits. Ziel ist es, den Gesamtwert der gewährten Leistungen in den Vordergrund zu stellen und sich von der isolierten Betrachtung einzelner Entgeltkomponenten zu lösen (s. Abbildung 4).

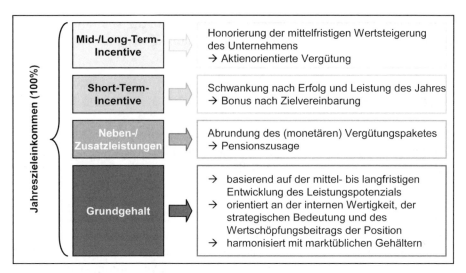

Abb. 4. Der Total-Compensation-Ansatz

Die Bestandteile der Vergütung

Das Grundgehalt bildet die Basis der Vergütung und wird durch die Gewährung verschiedener Zusatzleistungen abgerundet. Short Term Incentives honorieren die Leistung in einzelnen Geschäftsjahren und tragen wesentlich zur Steuerung und Motivation der Mitarbeiter bei. Mid- und Long-

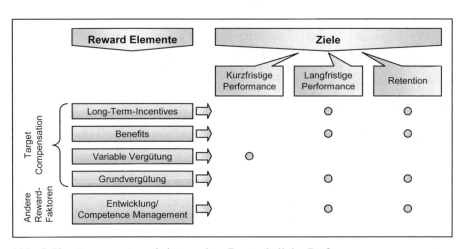

Abb. 5. Vergütungssystem als integrativer Bestandteil des Performancemanagements

Term-Incentives honorieren die langfristige Performance der Mitarbeiter und fungieren zudem als Instrument zur Mitarbeiterbindung.

In einem performanceorientierten Vergütungsansatz sind alle Elemente der Gesamtvergütung an Performanceindikatoren ausgerichtet (s. Abbildung 5).

3.2 Grundvergütung

Die Grundvergütung bildet die Basis des Vergütungspaketes und wird als konstanter Faktor in der Vergütung auch oftmals als wichtigster Bestandteil wahrgenommen. Gerade deshalb ist es wichtig, diesen Bestandteil der Vergütung performanceorientiert zu gestalten.

Ein ausgewogenes und in sich schlüssiges Grundgehaltssystem bildet das Rückgrat, auf welchem die anderen Vergütungselemente weitere HR-Instrumente, wie z. B. ein strategisches Kompetenzmanagement, aufsetzen können. Die Performanceorientierung der Grundvergütung kann im Wesentlichen durch zwei Maßnahmen maßgeblich unterstützt werden.

1. Einstufung der Funktionen in Vergütungsbänder;
2. Performanceorientierte Gehaltsentwicklung innerhalb der Vergütungsbänder.

1. Einstufung der Funktionen in Vergütungsbänder

Die Definition verschiedener Bänder sollte anhand wert- und performanceorientierter Kriterien erfolgen. Wie weiter oben beschrieben, bildet das Value Based Job Grading eine solide Grundlage zur Bewertung der Funktionen und somit zur Zuordnung der Funktionen in Bänder/Levels.

Tabelle 1 zeigt eine mögliche Einreihung von Funktionen in Bänder. Hierbei wird deutlich, wie sich die angewandten Kriterien stark an der nötigen Performance und dem Wertbeitrag orientieren.

Den so definierten Levels werden Vergütungsbänder zugeordnet, die den Rahmen für die Grundvergütung der jeweiligen Funktionen definieren. Diese Vergütungsbänder spiegeln zum einen die interne Wertigkeit der Funktionen zueinander wider, basieren andererseits auch auf der Marktüblichkeit der Grundvergütung vergleichbarer Funktionen in vergleichbaren Unternehmen (s. Abbildung 6).

Tabelle 1. Bewertung mit Value Based Job Grading

Level		Typische Funktionen	Typische Ausprägungen
L1	Vorstand/ Geschäftsführung	CEO, Vorstandsmitglied, Vorsitzender/ Mitglied der Geschäftsführung, ...	entscheidet über Geschäftsstrategie, verantwortet und optimiert die übergreifenden Werttreiber
L2	Top Executive/ Obere Führungskräfte	Spartenleiter, Divisionsleiter, Leiter Zentralbereich, z. B. Leiter Finanzen & Controlling, Leiter Produktion, Leiter Vertrieb, ...	wirkt z. T. bei der Strategieentscheidung mit, gestaltet wichtige Geschäftsprozesse oder wichtige Führungs- und Steuerungsprozesse, verantwortet und steuert bedeutende Werttreiber
L3	Senior Management	Leiter operativer Einheiten, Leiter von Querschnittsfunktionen, bedeutende Projektleiter, z. B. Werksleiter, Leiter Vertrieb Region/Land, Leiter Einkauf, Key Account Manager (groß), ...	verantwortet die Performance übergreifender Prozesse (Process Ownership), steuert Werttreiber, verantwortet die Prozessleistung (KPIs), leitet wichtige Projekte
L4	Mittleres Management/ Top-Experten	z. B. Leiter Personalgrundsatzfragen, Key Account Manager, Gebietsleiter Vertrieb, Werksleiter, ...	verantwortet Teilprozesse, nimmt zum Teil Führungs- und Steuerungsaufgaben wahr (mittlere bis große Einheiten), steuert die operative Performance der Prozesse/der Projekte, trägt konzeptionelle Lösungen bei
L5	AT/oberer Tarifbereich	z. B. Personalreferent, Leiter Kreditorenbuchhaltung, Teamleiter Vertriebssupport, Leiter Arbeitsvorbereitung, Leiter Materialmanagement, ...	optimiert die Performance in Teilprozessen, reagiert auf Störungen in den Prozessen/Projekten, überwacht operative Aufgaben, wirkt in bedeutenden Projekten mit

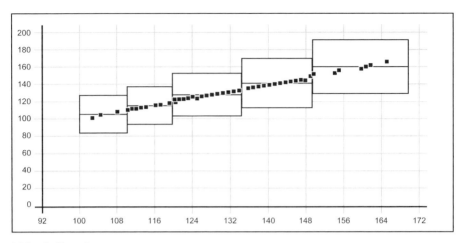

Abb. 6. Grundvergütungssystem

Zur Unterstützung der Performanceorientierung richtet sich die Positionierung einzelner Personen innerhalb des für ihre Funktion vorgesehenen Vergütungsrahmens ebenfalls an erfolgsrelevanten Kriterien aus. So spielen die erreichte Leistung, die Performanceausrichtung, die Kompetenzausprägung, das Potenzial etc. eine wesentliche Rolle bei der Festlegung der Vergütung innerhalb des Vergütungsbandes.

Somit hat die Performancewirkung hier einen doppelten Hebel in der Festsetzung der Grundvergütung: Zum einen werden die Zugehörigkeiten zu Vergütungsbändern schon an wert- und performancerelevanten Kriterien definiert. Zum anderen richtet sich die Positionierung innerhalb dieser Bänder wiederum an performancerelevanten Kriterien aus.

2. Performanceorientierte Gehaltsentwicklung innerhalb der Vergütungsbänder

Der zweite wesentliche Hebel für die Performanceorientierung der Grundvergütung sind die jährlichen Gehaltsanpassungen. Das am häufigsten gewählte Kriterium für die Bemessung der Gehaltserhöhung ist die individuelle Leistung des Mitarbeiters, gefolgt von der wirtschaftlichen Situation des Unternehmens.

Der wesentliche Punkt bei der Gehaltsanpassung ist, dass die eventuelle Gehaltserhöhung sich an der Erreichung von Ergebnissen orientiert. Diese Ergebnisse sollen die Performance der Person widerspiegeln, müssen sich aber nicht ausschließlich an finanziellen Größen ausrichten. Neben Kriterien, die die persönliche Leistung und die Gesamtleistung des Unternehmens berücksichtigen, können hier Kriterien wie Kompetenzerweiterung und persönliche Entwicklung zur Definition der Gehaltsentwicklung beisteuern. Auch Kombinationen aus individueller Leistung und Kompetenzausprägung/Entwicklung des letzen Jahres, vereint mit der Betrachtung der bisherigen Lage im Gehaltsband, sind als Grundlage der Gehaltsanpassungen sinnvolle Lösungen. Sie spiegeln so das Potenzial in der Funktion wider (s. Abbildung 7).

Contribution Level			Adjusted matrix (actual)				
A	> 6,0	5 Excellent		A	B	C	D	E
B	4,7 - 6,0	4 Above Standard						
C	3,3 - 4,7	3 Standard	1	5,68	5,13	4,58	4,02	3,47
D	2,0 - 3,3	2 Acceptable	2	5,13	4,58	4,02	3,47	2,92
E	<= 2,0	1 Clearly insufficient	3	4,58	4,02	3,47	2,92	2,37
Position in salary band			4	4,02	3,47	2,92	2,37	1,81
6	> 115,0		5	3,47	2,92	2,37	1,81	1,26
5	110,0 - 115,0		6	2,92	2,37	1,81	1,26	0,71
4	100,0 - 110,0							
3	90,0 - 100,0		Contribution 4,3 [C] Position 90,7% [3]					
2	80,0 - 90,0							
1	<= 80,0							
Edit the matrix of increases								

Abb. 7. People Management Centre: IT-Unterstützung bei der Festsetzung der Gehaltsanpassungen

3.3 Short Term Incentive (STI) – Anpassung der Vergütung an das Steuerungsmodell

3.3.1 STI – Orientierung am periodenbezogenen Steuerungsmodell

Die variable Vergütung ist wahrscheinlich der größte Wirkungshebel zur Umsetzung und Steuerung von periodenbezogenen Unternehmenszielen. Die Kopplung der Zielerreichung an die Höhe der variablen Vergütung dient als hohes Anreizinstrument und wird sowohl bei positiver als auch bei negativer Ausprägung deutlich von den involvierten Führungskräften und Mitarbeitern wahrgenommen.

Ein nachhaltig funktionierendes Short Term Incentive-System muss in seiner Ausgestaltung drei Anforderungen gerecht werden (s. Abbildung 8).

1. Steuerungswirkung:
   Das variable Vergütungssystem soll als Instrument der Führung und Steuerung dienen und somit die Umsetzung der Unternehmensstrategie unterstützen.

2. Kostenorientierung:
   Das variable Vergütungssystem soll flexibel in der Gestaltung sein, sodass periodenbezogen Schwerpunkte in der Zieldefinition gesetzt werden können. Die Ausschüttung der variablen Vergütung muss aus einer Wertschaffung resultieren und bei fehlendem Erreichen der Ergebnisse auch wegfallen können.

3. Akzeptanz:
   Um als Führungs- und Steuerungsinstrument fungieren zu können, muss das variable Vergütungssystem von den Akteuren verstanden und akzeptiert werden. Dies gilt sowohl für die Führungskräfte als auch für die geführten Mitarbeiter. Daher soll das variable Vergütungssystem einfach in seiner Struktur und transparent in der Kommunikation sein, sodass die Ziele und die daraus resultierende variable Vergütung nachvollziehbar bleiben.

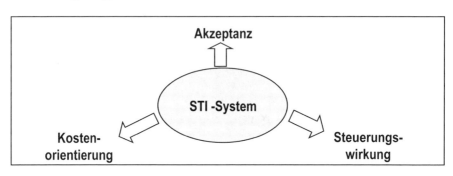

Abb. 8. Anforderungen an ein Short Term Incentive-System

Zielvereinbarungssysteme dienen der Unternehmensführung und dem HR-Management als Anreizinstrument für Führungskräfte und Mitarbeiter, um strategische Vorgaben umzusetzen. Die für das Geschäftsjahr relevanten Vorgaben werden in den Zielvereinbarungen der Führungskräfte und Mitarbeiter in Form von quantitativen und qualitativen Zielen operationalisiert, indem Zielinhalte und Meilensteine definiert werden. Diese Führung von Mitarbeitern mithilfe von Zielvereinbarungen kann sich für den Unternehmenserfolg als eine sehr wirkungsvolle Unterstützung erweisen, wenn die praktische Umsetzung effizient gelöst wird und sich die Ziele konsequent am Wertmanagement des Unternehmens orientieren. Um eine konsequente und an der Gesamtstrategie orientierte Umsetzung zu ermöglichen, müssen Zielvereinbarungen hinsichtlich ihrer Wirkung abgestimmt sein, sodass abgeleitete Ziele letztlich zum angestrebten Gesamtergebnis führen (s. Abbildung 9).

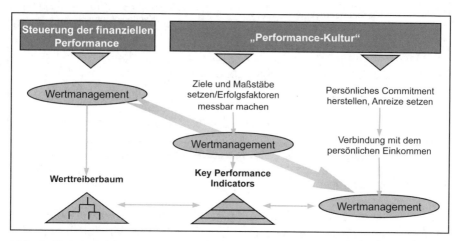

Abb. 9. Zielvereinbarungen als Instrument der Performance-Steuerung

Verknüpfung der Wertsteuerung mit Führungs- und Anreizsystemen zur Ableitung der Ziele

Die wertorientierte Steuerung des Unternehmens orientiert sich an übergreifenden Vorgaben entsprechend dem Value-Based-Management-Konzept. Diese übergreifenden Vorgaben definieren das Wachstums- oder Ergebnisziel des Unternehmens und sind je nach Steuerungspolitik an Spitzenkennzahlen festgemacht.

Auf Geschäftsbereichsebene werden die Werttreiber gesteuert, die für die Errichung des übergreifenden Wertsteigerungsziel verantwortlich sind. Die relevanten Werttreiber beziehen sich hierbei je nach Geschäftsbereich auf Ergebnis-, Wachstums-, Kosten- und weiteren Größen.

Von diesen geschäftsbereichsspezifischen übergeordneten Größen leiten sich die geschäftsspezifischen Steuerungsgrößen für einzelne Abteilungen oder Mitarbeiter ab. Die so definierten Key Performance Indicators (KPIs) bilden die Grundlage für Zielvereinbarungen und die variable Vergütung (s. Abbildung 10).

Abb. 10. Ableitung operativer Steuerungsgrößen

Zur Umsetzung eines effizienten, perfomanceorientierten variablen Vergütungssystems ist es notwendig, klare Regeln für den Inhalt und den Prozess der Zielfindung zu definieren. So bildet die übergreifende Zielkaskade das zwingende Grundraster für den weiteren Zielableitungsprozess in den Bereichen. Alle Zieldefinitionen beziehen sich auf klare und übergreifend konsistente Vorgaben für finanzielle Steuerungsgrößen. Alle nicht finanziellen Ziele werden zwingend am Beitrag zu den Werttreibern oder Ertrags- und Kostenzielen gemessen. Die Zielvereinbarungsprozesse

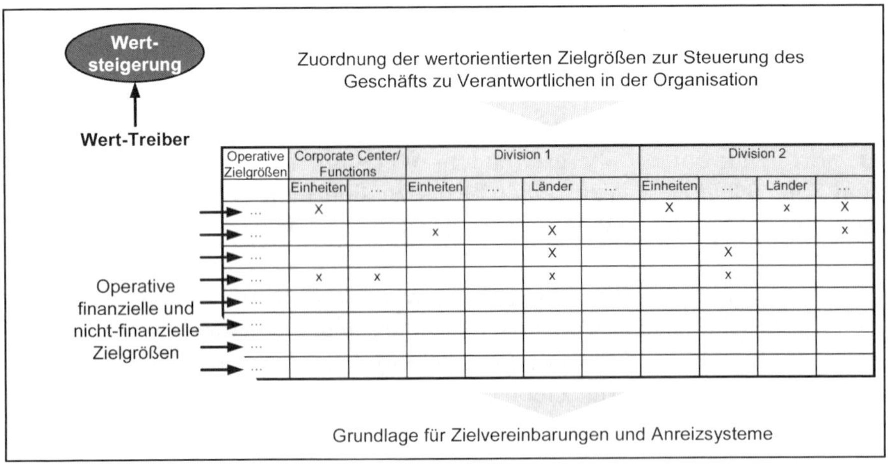

Abb. 11. Entwicklung der Zielkaskade

der einzelnen Bereiche fußen somit auf klaren Vorgaben und erweitern die Zielkaskade für ihre jeweiligen Bereiche. Das Herunterbrechen der Ziele bis zur persönlichen Ebene muss sich im vorgegebenen Rahmen bewegen (s. Abbildung 11).

3.3.2 Fokussierung der Steuerung durch spezielle STI-Komponente

Klassische Short Term Incentive-Systeme in der Form von Zielvereinbarungssystemen – verbunden mit einem Bonus – haben sich als effektives Instrument zur Performanceorientierung und -Steuerung bewährt und etabliert.

Im Folgenden wird ein Systemansatz vorgestellt, der eine deutliche Performance-Orientierung verfolgt. Das Performancemanagement in Marktbearbeitungsprozessen zeigt eine integrierte Betrachtung von Steuerung, Führung und Vergütung der Vertriebsaktivitäten.

Performancemanagement in Marktbearbeitungsprozessen

Im Rahmen der Marktbearbeitung werden bedingt durch stetigen Wettbewerbsdruck, anspruchsvolle Kundenanforderungen in Bezug auf Dienstleistungs- und Servicequalität sowie einen ständigen Wandel der Marktstrukturen die Anpassungszyklen der Marktbearbeitungsstrategie zunehmend kürzer. Auch die Anpassung der daraus abgeleiteten Prozesse, der neu entstehenden Aufgaben und der Organisationsstruktur unterliegt einer starken Beschleunigung. Diese zunehmend dynamische Entwicklung stellt ein Performancemanagement-System in Unternehmen vor große Herausforderungen im Hinblick auf die Flexibilität und Anreizkompatibilität der Steuerungs-, Führungs- und Vergütungssysteme.

Die Praxis zeigt, dass es in Unternehmen zwischen den definierten Zielsetzungen vonseiten der Unternehmensleitung und der Umsetzung durch die Mitarbeiter zu erheblichen Abweichungen hinsichtlich der Vorgehensweise und Vorstellungen bei der Zielerreichung kommen kann. Ein integriertes Performancemanagement-System kann diese Differenzen aufdecken und beheben.

In diesem Zusammenhang treten dabei vier zentrale Anforderungen von Unternehmensseite an ein Performancemanagement-System zutage:

- Prozessorientierung: Betrachtung des gesamten Marktbearbeitungsprozesses;
- Wertschöpfungsorientierung: Fokussierung auf relevante Kernaufgaben;
- Commitment: Klare Zuordnung von Verantwortung für Kernaufgaben;
- Ganzheitlichkeit: Integrierte Betrachtung von Steuerung, Führung und Vergütung.

Die angesprochenen Abweichungen werden durch die eindeutige Zuordnung von Kernaufgaben behoben, verbunden mit einer klaren Festlegung der Verantwortung für die Marktbearbeitungsprozesse. Im Rahmen des Performancemanagements gilt es, für eben diese definierten Kernaufgaben eindeutige Erfolgsfaktoren sowie passende Messgrößen, sogenannten Key Performance Indicators (KPIs), herauszuarbeiten bzw. zu entwickeln. Dabei ist das Konzept des Managements der Kernaufgaben nicht auf die kurzfristige Maximierung des Unternehmenserfolges, sondern auf die Sicherung und Steuerung des langfristigen Unternehmenserfolgs und der langfristigen Unternehmensentwicklung ausgerichtet.

Zusätzlich unterstützt ein solches System auch die Entwicklung und Ausrichtung der Unternehmen hin zu einer wertschöpfungsorientierten Organisation (Schnittstelle zur Organisationsentwicklung). Diese Art von Systemen schaffen auch Transparenz und Klarheit hinsichtlich der Schlüsselfunktionen in Unternehmen und ermöglichen eine frühzeitige Identifizierung von Potenzialträgern, die anhand der definierten Leistungsanforderungen gemessen und im Rahmen des Nachfolgemanagements gezielt gefördert werden können (Schnittstelle zum People Management). Dabei müssen die spezifischen Bedürfnisse, die aus der Unternehmenskultur und der mittel- bzw. langfristigen Strategie des Unternehmens hervorgehen, ebenfalls bei der Entwicklung eines Performancemanagement-Systems Berücksichtigung finden.

Aus Unternehmensperspektive ist es von entscheidender Bedeutung, dass den marktseitig bedingten Anforderungen Rechnung getragen wird und dass das Performancemanagement-System mit der jeweiligen Unternehmenskultur harmoniert. Zudem sollte den individuellen Vorgehensweisen der Mitarbeiter genügend Spielraum für Entfaltungsmöglichkeiten im Rahmen der Marktbearbeitung zuteil werden.

3.3.3 Qualitätsmanagement des Zielvereinbarungsprozesses

Erfolgreiche Zielvereinbarungssysteme müssen die Fokussierung der Ressourcen auf strategiekonforme und wertschöpfende Aktivitäten im Sinne des Gesamtunternehmens ermöglichen (vgl. Abbildung 12). Ressourcen und Energien müssen hierbei zur Verbesserung und Weiterentwicklung auf wenige, besonders wichtige Prioritäten ausgerichtet werden.

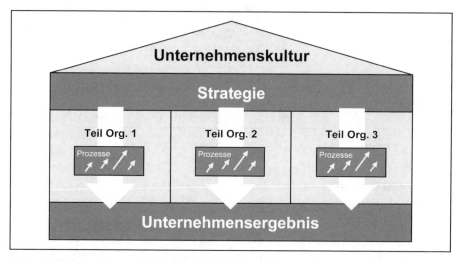

Abb. 12. Fokussierung des Zielvereinbarungssystems auf Strategiekonformität

Die mit dem Zielvereinbarungsprozess verbundene notwendige und gewünschte Kommunikation führt zu einer verstärkten Koordination der Verbesserungsaktivitäten in der Organisation. Unbedingte Voraussetzung hierfür ist Klarheit über die Strategie und die wesentlichen unternehmerischen Zielsetzungen bei Führungskräften und Mitarbeitern. Der Erfolg eines Zielvereinbarungssystems sowie dessen Akzeptanz und die Anreizwirkung hängen wesentlich von der Qualität, Professionalität und Prozesssicherheit ab, mit der es gehandhabt wird. Dabei kommt der PE eine neutrale Rolle zu. Sie sollte sich als Berater und Dienstleister des Zielvereinbarungsprozesses verstehen. Um langfristig aus Steuerungssicht das Zielvereinbarungssystem als wesentliches Instrument im Unternehmen zu etablieren, sollten die elementaren Einflussgrößen des Systems in regelmäßigen Abständen überprüft werden. Abbildung 13 verdeutlicht diese Einflussgrößen.

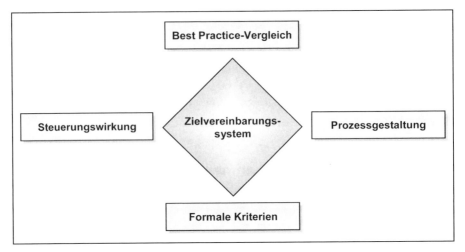

Abb. 13. Einflussgrößen von Zielvereinbarungssystemen

Steuerungswirkung

Im Rahmen der Steuerungswirkung steht die Kaskadierung der operativen Steuerungsgrößen aus zentralen Wertsteigerungszielen im Vordergrund. Der Prozess der Ableitung von operativen finanziellen und nicht-finanziellen Zielgrößen für das Geschäftsjahr steht dabei am Anfang. Diese Steuerungsgrößen dienen als Grundlage bzw. sind Bestandteil für die Zielvereinbarung der Mitarbeiter. Um die Verankerung der operativen Zielgrößen in den Zielvereinbarungen zu gewährleisten, müssen Prozess- und Fachverantwortliche die Zuordnung zu den Verantwortlichen in der Organisation sicherstellen. Von besonderer Bedeutung sind hierbei die Messbarkeit, die operativen Zielgrößen, eine inhaltliche Konsistenzprüfung sowie das Aufdecken von konkurrierenden Zielbeziehungen.

Prozessgestaltung

Die wesentlichen Ziele und Zielgrößen der Zielvereinbarungen für das aktuelle Geschäftsjahr müssen das Resultat der Unternehmensplanung des aktuellen Geschäftsjahres sein. Die daraus abgeleiteten Ergebnisse und Zielgrößen bilden die Grundlage für die Zielvereinbarungen der obersten Managementebenen. Deren Aufgabe ist es wiederum, die eigenen Bestandteile der Zielvereinbarung systematisch und abgestimmt auf die jeweiligen Teilbereiche herunterzubrechen und mit neuen Zielen zu ergänzen. Die Prozessverantwortlichen des Zielvereinbarungssystems müssen die Führungsebenen mit geeigneten Instrumenten und Informationen (Guidelines) unterstützen. Bei einer größeren Anzahl von Mitarbeitern empfiehlt sich eine geeignete IT-Unterstützung, die sowohl steuernd als auch administrativ unterstützen kann.

Formale Kriterien

Die Beachtung und Einhaltung formaler Kriterien dient vor allem der Durchführung eines einheitlichen und transparenten Prozesses, der Vergleichbarkeit von Zielvereinbarungen und der Bewertung von Zielerreichungen.

Neben der Erfüllung von grundsätzlichen Systemanforderungen, wie Anzahl der Ziele, Mindestgewichtung und Definition von Zielerreichungsstufen, kommt der Klarheit der Zieldefinition eine zentrale Bedeutung zu. Um ein zielorientiertes Arbeiten der Mitarbeiter zu unterstützen, müssen durch Führungskräfte klare und ergebnisbezogene Zielformulierungen festgeschrieben werden. Vor allem aber auch die inhaltliche Definition von Über- und Untererfüllung von Zielen dient bei der Feststellung der Zielerreichung für beide Seiten zur eindeutigen Ergebnisfeststellung. Zusätzlich ist die Konformität mit den wesentlichen Unternehmenszielen oder den bereichsübergreifenden Projektzielen zu beachten. Auch hier kann eine geeignete IT-Unterstützung den Arbeitsaufwand reduzieren.

Best-Practice-Vergleich

Zur Überprüfung und Anpassung des eigenen Zielvereinbarungssystems eignet sich ein regelmäßiger Best-Practice-Vergleich mit entsprechenden Vergleichsgruppen. Sie dienen vor allem der Überprüfung der Marktkonformität des eignen Systems, um z. B. auf Veränderungen im Hinblick auf die Steuerungsfunktion und Mitarbeiterbindung reagieren zu können.

3.4 Long Term Incentives (LTI) – Orientierung der Vergütung an der langfristigen Wertsteigerung des Unternehmens

Short Term Incentive-Systemen wird vielfach eine Schwäche im Hinblick auf das unternehmerische Handeln von Management und Mitarbeitern unterstellt. Hauptkritikpunkt der in der Regel auf Ein-Jahres-Zeiträume ausgerichteten Systeme ist dabei vor allem die unzureichende Orientierung an der langfristigen und nachhaltigen Wertentwicklung des Unternehmens.

Einführung

Long Term Incentives (LTIs) sind heute ein wesentlicher Bestandteil im Vergütungspaket der Vorstände. Dies gilt insbesondere für Vorstände börsennotierter Gesellschaften, aber auch das Topmanagement anderer, nicht börsennotierter Gesellschaften wird entsprechend den Anregungen des Deutschen Corporate Governance Kodex DCGK in Ziffer 4.2.3. Abs. 2 Satz 2 mittels langfristiger Vergütungselemente entlohnt.

Gerade vor dem Hintergrund der aktuellen Bestrebungen, eine verstärkte Koppelung der Anreizsysteme von Vorständen an eine nachhaltige und auf Langfristigkeit ausgerichtete Unternehmensentwicklung gesetzlich zu normieren, kann damit gerechnet werden, dass die Bedeutung von Long Term Incentives (LTIs) auch weiterhin zunehmen wird.

Der inzwischen signifikante Stellenwert dieser Vergütungskomponente spiegelt sich im Anteil der langfristigen Vergütungskomponente an der Jahresgesamtzielvergütung wider: der Trend bei Großunternehmen geht zu einer Drittelung der Zielgesamtbezüge in Festbezüge, kurz- und langfristiger variabler Vergütung.

Oberste Maßgabe bei der Implementierung der mittel- und langfristigen Modelle ist die Gleichausrichtung der Einzelinteressen des Managements mit den Gesamtinteressen des Unternehmens. Ziel ist die Unterstützung der Unternehmensstrategie und gleichzeitig auch die Koppelung der Vorstandsvergütung an die nachhaltige Wertsteigerung des Unternehmens.

Der Manager soll ähnlich einem Mitunternehmer am langfristigen Unternehmenserfolg sowie an der Wertschöpfung partizipieren und wird damit langfristig an das Unternehmen gebunden; vom Manager zum Unternehmer ist hier das Stichwort.

Des Weiteren sollen die Performance- und Ergebnisorientierung verstärkt und die Motivation und Loyalität gefördert werden.

Parameter von LTI-Plänen

Grundsätzlich hat der Einsatz von Long-Term-Incentive-Plänen in Deutschland eine noch relativ kurze Historie.

Gleichwohl haben sich in den letzten Jahren deutliche Weiterentwicklungen in der Verbreitung, Art und Ausgestaltung dieser Vergütungskomponente vollzogen. Dies ist zum einen darauf zurückzuführen, dass diese

Form der Vergütung im Ausland bereits länger im Einsatz ist und man auf die dort gesammelten Erfahrungen zurückgreifen kann. Zum anderen hat die verstärkte öffentliche und fachinterne Diskussion um eine gute Corporate Governance gerade auch im Bezug auf Höhe und Ausgestaltung der Vorstandsvergütung die Bekanntheit und Bedeutung langfristiger Vergütungskomponenten gestärkt.

Nachfolgend werden die Entwicklungen und Trends der wesentlichen Parameter von Long-Term-Incentive-Plänen auf der Grundlage einer in deutschen börsennotierten Unternehmen durchgeführten Erhebung, insbesondere auch aus den Indizes DAX, MDAX, SDAX und TecDAX, kurz zusammenfassend dargestellt.[1]

Begünstigtenkreis

Der Begünstigtenkreis umfasst in der Praxis neben den Vorständen durchweg den oberen Führungskreis, also die Leitungskräfte der ersten und zweiten Ebene sowie die Geschäftsführer wichtiger Tochterunternehmen. Die Ausdehnung auf weitere Führungsebenen, auf Key-Performer oder gar die Gesamtbelegschaft ist bei Großunternehmen bislang die Ausnahme; bei Start-up-Unternehmen mit einer überschaubaren Belegschaft erfolgt sie hingegen häufiger. Die in der Vergangenheit verschiedentlich zu beobachtende Tendenz zur Ausweitung des Berechtigtenkreises auf die obersten vier bis fünf Ebenen ist in jüngster Zeit nicht mehr zu beobachten, vielmehr stellen wir eine zunehmende Konzentration auf die oben genannten Mitarbeiterkreise fest.

International werden Long Term Incentives in den meisten Ländern üblicherweise auf den oberen drei oder vier Führungsebenen gewährt. Dabei geht der Trend wie in Deutschland zu einer Reduktion des Teilnehmerkreises auf die oberen ein bis drei Führungsebenen mit deutlicher Konzentration auf die Top-Ebene.

Laufzeit

Die Laufzeit der LTI-Pläne beträgt üblicherweise fünf Jahre und entspricht damit zugleich der aktienrechtlichen Höchstdauer der Vorstandsmandate. In selteneren Fällen werden Laufzeiten von sieben oder zehn Jahren gewählt.

---

[1] Quelle: Kienbaum Management Consultants, „Mid- und Long-Term-Incentive-Pläne 2008/2009", Frankfurt a.M. 2009.

Als Warte- oder Haltefrist für die Ausübung von Optionen galt bislang zumeist ein Zeitraum von drei Jahren oder es wurde die gesetzliche Mindestfrist von zwei Jahren gemäß § 193 AktG Abs. 2 Nr. 4 angesetzt. Dieser Zeitraum wird sich aufgrund der bevorstehenden Gesetzesänderung zur Mindestfrist zukünftig auf vier Jahre verlängern.

Performanceziele/Erfolgsziele

Der DCGK fordert in Ziffer 4.2.3 Abs. 3 Satz 2 für die Erfolgsziele von LTI-Plänen (Aktienoptionen und vergleichbare Gestaltungen), dass diese auf anspruchsvolle, relevante Vergleichsparameter bezogen sein sollen; eine nachträgliche Änderung der Erfolgsziele oder der Vergleichsparameter soll dabei ausgeschlossen werden (Satz 3).

Es gibt unterschiedliche Arten von Performancezielen. Es kann eine Unterteilung sowohl in absolute und relative Performanceziele als auch in interne und externe vorgenommen werden.

Absolute Performanceziele sind dabei z. B. EBIT oder EBITDA (gleichzeitig internes Ziel) oder der Aktienkurs (gleichzeitig externes Ziel).

Typisches relatives Performanceziel ist ein Index, dessen Entwicklung zu übertreffen ist. Als Index eignet sich entweder ein bestehender Aktienindex (DAX, SDAX o.Ä.) oder eine speziell zu definierende Peergroup direkter Konkurrenten. Relative Ziele sind im Übrigen immer auch externe Ziele. Die »Messung« der Outperformance einer Peergroup kann auf verschiedene Weise erfolgen. So kann das relative Erfolgsziel z. B. darin bestehen, dass der Index während der vorgesehenen Laufzeit an einer gewissen Anzahl aufeinanderfolgender Tage übertroffen werden muss. Alternativ kann vorgesehen werden, dass innerhalb eines bestimmten Zeitraums vor Ausübung der Aktienkurs in einem bestimmten Korridor (z. B. zwischen 5 % und 10 %) liegen muss.

Die Vorteile absoluter Performanceziele liegen in deren Transparenz und Nachvollziehbarkeit sowie darin, dass interne Kennzahlen jederzeit im Unternehmen vorliegen. Außerdem sind maßgeschneiderte Kennzahlen ableitbar. Nachteilig jedoch ist, dass unter Umständen eine relative Underperformance honoriert wird, wenn direkte Konkurrenzunternehmen verhältnismäßig stärker und/oder profitabler wachsen als das eigene.

Für relative Performanceziele spricht, dass diese gerne von externen Beobachtern und Analysten gesehen werden, um die eben genannte Problematik der eventuellen Honorierung einer Underperformance auszugleichen. Gegen relative Ziele wiederum spricht, dass unter Umständen absolute Verluste honoriert werden, wenn zwar die Peergroup „outperformed" wird, es sich jedoch um eine lediglich „weniger negative" Entwicklung handelt, aber eben doch nicht um eine positive. Problematisch ist außerdem, dass die Vergleichbarkeit mit der Peergroup von der Güte der von den betreffenden Unternehmen extern kommunizierten Unternehmensdaten abhängig ist. Darüber hinaus ist es oftmals nicht ohne Weiteres möglich, eine sinnvolle Peergroup zu definieren, die eine zweckmäßige Vergleichbarkeit gewährleistet.

Derzeit sind die Modelle in der Regel, je nach Planart und -ausgestaltung an ein bis zwei Parameter gekoppelt, drei Parameter sind eher selten.

Obwohl der Aktienkurs als ein guter Indikator für die Wertsteigerung des Unternehmens gilt, garantiert er alleine keine richtige Einschätzung der Unternehmenslage bzw. der Performance von Führungskräften. Bei der ausschließlichen Einbeziehung der absoluten Kurssteigerung können ungerechtfertigte „windfall profits" entstehen, während andererseits bei einem Börsencrash die Managementleistung nicht angemessen honoriert wird. Modelle, welche ausschließlich die relative Leistung oder die relativen Kurssteigerungen als Maßstab heranziehen, sind nach unserer Ansicht grundsätzlich nicht als Zielgröße geeignet, da auch bei Verlusten oder sinkenden Börsenkursen die Pläne werthaltig werden können. Um diese Problematik zu umgehen, werden bei performanceorientierten Plänen in der Regel zwei Erfolgsparameter verwendet, wobei Kennzahlen aus dem internen sowie externen Rechnungswesen von enormer Bedeutung sind.

Die neueren Gestaltungsformen von Long Term Incentives, wie etwa Performance Shares und Performance Cash Bonus Plans, spiegeln den Trend wider, kapitalmarktorientierte Erfolgsgrößen wie den Aktienkurs mit Performancegrößen aus dem Rechnungswesen zu kombinieren. Dahinter steht die Absicht, eine stärker ausgewogene Anreizwirkung, das heißt, eine Balance zwischen unternehmensinterner und -externer Perspektive zu erreichen.

Mit der Koppelung mehrerer Erfolgsgrößen soll negativen Entwicklungen aus der Vergangenheit künftig vorgebeugt werden: Unternehmen hatten in Zeiten sinkender Aktienkurse mehrfach die Erfahrung gemacht, dass sich der Aktienkurs im Zuge des allgemeinen Markttrends nach unten bewegte, obwohl, gemessen an internen Kennzahlen wie dem EVA, nachweislich Wert geschaffen wurde. Die erhoffte Anreizwirkung reiner kapitalmarktbasierter Aktienoptionsprogramme blieb entsprechend aus. Eine Ergänzung des Aktienkurses durch Kennzahlen aus dem Rechnungswesen soll demgemäß dazu beitragen, wahrgenommene Ungerechtigkeiten in der Entlohnung, insbesondere infolge psychologischer Effekte am Kapitalmarkt, zu reduzieren. Letztlich gilt es, Leistung und Erfolg des Managements ausgewogener und objektiver zu messen.

Inwieweit Unternehmen zu einer Kombination interner und externer Performanceindikatoren tendieren, hängt insbesondere von der Anteilseignerstruktur ab. Vor allem US-amerikanische Investoren haben zum Teil noch eine starke Affinität zu einer reinen Kapitalmarktorientierung in Form von klassischen Stock Options. Ähnlich dominant ist der Aktienkurs im Private-Equity-Bereich, wo das Management regelmäßig signifikante Direktbeteiligungen hält.

Werden zwei verschiedene Zielvorgaben miteinander verknüpft, so dient eines der Ziele oftmals quasi als „Entry-Hürde". Dies bedeutet, dass die betreffende Zielvorgabe erfüllt sein muss, damit das andere Ziel überhaupt zum Tragen kommen kann. Bei Nichterreichen des ersten Zieles kommt es also, unabhängig von dem Grad der Zielerreichung hinsichtlich der zweiten Performancehürde, zu überhaupt keiner Auszahlung. Regelmäßig stellt dabei ein relatives Ziel die Eingangshürde für ein absolutes Ziel dar.

Die wie auch immer geartete »Multi-Zielsetzung« kann sowohl in einem einzigen Plan als auch in mehreren selbstständig nebeneinander stehenden Teil-LTIs zur Geltung kommen.

Wenn die Steigerung des Börsenkurses als Performanceziel gewählt wird, sollten Steigerungen erst ab 5 % p. a. honoriert werden.

Eine nachträgliche Änderung der Erfolgsziele etwa aufgrund einer nachhaltig schlechten Börsenkursentwicklung sollte im Interesse der Glaubwürdigkeit der Anreizsysteme und zur Betonung der Interessenidentität mit den Aktionären ausgeschlossen sein. Außerdem entspricht dies der Empfehlung des DCGK in Ziffer 4.2.3 Abs. 3 Satz 3.

LTI-Modelle

Eingangs ist darauf hinzuweisen, dass eine zunehmende Konvergenz der LTI-Modelle zu beobachten ist. Die Grenzen sind nicht trennscharf und oftmals ist eine eindeutige Zuordnung eines Anreizsystems zu einem der Modelle nicht ohne Weiteres möglich.

Während die bis zum Jahre 2000 aufgelegten Optionspläne ganz überwiegend die Zuteilung echter Aktienoptionen vorsahen, mehren sich seitdem Pläne, in denen den Managern andere Formen langfristiger Vergütung gewährt werden. Abbildung 13 zeigt auf, welche unterschiedlichen Formen aktienbasierter (Langfrist-) Vergütung mittlerweile üblich sind und anhand welcher Fragestellung zu erkennen ist, um welches Modell es sich handelt. Die unterschiedlichen Modelle werden im Folgenden kurz dargestellt.

Aktienbasierte Vergütung

Zur Einordnung der folgenden Begrifflichkeiten dient Abbildung 14.

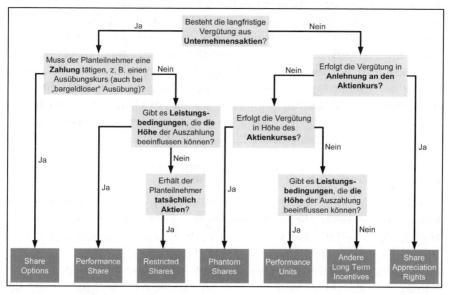

Abb. 14. Aktienbasierte Vergütung

Share Options/Stock Options

Hierbei handelt es sich um die Einräumung von Optionsrechten und das Recht zum späteren Erwerb einer bestimmten Anzahl von Aktien während eines bestimmten Zeitraumes zu einem vorab festgelegten Bezugspreis; dabei kann der Basispreis entweder von vornherein feststehen oder sich erst zu einem späteren Zeitpunkt aus einem Abschlag zum aktuellen Börsenkurs errechnen. Es können als Ausübungshürden absolute Erfolgsziele in Form der Kurssteigerung oder aber auch relative Erfolgsziele, wie etwa die Outperfomance der Aktie oder auch interne Kennzahlen fungieren.

Share/Stock Appreciation Rights (SAR)

Bei Stock Appreciation Rights erfolgt die Vergütung nicht in Unternehmensaktien an sich, sondern in Anlehnung an den Aktienkurs, und zwar in Form einer Beteiligung am Wertzuwachs einer bestimmten Anzahl von Aktien ab einem bestimmten Zeitpunkt für einen bestimmten Zeitpunkt; hier besteht die Möglichkeit der Verknüpfung mit absoluten oder relativen Hürden und/oder mit der Festlegung einer Haltefrist.

Performance Shares

Bei den Performance Shares erfolgt i. d. R. keine Zahlung durch den Planteilnehmer, vielmehr beinhalten diese das bedingte Versprechen, bei der Erreichung bestimmter vorab definierter bzw. vereinbarter Performanceziele, wie z. B. EBIT oder Gewinn vor Steuern, Aktien zuzuteilen; es handelt sich also um eine erfolgsabhängige Aktienüberlassung. Hier kann auch eine virtuelle Ausgestaltung erfolgen: dann steht am Ende ein Cash Settlement, sprich es erfolgt eine Auszahlung des Geldwertes in Höhe zuvor zugeteilter Performance Shares multipliziert mit dem Aktienkurs am Ende der Wartezeit; hier heißt das LTI- Modell dann „Performance Units".

Restricted Shares/Restricted Stock Units

Bei den Restricted Shares unterliegt die Aktienverwendung bestimmten Restriktionen, wie zeitlichen Verfügungsbeschränkungen (z. B. Sperr- und Haltefristen, Verlust der Anteile bei Verlassen des Unternehmens); dem Planteilnehmer kann dabei entweder ein Recht zum Erwerb einer bestimmten Anzahl von Aktien zu günstigen Konditionen gewährt werden oder es erfolgt eine Zuteilung der Aktien. Auch hier besteht die Möglichkeit der virtuellen Ausgestaltung in Form eines Cash Settlement am Ende der Laufzeit (Restricted Stock Units).

Phantoms Shares

Bei Phantom Shares erfolgt eine Zuweisung einer bestimmten Anzahl von Bucheinheiten, deren Wert sich nicht am Börsenkurs, sondern an internen Kennzahlen (z. B. EVA, CFROI etc.) orientiert.

Andere Long Term Incentives

Ein rein auf Cash basierender Long-Term-Bonus honoriert die Erreichung von strategischen Zielen, die i.d.R. auf drei bis fünf Jahre ausgelegt sind. Bei einem Continuity-Bonus muss neben dem „Fern"-Ziel von i. d. R ebenfalls drei bis fünf Jahren zusätzlich jedes Jahr ein bestimmtes „Etappen"-Ziel erreicht werden (z. B. eine jährliche EBIT-Steigerung um 5 % o. Ä.).Des Weiteren ist die Implementierung einer Bonus-Bank möglich; hierbei erfolgt die Auszahlung nach einem definierten Zeitraum, die Auszahlung der Variablen wird also über einen gewissen Zeitraum gestreckt. Malusregelungen und/oder unternehmensspezifische Regelungen hinsichtlich der Verzinsung sind bei diesem LTI möglich. Üblicherweise orientieren sich LTI-Modelle am Aktienkurs. Doch insbesondere für Unternehmen, die keine Aktien an ihre Mitarbeiter ausgeben können oder wollen, bieten sich virtuelle Systeme an. Mittels solcher kann eine Unternehmenswertentwicklung simuliert werden, sodass mittelständischen Unternehmen genauso wie börsennotierten die Möglichkeit offensteht, einen (rein finanziellen) Vergütungsbestandteil direkt mit dem Unternehmenswert zu verknüpfen. Der Wert der an die Mitarbeiter ausgegebenen virtuellen Firmenanteile kann sich an Standardkennzahlen orientieren, die ohnehin im Unternehmen erfasst werden. Es bietet sich zum Beispiel die Formel „X mal EBIT" oder „X mal Gewinn vor Steuern" an, wobei eine einmal gefundene Formel über einen längeren Zeitraum gleichzuhalten ist.

Trends Plandesigns/LTI-Modelle

Allgemein kann festgehalten werden, dass aktiengestützte LTI-Pläne eine Renaissance erleben, allerdings in modifizierter, performance-abhängiger Form.

SARs und Performance Shares sind im DAX-Bereich die häufigsten Formen von langfristigen Anreizsystemen, gefolgt von Stock Options, Phantom Shares und Restricted Stocks. Die Gewährung von Performance Shares nimmt jedoch stark an Bedeutung zu, während die Attraktivität von Stock Options bei neuen Plänen im Rückgang begriffen ist.

In vielen Fällen werden mehrere LTI-Modelle gleichzeitig aufgelegt, einige DAX-Unternehmen benutzen bis zu drei verschiedene Plandesigns parallel.

Auch international (z. B. USA, Großbritannien, Frankreich, Schweiz) gehörten Aktienoptionspläne ursprünglich zu der am weitesten verbreiteten LTI-Variante. In den letzten Jahren wurden jedoch Performance Shares sowie Restricted Stock Units für die beiden Top-Ebenen immer beliebter, während Optionspläne zunehmend „aus der Mode" kommen.

Kombinationen verschiedener Plantypen, auch parallel eingesetzt, haben sich mittlerweile insbesondere in den USA und Großbritannien weitgehend durchgesetzt. Je größer die Unternehmen, umso mehr Pläne sind vorhanden.

Im Folgenden sollen zwei innovative Modelle zu klassischen LTI-Systemen vorgestellt werden, die eine Alternative darstellen können.

Bonus-Bank als eine mögliche Ausgestaltungsform eines LTI-Systems

Das Modell der Bonus-Bank sieht vor, dass ein auf jährlicher Basis erzielter Bonus nicht direkt an den Empfänger ausgezahlt wird, sondern stattdessen auf einem virtuellen Konto im Unternehmen einbezahlt wird. Der dort angesammelte Betrag wird mit den erzielten Boni der Folgejahre verrechnet. Um einen wirksamen Steuerungseffekt zu erzielen, müssen auch negative Boni auf dem Konto berücksichtigt werden. Hierdurch wird sichergestellt, dass der Begünstigte auch bei negativer Entwicklung des Geschäftsverlaufs an der negativen Performance partizipiert. Weist das Konto zu einem definierten Zeitpunkt in der Zukunft ein Guthaben aus, wird der Gesamtbetrag oder Teile daraus an den Kontoinhaber ausgezahlt. Ein verbleibender Restbetrag wird in den Folgeperioden verrechnet (s. Tabelle 2).

Tabelle 2. Grundmodell einer Bonus-Bank

	Jahr 1	Jahr 2	Jahr 3	Jahr 4	Jahr 5
Guthaben	0	600	720	240	360
Bonus	750	300	-420	210	240
Zwischensaldo	750	900	300	450	600
Auszahlung	150	180	60	90	120
Saldo	600	720	240	360	480

Das wesentliche Element der Bonus-Bank besteht in der realen Beteiligung an negativen Ergebnissen. Während in der Regel bei anderen Systemen die negative Partizipation lediglich durch den Wegfall eines Bonus erfolgt, wird hier ein negativer Beitrag angerechnet, der sogar zu einem monetären Verlust führen kann. Das Management wird somit zu einem langfristigen, wertorientierten Handeln angehalten. Kurzfristhandeln auf Kosten zukünftiger Perioden hat somit deutliche Auswirkungen. Die in Abbildung 15 dargestellten Parameter haben dabei Einfluss auf die Art und Ausgestaltung einer Bonus-Bank.

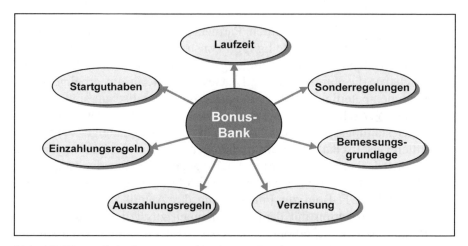

Abb. 15. Wesentliche Parameter einer Bonus-Bank

Neue LTI für nicht börsennotierte Unternehmen

Auch sogenannte Partnerschaftsmodelle zählen zu den LTI-Systemen und entwickeln sich in der jüngsten Vergangenheit als wichtiger Bestandteil eines innovativen Performancemanagements. Im Gegensatz zu vielen anderen Formen der LTI wird den berechtigten Mitarbeitern durch die Einräumung einer Partnerschaft aber nicht nur die Teilhabe am Unternehmenserfolg ermöglicht, sondern die Beteiligung am Unternehmen selbst. Der Mitarbeiter wird hier in einem noch stärkeren Maße in die Rolle eines Mitunternehmers versetzt.

Anders als z. B. bei Belegschaftsaktienprogrammen, die zumeist der Gesamtbelegschaft offenstehen, ist die Ernennung zum Partner regelmäßig an bestimmte Erfolgskriterien gebunden: So muss der potenzielle Partner grundsätzlich über einen längeren Zeitraum eine bestimmte Performance erbracht haben. Insofern stehen Partnerschaftsmodelle häufig in einem unmittelbaren Kontext mit anderen LTI-Varianten.

Die Stellung als Partner hat – nicht zuletzt im Hinblick auf die vorgeschalteten Performancehürden – eine statuserhöhende Wirkung: Sowohl unternehmensintern (Kollegenkreis) wie -extern (Geschäftskunden) assoziiert man mit dem Partnertitel Erfolg und Leistungsfähigkeit der betreffenden Person. Hieraus folgt eine große motivatorische Anreizwirkung, die durch die mit der Partnerschaft verbundene Dividendenberechtigung noch zusätzlich erhöht wird.

In rechtlicher Hinsicht werden Partnerschaftsmodelle häufig in Form einer „indirekten stillen Beteiligung" konstruiert. Dabei sind die Partner stille Gesellschafter einer Beteiligungs-GmbH oder -GbR (Partnerpool-Gesellschaft), die ihrerseits als stille Gesellschafterin am arbeitgebenden Unternehmen beteiligt ist. Über die Partnerpool-Gesellschaft sind die Partner an der Wertschöpfung des Unternehmens beteiligt, wobei insoweit ein breiter Gestaltungsspielraum besteht (z. B. gewinnabhängige Verzinsung der stillen Gesellschaftsanteile). In aller Regel erfolgt die Übertragung des stillen Gesellschafts- bzw. Partneranteils gegen ein Eigeninvestment des Mitarbeiters, oft in Form einer investiven Erfolgsbeteiligung, bei der (Teile) von STI- oder LTI-Boni zur Finanzierung des Anteils dienen. Hierdurch wird die Identifikation mit dem Unternehmen zusätzlich gesteigert bzw. die Retentionswirkung erhöht. Ein Beispiel für ein Partnerschaftsmodell stellt Abbildung 16 dar.

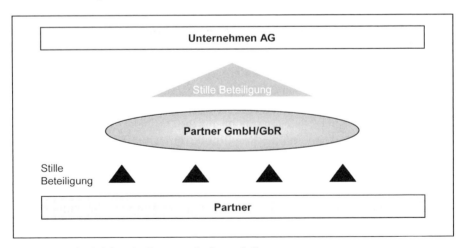

Abb. 16. Beispiel für ein Partnerschaftsmodell

4. Fazit

Der vorliegende Beitrag hat aufgezeigt, wie eine nachhaltige Performanceorientierung in der Organisation erreicht werden kann. Dabei spielt nicht zuletzt die Steuerung von verschiedenen Vergütungsbestandteilen eine zentrale Rolle. Auch wenn die Grundfragen der Entlohnung nicht in der Personalentwicklung verantwortet werden, muss die PE das Performancemanagement durch geeignete Instrumente – wie z. B. dem Mitarbeitergespräch – aktiv unterstützen. Daneben kommt ihr in der Implementierung dieser Konzepte und im Monitoring (z. B. Qualität der Zielvereinbarung) eine wichtige Rolle zu.

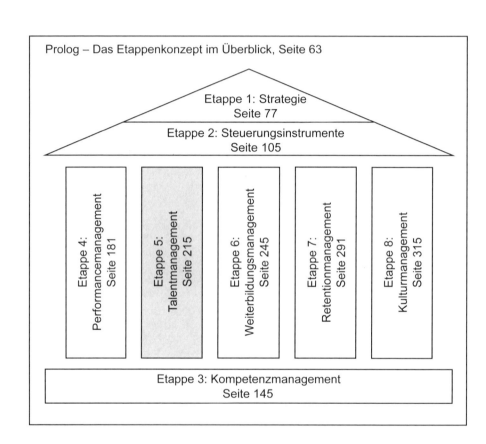

Etappe 5: Talentmanagement

Nico Bödeker & Eberhard Hübbe

Die Tatsache, dass ein effektives Talentmanagement einen entscheidenden Faktor für die Humanressourcen eines Unternehmens darstellt, ist sicherlich keine neue oder überraschende Erkenntnis. Talentmanagement findet sich in diversen Umfragen bzw. Studien zu aktuellen und zukünftigen Themenstellungen bzw. Herausforderungen der Personalarbeit verlässlich auf einem der vorderen Plätze.[1] Obwohl Talentmanagement schon seit geraumer Zeit in den Köpfen der Verantwortlichen platziert ist, hat dessen Bedeutung nicht abgenommen.[2] So zeigt sich z. B. in der aktuellen Kienbaum HR Strategie & Organisation Studie (Kienbaum, 2009), dass den Themenstellungen des Talentmanagements, z. B. Personalplanung, externe und interne Rekrutierung, Performancemanagement, Personalentwicklung, Skill- und Kompetenzmanagement etc., in Unternehmen eine hohe Bedeutung beigemessen und diesbezüglich weiteres Optimierungspotenzial[3] erkannt wird.

Mögliche Einflussfaktoren hierfür finden sich nicht nur in den Unternehmen selbst, z. B. in der Qualität des Talentmanagements, sondern besonders in externen Faktoren, u. a.:

---

[1] Vgl. u.a. BCG-/WFPMA (2008), Towers Perrin (2008).

[2] Hier ist jedoch anzumerken, dass sich die wahrgenommene Bedeutung der einzelnen Komponenten des Talentmanagements durchaus im Zeitverlauf verschiebt.

[3] So wird die Qualität der Umsetzung der einzelnen Komponenten im Gegenzug deutlich niedriger eingeschätzt. Im Vergleich zeigt sich beispielsweise bei administrativen Prozessen der Personalarbeit (z. B. Personaladministration und Abrechnung) eine große Lücke zwischen der Bedeutung und der Qualität der Prozesse.

- Veränderungen in der demografischen Struktur
- Wertewandel und Forderung nach einer ausgewogenen Work-Life-Balance (Generation Y)
- Sinkende Loyalität gegenüber dem Arbeitgeber und steigendes Bewusstsein des eigenen Marktwerts der Arbeitnehmer inkl. der Planung von „Portfolio"-Karrieren[4]
- Sinkendes Qualitätsniveau von Berufseinsteigern

Der „War for Talents" ist als ein Strukturthema unabhängig von aktuellen konjunkturellen Schwankungen auch weiterhin gegenwärtig. Die Bedeutung des Zugangs zu externen Ressourcen, der Entwicklung, Platzierung und Bindung der benötigten Humanressourcen für die Wettbewerbsfähigkeit des Unternehmens wird in den nächsten Jahren weiter steigen.[5] Entsprechend muss erfolgreiche Personalarbeit bzw. das Talentmanagement den Fachbereichen hinreichende Ressourcen mit den erforderlichen Skills[6] und Kompetenzen[7] bereitstellen, damit diese sowohl den gegenwärtigen als auch den zukünftigen Business Needs gerecht werden können. Ohne die erforderlichen (qualitativen und quantitativen) Ressourcen besteht die Gefahr, dass sich mitunter massive Einschränkungen in den Prozessen, der Innovationsfähigkeit und letztendlich im Geschäftserfolg[8] des Unternehmens manifestieren.

---

[4] D. h. die Planung des eigenen Lebenslaufs ist vergleichbar mit der eines Portfoliomanagers, u. a. durch gezielte Tätigkeiten bei verschiedenen Arbeitgebern.

[5] Auch wenn gegenwärtig aufgrund der Wirtschaftskrise Herausforderungen wie z. B. Kurzarbeit oder Personalabbau dominieren, so handelt es sich beim „War for Talents" um eine langfristige Entwicklung, die spätestens dann wieder an Wichtigkeit gewinnen wird, wenn die wirtschaftliche Lage Entspannungstendenzen zeigt.

[6] Im Rahmen diese Kapitels zu verstehen als fachliches Wissen und Erfahrung, fachliche Fertigkeiten, Erfahrung im Umgang mit spezifischen Instrumenten und Methoden etc.

[7] Im Rahmen dieses Kapitels zu verstehen als überfachliche Fähigkeiten und Fertigkeiten, z. B. Führungskompetenz, Belastbarkeit, analytische Kompetenz etc.

[8] Nach Eichinger (2004) ist die Wertschöpfung von Topleistern im Unterschied zu Durchschnittsleistern durchschnittlich um 40 bis 50 % höher. Deutlichere Differenzen finden sich z. T. in einzelnen Funktionen, so z. B. im Vertrieb. Hier generieren Topleister bis zu 2/3 höhere Umsätze als der Durchschnitt ihrer Kollegen (Bodden, Glucksman & Lasky, 2000). Im Hinblick auf diese

Aus diesem Grund ist es erforderlich, in Bezug auf die Anziehung und langfristige Bindung der erforderlichen Personalbedarfe rechtzeitig die richtigen Entscheidungen zu treffen und umzusetzen. Unternehmen, die dem Aufgabenfeld des Talentmanagements nur wenig Aufmerksamkeit schenken, sehen sich mit der Problemstellung konfrontiert, die erforderlichen Ressourcen an das Unternehmen zu binden: Talente und Top-Performer zeigen eine hohe Bereitschaft, den Arbeitgeber zu wechseln, wenn dieser nicht hinreichend in die Entwicklung und Karriere der eigenen Mitarbeiter[9] investiert[10].

1. Arbeitsdefinition von Talentmanagement

Auch wenn die Bedeutung des Talentmanagements auf breiten Konsens trifft, so divergieren dennoch die Definitionen und Eingrenzungen, auf welche Bestandteile sich der Begriff „Talentmanagement" konkret bezieht. Entsprechend soll an dieser Stelle eine kurze Arbeitsdefinition – ohne Anspruch auf Allgemeingültigkeit – abgeleitet werden und als thematische Eingrenzung dieses Kapitels dienen.

Im Kern liefern die meisten Definitionen eine prozess- oder ergebnisfokussierte Beschreibung und stimmen darin überein, dass es sich bei Talentmanagement um einen komplexen Gesamtprozess mit einzelnen, teilweise gut eingrenzbaren Komponenten handelt. Diese Wahrnehmung unterscheidet sich deutlich von einer primär qualifizierungsgetriebenen Definition, die Talentmanagement mit Qualifizierungs- oder Entwicklungsprogrammen gleichsetzt.

Cappelli (2008) beschreibt Talentmanagement als „trying to forecast what we are going to need, and then planning to meet that need". Die be-

---

Befunde wird deutlich, dass Talentmanagement kein „nice-to-have"-Thema darstellt, sondern sich aus einer klaren Notwendigkeit begründet.

[9] Die ausschließliche Verwendung der männlichen Form erfolgt nur aus Gründen der Lesbarkeit. Die männliche Form beinhaltet immer auch die weibliche und ist in keinem Fall diskriminierend gemeint.

[10] Besonders Top-Talente zeigen eine geringe Loyalität gegenüber ihren Arbeitgebern: So konnten Finegold & Mohrman (2001) bei Top-Talenten im Vergleich zu anderen Mitarbeitern eine viermal höhere Wahrscheinlichkeit, den Arbeitgeber zu wechseln, finden.

wusste Planung auf Grundlage einer klaren Vorhersage findet sich auch an anderer Stelle (Stockley, 2009): „A conscious, deliberate approach undertaken to attract, develop and retain people with the aptitude and abilities to meet current and future organizational needs". Stockley (2009) nimmt eine klare Eingrenzung der Kernzielsetzungen des Talentmanagements – Anziehung von externen Talenten sowie Entwicklung und Bindung interner Talente – vor und stellt diese in einen klaren Zusammenhang zu den Bedürfnissen des Unternehmens. Darüber hinaus geht er in seiner Definition noch einen Schritt weiter und setzt die daraus resultierenden Anforderungen an persönliche und organisationale Entwicklung in einen Gesamtzusammenhang und betont dabei die langfristige Perspektive: „Talent management involves individual and organizational development in response to a changing and complex operating environment. It includes the creation and maintenance of a supportive, people oriented organization". Stockleys Beschreibung deutet darauf hin, dass Talentmanagement entsprechende Schnittstellen zu den strategischen Kernprozessen der Personalarbeit aufweist.

Mit Fokus auf eine Arbeitsdefinition ist somit festzuhalten, dass Talentmanagement

- als holistischer Gesamtprozess das Integrativ für verschiedene Subprozesse bildet,
- diese Subprozesse der Anziehung externer Talente und der Entwicklung, Platzierung und Bindung interner Talente dienen,
- an den Personalbedarfen, die aus den jeweiligen Business Needs abgeleitet sind, ausgerichtet ist,
- Schnittstellen zu allen relevanten strategischen Kernprozessen der Personalarbeit aufweist und
- eine langfristige und nachhaltige Ausrichtung erforderlich macht.

Abbildung 1 gibt einen Überblick über die Kernelemente des Talentmanagements[11].

---

[11] Eine vollständige Besprechung aller zum Talentmanagement gehörigen Prozesse würde den Rahmen dieses Kapitels sprengen. Zudem werden die einzelnen Themen auch in anderen Kapiteln dieses Buches adressiert. Entsprechend erfolgt hier nur die Darstellung einer Auswahl.

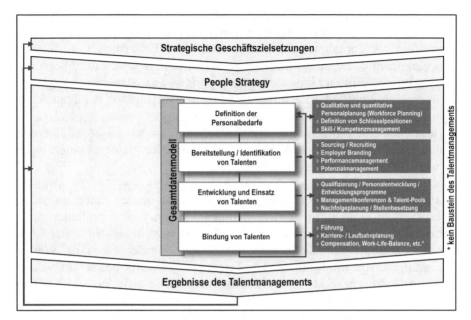

Abb. 1. Kernelemente des Talentmanagements

Eng verbunden mit der Arbeitsdefinition von Talentmanagement ist auch die Eingrenzung und Beschreibung der Zielgruppen:[12]

- **„Talent"** ist eine Bezeichnung für die „typischen" Potenzialträger des Unternehmens. Hierbei handelt es sich um Mitarbeiter und/oder Führungskräfte, bei denen Potenzial für den nächsten sinnvollen Entwicklungsschritt (i. S. der hierarchischen Struktur, horizontal oder vertikal) im Unternehmen identifiziert wurde (s. Abschnitt 8). Somit handelt es sich hierbei um eine temporäre Definition, da diese Potenzialaussage auf die aktuelle Position im Unternehmen bezogen ist. D. h., nachdem der Potenzialträger die nächste Entwicklungsstufe bzw. Position erreicht hat, liegt de facto keine gültige Potenzialaussage mehr vor: Die Potenzialaussage ist mit dem Positionswechsel verifiziert. Eine erneute Potenzialaussage mit Hinblick auf die darauffolgende Entwicklungsstufe ist erforderlich. Entsprechend ist es möglich, dass ein Mitarbeiter in seiner gesamten Karriere nur für den „Zeitraum" eines definierten Entwicklungsschritts als Talent gilt.

---

[12] Die hier verwendeten Begriffe erheben keinen Anspruch auf Allgemeingültigkeit, da die unterschiedlichen Bezeichnungen in der Praxis sehr heterogen verwendet werden.

- **Toptalente** (häufig auch als High Potentials bezeichnet) sind Potenzialträger, die ein überdurchschnittliches Potenzial aufweisen. Mit der Einstufung als Toptalent sind häufig auch klare Erwartungen verbunden, wenngleich diese nicht immer explizit formuliert sind: eine überdurchschnittliche Entwicklungsgeschwindigkeit – Fast Tracker – und eine überdurchschnittliche Leistung. Die Potenzialaussage ist bei Toptalenten nicht nur auf den nächsten Entwicklungsschritt[13] begrenzt, sondern besitzt eher einen allgemeingültigen Charakter. In den meisten Unternehmen sind die Toptalente jedoch dazu aufgefordert, laufend einen Nachweis für ihren Status zu erbringen.

Primär fokussiert Talentmanagement auf diese beiden Zielgruppen. Jedoch werden nicht in allen Unternehmen Talente von Toptalenten differenziert und gesondert behandelt, obwohl dies sowohl aus Sicht der Organisation als auch aus Sicht des Individuums erforderlich wäre. Weitere Zielgruppen, die im Rahmen des Talentmanagements betrachtet werden bzw. im Fokus besonderer Aufmerksamkeit stehen, finden sich in Top-Performern bzw. in Mitarbeitern, die „mission critical" sind. Beide Gruppen sind nicht per se im Zentrum des „klassischen" Talentmanagements anzusiedeln, stellen jedoch wertvolle Ressourcen[14] für das Unternehmen dar.

- Die Gruppe der **Top-Performer** umfasst Mitarbeiter, die in ihrer aktuellen Position eine überdurchschnittliche Leistung erbringen. Diese Mitarbeiter sind in der aktuellen Funktion und Hierarchiestufe richtig positioniert. Da weitere Schritte nicht direkt indiziert sind, kommt der Bindung der Top-Performer eine hohe Bedeutung zu (s. Etappe 7: Retentionmanagement).

- **Mission-critical**-Mitarbeiter sind für das Unternehmen von besonderer Bedeutung, da diese über einen für die strategischen Geschäftsfelder unentbehrlichen Wissens- oder Erfahrungshintergrund verfügen – häufig handelt es sich hierbei um funktionale Gruppen (siehe die Beschreibung von Schlüsselpositionen in Abschnitt 3). Je nach der Definition der Schlüsselpositionen im Unternehmen stehen Mitarbeiter mit einem

---

[13] Einige Unternehmen nutzen den übernächsten Entwicklungsschritt als Identifikationskriterium für die Toptalente. Das heißt, bei einem Kandidaten muss die begründete Annahme bestehen, dass er mindestens auch den übernächsten Entwicklungsschritt in der Karriere absolvieren wird.

[14] Vgl. hierzu die Befunde von Eichinger (2004) sowie Bodden, Glucksman & Lasky (2000).

Wissens- bzw. Erfahrungshintergrund, der als „Mission Critical" einzustufen ist, bei der Nachfolgeplanung der Besetzung von Schlüsselpositionen im Fokus des Talentmanagements.

2. Aufgaben des Talentmanagements

Analog zu den anderen Themen der Personalarbeit dient Talentmanagement dazu, die Unternehmensprozesse zu unterstützen. Folglich ist Talentmanagement kein Selbstzweck, sondern gebunden an konkrete Ergebniserwartungen. Aus diesem Grund muss an erster Stelle definiert werden, welche Ergebnisse Talentmanagement liefern soll und muss.

Einen wesentlichen Einflussfaktor hierfür stellt die antizipierte Geschäftsentwicklung dar: Konkrete Aussagen darüber, welche Entwicklungen in welchem Geschäftsbereich in einem definierten Zeitraum angestrebt werden, bilden die inhaltliche Grundlage für die People Strategy – i. e. eine Konkretisierung, welche personalseitigen Leistungen erforderlich sind, um die Geschäftsprozesse optimal zu unterstützen.

Gegenstand der People Strategy sind u. a. die aus den Geschäftsplanungen resultierenden Personalbedarfe:

- **Quantitativ** – Definition der erforderlichen Kapazitäten.
- **Qualitativ** – Definition der erforderlichen Qualifizierungen, Abschlüsse, Arbeits- und Projekterfahrungen sowie der daraus resultierenden Skills und Kompetenzen.

Die People Strategy sollte konkrete Aussagen darüber ermöglichen, welche Skills und Kompetenzen wie häufig, in welchem Erfahrungsgrad und zu welchem Zeitpunkt erforderlich sind. Im Abgleich mit den vorhandenen quantitativen und qualitativen Kapazitäten lassen sich dann die Anforderungen an die Ergebnisse des Talentmanagements fixieren. Folgende Fragen sind im Rahmen des Abgleichs zu beantworten:

- Welche internen Ressourcen decken bereits heute die erforderlichen Profile ab?
- Welche weiteren internen Ressourcen bestehen, die durch gezielte Qualifizierung die geforderten Profile ebenfalls abdecken können?
- Welche Qualifizierungsmaßnahmen sind hierfür erforderlich? Wie lange dauert der Qualifizierungsprozess?
- In welchem Ausmaß ist eine externe Rekrutierung erforderlich?

Die Definition der qualitativen[15] Personalbedarfe erscheint derzeit immer noch als Optimierungsfeld in vielen Unternehmen – unabhängig von Größe oder Branche. Besonders im Hinblick auf einen strategischen Planungshorizont zeigt sich, dass in vielen Unternehmen gegenwärtig noch Schwierigkeiten bestehen. Häufig wird aufgrund operativer oder kurzfristiger Probleme bzw. Herausforderungen die strategische Perspektive ausgeblendet. Ressourcenengpässe werden meist erst dann erkannt, wenn die daraus resultierenden Einschnitte in die Prozesse oder Geschäftstätigkeiten bereits eingetreten sind oder unmittelbar bevorstehen. Die daraufhin dringliche Behebung dieser Probleme ist sehr schwierig: Die Entwicklung interner Ressourcen ist ein zeitaufwendiger Prozess, der unmittelbar oder kurzfristig die erforderlichen Profile nicht bereitstellen kann. Mittels der Rekrutierung externer Kandidaten sind die bestehenden Personalprobleme auch nicht umfassend und ad hoc zu lösen: Zwar können durch Head Hunting die erforderlichen Profile bereitgestellt werden, jedoch ist dies mit vergleichsweise hohen Kosten verbunden und besonders bei Zielprofilen, die am Markt sehr selten und/oder sehr gefragt sind, meist ebenfalls ein langwieriger und oft auch wenig Erfolg versprechender Prozess. Zudem ist der Rekrutierungserfolg eng an die externe Wahrnehmung des Unternehmens als attraktiver Arbeitgeber geknüpft. Sollten Investitionen in den Aufbau bzw. die Entwicklung der Arbeitgebermarke sowie deren Positionierung am Markt erforderlich sein, so muss diesbezüglich von einem langfristigen Wirkungshorizont ausgegangen werden.

Zusätzlich zur Ableitung der strategischen Personalbedarfe – also dem „Welche Profile?", „Wie viele?", „Wann?" und auch „Wo?" – sollte im Unternehmen auch Transparenz darüber vorliegen, welche Positionen primär im Fokus der Aufmerksamkeit stehen sollten, d. h., welche Schlüsselpositionen im Unternehmen existieren. Hierbei handelt es sich um Positionen, deren Fehl- oder Nicht-Besetzung[16] mit massiven unternehmerischen Risiken verbunden ist. Aufgrund der Bindung der Schlüsselpositionen an spezifische Funktionen, Unternehmensprozesse bzw. -aktivitäten ist es nicht möglich, eine erschöpfende Liste der unternehmerischen Risiken zu erstellen, die für die Definition von Schlüsselpositionen sprechen.

---

[15] Quantitative Personalplanung ist aufgrund der Verbindung mit der Budgetierung hingegen in den meisten Unternehmen ein Standardprozess.

[16] Vakanz-Risiko: Schlüsselpositionen können nicht besetzt werden. Capability-Risiko: Nachfolger bringen nicht die erforderlichen Skills und Kompetenzen mit bzw. sind nicht hinreichend entwickelt und auf die Position vorbereitet worden.

Jedoch finden sich Kriterien, anhand derer sich Schlüsselpositionen identifizieren lassen:

- Position erbringt einen hohen Wertschöpfungsbeitrag
- Position stellt sehr spezifische Anforderungen in Bezug auf Qualifizierung oder Erfahrungen („Eintrittsbarrieren"), die nur schwer am Markt zugänglich sind bzw. die nicht im Unternehmen selbst entwickelt werden können
- Positionen, die einen substanziellen und erfolgskritischen Beitrag zum (zukünftigen) Kerngeschäft leisten
- Andere Geschäftsbereiche stehen in unmittelbarer Abhängigkeit zu den Ergebnissen der Position

Wie aus den oben beschriebenen Faktoren ersichtlich, handelt es sich um Eigenschaften, die direkt an die jeweilige Position gebunden sind. Ist die Bedeutung jedoch darauf zurückzuführen, dass der aktuelle Positionsinhaber spezifische Merkmale aufweist (die nicht zur Erfüllung der Aufgaben erforderlich sind) bzw. die Position besonders ausfüllt, z. B. durch sehr gute persönliche Kontakte zum Topmanagement, so handelt es sich hierbei nicht zwangsläufig um eine Schlüsselposition, da die Kriterien an die Person gebunden sind.

Grundlegend ist anzumerken, dass bei der Definition der Schlüsselpositionen darauf geachtet werden muss, deren Anzahl zu beschränken. Häufig wird eine Vielzahl von Positionen als Schlüsselposition definiert, z. B. wenn die o. g. Kriterien nur teilweise oder vereinzelt zutreffen. Eine Überzahl von Positionen erschwert jedoch die Handhabbarkeit in der Praxis und grenzt somit die Lieferfähigkeit des Talentmanagements empfindlich ein.

Zusammenfassend lässt sich festhalten, dass nur mittels einer langfristigen und strategischen Erhebung der Personalbedarfe den Unternehmen hinreichend Spielraum bleibt, sich intern und extern entsprechend aufzustellen und die erforderlichen Maßnahmen zur Sicherung der geforderten Ressourcen erfolgreich umzusetzen.

3. Gesamtprozess Talentmanagement

Nach der Konkretisierung der inhaltlichen Grundlage des Talentmanagements stellt die Skizzierung eines Gesamtprozesses den nächsten (und häufig übersehenen) Schritt dar. Zielsetzung hierbei ist es, einen Überblick über den Gesamtprozess Talentmanagement bzw. einen Rahmen für die weitere Ausgestaltung zu erarbeiten. Eine inhaltliche Ausdifferenzierung des Gesamtmodells soll an dieser Stelle noch nicht erfolgen.

Aufgrund der Komplexität des Talentmanagements hat es sich als sehr hilfreich erwiesen, sich in einem ersten Schritt einen Überblick über die einzelnen Bestandteile des Gesamtprozesses zu verschaffen[17] und zu definieren:[18]

- welche Prozesse/Elemente Bestandteile des Talentmanagements darstellen;
- zu welchen Prozessen/Elementen, die nicht direkt zu den Bestandteilen des Talentmanagements zählen, wichtige Schnittstellen bestehen und
- zu welchen Prozessen/Elementen keine Schnittstellen bestehen.

Nachdem die einzelnen relevanten Prozesselemente identifiziert wurden, kann abgeleitet werden, welche Ergebnisse – zum Beispiel i. S. v. Personendaten – aus den einzelnen Prozessschritten resultieren müssen. Dieser Überblick ermöglicht es, die im Gesamtprozess generierten Daten zu strukturieren und damit ein Gesamtdatenmodell zu erstellen. Dieses Modell dient der Überprüfung, ob alle für die relevanten (Personen-) Entscheidungen erforderlichen Daten vorliegen bzw. an welchen Stellen im Prozess weitere Daten oder eine Schärfung der bisher erhobenen Daten erforderlich sind.

Die Ableitung des Gesamtprozesses ermöglicht es auch, einige grundlegende Fragestellungen zu adressieren und somit frühzeitig einige für das Talentmanagement zentrale Entscheidungen treffen zu können, z. B.:

- Welche Konferenz- bzw. Poolstruktur (s. Abschnitt 10) soll realisiert werden?
- Wie hängen zentrale und dezentrale Konferenzen/Pools bzw. Konzern- und divisionale Konferenzen/Pools zusammen?
- Soll ein separater Toptalent-Track implementiert werden?

---

[17] Der Gesamtprozess sollte möglichst auch aus der Perspektive verschiedener Gruppen, z. B. Kandidaten, Führungskräfte etc., betrachtet werden, um Brüche, Inkonsistenzen oder Unvollständigkeiten in der Prozesskette aufzudecken.

[18] Eng verbunden mit diesem Gesamtüberblick ist auch die Klärung der internen Zuständigkeiten, da ein Großteil der Prozesse nicht in der Verantwortung des Talentmanagements liegen kann.

3.1 Ableitung konkreter Zielsetzungen

Wie bereits eingangs beschrieben, ist Talentmanagement mit einem klaren Auftrag verbunden: die Unterstützung der unternehmerischen Zielsetzungen durch die Sicherstellung der dafür erforderlichen Ressourcen. Es gilt nun, diese vergleichsweise globale Anforderung zu konkretisieren und in definierte Ziele zu überführen, z. B. Fluktuationsquote der Toptalente < 2 %, Besetzungsquote von Schlüsselpositionen mit internen Nachfolgern > 95 %, Rekrutierungskosten 30 % niedriger als im Vorjahr etc.

Die Definition klarer Zielsetzungen macht ebenfalls deutlich, dass Talentmanagement ein geplanter und zielgerichteter Gesamtkomplex ist, der in eine definierte Richtung gesteuert werden muss, um dauerhaft Erfolge erbringen zu können. Ohne die Definition konkreter Ziele und einer klaren Richtung läuft das Talentmanagement Gefahr, eine Ansammlung opportunistischer Aktivitäten darzustellen. Ein konkreter Effektivitätsnachweis wäre somit nicht möglich und erforderliche Kurskorrekturen würden sich nur schwer ablesen lassen.

Folgende Kriterien sind bei der Festlegung der Ziele zu berücksichtigen:

- Die definierten Ziele sind hinreichend konkret und mit messbaren Key Performance Indicators hinterlegt. Hierbei ist darauf zu achten, dass die KPIs auch wirklich durch die im Unternehmen vorhandenen Instrumente und Systeme gemessen werden können (siehe unten).
- Die definierten Ziele müssen sich primär durch das Talentmanagement beeinflussen lassen. Es sollten keine Ziele definiert werden, auf die das Talentmanagement nur einen geringen oder gar keinen Einfluss besitzt.
- Der den Zielen zugrunde liegende Zeithorizont sollte realistisch angesetzt werden. Besonders hinsichtlich sichtbarer Ergebnisse muss von einer mittel- bis langfristigen Perspektive ausgegangen werden.
- Es ist sicherzustellen, dass sich das Talentmanagement auch intern an den definierten Zielen messen lassen will.

Für die Messung der Zielerreichung ist eine entsprechende Controlling-Systematik erforderlich, d. h., neben den richtigen KPIs müssen die dafür erforderlichen Instrumente vorliegen sowie der Prozess der Datenerhebung und -auswertung geklärt sein.

- » Anzahl der Bewerbungen pro Rekrutierungskanal
- » Externe Rekrutierungskosten pro erfolgreicher Rekrutierung
- » Anzahl identifizierter Talente / Top Talente pro Unternehmenseinheit (im Jahresabgleich)
- » Fluktuationsquote von Talenten / Top Talenten
- » Anzahl der Positionen mit definierten Nachfolgern
- » Anzahl der nominierten Nachfolger pro Position
- » Fluktuationsquote in Schlüsselpositionen
- » Besetzungsquote von Schlüsselpositionen
- » Besetzungsquote von Schlüsselpositionen durch die nominierten Nachfolger

Abb. 2. Beispiel-KPIs

Die Komplexität des Talentmanagements verleitet leicht dazu, eine Vielzahl von KPIs im Gesamtprozess zu erheben, auszuwerten und zu berichten – dies ist jedoch weder in Bezug auf die Überprüfung der Leistungsfähigkeit des Talentmanagements noch dem Leistungsnachweis der Unternehmensführung gegenüber zielführend. Entsprechend ist darauf zu achten, dass sich der Controllingaufwand darauf beschränkt, die wirklich leistungsindikativen Kennzahlen zu erheben und mögliche „Datenfriedhöfe" bzw. ein Übermaß an Daten zu vermeiden. Bei der Erhebung zusätzlicher Kennzahlen, die nicht durch das vorhandene Controllingsystem ausgegeben werden, sollte deren Notwendigkeit den zusätzlichen Aufwand klar begründen.

Die erhobenen Kennzahlen sind aktiv und periodisch zu berichten, um dem Management die aktuelle Ergebnislage des Talentmanagements darzustellen und auf diesem Wege zu vermeiden, dass das Controlling nur einem Selbstzweck dient. Vielmehr sollte das Controlling dazu genutzt werden, die Ergebnisse und die Leistungsfähigkeit des Talentmanagements zu vermarkten: Die erzielten Ergebnisse gegenüber den Entscheidungsträgern sichtbar machen, nachweisen und somit auch in den Köpfen halten.

Guiding Principles als Mission Statement

Neben der prozessualen Talentmanagement-Gesamtbetrachtung sollte auch eine komprimierte Zusammenfassung des Gesamtsystems im Rahmen von Guiding Principles definiert werden. Hierbei handelt es sich um eine kurze und prägnante Beschreibung der folgenden Aspekte:[19]

- Fokus und Zielsetzung des Talentmanagements
- Einordnung des Talentmanagements in das Gesamtsystem der Personalarbeit bzw. die Sicherstellung erforderlicher Ressourcen
- Kerncharakteristika des Talentmanagements
- Selbstverständnis des Talentmanagements
- Privilegien und Erwartungen an Toptalente/Talente
- Rolle und Aufgabe der Führungskräfte im Talentmanagement

Die Guiding Principles werden in Form von Leitsätzen verfasst, die prägnant die wesentlichen Inhalte zusammenfassen und die „Einstellung" des Talentmanagements zu den o. g. Punkten wiedergeben. Somit sind die Guiding Principles durchaus vergleichbar mit einem Mission Statement. Besonders im Hinblick auf das Marketing des Talentmanagements kommt den Guiding Principles eine zentrale Rolle zu: Die Guiding Principles sind erfahrungsgemäß das Dokument des Gesamtprozesses, das am häufigsten für verschiedene Zielgruppen Anwendung findet, um das Talentmanagement sowie die damit verbundenen Zielsetzungen vorzustellen und zu erklären. Entsprechend sollten die Leitsätze möglichst einfach, treffend und unmissverständlich formuliert werden.

Grundlagen der Potenzialbeurteilung

Kernelement des Talentmanagements ist die Potenzialbeurteilung bzw. -aussage. Die Potenzialbeurteilung der Mitarbeiter bildet die „Zugangsberechtigung" zu den entsprechenden Förderpools, Entwicklungsprogrammen und Nachfolgelisten des Unternehmens.

In der Unternehmenspraxis ist die Durchführung der Potenzialbeurteilung eng an die Performancebeurteilung, d. h. die Leistung im aktuellen Job[20] geknüpft, jedoch handelt es sich um unterschiedliche Konstrukte. Die

---

[19] Die im Folgenden aufgelisteten Themen stellen eine Anregung und keine erschöpfende Liste dar.

[20] Hierzu zählen u. a. die Zielerreichung, das Verhalten in alltäglichen Situationen, die Leistung in Projektteams, Ergebnisse aus Zusatzaufgaben etc.

Potenzialbeurteilung hingegen fokussiert nicht auf die Gegenwart bzw. die Vergangenheit, sondern beinhaltet eine Aussage über mögliche zukünftige Leistungen, d. h. die antizipierte Leistung in einer neuen, höherwertigen Funktion[21] (s. Abb. 2). Somit handelt es sich bei Performance und Potenzial um zwei voneinander unabhängige Konstrukte, d. h., selbst bei einer negativen Potenzialaussage kann dennoch die Leistung in einem aktuellen Job durchaus sehr hoch sein. Der entgegengesetzte Fall eines „Hidden Talents", i. e. hohes Potenzial und geringe Performance, ist de facto in der Unternehmenspraxis äußerst selten anzutreffen, da Potenzialträger meistens ihre Kompetenz bereits frühzeitig unter Beweis stellen (wollen).[22]

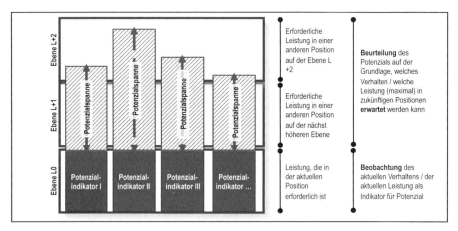

Abb. 3. Differenzierung zwischen Performance und Potenzial

Unternehmensweit einheitliches Potenzialkonzept

Das Potenzialkonzept und der Potenzialbegriff sollten im Unternehmen ein klares und einheitliches Verständnis begründen, was genau Potenzial bedeutet und anhand welcher Faktoren bzw. Manifestationen es im alltäglichen Verhalten sichtbar wird. Nur mit einer einheitlichen Grundlage kann gewährleistet werden, dass die Potenzialbeurteilung der Führungskräfte

---

[21] Klassisch handelt es sich hierbei um die nächste Stufe in einer Fach-, Führungs- oder Projektlaufbahn.

[22] Einstufungen als Hidden Talent sind häufig auf diagnostische/metrische Ursachen zurückzuführen. Alternativ kann die Einstufung als Hidden Talent aber auch einen deutlichen Hinweis auf ein mögliches Fluktuationsrisiko geben, z. B. wenn der Stelleninhaber aufgrund von deutlicher Unterforderung oder fehlendem Commitment für den Arbeitgeber nicht die geforderte Leistung erbringt.

und somit die Bezeichnung „Talent/Potenzialträger" bzw. „Toptalent" unternehmensweit die gleiche Wertigkeit aufweisen und dass dieser Einschätzung die gleiche Güte zugrunde liegt.

Bei einem Vergleich der unterschiedlichen Potenzialdefinitionen lassen sich vergleichsweise hohe Übereinstimmungen finden. Zwar divergieren die einzelnen Bezeichnungen der Potenzialindikatoren zwischen den unternehmensspezifischen Konzepten, im Kern lassen sich jedoch große Übereinstimmungen bzgl. der Grundanforderungen finden:

- Die Potenzialindikatoren weisen eine hohe zeitliche Stabilität auf, d. h., sie variieren ab einem bestimmten Lebensalter kaum oder gar nicht im Zeitverlauf.
- Die Potenzialindikatoren sind der (Personal-) Entwicklung nur bedingt zugänglich und zeigen somit eine hohe Bedeutsamkeit als Selektionskriterien.
- Die Potenzialindikatoren sind Leistungstreiber und forcieren somit auch die Karriereentwicklung.
- Die Potenzialindikatoren sind nicht an spezifische Situationen oder Umgebungsfaktoren gebunden.
- Die Potenzialindikatoren sind basale bzw. grundlegende Attribute/Charakteristika einer Person.

Folglich finden sich in der Regel kognitive (z. B. kognitive Kapazität), motivationale (z. B. Wille, Leistungsmotivation) und Persönlichkeitsfaktoren (z. B. Belastbarkeit, Flexibilität, Offenheit für Erfahrungen). Im Rahmen der weiteren Konzeptdefinition werden die Potenzialindikatoren inhaltlich ausgestaltet und im Folgenden in die entsprechenden Instrumente überführt. Diese inhaltliche Konkretisierung definiert präzise, anhand welcher Verhaltensweisen sich Potenzial im alltäglichen Geschäft manifestiert. In einigen Unternehmen werden die Potenzialindikatoren spezifisch für die einzelnen Hierarchieebenen operationalisiert.

Dem Unterschied zwischen Talenten und Toptalenten (s. Abschnitt 2) muss mit geeigneten Differenzierungsmerkmalen Rechnung getragen werden. Hierfür verwenden Unternehmen unterschiedliche Ansätze:

- **Quantitativ:** Toptalente und Talente werden anhand derselben Potenzialindikatoren beurteilt. Eine Einschätzung als Toptalent erfordert jedoch höhere Ergebniswerte auf einer dafür vorgesehenen Beurteilungsskala als eine Einschätzung als „reguläres" Talent.

- **Qualitativ:** Die Einschätzung als Toptalent setzt andere Kriterien voraus, d. h., die Potenzialkriterien sind für Toptalente inhaltlich fordernder definiert oder zusätzliche Kriterien müssen erfüllt sein. Teilweise nutzen Unternehmen auch sehr bildliche Kriterien, wie z. B. „Our next CEO", um in der Führungsaufgabe der Identifizierung von Toptalenten eine entsprechende Orientierung zu geben.

Mitunter werden auch numerische Cut-off-Grenzen definiert, beispielsweise das Verhältnis von Toptalenten zur Gesamtzahl der Mitarbeiter (z. B. 1 %) bzw. zur Anzahl „regulärer" Talente (z. B. 5 %). Diese erfahrungsgeleiteten Werte dienen intern als Richtgrößen und Kontrollgrenzen für die Gesamtsteuerung der entsprechenden Pools.

Potenzialnominierungs- und -validierungsprozess

Aufbauend auf der Definition eines einheitlichen Potenzialkonzepts sowie der inhaltlichen Konkretisierung der Potenzialindikatoren gilt es nun, diese in Instrumenten zu verankern und in einen entsprechenden Prozess zu integrieren.

Ausgangspunkt der Potenzialbeurteilung ist die Potenzialnominierung bzw. das Potenzialscreening. Hierbei geht es um die bottom-up durchgeführte Identifizierung von Potenzialträgern bzw. Toptalenten, die zeitlich häufig an das Mitarbeitergespräch des Performancemanagement-Prozesses gekoppelt ist.[23] Die Einschätzung erfolgt dabei meistens durch die direkte Führungskraft, wobei Selbstnominierungen bzw. Nominierungen durch Kollegen – die gleichwertig zur Nominierung der Führungskraft sind – ebenfalls Anwendung finden. Die Potenzialbeurteilung setzt auf dem aktuellen Verhalten sowie den aktuellen Leistungen auf, stellt jedoch de facto eine Extrapolation auf zukünftige Leistungen in einem völlig anderen Umfeld dar. Daher ist es erforderlich, die Einschätzung möglichst einfach zu gestalten und eine besondere Unterstützung zur Verfügung zu stellen. Häufig stehen der Führungskraft hierzu spezifische Checklisten bzw. Leitfragen zur Verfügung, welche die Manifestation der Potenzialindikatoren im Alltag feststellbar machen, d. h., wie häufig und in welchem Ausmaß Verhalten gezeigt wurde, das Rückschlüsse auf ein entsprechendes Potenzial

---

[23] Häufig setzen Unternehmen eine definierte Zeitspanne der Unternehmenszugehörigkeit als Voraussetzung für die Potenzialbeurteilung voraus. Kandidaten, die erst kürzlich dem Unternehmen beigetreten sind, kommen auf eine entsprechende „Watchlist".

erlaubt. Die Checklisten dienen dazu, die Reflexion der Führungskraft anzuregen, um anschließend mittels der standardisierten Potenzialkriterien die Potenzialbeurteilung vorzunehmen.

In einem nächsten Schritt gilt es, diese singuläre – und somit auch vorläufige – Potenzialbeurteilung mittels des Abgleichs mit weiteren Einschätzungen zu bestätigen. Hierzu finden häufig bereichsbezogene Reviews statt, in denen die jeweiligen Potenzialnominierungen vorgestellt und diskutiert werden. Teilnehmer dieser Reviews sind im Normalfall die Vorgesetzten der Führungskräfte, die die Potenzialbeurteilung vorgenommen haben. Im Rahmen der Reviews werden die jeweiligen Kandidaten anhand eines Kurzprofils durch ihre direkte Führungskraft vorgestellt, ergänzt bzw. differenziert wird diese Einschätzung durch Erfahrungen der anderen Führungskräfte.

Zwar ist auf Grundlage dieser Reviews die Potenzialnominierung bereichsbezogen bestätigt worden, eine abschließende Potenzialvalidierung durch ein unternehmensweit einheitliches Instrument[24] und „unabhängige" Personen steht jedoch noch aus. Durch den Einsatz von Personen, die bisher keinen oder nur sehr wenig Kontakt mit den jeweiligen Kandidaten hatten, soll eine objektive Einschätzung sichergestellt werden. Meistens handelt es sich hierbei um Führungskräfte aus anderen Unternehmensbereichen, die eine Ebene über der Zielebene stehen. Häufig wird diese abschließende Validierung auch mit externen Diagnostikexperten besetzt, um mögliche Befindlichkeiten bzw. politische Einflussfaktoren auszuschließen. Erst nach einer abschließenden Potenzialvalidierung erfolgt die Aufnahme in die entsprechenden Pools bzw. der Zugang zu Entwicklungsprogrammen.

Im Rahmen des Designs des Gesamtprozesses bzw. der Entwicklung der Instrumente sind die Zielgruppen Führungskräfte und Mitarbeiter besonders zu berücksichtigen.

Die Potenzialbeurteilung und die damit verbundene Teilnahme am Nominierungs- und Validierungsprozess unterscheidet sich aus Sicht des Mitarbeiters deutlich von gewohnten Beurteilungssituationen wie dem Performancemanagement-Prozess. Zusätzlich zu einer für den weiteren Karriereverlauf sehr wichtigen Prüfungssituation erleben die Kandidaten eine Beurteilung durch fremde Führungskräfte, die hierarchisch über der

---

[24] Häufig in Form von Management-Audits oder Assessment-Centern.

eigenen Führungskraft stehen. Hiermit verbunden ist auch ein höherer Grad an Sichtbarkeit im Unternehmen. Entsprechend ist darauf zu achten, dass mögliche Verliererproblematiken weitgehend abgefedert werden bzw. eine Stigmatisierung vermieden wird. Mittels attraktiver Alternativen zum angestrebten Entwicklungsschritt soll frühzeitig Frustration oder Demoralisierung entgegengewirkt werden. Letztlich handelt es sich in den meisten Fällen um Mitarbeiter mit einer überdurchschnittlichen Performance, die bestmöglich langfristig an das Unternehmen gebunden werden sollten.

Die primäre Anwendung der Beurteilungsinstrumente durch Führungskräfte macht es erforderlich, dass diese in der Praxis einfach und pragmatisch anwendbar sind. Hochkomplexe bzw. zu differenzierte Instrumente erfahren häufig ihr Scheitern an der Akzeptanz und der Anwendung durch die Führungskräfte, die zusätzlich zu den Führungsaufgaben den Anforderungen des operativen Tagesgeschäfts gerecht werden müssen. Eine besondere Herausforderung liegt zudem darin, nachhaltig ein Commitment für diese Führungsaufgaben sowie ein Bewusstsein für deren Tragweite zu schaffen.

3.2 Managementkonferenzen und Talent-Pools

Eine positive Potenzialaussage führt jedoch nicht unmittelbar bzw. zwangsläufig zu einer Stellenbesetzung, sondern ermöglicht in einem ersten Schritt den Zugang zu einem entsprechenden Talent-Pool. Aus diesen Pools werden dann die entsprechenden Nachfolgelisten erstellt sowie den Kandidaten die geeigneten Entwicklungsprogramme zugewiesen.

Aufgrund der engen Anbindung der Pools an die jeweilige Organisationsstruktur variieren sowohl Anzahl als auch Umfang der jeweiligen Pools deutlich zwischen den Unternehmen. Folglich lassen sich nur schwer allgemeingültige Strukturen ableiten. Häufig finden sich historisch gewachsene Strukturen, die eine Vielzahl unterschiedlicher Pools sowie Kandidatenlisten beinhalten – mit entsprechenden Implikationen hinsichtlich des Steuerungs- und Administrationsaufwands. In diesen Fällen erscheint es sinnvoll, die bestehende Struktur in ihrer Gesamtheit zu prüfen und ggf. vollständig neu auszurichten, um langfristig den Aufwand zu minimieren sowie die Funktionalität und Effektivität der Pools zu gewährleisten. Im Kern sollten die Struktur und das Ineinandergreifen der einzelnen Pools die Organisation bzw. die hierarchische Struktur sowie die dahinterliegenden Mengengerüste bestmöglich abbilden. Zum Beispiel besitzen große Business Units in den meisten Fällen eine eigenständige

Poolstruktur (inkl. eines separaten Talentmanagements), die erst ab einer definierten hierarchischen Ebene in die Konzernpools, z. B. Corporate Senior Executive Pools, münden.

Ein klarer Vorteil der Pools besteht in der bereichsübergreifenden Zusammensetzung der Kandidaten. Die daraus resultierende Transparenz über bestehende (Management-) Potenziale stellt ein wichtiges Steuerungsinstrument dar. Besonders bei der Besetzung von Stellen sind die Nachfolgelisten daher nicht an die bereichsbezogenen Kompetenzen gebunden, sondern ermöglichen eine bereichsübergreifende und somit optimale Besetzung. Hieraus ergibt sich eine Win-win-Situation: Aus einer unternehmerischen Perspektive erhält der beste Kandidat die Stelle, anstelle des besten der gerade verfügbaren Kandidaten. Aus Perspektive des Individuums beschränken sich die eigenen Entwicklungsmöglichkeiten nicht ausschließlich auf den eigenen Bereich. Die eigene Sichtbarkeit vergrößert sich deutlich – dies verbunden mit allen sich bietenden Chancen und Risiken.

Zudem stellen die Pools auch eine vergleichsweise ökonomische Möglichkeit dar, einer Gruppe von Kandidaten gezielt spezifische Qualifizierungsbausteine mit Fokus auf eine definierte Anforderung, z. B. an das zukünftige Führungsverhalten, zukommen zu lassen. Die entsprechenden Entwicklungsprogramme, die an die jeweiligen Pools gekoppelt sind, sollen daher in Übereinstimmung mit dem Karriere- und Laufbahnmodell die Skills und Kompetenzen vermitteln, die auf der „Zielebene" erforderlich sind. Zudem sollte hinreichend Freiraum in der Programmstruktur bestehen, um als individuelle Ergänzung Einzelmaßnahmen zusteuern zu können.

Als Gegenstück spiegeln die jeweiligen Konferenzen die Poolstruktur auf Managementseite wider. Zielsetzung der Konferenzen ist es, in definierten Abständen den aktuellen Stand des Pools sowie den Entwicklungsfortschritt der Kandidaten zu reviewen und gemeinsam entsprechende Entscheidungen zu treffen. Zu dem Aufgabengebiet der Konferenzen gehören u. a.:

- Review der Zusammensetzung des Gesamtpools
- Review neuer Poolmitglieder
- Überprüfung des Entwicklungsfortschritts der Poolmitglieder
- Diskussion/Entscheidung bzgl. spezifischer Entwicklungsmaßnahmen, z. B. Auslandseinsätze, Sonderaufgaben, Projekteinsätze, etc.
- Diskussion/Entscheidung bzgl. konkreter Stellenbesetzungen
- Diskussion/Entscheidungen bei spezifischen Einzelfällen, z. B. bei langer Verweildauer im Pool ohne erkennbare Fortschritte, bei identifizierten Fluktuationsrisiken etc.

In den Aufgabenbereich des Human-Resource-Managements fallen:

- die Vorbereitung der Konferenzen – die Sammlung und Aufbereitung der individuellen Daten der einzelnen Kandidaten sowie die Priorisierung der Konferenzagenda;
- die Nachbereitung der Konferenzen – die Aktualisierung der persönlichen Daten auf Grundlage der Konferenzergebnisse, Umsetzung der Entscheidungen, Kommunikation/Rückmeldung der Ergebnisse an die Kandidaten;
- die laufende Pflege/Aktualisierung der Daten (im System).

Aufgrund des umfangreichen Datenmaterials ist mittlerweile Talentmanagement ohne ein geeignetes IT-System kaum noch realisierbar. Zudem lässt der mit den Konferenzvorbereitungen verbundene Aufwand erkennen, warum mögliche Redundanzen bzw. Überkapazitäten in der Pool- und Konferenzstruktur möglichst zu vermeiden sind.

Zugrunde liegendes Gesamtdatenmodell

Besonders im Hinblick auf die Konferenzen sowie der dort getroffenen Entscheidungen wird deutlich, dass ein stimmiges Gesamtdatenmodell ein Kernelement des Talentmanagements sein sollte, denn mit dem Gesamtdatenmodell wird die zentrale Frage beantwortet, welche Daten in welchem Detaillierungsgrad notwendig sind, um die erforderlichen Personal- bzw. Einzelfallentscheidungen treffen zu können. Besonders mit Blick auf die Besetzung von Vakanzen stellt sich die Frage, welche Personendaten die Stellendaten voraussetzen: Das heißt, welche Informationen/Daten über die Person sowie über ihre Skills und Kompetenzen werden benötigt, um eine Aussage treffen zu können, in welchem Ausmaß die Person den Anforderungen der Stelle entspricht.

Häufig werden folgende Daten für Personal- bzw. Einzelfallentscheidungen verwendet:

- Ergebnisse aus dem Performancemanagement-Prozess, d. h. Zielerreichungsgrad etc.
- Informationen aus dem Potenzialbeurteilungsprozess
- Spezifische Beurteilungen, z. B. Projektfeedbacks
- Skills und Kompetenzen
- Formale Qualifikationen und Zertifikate
- Qualifizierungshistorie
- Sprachkenntnisse

- Bisherige Dauer in der aktuellen Position
- Retentionsdaten
- Mobilität
- Karriereaspirationen / Einsatzwünsche

Aufbauend auf einem definierten Gesamtdatenmodell ist zu klären, wie die Dateneinsteuerung erfolgt, d. h., welche Subprozesse welche Daten gegenwärtig liefern und zukünftig liefern sollten.

3.3 Nachfolgeplanung und -management

Auch hinsichtlich der Nachfolgeplanung und der damit verbundenen Absicherung potenzieller Risiken durch eine Nicht- oder Fehlbesetzung von Vakanzen stellt das Gesamtdatenmodell einen wichtigen Faktor dar: Aufgabe des Nachfolgemanagements ist es, für definierte Stellen Shortlists bzw. Planungslisten mit potenziellen Nachfolgern langfristig aufzustellen bzw. bestehende Lücken in der Qualifikation zwischen möglichen Kandidaten und Stellen aufzudecken und somit frühzeitig die erforderlichen Qualifizierungsmaßnahmen anzustoßen. Im optimalen Fall wird bei Ausscheiden des Stelleninhabers dieser direkt durch einen hinreichend qualifizierten Nachfolger ersetzt.

Im Kern liegt hier die Anforderung zugrunde, auf Grundlage eines Abgleichs der spezifischen Anforderungen einer Stelle mit den Skills, Kompetenzen und Erfahrungen potenzieller Nachfolger eine fundierte Entscheidung treffen zu können. Weisen die Kandidaten einen hinreichenden Fit in Bezug auf das geforderte Stellenprofil auf, werden sie in die Nachfolgelisten aufgenommen. Dies setzt natürlich voraus, dass die jeweiligen Datenstrukturen im Rahmen des Gesamtdatenmodells so definiert wurden, dass ein Abgleich der vorliegenden Daten überhaupt möglich ist, d. h., dass die Datenfelder zueinanderpassen.

Der Matching-Prozess gestaltet sich jedoch aus vielfältigen Gründen schwieriger, als auf den ersten Blick anzunehmen wäre:
- Ein Grundproblem besteht in der vorliegenden Datenstruktur. Ergebnis der Personalarbeit sind meistens Informationen und Daten über Personen, sodass sich hinsichtlich der Personendaten meist ein vergleichsweise umfassender Datenbestand findet. Dieser ist jedoch mitunter zu umfangreich, veraltet oder nicht zentral dokumentiert, sodass eine entsprechende Aufbereitung erforderlich ist.

- Im Hinblick auf die Stellendaten zeichnet sich in Bezug auf konkretes und flächendeckendes Datenmaterial ein Handlungsfeld in vielen Unternehmen ab. Dezidierte Informationen, welche Anforderungen an spezifische Stellen geknüpft sind, liegen, abgesehen von Ausnahmen, vergleichsweise selten vor. In internationalen Konzernen stellen zudem die Vereinheitlichung der Stellenbeschreibungen und der enthaltenen Informationen zur Vergleichbarkeit eine Herausforderung dar. Entsprechend ist hier ein hoher Aufwand erforderlich, die entsprechenden Informationen zu erheben (und operativ in ein entsprechendes IT-System einzupflegen).
- Häufig sind einzelne Kandidaten auf mehreren Nachfolgelisten eingetragen, sodass hier eine 1 : n- (Kandidaten : Listen-) Beziehung vorliegt. Problematisch wird dies, wenn zwischen den Listen Überschneidungen existieren. In diesem Fall kann eine Stelle mit einem Kandidaten besetzt werden, der auch auf anderen Listen als potenzieller Nachfolger vermerkt ist. Als Folge einer Stellenbesetzung könnten daher benötigte Kandidaten auf anderen Listen „wegbrechen". Aus diesem Grund werden Obergrenzen für die Anzahl möglicher Listen (z. B. max. zwei) und Mindestgrenzen[25] für die Anzahl von Nachfolgern (z. B. mind. drei) definiert.
- Der Anforderung einer langfristigen Nachfolgeplanung stehen jedoch meistens kurzfristige Änderungen sowohl auf Stellen- als auch auf Personenseite gegenüber. So können z. B. aus veränderten Strukturen oder Abläufen neue Anforderungen an Stellen folgen, auf die die bestehenden Nachfolgekandidaten ggf. nicht vorbereitet sind. Alternativ können Stellen auch vollständig entfallen – mit entsprechenden Implikationen für individuelle Karriereplanungen. Änderungen auf Personenseite, z. B. andere interne Herausforderungen, Ausscheiden aus dem Unternehmen, Krankheit, haben häufig zur Folge, dass bestehende Listen ggf. wieder komplett neu aufgebaut werden müssen.

Entsprechend sieht sich die Nachfolgeplanung mit der Herausforderung konfrontiert, langfristige Planungen zu realisieren, aber auf kurzfristige Änderungen flexibel reagieren zu können. Dies wird u. a. dadurch erschwert, dass der „Planungsgegenstand", i. e. Skills, Kompetenzen und Erfahrungen, mind. eine mittelfristige Perspektive erfordert.

---

[25] Zudem dienen Spezifizierungen weiterer Anforderungen an potenzielle Nachfolgelisten dazu, spezifische unternehmerische Zielsetzungen an das Talentmanagement umzusetzen, z. B. bereichsübergreifende Zusammensetzung der Nachfolgekandidaten.

3.4 Differenzierung von Toptalenten

Neben der klassischen Abfolge bzw. dem klassischen bottom-up gesteuerten Vorgehen für die „regulären" Talente sollte es spezifische Pools für Toptalente geben, da davon auszugehen ist, dass in jedem Unternehmen ab einer hinreichenden Anzahl von Mitarbeitern Toptalente existieren. Ohne eine frühzeitige Identifizierung und eine systematische Förderung erscheint eine langfristige Bindung der Toptalente unwahrscheinlich – insbesondere wenn der Wettbewerb sich diesbezüglich attraktiver positioniert. Zudem fehlen ohne einen spezifischen Fokus auf Toptalente jegliche Transparenz und somit auch Steuerungsmöglichkeiten dieser bedeutenden Zielgruppe.

Die Poolstruktur sollte jedoch nicht die bestehende hierarchische Struktur abbilden,[26] da dies aufgrund der vergleichsweise geringen Anzahl der Zielgruppe eine deutliche Überdifferenzierung darstellen würde. Zudem besteht häufig die explizite Erwartung, dass sich der Entwicklungsverlauf deutlich von einem „typischen" Step-by-step-Karriereverlauf unterscheidet. Neben der Struktur unterscheiden sich auch Zielsetzung und Funktion der Toptalent-Pools von Pools für „reguläre" Talente (die primär auf den Zugang zu definierten Entwicklungsprogrammen sowie die Nachfolgeplanung fokussieren):

- Direkter Fokus und unmittelbarer Zugriff auf die einzelnen Toptalente
- Konsequentes Controlling des Entwicklungsfortschritts der Toptalente
- Angebot besonderer Entwicklungsmaßnahmen
- „Stretch Assignments", z. B. strategisch hoch bedeutsame Projekte, herausfordernde Aufgaben etc.
- Individuell definierte Entwicklungswege
- Hohe Sichtbarkeit gegenüber dem Senior- und Topmanagement

Die Zuständigkeit bzw. die Verantwortung für die Toptalente liegt in den meisten Fällen zentral (z. B. bei Corporate HR). Nur durch eine bereichsübergreifende Betreuung des Pools kann sichergestellt werden, dass bestmögliche Entwicklungsperspektiven geboten werden können[27] bzw.

---

[26] Zum Beispiel würde ein zweistufiges Modell einen Pool für das Frontline bis Middle-Management umfassen sowie einen weiteren für das Senior- bis Topmanagement.

[27] Jedoch werden auch Top-Talente als Kandidaten in die „klassische" Nachfolgeplanung eingebunden.

ein optimaler Einsatz der Toptalente realisiert werden kann. Diese faktische „Abgabe" der Toptalente an eine zentrale Stelle birgt jedoch gleichzeitig die Gefahr, dass dezentrale Führungskräfte Kandidaten aus gerade diesem Grund nicht nominieren.

Ein weiteres deutliches Differenzierungsmerkmal der Toptalent-Pools sind klar definierte Erwartungen an die Poolmitglieder. Im Gegensatz zu den regulären Pools müssen die Toptalente laufend durch die eigenen Leistungen den Nachweis erbringen, dass ihre Mitgliedschaft im Pool gerechtfertigt ist. Entsprechend müssen z. B. überdurchschnittliche Leistungen in fordernden Projekten erbracht werden, Entwicklungsschritte schneller verlaufen etc. Poolmitglieder, deren Leistungen die Erwartungen nicht erfüllen, werden wieder aus dem Pool genommen – auch um eine systematische Überforderung zu vermeiden.

Aus unternehmerischer Perspektive gilt es zudem, mögliche Risiken bei der Besetzung wichtiger Projekte oder Stellen frühzeitig auszuschließen. Projekteinsätze etc., die im Rahmen der Entwicklung der Toptalente vorgenommen werden, sollen sichtbare Ergebnisse erbringen. Diese sollen zudem dem Potenzial der Kandidaten entsprechen und dazu den Beitrag übersteigen, der einem reinen Linieneinsatz entspringen würde.

Im Rahmen der Ausgestaltung des Talentmanagements ist jedoch zu berücksichtigen, dass der Toptalent-Track eine Besonderheit darstellt, die eine vergleichsweise geringe Gruppe von Mitarbeitern betrifft. Keinesfalls sollte der reguläre Prozess der Talentidentifikation, -entwicklung und -platzierung eine Abwertung erfahren oder vernachlässigt werden, da hiermit der erforderliche Leistungskorpus bereitgestellt wird, der für die Realisierung der unternehmerischen Zielsetzungen gefordert ist.

4. Grundlegende Erfolgsfaktoren

Der Gesamtprozess, alle Instrumente und Angebote sowie die damit verbundenen Chancen für die Talente stellen jedoch nur einen Möglichkeitsraum und eine notwendige, aber keineswegs hinreichende Bedingung für den Erfolg des Talentmanagements dar: Der Erfolg ist letztendlich durch die Anwendung im Alltag bedingt. Aus diesem Grund kommt den Führungskräften als den zentral Handelnden eine entscheidende Funktion im Talentmanagement zu.

Häufig ist in Studien die Bedeutsamkeit des Talentmanagements durch eine Einschätzung der Führungskräfte operationalisiert. Die Studienergebnisse zeichnen oft ein ähnliches Bild: Die Führungskräfte bewerten die Bedeutsamkeit des Talentmanagements übereinstimmend als sehr hoch und sehen im Talentmanagement einen wichtigen Wettbewerbsfaktor. Dennoch spiegeln diese Ergebnisse leider nicht die tatsächliche Priorisierung im Tagesgeschäft wider. Operative Herausforderungen, Kundenanfragen, veränderte Liefertermine etc. – eine Vielzahl unterschiedlicher Aufgaben konkurriert um das begrenzte Zeitkontingent der Führungskräfte. Für einen reibungslosen Talentmanagement-Prozess ist es jedoch unverzichtbar, dass dieser an der Basis entsprechend funktioniert und gelebt wird. Dem Topmanagement kommt hierbei aufgrund der Vorbildfunktion für die Führungskräfte eine wichtige Rolle zu. Daher steht das Topmanagement in der Verantwortung, das eigene Commitment für das Talentmanagement in der Organisation sichtbar zu leben. Dies kann sowohl durch kurzfristige Aktionen als auch durch dauerhafte Maßnahmen geschehen:

- Talentmanagement ist ein fester Agendapunkt in Sitzungen oder Meetings des Top- bzw. Seniormanagements, z. B. Berichte über Talentmanagement-Ergebnisse, wichtige Ereignisse, Entscheidungsvorlagen etc.
- Hohes zeitliches Investment in den Gesamtprozess Talentmanagement
- Übernahme von Mentoren- oder Referentenrollen, z. B. Vorträge im Rahmen von Führungskräfteprogrammen, Kaminabende etc.
- Sponsoring spezifischer Talentmanagement-Initiativen
- Unangekündigte Besuche bei nominierten Talenten/Toptalenten – Dokumentation der Wertschätzung und des Interesses an den Potenzialträgern
- Themenstellung des Talentmanagements wird öffentlich gelobt bzw. vorbildliches Verhalten oder Einzelleistungen werden herausgehoben, z. B. in der Mitarbeiterzeitung
- Konsequente Sanktionierung von entsprechendem Fehlverhalten, z. B. von Führungsfehlverhalten – unabhängig von der persönlichen Leistung

Wichtig hierbei ist, dass die Maßnahmen von der Organisation als ehrlich und glaubwürdig wahrgenommen werden. Auf diesem Weg werden deutliche Signale gesendet, welchen Stellenwert das Talentmanagement für das Unternehmen besitzt und welche Bedeutung der Ressource Mensch beigemessen wird.

Vereinzelt integrieren Unternehmen die Anforderungen an das Führungsverhalten als feste Beurteilungsgröße in den Performancemanagement-Prozess: Führungsverhalten, die eigene Rolle im Talentmanagement sowie wirklich greifbare Ergebnisse in der Nachwuchsförderung[28] sind wichtige Leistungsgrößen, an denen die Beurteilung ausgerichtet wird – mit entsprechenden Implikationen für die variable Vergütung bzw. die Beförderung. Somit wird die Bedeutung des Talentmanagements nicht nur gefordert oder vorgelebt, sondern auch systematisch bewertet und belohnt bzw. sanktioniert.

Eine weitere grundlegende Anforderung des Talentmanagements findet sich in Bezug auf den Wirkungshorizont: Nur eine konsequente und nachhaltige Umsetzung des Talentmanagements kann die erwarteten Ergebnisse liefern. Kurzfristige Ergebniserwartungen sind in der Regel nur schwer zu erfüllen bzw. unrealistisch, da Talentmanagement in den meisten Fällen auch die Entwicklung von Skills und Kompetenzen bzw. den Aufbau von Erfahrungen beinhaltet. Entsprechend gilt es, den Gesamtprozess gründlich und langfristig zu planen sowie die Ergebniserwartungen genau zu eruieren. Andernfalls besteht die Gefahr, den Erwartungen systematisch nicht gerecht werden zu können, ohne eine Überarbeitung des Gesamtprozesses durchzuführen. Besonders problematisch sind häufige Wechsel in den Zielsetzungen bzw. den Ergebniserwartungen, da diese meist aufwendige Veränderungen nach sich ziehen, die jedoch bald wieder verworfen werden müssen. Zusätzlich zum Anpassungsaufwand führt dies zu einer nachhaltigen Verunsicherung bzw. Frustration der Führungskräfte und Mitarbeiter, die die eigene Karriereentwicklung als nur noch schwer planbar erleben.

Aus diesem Grund stellt Nachhaltigkeit eine wesentliche Grundprämisse des Talentmanagements dar. Hinsichtlich der Realisierung möglicher Einsparpotenziale in wirtschaftlich schwierigen Zeiten impliziert dies natürlich ein umsichtiges Vorgehen: Deutliche Einschnitte in Aus- und Weiterbildungsbudgets bei den Toptalenten können zwar in spezifischen Situationen erforderlich sein, führen jedoch auch gleichzeitig zu Frustrationen bei der Zielgruppe. Solche Entscheidungen setzen sich zudem meist langfristig in den Köpfen der Mitarbeiter fest. Daher sollten mögliche Einsparpotenziale hinsichtlich der Konsequenzen sorgfältig geprüft werden: Einsparungen dürfen nicht das Gesamtkonzept Talentmanagement beeinträchtigen oder darin resultieren, dass aufgrund der Unzufriedenheit Talente und Toptalente das Unternehmen verlassen. De facto nehmen Talente und Toptalente die Investitionen in ihre eigene Person beim Verlassen des

---

[28] Beispielsweise wie viele Nachwuchskräfte im eigenen Verantwortungsbereich gefördert wurden.

Unternehmens mit. Dies bedeutet, dass die Einsparungen durch neue Investitionen, die in die Entwicklung von Mitarbeitern und Führungskräften erforderlich werden, verringert werden.

5. Fazit

Eingangs wurde im Rahmen einer Arbeitshypothese Talentmanagement als komplexer Prozess der Personalarbeit beschrieben, dessen Zielsetzung primär in der Anziehung, Entwicklung, Platzierung und Bindung von Talenten liegt. Unbestritten stellt Talentmanagement somit einen wesentlichen und zentralen Baustein der Personalarbeit dar, der viele entscheidende Parameter beeinflussen kann.

Dennoch ist ein realistischer Blick auf die Grenzen des Talentmanagements erforderlich. Unabhängig von der Güte des Talentmanagements ist anzunehmen, dass die Verweildauer von Talenten in Unternehmen aus verschiedenen Gründen abnehmen wird (s. Abschnitt 1). Die persönliche Entscheidung, das Unternehmen zu verlassen, ist von vielen Faktoren abhängig und kann nicht vollständig durch das Talentmanagement determiniert werden. Daher ist es erforderlich, die folgenden Punkte zu berücksichtigen:

- Klare Definition einer für das Unternehmen akzeptablen Fluktuationsgrenze, insbesondere für Schlüsselpositionen
- Laufende Überprüfung der Fluktuation sowie systematische Erhebung der Ursachen, z. B. im Rahmen von Exit-Interviews
- Definition eines strukturierten Übergabeprozesses[29], um Verlust von Know-how zu minimieren
- Definition einer Untergrenze für die Bindung von Talenten und Toptalenten, um sicherzustellen, dass die getätigten Investitionen einen ROI erwirtschaften können

Letztendlich kann aber ein gewisses Maß an Fluktuation für das Unternehmen sogar vorteilhaft sein, insbesondere dann, wenn neue Talente neues Wissen einbringen, neue Impulse setzen oder einen eingefahrenen Status-quo herausfordern.

---

[29] Zum Beispiel durch Tandem-Modelle, rechtzeitiges Herausnehmen der entsprechenden Personen aus operativen Verantwortungen, um Zeitressourcen für die Übergabe zu realisieren, etc.

Talentmanagement-Checkliste

Folgende Themenstellungen sind im Rahmen des Talentmanagements zu berücksichtigen:

- Definition der qualitativen und quantitativen Personalbedarfe auf Grundlage der strategischen Geschäftszielsetzungen
- Definition der Schlüsselpositionen
- Konzeption eines Gesamtprozesses Talentmanagement inkl. der Kernprozesse und Klärung der Schnittstellen zu anderen Prozessen der Personalarbeit
- Ableitung eines Gesamtdatenmodells als Grundlage der Ergebnisanforderung für die einzelnen Talentmanagement-Subprozesse
- Festlegung konkreter Zielsetzungen für das Talentmanagement auf Grundlage der Ergebniserwartungen
- Aufsetzen einer Controllingsystematik und systematisches Reporting der Ergebnisse des Talentmanagements
- Ableitung von Guiding Principles als Mission Statement und als Marketinginstrument des Talentmanagements
- Entwicklung und Operationalisierung eines unternehmensweit einheitlichen Potenzialkonzepts als Grundlage der Potenzialbeurteilung
- Definition eines Potenzialnominierungs- und -validierungsprozesses und Hinterlegung mit Instrumenten für die Potenzialbeurteilung
- Definition der Pool- und Konferenzstruktur im Abgleich mit der Organisationsstruktur
- Verzahnung der Poolstruktur mit den bestehenden Entwicklungsprogrammen
- Entwicklung eines Toptalent-Tracks und Definition der Anforderungen/ Erwartungen sowie der „Privilegien"
- Aufsetzen der Nachfolgeplanung und Definition der Nachfolgelisten
- Aktive Einbindung des Senior-/Topmanagements

Literatur

Bodden, S., Glucksman, M. & Lasky, P. (2000). The war for technical talent. *The McKinsey Quarterly*, *3*, S. 14–15.

The Boston Consulting Group & World Federation of Personnel Management Associations (2008). *Creating people advantage: How to address HR challenges worldwide through 2015*. Boston: The Boston Consulting Group.

Cappelli, P. (2008). *Talent on Demand: Managing Talent in an Age of Uncertainty*. Boston: Harvard Business School Press.

Eichinger, R.W. & Lombardo, M.M. (2004). *The ROI on People – The 7 vectors of research*. Minneapolis: Lominger Limited, Inc.

Finegold, D. & Mohrman, S.A. (2001). *What Do Employees Really Want? The Perception vs. The Reality*. Los Angeles: USC Marshall School of Business.

Kienbaum (2009). *HR Strategie und Organisation. Strategie und Organisation des Human Resource Managements im deutschsprachigen Raum*. Berlin: Kienbaum Management Consultants.

Stockley, D. (2009). *Talent management concept – definition and explanation*. Retrieved April 21, 2009, from Derek Stockley Website: http://derekstockley.com.au/newsletters-05/020-talent-management.html

Towers Perrin (2008). *People, Change and Performance: Emerging Issues in HR Service Delivery and Technology*. Stamford: Towers Perrin.

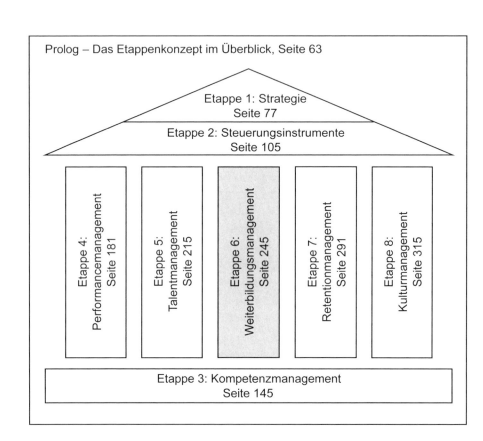

Etappe 6: Weiterbildungsmanagement

Frederic Fredersdorf & Beate Glasmacher

Betriebliche Weiterbildung professionell zu steuern, ist eine fundamentale unternehmerische Aufgabe, bei der es darum geht, Humanressourcen auf strategische Ziele auszurichten und zu entwickeln. Besonders in Zeiten von Krisen und Rezession gilt es, drohenden Wettbewerbsnachteilen vorzubeugen, indem man Wissen und Sozialkapital optimal fördert. Als Modul strategieorientierter Personalentwicklung ist somit ein bedarfsorientiertes, effizientes wie effektives Weiterbildungsmanagement unverzichtbar. Dessen Aufgabe besteht darin, den unternehmerischen Wertschöpfungsbeitrag zu sichern, die eigenen Anteile an diesem Prozess transparent zu machen und sinnvoll zu kommunizieren. Modernes Weiterbildungsmanagement entwickelt sich geradezu zum Katalysator betrieblicher Innovation und trägt damit direkt zum Unternehmenserfolg bei.

Welche Aufträge hierfür erfüllt werden müssen und anhand welcher Modelle dies geschieht, umreißen die nachstehenden Ausführungen. Das System Weiterbildungsmanagement wird dabei in sechs Abschnitten skizziert. Vorab sind die konzeptionellen Hintergründe von Weiterbildungsmanagement einführend erläutert. Abschnitt eins über den Stand der betrieblichen Weiterbildung in Deutschland belegt den Nachholbedarf an professionellem Weiterbildungsmanagement in deutschen Unternehmen. Abschnitt zwei stellt die Ziele und das System strategieorientierter Weiterbildung im betrieblichen Kontext dar. Abschnitt drei umreißt die Schnittstelle zwischen Bildungsbedarfsanalyse und Intervention. Abschnitt vier diskutiert die Bedeutung des pädagogischen bzw. andragogischen Fachpersonals. Abschnitt fünf beschreibt den Methodenaspekt und plädiert für eine teilnehmerorientierte, handlungs- und problemzentrierte Didaktik. Abschnitt sechs diskutiert Maßnahmen der Bildungsevaluation bzw. des Bildungscontrollings. Abschnitt sieben stellt abschließend Tools des Weiterbildungsmanagements exemplarisch vor. Als zentrales Fallbeispiel fungiert dabei die Akademie Deutscher Genossenschaften (ADG, Montabaur), die zentrale Aus- und Weiterbildungseinrichtung deutscher Genossenschafts- und Raiffeisenbanken (vgl. www.adgonline.de, 2009).

1. Begriff des Weiterbildungsmanagements

Unter dem Terminus „Weiterbildungsmanagement" wird seit den 90er-Jahren des vergangenen Jahrhunderts ein Steuerungssystem diskutiert, das betriebliche Weiterbildung wie außerbetriebliche Erwachsenenbildung umfassend plant, organisiert, verwaltet und ressourcenorientiert umsetzt. Die Diskussion um tragfähige Managementkonzepte in der Weiterbildung weist dabei bis in die 70er-Jahre zurück (Meisel, 1994, S. 384–387). Wurde anfänglich vor allem auf das Planen und Betreuen von Kursen fokussiert (ebd.), weitete sich die Funktion von Weiterbildungsmanagement mit der aufkommenden Debatte auf unternehmens-, zielgruppen- oder branchenbezogene Perspektiven und Aufgabenfelder aus. Im Kern richtet sich Weiterbildungsmanagement ganzheitlich auf am Arbeitsplatz benötigte Fähig- und Fertigkeiten der Mitarbeiter aus: „Das Bildungsmanagement sorgt dafür, den Mitarbeitern das für ihre Arbeitstätigkeit notwendige Wissen und Können zu vermitteln." (Herter, 1998, S. 28)

Der dynamische technologische und gesellschaftliche Wandel übt einen verstärkten Anpassungsdruck auf Unternehmen und einen Bildungs- sowie Qualifizierungsdruck auf deren Mitarbeiter aus (Arnold & Krämer-Stürzl, 1999, S. 28–32). Konzepte des lebenslangen Lernens und der lernenden Organisation – neuerdings der lernenden Region – veranschaulichen dabei die gewachsene Bedeutung von Weiterbildungsmanagement in der modernen Wissensgesellschaft (Witthaus & Wittwer, 1997; Matthiesen & Reutter, 2003; Freitag, 2004).

Heutzutage können wir darum ein systemisches Verständnis von Weiterbildungsmanagement zugrunde legen, das nicht nur abteilungsinterne Kategorien berücksichtigt, sondern seine Aufgaben von übergeordneten Zielen der Organisation und/oder der Stakeholder ableitet und alle seine Tätigkeiten zu diesen in Beziehung setzt (siehe Abschnitt 2; vgl. Bäumer, 1999, S. 21). Weiterbildungsmanagement verortet sich demnach im Unternehmenssystem und leitet seine zentrale Mission davon ab. Es analysiert betriebsinterne und gesellschaftliche Zustände und identifiziert den betrieblichen und individuellen Bildungs- und Entwicklungsbedarf. Es erstellt bedarfsorientierte Bildungsveranstaltungen, hinterfragt deren Erfolg und stellt den Nutzen für das Unternehmen wie für dessen Mitarbeiter dar.

Es setzt aktuelle andragogische und wissenschaftliche Standards in Planung, Durchführung und Controlling um. Insgesamt gesehen kommt dem Weiterbildungsmanagement eine flexibel agierende Innovationsfunktion zu: „Weiterbildung muß in Zukunft stärker vorausschauend geschehen und ihren Inhalt auf Schlüsselqualifikationen verlagern ... Lernen wird zum situativen Ereignis und Bildungsmanagement zum situativen Führungsvorgang." (Decker, 1995, S. 30 f.).

2. Betriebliche Weiterbildung in Deutschland

Am deutschen Weiterbildungsmarkt zeigt sich die wachsende Bedeutung, ein professionelles und vor allem strategieorientiertes Weiterbildungsmanagement in Unternehmen gezielt zu implementieren. Gemäß einer Studie des Instituts der Deutschen Wirtschaft an 1.450 Unternehmen findet zwar Mitte der 90er-Jahre in 97 Prozent aller Unternehmen regelmäßig Weiterbildung statt (Weiß, 1994, S. 51). Auch stieg die Teilnahme an beruflicher Weiterbildung laut dem neunten „Berichtssystem Weiterbildung" zwischen 1973 und 2003 deutlich an: „Bundesweit liegt die Teilnahmequote an beruflicher Weiterbildung im Jahr 2003 mehr als doppelt so hoch wie 1979." (BMBF, 2006, S. 38)[1] Dennoch dürfen wir vermuten, dass die theoretische Debatte um Bildungsmanagement und Bildungscontrolling der Weiterbildungspraxis in deutschen Unternehmen weit voraus ist. Darauf verweisen auch die weiterführenden Ergebnisse der dritten europäischen Weiterbildungserhebung „CVTS 3" (Continuing Vocational Training Survey). Diese europaweit umfassende Repräsentativstudie zur betrieblichen Weiterbildung in Wirtschaftsunternehmen aus 25 europäischen Ländern wird vom Statistischen Amt der Europäischen Union koordiniert und umgesetzt.

Nach dieser Studie liegt Deutschland mit durchschnittlich neun Stunden formeller Weiterbildung pro Jahr nachhaltig im europäischen Mittelfeld; dieselbe Position ergibt sich, wenn stattdessen die Weiterbildungsstunden je Teilnehmer als Berechnungsgrundlage angesetzt werden (Behringer, Moraal & Schönfeld 2008, S. 11). Dabei ist ein Ungleichgewicht bezüglich

---

[1] Das „Berichtssystem Weiterbildung" ist eine im Dreijahresrhythmus vom Bundesministerium für Bildung und Forschung durchgeführte nationale Erhebung zum Stand der Weiterbildung in Deutschland. Die aktuelle neunte Fassung wurde 2006 publiziert und bezieht sich auf das Jahr 2003.

der Betriebsgrößen festzustellen und ein Rückgang bei den KMU: Während die Weiterbildungsstunden je Teilnehmer bei sehr kleinen Unternehmen bis zu 19 Beschäftigten und sehr großen ab 1.000 Beschäftigte mit sieben bzw. fünf Stunden stark angestiegen ist, sinkt diese Kenngröße bei KMU zwischen 50 und 249 Beschäftigten (ebd.). Insgesamt haben im Jahr 2005 laut „CVTS 3" 69% der deutschen Unternehmen Maßnahmen der betrieblichen Weiterbildung angeboten – dies bedeutet gegenüber dem Jahr 1999 einen generellen Rückgang um sechs Prozent (vgl. BIBB, 2009: 247 f.). Damit liegt Deutschland auf Rang 12 von 28 europäischen Ländern und immer noch hinter den skandinavischen und den meisten westeuropäischen Nationen (ebd., S. 249). Der Rückgang in der betrieblichen Weiterbildung Deutschlands ist insofern negativ zu bewerten, als empirisch evident ist, dass Betriebe durch Weiterbildung „deutliche Produktivitätseffekte" verzeichnen (Behringer, Moraal & Schönfeld, S. 2008, S. 14).

Im Jahr 2005 betrugen die Gesamtkosten an betrieblicher Weiterbildung pro Teilnehmer und Teilnehmerin 1.697 Euro (BIBB, 2009, S. 251). Betriebliche Weiterbildung ist in Deutschland kostenintensiv, ohne dabei anscheinend einen Verbreitungsgrad zu erreichen, der Unternehmen nachhaltig wettbewerbsfähig hält. Sind deutsche Mitarbeiter bereits so hoch qualifiziert, dass sie weniger Weiterbildung benötigen als ihre europäischen Nachbarn?

Strategiebasiertes, kosten- und effizienzorientiertes Weiterbildungsmanagement tut not. Doch ein weiteres empirisches Ergebnis stützt die These, dass die so dringend benötigte strategieorientierte betriebliche Weiterbildung in Deutschland rar ist. Von vier identifizierten Realtypen des Weiterbildungsmanagements in deutschen Unternehmen konnte Ende der 90er-Jahre in einer Untersuchung an über 300 Mittel- und Großbetrieben nur einer als „strategieunterstützend" identifiziert werden. Dieser zukunftsorientierte Typus zeichnet sich durch fünf zentrale Merkmale aus: Er ist im Unternehmen hoch angesehen und meist in Form einer gut ausgebauten zentralen Weiterbildungsabteilung strukturell verankert. Weiterbildung wird in ihm inhaltlich und zeitlich eng zu den unternehmerischen Zielen geplant. Die zentrale Weiterbildungsabteilung versteht sich als Dienstleister gegenüber dem Unternehmen und seinen Fachabteilungen, die sie mit ihrem spezifischen Know-how unterstützt, die strategischen Unternehmensziele umzusetzen (Bäumer, 1999, S. 170 f.). Dieser optimale Ansatz findet sich vor allem in Großunternehmen mit einer Mitarbeiterzahl zwischen 2.800 bis ca. 7.800, im Banken- und Versicherungswesen und bei Unternehmen, die in hohem Maße neue Produkte und Dienstleistungen auf den Markt bringen. Dies sind Sektoren, die einem höheren Innovationsdruck ausgesetzt sind beziehungsweise sich ihm stellen (ebd., S. 232–242). Es ist bezeichnend, dass Kleinunternehmen mit weniger als 50 Mitarbeitern von der genannten Studie ausgeschlossen waren. Denn nur wenige von ihnen sind als „weiterbildungsaktiv" im Sinne eines institutionalisierten Bildungsmanagements zu bezeichnen, obzwar sie über 80 Prozent der deutschen Unternehmen ausmachen (ebd., S. 152).

Wer denkt, dass die augenblickliche Misere des strategieorientierten betrieblichen Weiterbildungsmanagements in Deutschland kaum deutlicher ausgedrückt werden kann als durch die letztgenannte Kennzahl, irrt: In der europäischen Vergleichsstudie „CVTS II" wurden die Unternehmen unter anderem danach befragt, inwiefern sie ihre betriebliche Weiterbildung auf der Grundlage einer betrieblichen Bildungsplanung initiieren – von der man ohnehin nur vermuten darf, dass sie auch strategisch angelegt ist. In Deutschland realisieren nur 22 Prozent der Unternehmen ihre Weiterbildung anhand einer systematischen Planung. Damit liegt Deutschland auf dem vierzehnten von 25 Rängen in Europa (Großbritannien, Irland und Frankreich sind diesbezüglich führend). Die Hälfte der deutschen Unternehmen befindet einen Bildungsplan schlichtweg als unnötig (Grünewald et al., 2003, S. 62). Dem ist nach wie vor so:

Laut „Berichtssystem Weiterbildung IX" planen zwar 34 Prozent der Unternehmen regelmäßig ihre Weiterbildung. „In der differenzierten Betrachtung zeigt sich als einer der Hauptunterschiede erwartungsgemäß, dass Institutionalisierung und Planung von Weiterbildung vor allem in Großbetrieben mit 1.000 oder mehr Beschäftigten stattfindet." (bmbf, 2006, S. 229) Umgekehrt interpretiert, wird aber betriebliche Weiterbildung in zwei Dritteln der deutschen Unternehmen nicht gezielt geplant, somit kann sie auch nicht strategisch ausgerichtet werden. Das Berichtssystem belegt an anderer Stelle, inwiefern den deutschen Unternehmen dadurch Entwicklungschancen entgehen. Ein institutionalisiertes Weiterbildungsmanagement und eine regelmäßige betriebliche Bildungsplanung wirken sich nämlich motivierend auf die Mitarbeiter und damit katalysatorisch für das Unternehmen aus. So verdoppelt institutionalisiertes Weiterbildungsmanagement die Teilnahmequote an Lehrgängen und Kursen und erhöht die informelle berufliche Bildungsmotivation. Mitarbeiter, deren Unternehmen eine regelmäßige Bildungsplanung vorweisen, nehmen zu 56 Prozent an offizieller und zu 74 Prozent an informeller betrieblicher Bildung teil. Mitarbeiter in Unternehmen ohne betriebliche Bildungsplanung kommen dagegen nur auf Teilnahmequoten von 28 und 58 Prozent (ebd., S. 230).

„Auch wenn diese Ergebnisse nur im Sinne einer ersten Annäherung an die Ausgangsfrage verstanden werden können, sprechen sie dafür, dass den betrieblichen Rahmenbedingungen große Bedeutung für das berufliche Lernen zukommt. ... Insgesamt scheint die Institutionalisierung und Planung von Weiterbildung einen positiven Einfluss auf die Teilnahme Erwerbstätiger an beruflicher Weiterbildung zu haben." (ebd., S. 231 ff.). Weiterbildung strategiebasiert und zugleich professionell zu steuern, ist damit eine grundsätzliche unternehmerische Aufgabe, erst recht in Krisen- und Rezessionszeiten. Deutsche Wirtschaftsunternehmen, speziell Klein- und Mittelbetriebe, haben darin indessen einen gewaltigen Nachholbedarf.

3. Ziele und Systemvarianten strategieorientierten Bildungsmanagements

Woran wäre nun ein strategieorientiertes Weiterbildungsmanagement in deutschen Unternehmen auszurichten? Wie wäre es zu positionieren? Beiträge aus der andragogischen Debatte liefern hierfür verschieden weitreichende Modellvorstellungen.

Seit Mitte der 90er-Jahre verweist der Diskurs um den quartären Bildungssektor auf zentrale Aufgaben des strategieorientierten Bildungsmanagements. Zukünftige Herausforderungen für die Organisation, den Betrieb oder den Träger sollten antizipiert werden, um Bildungsmaßnahmen darauf aufzusetzen, sie zu planen, durchzuführen und zu evaluieren. Hierfür ist es notwendig, die Ziele und Zwecke der eigenen Organisation zu analysieren:

- die Umwelt-, Markt- und Konkurrenzsituation,
- die ökonomischen, personellen und räumlichen Ressourcen,
- die Bildungsphilosophie der Organisation und
- die Ziele der Weiterbildungsteilnehmer.

Bildungsmanagement hat also eine vorausschauende Funktion. Es untersucht Gegenwart und Zukunft und leitet davon Ziele und Konsequenzen für das eigene Handeln ab. Der weitreichende innovative Anspruch strategieorientierten Bildungsmanagements für das Unternehmen drückt sich in mehreren Funktionen aus: Strategieorientiertes Bildungsmanagement agiert unter sich verändernden Umweltbedingungen. Es identifiziert neue Ziele der Organisation und setzt Maßnahmen zur Zielerreichung in Gang. Es leitet neue Investitionen und Organisationsziele ein, richtet sich an neuen

Belastungen und zukünftig erforderlichen Fähigkeiten der Mitarbeiter aus und generiert – alles in allem – neue Problemlösungen (Decker, 1995, S. 85 f.).

Eine zusätzliche, verstärkt mitarbeiterorientierte Funktion bringt Herter in die Debatte ein. Weiterbildungsmanagement hat seines Erachtens ebenfalls auf den notwendigen betrieblichen Wandel zu reagieren, es gestaltet seine Tätigkeit aber bewusst aus einer doppelten Perspektive: „In Zusammenarbeit mit der Unternehmensleitung und in Absprache mit dem Betriebsrat muß es helfen, die Anforderungen des betrieblichen Wandels zu lösen. Damit wird das Weiterbildungsmanagement sowohl zum Anwalt der gegenwarts- und zukunftsorientierten Interessen des Betriebes als auch zugleich zum Anwalt qualifikationsbezogener Interessen des einzelnen Mitarbeiters." (Herter, 1998, S. 12) Strategieorientiertes Weiterbildungsmanagement verfolgt nach dieser Interpretation zusätzlich Ziele innerbetrieblicher Konfliktmoderation. Es fungiert geradezu als interne Beratungs- und Moderationsinstanz im Change Management. Dieses Ziel wird zunehmend bedeutsam, weil sich sogenannte „nicht-standardisierte" Arbeitssituationen häufen und eine wachsende Nachfrage nach diversen Beratungsformen, z. B. Einzel-, Gruppen- und Organisationsberatung, Coaching, generieren (Geißler & Orthey, 1998, S. 81 f.).

In der am weitesten gefassten Interpretation fungiert betriebliches Bildungsmanagement als tragende Kraft für Veränderungsprozesse in lernenden Organisationen. Einige Konzepte verbinden zwar im betrieblichen Bildungsmanagement bereits Perspektiven der Personal- und Organisationsentwicklung (z. B. Wöltje & Egenberger, 1996, S. 24–28). Sie sind aber nur dann strategisch relevant, wenn sie Bildungsmanagement, Personal- und Organisationsentwicklung mit dem Ziel verbinden, Unternehmenskultur zu reformieren. Kontexte des Unternehmens sind dabei ebenso innovativ zu hinterfragen und neu einzurichten wie hierarchische Organisationsstrukturen, festgelegte Routinen, organisationale Wissensbestände, informelle Interaktionsstrukturen, prägende Symbole, dominante Werte und materielle Rahmenbedingungen. Strategische Ansätze betrieblicher Weiterbildung arbeiten an diesen „weichen" und „harten" Faktoren und tragen damit direkt zur Neugestaltung der Unternehmenskultur bei (vgl. Faulstich, 1998, S. 172 f.).

Weiterbildungsmanagement lässt sich in sechs Varianten strukturell-systemisch verankern (vgl. Wöltje & Egenberger, 1996, S. 229 f.). Unabhängig von der gewählten Variante ist es immer Teil eines unternehmerischen Gesamtsystems, weswegen es sich in diesem zu legitimieren hat. Weiterbildungsmanagement besteht selbst aus mehreren Subsystemen, von denen zumindest drei eine übergreifende Bedeutung haben, da sie eng mit der Strategie des Unternehmens verknüpft sind. Gemeint sind die „Teilsysteme" a) Betriebsführung, Organisationsklima, Weiterbildungsphilosophie, b) Personalwirtschaft als Grundlage betrieblicher Weiterbildung und c) betriebliche bedarfsorientierte Bildungsplanung (Döring et al., 1999, S. 103–112). Folgende Strukturen kann strategieorientiertes Weiterbildungsmanagement für und in Unternehmen vorweisen:

1. In der Minimalvariante nehmen Vorgesetzte Weiterbildung als Teil ihrer Führungsaufgabe wahr, wenn im Unternehmen keine weitere Instanz hierfür verantwortlich ist. Da Vorgesetzte Mitarbeiterpotenziale erkennen und fördern sollen, kommt ihnen auf jeden Fall bei der Bedarfsanalyse und Transfersicherung eine Schlüsselrolle zu. Strategieorientiertes Weiterbildungsmanagement bezieht sich in dieser Variante jedoch nur auf die Abteilung, für die der Vorgesetzte verantwortlich ist. Der Vorteil besteht darin, dass auch Klein- und Mittelunternehmen diese Möglichkeit praktikabel umsetzen können.

2. Weiterbildungsmanagement wird etwas übergeordneter strukturell gesichert, wenn Bildungsarbeit nebenamtlich bei einer Schlüsselperson im Unternehmen angesiedelt ist. Bildungsmanagement ist dann Teil der Arbeitsplatzbeschreibung etwa eines Mitarbeiters aus dem Personalwesen. Der Mitarbeiter oder die Mitarbeiterin koordiniert allfällige Maßnahmen über Abteilungsstrukturen hinweg. Aufgrund der nur anteiligen Verantwortlichkeit sind allerdings umfassenden strategischen Arbeiten enge Grenzen gesetzt. Dennoch wäre diese Variante ebenfalls für Klein- und Mittelunternehmen geeignet.

3. Durch Institutionalisierung eines Weiterbildungsbeauftragten oder Weiterbildungsreferenten kann strategieorientiertes Bildungsmanagement explizit systemisch verankert werden. Weiterbildungsreferenten bauen Netzwerke zwischen Unternehmensleitung, Fachabteilungen und internen oder externen Bildungsinstitutionen auf und koordinieren darin die benötigten Bildungsmaßnahmen. Wenn diese hauptverantwortliche Person eine Stabsstelle im Unternehmen einnimmt – zum Beispiel als Assistent der Geschäftsführung oder des Vorstands – kann sie von dort aus strategische Aspekte in ihre Arbeit einfließen lassen.

4. Wesentlich mehr Gewicht bekommt strategieorientiertes Weiterbildungsmanagement im Rahmen einer Weiterbildungsabteilung. Diese vierte Variante bewährt sich vor allem in mittelgroßen bis großen

Unternehmen. Die Abteilung Weiterbildung hat eine Steuer- und Koordinationsfunktion für das gesamte Unternehmen und verknüpft ihre Tätigkeit eng mit den strategischen Unternehmenszielen. Ihre strategischen und operativen Aufgaben sind wie oben beschrieben; als betriebswirtschaftlich wie pädagogisch legitimierte Instanz kommt ihr zudem die Auswahl und Schulung geeigneter Trainerinnen und Trainer zu. Eine unternehmenseigene Weiterbildungsabteilung kann und muss stets den innovativen Anspruch einlösen, der an strategieorientiertes betriebliches Bildungsmanagement gestellt wird. Diese Variante kann beispielsweise in Form einer unternehmensinternen Akademie implementiert werden. Diese entwickelt sich meist rasch zu einem Profit-Center, wie etwa die 1993 gegründete Audi-Akademie GmbH. Deren ursprüngliche Aufgabe bestand darin, Kompetenzen der Audi AG zu entwickeln; heute bedient sie etliche Kunden externer Branchen (siehe: www.audi-akademie.de, 2009).

5. Auf einer höheren Systemebene wird die Weiterbildungs- oder Personalabteilung eines Unternehmens also zum Profit-Center, was meist in Konzernen der Fall ist. Als weitere Beispiele können hier die 1995 gegründete VW Coaching GmbH und die DEKRA-Akademie GmbH genannt werden. Profit-Center stellen sich dem Wettbewerb und bedienen als einer von vielen Anbietern die Abteilungen eines Konzerns. Ihr Vorteil besteht aus der intimen Kenntnis der Branche und des Unternehmens und aus den vielseitigen Netzwerken, die sie noch aus der Zeit vor der Auslagerung mitbringen. Hinzu kommt ein Marketingvorteil, da der Name des Mutterunternehmens meist positiv mit dem Profit-Center assoziiert wird. Profit-Center bieten ihre Angebote zusätzlich auf dem freien Markt an. Die DEKRA-Akademie bedient beispielsweise kleine und mittelständische Unternehmen aus Industrie, Handwerk und Dienstleistung ebenso wie Großunternehmen (z. B. Bosch, Debis, Daimler AG, IBM, Lufthansa, Metro, Microsoft, Oracle, Siemens) und Behörden wie die Bundesagentur für Arbeit oder den Berufsförderungsdienst der Bundeswehr (siehe: www.dekra-akademie.de, 2009).

6. Letztlich sind auch unternehmensübergreifende Strukturen realisierbar. Nationale oder regionale Akademien übernehmen für eine bestimmte Branche oder Kleinunternehmer einer Branche die Aufgabe des strategieorientierten Bildungsmanagements. Exemplarisch hierfür steht das gewählte Fallbeispiel, die Akademie Deutscher Genossenschaften in Montabaur (Rheinland-Pfalz) (siehe: www.adgonline.de, 2009). Die Akademie Deutscher Genossenschaften (ADG) vermittelt als eines der größten Personaldienstleistungsinstitute in Deutschland

umfangreiches Managementwissen für Vorstände, Führungskräfte und Spezialisten in Genossenschaftsbanken, Genossenschaftsverbänden, Warengenossenschaften und im Mittelstand.

Um den Herausforderungen im Bankgewerbe mittels Weiterbildung gerecht zu werden, bietet die ADG über 800 verschiedene Seminare, Workshops, Tagungen, berufsbegleitende Studiengänge, Managementqualifizierungen und Inhouse-Angebote an. Diese stehen unter dem Motto „Kompetenz für morgen". Für die unterschiedlichen Bildungsaufgaben stehen ein Pool von 600 Top-Referenten aus Europa zur Verfügung sowie zahlreiche Kooperationspartner, wie zum Beispiel die Steinbeis Hochschule Berlin. Mit der Einrichtung eines Studienzentrums und der Besetzung eines Stiftungslehrstuhls wird in der ADG nicht nur gelehrt, sondern auch geforscht. Als Corporate University bietet die ADG vollwertige Universitätsstudiengänge mit den Abschlüssen vom Bachelor, Finanz-MBA bis hin zur Promotion an. Sowohl für Genossenschafts- und Raiffeisenbanken sowie die Warengenossenschaften realisiert die ADG Fort- und Weiterbildungsangebote für Vorstände, Führungskräfte und Spezialisten. Eine ähnliche Instanz ist die Xental® Akademie. Sie wurde 1990 auf Initiative der CCI Consulting AG Schweiz, der Depita Holding AG und einer Reihe von Zahnärzten und Zahntechnikern gegründet, um diese Zielgruppen strategisch zu entwickeln. Der Xental® Akademie können Zahntechniker und Zahnärzte beitreten. Sie erhalten dadurch nicht nur günstigere Schulungs- und Seminarkonditionen, sondern über einen gemeinsamen Wareneinkauf zusätzlich attraktive Angebote für den Einkauf von Waren, Material und Gerätschaften, wie sie sonst nur Großunternehmen realisieren können. Eine derartige branchenspezifische Bildungsinstitution bietet damit ihrer Klientel zusätzliche materielle Vorteile (siehe: www.xental-akademie.de, 2009).

4. Vom Weiterbildungsbedarf zur Intervention

Eine der vordringlichen Aufgaben strategieorientierten Weiterbildungsmanagements ist es, den Bildungsbedarf der Zielgruppen systematisch und regelmäßig zu erheben, um daraus bedarfsorientierte Angebote abzuleiten. Bedarfsorientierte Weiterbildung ist notwendige Voraussetzung für einen späteren Transfererfolg und Nutzeffekt der Bildungsmaßnahme. Wenn quartäre Bildung bereits im Stadium der Maßnahmenplanung Bedarfe der Stakeholder unberücksichtigt lässt, verliert sie ihre Legitimation. In phasenorientierten Ansätzen steht darum die Bildungsbedarfsanalyse an erster Position im Regelkreis Bildungscontrolling (Fredersdorf & Lehner, 2004, S. 32).

Der Abteilung Weiterbildung kommt dabei die Aufgabe zu, den mittelfristigen hausinternen Bedarf an Bildungsinhalten abzufragen. Bei dieser Gelegenheit können gleichzeitig bisherige Angebote kritisch überprüft werden. Zielgruppe der betrieblichen Bedarfsanalyse sind Mitarbeiter und Führungskräfte aus Fachabteilungen, Betriebsrat sowie die Unternehmensleitung (Hummel, 1999, S. 59). Bildungsbedarfe lassen sich mit mehreren Methoden und von mehreren Perspektiven her erheben:

1. als unternehmensinterne Bewertung bisheriger Bildungsangebote („must have", „nice to have", „not necessary") a) von Schlüsselpersonen, b) von der Fachbelegschaft einer Abteilung oder Unternehmenssparte. Dieser Ansatz stellt das bisherige Bildungsangebot auf den Prüfstand (angebotsbezogene Bedarfsanalyse);
2. als offene unternehmensinterne Befragung nach gewünschten und benötigten neuen Lehrinhalten. Dieser Ansatz erforscht verborgene interne Nachfragen nach Weiterbildung (nachfragebezogene Bedarfsanalyse);
3. als individueller Soll-Ist-Vergleich einzelner Mitarbeiterprofile in Bezug auf Kompetenzanforderungen. Dieser Ansatz bringt die Bildungsinhalte gemäß der Arbeitsplatzerfordernisse und Arbeitsplatzbeschreibungen aus Sicht der Führungskräfte zum Ausdruck. Aus der Summe individueller Bedarfe filtert dann die Weiterbildungsabteilung Themen-Cluster heraus, die für das Unternehmen bedeutsam sind (arbeitsplatzbezogene Bedarfsanalyse); (siehe dazu ausführlich Etappe 3: Kompetenzmanagement)
4. als Stakeholder-Befragung, Trend-, Quellen- oder Marktanalyse bezogen auf relevante Marktentwicklungen, Kundenkreise und Mitbewerber. Dieser Ansatz bringt den zukünftig zu erwartenden Bildungsbedarf ein und damit eine zusätzliche Innovationsperspektive (marktbezogene Bedarfsanalyse).

Laut einer 1997 realisierten Referenzstudie in rund 1.000 deutschen Betrieben werden in der betrieblichen Praxis folgende Verfahren mehrheitlich eingesetzt: Anforderungsanalysen aufgrund technischer Entwicklungen, Soll-Ist-Vergleiche von Mitarbeiterqualifikationen, Anforderungsanalysen aufgrund betrieblicher Reorganisationen, Schwachstellen- und Trendanalysen. Die ersten drei Verfahren kommen am häufigsten vor, dies um so mehr, je größer die Unternehmen sind (Seusing & Bötel, 2000, S. 28 f.). Gemäß dieser Studie ist „... die Bedarfsanalyse in der Regel die verfahrensmäßig und instrumentell am umfassendsten institutionalisierte Ebene der betrieblichen Weiterbildungsplanung ..." (ebd., S. 23). Sie ist insofern sehr gut strategisch fundiert, als zumindest 50 Prozent der Betriebe unter

500 Mitarbeitern und 71 Prozent der Betriebe über 500 Mitarbeitern ihre Weiterbildung an den Unternehmenszielen ausrichten (ebd., S. 24).

Ist der Bedarf erhoben, wird er in einem Maßnahmenplan curricular verankert. Wenn der Maßnahmenplan strategisch ausgerichtet sein soll, verweist er mindestens auf das nächste Geschäftsjahr, besser aber darüber hinaus. Bildungsplanung richtet sich dabei nach den Innovationszyklen der Branche. Bei immer kürzer werdenden „Halbwertszeiten" von Innovation, Wissen und Markt macht es keinen Sinn, mehrjährige Maßnahmenkataloge zu entwerfen und anzubieten. Der Bildungscontrolling-Zyklus wird in der Regel auch in nichttechnischen Bereichen alle ein bis zwei Jahre durchlaufen. In der operativen Planung lässt sich das Weiterbildungsmanagement dabei von Prioritäten leiten, die sich aus den strategischen Unternehmenszielen ableiten:

- Welche Maßnahmen sind kurzfristig am wichtigsten (um sich auf einen erwartbaren technischen Wandel einzustellen, um Probleme oder Fehler zu beheben, um die Performance oder Kundenorientierung zu erhöhen etc.)?
- Welche Maßnahmen lassen den größten finanziellen Nutzeffekt erwarten (um auf neuen Märkten zu bestehen oder bestehende Märkte auszubauen etc.)?
- Welche Maßnahmen sprechen die bedeutendsten Zielgruppen des Unternehmens an (um die Schlüsselpersonen fachlich fit zu machen und auf zukünftige Entwicklungen einzustellen)?
- Welche Inhalte werden von den internen Kunden am häufigsten nachgefragt (um die wesentlichen Aufgabengebiete abzudecken)?

Eine strategieorientierte Weiterbildung erfüllt zunächst eindeutig eine bedarfsdeckende Funktion, sie sollte sich aber nicht darauf beschränken. Wenn der Innovationsanspruch ernst genommen wird, hat strategieorientierte Weiterbildung auch immer eine bedarfsweckende Komponente. „In der Weiterbildung sucht das Produktmanagement genauso nach neuen und bedarfsgerechten Themen, wie das bei Büchern oder Filmen der Fall ist. ... Insofern muß sich ein professionelles Weiterbildungsmanagement den Markterfordernissen anpassen. Es reagiert nicht nur auf Nachfrage, es erzeugt durch sein Angebot die Nachfrage mit." (Merk, 1998, S. 209) Über Markt- und Trendanalysen erhält das Weiterbildungsmanagement strategisch bedeutsame Informationen, die es an die internen Kunden oder Auftraggeber weiterleitet. Aus Qualitätszirkeln können daraufhin innovative Weiterbildungsangebote entstehen, deren Nutzen bislang von den Zielgruppen vielleicht nicht im notwendigen Maße wahrgenommen wurde. Beispielsweise sind sich innovative Hochschulen dieser Bildungsdialektik bewusst, weswegen sie ihre Angebote stets zu einem guten Teil auf Zukunftsfelder ausrichten (Fredersdorf & Lehner, 2004, S. 34 ff.).

Wie geschildert, werden aus der Bedarfsanalyse curriculare Inhalte bzw. thematische Schwerpunkte generiert. Sind diese allerdings zu abstrakt formuliert, bleibt das Curriculum in Allgemeinplätzen stecken. Das ist im strategischen Sinn nicht zielführend, denn aus Seminartiteln oder allgemein formulierten Anforderungen lassen sich noch keine Module ableiten, die später tatsächlich für die Anwendung in der Arbeitssituation relevant sind. Ein bedarfsorientiertes Curriculum weist daher Lernziele aus, die auf der Ebene von Grobzielen definiert sind und sich auf avisierte Kompetenz- oder Handlungskategorien beziehen; Feinziele einzelner Veranstaltungen sollten sich daraus ableiten lassen. Unter Grobzielen sind zu verstehen: „Besondere Fachlernziele, die einen näher bestimmten Bereich betreffen; sie geben z. B. das Ziel eines Kurstages (oder mehrerer Kursstunden) wieder. ,Der Auszubildende soll statistische Verfahren im Zusammenhang mit der Prognose von Absatzmöglichkeiten kennen lernen'" (Arnold & Krämer-Stürzl, 1999, S. 248). Die didaktische Debatte um Lernzieltaxonomien weist in diesem Zusammenhang darauf hin, dass Bildungsprozesse, aber vor allem deren Ergebnisse nicht vollends in einem technologischen Sinn steuerbar sind. Denn Bildung – auch die betriebliche – hat stets einen autopoietischen und nicht-rationalen Anteil, der sich aus der Kommunikation der Akteure selbst ergibt (Kron, 2004, S. 105–110; Jank & Meyer, 1994, S. 306–310).

Ist der Bedarf erhoben und sind Bildungsinhalte wie Grobziele fixiert, gilt es, die Form des Bildungsprodukts der jeweiligen Thematik, Zielgruppe und Aufgabenstellung anzupassen. Hierfür stehen mehrere makrodidaktische Varianten zur Verfügung. Interventionsformen betrieblicher Bildung weisen heutzutage weit über das klassische Seminar hinaus. Lernformen und Lernorte nähern sich dem Arbeitsplatz, dies zeigt bereits eine Studie des Instituts der deutschen Wirtschaft aus dem Jahr 1996. Demnach fanden bereits Mitte der 90er-Jahre ca. 45 Prozent aller betrieblichen Bildungsmaßnahmen in der Arbeitsplatzsituation statt, ca. 17 Prozent in Form externer, ca. 16 Prozent in Form interner Seminarveranstaltungen, ca. 11 Prozent in Form selbstgesteuerten Lernens und 2 Prozent als Umschulungsmaßnahme (vgl. Klein, 1996, zit. n. Faulstich, 1998, S. 177 f.). Dieses Ergebnis wird durch die deutsche Zusatzerhebung „CVTS III" gestützt: „… die Grenze zwischen intentionalen, bewusst gestalteten Qualifizierungsmaßnahmen am Arbeitsplatz und der Nutzung arbeitsorganisatorischer Maßnahmen als Qualifizierungsinstrument [ist, A.d.V.] aus Sicht der Unternehmen fließend …" (Moraal et. al., 2009, S. 5). Allerdings ist der Anteil an Betrieben, die arbeitsplatznahe Formen der betrieblichen Weiterbildung anbieten, von 1999 auf 2005 um 6 Prozent auf insgesamt 66 Prozent gesunken (Behringer, Moraal & Schönfeld, 2008, S. 13), was jedoch immer noch einen erheblich umfangreichen Wert darstellt.

Ende der 90er Jahre waren die Unterweisung (92%) und die Einarbeitung mit normalen Arbeitsmitteln (92%) als arbeitsplatznahe Lernformen am meisten und annähernd überall verbreitet. Selbstgesteuerte Lernformen wurden in knapp der Hälfte der deutschen Unternehmen eingesetzt (48%), Lern- und Qualitätszirkel (38%) sowie Weiterbildung durch Job-Rotation (31%) dagegen nur in knapp einem Drittel (Grünewald Moraal & Schönfeld, 2003, S. 188-194). Derartige Interventionsformen setzen sich in der betrieblichen Weiterbildung aus lerntheoretischen und betriebswirtschaftlichen Gründen verstärkt durch: Sie können eng am tatsächlichen Bedarf ausgerichtet und umgesetzt werden. Je enger sie an der realen Tätigkeit angelehnt sind, umso sinnhafter werden sie von Teilnehmern wahrgenommen und um so eher sichern sie den Lerntransfer. Arbeitsplatznahe betriebliche Weiterbildung kann kostengünstig sein, wenn sie mit Selbst- und Gruppenlernanteilen sowie Coaching-Prozessen kombiniert wird.

Innovative betriebliche Weiterbildung wird zum Beispiel im Bankgewerbe realisiert. Die Stadtsparkasse Hemer stellte Anfang des Jahrtausends ihre Filiale – die sich nun „Bankshop" nennt – räumlich und inhaltlich auf stärkere Kundenorientierung um. Infolge dessen hatten Mitarbeiter ein modular aufgebautes Verkaufstraining zu absolvieren, dessen Ziele sich eng an der neuen Strategie der Sparkasse anlehnten. Interne und externe Interventionsmodule wechseln sich ab: interner Kick-off-Workshop, eintägiges Praxistraining im geschlossenen Bankshop, einwöchiges On-the-Job-Training, eintägiger externer Check-up-Workshop, eintägiges Coaching in und während der Realsituation (vgl. Thomsen, 2001). Dieses Beispiel zeigt, dass berufliche Professionalität durch regelmäßiges, angeleitetes und reflektiertes Üben und Ausführen möglichst nahe der Praxis generiert werden kann bzw. generiert werden sollte.

Die Akademie Deutscher Genossenschaften setzt ihre Aufgabe, strategieorientierte Weiterbildung zu initiieren, konsequent kompetenzorientiert um. Dabei verfolgt die ADG die Anforderung ihrer Kunden, bedarfsgerechtes Wissen und Kompetenzen in immer kürzer werdenden Zyklen zur Verfügung zu haben, indem sie flexible und innovative „Time-to-Market-Angebote" erstellt. Grundlage hierfür ist die Erkenntnis, dass Qualifikationen nicht ausreichen, um kompetent zu handeln; Kompetenzen werden benötigt. Diese bauen zwar auf Qualifikationen auf, beschreiben aber die ganze Person unter dem Aspekt des beruflichen Handelns und der daraus resultierenden Ergebnisse (Performancemanagement).[2] Die ADG richtet sich mit ihren kompetenzorientierten Bildungsangeboten konsequent an einen problemzentrierten Ansatz aus, der Lernen und Arbeiten zusammenführt. In ADG-Kursen wachsen bisher getrennte Welten der Qualifizierung mittels E-Learning, handlungsorientierter Seminare und Wissensmanagement auf Unternehmensebene zusammen. Dieser Ansatz von „Blended Learning" beinhaltet ganzheitliche Arrangements der Kompetenzentwicklung, bei denen die Möglichkeiten neuer Technologien sowie moderne Lernformen konsequent genutzt werden. Wie die ADG zu schulende Kompetenzen bedarfsorientiert von Strategien der Gesamtbank, den Teilbanken und Bereichseinheiten ableitet, zeigt Abbildung 1.

In einem zugleich Top-down und Bottom-up realisierten Verfahren werden Kompetenzanforderungen aus übergreifenden Bankstrategien abgeleitet und mit vorhandenen Mitarbeiterkompetenzen in regionalen Banken verglichen. In Anlehnung an die strategischen Herausforderungen der Genossenschaftsbanken und die Abbildung von Aufbauorganisation und Prozessen in den Primärbanken richtet die ADG z.B. dabei ihr Managementprogramm für angehende Vorstände und Führungskräfte (das genossenschaftliche Bankführungsseminar) auf die aktuellen Anforderungen der Bankenwelt aus. Aufbauend auf einem General-Management-Wissen vermittelt die ADG auf diese Weise vertiefendes und praxisorientiertes Knowhow gezielt bedarfsorientiert. Abbildung 2 zeigt nachstehend den Verlauf zur Entwicklung und Implementierung strategieorientierter Kompetenzmodelle. Das Verlaufsschema bringt deutlich zum Ausdruck, dass strategieorientiertes Weiterbildungsmanagement sukzessive in die unternehmerische Organisationsentwicklung übergeht bzw. deren integraler Bestandteil ist. Einzelne Trainingseinheiten oder Weiterbildungsmaßnahmen werden dabei nicht isoliert vom Gesamtsystem konzipiert. Vielmehr sind sie Teil eines übergreifenden Prozesses zur Kompetenzentwicklung, mit dem die strategischen Unternehmensziele bewusst und systematisch verfolgt werden.

---

[2] Im Kompetenzbegriff richtet sich die ADG nach John Erpenbeck, Leiter der Grundlagenforschung Kompetenzentwicklung in der Arbeitsgemeinschaft Betriebliche Weiterbildungsforschung. Kompetenz wird demgemäß als Fähigkeit zum selbstorganisierten Handeln verstanden.

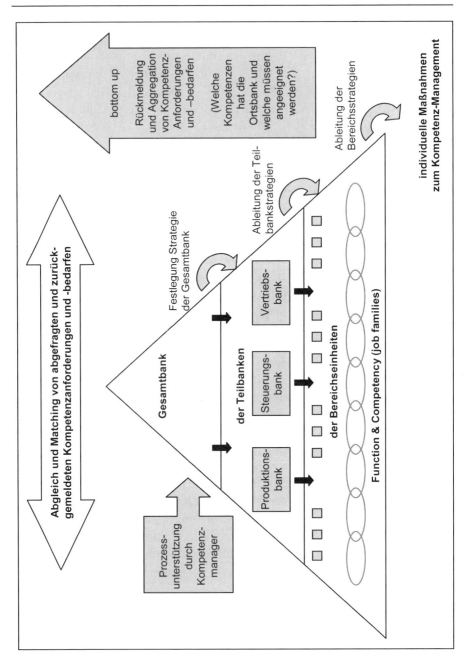

Abb. 1. Strategieorientierter Ansatz zur Entwicklung von Kompetenzmodellen im genossenschaftlichen Bankgewerbe

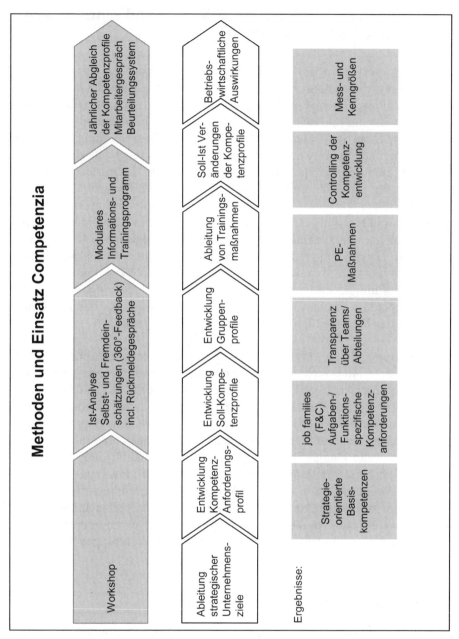

Abb. 2. Entwicklung und Implementierung strategieorientierter Kompetenzmodelle im genossenschaftlichen Bankgewerbe

5. Strategische Auswahl, Qualifikation und Bindung von Trainerinnen und Trainern

Ebenso wie erfolgreiches Weiterbildungsmanagement nur mit qualifiziertem und professionellem Personal realisiert werden kann, lässt sich berufliche Bildung nur mit andragogisch bzw. betriebspädagogisch ausgewiesenen Trainern, Ausbildern, Fachkräften oder Dozenten erfolgreich umsetzen. Eine Studie des Bundesinstituts für Berufsbildung (BIBB) zu Anbietern und Verantwortlichen der Weiterbildung, Trainern und Teilnehmern zeigt, dass Experten die Qualifikation der Lehrkräfte als Hauptindikator für eine hohe Durchführungsqualität der Bildungsmaßnahme ansehen (Krekel & Beicht, 1995, S. 137). Für Weiterbildungsmanager ist dieses Axiom ebenfalls gültig, worauf die bereits zitierte Studie von Bäumer zur Typologie von Weiterbildungsmanagement in deutschen Unternehmen hinweist: „Die Kompetenzen der Weiterbildner und Personalentwickler kristallisieren sich als eine bedeutsame Komponente der Funktionsweise von Weiterbildung/PE heraus." (Bäumer, 1999, S. 195) Ein qualifikations- und kompetenzorientierter Ansatz scheint demzufolge bei der Frage nach der Güte des Weiterbildungspersonals durchaus angemessen.

Über welche Fähig- und Fertigkeiten Trainerinnen und Trainer im Idealfall verfügen, leitet sich – wie bei anderen Tätigkeiten auch – von deren Arbeitsanforderungen ab. In einer zunehmend komplexen und anspruchsvollen betrieblichen Bildungsarbeit erweitert sich deren benötigtes Profil von Vermittlungs- auf Moderations-, Mediations-, Beratungs- und Managementkompetenzen. Auf die Historie der Professionalisierung in der Weiterbildung und die langjährige Debatte um Professionalität ihrer Protagonisten kann an dieser Stelle nur verwiesen werden (vgl. Peters, 1998; Döring & Ritter-Mamczek, 1998, S. 23–126; Nittel, 2000). Vielmehr liegt der Fokus darauf, welche Möglichkeiten das Weiterbildungsmanagement besitzt, geeignete Lehrende zu akquirieren, zu professionalisieren und an die eigene Institution zu binden. An den folgenden fünf Zielgruppen wird dieser Vorgang knapp erläutert.

5.1 Hauseigene Führungs- und Fachkräfte

Seit der „Fünften Disziplin" von Peter Senge verbreitet sich die Erkenntnis, dass Wissensmanagement und Organisationsentwicklung eng damit verknüpft sind, das Know-how von Führungs- und Fachkräften einem breiten Mitarbeiterkreis zugänglich zu machen. Hierfür reicht es nicht, Datenbanksysteme aufzubauen. Vielmehr geht es aus betriebspädagogischer Sicht immer auch darum, Führungs- und Fachkräfte pädagogisch zu befähigen, damit sie ihr Wissen in Lehr-Lern-Prozessen ihres Unternehmens verbreiten können. Der Vorteil liegt auf der Hand: Kaum eine andere Zielgruppe ist so eng mit dem Unternehmen verbunden als das eigene Personal. Radikal formuliert, bedeutet darum Führen immer zu einem Teil pädagogisch tätig zu sein, oder wie Lehner es ausdrückt: „Es ist eine wesentliche Aufgabenstellung der Führungskraft, die personale Entwicklung der Mitarbeiter zu unterstützen und voranzutreiben. ... Die Führungskraft übernimmt – abhängig von der jeweiligen Arbeitsbeziehung – die Rolle des Coaches, Mentors oder Trainers." (Lehner, 2001, S. 149) Betriebliches Weiterbildungsmanagement macht daher zunächst geeignete interne Wissensträger ausfindig, motiviert sie zur Mitwirkung und professionalisiert sie in Bezug auf pädagogische Standards. Letzteres geschieht am besten in hausinternen Train-the-Trainer-Maßnahmen. Hiermit kann eine hohe Bindung dieser Zielgruppe an die Philosophie und Praxis der Weiterbildung erreicht werden. Da jedoch Fach- und Führungskräfte ohne pädagogische Vorkenntnis hinsichtlich dieses Aspekts maximal „semiprofessionelles Niveau" erreichen, wird empfohlen, das entstehende Delta durch „betriebspädagogische Vollprofessionals" (Geißler, 1998, S. 85) auszugleichen. Damit kommen die vier nächsten Zielgruppen in Betracht.

5.2 Hauseigene Trainerinnen und Trainer

Je nach Unternehmensgröße und Aufgabenspektrum ist es sinnvoll, eine bestimmte Anzahl betriebspädagogischer Vollzeitkräfte anzustellen und einzusetzen. Die konkrete Zahl hängt dabei vom Umfang der aktuellen und geplanten Aufgaben ab, das Profil der Vollzeittrainer oder Ausbilder vom meistbenötigten Bildungsbedarf. Ausgelagerte Profit-Center von Großunternehmen arbeiten i. d. R. mit mehreren Dutzend internen Trainern und Beratern. Die bereits zitierte Xental® Akademie beschäftigt 20 Referenten, die Audi-Akademie 150 Trainer und Berater und die VW Coaching GmbH über 800 Mitarbeiter. Freie externe Seminaranbieter beschäftigen in der Regel weniger Festangestellte: Über 60 Prozent arbeiten mit bis zu fünf Personen, 10 Prozent mit sechs bis zehn Personen und ca. 20 Prozent mit mehr als zehn festen Mitarbeitern (vgl. Merk, 1998, S. 207). Vermutlich entsprechen Weiterbildungsabteilungen „kleinerer" Großunternehmen den ersten beiden Kategorien.

Aus bereits genannten Gründen macht es Sinn, hauseigene Trainerinnen und Trainer in erster Linie aus internen Fachkräften zu rekrutieren und sie durch eine unternehmensspezifische Anpassungs- oder Aufstiegsqualifizierung zu leiten. Andererseits kommen ebenso externe Personen infrage, die entweder dem nachstehend beschriebenen Pool, den fachlichen Netzwerken oder dem freien Markt entnommen werden können. Bei Vollzeittrainern kann das Weiterbildungsmanagement den fachlichen und überfachlichen Kompetenzbereich des Personals durch Mittel der strategischen Auswahl, Qualifizierung und Beurteilung zielgerichtet steuern, wenn die Trainer der Abteilung Weiterbildung unterstellt sind.

5.3 Externe Trainerinnen und Trainer

Weiterbildungsorganisationen und -abteilungen verfügen neben internen Kräften in der Regel über einen Pool an externen Lehrenden – freien Mitarbeitern, die entweder bereits über andere Projekte mit dem Unternehmen assoziiert sind oder sich durch Initiativbewerbungen anbieten. Aus diesem Reservoir werden jene Bereiche bedient, die das interne Personal nicht abdecken kann. Ein Trainerpool ist damit mehrfach nutzbringend: Er dient als notwendige und sinnvolle fachliche und pädagogische Ergänzung des Stammpersonals. Er bringt externe innovative Perspektiven in das Weiterbildungsprogramm ein. Er fungiert als Reserve für Ausfall- und Krankheitszeiten des Stammpersonals und dient damit einem flexibel operierenden Bildungsmanagement. Bringen die externen Lehrenden ein gewisses Renommee ein, dient er letztlich auch dem Unternehmensmarketing.

Externe Trainerinnen und Trainer sollten über das Vertragswerk und die darin festgelegten Module an die Weiterbildungsphilosophie des Hauses angebunden werden. Da ihre Anstellung stets auf Verträgen beruht, macht es Sinn, darin alle notwendigen Tools des Qualitätsmanagements und der Anbindungsstrategie vertraglich festzulegen. Das bezieht sich etwa auf verpflichtende Vor- und Nachbereitungsmeetings, eingeforderte Seminarkonzepte, nötige Lehrmaterialien oder verpflichtende Maßnahmen zur Seminarevaluation.

5.4 Hochschullehrerinnen und Hochschullehrer

Betriebliches Bildungsmanagement kooperiert oft mit Hochschulen, deren Professoren in den benötigten Fachgebieten und/oder in der benötigten Weiterbildungskompetenz bestens ausgewiesen sind. Das bringt mehrere strategische Vorteile mit sich: Die betriebliche Weiterbildungspraxis kann eng mit dem aktuellen wissenschaftlichen Know-how verknüpft werden.

Hochschullehrer verfügen oft über ein umfangreiches Sozialkapital, das heißt über weiterführende soziale Netzwerke, die bei Bedarf eingebracht werden können. Die Beratungskompetenz von Hochschullehrern kann genutzt werden, um die innerbetriebliche Weiterbildung zu entwickeln und an die Unternehmensstrategie anzupassen. Der Ruf von Hochschullehrern dient dem Ruf des Unternehmens – und umgekehrt; aus diesem Grund sind langfristige, nutzbringende Allianzen möglich. Last but not least werden Hochschullehrer selbstverständlich als Trainer für das Unternehmen aktiv, womit sie Fachwissen und andragogische Kompetenz in die betriebliche Bildung einbringen.

Bei der Bindung von Hochschullehrern an die betriebliche Weiterbildung sollte strategieorientiertes Weiterbildungsmanagement auf „Anwendungsbezug" achten. Es gelten daher ähnliche Auswahlkriterien wie bei der Einstellung von Führungskräften: Berufsbiografie, Budget- und Projekterfahrung, personelle Performance, Referenzen, Managementkompetenz, anwendungsorientierte Forschungs- und Entwicklungskompetenz, didaktische Kompetenz – um nur einige vordergründige Kriterien zu nennen.

5.5 Nachwuchskräfte aus Studiengängen des Weiterbildungsmanagements

An deutschen Universitäten und Hochschulen haben sich in den 90er-Jahren einige (wenige) Studiengänge aus dem Bereich der Weiterbildung, Erwachsenenbildung etabliert, deren Ziel es ist, potenzielle Bildungsreferenten, Weiterbildungsbeauftragte oder Weiterbildungsmanagerinnen und -manager zu qualifizieren. Zu nennen ist etwa der „Aufbau- und Kontaktstudiengang Weiterbildungsmanagement" der Technischen Universität Berlin (Döring & Ritter-Mamczek, 1998, S. 321), das „Fernstudium Erwachsenenbildung" der Universität Kaiserslautern (Sievers, 1998, S. 149-156), der „Weiterbildungskurs Erwachsenenbildung" der Universität Bremen (www.weiterbildung.uni-bremen.de, 2009) und das „Kontaktstudium Erwachsenenbildung" der Pädagogischen Hochschule Weingarten in Kooperation mit der Allianz Versicherung (Reck, 2004, S. 121).

Deren Pool an Nachwuchskräften kann vom Weiterbildungsmanagement aktiv genutzt werden, etwa als Praktikanten, Trainees, externe Trainer oder potenzielle Mitarbeiter. Der Vorteil dieser Zielgruppe liegt darin, dass sie in der Regel über gute beruflich-fachliche Erfahrung verfügt und in den Studiengängen zusätzlich das benötigte Kompetenzspektrum für betriebliches Bildungsmanagement und betriebspädagogische Praxis erwirbt. Ein spezielles Train-the-Trainer-Programm wird daher nicht mehr benötigt. Nachwuchskräfte aus Studiengängen des Weiterbildungsmanagements sind sowohl im pädagogischen als auch im Managementbereich vielseitig einsetzbar.

6. Methoden der Weiterbildung

Die Grenze zwischen Methodik und Didaktik ist schwer zu ziehen. Als *Theorie des Lehrens und Lernens* integriert Didaktik auf der Mikro- und Makroebene stets methodische Elemente, die je nach Position der erziehungswissenschaftlichen Theorie unterschiedlich akzentuiert werden (Meyer, 1987, S. 22 f.). Wenn im Folgenden von Methoden der Weiterbildung gesprochen wird, sind im engeren Sinn jene Verfahren gemeint, die

- auf der makrodidaktischen Ebene „methodische Großformen" betrieblichen Lehrens und Lernens begründen (z. B. Seminar, Lehrgang, Blended-Learning-Kurs, Workshop, On-the-Job-Training, Unterweisung, Qualitätszirkel, Projekt, Coaching, Lernwerkstatt, Video-Konferenz),
- auf der mikrodidaktischen Ebene als unterrichtlich-kommunikative Lehr- und Sozialformen sowie andragogische „Handlungsmuster" eingesetzt werden (z. B. Lehrvortrag, Lehrgespräch, Partnerarbeit, Gruppenarbeit, Rollenspiel, Simulation, Präsentation; ebd., S. 236 f.).

Wie oben ausgeführt, nähern sich betriebliche Bildungsprozesse der realen Arbeitssituation an, um den Lerntransfer eher zu sichern. Strategieorientiertes Weiterbildungsmanagement hat dies zu berücksichtigen und optimale Großformen bedarfsgerecht zu inszenieren. Welche methodische Großform jedoch für welche Zielgruppe und welches Thema als angemessen zu bewerten ist, sollte das betriebliche Bildungsmanagement aufgrund seiner Fach-, Methoden- und Managementkompetenz definieren und mit den internen Kunden abstimmen. Eine makrodidaktische Rezeptologie ist dabei unangebracht, da sie empirisch nicht zu begründen ist. Vielmehr kommt es darauf an, Stärken und Schwächen sowie Risiken und Chancen jeder Großform zu kennen und diese während ihres Einsatzes kritisch zu hinterfragen und anzupassen (Stichwort „Formative Evaluation"), nur so lassen sich Fehlentwicklungen vermeiden. Dies sei am Beispiel des E-Learning kurz erläutert.

In den 90er-Jahren setzte der „E-Learning-Hype" ein. Mit wachsender Leistungsfähigkeit von PCs wuchsen die Erwartungen an effektivere und preisgünstigere, da computergesteuerte Lehr-Lern-Formen. Diese hohen

Erwartungen wurden in der ersten Einsatzphase revidiert, die empirischen Fakten führten Anfang des neuen Jahrtausends zu adaptierten makrodidaktischen Modellen. „Kaum hat sich – nach mehreren Jahren Verzug – das Schlagwort und damit (zum Teil) auch die Idee des E-Learning in den Hochschulen eine gewisse Position erobert, ist der ‚E-Learning-Hype' in den Unternehmen auch schon wieder verschwunden ... ‚Zurückrudern heißt jetzt das Motto' ... " (Reinmann-Rothmeier, 2003, S. 28). E-Learning unterscheidet sich in der Praxis so fundamental von den Settings anderer makrodidaktischer Großformen, dass es derzeit eher vorsichtig eingesetzt wird. Abgesehen von der mangelnden (lern-) theoretischen Fundierung zeigten sich konkrete Schwierigkeiten beim computergestützten Lernen, die zu ineffektivem Lernverhalten führten. Die erwartete Kostenreduktion stellt sich nicht im erwarteten Umfang ein – schon gar nicht, wenn tatsächlich eine Kosten-Nutzen-Rechnung aufgestellt wird. Der heutige State-of-the-Art besagt, dass Modelle des „Blended-Learning" und der „Kooperativen Lernumgebung", also Mischformen zwischen Präsenz- und Selbstlernphasen, in begrenzten Bereichen und unter gewissen Rahmenbedingungen sinnvoll einsetzbar sind (vgl. Lehner & Fredersdorf, 2004, S. 17-22). „Gemischte Erfahrungen" mit dem Einsatz von Blended-Learning-Konzepten nötigen die betriebliche Bildungspraxis zur permanenten Reflexion. So wurde etwa das Kontaktstudium Erwachsenenbildung bei der Allianz Versicherung moderat reformiert und durch netzbasierte Lernmodule auf freiwilliger Basis angereichert (vgl. Reck, 2004, S. 122 und 142).

Die Akademie Deutscher Genossenschaften setzt seit einigen Jahren ebenfalls erfolgreich gewisse Formen des Blended-Learning makrodidaktisch ein. Hiermit reagiert sie auf den Anspruch ihrer Kunden, betriebliche Abwesenheitszeiten zu kürzen und Lernen zunehmend eigenverantwortlich zu gestalten. Fachliches Basiswissen wird z.B. in der Train-the-Trainer-Ausbildung über Selbstlernmaterialien bzw. E-Learning-Module vermittelt. Um den Lernerfolg zu sichern, flankieren Tutoren und Lernpartnerschaften den autonomen Bildungsprozess. Die ADG konzipiert darüber hinaus individuelle „Blended-Learning-Arrangements" für Unternehmen und begleitet diese in der Umsetzung, z.B. das für Führungskräfte entwickelte Programm „ProFi". Über projektbezogene Transferaufgaben forciert die Akademie den praxisorientierten Erfahrungsaustausch der Teilnehmer und sichert damit deren Lerntransfer. Neben dem kollegialen Austausch in Präsenzmodulen erhalten die Teilnehmer auch ein begleitendes Projektcoaching durch den jeweiligen Trainer bzw. Referenten. Um die personale, sozial-kommunikative und aktivitätsbezogene Kompetenz ihrer Teilnehmer zu entwickeln, realisiert die ADG zudem individuelle Kompetenz- und Potenzialanalysen einschließlich persönlicher Coachinggespräche. Diese Methode wird sowohl in Management- und Führungsseminaren umgesetzt als auch in den Unternehmen vor Ort. Insgesamt entwickelt die ADG die Lerninhalte ihrer Schulungen zunehmend in Kombination mit der beruflichen Praxis.

Im Rahmen dieser Arbeit kann aus Aufwandsgründen nicht jede didaktische Großform im Detail erläutert werden. Ein Fazit lässt sich dennoch auf der Meta-Ebene ziehen: Eine optimale methodische Großform existiert nicht![3] Jede in der betrieblichen Bildung eingesetzte methodische Großform ist darum einzeln zu hinterfragen. Wenn darin Lernziele begründet sind, kann die Methode an deren Erreichungsgrad und am Lerntransfer, aber auch an der Akzeptanz bei Teilnehmern und Stakeholdern gemessen werden. So weit es möglich ist, sollte außerdem das Verhältnis von Aufwand und Ertrag bewertet werden, um den Einsatz der methodischen Großform betriebswirtschaftlich zu rechtfertigen.

Die Schnittstelle zwischen makro- und mikrodidaktischen Methoden bildet der Trainerleitfaden. Hierunter ist die Feinplanung einer einzelnen Weiterbildungsmaßnahme, zum Beispiel eines Seminars, zu verstehen. In der ADG-Trainerausbildung weist der Trainerleitfaden Lernziele, Medien- und Methodeneinsatz, Trainer- und Teilnehmeraktivitäten sowie die Zeitplanung eines jeden Bildungstages aus. Für Trainer ist er mehrfach bedeutsam: In der Vorbereitung nutzt er ihn, um den Ablauf fachlich und methodisch sinnvoll zu strukturieren, sich der Zielvorgaben bewusst zu werden, Inhalte bedarfsorientiert zu konzipieren und um Wesentliches von Unwesentlichem zu trennen. In der Umsetzung kann er sich aufgrund der guten Vorbereitung sicher fühlen, das Pensum absolvieren und die Kommunikation mittels Lehr-Lern-Aktivitäten in jeder Sequenz steuern. In der Nachbereitung reflektiert und optimiert er das Seminar.

Doch Vorsicht: Der Trainerleitfaden darf nicht die trügerische Hoffnung erwecken, didaktische Abläufe seien stets voll und ganz im geplanten Sinn steuerbar. Ein Seminar kann aufgrund der Dynamik zwischen den Akteuren, aufgrund des Deltas zwischen Bedarf und Angebot oder aufgrund anderer „Friktionen" stets anders als geplant verlaufen – zumindest teilweise. Das liegt in der Natur komplexer Systeme und sollte vom Bildungs-

---

[3] Einen Überblick über arbeitsplatznahe makrodidaktische Konzepte bieten Döring & Ritter-Mamczek, 1998, S. 165–176.

management und seinen Referenten bedacht werden. Der Militärstratege Clausewitz, dessen Erkenntnisse von der Boston Consulting Group auf den Wirtschaftsbereich übertragen wurden, sagte hierzu: „Diese entsetzliche Friktion, die sich nicht wie in der Mechanik auf wenig Punkte konzentrieren läßt, ist deswegen überall im Kontakt mit dem Zufall und bringt dann Erscheinungen hervor, die sich gar nicht berechnen lassen, eben weil sie zum großen Teil dem Zufall angehören." (vgl. Oetinger et al., 2005, S. 95) Dieselbe Erkenntnis setzte sich in der schulbezogenen Erziehungswissenschaft durch: „Es ist nicht möglich, aber auch nicht wünschenswert, die Lehrer-Schüler-Interaktion im Unterricht vollständig zu verplanen. LehrerInnen und SchülerInnen lassen sich ihre Subjektivität und das Recht zu spontanen Handlungen nicht völlig rauben." (Jank & Meyer, 1994, S. 309)

Was bedeutet diese Erkenntnis für das strategieorientierte Weiterbildungsmanagement? Primär gilt es, Lehrkräfte auszuwählen, die über ein breites fachliches, methodisches und kommunikatives Repertoire verfügen, um flexibel auf das Seminargeschehen eingehen zu können. Kompetente Lehrende können Schwerpunkte verschieben, wenn Teilnehmer ihren Bedarf anders als erwartet formulieren. Sie sind in der Lage, Meta-Kommunikation bei Konflikten oder Störungen zu führen. Sie können Methoden außerplanmäßig wechseln, wenn an der Teilnehmerreaktion erkennbar ist, dass eine bestimmte Lehrform nicht angemessen ist. In zweiter Linie wird ein multiperspektivischer Einblick in die Veranstaltung erlangt, um aus den Rückmeldungen Ansätze für das Re-Design herauszuarbeiten. In einem fundamentalen Sinn geht es um einen Einstellungswandel bezüglich der Effektivität geplanter Handlungen: Von einem hundertprozentigen Perfektionismus ist abzuraten, da er ein bedeutend höheres Maß an Aufwand erfordert als eine annähernd perfekte Leistung. Der Lehr-Lern-Prozess enthält immer ein gutes Stück Improvisation – vielleicht macht ihn das gerade für Lehrende und Lernende attraktiv und für Unternehmen erfolgreich.

Auf der Ebene der Mikrodidaktik[4] geht es um das konkrete Lehr-Lern-Verhalten von Trainern und Teilnehmern. Trainer verfügen im Idealfall über einen vielseitigen Methodenkanon, den sie laut Plan und – wie gesagt – flexibel und stets professionell einsetzen können. Eine optimale

---

[4] Einen Überblick über mikrodidaktische Lehr-Lern-Formen bieten Pätzold, 1996 sowie Arnold, Krämer-Stürzl & Siebert, 1999, S. 102–108). In der quadratisch-grünen Reihe „Weiterbildung" des Beltz-Verlages finden sich zahlreiche Monografien zu spezifischen Seminarmethoden, auf die hier wegen ihrer Fülle nur allgemein verwiesen werden kann.

mikrodidaktische Lehr- und Sozialform existiert ebenfalls nicht! Umfassende Sekundäranalysen von Studien der empirischen Lehr-Lern-Forschung verweisen darauf, dass die Suche nach der „besten Methode" zwecklos ist: „Die beste Methode gibt es nicht – sofern man die gemessene Lernleistung der Schüler als Effektivitätskriterium zugrunde legt. Mit schöner Regelmäßigkeit zeigen sich entweder keine Differenzen, oder aber die Resultate fielen nicht eindeutig genug zugunsten dieser oder jener Lehrmethode aus … Dieser Sachverhalt ist seit mehr als 20 Jahren bekannt und gehört zu den wenigen Erkenntnissen der Lehrmethodenforschung, die als gesichert gelten dürfen." (Terhart, 1997, S. 79 und 122 ff.) Aus dieser Erkenntnis leitet sich eine zentrale mikrodidaktische Strategie ab. Sie besteht darin, Medien und Methoden abwechslungsreich einzusetzen, um das Unterrichtsgeschehen anregend und aktivierend zugleich zu gestalten. Diese Strategie wird etwa bei der didaktischen Entwicklung von Fachhochschulstudiengängen angewandt (vgl. Fredersdorf & Lehner, 2004, S. 137 ff.).

Eine weitere grundsätzliche mikrodidaktische Strategie betrieblicher Bildung besteht darin, jegliche Maßnahmen handlungs-, problem- bzw. fallbezogen zu konzipieren und durchzuführen. Handlungsorientierte Lehr-Lern-Formen sichern die Motivation in der betrieblichen Bildung, da sie am Erfahrungswissen der Teilnehmer aufsetzen und es in das Seminargeschehen einbinden. Sie erhöhen insbesondere dann den Lerntransfer, wenn sie an den beruflichen Aufgaben der Teilnehmer ausgerichtet sind. Zum professionellen mikrodidaktischen Kanon gehören darum Fallbeispiele, Übungen in Simulationen und Realsituationen ebenso wie Planspiele, Problem-Based-Trainings und Feedbacks in und über Arbeitssituationen. Eine Studie des BIBB an Personalverantwortlichen in deutschen Weiterbildungseinrichtungen brachte diesbezüglich einen gravierenden Nachholbedarf zutage: Die praxis- und handlungsorientierten Vermittlungsmethoden „Projektarbeit" und „Rollenspiel" werden im Rahmen von Seminaren am seltensten eingesetzt. Sie kommen in 48 Prozent der Anpassungs- und nur in 4 Prozent der Aufstiegsmaßnahmen vor, der klassische Einbahn-Frontalunterricht dagegen in 74 Prozent der Anpassungs- und 78 Prozent der Aufstiegsmaßnahmen (vgl. Krekel & Beicht, 1995, S. 145).

Das Fazit in der Methodendebatte kann wie folgt gezogen werden: Strategieorientiertes Weiterbildungsmanagement nutzt Erkenntnisse der empirischen Unterrichtsforschung und überträgt vier empirisch erwiesene Erfolg versprechende Strukturmerkmale auf die Praxis betrieblicher Bildung: „… Klarheit und Strukturierung des Unterrichts, … Effektivität in der Klassenführung, … Förderung aufgabenbezogener Schüleraktivitäten, … Adaptivität und Variabilität von Unterrichtsformen …" (Terhart, 1997, S. 96).

7. Evaluation der Weiterbildung – Qualitätsmanagement – Bildungscontrolling

Wie mehrfach angedeutet, operiert strategieorientiertes Weiterbildungsmanagement nur dann erfolgreich, wenn es permanent kritisch hinterfragt wird, um dessen Leistungen, Prozesse, Produkte und Effekte zu erkennen und zu optimieren. Diese bedeutsame Aufgabe wird mit den Begriffen Evaluation, Qualitätsmanagement und Bildungscontrolling bezeichnet. Die Termini benennen zugleich drei zentrale Konzepte, die für das Weiterbildungsmanagement seit den 90er-Jahren wichtig sind. Wie Beywl und Geiter (1997) zeigen, stammen diese Ansätze aus drei verschiedenen Bezugswissenschaften – Pädagogik, Betriebspädagogik und Betriebswirtschaft. Da sie sich auf denselben Gegenstand und damit auf dasselbe operative Geschäft beziehen, sind sie nicht eindeutig trennscharf. Gemäß ihrer unterschiedlichen Herkunftsdisziplinen stecken hinter diesen drei strategischen Ansätzen zwar voneinander abweichende Ziel- und Modellvorstellungen, Methoden und Handlungsformen. Der einzelne Begriff wird dabei unterschiedlich weit interpretiert – etwa das „Bildungscontrolling". In einer engen Variante meint Bildungscontrolling ausschließlich eine „harte" betriebswirtschaftliche Kosten-Nutzen-Rechnung, weiter gefasst fällt darunter auch das „weiche" Steuern pädagogischer und kommunikativer Aufgaben (vgl. Landsberg, 1995, S. 24; Gerlich, 1999, S. 33–72). Aufgrund seiner Paradoxie eignet sich der Terminus „Bildungscontrolling" – in der zusammengeschriebenen Variante – sehr gut als Gattungsbegriff. Denn er bringt die Trennung von pädagogischem und betrieblichem Anspruch zum Ausdruck und verweist damit auf das transdisziplinäre Aufgabenspektrum im Bildungsmanagement. Bildungscontrolling wird hier in diesem Sinn als Oberbegriff für wissenschaftlich-strategische Steuerungsmaßnahmen in der betrieblichen Bildung verwendet.

Mit exemplarischem Bezug auf die jüngere Debatte werden nun verschiedene Ansätze des Bildungscontrollings exkursiv vorgestellt. Drei zentrale Controlling-Module wurden bereits gesondert diskutiert:

- die Analyse des Bildungsbedarfs,
- die Konstruktion eines bedarfsorientierten Curriculums und
- die Einbindung und Entwicklung professioneller Trainerinnen und Trainer.

Diese andragogischen Basisaufgaben stehen erziehungswissenschaftlichen Ansätzen von Evaluation nahe. Unter Evaluation ist eine Entwicklungsstrategie zu verstehen, pädagogische Projekte oder Programme wissenschaftlich zu begleiten und während des Prozesses zu optimieren. Als Königsweg gilt hier die formative Evaluation – ein Verfahren, das die „Form" betrieblicher Bildung in enger Zusammenarbeit von Forschern, Praktikern und weiteren Stakeholdern im Verlauf einer Maßnahme partizipativ gestaltet. Diese Entwicklungsphilosophie basiert auf emanzipatorischen, wissenschaftstheoretischen Prämissen der Handlungsforschung: Evaluation wird dabei bewusst als Teil der Intervention angesehen; Evaluatoren sind nicht von der Praxis abgehoben, sondern Teil ihrer selbst (vgl. Gerlich, 1999, S. 47 f.). Sie sind sich dessen bewusst und tragen darum sowohl zur operativen wie zur normativen Entwicklung der betrieblichen Bildung – und damit zur Entwicklung der Unternehmenskultur – bei. Konzepte und Kompetenzen der Kommunikation und Interaktion sind deshalb für evaluative Aufgaben im Bildungsmanagement besonders bedeutsam.

(Formative) Evaluation im Bildungsmanagement kann sich auf den In- und Output von Bildungsmaßnahmen ebenso beziehen wie auf mikrodidaktische Verfahren oder Zielbestimmungen. Fragestellungen formativer Bildungsevaluation lauten etwa: Sind die curricularen Inhalte angemessen? Ist das Unterrichtsmaterial angemessen; lässt es sich optimal einsetzen? Sind Lernzielkontrollen teilnehmeradäquat und valide? Welche Seminarbedingungen fördern oder behindern den Lernprozess? Setzen unsere Trainer die Inhalte des Curriculums zielorientiert um; verfügen sie über die benötigten Kompetenzen? (vgl. Wottawa & Thierau, 1998, S. 32 und 78). Die Antworten hierzu lassen sich mittels mehrerer qualitativer und quantitativer Methoden der Sozialforschung gewinnen: Dozentenrunde als Qualitätszirkel zur Curriculumentwicklung, Experteninterview mit Stakeholdern zur Bewertung des Curriculums, Teilnehmerbefragung als Seminar-Feedback, individuelle Feedback-Gespräche mit Lehrenden, Analyse der Methoden zur Kontrolle von Lernzielen, Befragung von Teilnehmern und Führungskräften zur Einschätzung des Lerntransfers etc.

Eine zentrale evaluative Aufgabe im Bildungscontrolling besteht darin, Führungskräfte des Unternehmens in das Bildungsmanagement einzubinden, um den Lerntransfer nachhaltig zu sichern. In diesem Punkt geht Weiterbildungsmanagement in strategische Organisationsentwicklung über. US-amerikanische Performance-Ansätze belegen die besondere Bedeutung von Führungskräften für den Erfolg oder Misserfolg einer Bildungsmaßnahme: Sie haben Vorbildfunktion und tragen als Coach wesentlich zur Mitarbeiterentwicklung bei. Durch vor- und nachbereitende, zielorientierte

Gespräche unterstützen sie im Zuge einer Bildungsmaßnahme den arbeitsplatzbezogenen Lerntransfer ihrer Mitarbeiter. Indem sie organisationale Voraussetzungen schaffen, das Gelernte am Arbeitsplatz anzuwenden, bauen Vorgesetzte strukturelle Transferhemmnisse ab (vgl. Lemke, 1995, S. 47–53). „Die Realisierung der Idee, den Vorgesetzten (Manager) von der Effektivität der Unterstützung zu überzeugen und ihn in den Unterstützungsprozeß zu involvieren, kann mittel- oder langfristig dazu führen, ein alle Teilnehmer unterstützendes Organisationsklima zu erreichen und damit den Lerntransfer zu optimieren. Die Kombination der Unterstützung mit der Involvierung muß daher als effektive Maßnahme angesehen werden." (ebd., S. 52)

Die Bertelsmann AG setzt beispielsweise in ihrem Bildungscontrolling-System verstärkt auf den führungsspezifischen Ansatz. So definiert sie für Mitarbeiter und Vorgesetzte Fragenkataloge, die sich darauf beziehen, eine Bildungsmaßnahme gemeinsam zu planen und nachzubereiten. Fragestellungen sind etwa: „Wie kann ich mich auf das Seminar optimal vorbereiten? ... Wer vertritt mich während meiner Abwesenheit? ... Wo benötige ich Unterstützung von Kollegen/Vorgesetzten/Mitarbeitern, um Veränderungen durchführen zu können? ... Welche Ziele, die ich mir vor Seminarbeginn gesetzt habe, habe ich bislang erreicht?" (Gruhl, 2000, S. 177 ff.) In ihrem Subsystem regt die Abteilung Weiterbildung das Unternehmen an, zielorientierte Mitarbeitergespräche, auf Stellenbeschreibungen bezogene Ist-Soll-Analysen und/oder Methoden der Transferbeurteilung einzuführen und umzusetzen. Wenn sie diesen Veränderungsprozess bei Vorgesetzten anstößt, übt sie auch in diesem Punkt eine strategische organisationsentwickelnde Funktion aus.

Qualitätssicherungskonzepte im Bildungscontrolling orientieren sich weniger an den kommunikativen Aspekten von Management als an Konzepten des Qualitätsmanagements, wie ISO, TQM, EFQM, Benchmarking (vgl. Gritz, 1998) oder die Balanced Scorecard (vgl. Kirkpatrick, 1998). Qualitätsorientiertes Bildungscontrolling führt etwa standardisierte Prozesse, Strukturen und darauf bezogene Verfahren ein, mit denen sich ein Gütesiegel erwerben lässt (vgl. Bräuer et al., 1995; Czepluch, 1995; Beywl & Geiter, 1997, S. 58 f.). Doch Bildungscontrolling ausschließlich auf eine ISO-Zertifizierung auszurichten, birgt Vorteile wie Risiken zugleich.

Vorteile:
- Interne Abläufe werden transparent und bilden die Grundlage für Schwachstellenanalysen.
- Standardisierte Verfahren verringern Fehler und Durchlaufzeiten. Zuständigkeiten werden definiert, dies minimiert Reibungsverluste u.a. (vgl. Vogt, 1995, S. 213).

Risiken:
- Die Normenreihe ISO 9000 ff. gibt keine Qualitätsstandards vor, sondern überlässt diese Aufgabe den Produzenten – zertifizierte Träger können demnach Bildung auf unterschiedlichem Niveau anbieten.
- Eine Überschreitung von Mindeststandards wird nirgends gefordert (vgl. Gritz, 1998, S. 9; Beywl & Geiter, 1997, S. 61).

Die hohen Kosten können für kleine Bildungsträger das „Aus" bedeuten, wenn sich Kunden bei der Produktwahl ausschließlich an der Zertifizierung orientieren. Wenn es darum geht, Prozesse detailliert zu standardisieren, besteht die Gefahr, überflüssige Verfahren einzuführen, Bewährtes zu ignorieren und die Bürokratie insgesamt auf ein nicht mehr zu rechtfertigendes Maß anzuheben (vgl. Vogt, 1995, S. 213 f.). Letztlich richtet sich eine ISO-Zertifizierung der betrieblichen Weiterbildung nicht zwingend an der Unternehmensstrategie und performance-orientierten Kriterien aus.

Ansätze des Total Quality Managements (TQM) und der European Foundation for Quality Management (EFQM) sind hierfür eher geeignet. Das EFQM-Modell bietet den Vorteil, In- und Output-Kriterien gleichermaßen zu messen (vgl. Gritz, 1998, S. 11). In das Modell gehen qualitative „weiche" Faktoren (etwa Mitarbeiter- und Kundenzufriedenheit, Unternehmensimage) ebenso ein wie quantitative „harte" (etwa Geschäftsergebnisse, Ressourcen). Aufgrund seiner Komplexität und der damit verknüpften umfangreichen Erhebungen eignet es sich jedoch eher für größere Bildungsabteilungen oder -unternehmen.

Kennzahlenorientierte Ansätze im Bildungscontrolling können Teil von TQM- oder EFQM-Modellen sein oder einzeln implementiert werden. Letztere Eigenschaft macht sie sowohl für Weiterbildungsabteilungen mittlerer Unternehmen und kleinere Träger praktikabel und interessant. Der Vier-Ebenen-Ansatz von Kirkpatrick übte in diesem Kontext großen Einfluss auf die deutsche Praxis aus. In Adaption des Basismodells von Kaplan und Norton transferiert Kirkpatrick auf der vierten Ebene die

Balanced Scorecard auf den Bereich betrieblicher Bildung. Seines Erachtens gleicht sie wesentliche Nachteile eines ausschließlich auf den Return on Investment (ROI) fokussierten Bildungscontrollings aus. ROI-Messungen greifen zu kurz, weil sie sich nicht an der „Performance" betrieblicher Bildung und nicht vollends an der Unternehmensstrategie ausrichten: „First, they usually do not capture all of a company's strategic objectives. Second, ROI is a snapshot in time that tells you where you've been; it has no ability to predict where you'll go. Finally, since ROI is a lagging indicator, it is not a good diagnostic tool. ... Training is often an investment in the long-term performance of people. So measuring results with financial tools that look backward is misleading at best. We need to use performance indicators that look to the future." (Kirkpatrick, 1998, S. 888 f.)

In Adaption des englischen Terminus wird *Performance* in der deutschen PE-Debatte als eine Gesamtleistung verstanden, die auf den Nutzen oder die Konsequenzen einer Maßnahme für die Zielgruppen des Unternehmens ausgerichtet ist (vgl. Lorenz & Oppitz, 2001). *Performance Improvement*, also die Förderung einer leistungsorientierten Organisation, berücksichtigt acht zentrale Dimensionen; hierzu gehört auch die Erfolgsmessung auf operativer Ebene mittels Kennzahlen (vgl. Robinson & Robinson, 2001, S. 29). Bildungscontrolling mittels Kennzahlen[5] trägt direkt zur Unternehmensperformance bei, wenn einige Grundregeln beachtet werden:

- Die Kennzahlen müssen valide definiert sein, also den gewünschten Performance-Effekt möglichst treffsicher abbilden. Dabei sollen sie sich trennscharf voneinander abgrenzen.
- Von einem Übermaß an Kennzahlen ist abzuraten, um die Bürokratie gering zu halten und Redundanzen zu vermeiden, getreu der Regel „So viel wie nötig, so wenig wie möglich" (vgl. Landsberg, 1995, S. 31).
- Kennzahlen, die im Unternehmen bereits vorliegen, sind aus Kostengründen zu bevorzugen.

Sollte die letzte Bedingung nicht zu realisieren sein, die erstgenannten dagegen schon, sind Kennzahlen zu bevorzugen, die sich kostengünstig implementieren lassen. Einige leicht „unscharfe" Kennzahlen zu einem relevanten Aspekt, die bereits kostengünstig im System vorliegen, sind einer

---

[5] Einen Überblick über Kennzahlen aus dem Bereich des Personalwesens bietet Fredersdorf, 2001.

einzelnen „scharfen" Kennzahl zu bevorzugen, wenn letztgenannte erst implementiert werden muss. Selbstverständlich richten sich Bildungskennzahlen an der Unternehmensstrategie aus. Wenn sie hierzu keinen Beitrag liefern, sind sie überflüssig.

Eine derartige systemische Einbettung des Kennzahlensystems in Leitbild und Strategie der Organisation realisierte die Fachhochschule Vorarlberg (Österreich) in den Jahren 2002 bis 2004. Als privatwirtschaftlich geführte Hochschule positionierte sie sich schon frühzeitig auf dem europäischen Bildungsmarkt. Ihre Balanced Scorecard bildet direkt die strategischen Ziele des Hauses ab. Diese beinhalten z. B., hervorragend qualifizierte Absolventen herauszubringen, kompetenter Anbieter im europäischen Hochschulraum zu sein, flexible Studienangebote zu liefern, eine bedeutende Anlaufstelle für Forschung und Entwicklung in der Region darzustellen und hervorragende Mitarbeiter an sich zu binden (vgl. Fredersdorf & Lehner, 2004, S. 87–91). Der Unternehmensberater Peter Horváth spricht der Balanced Scorecard im betrieblichen Bildungs- und Personalwesen enorme Innovationskraft zu: „Die Balanced Scorecard fördert und fordert das Wissensmanagement in vielerlei Hinsicht: Allein der Prozess, strategische Ziele in operative Handlungen zu übersetzen und Messinstrumente festzulegen, verlangt einen Transfer von Wissen: zwischen Abteilungen, Mitarbeitern und verschiedenen Hierarchieebenen. ... Die BSC unterstützt das Zusammenführen und Handling verschiedener Wissensgebiete. ... Die Balanced Scorecard initiiert Wissensmanagement und -transfer." (Horváth, 2001, S. 179)

An der Schnittstelle zwischen Betriebspädagogik und Ökonomie ist der Benchmark-Ansatz angesiedelt. Er ist nicht nur für allgemeine strategische Konzepte und Entscheidungen des Unternehmens bedeutsam sondern kann ebenfalls im Bildungscontrolling erfolgreich eingesetzt werden. *Benchmarks* sind Kennzahlen von – beziehungsweise über – (führende) Mitbewerber am Markt. Die Philosophie dieses Ansatzes besteht darin, eigene Leistungsmerkmale mit denen der Mitbewerber zu vergleichen, um daraus Rückschlüsse für Qualitätsverbesserungen zu ziehen. Im Bildungsbereich bieten externe und unabhängige Consulting-Firmen bspw. an, Datenbanken aufzubauen und zu pflegen, in denen sich Mitgliedsorganisationen unter Wahrung ihrer Anonymität erfassen lassen. Nachdem die Daten von der Consulting-Firma aufbereitet wurden, können die Kunden ihren Rang bezüglich der erhobenen Leistungsmerkmale abrufen; die Mitbewerber bleiben dabei anonym (vgl. Gritz, 1998, S. 13 f.). Horváth & Partners bieten bspw. derartige Leistungen für Unternehmen im Bereich Controlling, Accounting und Finance Management an (siehe: www.horvath-partners.com, 2009). Einige technische Universitäten Deutschlands haben sich im Centrum für Hochschulentwicklung zum „Benchmarking Club Technischer Universitäten"[6] zusammengeschlossen. Ziel ist es, den Präsidenten und Rektoren Ansatzpunkte zu liefern, in welchen Bereichen sich die Hochschule verbessern kann. Dies bezieht sich auf Mittelverteilungsverfahren, Lehreinheiten, strategische Zielsetzungen, Kennzahlen für Leistungsvergleiche und andere hochschulspezifische Größen. Benchmarking beschränkt sich nicht auf Datenbankanalysen, sondern bietet weitere methodische Zugangsmöglichkeiten wie etwa den informellen Erfahrungsaustausch in Expertenzirkeln, den Branchenvergleich über Verbandsdaten, den branchenübergreifenden Vergleich anhand von Geschäfts- und Sozialberichten oder die systematische Analyse empirischer Studien zu diesem Sujet (vgl. Weiß, 1995, S. 164 f.). Am betriebswirtschaftlichen Pol des Bildungscontrollingspektrums finden sich drei ökonomisch fundierte Ansätze (vgl. Bardeleben & Herget, 2000, S. 81):

- Das Kosten-Controlling betrachtet Weiterbildung als Kostenfaktor, der nach seinen Bestandteilen analysiert und optimiert wird (Art der Weiterbildung, Umfang, Struktur, Zielgruppen, Funktionsbereiche). Im Kostencontrolling geht es hauptsächlich darum, das Budget zu überwachen und die Weiterbildungsdimensionen mittels Benchmarking und Kennzahlen zu steuern.
- Das Wirtschaftlichkeitscontrolling legt seinen Schwerpunkt auf die Preisgestaltung. Es vergleicht interne und externe Maßnahmen sowie arbeitsplatznahe und -ferne Weiterbildung aus ökonomischer Perspektive. Weiterbildung wird dabei nach dem ökonomischen Minimum-Maximum-Prinzip bewertet.
- Das Erfolgs- oder Nutzen-Controlling betrachtet Weiterbildung als Investition in das Humankapital und sucht den Beitrag der betrieblichen Weiterbildung zum Unternehmenserfolg zu bestimmen. Analyseziele sind die unternehmensspezifischen Wirkungen der Weiterbildung beziehungsweise deren betriebliche Rentabilität.

Die Bedeutung ökonomisch fundierter Ansätze soll im Folgenden kurz diskutiert werden.

---

[6] RWTH Aachen, TU Berlin, TU Darmstadt, TU Dresden, TU Hamburg-Harburg, TU Kaiserslautern, Uni Dortmund, Uni Stuttgart. Siehe: http://www.che.de, 2009.

Das Kostencontrolling analysiert Ausgaben und Einnahmen von Weiterbildungsprozessen. Auf der Ausgabenseite werden direkte Kosten (z. B. für externe Raummiete, Materialien, Reise- und Fahrspesen der Teilnehmer, Kursgebühren, Referentenhonorare etc.) und indirekte Kosten (z. B. für Ausfallzeiten, anteilige interne Raummiete, interne Referenten, Kommunikation etc.) summiert (zu den Kostenarten vgl. Decker, 1995, S. 155–169; Ebert, 1995). Ziel ist es, alle Kostenarten für Weiterbildung zu bedenken und in der Weiterbildung möglichst geringe Kosten zu verursachen. Weiterbildungskosten nach dieser Variante rein operativ zu steuern, greift jedoch zu kurz, weil der Nutzwert betrieblicher Bildung dabei nicht einbezogen wird. In Krisen- und Rezessionszeiten führt ein rein operativökonomisches Bildungscontrolling meist zu Einsparvorgaben in der Weiterbildung. Dies ist insofern für die Wirtschaft fatal, als damit ein unternehmerischer Entwicklungsbereich beschränkt wird, von dem zentrale Impulse für Innovation und Rentabilität ausgehen. Aus Unternehmenssicht ist darum zu fordern, dass der Beitrag der Weiterbildung für den betrieblichen Nutzen aufgezeigt wird und betriebliche Ausgaben für Forschung, Entwicklung und Weiterbildung in Krisenzeiten eher angehoben denn gesenkt werden.

Laut einer Studie des BIBB und des Instituts für Entwicklungsplanung und Strukturforschung in 1.700 deutschen Betrieben wird eine reine Kostenerfassung der betrieblichen Weiterbildung noch am ehesten durchgeführt. In Unternehmen mit über 500 Beschäftigten (92 %) und mit 50 bis 499 Beschäftigten (82 %) ist sie annähernd selbstverständlich. In Unternehmen mit bis zu 50 Beschäftigten dagegen nicht; nur 55 Prozent dieser Unternehmen erfassen regelmäßig ihre Weiterbildungskosten (vgl. Bardeleben & Herget, 2000, S. 86). Wirtschaftlichkeits- oder Kosten-Nutzen-Controlling wird allerdings kaum realisiert: „Seltener berichtet wurden zusätzliche Maßnahmen, um das Gelernte in das Arbeitsfeld umzusetzen, noch seltener waren bisher Versuche, diesen Transfererfolg differenziert zu erfassen oder gar in Geldgrößen zu bewerten. Nur wenige Unternehmen bemühen sich darüber hinaus, Nutzen und Wirksamkeit der Weiterbildung im Hinblick auf ihren Beitrag für das Betriebsergebnis in monetären Größen oder anhand anderer, objektiver Kennzahlen konkret zu bestimmen. Kosten-Nutzen-Analysen für einzelne Veranstaltungen oder das gesamte Weiterbildungsprogramm führt keines der Unternehmen durch" (ebd., S. 84 f.). Diese reservierte Haltung ist mehrfach begründet: Personal- und Bildungsverantwortliche sind skeptisch, ob sich der Nutzen tatsächlich bestimmen und berechnen lässt. Teilweise fehlt ihnen hierzu das nötige Know-how. Anderseits hält der hohe zeitliche und finanzielle Aufwand von der Einführung derartiger Verfahren ab. Hinzu kommt ein genereller Personalmangel im Bildungsbereich und die kritische Sicht, ob sich der Wirkungsgrad betrieblicher Bildung tatsächlich durch verfeinerte Erfolgskontrollen nennenswert steigern lässt (vgl. ebd., S. 92).

Weitere Schwachstellen der Kosten-Nutzen-Rechnung sind in der Literatur ausführlich beschrieben. Sie liegen etwa darin, dass eine exakte Quantifizier- und Messbarkeit nur suggeriert wird, da die zugrunde liegenden Annahmen auf Schätzwerten beruhen, deren Gewichtung relativ willkürlich erscheint, da objektive Null- und Optimalpunkte fehlen (vgl. Gerlich, 1999, S. 66 f.). Kosten-Nutzen-Relationen arbeitsplatzbezogener Lernformen sind aufgrund der betrieblichen Bedingungskomplexität noch schwieriger zu berechnen als bei herkömmlichen Seminaren (vgl. Bardeleben & Herget, 2000, S. 94). Im Unternehmen mangelt es an geeigneten oder geeignet zubereiteten Daten – der relativ geringe Erkenntnisgewinn rechtfertigt keine aufwendige Implementierung. Bildungsinvestitionen sind stets Investitionen im Kompetenzaufbau von Mitarbeitern und rechnen sich darum erst nach längerer Zeit. Ein kurzfristiger ROI ist darum kaum nachweisbar, unmittelbare Wirkungszusammenhänge sind nicht darstellbar. Des Weiteren werden für eine wissenschaftlich seriöse Kosten-Nutzen-Rechnung neben der Experimentalgruppe – das ist die Gruppe, welche eine bestimmte Bildungsmaßnahme absolviert – *echte* Kontrollgruppen benötigt; diese sind in der Unternehmensrealität meist nicht vorhanden. Quasi-experimentelle Untersuchungsdesigns erfüllen dagegen nicht die strengen methodischen Voraussetzungen. Letztlich bewegen sich die von betrieblicher Weiterbildung für das Unternehmen zu erwartenden ökonomischen Effekte nur im Promillebereich und sind daher für das Topmanagement von eher geringerer Bedeutung (vgl. Weiß, 2000, S. 82–84). Aus den genannten Gründen legen laut der BIBB/IES-Studie Geschäftsführungen keine weitergehenden Ansprüche an betriebliche Weiterbildungsabteilungen und geben sich mit Dokumentationen von Kennzahlen zufrieden (vgl. Bardeleben & Herget, 2000, S. 92).

Weniger problembehaftet als die Kosten-Nutzen-Analyse ist es dagegen, den Nutzen einer Maßnahme gesondert zu bestimmen und zu berechnen. Am Nutzen des Unternehmens orientierte Dimensionen und darauf bezogene Kennzahlen sind relativ eindeutig und valide zu identifizieren. Bei der Nutzwertbestimmung im Bildungscontrolling können wirtschaftliche und pädagogische Erfolgskennzahlen voneinander unterschieden werden (Seeber, 2000, S. 141 f.; Weiß, 2000, S. 87 f.). Der materielle wie immaterielle Nutzen liegt zum Beispiel in der Einnahme von Teilnehmerbeiträgen, im Einwerben von Fördermitteln und Spenden, geringeren Fehlerraten und Ausfallkosten, kürzeren Arbeitszeiten und damit höherer Produktivität, in qualitativen Ertragssteigerungen (höhere Motivation und Zufriedenheit der Mitarbeiter, stärkere Kundenbindung), niedrigeren Krankenständen, schnelleren Problemlösungen, Erhaltung von Fach- und Führungskräften, größerer Mitarbeiterbindung, Pflege der Unternehmenskultur u.v.a.m. (vgl. hierzu auch Gerlich, 1999, S. 69). Ende der 90er-Jahre belegte zum Beispiel das Recycling-Unternehmen ALBA AG den materiellen Nutzwert einer einjährigen Fortbildung für Nachwuchsführungskräfte an einem Quotienten von in der Fortbildung erwirtschafteten Finanzen gegenüber den Kosten der Fortbildung. Verpflichtender Teil für jeden Projektteilnehmer war es nämlich, während der Fortbildung ein internes Recycling-Projekt bis zur Marktreife zu bringen und während des Fortbildungsjahrs einen möglichst großen Gewinn zu erwirtschaften. Die Einnahmen der ausbildungsbezogenen Projekte wurden den Kosten der Ausbildung entgegengehalten.[7] Wie an der Balanced Scorecard bereits ausgeführt, geht es beim Aufbau derartiger nutzwertorientierter Kennzahlen stets darum, diese aus den strategischen Unternehmenszielen abzuleiten und sie aufeinander sowie mit den Organisationseinheiten des Unternehmens abzustimmen (Weiß, 2000, S. 87). In der ALBA AG war das Vorhaben als gelungen anzusehen.

Das Bundesinstitut für Berufsbildung bringt die aktuelle Debatte um Bildungscontrolling in wenigen zentralen Thesen auf den Punkt. Demnach ist es sinnvoll und notwendig, ökonomische und andragogische Perspektiven im Bildungscontrolling miteinander zu verknüpfen.[8] Ein Ansatz nach dem Motto „Entweder-Oder" greift in beiden Fällen zu kurz. Er ist mit Defiziten behaftet, lässt relevante Prozesse unberücksichtigt, spiegelt falsche Tatsachen wider und bringt den wahren Wert betrieblicher Bildung nicht zum Ausdruck. Das BIBB empfiehlt daher fünf Erfolg versprechende Strategien:

1. den Controlling-Kreislauf zwischen Bedarfsanalyse, Kostenanalyse, Curriculumentwicklung, Seminarsteuerung, Transferkontrolle und Nutzwertbestimmung einhalten;
2. sowohl den materiellen als auch den immateriellen Nutzwert definieren,

---

[7] Der Autor evaluierte seinerzeit Elemente dieser Fortbildung; Ergebnisse wurden intern behandelt.

[8] Diese Perspektive wird von Gerlich als „monoteleologisch verknüpfter Ansatz" bezeichnet (Gerlich, 1999, S. 71).

3. den Nutzen quantifizieren und monetär bewerten,
4. Vorgesetzte und Mitarbeiter in die Verantwortung für erfolgreiche betriebliche Bildungsprozesse einbinden und
5. Lernerfolge zu Anwendungserfolgen führen (vgl. Bardeleben & Herget, 2000, S. 96–99).

Hinzuzufügen wäre ein weiterer, selten explizit erwähnter Erfolgsfaktor: Aus allen Analysen im Bildungscontrolling resultieren stets auch handlungsrelevante Konsequenzen für die betriebliche Weiterbildung. Bedarfe werden nicht erhoben, um in unbrauchbaren Hochglanzbroschüren zu enden, Seminare nicht evaluiert, um Statusberichte zu schreiben, Kennzahlen nicht erhoben, um das Gewissen zu beruhigen. Aus allen beispielhaft genannten Fällen leitet das strategieorientierte Weiterbildungsmanagement umsetzbare Maßnahmen der Qualitätsverbesserung ab: bedarfsgerecht konzipierte Bildungsmaßnahmen, optimierte Seminarabläufe oder verbesserte Transfermaßnahmen. Dass ein derartig an die Wurzel gehender TQM-Prozess nicht immer konfliktfrei verläuft, sollte von Beginn an einkalkuliert werden. Mit Widerständen im Unternehmen, schmerzhaften Trennungen von bisherigen Lehrenden oder erhöhtem Aufwand für die Implementierung neuer Arbeitsformen ist zu rechnen.

8. Exemplarische Tools für das strategieorientierte Weiterbildungsmanagement

Strategieorientiertes Weiterbildungsmanagement besitzt eine komplementäre operative Seite, diese wird durch Tools und Techniken repräsentiert. Werkzeuge des operativen Weiterbildungsmanagements dienen dazu, übergreifende Ziele zu verfolgen. Sie entfalten ihren systemischen Nutzen, wenn man sie professionell konzipiert, denn nur dann spiegeln sie auch das real wieder, was sie zu messen vorgeben. Diese Forderung sei am Beispiel von Fragebögen zur Seminarbeurteilung kurz erläutert. In der Literatur finden sich viele derartige Beispiele, dabei wird jedoch kaum dargestellt, wie die erforderlichen wissenschaftlichen Testvoraussetzungen geprüft und berücksichtigt wurden. Es ist zu vermuten, dass die wenigsten in der Praxis eingesetzten Bögen testtheoretisch auf zentrale sozialwissenschaftliche Kriterien wie Objektivität, Reliabilität und Validität überprüft werden. Hierbei handelt es sich aber um eine Grundforderung, die für jegliche Art von Befragung gilt, und in der empirischen Soziologie, Psychologie oder Marktforschung zum State-of-the-Art zu zählen ist (vgl. Diekmann, 1998, S. 216–227). Weiterbildungsmanagement muss diese und andere prinzipielle wissenschaftliche Standards erfüllen, wenn es sich als Profession etablieren möchte.

Wenn sich strategieorientiertes Weiterbildungsmanagement für bestimmte Schwerpunkte in der betrieblichen Bildungsarbeit entscheidet, kann es über die Fachliteratur ohne hohe Investitionen auf umfassende Vorleistungen im operativen Sektor zurückgreifen. Beispiele können den spezifischen Bedingungen eines Unternehmens oder einer Branche angepasst werden, die operative Arbeit lässt sich aber auch auslagern. Im Internet leicht auffindbare Bildungsberater bieten hier diverse Serviceleistungen zwischen Entwicklung und Analyse an. In diesem Zusammenhang darf der Hoffnung Ausdruck gegeben werden, dass betriebliche Weiterbildungsmanagerinnen und -manager zukünftig auch die operativen Entwicklungskompetenzen vermehrt eigenständig vorweisen. Nur so wird das benötigte Wissen eng am Bedarf des Unternehmens aufgebaut und nachhaltig darin verankert.

Welche Werkzeuge finden sich nun in der Tool-Box für Weiterbildungsmanager? Zum Portfolio professioneller beruflicher Bildungsarbeit gehören etwa (ohne Anspruch auf Vollständigkeit):

- Anleitungen, um ein Qualitätshandbuch zu erstellen,
- Prozessbeschreibungen, um ein Qualitätsmanagement einzuführen,
- Flussdiagramme, um begleitende Qualitätskontrollen darzustellen,
- Checklisten, um externe Bildungsanbieter zu bewerten,
- Beurteilungsraster, um Veranstaltungsverzeichnisse zu bewerten,
- Musterbögen, um den betrieblichen Bildungsbedarf zu erfassen (z. B. in Form individueller Ist-Soll-Analysen),
- Gesprächsleitfäden für Führungskräfte, um Bildungsteilnahmen vor- und nachzubereiten,
- standardisierte Auswertungs- und Reporting-Prozesse, um die Bildungsmaßnahme vor- und nachzubereiten,
- Kriterienlisten zur Trainerauswahl,
- Standardverträge für externe Trainerinnen und Trainer,
- didaktische Leitlinien für externe und interne Trainerinnen und Trainer, um die pädagogischen Standards zu sichern,
- didaktische Formblätter, um Seminare zu planen,
- Checklisten zur operativen Seminarvorbereitung,
- Kalkulationsschemata, um direkte und indirekte Bildungskosten zu berechnen,
- Auslastungsschemata für Zimmerbelegungen,

- Leitlinien und Lerntagebücher für Teilnehmerinnen und Teilnehmer, um die Lernvorbereitung und den Lerntransfer zu sichern,
- standardisierte Fragebögen, um Seminare zu evaluieren,
- standardisierte Auswertungs- und Reporting-Prozesse für die Seminarevaluation,
- standardisierte Fragebögen, um den Lerntransfer zu evaluieren,
- standardisierte Auswertungs- und Reporting-Prozesse für die Transferevaluation,
- Kennzahlen aus dem Personal- und Bildungswesen, um den Nutzen für das Unternehmen darzustellen.

9. Zusammenfassung

Der vorliegende Aufsatz umreißt Ziele, Konzepte und Inhalte eines strategieorientierten Weiterbildungsmanagements. Hierunter ist ein Ansatz zu verstehen, der seine immanenten Bildungsaufgaben an übergeordneten Strategien und Zielen eines Unternehmens oder einer Branche ausrichtet, um die Wettbewerbsfähigkeit des Systems zu erhöhen.

Aktuelle empirische Ergebnisse über den Status quo betrieblicher Weiterbildung in Deutschland belegen einen enormen Nachholbedarf an professionellem Weiterbildungsmanagement in deutschen Unternehmen. Vermutlich findet strategieorientierte Weiterbildung nur in Großunternehmen und Branchen statt, die einem besonderen Wettbewerbs- und Innovationsdruck ausgesetzt sind. Klein- und Mittelunternehmen, aber auch etliche Großunternehmen ohne größeren Innovationsdruck verzichten häufig auf systematische, zielgerichtete Bildungsplanung. Dadurch vergeben sie die Chance, Mitarbeiter strategisch zu entwickeln und Innovation gezielt zu fördern.

Strategieorientierte Weiterbildung hat vorausschauende Funktion. Sie bildet fachliche und überfachliche Kompetenzen, Fähig- und Fertigkeiten von Mitarbeitern, damit die Klientel den benötigten aktuellen und zukünftigen Arbeitsanforderungen genügen kann. Dabei kommt dem Weiterbildungsmanagement ebenfalls beratende, persönlichkeitsentwickelnde, moderierende und konfliktlösende Funktion im Prozess des betrieblichen Qualitätsmanagements zu. Nach der am weitesten gefassten Interpretation fungiert betriebliches Bildungsmanagement als tragende Kraft von Veränderungsprozessen in lernenden Organisationen.

Notwendige Voraussetzung für eine strategieorientierte Weiterbildung ist es, den Bildungsbedarf systematisch zu erheben. Bedarfsanalysen können sich auf Bildungsangebote, Bildungsnachfragen, Arbeitsplatzanforderungen oder Branchenerfordernisse beziehen. Aus ihnen leiten sich bedarfsorientierte Curricula und Seminare ab, deren Inhalte auf mittlerem Abstraktionsniveau fixiert werden. Je enger betriebliche Bildungsangebote den realen oder bald benötigten Tätigkeiten entsprechen, desto eher stützen sie die Unternehmensstrategie, desto eher werden sie von den Stakeholdern als bedeutsam angesehen.

Trainerinnen und Trainer fungieren dabei als zentrale Vermittler des benötigten Know-hows. Strategieorientiertes Weiterbildungsmanagement hat dafür zu sorgen, die passenden Personen für diese Aufgabe auszuwählen und sie an die Weiterbildungsphilosophie des Hauses zu binden. Hierfür kommen hauseigene Führungs- und Fachkräfte ebenso in Frage wie hauseigene und externe Trainer, Hochschullehrer sowie Nachwuchskräfte aus Studiengängen des Weiterbildungsmanagements. Eine zentrale Aufgabe des strategieorientierten Weiterbildungsmanagements besteht darin, makro- und mikrodidaktische Bildungsprozesse so zu gestalten, dass ein hoher Lern- und Transfereffekt erzielt wird. Hierbei geht es nicht nur darum, übergreifende Vermittlungskonzepte einzusetzen, wie etwa Blended-Learning oder Problem-Based-Training. Strategieorientiertes Weiterbildungsmanagement hat auch das konkrete Lehr-Lern-Verhalten von Trainern und Teilnehmern mikrodidaktisch zu steuern.

Bildungscontrolling verfolgt stets betriebswirtschaftliche und (betriebs-)pädagogische Perspektiven, um der Realität gerecht zu werden. Konzepte des Qualitätsmanagements, der Evaluation und des Controllings greifen ineinander und führen zu einem ganzheitlichen Ansatz von Bildungscontrolling. Einer elaborierten Kosten-Nutzen-Rechnung sind dabei aufgrund etlicher immanenter Erhebungs- und Erkenntnisschwierigkeiten gewisse Grenzen gesetzt. Sinnvoller erscheint es, Kosten- und Nutzenfaktoren getrennt voneinander auszuweisen und über kennzahlenorientierte Verfahren zu integrieren. Für den betrieblichen Bildungsbereich eignet sich die Balanced Scorecard, weil sie strategisch ausgerichtet werden kann und qualitative wie quantitative bzw. pädagogische und finanzielle Aspekte integrierend berücksichtigt.

Für operative Tätigkeiten stehen dem strategieorientierten Weiterbildungsmanagement etliche erprobte Tools und Techniken zur Verfügung. Diese sind jedoch elaboriert zu handhaben und ebenfalls an der spezifischen Unternehmensstrategie und -realität auszurichten. Nur so wird das benötigte Wissen eng am Bedarf des Unternehmens aufgebaut und nachhaltig darin verankert. Die skizzierten Wissenskompetenzen müssen zukünftig vermehrt von professionellen Weiterbildungsmanagern beherrscht und ausgeübt werden.

10. Checkliste

Strategieorientiertes Weiterbildungsmanagement:

- leitet seine Aufgaben von Strategien und Zielen des Unternehmens ab,
- setzt hierfür einen umfassenden Regelkreis des Bildungscontrollings wissenschaftlich professionell um (Bedarfsanalyse, Curriculumentwicklung, Trainereinbindung, Kostenkalkulation, Seminargestaltung, Lernerfolgskontrolle, Transferkontrolle, Nutzenbestimmung),
- verknüpft dabei ökonomische und andragogische Perspektiven,
- optimiert permanent seine Prozesse, Standards und Qualitätsmerkmale,
- bindet Führungskräfte des Unternehmens ein,
- passt Tools und Techniken dem internen Bedarf an und
- kommuniziert den internen Kunden regelmäßig seinen strategischen Beitrag für das Unternehmen.

Literatur

Arnold, R. & Krämer-Stürzl, A. (1999). *Berufs- und Arbeitspädagogik. Leitfaden der Ausbildungspraxis in Produktions- und Dienstleistungsberufen.* Berlin: Cornelsen Girardet.

Arnold, R., Krämer-Stürzl, A. & Siebert, H. (1999). *Dozentenleitfaden. Planung und Unterrichtsvorbereitung in Fortbildung und Erwachsenenbildung.* Berlin: Cornelsen.

von Bardeleben, R. & Herget, H. (2000). Nutzen und Erfolg betrieblicher Weiterbildung messen. Herausforderungen für das Weiterbildungs-Controlling. In: E. Krekel & B. Seusing (Hrsg.): *Bildungscontrolling. Ein Konzept zur Optimierung der betrieblichen Weiterbildung*, S. 79–112. Bielefeld: Bertelsmann.

Bäumer, J. (1999). *Weiterbildungsmanagement. Eine empirische Analyse deutscher Unternehmen.* Mering: Hampp.

Behringer, F., Moraal, D. & Schönfeld, G. (2008): Betriebliche Weiterbildung in Europa: Deutschland weiterhin nur im Mittelfeld. Aktuelle Ergebnisse aus CVTS3. In: Berufsbildung in Wissenschaft und Praxis 1/2008, S. 9–14.

Beywl, W. & Geiter, C. (1997). *Evaluation. Controlling. Qualitätsmanagement in der betrieblichen Weiterbildung.* Bielefeld: Bertelsmann.

BIBB – Bundesinstitut für Berufsbildung (2009): Datenreport zum Berufsbildungsbericht 2009. Informationen und Analysen zur Entwicklung der beruflichen Bildung. Bonn.

bmbf – Bundesministerium für Bildung und Forschung (2006): Berichtssystem Weiterbildung IX, Berlin.

Bräuer, P., Hentschel, D. & Müller, C. (1995). Neue Wege der Qualitätssicherung in der Weiterbildung. Zertifizierung nach DIN EN ISO 9000 ff. am Beispiel des Bildungswerkes Ost-West e.V. In: R. von Bardeleben, D. Gnahs, E. Krekel & B. Seusing. (Hrsg.): *Weiterbildungsqualität*, S. 176–190. Bielefeld: Bertelsmann.

Czepluch, H. (1995). Erfahrungen bei der Einführung und Umsetzung eines Qualitätsmanagement-Systems. In G. von Landsberg & R. Weiß (Hrsg.): *Bildungs-Controlling*, S. 217–230. Stuttgart: Schäffer-Poeschel.

Decker, F. (1995). *Bildungsmanagement für eine neue Praxis.* München: AOL-Verlag.

Diekmann, A. (1998). *Empirische Sozialforschung. Grundlagen, Methoden, Anwendungen.* Reinbek: Rowohlt.

Döring K. & Ritter-Mamczek B. (1998). Die Praxis der Weiterbildung. Weinheim: Dt. Studien-Verlag.

Döring, K. & Ritter-Mamczek, B. (1999). *Weiterbildung im lernenden System.* Weinheim: Dt. Studien-Verlag.

Ebert, G. (1995). Kostenrechnerische Steuerung des Bildungsbereichs. In: G. von Landsberg & R. Weiß (Hrsg.): *Bildungs-Controlling*, S. 147–154. Stuttgart: Schäffer-Poeschel.

Faulstich, P. (1998). *Strategien der betrieblichen Weiterbildung.* München: Vahlen.

Fredersdorf, F. & Lehner, M. (2004). *Hochschuldidaktik und Lerntransfer. Bildungscontrolling von FH-Studiengängen.* Bielefeld: Bertelsmann.

Fredersdorf, F. (2001). Sind menschliche Qualitäten meßbar? In: M. Bernhard & S. Hoffschröer (Hrsg.): *Report Balanced Scorecard. Strategien umsetzen, Prozesse steuern, Kennzahlensysteme entwickeln*, S. 189–204. Düsseldorf: Symposion.

Freitag, M. & Schöne, R. (2004). *Lebenslanges Lernen, Unternehmensentwicklung, Lernende Region.* Chemnitz-Zwickau: Technische Universität.

Geißler, H. (1998). Betriebspädagogische (Semi-) Professionalität. In: S. Peters (Hrsg.): *Professionalität und betriebliche Handlungslogik. Pädagogische Professionalisierung in der betrieblichen Weiterbildung als Motor der Organisationsentwicklung*, S. 83–104. Bielefeld: Bertelsmann.

Geißler, K. & Orthey, M. (1998). Betriebliche Bildungspolitik. In: G. Drees & F. Ilse (Hrsg.): *Arbeit und Lernen 2000. Band 2: Bildungstheorie und Bildungspolitik*, S. 75–92. Bielefeld: Bertelsmann.

Gerlich, P. (1999). *Controlling von Bildung. Evaluation oder Bildungscontrolling?* München: Hampp.

Gritz, W. (1998). *Qualitätssicherung in Bildungsstätten. Anleitung zur Erstellung eines Qualitätshandbuchs.* Neuwied: Luchterhand.

Gruhl, P. (2000). Bildungscontrolling am Beispiel der Bertelsmann AG in Gütersloh. In: C. Bötel & E. Krekel (Hrsg.): *Bedarfsanalyse, Nutzungsbewertung und Benchmarking. Zentrale Elemente des Bildungscontrollings*, S. 175–180. Bielefeld: Bertelsmann.

Grünewald, U., Moraal, D. & Schönfeld, G. (Hrsg.) (2003). *Betriebliche Weiterbildung in Deutschland und Europa.* Bertelsmann, Bielefeld.

Herter, J. (1998). *Weiterbildungsmanagement im Produktionsbetrieb. Didaktische Grundlagen zur Bedingungsanalyse und Entscheidungsfindung.* Weinheim: Dt. Studien-Verlag.

Horváth, P. (2001). Wissensmanagement steuern. Die Balanced Scorecard als innovatives Controllinginstrument. In: M. Bernhard & S. Hoffschröer (Hrsg.): *Report Balanced Scorecard. Strategien umsetzen, Prozesse steuern, Kennzahlensysteme entwickeln*, S. 177–187. Düsseldorf: Symposion.

Hummel, T. (1999). *Erfolgreiches Bildungscontrolling. Praxis und Perspektiven.* Heidelberg: Sauer.

Jank, W. & Meyer, H. (1994). *Didaktische Modelle.* Frankfurt am Main: Cornelsen Scriptor.

Kirkpatrick, D. (1998). *Evaluation Training Programs. The four Levels.* San Francisco: Berrett-Koehler.

Krekel, E. & Beicht, U. (1995). Lehrkräfte als Schlüsselfaktor der Weiterbildungsqualität. In: R. von Bardeleben, D. Gnahs, E. Krekel & B. Seusing (Hrsg.): *Weiterbildungsqualität*, S. 137–149. Bielefeld: Bertelsmann.

Kron, F. (2004). *Grundwissen Didaktik.* München: Reinhardt.

von Landsberg, G. (1995). Bildungs-Controlling. What is likely to go wrong? In: G. von Landsberg & R. Weiß (Hrsg.): *Bildungs-Controlling*, S. 11–34. Stuttgart: Schäffer-Poeschel.

Lehner, M. & Fredersdorf, F. (2004). Risiken und Chancen multimedialen Lernens. In: F. Lehner & F. Fredersdorf F (Hrsg.): *E-Learning und Didaktik. Perspektiven für die betriebliche Bildung*, S. 15–30. Düsseldorf: Symposion, Düsseldorf.

Lehner, M. (2001). *Pädagogik der Mitarbeiterführung*. Hohengehren: Schneider.

Lemke, S. (1995). *Transfermanagement*. Göttingen: Hogrefe.

Lorenz, T. & Oppitz, S. (2001). Zunehmender Performancedruck als Herausforderung. In: T. Lorenz & S. Oppitz (Hrsg.): *Vom Training zur Performance*, S. 11–22. Offenbach: Gabal, Offenbach.

Matthiesen, U. & Reutter, G. (2003). *Die Lernende Region. Mythos oder lebendige Praxis?* Bielefeld: WBV.

Meisel, K. (1994). Weiterbildungsmanagement. In: R. Tippelt (Hrsg.): *Handbuch Erwachsenenbildung/Weiterbildung*, S. 384–394. Opladen: Leske + Budrich.

Merk, R. (1998). Profit- und Non-Profit-Center zwischen Zweckorientierung und Bildungsverpflichtung. In: S. Peters (Hrsg.): *Professionalität und betriebliche Handlungslogik. Pädagogische Professionalisierung in der betrieblichen Weiterbildung als Motor der Organisationsentwicklung*, S. 199–223. Bielefeld: Bertelsmann.

Meyer, H. (1987). *Unterrichtsmethoden – I: Theorieband*. Frankfurt am Main: Scriptor.

Nittel, D. (2000). *Von der Mission zu Profession?* Bielefeld: Bertelsmann.

von Oetinger, B., Ghyzy, T. & Bassford, C. (2005) (Hrsg.): *Clausewitz – Strategie denken*. München: Hanser.

Pätzold, G. (1996). *Lehrmethoden in der beruflichen Bildung*. Heidelberg: Sauer.

Peters, S. (1998). *Professionalität und betriebliche Handlungslogik. Pädagogische Professionalisierung in der betrieblichen Weiterbildung als Motor der Organisationsentwicklung*. Bielefeld: Bertelsmann.

Reck, R. (2004). Netzbasierte Lernwegbegleitung. In: M. Lehner & F. Fredersdorf (2004): *E-Learning und Didaktik. Perspektiven für die betriebliche Bildung*, S. 121–144. Düsseldorf: Symposium.

Reinmann-Rothmeier, G. (2003). *Didaktische Innovation durch Blended Learning*. Bern: Huber.

Robinson, D. G. & Robinson, J. C. (2001). Fokussierung auf Performance. Wie sieht das aus? In: T. Lorenz & S. Oppitz (Hrsg.): *Vom Training zur Performance*, S. 23–34. Offenbach: Gabal.

Rosenbladt, B. von & Bilger, F. (2008). Weiterbildungsbeteilung in Deutschland – Eckdaten zum BSW-AES 2007. Bonn, Berlin.

Seeber, S. (2000). Benchmarking – ein Ansatz zur Steigerung von Effektivität und Effizienz beruflicher Bildung? In: C. Bötel & E. Krekel (Hrsg.): *Bedarfsanalyse, Nutzungsbewertung und Benchmarking. Zentrale Elemente des Bildungscontrollings*, S. 125–148. Bielefeld: Bertelsmann.

Seusing, B. & Bötel, C. (2000). Bedarfsanalyse. Die betriebliche Praxis der Planung von Weiterbildungsbedarfen. In: C. Bötel & E. Krekel (Hrsg.): *Bedarfsanalyse, Nutzungsbewertung und Benchmarking – Zentrale Elemente des Bildungscontrollings*, S. 21–34. Bielefeld: Bertelsmann.

Sievers, C. (1998). Erwachsenenpädagogische Zusatzstudiengänge als Zukunftsmodell? Erfahrungen mit dem Fernstudium Erwachsenenbildung der Universität Kaiserslautern im Vergleich zu anderen erwachsenenpädagogischen Qualifikationsangeboten. In: S. Peters (Hrsg.): *Professionalität und betriebliche Handlungslogik. Pädagogische Professionalisierung in der betrieblichen Weiterbildung als Motor der Organisationsentwicklung*, S. 143–160. Bielefeld: Bertelsmann.

Terhart, E. (1997). *Lehr-Lern-Methoden. Eine Einführung in Probleme der methodischen Organisation von Lehren und Lernen.* Weinheim: Juventa.

Thomsen, S. (2001). Der Bankmitarbeiter als Verkaufsprofi. *Bankmagazin, 5*, S. 64 ff.

Vogt, U. (1995). Die Normenreihe DIN EN ISO 9000 ff. Elemente, Umsetzung, Zertifizierung. In: G. von Landsberg & R. Weiß (Hrsg.): *Bildungs-Controlling*, S. 197–216. Stuttgart: Schäffer-Poeschel.

Weiß, R. (1994). Betriebliche Weiterbildung. Ergebnisse der Weiterbildungserhebung der Wirtschaft. *Kölner Texte & Thesen, 21*.

Weiß, R. (1995). Betriebliche Weiterbildung im Leistungs- und Kostenvergleich. In: G. von Landsberg & R. Weiß (Hrsg.): *Bildungs-Controlling*, S. 163–177. Stuttgart: Schäffer-Poeschel.

Witthaus, U. & Wittwer, W. (1997). *Vision einer lernenden Organisation. Herausforderung für die betriebliche Bildung.* Bielefeld: Bertelsmann.

Wöltje, J. & Egenberger, U. (1996). *Zukunftssicherung durch systematische Weiterbildung.* München: Lexika.

Wottawa, H. & Thierau, H. (1998). *Lehrbuch Evaluation.* Bern: Huber.

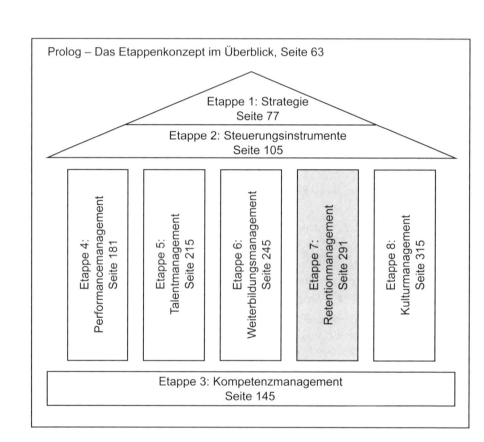

Etappe 7: Retentionmanagement

Matthias T. Meifert

Ende der 1990er-Jahre machte ein markiger Ausspruch die Runde, der die Arbeitsmarktlage dieser Zeit verdeutlicht. Die Rede ist vom 'War for Talents'. Diese drei Worte verdeutlichen den Umstand, dass Mitarbeiterressourcen knapper wurden, die grundlegende Bereitschaft von Mitarbeitern, sich länger an ein Unternehmen zu binden, abnahm und ein Kampf um die knappen Talente entbrannte. Mittlerweile hat sich die Arbeitsmarktlage gründlich verändert. Angesichts der schwierigen wirtschaftlichen Lage, der damit verbundenen steigenden Erwerbslosigkeit und dem Arbeitsplatzabbau in deutschen Unternehmen ist zu fragen, ob dieses Thema überhaupt Raum in diesem Buch beanspruchen darf. Sind nicht vielmehr die Schlagworte Arbeitsmarktmobilität und Stellenabbau besser geeignet, die aktuelle Situation zu beschreiben? Warum ist Retentionmanagement oder entsprechend Mitarbeiterbindung eine zentrale Aufgabe der strategischen Personalentwicklung?

Zwei gewichtige Argumente sprechen dafür: Zum einen zeigen empirische Studien, dass auch in wirtschaftlich schwierigen Zeiten Arbeitsplätze gewechselt werden und somit die Unternehmen mit den Folgen der ungewollten Fluktuation konfrontiert werden. Zum anderen spricht die Demografie eine klare Sprache: So wird für die Bundesrepublik Deutschland ein Rückgang der Zahl der Erwerbstätigen im Alter von 30 bis 39 Jahren von 12,55 Millionen in 1999 auf 9,03 Millionen in 2010 prognostiziert. Ein ähnlicher Trend wird für den gesamten europäischen Arbeitsmarkt vorhergesagt, sodass eine Kompensation durch Zuwanderung mehr als fraglich ist. Während Europa vergreist und jedes Jahr 900.000 Menschen verliert, wächst die Bevölkerung in den Entwicklungsländern immer noch rasant (DSW 2006). Aufgrund mangelnder Qualifikation und geringer räumlicher Mobilität dieser Arbeitskräfte dürfte diese Entwicklung kein nennenswertes Arbeitskräfteangebot generieren. Daraus kann geschlossen werden, dass es zukünftig deutlich schwieriger wird, qualifizierte Arbeitskräfte zu finden und diese zu binden (vgl. Wunderer & Dick, 2006, S. 118). Auch wenn aktuell krisenbedingt die Arbeitsnachfrage sinkt, so dürften die geschilderten demografischen Effekte mittelfristig zu einer deutlichen Verknappung des Faktors Arbeit führen. Mittlerweile sind die ersten Stimmen zu hören, die behaupten, dass das Ringen um die Talente bereits schon wieder begonnen hat. Denn gerade in Krisenzeiten dürfen Unternehmen nicht Gefahr laufen, ihre Arbeitgeberattraktivität und ihre guten Mitarbeiter zu verlieren, die sie für den kommenden Aufschwung benötigen (Kötter, Werthschütz & Siemen, 2009).

Vorliegender Beitrag widmet sich der Mitarbeiterbindung als Aufgabe der strategischen Personalentwicklung. Konkret: Was kann die Personalentwicklung dazu beitragen, um wichtige Mitarbeiter an das Unternehmen zu binden. Dass dies kein einfaches Unterfangen ist, haben Meyer und Allen, die beiden Vorreiter der Forschung zur Mitarbeiterbindung (vgl. dazu ausführlich den Abschnitt 2), bereits verdeutlicht. Sie gehen davon aus, dass die Bindung von Mitarbeitern komplex und nicht durch eine einzelne Maßnahme oder Aktion direkt zu erreichen ist (Meyer & Allen, 1997, S. 25). Aber auch wenn nur eine mittelbare Beeinflussung möglich ist, lohnt es sich zu fragen, inwieweit diese geschehen kann. Dem Thema wird in vier Schritte nachgegangen. Zunächst wird näher analysiert, welche Folgen von ungewollter Fluktuation für das Unternehmen ausgehen. Nur wenn herleitbar ist, dass der überbetriebliche Arbeitgeberwechsel dysfunktionale Folgen für das Unternehmen hat, kann damit auch eine strategische Relevanz des Themas begründet werden. Anschließend wird aufgezeigt, wie in einer modernen Interpretation das Phänomen Mitarbeiterbindung erklärt wird. Darauf aufbauend werden die typischen Faktoren herausgearbeitet, die für die Bindung von Mitarbeitern verantwortlich gemacht werden. Diese Argumentationslinie mündet in einen Abschnitt, der praktische und konkrete Handreichungen zur Gestaltung der Mitarbeiterbindung im betrieblichen Alltag liefert. Ein kurzes Fazit fasst die zentralen Gedanken des Beitrages zusammen.

1. Auswirkungen von ungewollter Fluktuation

Bevor es sich lohnt, sich intensiver mit dem Wesen der Mitarbeiterbindung zu beschäftigen, ist zu fragen, worin die Auswirkungen von *ungewollter* Fluktuation liegen. Anders formuliert: Was ist schädlich an einer regelmäßigen *Durchmischung* der Mannschaft? Ist damit nicht erst sichergestellt, dass regelmäßig frischer Wind in das Unternehmen einzieht und so Innovationen ermöglicht werden? Fluktuation hat zweifellos auch ihre konstruktive Seite. Der Umstand an sich ist nicht wirklich problematisch. Strategisch bedeutsam wird er dann, wenn die Fluktuation erhebliche Transaktions- und Opportunitätskosten und darüber hinaus den Verlust von (Spezialisten-) Wissen verursacht.

Grundsätzlich ist Fluktuation für das Unternehmen mit Konsequenzen verbunden. Bereits in den 1970er-Jahren wurde über die Folgen der Fluktuation gesagt, dass sie das teuerste Personalproblem darstellen (vgl. z. B. Pigors & Meyers, 1973, S. 216). „It is the most costly and least understood of all phenomena working against productivity, efficiency and ultimately profits" (Peskin, 1973, S. 68). In der Vergangenheit wurden zahlreiche Versuche unternommen, um das Phänomen Fluktuation in seiner Breite betriebswirtschaftlich zu erfassen. Die Erklärungsansätze lassen sich in Anlehnung an Kaufhold (1985, S. 29 ff.) systematisieren nach ihrem Rechenumfang und ihrem Bezugsrahmen in kostenorientierte Phasenmodelle, Modelle unter Berücksichtigung des entgangenen Gewinns und Modelle des Human Resource Accounting. Der Systematik des internen Rechnungswesens folgend, lassen sich die Konsequenzen von Fluktuation in drei Kategorien unterteilen:

1. die direkten Kosten (= Einzelkosten[1]) der Fluktuation;
2. die indirekten Kosten (= Gemeinkosten[2]) der Fluktuation und
3. die Opportunitätskosten[3] der Fluktuation.

Direkte Kosten der Fluktuation

Scheidet ein Mitarbeiter aus, so verursacht das zunächst keine direkten Kosten. Die notwendigen administrativen Prozesse, wie Zeugniserstellung, Kontrolle und Rücknahme von betrieblichen Sachmitteln etc., sind zwar direkt anfallende Kosten, doch werden sie in praxi meist als Gemeinkosten behandelt. Im strengen Begriffssinn handelt es sich dabei um unechte Gemeinkosten, weil eine verursachungsgerechte Erfassung zwar möglich

---

[1] Unter Einzelkosten sollen in diesem Zusammenhang die von der Leistungseinheit verursachten und der einzelnen Leistungseinheit aufgrund genauer Berechnung unmittelbar zurechenbaren Kosten verstanden werden.

[2] Gemeinkosten sind in dem hier zugrunde liegenden Begriffsverständnis Kosten, die der einzelnen Leistungseinheit nicht unmittelbar zurechenbar sind.

[3] Opportunitätskostenüberlegungen prägen stark das interne Rechnungswesen. Sie fragen danach, was der Wert des entgangenen Nutzens einer nicht gewählten Alternative wäre.

wäre, aber aus Vereinfachungsgründen unterbleibt (vgl. Plinke & Rese, 2006, S. 36). Wird das Ausscheiden eines Mitarbeiters und die folgenden Schritte in dem oben skizzierten Verständnis als Prozess beschrieben, dann ändert sich dieser Eindruck. Im Zuge der Neubesetzung der verwaisten Stelle entsteht eine Vielzahl von direkten Kosten. Diese sind in ihrer Höhe und ihrem Anfall abhängig davon, ob eine Besetzung aus dem Unternehmen (interner Arbeitsmarkt) oder von außen (externer Arbeitsmarkt) erfolgt. Tabelle 1 verdeutlicht die möglichen direkten Kostenpositionen.

Tabelle 1. Direkte Kosten der Fluktuation (in Anlehnung an Ahlrichs, 2000, S. 12; Branham, 2000, S. 7; Ott, 1975, S. 25 ff.)

Besetzung vom internen Arbeitsmarkt	Besetzung vom externen Arbeitsmarkt
Ggf. Unterstützung beim Umzug	Kosten für Stellenanzeige
Kosten für Seminarbesuche zur Einarbeitung	Ggf. Personalberaterhonorare
	Bewerberauslagen
	Ggf. Beraterhonorare für Auswahl- bzw. Testverfahren, Interviews etc.
	Ggf. Kosten zum Einholen von Referenzen
	Ggf. Unterstützung beim Umzug
	Kosten für arbeitsmedizinische Untersuchung
	Kosten für Seminarbesuche zur Einarbeitung
	Ggf. notwendiger „Gehaltsaufschlag"

In der praxisorientierten Literatur wird davon ausgegangen, dass die direkten Kosten der Fluktuation bei der Besetzung vom externen Arbeitsmarkt rund 50 % des Jahreseinkommens des Stelleninhabers ausmachen (Jochmann, 2006 Meifert, 2002). Insbesondere wenn ein Personalberatungsunternehmen eingeschaltet wird, laufen Honorare in Höhe von ca. 30 % des Jahresgehaltes zuzüglich Anzeigen- und Nebenkosten auf. Je nach Funktion des ausscheidenden Mitarbeiters ergeben sich unterschiedlich hohe Kostenbelastungen.

Indirekte Kosten der Fluktuation

Werden die indirekten Kosten betrachtet, so dürfte es unerheblich sein, inwieweit die Stellenbesetzung am internen oder externen Arbeitsmarkt erfolgt. Die anfallenden personaladministrativen Prozesse der Versetzung sind ähnlich der Neueinstellung. Lediglich die Ausfertigung des Arbeitsvertrages und die betriebsärztliche Untersuchung sind bei einer externen Einstellung zusätzlich zu berücksichtigen. Im Regelfall handelt es sich dabei um Kostenblöcke, die nach einem Schlüssel auf die einzelnen leistungserstellenden Geschäftseinheiten aufgeteilt werden. Diese sind im strengen Sinne nicht verursachungsgerecht, sondern nur eine Annäherung. Als gebräuchliche Kostenschlüssel werden nach Erfahrung des Autors die Anzahl der Mitarbeiter bzw. Mitarbeiterkapazitäten (MAK) in der Geschäftseinheit eingesetzt. Zwar könnte eine starke Inanspruchnahme der Personalabteilung durch einen besonders von Fluktuation betroffenen Geschäftsbereich den Verteilungsschlüssel mittelfristig ändern, doch herrschen die starren Verteilverfahren im Alltag vor. Im Wesentlichen beziehen sich die indirekten Kosten der Fluktuation auf folgende Positionen:

Phase Austritt
Kosten für die Auflösung des Arbeitsverhältnisses (bspw. Austrittsinterviews, Verwaltung etc.)

Phase Suche und Auswahl
Administrative Kosten der Personalabteilung

Phase Einstellung und Einarbeitung
Ausbildung am Arbeitsplatz (bspw. Gehaltskosten für Ausbilder/Mentor, Material- und Ausrüstungskosten zu Trainingszwecken etc.)

Opportunitätskosten der Fluktuation

Im Vergleich zu den indirekten Kosten der Fluktuation sind die Opportunitätskosten neben den direkten Kosten von höherer Relevanz. Im Sinne einer Opportunitätsbetrachtung ist zu fragen, welcher Nutzen im Allgemeinen dem Unternehmen und im Speziellen dem System *betriebliche Weiterbildung* durch das Ausscheiden und die Neubesetzung entgeht. Insbesondere für marktbezogene Tätigkeiten weisen einige empirische Befunde darauf hin, dass der Wechsel des Kundenbetreuers zu einer Erosion und teilweise auch zum Abbruch der Geschäftsbeziehung führen kann (vgl. Süchting & Paul, 1998, S. 628 ff.). Diese nachhaltigen Konsequenzen lassen sich nicht unbedingt für das System *betriebliche Weiterbildung* unterstellen. Schließlich ist die direkte Marktwirkung nur dann gegeben, wenn der Betriebszweck des Unternehmens Weiterbildungsleistungen wären oder auch am externen Markt Weiterbildungsleitungen offeriert würden. Trotzdem ist dieser Effekt nicht zu vernachlässigen. Schließlich kann das Ausscheiden eines Spezialisten bspw. für Führungscoachings dazu führen, dass diese Leistungen nicht mehr angeboten werden können oder sie zukünftig extern zugekauft werden müssen. Auch muss in Rechnung gestellt werden, dass der ausscheidende und der sich einarbeitende Mitarbeiter eine geringere Arbeitsleistung erbringt. In Anlehnung an Herbert (1991) lassen sich beide Sachverhalte in Form einer Lernkurve darstellen (vgl. Abbildung 1).

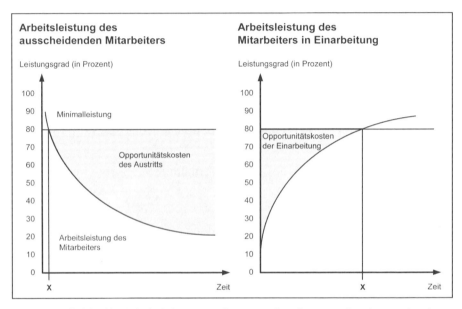

Abb. 1. Individuelle Arbeitsleistung und verursachte Opportunitätskosten im Ausscheiden und der Einarbeitung (vgl. Herbert, 1991; Meifert, 2002)

Ein Mitarbeiter, der aus dem Unternehmen ausscheidet, dürfte eine abnehmende Arbeitsleistung zeigen. Auch wenn der Kurvenverlauf in der linken Grafik einen gleichmäßigeren Rückgang suggeriert, sind in praxi eher sprungfixe Leistungsveränderungen zu beobachten. Schließlich führen noch abzugeltender Resturlaub sowie ein geringes Engagement des ausscheidenden Mitarbeiters zu einem nachhaltigen Leistungsrückgang. Der mit (x) angegebene Punkt dokumentiert, ab welchem Zeitpunkt der ausscheidende Mitarbeiter im Unternehmen mehr Kosten als Wertschöpfung verursacht. Im rechten Kurvenverlauf steht der herausgehobene Schnittpunkt für die Schwelle, an der der Mitarbeiter wertschöpfend tätig ist, d. h., die Kosten durch die Leistungen überkompensiert werden. Dieser

Schnittpunkt lässt sich analytisch leicht bestimmen, in realiter dürfte dies für Mitarbeiter aufgrund des Quantifizierungsproblems von Weiterbildungsleistungen nicht ohne Schwierigkeiten möglich sein. Der Kurvenverlauf ist abhängig von der Lernrate des neuen Mitarbeiters (= Steilheit der Kurve) sowie seinen Vorkenntnissen (= Kurvenniveau).

Bei einer Opportunitätskostenbetrachtung ist weiter zu berücksichtigen, dass nicht alle Konsequenzen von Fluktuation sich exakt in Kosten ausdrücken lassen. Bereits 1959 resümierte das British Institute of Management: „Labour turnover has certain long-term effects which are not measurable in financial terms." (British Institute of Management (BIM), 1959, S. 10). Von den britischen Forschern wurden besonders die Aspekte Wirkung auf das Betriebsklima, Belastung des Managements und Beeinträchtigung des Goodwills[4] hervorgehoben. Da betriebliche Mitarbeiter über breite Netzwerke im Unternehmen verfügen, dürften sich ähnliche fluktuationsbedingte Risiken ergeben. In neuerer Zeit müssen neben diesen eher „weichen" Effekten erhebliche Auswirkungen in Form von Wissensverlust berücksichtigt werden. In einem Zeitalter, in dem immer mehr die Kopfarbeit die Arbeitssituation prägt, wird Wissen als zentrale Voraussetzung für langfristigen Unternehmenserfolg angesehen (vgl. Heidenreich, 2002, S. 12; Schanz, 2000, S. 139). Während das explizite Wissen als semantisches Wissen bspw. im Intranet, in Seminarleitfäden und Handbüchern festgehalten werden kann, entzieht sich das implizite Wissen diesem Prozess. Es ist höchst personengebunden und teilweise dem Betroffenen selber nicht bekannt. Für Polanyi gilt, „dass wir mehr wissen, als wir zu sagen wissen" oder „dass wir von Dingen wissen, und zwar von wichtigen Dingen wissen, ohne dass wir dieses Wissen in Worte fassen können" (Polanyi, 1985, S. 14 und S. 19). Deutlich wird dieser Umstand, wenn z. B. Top-Leister in Interviews nach ihren Erfolgsgeheimnissen gefragt werden. Die wenigsten wissen darauf eine umfassende Antwort. Die besondere Problematik des impliziten Wissens ist, dass es zum einen höchst personengebunden und zum anderen aufgrund seines Charakters nur unzureichend übertragbar ist. Zwar existieren Ansätze wie Story Telling und Mentorship, doch sind diese Verfahren in ihrer Wirksamkeit umstritten (Bäumer & Meifert, 2000, S. 259 f.).

---

[4] Unter „Goodwill-Verlusten" werden in diesem Zusammenhang die fluktuationsbedingte Nichteinhaltung von Lieferterminen oder der Imageverlust durch negative Mund-zu-Mund-Kommunikation verstanden (vgl. Ott, 1975, S. 29).

Das implizite Wissen ist somit besonders bedeutsam, um die Wirkung einer drohenden Fluktuation abzuschätzen. Schanz berichtet bspw. davon, dass das implizite Wissen auch eine hohe Bedeutung für die Zusammenarbeit im Arbeitsteam hat. „Wie wertvoll die Nutzung derartigen impliziten Wissens der Teammitglieder wirklich ist, wird häufig erst dann deutlich, wenn eines davon aus irgendwelchen Gründen ersetzt werden muss." Er schließt daraus: „Daher hat das Management von Absentismus und Fluktuation [...] auch etwas mit Wissensmanagement bzw. mit der Frage zu tun, wie dem Unternehmen wertvolles Wissen erhalten werden kann." (Schanz, 2000, S. 142)

Zusammenfassend lässt sich festhalten, dass die Fluktuation in einer Unternehmenssituation mit gleich bleibendem oder steigendem Personalbedarf starke Kosteneffekte hervorruft. Je nach Art der vakanten Stelle und der Art der Personalbeschaffung sind mit direkten Mehrkosten von bis zu 50 % des Jahresgehaltes zu rechnen. Hinzu kommen die indirekten Kosten wie bspw. Umzugskosten, die in ihrer Höhe jedoch zu vernachlässigen sind. Relevanter sind die Effekte, die schwerer zu quantifizieren sind. Insbesondere der drohende Abfluss erfolgskritischen Wissens kann die Funktionsfähigkeit von Teilsystemen des Unternehmens ganz oder partiell infrage stellen.

2. Erklärungsmuster der Mitarbeiterbindung

Grundsätzlich kann das Phänomen Mitarbeiterbindung aus unterschiedlichen Perspektiven betrachtet werden. Zunächst ist zwischen der juristischen Bindung mittels des Arbeitsvertrages und einer vom Individuum empfundenen Bindung an das Unternehmen zu unterscheiden. Während erstere eindeutig ist, weil die Rechtsnormen des individuellen und kollektiven Arbeitsrechts präzise die Rechte und Pflichten des Arbeitnehmers regeln, sind die Dinge im zweiten Fall komplizierter. Die empfundene Bindung ist ein „psychologischer Zustand" und hat „motivationale Komponenten" (Moser, 1996, S. VII). Einen weiteren Zugang liefert die Sichtweise des Personalmanagements (vgl. z. B. Schanz, 2000, S. 334 ff.). In diesem Verständnis ist Mitarbeiterbindung das Resultat von Fluktuationsbeeinflussung. Unter fluktuationsbeeinflussenden Maßnahmen werden Aktivitäten gefasst, die darauf zielen, die Zahl der Fluktuationsereignisse in zukünftigen Perioden zu steuern (vgl. Kaufhold, 1985, S. 242). Dabei wird der Begriff der Fluktuation hinsichtlich seines Umfanges und Inhaltes in der Literatur höchst unterschiedlich benutzt. Je nachdem, welcher Aspekt des Phänomens der personellen Bewegungsvorgänge thematisiert wird, finden die Ausdrücke Arbeitnehmermobilität, Fluktuation, Personalumschichtung, Arbeiterwechsel oder Personalrotation Verwendung (vgl. Frey, 1970, S. 12 f.). In diesem Beitrag findet der Begriff der (Personal-) Fluktuation im engeren Sinn Anwendung (vgl. Adebahr, 1971, S. 15; Dincher, 1992, S. 875; Kaufhold, 1985, S. 13 ff.; Ott, 1975, S. 17 f.). Unter Fluktuation im engeren Sinn – oder im Folgenden kurz Fluktuation – soll der zwischenbetriebliche Arbeitsplatzwechsel personeller Art verstanden werden, der nicht aufgrund naturbedingter Anlässe (Erreichen der Altersgrenze, gesundheitliche Gründe, Invalidität und Tod) eintritt, der nicht auf betriebsbedingten Entlassungen beruht, der nicht aus einer verhaltensbedingten Kündigung aufgrund des Verschuldens des Mitarbeiters resultiert und der einen tatsächlichen zwischenbetrieblichen Charakter aufweist (Ausscheiden aus dem Betrieb zur Aufnahme eines neuen Arbeitsplatzes) (vgl. Ott, 1975, S. 17).

Fluktuationsbeeinflussende Maßnahmen sind mit der Schwierigkeit konfrontiert, dass sie nicht unmittelbar am Fluktuationsereignis selber ansetzen können. Schließlich beginnt der Fluktuationsprozess mit der Aussprache der Kündigung bzw. des Versetzungswunsches und dürfte in den überwiegenden Fällen nicht reversibel sein. Vielmehr müssen sie zeitlich früher auf das Individuum einwirken. Wird die Fluktuation als das Ergebnis eines vorangegangenen Abwägungsprozesses des Individuums interpretiert (Jochmann, 1989, S. 5 und S. 44 ff.), so ist es das Ziel der Fluktuationsbeeinflussung, auf diesen einzuwirken. Gedanklich lässt sich der Prozess untergliedern in das

a) von außen nicht beobachtbare Überdenken des Individuums der ursprünglichen Beitrittsentscheidung mit den Alternativen: Verbleib im Unternehmen oder Wunsch, das Unternehmen zu verlassen, sowie
b) tatsächliche Verhalten in Form der Handlung: Verbleib bzw. Kündigung.

Mitarbeiterbindung wird in diesem Verständnis gleichgesetzt mit dem Verbleib des Mitarbeiters im Unternehmen. Die Schwäche dieser engen Begriffsfassung liegt darin, dass sie ausschließlich eine finale Aussage liefert. Im Sinne einer binären Rationalität tritt das Fluktuationsereignis ein (non Mitarbeiterbindung) oder nicht (Mitarbeiterbindung). Diese Begriffsfassung gestattet jedoch keine Aussage darüber, inwieweit ein Mitarbeiter eine Fluktuationsabsicht hegt. Idealtypisch ist vielmehr zu fragen:

- Verbleibt der Mitarbeiter im Unternehmen oder kündigt er den geschlossenen Arbeitsvertrag mit dem Unternehmen auf?

- Verbleibt der Mitarbeiter nicht nur, sondern ist er auch tatsächlich im Betrieb anwesend?

- Verbleibt der Mitarbeiter, ist er anwesend und liefert er auch seinen Beitrag für die Organisation?

Auch auf die Gefahr hin, dass diese Leitfragen als Forderung interpretiert werden könnten, die typischen Konstrukte der Organisationspsychologie Fluktuation, Absentismus und Motivation miteinander zu vermengen, so erscheint eine weiter gefasste Begriffsdefinition, die in der Mitarbeiterbindung auch als Einstellung des Mitarbeiters zum Unternehmen interpretiert wird, notwendig (vgl. Barth, 1998, S. 39). Diese Auffassung steht in der Tradition des organisationspsychologischen Bindungsbegriffs. Einige Anzeichen sprechen dafür, dass sich in der Fluktuationsforschung ein neues Paradigma durchsetzt. Insbesondere in der angloamerikanischen Forschung wird unter der Überschrift des „Organizational Commitment"[5] (Porter et al., 1974; Allen & Meyer, 1990) stärker die Identifikation des Individuums mit dem Unternehmen beachtet und damit dem oben aufgeworfenen Aspekt von Mitarbeiterbindung – als Einstellung – Rechnung getragen. Dabei wird unter Commitment „a psychological state or mind-set that increases the likelihood that an employee will maintain membership in an Organization" (Herscovitch & Meyer, 2002, S. 475) verstanden. Somit wird angenommen, dass es sich bei diesem Konstrukt um eine zentrale Determinante und Moderatorvariable zur Erklärung des Phänomens Verbleibeabsicht handelt (vgl. Haase, 1997, S. 145; Moser, 1996, S. 34). Daneben scheint es auch einen Beitrag zu liefern, um zu erfahren, wie Menschen mit ihrer Umgebung zurechtkommen und wie sie sich mit Objekten

---

[5] In der Literatur findet sich keine eigenständige deutschsprachige Übersetzung des Terminus „organizational commitment". Die meisten Autoren behelfen sich damit, den Anglizismus „commitment" zu verwenden und dem die deutsche Entsprechung von „organizational" voranzustellen. Etymologisch betrachtet, stammt das Wort „commitment" von der transitiven Form des lateinischen Verbs „committere" ab. Es bedeutet so viel wie etwas „zusammenfügen" oder „vereinigen". Die intransitive Form „se committere" steht für „sich getrauen" oder „sich wagen" (Gauger, 2000, S. 6). Die englische Entsprechung „to commit to" meint sich „verpflichten (zu), binden (an) oder festlegen (auf)" (Langenscheidt, 2001).

in ihrem Umfeld identifizieren (Moser, ebd. mit Hinweis auf Mowday, Steers & Porter, 1982).

Mittlerweile hat es sich durchgesetzt, ein integratives Modell zu verwenden, das drei Commitment-Komponenten unterscheidet: das affektive, das normative und das kalkulative Commitment[6]. Dabei wird angenommen, dass ein Individuum die verschiedenen Commitment-Komponenten in variierenden Ausprägungen gleichzeitig erleben kann (vgl. Schmidt, Hollmann & Sodenkamp, 1998, S. 95). Diese Einsicht geht auf John S. Meyer und Natalie J. Allen (1991) zurück. Die Anzahl der Veröffentlichungen, die auf dieses Modell zurückgreifen, nimmt ständig zu (Felfe, 2003; Felfe, Six, Schmook & Knorz, 2002, S. 2; Herscovitch & Meyer, 2002, S. 475) und die angenommene Dreidimensionalität des Modells konnte empirisch mehrfach belegt werden (Coleman, Irving & Cooper, 1997; Hackett, Bycio & Hausdorf, 1994). Bei ihrem Versuch, den Stand der Commitmentforschung in den späten 1980er-Jahren zusammenzufassen, stießen Meyer und Allen auf das Phänomen, dass in der Literatur die drei Arten von Commitment voneinander isoliert konzeptualisiert werden. Sie gehen vielmehr davon aus, dass ein Organisationsmitglied alle drei Formen des Commitments in unterschiedlicher Stärke gleichzeitig besitzt. Für die Autoren gilt, „that it was more appropriate to consider affective, continuance, and normative components, rather than types of commitment, because an employee's relationship with an Organization might reflect varying degrees of all three." (Meyer & Allen, 1997, S. 13) Eine Betrachtung aller drei Komponenten soll damit dem Forscher helfen, die Beziehung eines Mitarbeiters mit seiner Organisation besser zu verstehen.

Mit dem affektiven Commitment bezeichnen Meyer und Allen „the employee's emotional attachment to, identification with, and involvement in the Organization." (Meyer & Allen, 1991, S. 67). Die Mitglieder verbleiben in der Organisation, weil sie es wünschen und für sie die Mitgliedschaft positiv besetzt ist. Das kalkulative Commitment kann auch als

---

[6] Im Original bezeichnen die Autoren die drei Komponenten mit affective, continuance und normative commitment (Meyer & Allen, 1997, S. 11 ff.). Hinsichtlich der zweiten Komponente finden sich unterschiedliche Übersetzungen in der deutschen Literatur. Einige heben das Wesen des Konstrukts hervor und verwenden die Bezeichnung kalkulatorisches (Felfe et al., 2002) oder kalkuliertes Commitment (Gauger, 2000, S. 96). Andere halten sich an die englische Semantik und benutzen fortsetzungsbezogenes Commitment (Moser, 1996, S. 44) bzw. Austausch-Commitment (Haase, 1997, S. 144).

rationales Motiv bezeichnet werden und ist inspiriert von dem weiter oben skizzierten Nebenwettenansatz. „Continuance commitment refers to an awareness of the costs associated with leaving the Organization." (ebenda) Das Individuum wägt die Kosten und Nutzen des Verbleibs ab. Beim normativen Commitment empfindet das Individuum ein Gefühl der Verpflichtung aufgrund eines Drucks von Werten und Normen. Es existiert eine Quasiverpflichtung, in der Organisation zu verbleiben, weil dies moralisch richtig ist. Zusammengefasst gilt für die Urheber des dreidimensionalen Commitmentkonzeptes: „Employees with a strong affective commitment remain within the Organization because they want to, those with a strong continuance commitment remain because they need to, and those with a strong normative commitment remain a member of Organization because they feel they ought to do so." (Meyer, Allen & Smith, 1993, S. 539)

Das Modell von Meyer und Allen wird in den aktuellen Veröffentlichungen häufig als Referenzrahmen herangezogen (vgl. z. B. Felfe, 2003; Felfe et al., 2002; Herscovitch & Meyer; 2002) und gilt als ein zentrales Konzept der Commitmentforschung (ebd.; Jaros, 1997, S. 320).

3. Grundprinzipien der Bindung von Mitarbeitern

Die Frage ist, wie eine oben beschriebene Commitmentwirkung erzeugt werden kann. In der empirischen Forschung sind mittlerweile knapp sechzig Einflussgrößen herausgearbeitet worden, die die Einstellung des Mitarbeiters zum Unternehmen beeinflussen. Abbildung 2 veranschaulicht beispielhaft die Ergebnisse einer derartigen Studie. Es findet ein dem organisationalen Commitment ähnliches Konstrukt Verwendung: das „Engagement"[7].

---

[7] Das dieser Studie zugrunde liegende Konzept stammt von der Unternehmensberatung Hewitt Associates (online abgerufen am 10.11.2009 von: http://www.hewittassociates.com/Intl/NA/en-US/Consulting/Engagement.aspx). Mit Engagement ist in diesem Kontext die Bereitschaft gemeint, im Unternehmen zu verbleiben (STAY), über das Unternehmen positiv zu sprechen (SAY) und einen Beitrag zum Unternehmenserfolg zu leisten (STRIVE).

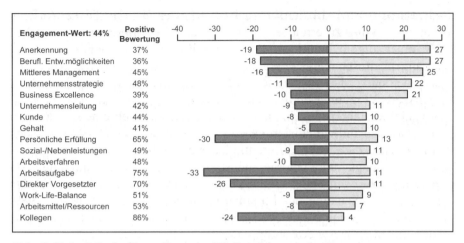

Abb. 2. Beispielhafte Darstellung der Einflussfaktoren des Engagements

Danach haben in dieser Befragung die Anerkennung, die beruflichen Entwicklungsmöglichkeiten, das Verhalten des mittleren Managements sowie die Unternehmensstrategie den stärksten positiven Einfluss auf das Engagement. Deutlich negativer Einfluss geht von der Unzufriedenheit mit der Arbeitsaufgabe und einem geringen Grad an persönlicher Erfüllung aus. Gefolgt von dem Verhalten des direkten Vorgesetzten und der Kollegen. Bei Durchsicht aller oben aufgeführten Faktoren wird deutlich, dass eine Vielzahl dieser Einflussgrößen durch ein zentrales Retentionmanagement der Personalentwicklung wenig direkt steuerbar ist. Vielmehr handelt es sich um mittelbar beeinflussbare Größen. Dabei spielt das Thema Führungshandeln als Transmissionsriemen eine gewichtige Aufgabe.

Welche übergreifenden Grundprinzipien der Mitarbeiterbindung lassen sich vor diesem Hintergrund formulieren?

Erster Leitgedanke: Individualisierung

Wie viele empirische Studien zeigen, ist Mitarbeiterbindung ein individuelles Phänomen. Vielfältige Variablen nehmen, wie gezeigt, Einfluss auf die Verbleibeabsicht. Somit setzen Maßnahmen zur Mitarbeiterbindung eine starke Individualisierung voraus. Konkret heißt das, dass die eingeleiteten Maßnahmen immer den Personenkreis ansprechen müssen, für den sie gedacht sind.

Das Personalmanagement sieht sich durch diese Anforderung anscheinend mit einem Dilemma konfrontiert: Zum einen müssen die individuellen

Bedürfnisse des Mitarbeiters berücksichtigt werden, um die gewünschte Bindungswirkung zu erreichen. Zum anderen sind die unternehmerischen Ziele einer allgemeingültigen Personalpolitik zu berücksichtigen. In der Vergangenheit stand die letztgenannte Perspektive im Vordergrund. So war eine starke Dominanz der kollektiven Regelungen in Bezug auf Arbeitszeit, Vergütung und Personalentwicklung zu verzeichnen. Erst seit den achtziger Jahren des 20. Jahrhunderts zeichnet sich eine Tendenz zu einer stärkeren Individualisierung ab (vgl. Drumm, 2000, S. 24 ff.). Nach Marr ist das Ziel einer differentiellen Personalwirtschaft[8], mitarbeiterseitige Leistungs- und unternehmensbezogene Situationsbedingungen in Deckung zu bringen und dadurch positive betriebswirtschaftliche Effekte wie bspw. die Senkung der Fluktuation zu generieren (vgl. Marr, 1989; Morick, 2002). Somit handelt es sich weniger um ein Dilemma als um eine integrative Sicht dieser Anforderung.

Zweiter Leitgedanke: Prävention

Dem ersten Leitgedanken folgend ist die Bereitschaft, auf Maßnahmen zur Mitarbeiterbindung zu reagieren, individuell. Maßnahmen zur Bindung sind damit konfrontiert, dass sie nicht unmittelbar am Fluktuationsereignis selber ansetzen können. Schließlich beginnt der Fluktuationsprozess mit der Aussprache der Kündigung bzw. des Versetzungswunsches und dürfte in den überwiegenden Fällen nicht reversibel sein. Vielmehr müssen sie zeitlich früher auf das Individuum und seine Einstellung einwirken. Damit müssen diese Maßnahmen präventiv sein.

Diese Forderung ergibt sich nicht nur aus dem hier zu behandelnden Phänomen: Das gesamte personalwirtschaftliche Handeln benötigt einen längeren zeitlichen Vorlauf. Dieser „time lag" beruht zum einen auf den rechtlichen Rahmenbedingungen des Personalmanagements, wie bspw. Regelungen zum Kündigungsschutz und Mitbestimmungsverfahren, zum anderen auf der Langfristigkeit der Prozesse an sich. So dürfte bspw. die Neubesetzung einer Vakanz mindestens 12 Wochen benötigen. Angesichts dieser Wirkverzögerungen, aber auch der deutlichen Umfeldveränderungen, denen deutsche Unternehmen im Allgemeinen und ihre Personalabteilungen im Speziellen ausgesetzt sind, wird der Ruf nach einem konzeptionell, strategisch ausgerichteten Personalmanagement laut, das in mittelfristigen

---

[8] Der von Marr geprägte Begriff der „differentiellen Personalwirtschaft" stellt eine Anleihe aus der Psychologie, genauer der differentiellen Psychologie dar (vgl. Marr, 1989).

Zeitdimensionen handelt (Döring & Ritter-Mamczek, 1999; Wunderer & Dick, 2006). Diese Grundforderung mündet für die Frage der Mitarbeiterbindung in ein präventives Bindungsmanagement.

Dritter Leitgedanke: Effektivität

Jedwede personalwirtschaftliche Maßnahme ist mit Ressourcenverbrauch verbunden. Dies gilt auch für Aktivitäten zur Mitarbeiterbindung. Somit muss vorher der erwartete Nutzen klar definiert werden. Nur wenn mittelfristig betrachtet die Kosten für die Maßnahmen geringer sind als der bewertete Nutzen, sind sie betriebswirtschaftlich zu rechtfertigen. Dies setzt voraus, dass die Maßnahmen tatsächlich ihre beabsichtigte Wirkung erzielen. Dazu ist es notwendig, dass die bindungsstiftenden Aktivitäten die beiden oben genannten Leitgedanken (Individualität und Prävention) berücksichtigen. Daneben ist eine geeignete Evaluation notwendig, um zu ermitteln, ob die angestrebten Ziele erreicht wurden. In diesem Verständnis wäre es unsinnig, pauschal Maßnahmen zur Bindung von allen Mitarbeitern zu ergreifen. Vielmehr ist abzuwägen, welche Mitarbeiterzielgruppen für das Unternehmen besonders bedeutsam und dabei einem hohen (Fluktuations-) Gefährdungspotenzial ausgesetzt sind.

Somit lässt sich festhalten, dass eine nachhaltige Mitarbeiterbindung nur erreicht wird, wenn alle drei Grundprinzipien berücksichtigt werden. Jedes Grundprinzip kann als notwendige, aber allein betrachtet nicht hinreichende Bedingung der Mitarbeiterbindung interpretiert werden. Jedes für sich betrachtet ist unzureichend. Zwar lässt sich bspw. eine hohe Mitarbeiterbindung erreichen durch große Investitionsbeträge, doch ist dann zu fragen, inwieweit diese Aktivitäten betriebswirtschaftlich sinnvoll (effektiv) sind. Ebenfalls sind pauschale Maßnahmen zwar möglicherweise präventiv, aber nicht wirkungsvoll aufgrund der fehlenden Individualität. Somit gilt, dass eine nachhaltige Mitarbeiterbindung als eine individuelle, präventive und effektive Bindungsarbeit zu verstehen ist.

Nachdem die Grundprinzipien der Mitarbeiterbindung vorgestellt wurden, werden nun konkrete Ansatzpunkte zur Bindung von Mitarbeitern herausgestellt.

4. Wege zur praktischen Umsetzung des Retentionmanagements

Wie lassen sich die vorstehenden, eher grundsätzlichen Gedanken in praktisches Handeln im betrieblichen Alltag überführen? Konkret: Wie kann ein für das Unternehmen relevantes Fluktuationsrisiko praktisch bestimmt und entsprechende Gegenmaßnahmen ergriffen werden? Im Beratungsalltag der Kienbaum Management Consultants hat sich ein mehrschrittiges Vorgehen bewährt. Es handelt sich dabei um:

1. die Funktionsbewertung,
2. die Leistungs- und Potenzialeinschätzung,
3. die Risikoanalyse und
4. die Commitmentbewertung.

Im Folgenden werden diese Schritte näher erläutert.

1. Funktionsbewertung

Um das relevante Fluktuationsrisiko für ein Unternehmen zu bestimmen, ist es zunächst notwendig, die besonders erfolgskritischen Funktionen herauszuarbeiten. Diese Betrachtung ist losgelöst vom jeweiligen Stelleninhaber und bezieht sich lediglich auf die Bedeutung der Stelle für den Unternehmenserfolg. Im Mittelpunkt stehen die Fragen: Welche Stellen sind an den zentralen Wertschöpfungsprozessen des Unternehmens besonders beteiligt? Welche Funktionen entscheiden nachhaltig über den Erfolg des Unternehmens? Welche Stellen sind für die zukünftige Marktstellung des Unternehmens höchst relevant? Auf welche Stellen würden wir im Falle von deutlichem Personalabbau nicht verzichten können?

Besonders wichtig ist es, diese Fragen rein analytisch-sachlich und losgelöst von persönlichen Befindlichkeiten zu führen. Im betrieblichen Alltag ist diese Forderung nicht trivial umzusetzen. Schließlich hängt mit der Bedeutung der nachgeordneten Stellen auch die Wertigkeit der entsprechenden Führungsfunktion ab. Aus diesem Grunde sollte diese Analyse durch die Organisationseinheit Personalentwicklung mit den Führungskräften des Unternehmens betrieben und von einem hochrangigen Managementgremium validiert werden. So lässt sich ein klares Bild der Wertigkeit der Funktionen erhalten und entsprechend die funktionsmäßigen Achillesfersen des Unternehmens herausarbeiten. Das Ergebnis dieses ersten Schrittes ist ein Organigramm, das die Bedeutung der Funktionen ausweist.

2. Leistungs- und Potenzialeinschätzung

Während der vorherige Schritt losgelöst vom Stelleninhaber erfolgt, geht es anschließend um die Analyse der Personen. Welche Verfahrensvariante[9] auch gewählt wird, im Zentrum steht die Frage, wie erfolgreich der Stelleninhaber seine Funktion ausfüllt. Diese Frage ist vor der Analyse des eigentlichen Fluktuationsrisikos zu beantworten, weil bspw. die Fluktuation eines Stelleninhabers mit unterdurchschnittlicher Performance durchaus willkommen sein kann.

3. Risikoanalyse

Da Personaler und Führungskräfte den Mitarbeitern nur *vor die Stirn, aber nicht in den Kopf* schauen können, ist eine Prognose der Fluktuationswahrscheinlichkeit immer mit einem Maß an Unsicherheit verbunden. Zwei Vorgehensweisen sind möglich: Zum einen können die als besonders bedeutsam herausgearbeiteten Mitarbeiter regelmäßig befragt werden, um so

Projektbeispiel: Schema zur Berechnung des individuellen Fluktuationsrisikos eines Stelleninhabers

Kriterium	Bandbreite		Punktwert
Individuelle Faktoren	Geringe Mobilität, hohes Commitment, unkritisches Alter	10 Punkte	
	Mobil, persönliche Wünsche zur Laufbahnplanung hinterlegt, Vita drückt Flexibilität aus	20 Punkte	
	Kritisches Alter (> 60 Jahre bzw. High Potential < 40 Jahre), hohe Mobilität und Flexibilität	30 Punkte	
Letzter Positionswechsel	... vor weniger als 2 Jahren	10 Punkte	
	... länger als 2 aber weniger als 5 Jahre her	20 Punkte	
	... vor mehr als 5 Jahren	30 Punkte	
Alleinstellungsmerkmale	Wenige Alleinstellungsmerkmale, Kompetenzprofil ist auch bei mehreren anderen MA anzutreffen oder auf dem externen Markt sind relativ einfach Kandidaten zu rekrutieren	10 Punkte	
	Einige spezielle Kompetenzen/Erfahrungen, die schwer zu ersetzen sind	20 Punkte	
	Sehr viele spezielle Kompetenzen/Erfahrungen, die auch auf dem externen Markt sehr gefragt sind	30 Punkte	
		Summe der Punktwerte:	
	Niedrig	Mittel	Hoch	Sehr hoch
Ergebnis:	< 41 Punkte	41 bis 55 Punkte	56 bis 75 Punkte	76 bis 90 Punkte

Abb. 3. Beispielhafte Berechnung des individuellen Fluktuationsrisikos

---

[9] Zur Einschätzung kann eine Vielzahl an möglichen Verfahrensvarianten in Frage kommen. Von der Vorgesetzteneinschätzung im Rahmen des Mitarbeitergesprächs über ein Management-Audit bis zu integrierten Verfahren, die umfängliche Informationsquellen berücksichtigen.

frühzeitig eine negative Veränderung der Commitmentwerte aufzuspüren und Unzufriedenheiten abzustellen. Meist erfolgt dies in einer Kombination von einem kurzen elektronischen Fragebogen sowie einem persönlichen Gespräch der Führungskraft. Zum anderen ist eine analytische Risikobestimmung möglich. Dabei wird auf Erfahrungswerte, die aus empirischen Studien abgeleitet worden sind, zurückgegriffen. Im Beratungsalltag hat sich das in Abbildung 3 dargestellte Schema bewährt.

4. Commitmentbeeinflussung

Angesichts der oben zitierten pessimistischen Einschätzung von Meyer und Allen hinsichtlich der direkten Veränderbarkeit vom organisationalen Commitment könnte dieser Abschnitt sehr knapp gehalten werden. Trotzdem wurde oben argumentiert, dass die Beeinflussung des Commitments mittelbar möglich ist. Welche Möglichkeiten bestehen bzw. hat das Unternehmen, um das Commitment und damit die Verbleibeabsicht beeinflussen?

Weiter oben wurden bereits etliche Faktoren beleuchtet, von denen angenommen wird, dass sie im Zusammenhang mit diesen Variablen stehen. Angesichts der Vielzahl ist es jedoch schwierig, sämtliche im betrieblichen Alltag zu adressieren bzw. zu berücksichtigen. In den gängigen Praktikerschriften werden daher einige wenige Faktoren benannt (vgl. bspw. Kötter, Hunziger & Dasch, 2002). Es sind dies:

- Ein Unternehmensimage und eine Unternehmenskultur, die die Mitarbeiter Stolz auf ihren Arbeitgeber machen (bspw. herausragende Produkte, Alleinstellungsmerkmale, ausgeprägter Teamgeist etc.).
- Vorhandene Aufstiegsperspektiven und Karrierewege, die nach transparenten Kriterien beschritten werden können.
- Eine existierende, aktive Personalentwicklung, die auch die eigene Employability erhöht.
- Ein als angemessen und förderlich erlebtes persönliches Arbeitsumfeld (bspw. Ausstattung des Arbeitsplatzes, Führung durch den Vorgesetzten, Umgang mit den Kollegen etc.).

Diese Aufzählung dient der groben Orientierung zur Commitmentbeeinflussung. Es bleibt jedoch ein Punkt, der bereits weiter oben aufgeführt wurde: Commitment ist ein höchst individuelles Phänomen und bedarf daher auch einer individuellen Behandlung (vgl. Seite 303 dieses Beitrags).

5. Fazit

Die aktive Steuerung der Mitarbeiterbindung hat sich als eine Aufgabe mit einigen Unwägbarkeiten herausgestellt. Zum einen ist Mitarbeiterbindung individuell und damit ohnehin schwerer kalkulierbar. Zum anderen lässt sie sich eher mittelbar über das Commitment steuern. Dies wiederum gilt als direkt schwer beeinflussbar. Es wurde gezeigt, wie trotz dieser Unwägbarkeiten Mitarbeiterbindung betrieben werden kann. Allen voran sind Grundprinzipien zu berücksichtigen, wenn eine nachhaltige Bindung erreicht werden soll. Es sind dies die Individualisierung von Bindungsmaßnahmen, die Prävention im Sinne eines vorausschauenden Agierens und die Betrachtung der Effektivität der Maßnahmen.

Fraglich ist abschließend, wer Akteur der Mitarbeiterbindung ist. Aufgrund der Vielschichtigkeit der Ansatzpunkte lässt sich ein einzelner Verantwortlicher schwer ausmachen. Vielmehr ist es sinnvoll, Mitarbeiterbindung als Querschnittsaufgabe zu betrachten. Dabei ist der Prozessowner die Organisationseinheit Personalentwicklung. Trotzdem bleibt die Verantwortung geteilt: Das Topmanagement muss vom Personalressort Instrumente zur Mitarbeiterbindung einfordern und diese durch commitmentförderliches Verhalten unterstützen. Insbesondere fallen unter das Zweitgenannte kulturelle Symbolhandlungen, Umgang mit Arbeitsplatzabbau, Anerkennung des Stellenwerts der Weiterbildung etc. Die unmittelbaren Vorgesetzten müssen sich ihrer Rolle bewusst sein und ihr Führungsverhalten zufriedenheits- und commitmentstiftend akzentuieren. Und nicht zuletzt sind auch die Mitarbeiter selber gefordert, durch eigenes Verhalten eine *bindende* Unternehmenskultur zu befördern.

Literatur

Adebahr, H. (1971). *Die Fluktuation der Arbeitskräfte – Voraussetzung und wirtschaftliche Wirkungen eines sozialen Prozesses.* Berlin: Duncker & Humblot.

Ahlrichs, N. (2000), *Competing for talent: Key recruitment and retention strategies for becoming an employer of choice.* Palo Alto, CA: Davies-Black Publishing.

Allen, N. J. & Meyer, J. S. (1990). The Measurement and Antecedents of Affective, Continuance, and Normative Commitment to the Organization. *Journal of Occupational Psychology, 63,* S. 1–18.

Barth, M. (1998). Unternehmen im Wertewandel – Zur Bindung der Mitarbeiter durch die Unternehmenskultur. In H. Baier & E. R. Wiehn (Hrsg.): *Konstanzer Schriften zur Sozialwissenschaft, Band 44*. Konstanz: Hartung-Gorre.

Bäumer, J. & Meifert, M. (2000). Personalmanagement und Wissensmanagement – Added Value für das Unternehmen? In: J. Kienbaum (Hrsg.): *Visionäres Personalmanagement, 3. Auflage*, S. 253–272. Stuttgart: Schäffer-Poeschel.

British Institute of Management (BMI) (1959). The Cost of Labour Turnover. *Personnel Management, Series 9*.

Branham, L. (2000). *Keeping the People who keep you in Business: 24 Ways to hang on to your most Valuable Talent*. New York (NY): Amacom.

Coleman, D. F., Irving, P. G. & Cooper, C. L. (1997). Work Locus of Control and the Three-Component Model of Organization Commitment. *Administrative Sciences Association of Canada Conferences, 17*, S. 30–38.

Dincher, R. (1992). Fluktuation. In: W. Gaugler & W. Weber (Hrsg.): *Handwörterbuch des Personalwesens*, S. 873–883. Stuttgart: Schäffer-Poeschel.

Döring, K. W. & Ritter-Mamczek, B. (1999). *Weiterbildung im lernenden System, 2. Auflage*. Weinheim: Beltz.

Drumm, H. J. (2000). *Personalwirtschaftslehre*. Berlin: Springer-Verlag.

DSW (2006). Datenreport 2006 der Deutschen Stiftung Weltwirtschaft.

Felfe, J. (2003). *Transformationale und charismatische Führung und Commitment im Organisationalen Wandel*, Unveröffentlichte Habilitationsschrift. Halle: Martin-Luther-Universität.

Felfe, J., Six, B., Schmook, R. & Knorz, C. (2002). Fragebogen zur Erfassung von affektivem, kalkulatorischem und normativem Commitment gegenüber Organisation, dem Beruf/der Tätigkeit und der Beschäftigungsform (COBB). In: A. Glöckner-Rist (Hrsg.): *ZUMA-Informationssystem, Elektronisches Handbuch sozialwissenschaftlicher Erhebungsinstrumente, Version 6.00, Zentrum für Umfragen, Methoden und Analysen*. Mannheim.

Frey, J. (1970). *Arbeitsplatzwechsel, insbesondere seine Auswirkungen auf den Betriebserfolg (Diss.)*. St. Gallen.

Gauger, J. (2000). *Commitment-Management in Unternehmen – Am Beispiel des mittleren Managements (Diss.)*. Wiesbaden.

Haase, D. (1997). *Organisationsstruktur und Mitarbeiterbindung – Eine empirische Analyse in Kreditinstituten (Diss.)*. Köln.

Hackett, R. D. & Bycio, S. & Hausdorf, S. A. (1994). Further Assessments of Meyer and Allen's (1991) Three-Component Model of Organizational Commitment. *Journal of Applied Psychology, 79*, S. 15–23.

Heidenreich, M. (2002). *Merkmale der Wissensgesellschaft, Papier für die Bund-Länder-Kommission für Bildungsplanung.* Abgerufen am 10.11.2009 von http://www.sozialstruktur.uni-oldenburg.de/dokumente/blk.pdf).

Herbert, K.-J. (1991). *Arbeitsgestaltung.* Berlin: Duncker & Humblot.

Herscovitch, L. & Meyer, J. S. (2002). Commitment to Organizational Change – Extension of a Three-Component Model. *Journal of Applied Psychology, 87,* S. 474–487.

Jaros, S. J. (1997). An Assessment of Meyer and Allen's (1991) Three-Component Model of Organizational Commitment and Turnover Intentions. *Journal of Vocational Behavior, 51,* S. 319–337.

Jochmann, W. (1989). *Analyse der Entscheidungsprozesse zur beruflichen Veränderung von Führungskräften (Diss.).* Bochum.

Jochmann, W. (2006). Retentionmanagement – Die Leistungsträger der Unternehmung binden. In: H. Riekhof (Hrsg.): *Strategien der Personalentwicklung, 5. Auflage,* S. 191–208. Wiesbaden: Gabler.

Kaufhold, K (1985). *Die wirtschaftlichen Wirkungen der Fluktuation in der Einzelwirtschaft (Diss.).* Frankfurt am Main.

Kötter, P. M., Hunziger, A. & Dasch, P. (2002). *Strategien gegen den Fachkräftemangel.* Gütersloh: Bertelsmann Stiftung Verlag.

Kötter, P.M., Werthschütz, R. & Siemen C. (2009). Wie gut ist das HR-Management für die aktuellen kritischen Zeiten aufgestellt? *Personalpraxis, 1,* S. 15–18.

Marr, R. (1989). Überlegungen zu einem Konzept einer „Differentiellen Personalwirtschaft". In: H. J. Drumm (Hrsg.): *Individualisierung der Personalwirtschaft – Grundlagen, Lösungsansätze und Grenzen,* S. 37–47. Bern: Paul Haupt.

Meifert, M. (2002). Überlebensstrategie im War for Talents. In: F. Breidenstein et al. (Hrsg.): *Consulting 2002 – Jahrbuch für Unternehmensberatung und Management,* S. 73–79. Frankfurt am Main: Frankfurter Allgemeine Buch.

Meyer, J. S. & Allen, N. J. (1991). A Three-Component Conceptualization of Organizational Commitment. *Human Resource Management Review, 1,* S. 61–89.

Meyer, J. S. & Allen, N. J. (1997). *Commitment in the Workplace: Theory, Research, and Application (Advanced Topics in Organizational Behavior).* Thousand Oaks, CA: SAGE Publications.

Meyer, J. S., Allen, N. J. & Smith, C. A. (1993). Commitment to Organizations and Occupations: Extension and Test of a Three-Component Conceptualisation. *Journal of Applied Psychology, 78,* S. 538–551.

Morick, H. (2002). *Differentielle Personalwirtschaft – Theoretisches Fundament und praktische Konsequenzen, (Diss.)*. Neubiberg.

Moser, K. (1996). *Commitment in Organisationen*. Bern: Huber.

Mowday, R. T., Steers, R. & Porter, L. W. (1982). Employee-Organization Linkages – The Psychology of Commitment, Absenteeism and Turnover. *The American Journal of Sociology, 88* (6), S. 1315–1317.

Ott, E. (1975). *Methodisches Konzept zur Diagnose der Personalfluktuation (Diss.)*. Weinheim.

Peskin, D. B. (1973). *The Doomsday Job – The Behavioural Anatomy of Turnover*. New York: American Management Association.

Pigors, S. & Meyers, Ch. A. (1973). *Personnel Administration – a Point of View and a Method*. New York: McGraw-Hill.

Plinke, W. & Rese, M. (2006). *Industrielle Kostenrechnung, 7. Auflage*. Berlin: Springer.

Polanyi, M. (1985). *Implizites Wissen*. Suhrkamp Verlag: Frankfurt am Main.

Porter, L. W. & Steers, R. M., Mowday, R. T. & Boulian, S. V. (1974). Organizational Commitment, Job Satisfaction, and Turnover among Psychiatric Technicians. *Journal of Applied Psychology, 59*, S. 603–609.

Schanz, G. (2000). *Personalwirtschaftslehre – Lebendige Arbeit in verhaltenswissenschaftlicher Perspektive, 3. Auflage*. München: Vahlen.

Schmidt, K.-H., Hollmann, S. & Sodenkamp, D. (1998). Psychometrische Eigenschaften und Validität einer deutschen Fassung des Commitment-Fragebogens von Allen und Meyer (1990). *Zeitschrift für Differentielle und Diagnostische Psychologie, 19*, S. 93–106.

Süchting, J. & Paul, S. (1998). *Bankmanagement*. Stuttgart: Schäffer-Poeschel.

Wunderer, R. & Dick, P. (2006). *Personalmanagement – Quo vadis?, 4. Auflage*. Neuwied: Luchterhand.

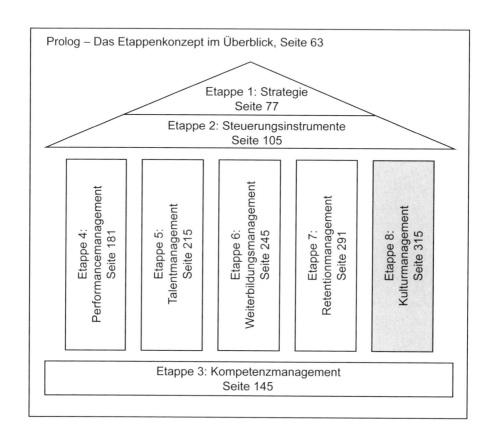

Etappe 8: Kulturmanagement

Saskia-Maria Weh & Matthias T. Meifert

> „Wenn über das Grundsätzliche keine
> Einigkeit besteht, ist es sinnlos,
> miteinander Pläne zu schmieden."
>
> *Konfuzius*

Steigert die Beschäftigung mit der Unternehmenskultur wirklich die Wettbewerbsfähigkeit des Unternehmens? Stellt die Unternehmenskultur tatsächlich einen Erfolgsfaktor für Unternehmen dar? In den vergangenen Jahren wurden vermehrt empirische Studien durchgeführt, um diese Fragen beantworten zu können (z.B. Denison & Mishra, 1995; Van der Post, de Coning, & Smit, 1998; Fey & Denison, 2003; Denison, Haaland, & Goelzer, 2004). Zwar erschwert die Vielfalt an Operationalisierungen der einzelnen Konstrukte sowie die Betrachtung unterschiedlichster Fragestellungen die Vergleichbarkeit der Studien, aber die Ergebnisse verdeutlichen, dass die Unternehmenskultur, richtig gelebt, das tägliche Miteinander im Arbeitsalltag sowie die organisationale Effektivität und den Unternehmenserfolg positiv beeinflussen kann. So haben die Ergebnisse verschiedener empirischer Studien den Zusammenhang zwischen Unternehmenskultur und einzelnen Indikatoren, wie z.B. Innovationserfolg, Umsatzwachstum, Adaptionsfähigkeit oder Partizipation belegt (Sackmann, 2006).

Einen besonderen Einfluss hat die Unternehmenskultur ebenfalls auf das Image eines Unternehmens. Die kulturellen Facetten liefern (potenziellen) Mitarbeitern u.a. auch die Antwort auf Fragen wie z.B.: Warum soll ich mich gerade für dieses Unternehmen entscheiden? Warum soll ich gerade in diesem Unternehmen bleiben? So entfalten sich beispielsweise Engagement, Verantwortungsübernahme, Selbstmotivation, unternehmerisches Denken und eine kooperierende Zusammenarbeit häufig erst über die Art der gelebten Organisationskultur. Die Definition von gewünschten Unternehmenswerten und die Bereitstellung von Broschüren ist an dieser Stelle für eine gezielte Änderung wenig zielführend, wenn die entsprechenden Facetten nicht auch im Unternehmen gelebt werden.

Weitere Untersuchungen verdeutlichen, dass Unternehmenskultur indirekt sowohl über die Kommunikation als auch über das jeweilige Führungsverhalten auf die Identifikation der Mitarbeiter wirkt, was wiederum zu höherer oder geringerer Leistung bzw. Unternehmenserfolg führt (Sackmann, 2006). So leisten die Führungskräfte durch die Art des gewählten Führungsstils einen aktiven Beitrag an der konkreten Ausgestaltung der Unternehmenskultur (Ogbonna & Harris, 2000).

Viele Unternehmen sind daran interessiert, dass in der Unternehmenskultur steckende Leistungspotenzial für sich zu nutzen. Doch häufig ergeben sich bei der intensiven Beschäftigung mit der eigenen Kultur ungeahnte Schwierigkeiten, welche den Prozess beschwerlich gestalten oder sogar zum Scheitern bringen. Je eingespielter die Verhältnisse in einem Unternehmen sind, desto weniger ist es möglich, schnell neue Verhaltensmuster in die Organisation zu implementieren. Dieses einmal entstandene Zusammenspiel hat sich im Laufe der Jahre verselbstständigt und ist nur schwer zu verändern. Vor diesem Hintergrund ist es die Aufgabe des folgenden Kapitels, Möglichkeiten aufzuzeigen, wie Unternehmenskultur als Erfolgsfaktor genutzt werden kann.

1. Warum ist Unternehmenskultur so wichtig?

Unternehmenskultur ist in den letzten Jahren zu einem relevanten Konzept geworden, welches mit Aspekten der Leistungs- und Qualitätssicherung verbunden worden ist. Doch was verbirgt sich hinter diesem Konzept? In der Literatur existiert eine Reihe unterschiedlicher Zugänge (vgl. Sackmann, 2006). Unternehmenskultur besteht aus jenen grundlegenden kollektiven Überzeugungen, die das Denken, Handeln und Empfinden der Führungskräfte und Mitarbeiter maßgeblich beeinflussen und die insgesamt typisch für das Unternehmen bzw. eine Gruppe im Unternehmen sind. Sie bilden die Grundlage für das verbale/nonverbale Verhalten, welches im täglichen Umgang miteinander gezeigt wird, und stellen die Basis für die Auswahl des „richtigen" Verhaltens dar. Damit geben sie die „impliziten" Spielregeln in einer gegebenen Situation vor. Allerdings sind sich die Mitarbeiter dieser grundlegenden Überzeugungen nicht mehr bewusst, sondern betrachten diese als selbstverständlich und handeln entsprechend (Sackmann, 2004).

Bei Herbst (2003) wird die Zusammenfassung von Werten, Normen und Grundannahmen als Unternehmenskultur bezeichnet. Kiessling und Spannagl (2004) verstehen unter Unternehmenskultur die von den Mitarbeitern aller Ebenen in ihren Arbeitszusammenhängen aktuell gelebte Unternehmenswirklichkeit. Sie halten fest, dass jede Organisation als soziales System eine Kultur entwickelt und dass diese Kultur wandlungsfähig ist. Sie ist für jedes einzelne Mitglied der Organisation erfahrbar; jedes einzelne Mitglied wird als Teil des Ganzen von der Kultur geprägt und gestaltet zugleich die Kultur mit, indem es sie akzeptiert und mitträgt oder sie ablehnt und sich ihr entzieht.

So darf Kultur nicht isoliert betrachtet werden, sondern als ein komplementäres, aufeinander bezogenes Gesamtsystem. Je nach Organisationsform gibt es unterschiedliche kulturelle Facetten und daraus entstandene „Verhaltensspielregeln", welche in gerade diesem Kontext zum Leben in dieser Organisation zum Erfolg beitragen können. So würde sich eine Person mit den identischen Verhaltensmustern in einer Kultur hervorragend zurechtfinden, in einer anderen Kultur damit eindeutig „untergehen". Charles Handy beschreibt unter Rückgriff auf die griechische Mythologie vier unterschiedliche Formen von Organisationskultur, welche im Folgenden dargestellt werden (Schwuchow, 2005).

- **Die Machtkultur:**
  In dieser stellt er eine patriarchische, zentralistische Organisation dar, in welcher es eine zentrale Person gibt, von der alle Macht ausgeht. Er vergleicht dies mit dem Kult um Zeus. Das Verhalten der Mitarbeiter ist in einer solchen Kultur stark geprägt durch ein ausgeprägtes Hierarchiebewusstsein (Erfolgsrezept: Handele wie dein Vorgesetzter!).

- **Die Rollenkultur („Apollokultur"):**
  Diese Art der Kultur findet sich v.a. in bürokratisch organisierten Unternehmen, welche in geschriebenen Regeln und festen Rollen zum Ausdruck kommt. Diese äußern sich in klaren Aufgabenbeschreibungen, festgelegten Kompetenzen und Verantwortlichkeiten. Die Koordination wird von der Unternehmensspitze vorgenommen.

- **Die Aufgabenkultur („Athena-Kultur"):**
  Diese Kultur beschreibt ein Netzwerk, bestehend aus kleinen Organisationseinheiten und Teams, die zusammenarbeiten mit dem Ziel, ein gemeinsames Ergebnis zu erzielen. Diese Organisationsform findet man

beispielsweise in Beratungsfirmen. Klassische Kulturkennzeichen sind eine hohe Ergebnisorientierung, eine hoch ausgeprägte Flexibilität und Anpassungsfähigkeit.

- **Die Personenkultur („Dionysus-Kultur"):**
  Diese ist vor allem in Organisationen ausgeprägt, in denen das Individuum im Mittelpunkt steht. Zielsetzung ist es, das die einzelnen Individuen ihre Ziele erreichen. Diese Organisationsform findet sich z.B. in Praxisgemeinschaften und Universitäten (Schwuchow, 2005).

An dieser Stelle wird auch deutlich, warum Unternehmenskultur zunehmend an Bedeutung gewinnt. Während in früheren Zeiten klassischhierarchische und arbeitsteilige Organisationsformen dominierten, in welchen Menschen stark durch eng begrenzte Arbeitsinhalte und den direkten Vorgesetzten gesteuert wurden, nehmen netzwerkartige Organisationsformen immer mehr zu. Diese geben den Mitarbeitern einen größeren Handlungsspielraum und machen zunehmend mehr Eigenverantwortung des Einzelnen notwendig. An die Stelle der äußeren Struktur, die Orientierung und Sicherheit gibt, treten in neuen Organisationsformen vielmehr Normen und Werte, welche der Gruppe eine gemeinsame Richtung vorgeben und diese darin unterstützen, sich selbstständig zu organisieren. In dem Moment, in dem dies funktioniert, entfallen aufwendige Kontrollsysteme (Doppler & Lauterburg, 2008).

Die Unternehmenskultur wird häufig in Form von Leitbildern und Leitlinien schriftlich fixiert. Das Unternehmensleitbild ist nach außen gerichtet und beinhaltet das strategische Selbstverständnis des Unternehmens (z.B. „Wir wollen ein dauerhaft erfolgreiches kundenorientiertes Dienstleistungsunternehmen sein"). Inhaltliche Cluster des Leitbildes können sich z.B. auf die Kundenorientierung, Gesellschaft und Öffentlichkeit, Strukturgrundsätze oder die strategische Ausrichtung des Unternehmens beziehen. Leitlinien sind nach innen gerichtet und definieren die Kultur in Hinblick auf Führungs- und Verhaltensaspekte im Unternehmen. Sie ergänzen das Leitbild um die eher weichen Facetten. Hierbei konzentrieren sie sich auf Fragen, die das Verhältnis zwischen Mitarbeiter und Vorgesetzten betreffen (z.B. „Unsere Führungskräfte fördern jederzeit offene Meinungsäußerungen"). Diese können sich z.B. auf Themen wie Führungsstil, Kommunikation/Information, Motivation, Delegation, Kritikfähigkeit, Beurteilung, Personalentwicklung oder Konfliktmanagement beziehen.

Unternehmensleitbilder/Leitlinien tragen zur Wertschöpfung des Unternehmens bei. Sie bringen u. a. folgenden Nutzen:

- Orientierungsrahmen für die zukünftige Entwicklung des Unternehmens
- Prägung der Werte/Grundsätze im Umgang miteinander
- Förderung der Identifikation mit dem Unternehmen
- Entwicklung eines „Wir-Gefühls"
- Basis einer strukturierten Personalentwicklungsplanung
- Unterstützung der Imagebildung des Unternehmens nach außen (Arbeitgeberattraktivität)

Darüber hinaus bieten Leitlinien eine Reihe weiterer Vorteile:

- Schaffung eines einheitlichen Führungsverständnisses
- Unterstützung einer einheitlichen Fehlerkultur
- Steigerung der Effektivität durch Verbesserung der Personalführung und der Zusammenarbeit
- Liefert Entscheidungskriterien und unterstützt die Lösungsfindung in unklaren und mehrdeutigen Situationen
- Führung wird thematisiert und führt zur Entwicklung eines kritischen Bewusstseins bei allen Beteiligten.
- Bekanntgabe von Maßstäben zur Überprüfung des Führungsverhaltens und damit Unterstützung der Vorgesetztenbeurteilung

Die Vielzahl und Vielfalt verdeutlichen das Potenzial des Leitbildes/der Leitlinien. Sowohl das Leitbild als auch die Leitlinien können dazu beitragen, die bestehende Kultur eines Unternehmens in Richtung einer intendierten Soll-Kultur zu entwickeln, und somit als Rahmen für Veränderungsprozesse genutzt werden.

2. Klassische Ausgangssituationen für die Beschäftigung mit der Unternehmenskultur

Wann und aus welchen Gründen fangen Unternehmen an, sich näher mit ihrer Unternehmenskultur zu beschäftigen? Hierzu lassen sich verschiedene Gründe anführen. Eine häufige Ausgangssituation stellt die Fusion zweier Unternehmen dar. In diesem Kontext treffen die Kulturen von zwei verschiedenen Organisationen aufeinander. In jedem der beiden Unternehmen herrschen unterschiedliche Denk- und Handlungsweisen vor. So stellen kulturelle Differenzen mit den häufigsten Grund für das Scheitern von Fusionen dar. Vor diesem Hintergrund kommt der Definition und Implementierung neuer gemeinsamer Werte eine besondere Bedeutung zu, um den Mitarbeitern Orientierung zu geben. So hat sich gezeigt, dass die kulturelle Integration für den Erfolg einer Fusion von entscheidender Bedeutung ist.

Im Unternehmensalltag sind es häufig offenkundig gewordene Probleme (z.B. negatives Image, negative Positionierung am Markt, Kommunikationsprobleme, Demotivation), welche die Dringlichkeit einer Veränderung nahelegen. Im Beratungskontext ergibt sich die Beschäftigung mit der Unternehmenskultur auch häufig als Folgeprozess nach einer Reihe von Management Audits, in denen problematische Kulturfacetten deutlich geworden sind.

Durch die bewusste Beschäftigung mit der eigenen Kultur können bestehende Aspekte der aktuellen Kultur angepasst, verändert oder aber auch neu fokussiert werden. Je nach der vorhandenen Intensität der aktuell gelebten Kultur gestaltet sich dieser Prozess nicht immer einfach und nimmt häufig einen langen Zeitraum in Anspruch. In diesem Zusammenhang ist es wichtig den Veränderungsprozess möglichst an vielen unterschiedlichen Stellen anzustoßen, wenn tatsächlich eine Änderung herbeigeführt werden soll. Im Folgenden stellt sich die Frage, wie ein Unternehmen zu einer Kultur kommt, die seine Zukunftsfähigkeit unterstützt und dazu beiträgt, die Wettbewerbsfähigkeit des Unternehmens zu erhalten.

3. Konzeption und Implementierung von Leitbildern/ Leitlinien

Die Kultur eines Unternehmens wird häufig in Leitbildern/Leitlinien schriftlich fixiert. Diese werden dann ins Internet gestellt oder als Hochglanzbroschüre an die Mitarbeiter verteilt. Allerdings besteht die Gefahr, dass Leitbilder, welche kurz definiert werden, in der Regel eine intensive Beschäftigung mit der Unternehmenskultur verhindern. Dies ist vor allem dann der Fall, wenn sie als gegeben hingestellt werden („Das sind unsere Ziele, sie müssen nun nur noch umgesetzt werden") oder wenn keine Maßnahmen folgen, welche die Umsetzung gezielt unterstützen. Vor diesem Hintergrund kommt dem Prozess der Erarbeitung und Implementierung eine besondere Bedeutung zu.

Insgesamt sind fünf Prozessstufen notwendig, um ein Leitbild/Leitlinien im Unternehmen erfolgreich zu konzipieren (Stufe 1-3) und anschließend zu implementieren (Stufe 4-5).

Stufe 1: Kulturanalyse

Bei der Auseinandersetzung mit der eigenen Kultur steht zu Beginn eine Kulturanalyse. Diese beinhaltet die intensive Beschäftigung mit der gewünschten Zielkultur, welche abschließend im Leitbild/den Leitlinien schriftlich festgehalten werden soll.

Zu diesem Zweck werden optimalerweise mehrere Methoden zur Datensammlung hinzugezogen mit dem Ziel, sich ein möglichst detailliertes Bild der Ausgangslage zu verschaffen. Zunächst sollten aus der Unternehmensstrategie die Anforderungen an eine Zielkultur abgeleitet werden. Anschließend werden häufig mithilfe von strukturierten Interviews und/oder standardisierten Fragebogenaktionen mit den unterschiedlichen Hierarchieebenen weitere wichtige Aspekte für die Inhalte des Leitbildes (z.B. Welche Strukturen und Prozesse werden als geeignet betrachtet? Wie eignet man sich Wissen an?)/der Leitlinien (z.B. Welches Führungsverständnis haben wir in unserem Unternehmen? Wie wollen wir zusammenarbeiten?) erfasst.

Ergänzend eignen sich bereichs- und standortübergreifende Workshops mit den obersten Führungskräften, um die gesammelten Eindrücke und Erwartungen weiter zu differenzieren bzw. zu ergänzen. Firmeninterne Dokumente sowie informelle Gespräche oder Beobachtungen im Arbeitsalltag können unterstützend hinzugezogen werden. Abschließend ist es möglich, die Benchmarks und Kernpunkte der Wettbewerber zu analysieren, um weitere wichtige erfolgsrelevante Aspekte ebenfalls mit in das Leitbild/die Leitlinien einfließen lassen zu können.

Bei der anschließenden Auswertung der Interviews/der Fragebögen ist darauf zu achten, dass Cluster (z.B. zu den Themen Kundenorientierung, Selbstverständnis) gebildet werden. Auf der Basis der herausgearbeiteten Werte wird in der nächsten Stufe des Prozesses ein Leitbild definiert und implementiert. Dieses Leitbild spiegelt nicht die Unternehmensrealität wider, sondern es repräsentiert einen Soll-Zustand. Dieser stellt ein langfristig zu erreichendes Ziel dar. Wichtig ist hierbei nicht, abstrakte Begrifflichkeiten (z. B. Kundenorientierung) zu wählen, sondern die gewünschten Werte mit möglichst konkreten Verhaltensbeispielen (z.B. Dienstleistungsorientierung ist uns wichtig, dies umfasst, dass Anfragen von Kunden innerhalb von 3 Tagen bearbeitet werden) zu hinterlegen.

Stufe 2: Leitbild-/Leitlinienformulierung

Viele Leitbilder/Leitlinien sind in der Praxis häufig zu abstrakt und theoretisch, d.h., sowohl der Praxisbezug als auch die konkrete Umsetzung der Werte fehlen. Ein Fehler, welcher in diesem Rahmen häufig gemacht wird, ist, dass Leitbilder/Leitlinien „von oben" vorgegeben werden oder lediglich an die Führungskräfte des Unternehmens gerichtet sind.

Für den Prozess der Leitbild-/Leitlinienformulierung stellt aus diesem Grund die partizipative Erarbeitung im Rahmen einer Projektgruppe die Methode der Wahl dar. In dieser sollten Mitarbeiter aus unterschiedlichen Funktionsbereichen sowie verschiedenen Hierarchieebenen vertreten sein. Die Gruppe erarbeitet einen ersten Vorschlag, welcher mit dem Topmanagement abgestimmt werden sollte.

Grundvoraussetzung für die erfolgreiche Kulturimplementierung ist allerdings die klare und verständliche Formulierung des Leitbildes und der Leitlinien. Es hat sich gezeigt, dass Leitbilder/Leitlinien häufig nicht gelebt werden, da bereits bei deren Einführung wichtige Aspekte keine Beachtung fanden. Es wurde immer wieder festgestellt, dass Leitbilder/Leitlinien häufig zu abstrakt/zu theoretisch und zu allgemein formuliert sowie lediglich von oben vorgegeben sind. Dies impliziert, dass die Mitarbeiter in den Prozess zu wenig eingebunden und das Leitbild/die Leitlinien nicht an eine spezifische Organisation angepasst wurde(n), sodass die Identifikation vonseiten der Mitarbeiter nur bedingt gegeben ist. Die folgenden Regeln sollen eine erste Orientierung für die erfolgreiche Formulierung geben.

Regeln für die erfolgreiche Leitlinienformulierung

Leitlinien sollten:
- … Aussagen für die zielgerichtete Zusammenarbeit zwischen Vorgesetzten und Mitarbeiter beinhalten (Zusammenarbeit).
- … den präferierten Führungsstil im Unternehmen beschreiben (Führungsstil).
- … beschreiben, wie die Kommunikation zwischen Vorgesetzten und Mitarbeiter geschehen soll (Kommunikation).
- … so genau formuliert sein, dass ihre Einhaltung überprüft werden kann (normative Präzision).
- … sollten so verbindlich sein, dass beim Verstoß Sanktionen zu erwarten sind (normative Schärfe).

In der Praxis sollte die Leitlinien nicht zu starr gehandhabt werden, sodass sie zwar als Orientierungshilfe dienen, aber trotzdem noch Freiräume lassen.

Stufe 3: Kommunikation des Leitbildes/der Leitlinien

Veränderungsbereitschaft sollte von ganz oben vorgelebt werden. Wichtig ist, dass das fertige Leitbild/die Leitlinien den Mitarbeitern abschließend durch die Geschäftsführung in Form eines Kick-off-Meetings präsentiert werden. Dies unterstreicht die Bedeutung für den Unternehmensalltag und fördert die Identifikation mit diesen. Grundsätzlich ist zu beachten, dass es sich bei jeder Messung bereits um eine Intervention handelt, welche Erwartungen bei den Mitarbeitern hervorruft. Vor diesem Hintergrund ist eine offene Kommunikationspolitik für den Erfolg sehr wichtig. Zum einen sollte während des Prozesses der Entwicklung und Implementierung stets über den Stand und Fortlauf des Projektes berichtet werden, zum anderen sollte(n) das Leitbild/die Leitlinien auch im Nachhinein in den Köpfen der Mitarbeiter präsent sein.

Hierzu ist es unterstützend sinnvoll, Leitbilder mit Symbolen (z.B. Bildschirmschoner, Plakate, Beiträge in der Mitarbeiterzeitung, Intranet etc.) innerhalb des Unternehmensalltages in Erinnerung zu rufen.

Prozess der Leitbild-/Leitlinienkonzeption (Stufen 1–3)

Stufe 1: Kulturanalyse
- Analyse vorhandener Inhalte, Instrumente und Unterlagen
- Durchführung von Interviews/Fragebogenaktion zur Erfassung der Kernpunkte mit unterschiedlichen Hierarchieebenen
- Workshops mit der obersten Führungskräfteebene zur Differenzierung
- Benchmarkanalyse

Stufe 2: Leitbild-/Leitlinienformulierung
- Bildung einer Projektgruppe aus unterschiedlichen Hierarchieebenen für die Konzeption
- Formulierung von Leitbild/Leitlinien (unternehmensspezifisch/ präzise)

Stufe 3: Kommunikation des Leitbildes/der Leitlinien
- Präsentation durch die Geschäftsführung
- Einführung von Symbolen (z.B. Plakate, Bildschirmschoner etc.)

Stufe 4: Kulturmodifikation leben

Der Erfolg von Leitbildern bzw. Leitlinien ist vor allem von einer erfolgreichen Implementierung abhängig (Gabele & Kretchmar, 1986; Wunderer & Klimecki, 1995). Vor diesem Hintergrund ist die Definition gemeinsamer Werte ohne eine systematische Implementierung nicht zielführend. Nur durch die Ableitung konkreter Maßnahmen sowie durch die anschließende Verzahnung mit einzelnen Instrumenten werden Leitbilder/Leitlinien zum Leben erweckt.

Eine erfolgreiche Implementierung beginnt mit der Durchführung von Workshops. Es gilt, zunächst mit den obersten Führungsebenen das Leitbild/die Leitlinien und die dahinterliegenden Werte näher zu beleuchten. Dieser Prozess funktioniert erfahrungsgemäß von den oberen zu den unteren Hierarchieebenen am Besten (Top-down-Prozess). Das zentrale Ziel ist es, gemeinsam konkrete Maßnahmen zu erarbeiten, mit deren Hilfe die definierten Werte zum Leben erweckt werden können.

Analyse der Ist-Situation

Zu Beginn des Workshops wird zunächst eine Analyse der Ist-Situation vorgenommen. Hierbei wird reflektiert, inwieweit die definierten Leitsätze bereits gelebt werden. Zu diesem Zweck wird für jeden einzelnen Leitsatz gemeinsam in der Gruppe reflektiert:

- Was wird davon bereits gelebt? (Stärken)
- Welche Aspekte werden noch nicht gelebt? (Handlungsfelder)

An dieser Stelle wird in der Praxis häufig deutlich, dass nicht alle Aspekte des Leitbildes/der Leitlinien für alle Funktionsbereiche gleichermaßen Relevanz besitzen. Hierbei gilt es, die Inhalte auf den eigenen Arbeitsbereich zu beziehen. Im Anschluss werden gezielt die Ursachen herausgearbeitet, warum die definierten Aspekte noch nicht gelebt werden.

Ableitung konkreter Maßnahmen

Basierend auf den Ergebnissen der definierten Handlungsfelder werden in einem zweiten Schritt nun konkrete Maßnahmen für die bereits erarbeiteten Punkte definiert. Dies stellt einen wichtigen Schritt im Implementierungsprozess dar. Bei der Formulierung der Maßnahmen ist es wichtig, diese möglichst konkret zu beschreiben sowie diese bereits (wenn möglich) mit Verantwortlichkeiten und Terminen zu hinterlegen (Wer macht was bis wann?). Des Weiteren ist es von Vorteil, die erarbeiteten Maßnahmen gemeinsam in der Gruppe in eine Aufwand-Nutzen-Matrix einzuordnen. Dies bietet den Vorteil, dass sofort ersichtlich ist, welche Maßnahmen besonders zielführend zum Leben der einzelnen Werte beitragen können.

Unterstützung durch die Führungskraft

In einem dritten Schritt ist es sinnvoll, gemeinsam mit den Führungskräften Absichtserklärungen zu formulieren (Was kann ich als Führungskraft aktiv dazu beitragen, dass die definierten Werte zukünftig im Unternehmen gelebt werden?). Führungskräfte stellen aufgrund ihrer Position Repräsentanten des Unternehmens dar. Bedingt durch ihre Position sowie die damit verbundene Multiplikatorwirkung auf ihre Mitarbeiter haben Führungskräfte eine zentrale Bedeutung bei der Vermittlung und Veränderung der Unternehmenswerte.

Workshopkaskaden mit allen Mitarbeitern

Im Anschluss an die Führungskräfteworkshops ist es empfehlenswert, das Leitbild/die Leitlinien durch Workshopkaskaden anhand der oben beschriebenen zwei Schritte (1. Analyse der Ist-Situation, 2. Ableitung konkreter Maßnahmen) im gesamten Unternehmen zu implementieren. Dies verfolgt das Ziel, dass jeder Mitarbeiter sowie unterschiedliche Funktionsbereiche das Leitbild/die Leitlinien reflektieren, die aktuelle Situation bestimmen und daraus abgeleitet entsprechende Maßnahmen definieren. Im Anschluss dieser Workshops ist es möglich, die Ergebnisse bzw. die Maßnahmen in einem Bottom-up-Prozess wieder nach oben zurückzuspiegeln. Dies wird in Abbildung 1 verdeutlicht.

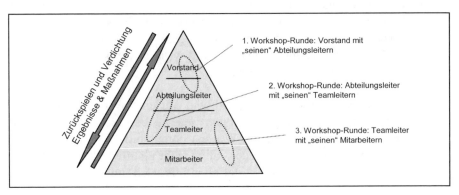

Abb. 1. Implementierung durch Workshopkaskade (Kienbaum, 2009)

Im Anschluss an die durchgeführten Workshops gilt es in einem vierten Schritt nun die erarbeiteten Maßnahmen aller Workshops in einzelne Handlungsfelder entsprechend der Balanced Scorecard einzuordnen (z.B. Kunde/Markt, Prozesse), Redundanzen zu streichen sowie zu entscheiden, welche Maßnahmen in welchen Bereichen wann umgesetzt werden sollen.

Wichtig ist es, den aktuellen Stand der Maßnahmenumsetzung innerhalb des Unternehmens zu kommunizieren (z.B. in einer Mitarbeiterzeitung). Durch die Durchführung der Workshops wurden auf jeder Ebene Erwartungen geweckt und es wäre nicht zielführend, wenn im Anschluss nicht die Umsetzung bzw. der aktuelle Stand der Umsetzung kommuniziert werden würde.

Stufe 5: Verzahnung mit Personalentwicklungsinstrumenten

Im fünften Schritt der Implementierung erfolgt die Verzahnung mit dem Zielvereinbarungs- und Beurteilungssystems. Aufgrund des definierten Leitbildes/der Leitlinien werden Key Performance Indicators (KPI), Messkriterien und die Art der Messinstrumente definiert, um diese eher „weichen Faktoren" im Zielvereinbarungs- und Beurteilungssystem abbilden zu können. Dies ist vor allem auf der Führungsebene unabdingbar, da die angestrebte Kultur als Beurteilungsmaßstab herangezogen wird, verdeutlicht der jeweiligen Führungskraft, dass das gezeigte Verhalten Konsequenzen hat, und fördert dadurch gleichzeitig die Bereitschaft, neue Verhaltensweisen zu zeigen.

Beim Mitarbeiter kann dies zu einer Verbesserung der Mitarbeiterzufriedenheit in erfolgskritischen Bereichen beitragen. Zu nennen seien hier beispielsweise Führung, Kommunikation oder die Verbesserung der Zusammenarbeit zwischen einzelnen Abteilungen. Dies führt langfristig zu einer Erhöhung der Mitarbeiterbindung und wirkt sich insofern positiv auf die Fluktuationsrate im Unternehmen aus.

Die wirksamste und schnellste Methode, um eine Änderung herbeizuführen, ist, Schlüsselführungspositionen neu zu besetzen mit Personen, welche Repräsentanten des neuen Wertesystems sind. Gleichzeitig ist es sinnvoll, Personen, welche die neue Kultur nicht glaubwürdig übermitteln, ihrer Position zu entheben. Dies setzt ebenfalls nach außen ein deutliches Zeichen.

Die weitere Verzahnung mit zusätzlichen Instrumenten dient dazu, die Unternehmenskultur langfristig im Unternehmen zu implementieren. Beispielsweise ist es notwendig, bedeutende Werte in die gesamten Personalentwicklungsinstrumente zu integrieren. Spiegelt sich beispielsweise die Kultur in den Anforderungsprofilen einzelner Positionen im Kompetenzmodell wieder, so werden gezielt die Personen befördert bzw. rekrutiert, welche die zugrunde gelegten Werte erfüllen. Darüber hinaus ist es bereits bei der Außendarstellung des Unternehmens (der Arbeitgebermarke) sinnvoll und wichtig, die definierten Werte nach außen zu transportieren mit dem Ziel, die geeigneten Kandidaten anzuziehen.

Abbildung 2 gibt einen Überblick über weitere mögliche Verzahnungen mit verschiedenen Instrumenten.

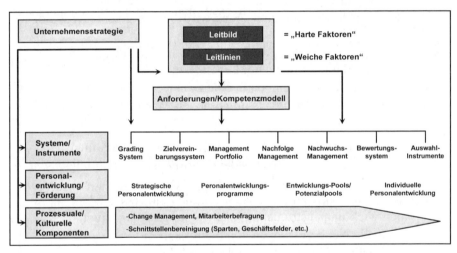

Abb. 2. Verzahnung der Unternehmenskultur mit PE-Instrumenten (Kienbaum, 2009)

Je stärker die Werte des Leitbildes/der Leitlinien mit den einzelnen Instrumenten verzahnt werden, umso stärker wird die neu definierte Unternehmenskultur gelebt werden. Wichtig ist es, alle bestehenden Instrumente und Prozesse zu durchleuchten und zu überprüfen, ob diese für die neu definierten Werte förderlich sind oder ob es dort Schwierigkeiten gibt. Neue bzw. veränderte Instrumente sollten vorsichtig eingeführt werden, denn was mit der vorherrschenden Kultur nicht kompatibel ist, wird schnell auf Inakzeptanz stoßen. Wenn dem Mitarbeiter in der alten Kultur bislang nie Entscheidungsraum gegeben wurde, wird es ihm spontan schwerfallen, auf einmal jegliche Entscheidungen selbstständig zu treffen. Vor diesem Hintergrund ist es bedeutend, den Weg dahin in kleinen Schritten zu unterstützen.

Eine Möglichkeit der Überprüfung stellt auch die Mitarbeiterbefragung dar, in welcher gezielte Fragen zum Leben der definierten Werte aufgenommen werden können. So ist es auch im Folgeprozess möglich, weiter korrigierend einzugreifen sowie die Effektivität des durchgeführten Prozesses festzustellen. Es empfiehlt sich, alle 5 bis 8 Jahre eine Überprüfung der Inhalte vorzunehmen.

Prozess der Leitbild-/Leitlinienimplementierung (Stufen 4–5)

Stufe 4: Kulturmodifikation leben
- Kaskadenförmige Workshops für alle Hierarchieebenen
- Erfassung der Ist-Situation (Was wird bereits gelebt? Was noch nicht?)
- Ableitung von konkreten Maßnahmen in den jeweiligen Workshops, um die Leitlinien zum Leben zu erwecken
- Einbettung der Maßnahmen in eine Balanced Scorecard
- Kommunikation der bereits umgesetzten Maßnahmen an alle Mitarbeiter

Stufe 5: Verzahnung mit Personalentwicklungsinstrumenten
- Verknüpfung des Leitbildes/der Leitlinien mit Führungsinstrumenten (z.B. Zielvereinbarungssystem)
- Integration des Leitbildes/der Leitlinien in verschiedene Personalentwicklungsinstrumente (z.B. Beförderungskriterien)
- Personelle Neubesetzungen von Schlüsselpositionen
- Regelmäßige Aktualisierung alle 5 bis 8 Jahre

---

4. Fazit

Es lässt sich festhalten, dass Unternehmenskultur, vorausgesetzt sie ist wirkungsvoll im Unternehmen verankert und wird tatsächlich gelebt, zum Erfolg eines Unternehmens beitragen kann. Das Führungsverständnis und der daraus resultierende Führungsstil haben einen direkten Einfluss auf die gelebte Unternehmenskultur und sind somit ebenfalls entscheidend für den Unternehmenserfolg. Bedeutend ist hierbei vor allem eine möglichst weitgehende Einbeziehung der Betroffenen bei der Formulierung und Erarbeitung des Leitbildes/der Leitlinien, die Formulierung und Umsetzung konkreter Maßnahmen sowie die Verzahnung mit einzelnen Personalentwicklungsinstrumenten. Darüber hinaus kommt den jeweiligen Führungskräften des Unternehmens eine besondere Rolle zu. Diese fördern die konkrete Ausgestaltung der Unternehmenskultur, in dem sie das Leitbild/die Leitlinien vorleben sowie ihre Mitarbeiter beim Erwecken der definierten Kulturwerte unterstützen. Schließlich ist eins unabdingbar: Das Leitbild/die Leitlinien werden nur dann gelebt, wenn die Mitarbeiter sich mit diesen identifizieren können und sie akzeptieren. Wichtig ist auch, dass jegliche Prozesse und Instrumente kritisch hinterfragt werden, insofern, ob diese mit der neuen Kultur kompatibel sind.

Falls die Implementierung nicht oder nur sporadisch erfolgen kann, raten wir eher davon ab, ein derartiges Projekt aufzusetzen. Rein konzeptionell definierte und nicht implementierte Leitbilder/Leitlinien entwickeln sich schnell zur Farce, werden nicht ernst genommen und nicht gelebt. Wichtig ist auch, sich nicht nur auf eine Maßnahme zu beschränken, da das Verhalten von Menschen nur schwer veränderbar ist.

Literatur

Bleicher, K. (1992). Orientierungsrahmen für eine integrative Management-Philosophie. Stuttgart: Schäffer-Poeschel.

Denison, D. R.; Mishra, A. K. (1995). Toward a theory of organizational culture and effectiveness. *Organization Science* (6): S. 204–223.

Denison, D. R., Haaland, S., Goelzer, P. (2004). Corporate culture and organizational effectiveness: Is Asia different from the world? *Organizational Dynamics 33* (1), S. 98–109.

Doppler, K. & Lauterburg, C. (2008). Change Management – den Unternehmenswandel gestalten. Frankfurt: Campus-Verlag.

Fey, C. F.; & Denison, D. R. (2003). Organizational culture and effectiveness: Can American theory be applied in Russia? *Organization Science* 14 (6), S. 686–706.

Gabele, E. & Kretchmar, H. (1986). *Unternehmensgrundsätze: Empirische Erhebungen und praktische Erfahrungsberichte zur Konzeption, Einrichtung und Wirkungsweise eines modernen Führungsinstrumentes*. Zürich: Verlag Industrielle Organisation.

Herbst, D. (2003). *Corporate Identity*. Berlin: Cornelsen.

Kienbaum (2009): *Leitbild und Leitlinien – Eine Informationsunterlage*. Gummersbach.

Kiessling, W. F. & Spannagl, P. (2004). *Corporate Identity: Unternehmensleitbild – Organisationskultur.* Augsburg, ZIEL.

Sackmann, S. (2004). *Erfolgsfaktor Unternehmenskultur.* Gütersloh, Bertelsmann Stiftung.

Ogbonna, E. & Harris, L.C. (2000). Leadership style, organizational culture and performance: empirical evidence from UK companies. *International Journal of Human Resource Management 11(4)*, S. 766–788.

Sackmann, S. (2006). *Assessment, Evaluation, Improvement: Success through corporate culture*. Gütersloh, Bertelsmann Stiftung.

Schwuchow, Karlheinz (2005). Unternehmen sind Gefängnisse für menschliche Seelen – Charles Handy in der Serie Management-Vordenker. *Manager Seminare 86*, S. 35–37.

Van der Post, W. Z., de Coning, T. J., Smit, E. (1998). The Relationship between Organizational Culture and Financial Performance: Some South African Evidence. *South African Journal of Business Management 29 (1)*, S. 30–41.

Wunderer, R. & Klimecki, R. (1995). *Führungsleitbilder: Grundsätze für Führung und Zusammenarbeit in deutschen Unternehmen.* Stuttgart: Metzler.

Kapitel 3

Erfolgskritische Fragen der Personalentwicklung

Wie überzeugen? Zum Umgang mit Auftraggebern von PE-Projekten

Torsten Bittlingmaier

Keine Statistik der Welt gibt Auskunft darüber, wie viele inhaltlich durchdachte PE-Konzepte nicht umgesetzt werden konnten, weil es an einflussreichen Auftraggebern und Unterstützern mangelte. Andererseits lässt sich erahnen, dass eine Vielzahl von PE-Projekten zweifelhafter Güte von entsprechend mächtigen Personen durchgesetzt werden konnte. Es scheint also, als sei der Umgang mit Auftraggebern nicht nur Erfolgsfaktor, sondern sogar Voraussetzung für ein erfolgreiches PE-Projekt. Diesem Thema ist das folgende Kapitel gewidmet. Grundsätzlich sind zwei Ausgangssituationen in der Praxis relevant:

1. Fertiges Konzept sucht Auftraggeber oder
2. Ein Auftraggeber kommt – und der Personalentwickler muss mit seinen Ideen klarkommen.

1. Erfolgsfaktoren von PE-Projekten

Verwalten oder gestalten? Den meisten Personalentwicklern fällt die Antwort auf diese Frage sicherlich leicht. Natürlich werden konzeptionelle und strategische Arbeiten präferiert – und fast immer kommt der Punkt, an dem zwar ein Konzept vorliegt, dessen Umsetzung jedoch ohne hochkarätigen Auftraggeber unmöglich erscheint. Die strukturierte Suche nach Auftraggebern, Sponsoren und Prozesstreibern in Verbindung mit den zu erwartenden Widerständen erscheint zunächst aufwendig, doch macht sich dieser Aufwand im Laufe eines jeden PE-Projekte bezahlt.

Als Auftraggeber wird nachfolgend eine Person bezeichnet, die mit dem PEler konkret Zielsetzungen für das Projekt bespricht. Sponsoren in diesem Verständnis sind diejenigen, die zu einer aktiven Unterstützung materieller oder ideeller Natur bereit sind. Unter Prozesstreibern sollen Personen verstanden werden, die sich operativ für das Vorankommen des Projektes engagieren.

Die Landkarte der Interessen

Nehmen wir an, ein Grobkonzept für ein PE-Projekt wurde erstellt. Welche Auswirkungen auf Organisation, Interessengruppen oder Einzelpersonen sind durch dessen Umsetzung zu erwarten? Wie werden diese Organisationen, Gruppen bzw. Personen reagieren? Die Analyse der Beteiligten und der im Projektumfeld zu erwartenden Reaktionen – d.h. das Erstellen einer „Landkarte der Interessenlage" – ist in der Phase vor Erlangung eines konkreten Auftrages von großer Bedeutung. Und trotzdem wird eine entsprechende Analyse nur bei einem Bruchteil aller Projekte durchgeführt. PE-Projekte sind Veränderungsprojekte, nehmen Einfluss auf bestehende Strukturen und Hierarchien, formelle wie informelle; sie werden zu Chance oder Bedrohung. Eine gründliche Analyse ist für eine seriöse Abschätzung der Projektergebnisse und ihrer Nachwirkungen unabdingbar und jeder Auftraggeber sollte sie einfordern.

Aus dieser Analyse lassen sich Schlüsse ziehen über zu erwartende Widerstände einerseits und über mögliche Sponsoren, Treiber oder gar Auftraggeber andererseits. Hierbei sind Bedeutung bzw. Einfluss der Personen/Organisationen natürlich zu berücksichtigen und entsprechend zu gewichten. Die nachfolgend dargestellte Matrix liefert eine grobe Strukturierung (s. Abb. 1). Sie gruppiert die verschiedenen Personen/Organisationen einerseits nach ihrer durch den Projektleiter einzuschätzenden Bereitschaft, das Projekt zu unterstützen, andererseits nach ihrem Einfluss im Projektumfeld bzw. Unternehmen.

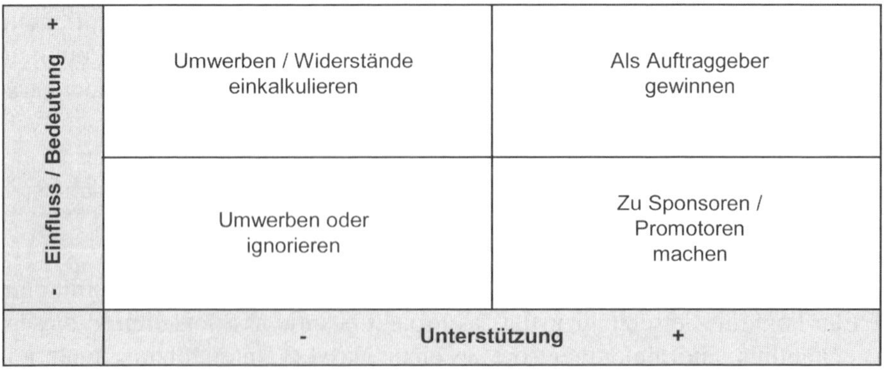

Einfluss / Bedeutung +/−	Umwerben / Widerstände einkalkulieren	Als Auftraggeber gewinnen
	Umwerben oder ignorieren	Zu Sponsoren / Promotoren machen
	− Unterstützung +	

Abb. 1. Clusterung der PE-relevanten Personen/Organisationen

Verankerung in der Strategie

Im Idealfall – und eigentlich sollte es der Normalfall sein – leiten sich aus der Unternehmens- bzw. Personalstrategie Handlungsfelder für PE-Projekte ab. Die entstehenden Projekte legitimieren sich daher aus der Strategie und ihr Beitrag zum Unternehmenserfolg ist offensichtlich. Oftmals erübrigt sich dabei die Suche nach einem Auftraggeber, da den Strategiefeldern ein Verantwortlicher aus dem Topmanagement zugeordnet ist. Sofern dieser idealtypische Zustand nicht gegeben ist, sollte es in vielen Fällen trotzdem gelingen, die Projektideen bereits vorhandenen Strategiefeldern zuzuordnen und sie auf diesem Wege bei Personen zu platzieren, die für diese Strategiefelder Verantwortung tragen. Jedem Auftraggeber wird der Nutzen eines strategischen Projektportfolios schnell ersichtlich – und der Projektverantwortliche kann erkennen, welcher Stellenwert im Sinne eines Beitrages zur Umsetzung der Unternehmensstrategie seinem Projekt beigemessen wird.

Den Nutzen sichtbar machen

Eine gründliche Analyse der zu erwartenden Auswirkungen eines Projektes zeigt die Profiteuren eines PE-Projektes. Unter ihnen müssen Sponsoren gefunden werden, die das Projekt aktiv unterstützen: durch die Bereitstellung von Ressourcen oder indem Sie das Vorhaben als Meinungsbildner positiv begleiten. Die gleiche Aufmerksamkeit sollte von Beginn an aber auch jenen geschenkt werden, die nicht in hohem Maße davon profitieren – und sich möglicherweise dadurch benachteiligt fühlen.

Attraktivität durch Exklusivität

Die Attraktivität eines Projektes lässt sich in vielen Fällen durch eine gewisse Exklusivität steigern. So finden sich in den Qualifizierungsprogrammen vieler DAX-Unternehmen immer wieder Bausteine, die ausschließlich bestimmten Personengruppen offenstehen. Und je seltener sie stattfinden, desto begehrter sind naturgemäß die Plätze. So steigt die Bereitschaft, sich einem Assessment-Center, einem Audit oder einer Potenzialeinschätzung zu unterziehen mit der Aussicht, bei erfolgreicher Teilnahme bestimmte Vergünstigungen, Bevorzugungen oder Statussymbole zu erhalten. Beispielhaft seien Beförderungen oder die Teilnahme an besonders hochwertigen Seminaren genannt.

Das Zeitfenster nutzen

Viele Projekte haben ein Zeitfenster, in dessen Rahmen die Umsetzung möglich ist. Dieses Zeitfenster gilt es zu erkennen und nutzen, bevor es sich wieder schließt. Ein Beispiel: Die Durchführung einer strukturierten und wissenschaftlich fundierten Mitarbeiterbefragung bei der MAN Nutzfahrzeuge AG im Jahre 2004 am Standort München für etwa 7.500 gewerbliche und angestellte Arbeitnehmer war nur deshalb möglich, weil der Vorstandsvorsitzende forderte, das Commitment der Mitarbeiter „zu messen wie die Qualität unserer Fahrzeuge". Mit ihm als Treiber und nur für einen kurzen Zeitraum war das Einführen einer derart umfangreichen Befragung möglich. Durch schnelles und pragmatisches Handeln aller Beteiligten, d.h. Personalabteilung, Betriebsrat und wissenschaftlichen Begleiter, konnte das Projekt sehr schnell und erfolgreich durchgeführt werden. Bereits wenige Monate später wäre dies wahrscheinlich nicht mehr möglich gewesen, da andere Themen die Aufmerksamkeit des Vorstandes stärker in Anspruch nahmen. Aufgrund professioneller Durchführung zum richtigen Zeitpunkt und der für alle Beteiligten erkennbar im Zusammenhang damit eingeleiteten Verbesserungsmaßnahmen ist die Mitarbeiterbefragung mittlerweile als Führungsinstrument und fester Bestandteil eines kontinuierlichen Verbesserungsprozesses etabliert.

2. Umgang mit Auftraggebern und ihren Vorstellungen

Nicht immer erfordert ein PE-Projekt die Suche nach einem Auftraggeber – manchmal kommt ein Mitglied des Topmanagements mit mehr oder weniger konkreten Vorstellungen und erwartet deren Umsetzung. Es gilt dann, schnell ein Gefühl für die tatsächliche Realisierbarkeit zu entwickeln, da sonst Enttäuschungen vorprogrammiert sind. Oft ist auch ein gut begründetes „Nein" nur schwer vermittelbar. Die Gefahr, als „Bedenkenträger" oder „Blockierer" eingestuft und somit künftig bei anspruchsvollen Themen nicht einbezogen zu werden, darf nicht unterschätzt werden. Trotzdem ist es sinnvoll, den Auftraggeber mit der nötigen Klarheit auf Risiken und zu erwartende Folgewirkungen hinzuweisen, diese gegebenenfalls zu dokumentieren und die eigenen Bedingungen für ein Engagement deutlich zu machen.

Zielsetzungen klären

Für jedes PE-Projekt sollten eine Zielvereinbarung geschlossen und Meilensteine festgelegt werden. Die Erfahrung zeigt: Auch für scheinbar „weiche" Themen lassen sich zumeist messbare Ziele vereinbaren. Sehr leicht lässt man sich allerdings verleiten, seine Ziele zu hoch zu stecken: PE-Themen berühren oft kulturelle Aspekte und sind daher von mittel- bis langfristiger Wirkung. Dies verlangt eine aktive und systematische Ermittlung der Anforderungen des Auftraggebers und die Ableitung entsprechender Meilensteine für den Projektverlauf. Bei längerfristigen Projekten hilft die Frage „Was soll sich in einem Jahr verändert haben?", um Klarheit und Übereinstimmung bzgl. tatsächlich erreichbarer und erstrebenswerter Veränderungen zu bekommen.

Die Strukturierung eines Themas sollte nach dem Grundsatz „Design follows Function" erfolgen. Häufig ist es jedoch so, dass PE-Instrumente wie Mitarbeiterbefragung oder 360°-Feedback eingeführt werden, ohne vorher Klarheit über die damit verbundenen Zielsetzungen hergestellt zu haben, getreu dem Motto „Gute Werkzeuge schaden nicht". Tun Sie aber doch! Wenn Instrumente und Prozesse definiert und implementiert werden ohne vorherige Zieldefinition, dann verpufft ein Großteil der möglichen positiven Wirkung. Erinnert sei an das Pareto-Prinzip: Wenn mit einem kleinen Teil des Aufwandes ein großer Teil der Wirkung erzielt wird, kann von einem guten Ergebnis gesprochen werden. Der Grenznutzen für jeden Mehraufwand wird ab einem bestimmten Punkt immer geringer. Beispielhaft sei die Einführung einer Mitarbeiterbefragung genannt und insbesondere der Umgang mit den Ergebnissen. Wer erwartet, dass bei einer ersten Durchführung alle Mitarbeiter teilnehmen, alle Vorgesetzten ihre Ergebnisse perfekt kommunizieren und Veränderungen initiieren, alle Ergebnisse auch in Verbesserungen münden – der irrt. Es kommt vielmehr darauf an, den ersten Schritt in die richtige Richtung zu tun. Dies dem Auftraggeber zu vermitteln, ist nicht immer einfach.

Quick Win statt quick and dirty

Im vorherigen Abschnitt waren Zielsetzungen und Meilensteine das Thema. PE-Projekte verlangen nach einer sorgfältigen Betrachtung ihrer möglichen Auswirkungen und eventuell nach einer schrittweisen Etablierung einzelner Bausteine. Sogenannte Quick Wins versprechen kurzfristig erzielbare Erfolge mit relativ geringem Aufwand. Sofern sich solche Quick Wins für ein Projekt definieren lassen und gleichzeitig das Risiko, sich zu verzetteln, ausgeschlossen werden kann, dann helfen diese Quick Wins dabei, dem Auftraggeber „ein gutes Gefühl" für sein Projekt zu vermitteln. Auch hier ist das Abschätzen der Folgewirkungen wichtig: Dient ein kurzfristig zu realisierendes Ergebnis der Vorbereitung und Einleitung weiterer Schritte oder werden durch schnelles, aber wenig durchdachtes Vorgehen unter Umständen Fakten geschaffen, die im Sinne des Gesamterfolges eher Schwierigkeiten bereiten werden („quick and dirty"). Gute Quick Wins verbinden den kurzfristigen Nutzen für den Auftraggeber mit der Sicherung des langfristigen Projekterfolges.

Bei MAN sollten beispielsweise zur Verbesserung der Führungsqualität Assessment-Center einer jeden Beförderung vorgeschaltet werden. Die Einführung eines AC „aus dem Stand" hätte jedoch erhebliche Widerstände bei den Führungskräften ausgelöst; eine Vorgehensweise, Kandidaten für bestimmte Positionen über ein AC zu selektieren, war zu diesem Zeitpunkt kulturell nicht akzeptiert. Es wurde daher ein Konzept erarbeitet, das eine schrittweise Einführung eines Assessment-Centers als mittelfristige Zielsetzung vorsah. Als Quick Win wurde ein Orientierungscenter (Development Center) für Nachwuchskräfte aufgebaut. Auf diese Weise wurde die AC-Methodik „sanft" eingeführt und Führungskräfte, die als Beobachter ausgebildet wurden, konnten – ebenso wie die Teilnehmer – positive Erfahrungen mit dem Instrument sammeln. Bereits ein Jahr später konnten nun auch die gewünschten Assessment-Center durchgeführt werden, da sowohl mit der Methodik als auch mit dem durchführenden Institut positive Erfahrungen bei Entscheidungsträgern und Meinungsbildnern vorlagen.

Den Auftraggeber erfolgreich machen

Bei allen Aktivitäten rund um das PE-Projekt muss das Interesse des Auftraggebers im Vordergrund stehen; Personalentwicklung darf nicht zum Selbstzweck betrieben werden oder gar zur Rechtfertigung der Daseinsberechtigung der PE-Abteilung verkommen. Sie dient in erster Linie wirtschaftlichen und sozialen Interessen. Erfolge sind daher mit Priorität als Erfolge des Auftraggebers darzustellen; dies außer Acht zu lassen, kann zu gefährlichen Spannungen zwischen Auftraggeber und Projektteam führen. Voraussetzung ist, dass der Projektverantwortliche ein klares Verständnis dafür entwickelt, was dem Auftraggeber wichtig ist, und dass er das Vorgehen im Projekt an den Prioritäten des Auftraggebers orientiert.

Unabdingbar für den Erfolg eines PE-Projekts ist das gezielte Marketing in Abstimmung mit dem Auftraggeber. Frei nach Platon: „Nicht Taten bewegen Menschen, sondern die Worte über Taten". Eine Kommunikationsstrategie nutzt die vorhandenen firmeninternen Medien wie Intranet, Mitarbeiterzeitschrift, Business-TV oder Ähnliches; je nach Bedeutung des Projektes empfiehlt sich ein regelmäßiger Newsletter. Es kommt darauf an, eine gute Balance zu finden: einerseits den Nutzen aus dem Standing des Auftraggebers zu ziehen, andererseits dem Auftraggeber selbst zu nutzen. Dies gelingt sehr häufig mittels gut formulierter Anschreiben, Vorwörter oder Interviews mit dem Auftraggeber. Um es auf den Punkt zu bringen: Die Bereitschaft des Auftraggebers, sich persönlich für ein Projekt zu engagieren, korreliert in hohem Maße mit seiner Zufriedenheit mit dem Projektverlauf. Und das persönliche Engagement einer bedeutenden Führungskraft erhöht die Aufmerksamkeit für das Projekt und seine Erfolgswahrscheinlichkeit gleichermaßen.

Die MAN Nutzfahrzeuge AG verfügt über ein Kommunikationsmedium, das diese Erkenntnisse in hohem Maße nutzt. Auf sogenannten „Infomessen", die etwa drei bis vier Mal pro Jahr stattfinden, berichten Mitglieder des Vorstandes über die Lage des Unternehmens sowie wichtige strategische Projekte. Im Anschluss erläutern Projektleiter ihre Arbeit, geben Auskunft über Zielsetzungen und den Status ihrer Projekte. Diese Infomessen bieten somit eine Gelegenheit für Auftraggeber und Projektleiter, sich zu präsentieren und darüber hinaus eine gute Plattform, um ein ungeschminktes Feedback der Mitarbeiter und Führungskräfte abzufragen.

Mit Transparenz einen Markt schaffen

PE-Projekte betreffen meist eine größere Anzahl von Personen: Beispielhaft kann man sich hier die Einführung von Mitarbeitergesprächen, Potenzialanalysen oder neuen Qualifizierungsmaßnahmen vorstellen. Es lohnt sich, diese Personengruppe zu analysieren und den Auftraggeber davon zu überzeugen, dass das Schaffen von Transparenz bezüglich der geplanten Aktivitäten und der zu erwartenden Entwicklungen eine breite Basis schafft, die das Vorhaben trägt. Mehrere positive Effekte sind hierdurch zu erwarten:

1. Mitarbeiter, die von der Maßnahme profitieren, fordern Sie ein,
2. es entsteht „positiver Druck von unten",
3. die Führungskräfte werden professioneller,
4. das „Verstecken" oder „Deckeln" guter Mitarbeiter funktioniert nicht mehr.

Entscheidend für das reibungslose Zusammenspiel mit dem Auftraggeber ist das Antizipieren der möglichen „Nebenwirkungen". Als bei der MAN Nutzfahrzeuge AG ein neuer Prozess zur Potenzialanalyse eingeführt werden sollte, wurden zunächst die bisher vertraulich geführten Listen besonders förderungswürdiger Potenzialkandidaten transparent gemacht, indem die dort genannten Mitarbeiter sowie ihre Führungskräfte angeschrieben wurden. Darin teilte man ihnen mit, dass sie als Potenzialkandidaten das Recht auf einen individuellen Entwicklungsplan sowie Zugang zu bestimmten Fördermaßnahmen haben. Die Auftraggeber waren zuvor bereits auf die heftigen Rückmeldungen hingewiesen worden, die sich auch prompt zeigten, u. a.:

Führungskraft: „Sie werden doch nicht wirklich Herrn XY auf dieser Liste belassen wollen!"
Personalentwickler: „Warum? Den haben Sie doch benannt."
Führungskraft: „Aber so war das doch nicht gemeint."
Personalentwickler: „Wie war es denn gemeint?"
Führungskraft: „Ja nur so, wir mussten doch jemanden benennen."

Als Fazit dieser Begebenheit lässt sich heute feststellen, dass mehr Klarheit und Ehrlichkeit in der Thematik entstand. Während einerseits Führungskräfte ihre Mitarbeiter von der Liste nahmen, weil sie ihnen eigentlich keine weiterführenden Potenziale zubilligten, kamen andere und nannten zusätzliche Namen, weil sie merkten, dass nun tatsächlich etwas für die Nachwuchskräfte getan werden sollte. Gleichzeitig entstand Druck auf die Führungskräfte: Mitarbeiter forderten das Erarbeiten eines persönlichen Entwicklungsplanes ein. Andere, die nicht als Potenzialkandidaten eingestuft wurden, verlangten von ihren Führungskräften eine Begründung für die Nicht-Berücksichtigung. Beides führte dazu, dass sich die Führungskräfte viel intensiver mit ihren Mitarbeitern auseinandersetzen mussten, als sie es bisher getan hatten. Als in einem weiteren Schritt eine neue Systematik zur strukturierten Potenzialanalyse erarbeitet wurde, lag der Nutzen für die Führungskräfte eindeutig auf der Hand: Die neue Vorgehensweise konnte fast ohne Widerstände eingeführt werden. Der Auftraggeber ist bis zum heutigen Tag sehr zufrieden mit dem Prozess und seinen Ergebnissen.

Regelmäßiges Reporting

Gleich zu Beginn des Projektes empfiehlt es sich, in Abhängigkeit von vereinbarten Meilensteinen und Projektzielen ein regelmäßiges Reporting inklusive der wesentlichen Inhalte und der passenden Zeitpunkte zu verabreden. Gute Erfahrungen wurden bislang mit sogenannten Projektgesprächen gemacht, in denen dem Auftraggeber in strukturierter Form der Stand des Projektes erläutert und das weitere Vorgehen mit ihm abgestimmt wird. In diesen Gesprächen wurde darüber hinaus regelmäßig beraten, bei welchen Gelegenheiten Präsentationen zum Projektstatus stattfinden sollten. So wurden Vorstandssitzungen, Abteilungsbesprechungen oder besondere Gelegenheiten wie die bereits beschriebenen Infomessen benutzt, um Meinungsbildung bezüglich des Projektes zu betreiben und die Aufmerksamkeit dafür hochzuhalten. Wie strukturiert auch immer der Prozess gestaltet ist: Das Erreichen verabredeter Meilensteine kann das informelle Gespräch, die aktive Beziehungspflege und den Aufbau eines Vertrauensverhältnisses mit dem Auftraggeber nicht ersetzen.

Klares Projektende vereinbaren

Viele PE-Projekte leben nach ihrem Ende weiter: Sie werden zur Linienaufgabe. Der Punkt der Übergabe sollte genau definiert und mit der Linienfunktion abgestimmt sein, um „Reklamationen" oder endlose Nacharbeiten auszuschließen und künftige Verantwortlichkeiten eindeutig festzulegen. Sofern – wie zuvor bereits empfohlen – für das Projekt Meilensteine und klare Zielsetzungen vereinbart wurden, sollte sich auch das Erreichen dieser Zeile eindeutig feststellen lassen. Für den Projektverantwortlichen ist dann der Zeitpunkt erreicht, die Entlastung durch den Auftraggeber feststellen zu lassen. Oft wird die Wertigkeit eines Projekt-Reviews gemeinsam mit dem Auftraggeber unterschätzt. Der Aufwand, den Projektverlauf insgesamt zu analysieren und zu dokumentieren, ist vielfach geringer als zunächst erwartet. Erfahrungsgemäß können gute Projektdokumentationen noch vielfach zum Einsatz kommen: als Nachweis erfolgreich abgeschlossener Projekte, bei der Gewinnung neuer Aufträge oder als Fundus für Präsentationen und Vorträge zu PE-Themen. Es ist übrigens ein gutes Gefühl, dem Auftraggeber zum Abschluss sein Werk als gebundenes Dokument auch physisch zu übergeben.

3. Neue Auftraggeber gewinnen

Bei vielen mittel- oder langfristigen Projekten besteht die Chance, im Verlauf neue Auftraggeber für Anschlussprojekte zu gewinnen. Dabei kann man sich natürlich auf Zufälle verlassen oder aber entsprechende Gelegenheiten geplant schaffen. Beispielhaft kann hier die Einführung von Development-

Centern (DC) und Assessment-Centern (AC) zur internen Besetzung von Führungspositionen bei der MAN Nutzfahrzeuge AG genannt werden. Die Entwicklung des DC ist auf eine Initiative der PE-Abteilung zurückzuführen. Ihm liegt die klassische AC-Methodik zugrunde, Zielsetzung ist jedoch nicht Selektion, sondern Feedback und Entwicklungsplanung. Ein internes Auswahl-AC einzuführen, wäre zu diesem Zeitpunkt mit Hinblick auf die Unternehmenskultur nicht durchsetzbar gewesen. Durch Einbindung von hochkarätigen Führungskräften bis zur Vorstandsebene bei der Entwicklung des DC konnten Auftraggeber und Sponsoren gewonnen werden. Als Beobachter wurden Führungskräfte ausgewählt und ausgebildet, die – wenn auch nach anfänglicher Skepsis – den Wert des Instruments zu schätzen lernten. Es dauerte nicht lange, bis diese Führungskräfte darum baten, ihre eigenen Mitarbeiter in ein DC hineinzunehmen. Sie waren zu neuen Auftraggebern geworden. Die positiven Rückmeldungen der Teilnehmer sowie der als Beobachter eingesetzten Führungskräfte führten bereits ein Jahr später zu der Forderung vonseiten des Vorstandes, eine entsprechende Methodik auch bei der Besetzung von Führungspositionen anzuwenden. Was ein Jahr zuvor noch undenkbar war, wurde so Realität: ein Auftrag des Vorstandes zur Entwicklung und Durchführung von ACs sowie eine breite Akzeptanz hierfür bei den Führungskräften.

4. Fazit

Nachfolgend sind prägnant die wichtigsten Fragen zusammengefasst, die beim Umgang mit dem Auftraggeber von PE-Projekten beachtet werden sollten.

1. Wer profitiert/wer verliert bei diesem Projekt?
2. Welche kurz-/mittel-/langfristigen Wirkungen erzielt das Projekt?
3. Wer kommt als Auftraggeber infrage?
4. Wer unterstützt das Projekt aktiv?
5. Mit welchen Widerständen ist zu rechnen?
6. Besteht Einigkeit und Klarheit mit dem Auftraggeber bezüglich der Ziele? Sind Meilensteine des Projekts sowie eindeutig messbare Kennzahlen/Ziele vereinbart?
7. Wurde eine Kommunikationsstrategie erarbeitet?
8. Welche Medien lassen sich für das Projekt nutzen?

9. Wer kommt als Auftraggeber für künftige Projekte in Frage?
10. Wird eine Entlastung am Projektende erteilt?
11. Wird ein Projekt-Review mit dem Auftraggeber durchgeführt?
12. Wird eine Projektdokumentation inklusive „Lessons Learned" erstellt?

Literatur

Malik, F. (2005). *Führen, Leisten, Leben. Wirksames Management für eine neue Zeit.* München: Heyne.

Neuberger, O. (1995). *Mikropolitik. Der alltägliche Aufbau und Einsatz von Macht in Organisationen.* Stuttgart: Enke.

Wie reagieren? Umgang mit Budgetkürzungen

Thomas Hartmann

Mit dem Etikett der Kostenoptimierung wird immer häufiger auch der Sinn von Personalentwicklungs- und Bildungsmaßnahmen infrage gestellt. Die Unternehmensberater, die mit Benchmarkingprogrammen oder Prozessanalysen durch die Unternehmen ziehen, haben auch regelmäßig den Personalbereich im Fokus. Sollte dann in der Unternehmensleitung das Vorurteil bestehen und sich bestätigen, dass die jahrelangen Investitionen in die Persönlichkeitsentwicklung und persönliche Performance der Mitarbeiter wenig gebracht haben, ist die Entscheidung über eine deutliche Reduzierung der Personalentwicklungs- und Bildungsausgaben schnell getroffen. Die vielzitierten Investitionen in *unser wichtigstes Kapital, unsere Mitarbeiter* beschränken sich dann schnell nur noch auf Restbudgets zur fachlichen Fortbildung.

Da der skizzierte Vorgang kein vereinzeltes Phänomen beschreibt, sondern sich seit Jahren zum Trend entwickelt, stellt sich die Frage nach den Ursachen. Erst mit einem Verständnis für die Beweggründe der Reduzierungen von Budgets in der Personalentwicklung lassen sich geeignete Interventionen als *Gegenmaßnahmen* herausarbeiten. Die Energie, mit der man aus der Talsohle schrumpfender Budgets wieder herauskommt, sollte intelligent und zielgerichtet eingesetzt werden.

1. Budgetverluste – Vier Begründungen

Die Höhe der Bildungsbudgets in den Unternehmen liefert immer Stoff für Diskussion. Wie Personalentwicklungs- und Bildungsabteilungen an Argumentationskraft verlieren können, beschreiben folgende Erfahrungen:

1.1 Vom Verlust der strategischen Partnerschaft

Die strategische Partnerschaft der Personalentwickler mit der Unternehmensleitung ist selten belastbare Realität. Sicher ist die Notwendigkeit dieser Partnerschaft im System gut begründbar; die Wertschöpfung aus der Vernetzung der unterschiedlichen Systeme der Unternehmensführung erfreut sich hoher Plausibilität. Aber oft heißt es im Unternehmen für die engagierten Personaler und Bildungsmanager doch nur *Regionalliga* und nicht *Strategischer Business Partner* (Sattelberger, 1999, S. 16). Zu selten werden Machtpositionen besetzt, Profession wird eher im täglichen Reparaturbetrieb verunglückter Veränderungsprozesse verschlissen und zumeist nur von der Basis, also den vom Changemanagement Betroffenen, adäquat gewürdigt. Auch interne Beziehungen aus geglückten Coachings zementieren eher selten einen dauerhaften Einfluss auf die Unternehmenspolitik.

Auch der Mythos von der Nicht-Imitierbarkeit oder Nicht-Substituierbarkeit von Personalentwicklungsdienstleistungen (vgl. z. B. Wagner, Dominik & Seisreiner, 1995) ist der Erfahrung gewichen, dass externe Berater oft beliebter sind, weil sie zumeist professioneller antreten, seltener widersprechen oder bei ‚Nicht-Gefallen' schnell ausgetauscht werden können. Sicher gelingt den internen Personalentwicklern oft ein symbiotisches Auftreten mit den externen Beratern, doch in der Profilierung sind die externen zumeist (im durchaus beabsichtigten) Vorteil. Damit lässt sich der Verlust der strategischen Partnerschaft vielfach durch mangelnde Positionsmacht im Unternehmen bei gleichzeitigem Verlust der Profession an externe Dienstleister erklären. Auch verlieren sich interne Personalentwickler oft zwischen den Polen eines belächelten Omnipotenzanspruchs und übereifriger Dienstleistungsmentalität. Selbst wer dann die Chance im Outsourcing sucht, verbessert seine Situation nur bei nachgewiesener Marktfähigkeit seiner Personalentwicklungs- und Bildungsprodukte und Erschließung neuer Märkte außerhalb des Mutterhauses (vgl. Schumacher & Stockhinger, 1997; Hodel, Berger & Risi, 2004).

1.2 Die Mündigkeit der Markt- und Servicebereiche

Natürlich sollen an dieser Stelle die Effekte jahrzehntelanger Personalentwicklungs- und Bildungsarbeit nicht kleingemacht werden. Ganz im Gegenteil: Viele Personaler waren so erfolgreich, dass ihre mündig gewordenen Zöglinge sie heute kaum noch brauchen. So hatten die zahlreichen Kommunikations- und Moderationstrainings gewollte Ergebnisse. Performancemanagement hat Selbstständigkeit als Konsequenz hervorgebracht, Coaching und Mentoring erzeugen Mündigkeit beim Klientel.

Die Entbehrlichkeit, die Personalentwickler und Bildungsmanager durch ihre Interventionen geschaffen haben, ist wohl ihr bedeutsamster, aber leider auch fatalster Erfolg. Die Kunden, sprich Unternehmensbereiche, sind zu methodenverwöhnten und selbstbewussten Einkäufern von Personaldienstleistungen geworden. Ist der freie Marktzugang nicht durch entsprechende Direktiven geregelt, wird gern extern zugekauft. So verkommt die Personalentwicklung leicht zum simplen Management des Einkaufs und der Dokumentation von Bildung.

1.3 Ohnmacht des Personalentwicklungs-/Bildungscontrollings

Der Begriff *Bildungscontrolling* etablierte sich Anfang der 90er-Jahre des letzten Jahrhunderts. Aus der reinen Lernergebnis-Evaluation entwickelte sich ein *Transfer-Controlling*. Das Bewusstsein für betriebswirtschaftlich interessante Kennzahlen stieg. Konzepte des Personalentwicklungscontrollings folgten, verstanden sich aber oft noch nicht als elaborierte eigenständige Systeme, sondern eher als plausible Steuerung von PE-Interventionen (vgl. z. B. Peschke, 1997). Die konsequent geforderten Kosten-Nutzen-Analysen beschränkten sich zu sehr auf konsensorientierte Reviews oder entwickelten sich zu fragwürdigen Kennzahlenfriedhöfen. Auch durch die Umsetzungsschwierigkeiten in adäquate Reports in der SAP-Welt oder auf anderen Software-Plattformen ergibt sich häufig nicht das Berichtswesen, das notwendig ist, die Investitionen in Personalentwicklungs- und Bildungsmaßnahmen überzeugend zu legitimieren. Qualitätssicherung ist in diesem Kontext sicher ein guter Ansatz, aber aus einem sicheren Prozess resultiert noch nicht zwangsläufig betriebswirtschaftlicher Nutzen (vgl. Grilz, 1998).

Erst neuere Ansätze des Human-Capital-Management beginnen das Dilemma der ungenügenden Beweisführung systematisch aufzuarbeiten (vgl. Fitzenz, 2003; Scholz, Stein, Bechtel, 2004). Die Methodenverliebtheit vieler Personalentwickler, Trainer, Coaches, Change-Agents führt aber noch oft von dem Weg ab, sich mit den betriebswirtschaftlichen Ergebnissen ihres Tuns auseinanderzusetzen. Auch wenn es verständlich ist, dass beispielsweise von den Grundformen systemischer Strukturaufstellungen (vgl. Varga von Kibéd & Sparrer, 2003) mehr Reiz ausgeht als von Controllingansätzen, wird die Unverbindlichkeit in der Beweisführung der eigenen Effizienz heute bitter bestraft.

1.4 Bildung wird delegierbar

Waren die Konzepte des selbst gesteuerten Lernens oder der kooperativen Selbstqualifikation (vgl. Heidack, 1989) vor zwei Jahrzehnten noch das Ergebnis der Suche nach effektiven Lernformen, steht heute mehr die Eigenverantwortung der Lernenden im Vordergrund. Mit dem Anspruch auf Employability (vgl. z. B. Fischer & Steffens-Duch, 2000) wird die Erhaltung der Arbeitsmarktfähigkeit durch permanente Weiterbildung gefordert. Die Verantwortung für Bildung wird so mehr und mehr auf den lernenden Mitarbeiter übertragen. Die entsprechenden Investitionen in Zeit und Geld entlasten die betrieblichen Budgets. Personalentwickler werden zu Lernberatern, die das *Wie* und *mit Wem* skizzieren. Die Verzahnung der Bildungsmaßnahmen mit Personalentwicklungskonzepten bleibt, die Generierung eigener Produkte tritt jedoch in den Hintergrund.

2. Budgetkürzungen und nun?

Reduzierungen der Personalentwicklungs-/Bildungsbudgets können sehr unterschiedliche Ursachen haben. Neben drastischen Sparmaßnahmen sind nicht selten die im Abschnitt 1. aufgeführten Gründe ausschlaggebend. Budgetverluste von mehr als 50 % zwingen zur radikalen Reorganisation des eigenen Angebots.

Jammern bzw. den *Kopf in den Sand stecken* ist sicher eine emotional verständliche, aber nicht nur nach Sattelberger (1996, S. 236) wenig zielführende Reaktion. Sinnvoll ist dagegen, professionell zu reagieren, sich auf seine Kernkompetenzen bzw. Stärken zu konzentrieren und seine Vorteile als interner Dienstleister auszuspielen (ohne in Omnipotenzgehabe oder verzweifeltes Anbiedern zu verfallen).

Ansatz 1: Herausarbeiten des wirklichen Personalentwicklungs- und Bildungsbedarfs

Ansatz 2: Aufzeigen des Nutzens und exakte Kostenplanung

Ansatz 3: Professionalisierung des internen Marketings

Ansatz 4: Effiziente Lernarrangements gemeinsam mit internen Kunden und externen Partnern entwickeln

Voraussetzung für dieses mehr prozess- und weniger methodenorientierte Vorgehen ist jedoch ein hoher Grad an Profession, verbunden mit geziltem *politischem und praktischem Handeln in der Unternehmensarena* (Sattelberger, 1996, S. 247). Konkret kann das bedeuten:

- Vernetzung mit den verbliebenen internen Partnern der Personalentwicklung (Networking mit gegenseitigen Mehrwerterfahrungen),
- Präsenz in Veränderungsprojekten mit ausgesprochener Dienstleistungsmentalität (*Machen* statt *darüber reden*),
- Beweisführung mit harten Zahlen (Berichtswesen mit belegbaren Schwächen in den Human Ressourcen).

So dürften Aufträge nicht lange auf sich warten lassen. Dann heißt es, diese mit knappen Mitteln und spürbarem Erfolg umzusetzen.

2.1 Ansatz 1: Herausarbeiten des wirklichen Personalentwicklungs- und Bildungsbedarfs

Bedarfe sollten das Resultat eines strukturierten Informationsbeschaffungsprozesses sein. Fehlt eine systematische Routine in der Formulierung der Personalentwicklungs- und Bildungsbedarfe oder werden in Zeiten häufiger Umorganisationen derartige Abläufe (umfassende Abfragen) als wenig wertschöpfende Belastung empfunden, bleibt nur die direkte Analyse über Gespräche mit Schlüsselpersonen. Situative Defizitmeldungen können zu aktuellen und schnell umsetzbaren Personalentwicklungsmaßnahmen führen, die die Kompetenz der internen Akteure der Personal- und Bildungsarbeit unter Beweis stellen. Also geht es in der Wahrnehmung dringender Bedarfe darum, über Zugänge zu verfügen, d. h. konkret:

- offene Ohren für Klagen über Unzulänglichkeiten zu haben,
- Einsicht in *Fehlerspeicher* (Beschwerdekarteien, Revisionsberichte) zu bekommen,
- Kundenbefragungen auszuwerten und
- Schlüsselpersonen zu identifizieren und zu interviewen.

Diese mehr reaktive Vorgehensweise (Einsiedler, Hollstegge, Janusch, & Breuer, 1999, S. 72) führt zwar zu *Quick Wins*, ist aber langfristig kein sinnvolles Handeln. Strategieorientierte Bedarfsermittlungen betrachten auch die Zukunft, nehmen Trends wahr und antizipieren Defizite, bevor diese als solche empfunden werden. Hier ist die Gefahr, Opfer von interessengeleiteten Fehlwahrnehmungen zu werden, natürlich deutlich größer. Umso mehr gilt es dann, den Nutzen einer Maßnahme herauszuarbeiten.

Oft unterliegen Bedarfsermittlungen gebetsmühlenartig zelebrierten Vorurteilen bzw. Mythen. Typische Beispiele sind:

- Manager führen zu wenig und sind generell konfliktscheu.
- Verkäufer haben nicht genug Biss,
- Verkäufer verstehen wenig vom Cross-Selling oder
- Verkäufer können ihren Alltag nicht organisieren.

Mit solchen pauschalen Aussagen laufen sich vermeintliche Dauerbrenner in den Bildungsangeboten irgendwann tot und verstärken das Misstrauen gegenüber Bildungsverantwortlichen (*hat doch wieder nichts gebracht*). Auch die häufig angewandte Planwirtschaft in der Bildung mittels umfassender Programme (*Baustein an Baustein*) wird den tatsächlichen Bedarfen nicht gerecht. Sie mutieren zu inhaltsleeren Pflichtveranstaltungen mit eingebauten Widerständen. Das dann folgende Abschaffen wird zum Befreiungsschlag und hinterlässt diskreditierte Personalentwickler und Trainer.

Derartige Fehlentwicklungen verschleiern die wirklichen Bedarfe. Zum besseren Herausarbeiten bzw. zur vertiefenden Analyse eigenen sich Audits und Assessments. Mit diesen Instrumenten sind individuelle Gap-Analysen möglich und Bedarfe exakter bestimmbar. Ein Problem an Assessments und Audits ist der Aufwand, der mit ihnen oft verbunden ist. Neuere Entwicklungen in der Management-Diagnostik belegen jedoch,

- Assessments und Audits müssen nicht mehrtägige Veranstaltungen sein, um valide Ergebnisse zu bringen;
- mit Online-Verfahren lassen sich erhebliche Ressourcen (monetär und zeitlich) gewinnen (vgl. Etzel, Meifert & Etzel, 2005).

Und auch hier gilt: *Lieber ein Gramm Diagnostik im Vorfeld als ein Kilo Personalentwicklung als Breitbandantibiotikum im Nachhinein.* Die Kosten für eine gründliche Diagnose lassen sich durch Ersparnisse in den Trainingsnotwendigkeiten in der Regel wieder kompensieren. Dazu kommt, dass die Ansatzpunkte (Verhaltenstraining oder Gruppendynamik) besser sichtbar werden und den Erfolg von anschließenden Personalentwicklungsmaßnahmen sicherer machen.

Eine weitere Möglichkeit zur Exaktifizierung der Bedarfe ist der Einsatz einer handlungstheoretischen Heuristik mit systematischer Ableitung von Personalentwicklungs- und Bildungsmaßnahmen.

Abbildung 1 zeigt den Aufbau eines handhabbaren Modells. Die zu erlernende Handlung wird in die Bestandteile **Wahrnehmung, Entscheidung, Verhalten** zerlegt. Prozessrelevantes **Wissen** sowie **Verhaltensdispositionen** aus Einstellungen, Motivationen (impliziter Abläufe) werden als weitere Modellelemente reflektiert. Der nach der Bestandsaufnahme (im Diskurs und über ein AC diagnostizierte) Personalentwicklungs- und Bildungsbedarf wird in bestimmte Trainingsaktivitäten überführt (z. B. Diskriminationstraining, gruppendynamische Übungen und Verhaltenssimulationen).

Fragen zur Bestandsaufnahme in der **Wahrnehmung**:

- Welchen Wahrnehmungen werden von den Probanden ausgeblendet?
- In welchen Feldern ist die Wahrnehmung ungeübt (mangelnde Schärfe)?
- Wo wird die Wahrnehmung verzerrt (und führt damit zu falschen Entscheidungen)?

Fragen zur Bestandsaufnahme in der **Entscheidung**:

- Können die Probanden sich alle entscheidungsrelevanten Informationen erarbeiten?
- Denken die Probanden systemisch in der Entscheidungsfindung?
- Verfügen sie über die richtigen Parameter im Entscheidungsprozess (für eine bestimmte Handlung)?

Fragen zur Bestandsaufnahme im **Verhalten**:

- Verfügen die Probanden über die notwendigen Skills für ein erfolgreiches Verhalten
- Besitzen die Probanden genügend Flexibilität und situatives Adaptionsvermögen in ihren Skills?
- Können sie eigenständig neues Verhalten generieren (für bisher unbekannte Situationen)?

Darüber hinaus ist es natürlich auch entscheidend, das notwendige Wissen bereitzustellen. Ebenso sind die Einstellungen und Motivationen (als Verhaltensdispositionen) ein wesentliches Reflektionsfeld der Personalentwicklung. So kann beispielsweise die fehlende Einstellung zum Verkauf jedes Vertriebstraining ad absurdum führen.

Die Breite dieser Heuristik vermeidet einerseits blinde Flecken (z. B. über die Motivation der Teilnehmer), andererseits zeigt sie die Schwerpunkte der Interventionen auf (beispielsweise resultieren schwache Führungsleistungen oft nicht aus mangelndem Wissen oder dem Fehlen situationsadäquaten Verhaltensweisen, sondern eher aus einer unsensiblen Wahrnehmung bzw. aus unreflektierten Entscheidungsprozessen im Führungshandeln). Das Modell, das sich aus dem Ansatz der multimodalen Therapie (Lazarus et al., 1983) entwickelt hat, setzt zwar Erfahrung beim Anwender voraus, bindet aber keine umfangreichen Ressourcen.

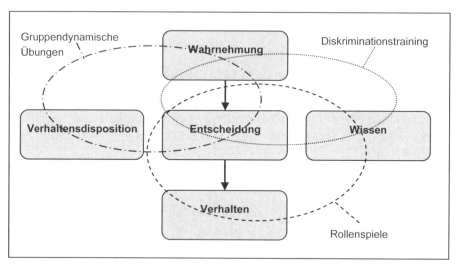

Abb. 1. Heuristik zur Ableitung von Personalentwicklungs- und Bildungsmaßnahmen (eigene Darstellung)

2.2 Ansatz 2: Aufzeigen des Nutzens und exakte Kostenplanung

Der Renditefaktor *Personal* wird immer wieder beschworen und in der täglichen Erfahrung bestätigt. Von Investitionen in Bildung wird in Zeiten knapper Mittel jedoch oft schnell Abstand genommen. Zwei bzw. drei Jahre deutliche Zurückhaltung bei den Ausgaben für Personalentwicklung und Fortbildung liegen für viele Unternehmenslenker im Bereich tolerierbaren Managementverhaltens.

Der Wertverlust im *Human Capital* durch mangelnde Investitionen in Personalentwicklung lässt sich kaum exakt berechnen, doch neuere Ansätze gehen schon deutlich über die Alltagsplausibilität hinaus (vgl. Scholz et al., 2004). So verlässt Fitzenz (2003) mit seiner Humankapital-Scorecard die typischen Kennzahlensysteme, indem er verschiedene Erhebungsfelder differenziert und miteinander in Beziehung setzt (s. Abbildung 2).

Gewinnung	Pflege
• Kosten pro Neuzugang • Zeit für die Stellenbesetzung • Zahl der Neuzugänge • Zahl der Stellenbesetzungen • Qualität der Neuzugänge	• Gesamtarbeitskosten in Prozent der Betriebsaufwendungen* • Durchschnittsvergütung pro Mitarbeiter • Nebenleistungskosten in Prozent der Lohnsumme • Durchschnittsleistung im Vergleich zum Umsatz pro VZÄ
Bindung	**Fortbildung**
• Gesamtkündigungsquote • Prozentsatz Mitarbeiterkündigungen: Gehalts- und Lohnempfänger • Kündigungen von Gehaltsempfängern nach Beschäftigungsdauer • Kündigungen der leistungsstärksten Gehaltsempfänger in Prozent • Fluktuationskosten	• Schulungskosten in Prozent der Lohnsumme • Gesamtzahl der Schulungskosten • Durchschnittliche Zahl von Schulungsstunden pro Mitarbeiter • Schulungsstunden nach Funktionsbereich • Schulungsstunden nach Berufsgruppe • Ertrag der Schulung
Zufriedenheit am Arbeitsplatz	Mitarbeitermoral

Abb. 2. Humankapital-Scorecard (Fitzenz, 2003, S. 128) [* enthält Kosten für Zeitbeschäftigte]

Wahrscheinlich ist, dass im Rahmen von Ratingverfahren auch Agenturen sich mehr und mehr mit der Bewertung des Humankapitals auseinandersetzen werden. So erfasst das IC-Rating von Intellectual Capital Sweden AB das intellektuelle Kapital eines Unternehmens. Die Gestaltung des IC-Ratings erinnert (gewollt) an die typischen Bewertungen bekannter Rating-Agenturen. So werden Klassifikationen von AAA (z. B. extrem hohe Effizienz) bis D (keine Effizienz) vergeben. Die Bewertung konzentriert sich auf drei Bereiche:

1. Effizienz: Welchen Wert bzw. welche Effektivität besitzt das derzeitige intellektuelle Kapital?
2. Entwicklung und Erneuerung: Besitzt das Unternehmen den Willen und auch die Kraft, dieses Kapital zu erhalten und weiterzuentwickeln?
3. Risiko: Wie hoch ist das Risiko des mentalen Kapitalverlustes? (Scholz et al., 2004, S. 121 f.)

Auch wenn ein derartiges Verfahren stark von Indikatoren getrieben ist und nicht den Erfolg einer Personalentwicklungsintervention im Fokus hat, werden hier die Ergebnisse von Investitionen in Personal erfasst und vergleichbar gemacht. Damit steigt die Motivation der Unternehmen in der Personalentwicklung, nicht als Low-Performer eingestuft zu werden.

Nutzen im Vorfeld aufzuzeigen bzw. nach Durchführung der Maßnahmen zu beweisen, wird zur entscheidenden Erfolgsvariable in der Personal-

Tabelle 1. Einleitungsphase Performance-Shaping (Kellner & Bosch, 2004, S. 101)

	Schirmherrschaft	Programm-überblick	Strategische Verbindungen
Aktion	• Einverständnis des Topmanagements einholen • Aktive Beteiligung der Manager absichern	• Ergebnisse der Bedarfsanalyse darstellen • Lernstruktur und Programmstruktur erklären	• Individuelle Kompetenzen mit Unternehmenszielen verbinden • Individuelle Kompetenzen und wichtige Erfolgsfaktoren verbinden
Fragen	• Wer muss mit den Programmergebnissen leben? • Wer kann den Transfer des neuen Verhaltens von der Theorie zur Praxis sichern?	• Wie kann das Programm die Leistung verbessern? • Warum ist das Programm für die Teilnehmer wichtig?	• Können wir ohne diese Kompetenzen erfolgreich sein? • Sind diese Kompetenzen für unsere zukünftigen Erfolge entscheidend?
Erfolgsfaktor	• Absichern, dass die Geschäftsführung den gesamten Trainings- und Entwicklungsprozess unterstützt	• Erklären, warum auf Kompetenzen basierendes Training bessere Ergebnisse erzielt	• Aufzeigen, warum das Unternehmen Kernkompetenzen braucht, um seine Ziele zu erreichen

entwicklung werden. Nur wer hier als verantwortlicher Personalmanager professionell reagiert, wird aus der Talsohle seines Budgetverlaufs wieder herauskommen.

Für Kellner und Bosch (2004) beginnt die Legitimation der entstehenden Bildungskosten mit einer systematischen Vorbereitung. Im Rahmen einer kompetenzorientierten Entwicklung der Performance der Mitarbeiter fordern sie die in Tabelle 1 dargestellten Punkte.

In einer Return on Investment-Kalkulation stellen die Autoren dann Aufwand und Ergebnisse differenziert gegenüber. Selbst wenn die Ergebnisermittlung noch einige Fragen aufwirft und Fantasie in der Recherche verlangt, wird ein Weg aufgezeigt, sich den Forderungen nach einem Nutzennachweis zu stellen (s. Tabelle 2 und 3).

Tabelle 2. Return on Investment-Kalkulation 1 (Kellner & Bosch, 2004, S. 121)

1	Bedarfs-analyse	• Externe Assessment-Instrumente • Firmeninterne Analyseverfahren	Kosten:
2	Programm-entwicklung	• Design der Module • Produktion und Überarbeitung • Testen und Validieren	Kosten:
3	Maßnahmen-durchführung	• Material (Software, Video, Manuals etc.) • Tagungsstätte (Raum, Projektor, VHS etc.) • Reisekosten (Hotel, Verpflegung, Flug etc.)	Kosten:

4	Gehälter/Honorare	• Teilnehmer
		  ▪ Hilfspersonal
		• Trainer
		  ▪ Schreibkräfte
		• Berater
		  ▪ Computerspezialisten
			Kosten:

5	Ausfallzeiten	• Erfassen Sie hier den Umfang des Leistungsausfalls der Teilnehmer	Kosten:
		Gesamtkosten:	

Tabelle 3. Return on Investment-Kalkulation 2 (Kellner & Bosch, 2004, S. 121)

1	Qualitäts-steigerung	• Zufriedenere Kunden • Weniger Reklamationen • Höhere Servicebereitschaft	Wert:
2	Quantitäts-steigerung	• Deutliche Umsatzsteigerung • Mehr Kundenbesuche • Höheres Besuchs-/Auftragsverhältnis	Wert:
3	Zeiteinsparungen	• Weniger Krankmeldungen • Schnellere Projektabwicklung • Besseres Zeitmanagement	Wert:
4	Motivations-verbesserung	• Verbesserte Teamarbeit • Weniger Konflikte • Gesteigerte Identifikation	Wert:
5	Unternehmens-situation	• Stärkere Konkurrenzfähigkeit • Größerer Marktanteil • Geringere Fluktuation	Wert:
		Gesamtertrag:	

Solche Modelle stehen sicher noch am Anfang. Allerdings hat sich auch das Controlling in der BWL über Jahre entwickelt. Obwohl die Modelle heute differenzierter sind, beweisen sie damit aber noch nicht zwangsläufig höhere Validität. Das Bemühen eines kritisch-rationalen und gesunden Menschenverstandes ist immer ein akzeptabler Weg zur Erkenntnis und ein Wegweiser aus der manchmal ohnmächtig machenden Komplexität. Dagegen ist die Scheu vor der damit verbundenen (oft als berufsfremd empfundenen) Arbeit fatal: Sie macht letztendlich arbeitslos.

2.3 Ansatz 3: Professionalisierung des internen Marketings

Wer den Return on Investment kalkulatorisch entwerfen bzw. sogar nachweisen kann, sollte seine Dienstleistung auch entsprechend verkaufen. Mit Sattelberger (1999, S. 244) ist jedoch festzustellen, dass manche Personalentwickler ein eher ambivalentes Verhältnis zum Marketing haben. So unterliegen viele der naiven Vorstellung, dass

- die Nachfrage schon durch Veröffentlichung eines Programms entsteht,
- ein gutes Produkt (also die erfolgreiche Arbeit am Menschen) allein überzeugt,
- Marketing nach innen unnötige Ressourcen bindet und eher peinlich ist.

Sicher sind in Zeiten knapper Budgets Überlegungen zum adäquaten Einsatz von *Werbung* sinnvoll. Hochglanzbroschüren und übertriebene Selbstdarstellung wirken eher negativ und bringen nicht die ersehnte Trendwende. Um seine Dienstleistung, z. B. ein Bildungsprodukt, erfolgreich zu platzieren, sollten in allen Feldern des Marketings systematische Überlegungen erfolgen (s. Abbildung 3).

Beispiele für Aktivitäten am Produkt:

- Eigenschaften (Lerninhalte, Erfahrungsfelder) festlegen und beschreiben,
- Sequenzierung (Gestaltung der Programmelemente) definieren, am besten Blended Learning ermöglichen,
- Nutzen erlebbar machen, Transferelemente in das Produkt einarbeiten.

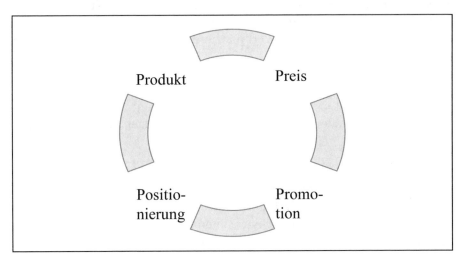

Abb. 3. Felder des Marketings

Beispiele für Aktivitäten in der Preisgestaltung:

- Bestimmung der Kundensegmente (z. B. Geschäftsführung, Abteilung, Führungskräfte, Mitarbeiter) und deren Preisverträglichkeit,
- Sicherung der Wettbewerbsfähigkeit durch Preis- und Leistungsvergleiche mit externen Anbietern,
- Gestaltung des Leistungsumfanges,
- Beschreibung des added value.

Beispiele für Aktivitäten zur Positionierung:

- Verfügbarkeit der Bildungsprodukte sicherstellen (Angebot und Response),
- Beratung im Sales-Prozess bieten, After-Sales-Aktivitäten entwickeln (z. B. Implementierungshilfen von Programmen auf Abteilungsebene, Transferhilfen aus Seminaren auf individueller Ebene, Zusatznutzen und Follow-ups anbieten),
- Nähe erzeugen (Hotline bei Problemen, als Coach vor Ort sein, Zufriedenheitsgrad in Reviews abfragen).

Beispiele für Aktivitäten für Promotion:

- Kommunikationsstrategie festlegen (z. B. regelmäßige Kundenbesuche, Auftritt im Unternehmensportal),
- Produktinformationen mit Wert platzieren (kein Hochglanz, jedoch professionell wirkend),
- Werbung mit Wiedererkennungswert (Corporate Design) platzieren.

Entscheidend ist es, die Bedarfslage seiner Auftraggeber zu treffen, Meinungsmultiplikatoren zu erreichen und die Budgetverantwortlichen zu überzeugen.

Internes Marketing zu professionalisieren heißt auch, zielgerichtetes Branding zu betreiben. Dazu gehören regelmäßige Imageanalysen und systematische Imagepflege durch gutes Beziehungsmanagement, Präsenz auf internen Marktplätzen (unternehmensinterne Schriften, Intranet) sowie innovative Angebote (vgl. Goerke & Wickel-Kirsch, 2002).

Gerade bei knappen Budgets erweisen sich die genannten Aktivitäten als existentiell. Die meisten der beschriebenen Aktionen sind dabei weniger mit Kosten verbunden, sondern erfordern eher Kreativität und Methodensicherheit.

2.4 Ansatz 4: Effiziente Lernarrangements gemeinsam mit internen Kunden und externen Partnern entwickeln

Die Ansatzpunkte aus 1 bis 3 sollen mögliche Auftraggeber vom Nutzen interner Personalentwicklung und entsprechender Bildungsangebote überzeugen. Auch wenn das Ziel der Revitalisierung der strategischen Partnerschaft damit zumeist nicht erreicht wird, ist die Zuschreibung von Professionalität in der Erstellung der Dienstleistung ein wesentlicher Schritt. Überzeugende Argumentationen zum Erfolg der Maßnahme und mehr Intensität in der Beweisführung sichern dann Aufträge.

Für die Generierung effizienter Lernarrangements verspricht gerade in Zeiten knapper Mittel die Mündigkeit der Klientel (von der Abteilung bis zum Mitarbeiter) zur Chance zu werden. Durch mehr Eigenverantwortung und damit mehr Initiative und Beteiligung an der Lernleistung können Budgets geschont und gleichzeitig Lernerfolge gesichert werden.

Handlungsorientierung im Lernen fokussiert auf Lernarrangements on the job. Eigenverantwortlichkeit impliziert Selbststeuerung im Lernen. Da Praxis in der Regel nicht allein gelebt wird, liegen Modelle der kooperativen Selbstqualifikation nahe. Hat man den scheinbaren Konflikt aus der bloßen Funktionalisierung pädagogischer Autonomieansätze durch erzwungene Kostenreduktion überwunden, sieht man die Chancen, die sich in dieser Form von Personalentwicklungs- und Bildungsarbeit ergeben.

Betz (1993) hat schon Anfang der 90er-Jahre des letzten Jahrhunderts für ein neues Rollenverständnis in der Bildungsarbeit durch Einführung des Action Learning plädiert. Durch ein projektorientiertes Vorgehen steigen die Verantwortung und Handlungskompetenz beim Lerner. Die Rolle der Personalentwickler verändert sich, Bildung wird bedarfsorientiert arrangiert und erfolgt *just in time*.

Konzepte des selbstgesteuerten Lernens, der kooperativen Selbstqualifikation oder des Blended Learning erfordern jedoch eine neue Rollendefinition und entsprechendes Handeln bei allen Beteiligten (vgl. Schwarz, 2003):

Beim Mitarbeiter als Lerner:

- Chancen im aktiven Prozess der Selbstbestimmung sehen,
- Fähigkeiten und Kompetenzen zur Zielbestimmung, Gestaltung und Überprüfung des Lernens aufbauen,
- interaktive Kompetenzen im kollegialen Wissensaufbau entwickeln.

Bei den Abteilungen als Lernunterstützer:

- organisatorische Voraussetzungen schaffen (Lernmittel, zeitliche Freiräume),
- angemessene Lernumgebung bereitstellen (Räume), Verantwortung übertragen, die Fehlertoleranz erhöhen (z. B. im Projektlernen).

Bei den Personalentwicklern als Lehrenden:

- sich selbst *von der Bühne* nehmen,
- über ein breites didaktisches Methodenrepertoire verfügen (Instruktions- und Strukturierungselemente, Lernplattformen),
- Lernszenarien entwickeln, arrangieren, begleiten und controllen.

Die Entwicklung von ‚Supportstrukturen' (Amberger, 2003, S. 200) in der Organisations- und Personalentwicklung durch interne und externe Berater, Coaches oder Trainer ist hierfür Voraussetzung und erfordert systemisches Denken. So entsteht aus dem Arrangieren des Lernfeldes eine Handlungskompetenz für den Lerner, die das Lernarrangement in Abbildung 1 wie folgt modifiziert (vgl. Abbildung 4).

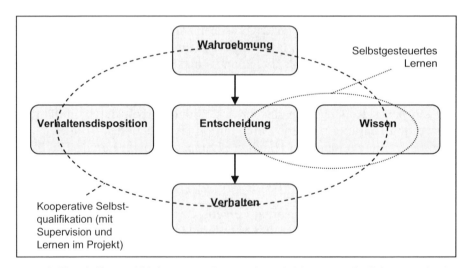

Abb. 4. Heuristik zur Ableitung von Personalentwicklungs- und Bildungsmaßnahmen unter dem Blickwinkel der Selbstqualifikation (eigene Darstellung)

Die Qualität von Lernerfahrungen in sozialen Bezügen ist tägliche Erfahrung im Unternehmen. Die Entwicklung des reinen *Single-Loop Learning* (Assimilationslernen) über das *Double-Loop Learning* (Veränderungslernen) bis zum *Deutero Learning* (Meta-Lernen) ist für Schleiken (2001, S. 301 ff.) ein wesentlicher Effekt der kooperativen Selbstqualifikation. Dass diese Konzepte greifen, haben Implementierungen in Ausbildung und im Management-Development belegt (vgl. z. B. Schneider, 2001; Kreß & Oesterle, 2001).

Die anfänglich im Kontext selbst gesteuerten Lernens übertriebene Konzentration auf E-Learning-Produkte (CBT, WBT) ist inzwischen durch pragmatische Blended-Learning-Konzepte abgelöst worden (vgl. z. B. Repnik, 2004). Damit wird nicht nur die *friedliche Koexistenz* verschiedener pädagogischer Methoden möglich, auch die Kosten halten sich so in Grenzen.

3. Fazit

Aus der Not eine Tugend machen, so kann man die skizzierten Ansätze umschreiben, die aus einer Krise der Budgetreduzierung führen können. Das *nichts mehr geht* lässt sich also widerlegen, vorausgesetzt, es ist etwas Handlungsmasse nach den Kostenoptimierungsprogrammen geblieben. Doch Nullbudgets kann sich glücklicherweise heute keiner mehr leisten. Auch wenn die Förderung der Mitarbeiter als *wichtigstes Kapital* schnell zur rhetorischen Floskel verkommt, ist das Bewusstsein für die Notwendigkeit von Bildungsinvestitionen doch breit verankert.

So kann die Krise für Personalentwickler zur Chance werden. Statt den Statusverlust zu beklagen, macht die professionelle Konzentration auf die geschilderten Prozesse der Bedarfsermittlung, des Marketings und des Controllings die Legitimierung der eigenen Arbeit möglich. Mit selbstverantwortlichen Lernern erzielt man dazu kostengünstig Effektivität und entspricht einem Bildungsideal, das den Menschen als reflexives, seine Wirklichkeit schaffendes Subjekt versteht.

Literatur

Amberger, W. (2003). Die Wechselwirkung zwischen selbstgesteuertem Lernen und externer Beratung bei Organisations- und Personalentwicklungsvorhaben in Weiterbildungseinrichtungen. In: D. Behrmann & B. Schwarz (Hrsg.): *Selbstgesteuertes lebenslanges Lernen*, S. 195–229. Bielefeld: Bertelsmann.

Betz, G. (1993). Rhythmische Bildung. *Management Wissen, 10.*

Einsiedler, H. F., Hollstegge, S., Janusch, M. & Breuer, K. (1999). *Organisation der Personalentwicklung.* Berlin: Luchterhand.

Etzel, S., Meifert, M. T. & Etzel, A. (2005). eCompetence im Assessment Center. Qualitätsorientierte und trotzdem schlanke Assessment Center gestalten. In: S. Etzel & A. Etzel (Hrsg.): *Managementdiagnostik in der Praxis,* S. 57–71. Aachen: Shaker.

Fischer, H. & Steffens-Duch, S. (2000). Beschäftigungsfähigkeit sichern. In: K. Schwuchow & J. Gutmann (Hrsg.): *Jahrbuch Personalentwicklung und Weiterbildung 2000/2001.* Berlin: Luchterhand, S. 45–48.

Fitzenz, J. (2003). *Renditefaktor Personal.* Frankfurt am Main: Campus.

Goerke, S. & Wickel-Kirsch, S. (2002). *Internes Marketing für Personalarbeit.* Berlin: Luchterhand.

Grilz, W. (1998). *Qualitätssicherung in Bildungsstätten.* Berlin: Luchterhand.

Heidack, C. (1989). Zum Verständnis von kooperativer Selbstqualifikation. In: C. Heidack (Hrsg.): *Kooperative Selbstqualifikation.* München: Lexika, S. 16–29.

Hodel, M., Berger, A. & Risi, P. (2004) *Outsourcing realisieren.* Wiesbaden: Vieweg.

Kellner, J. K. & Bosch, P. A. (2004). *Performance Shaping.* Offenbach: Gabal.

Kreß, B. & Oesterle, H. (2001). Knowledge-Management bei Siemens. Vom Training zum Management-Lernen durch Kooperative Selbstqualifizierung. In: C. Heidack (Hrsg.): *Praxis der Kooperativen Selbstqualifikation.* München, Mering: Hampp, S. 123–151.

Lazarus, A. A., Kreitzberg, C. B. & Sasserath, V. J. (1983). Multimodale Therapie. In: R. J. Corsini (Hrsg.): *Handbuch der Psychotherapie.* Weinheim, Basel: Beltz, S. 697–715.

Peschke, M. A. (1997). Erfolgssteuerung in der Personalentwicklung. In: J. Gutmann & K. Schwuchow (Hrsg.): *Jahrbuch Weiterbildung 1997.* Düsseldorf: Handelsblatt, S. 171–174.

Repnik, M. (2004). Nachhaltiger Erfolg durch bedarfsgerechte Blended-Learning-Lösungen. Trendbook E-Learning 2004/05. *Zeitschrift Wirtschaft und Weiterbildung.*

Sattelberger, T. (1996). Klassische Personalentwicklung. Dominant aber tot. In: T. Sattelberger (Hrsg.): *Human Resource Management im Umbruch.* Wiesbaden: Gabler, S. 232–251.

Sattelberger, T. (1999). *Wissenskapitalisten oder Söldner?* Wiesbaden: Gabler.

Schleiken, T. (2001). Beratungskompetenz – Kooperative Selbstqualifikation in einem Teamentwicklungs-Workshop für ein Leitungsteam. In: C. Heidack (Hrsg.) *Praxis der kooperativen Selbstqualifikation.* München, Mering: Hampp.

Schneider, P. (2001). KoKoSS – Kontinuierliche Kooperative Selbstqualifizierung und Selbstorganisation. Ausbildung bei der VW AG. In: C. Heidack (Hrsg.): *Praxis der Kooperativen Selbstqualifikation.* München, Mering: Hampp, S. 65–84.

Scholz, C., Stein, V. & Bechtel, R. (2004). *Human Capital Management.* München, Unterschleißheim: Wolters Kluwer.

Schwarz, B. (2003). Selbstgesteuertes Lernen und professionelles Handeln in der Weiterbildung. In: D. Behrmann & B. Schwarz (Hrsg.): *Selbstgesteuertes lebenslanges Lernen.* Bielefeld: Bertelsmann, S. 19–45.

Schumacher, O. & Stockhinger, W. (1997). Outsourcing der Weiterbildung. In: J. Gutmann & K. Schwuchow (Hrsg.): *Jahrbuch Weiterbildung 1997.* Düsseldorf: Handelsblatt, S. 155–156.

Varga von Kibéd, M. & Sparrer, I. (2003). *Ganz im Gegenteil. Tetralemmaarbeit und andere Grundformen systemischer Strukturaufstellungen.* Heidelberg: Carl Auer.

Wagner, D., Dominik, E. & Seisreiner, A. (1995). Professionelles Personalmanagement als Erfolgspotential eines holistisch-voluntaristischen Managementkonzepts. In: H. Wächter & T. Metz (Hrsg.): *Professionalisierte Personalarbeit.* München, Mering: Hampp.

Wie gestalten? Systematische Personalentwicklung im Funktionszyklus

Manfred Becker

Die methodische Verbesserung der Personalentwicklungsarbeit steht seit vielen Jahren auf dem Programm der Personalentwickler. Leider zeigt die Praxis, dass das Bemühen um eine systematische Absicherung der Personalentwicklung erst geringe Erfolge vorzuweisen hat. Immer noch dominiert die angebotsorientierte Personalentwicklung. Ohne Problemanalyse, ohne Ursachenforschung und ohne Adressatencheck werden Maßnahmen der Personalentwicklung in Trainingsbroschüren und Weiterbildungskatalogen ausgelobt. Wenn Bedarf und Ziel im Unklaren bleiben, dann bleibt auch der Erfolg der Personalentwicklung dem Zufall überlassen.

Es ist deshalb Anliegen dieses Beitrags, die *methodische Absicherung der Personalentwicklung im Funktionszyklus* vorzustellen. Es soll gezeigt werden, wie die Personalentwicklung von der **Bedarfsanalyse** über **Ziele setzen, kreatives Gestalten, Durchführung** und **Erfolgskontrolle** bis zur **Transfersicherung** systematisch geplant, kostengünstig realisiert und der Erfolg transparent überprüft werden kann.

1. Der Funktionszyklus der systematischen Personalentwicklung

Personalentwicklung soll im Folgenden verstanden werden als „alle Maßnahmen der Bildung, der Förderung und der Organisationsentwicklung, die von einer Person oder Organisation zur Erreichung spezieller Zwecke zielgerichtet, systematisch und methodisch geplant, realisiert und evaluiert werden" (Becker, 2005a, S. 3). Nach dieser Definition ist es Auftrag der Personalentwicklung, alle Aktivitäten vom Zufall zu befreien und der Systematik des Funktionszyklus zu unterwerfen.

Systematische Personalentwicklung ist eine Aktionsfolge zur Beschaffung, Analyse, Aufbereitung, Nutzung, Aussonderung und Verwendung von Informationen, die die Gestaltung der Personalentwicklung zum Gegenstand hat.

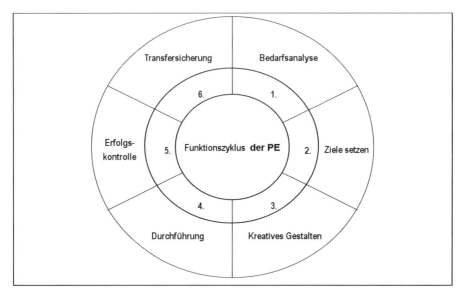

Abb. 1. Die sechs Phasen des Funktionszyklus systematischer Personalentwicklung

Die methodische Absicherung der Personalentwicklung ist Voraussetzung zur Erreichung und Überprüfung von Effektivität und Effizienz, verschafft der Personalentwicklung Akzeptanz und sichert ihr die erforderlichen Ressourcen. ***Bedarfsanalyse, Ziele setzen, kreatives Gestalten, Durchführung, Erfolgskontrolle*** und ***Transfersicherung*** sind die sechs Phasen systematischer Personalentwicklung im Funktionszyklus (vgl. Becker, 2005b). Der Funktionszyklus ist damit ein in den einzelnen Phasen aufeinander abgestimmtes Verfahren zur Planung, Realisierung, Steuerung und Kontrolle konkreter Personalentwicklungsmaßnahmen.

1.1 Bedarfsanalyse

Bedarf beschreibt aus qualitativer Sicht die Soll-Ist-Differenz als Abweichung eines tatsächlichen (Ist-) Zustandes von einem gewünschten (Soll-) Zustand. Eine *Analyse* stellt die systematische Zerlegung und Betrachtung eines Untersuchungsgegenstandes in seine Elemente dar.

Der Personalentwicklungsbedarf eines Unternehmens wird bestimmt durch den betrieblichen und den gesellschaftlichen Entwicklungsbedarf sowie die individuellen Entwicklungsbedürfnisse der Mitarbeiter.

Ziel der Bedarfsanalyse ist es, die Defizite an Bildung, Förderung und Organisationsentwicklung sowohl auf strategischer als auch auf operativer und individueller Ebene zu analysieren. Art, Häufigkeit, Personenkreis und Bedeutung auftretender Mängel im Wollen, Können und Dürfen und die Ursache der festgestellten Defizite sind zu erfassen. Die systematische Bedarfsanalyse setzt an Tätigkeitsinhalten, Anforderungen, der Qualifikation und dem Potenzial des Mitarbeiters an (siehe Abbildung 2).

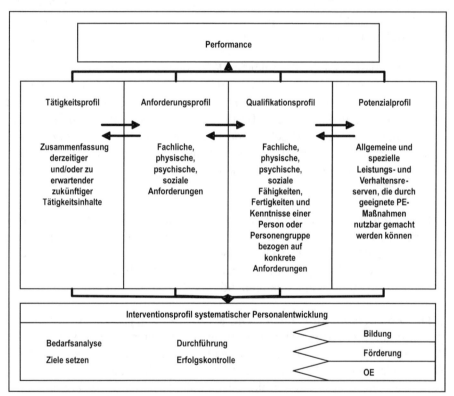

Abb. 2. Zielorientiertes PE-Instrumentarium

Tätigkeitsanalyse

Der erste Schritt systematischer Bedarfsanalyse beginnt mit der Tätigkeitsanalyse. Die *Tätigkeitsanalyse* stellt fest, welche Aufgaben derzeit in einer

Stelle oder einem Stellenbündel zu erledigen sind. Für die Stelle eines Personalentwicklers könnte z.B. „die Sicherstellung einer bedarfs- und erfolgsorientierten Personalentwicklung" als leistungskritische Kerntätigkeit festgelegt sein. Eine Tätigkeit ist dann kritisch, wenn ihre mangelhafte Erledigung oder Nichterledigung zu signifikanten Defiziten in Menge und/oder Güte der Unternehmensleistung führen würde. Das Ergebnis der Tätigkeitsanalyse bildet das **Tätigkeitsprofil**.

Anforderungsanalyse

Die *Anforderungsanalyse* klärt, welche fachlichen, führungsbezogenen, methodischen und sozialen Anforderungen eine Person erfüllen muss, um ihre Tätigkeit professionell zu erledigen.

Das **Anforderungsprofil** einer Stelle enthält die Beschreibung der fachlichen und persönlichen Anforderungen sowie sonstigen Anforderungen an einen Stelleninhaber. Bei den *fachlichen Anforderungen* handelt es sich um formale Qualifikationen (z.B. Berufsausbildung, Weiterbildung) und erforderliche Erfahrung (Fachwissen und Fachkönnen). Die *persönlichen Anforderungen* bzw. Verhaltensanforderungen beziehen sich auf Kriterien wie Führungsbefähigung, Belastbarkeit, Leistungsbereitschaft oder Eigenständigkeit.

Die *Qualifikationsanalyse* untersucht, über welche fachlichen, führungsbezogenen, methodischen und sozialen Kompetenzen die Mitarbeiter verfügen (Ist-Befähigung). Die Gegenüberstellung dieser Ergebnisse mit den Tätigkeiten und Anforderungen zeigt, ob ein Mitarbeiter oder eine Mitarbeitergruppe richtig und ausreichend qualifiziert bzw. überqualifiziert ist.

Die *Potenzialanalyse* untersucht, welche Potenziale einer Person zur Bewältigung zukünftiger Herausforderungen aktiviert werden können. Die Potenzialanalyse prognostiziert, inwieweit ein Mitarbeiter aus gegenwärtiger Sicht wahrscheinlich in der Lage wäre, eine andere oder höherwertigere Tätigkeit – entweder mit oder ohne Personalentwicklung – wahrzunehmen.

Ursachenanalyse als Analyse der Mängel in Wollen, Können und Dürfen

Die *Ursachenanalyse* untersucht die Gründe der Abweichung zwischen Soll-Anforderungen und vorhandener Ist-Befähigung. Die Abweichungsursache kann in einem *Mangel an Dürfen* (Ordination), einem *Mangel an Wollen* (Motivation) oder einem *Mangel an Können* (Qualifikation) begründet sein und entsprechende Personalentwicklungsbedarfe nach sich ziehen.

Mängel im Wollen

Mängel im Wollen (Motivation) können als mangelnder Antrieb aus fehlender Einsicht beschrieben werden (Förderungsbedarf). Motivierende, aufklärende und die Folgen aus mangelnder Motivation aufzeigende Aktivitäten sollen Abhilfe schaffen. Weil Motivation als intrapersonale Kategorie die Entscheidung für und die Ausdauer in einer Personalentwicklungsmaßnahme bestimmt, ist eine Teilnahme ohne Motivation nicht denkbar. Leider ist Motivation aber als personale Kategorie nicht direkt beobachtbar. Lediglich die Handlungen lassen auf das Vorhandensein oder auf einen Mangel an Motivation schließen.

Mängel im Können

Mängel im Können (Qualifikation) offenbaren die fachliche und/oder methodische Unfähigkeit, eine Aufgabe anforderungsgerecht zu erledigen. Wissenslücken und unzureichende Fertigkeiten können mit Bildungsmaßnahmen behoben werden. Allerdings sollte vor der Planung der Bildungsmaßnahmen geprüft werden, ob es sich bei den Defiziten um einen

- Mangel an Potenzial,
- Mangel an Übung oder
- Mangel an Rückkopplung

handelt. Ist der Mangel an Können in diesen Ursachen begründet, so liegt kein Bildungs-, sondern ein Förderungsbedarf vor.

Liegt ein *Mangel an Potenzial* vor, d.h. mangelt es dem Mitarbeiter an geistigen oder körperlichen Fähigkeiten, dann ist ein Arbeitsplatzwechsel angezeigt.

Mangel an Übung bedeutet, dass der Mitarbeiter die an ihn gestellten Anforderungen schon einmal zufriedenstellend erfüllen konnte. Durch einen Arbeitsplatzwechsel, Krankheit, Auslandseinsatz oder Projektarbeit fehlt ihm die erforderliche Übung, um seine Aufgabe anforderungsgerecht zu erfüllen. Insbesondere in manuell produzierenden Tätigkeiten mit Taktbindung ist Übung unerlässlich, um die Zeit- und Qualitätsvorgaben einhalten zu können. Häufig genügt das Erstellen von Checklisten oder Arbeitsanweisungen, um diesen Mangel auszugleichen.

Liegt ein **Mangel an Rückkopplung** vor, muss der Mitarbeiter lediglich auf sein Defizit aufmerksam gemacht werden, um die Leistungsmängel abstellen zu können. So wird z.B. die Sekretärin, die immer dieselben Interpunktionsfehler macht, nach der Erklärung der Interpunktionsregel den Fehler nicht wiederholen.

Mängel im Dürfen

Mängel im Dürfen (Ordination) deuten auf Defizite in der Arbeitsumgebung hin. Die Führungskräfte übertragen z.B. nicht in ausreichendem Maße Aufgaben, Verantwortung und Kompetenz. Die Mitarbeiter sind in der Anwendung ihrer Leistungsfähigkeit behindert. Abhilfe versprechen in dieser Situation vor allem verstärkte Kommunikation, verbesserte Führungsbefähigung bei den Führungskräften und die Verbesserung der Arbeitsbedingungen im Sinne von Reorganisation und Change-Management (Organisationsentwicklungsbedarf). Keine Verbesserung der Situation ist dagegen von der Verordnung von Seminaren für die Mitarbeiter zu erwarten. Nicht bei ihnen, sondern in der Arbeitsumgebung sind die Problemursachen zu suchen und zu finden.

Die **strategische Bedarfsanalyse** leitet sich aus der Unternehmensstrategie ab. Expansion, Konsolidierung, Internationalisierung, der Eintritt in neue Märkte, die Entwicklung neuer Produkte etc. bestimmen als Unternehmensstrategie den Basistrend zukünftiger Tätigkeiten und Anforderungen. Der Zeithorizont der strategischen Bedarfsanalyse ist mittel- bis langfristig angelegt.

Die strategische Bedarfsanalyse klärt, wie das Humanvermögen eines Unternehmens quantitativ, qualitativ und zeitlich so zu gestalten ist, dass die Basisziele des Unternehmens erreicht werden können.

Die strategische Bedarfsanalyse ist Top-Aufgabe der Unternehmensleitung. In großen Unternehmen sind die Strategieabteilung, die F&E-Abteilung und die Marktforschung in die Analyse des Personalentwicklungsbedarfs einzubeziehen. Mit der strategischen Planung gewinnt die Personalentwicklung Vorlaufzeit, sichert ihre Informationsbasis ab und verbessert ihren Status im Funktionsgefüge des Unternehmens.

Einen Überblick über Verfahren der operativen und strategischen Bedarfsanalyse gibt Abbildung 3.

Verfahren der strategischen Bedarfsanalyse:

Externe Veränderungen	**Interne Veränderungen**
• Trendanalysen	• Fremdleistungsanalyse
• Szenario	• Projektanalyse
• Experteninterviews (z.B. Delphi-Methode)	• Experteninterviews, Trendanalyse mittels interner Informationsquellen
• Bildungsforschung	

Verfahren der operativen Bedarfsanalyse:

Interne Veränderungen	**Externe Veränderungen**
• Projektinhalte	• Benchmarking
• Projekterfahrungen	• Wettbewerbsverhalten
• Seminarauswertungen	• Kundenverhalten
• Fremdleistungsanalyse	

Abb. 3. Strategische und operative Bedarfsanalyse

1.2 Ziele setzen

Ziele werden formuliert, um die Reichweite der Personalentwicklung pädagogisch und ökonomisch effektiv und effizient zu planen und um Abweichungen zwischen dem geplanten Soll-Ziel und dem erreichten Ist-Ziel zu erkennen, die Ursachen zu analysieren und eventuell Korrekturen in der Zielsetzung oder der Durchführung vornehmen zu können. Ziele der Personalentwicklung beschreiben zukünftige, durch Personalentwicklungsmaßnahmen herbeizuführende Leistungs- und Verhaltensstandards von Mitarbeitern und Mitarbeitergruppen. Es ist zwischen Bildungs-, Förderungs- und Organisationsentwicklungszielen zu unterscheiden.

Lernziele sind nach der Art der angestrebten Verhaltensänderung in Lernzielebenen und Lernzielbereiche zu unterscheiden. Die Lernzielebenen werden nach dem Grad der Eindeutigkeit und der Reichweite in Richt-, Grob- und Feinziele unterschieden, die im Sinne eines Baukastensystems aufeinander bezogen formuliert werden. Lernziele sind den menschlichen

Persönlichkeitsbereichen entsprechend in kognitive Lernziele (Veränderung der intelligiblen Befähigung), affektive Lernziele (Veränderung der Gefühle und der inneren Einstellung gegenüber Arbeit und Beruf) und psychomotorische Lernziele (Veränderung der manuell-motorischen Fertigkeiten) zu unterscheiden.

Ziele sollten im Dialog zwischen Personalentwicklungsbeauftragten, Vorgesetzten und betroffenen Mitarbeitern erarbeitet werden. Akzeptiert wird ein Ziel, wenn es für die Beteiligten SMART ist (spezifisch, messbar, erreichbar, relevant und beeinflussbar). Durch die Erfüllung der SMART-Bedingung wirken Ziele motivierend und orientierend. Beispiele für Ziele der Personalentwicklung enthält Abbildung 4.

Ziele der Personalentwicklung

- Die Mitarbeiter und Mitarbeiterinnen sind stets anforderungsgerecht qualifiziert und motiviert.
- Die Erwartungen der Anspruchsgruppen an die Personalentwicklung sind im Rahmen der ökonomischen und der pädagogischen Möglichkeiten optimal berücksichtigt.
- Die Personalentwicklung ist ein attraktiver und anerkannter Tätigkeitsbereich für die Personalentwicklungsmitarbeiter.
- Die Kooperationsaufgabe Personalentwicklung wird in Abstimmung aller Beteiligten optimal wahrgenommen.
- Die Inhalte und Instrumente der Personalentwicklung sind in Abhängigkeit vom Reifegrad der Organisation so gestaltet und eingesetzt, dass die Personalentwicklung effektiv und effizient arbeitet.
- Die Personalentwicklungskonzeption ist den Führungskräften bekannt und wird im täglichen Führungshandeln umgesetzt.

Abb. 4. Ziele der Personalentwicklung

Die *Zielbildung* erfolgt in der Regel als deduktiver Prozess (Zielkaskade). Zunächst werden die personalpolitischen *Basisziele* der Personalentwicklung formuliert. Aus den Basiszielen werden dann *Richtziele* abgeleitet, die als Handlungsfelder die allgemeine Ausrichtung von Bildung, Förderung und Organisationsentwicklung beschreiben. *Grobziele* beschreiben das jeweils angestrebte Niveau von Maßnahmebündeln oder Teilhandlungsfeldern, z.B. die Ziele der Berufsausbildung, der Weiterbildung, der Karriere- und Nachfolgeplanung und Ziele von Organisationsentwicklungsprojekten. Aus den Grobzielen der Inhaltsbereiche werden dann

Feinziele für einzelne Maßnahmen abgeleitet und kausal so beschrieben, dass anhand der Feinziele die *Maßnahmenplanung* vorgenommen werden kann.

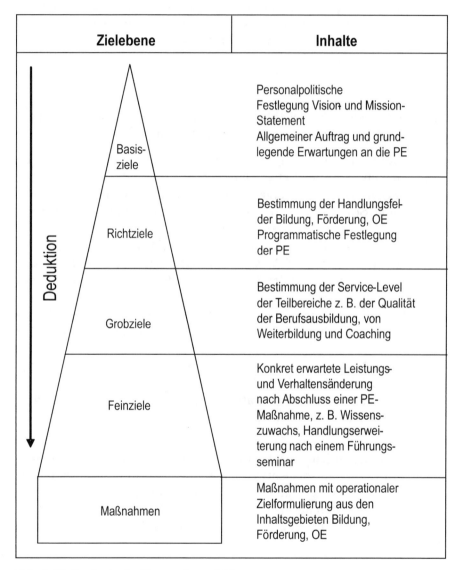

Abb. 5. Zielkaskade der Personalentwicklung

In der Praxis zeigt sich oft die Neigung, statt in Zielen in Maßnahmen zu denken. Wer ausschließlich in Maßnahmen denkt und handelt, bleibt unangreifbar, wirkt aktiv und kann seine Ziele beliebig verändern und im Nachhinein legitimieren. Wenn nicht Planung, sondern die normative Kraft des Faktischen die Personalentwicklung legitimiert, dann bleibt Personalentwicklung ohne klare Kenntnis der Ziele und ohne Analyse der Wirkung dieser Ziele auf die Adressaten, sodass Abbrüche und Misserfolge von Personalentwicklungsmaßnahmen wahrscheinlicher werden.

1.3 Kreatives Gestalten

Kreatives Gestalten legt inhaltlich, methodisch, zeitlich, sachlich und personell die Infrastruktur der Personalentwicklungsmaßnahmen fest.

- *Inhaltlich:* Auswahl geeigneter Lerngegenstände zur Erreichung der angestrebten Lern- und Entwicklungsziele.
- *Methodisch:* Wahl der geeigneten Lehr- und Lernformen, Lernarrangements und Sozialformen, die dem Entwicklungsstand der Teilnehmer und der Besonderheit des Lernstoffes entsprechen.
- *Zeitlich:* Festlegung des Zeitpunktes, der Zeitdauer und der zeitlichen Abfolge von Lernen und Anwenden in Abhängigkeit von den betrieblichen Bedingungen und der Verfügbarkeit der Lehrenden und Lernenden.
- *Sachlich:* Beschaffung der erforderlichen finanziellen, organisatorischen, personellen Ressourcen unter der Bedingung von Effektivität und Effizienz.
- *Personell:* Briefing und Auswahl der Lehrenden und Lernenden, Übertragung der Durchführungsverantwortung und Sicherstellung der Mitverantwortung von Führungskräften, Mitarbeiterinnen und Mitarbeitern, des Betriebsrates, der Schwerbehindertenvertretung und der Frauenbeauftragten.

Kreatives Gestalten baut auf der Bedarfsanalyse und der Zielbestimmung auf. Ziel ist es, die Personalentwicklungsadressaten zu bestimmen und die Personalentwicklungsmaßnahmen, d. h. die Bildungs-, Förderungs- und Organisationsentwicklungsmaßnahmen, ziel- und kostenoptimal zu planen und zu gestalten. Eine Beispielkalkulation einer PE-Maßnahme enthält Abbildung 6.

Kalkulation einer Personalentwicklungsmaßnahme

1. Kosten für die Vorbereitung der PE-Maßnahme

aller Beteiligten **8.612,38 EUR**

Personalkosten
Vorbereitung des Fachlehrers (Erstellung Trainerleitfaden etc.)
angenommener Stundensatz: 77,22 EUR (BAT 7)
82,73 EUR (BAT 8)
ca. 12 Arbeitstage   BAT 7   6.875,57 EUR
ca. 2 Arbeitstage   BAT 8   1.227,71 EUR

Reisekosten und Verpflegung für die o.g. Arbeitstage
ca. 700 km   5 Tagessätze à 29 EUR   509,– EUR

2. Kosten der tatsächlichen PE-Maßnahme   68.899,43 EUR

3 Referenten je 6 Stunden (8 Qualifizierungsstunden),
zweimal BAT 7 (55,51 EUR/h) u. BAT 8 (60,37 EUR/h)
8 Termine   8.226,72 EUR

Kalkulatorische Miete (170,– EUR/Tag)   1.360,00 EUR

Reisekosten und Verpflegung der Referenten
(ca. 1.120 km und 8 Tagessätze à 20 EUR)   814,40 EUR

Pauschale für Handouts (4 EUR pro Person)   452,00 EUR

Produktionsausfallkosten am Arbeitsplatz
der 113 Mitarbeiter   46.542,91 EUR

Reisekosten und Verpflegung
(ca. 15.820 km und 113 Tagessätze à 20 EUR)   11.503,40 EUR

3. Kosten der tatsächlichen PE-Maßnahme

vor Ort   **115.349,78 EUR**

Vorbereitung des Multiplikators (BAT 7)
(ca. 2 h x 113 Personen)   12.545,26 EUR

Produktionsausfallkosten der Multiplikatoren
bei einer zweimaligen Präsentation, Dauer
ca. 2 h je 113 Mitarbeiter   25.090,52 EUR

Produktionsausfallkosten am Arbeitsplatz
der ca. 700 Mitarbeiter (BAT 7)
ca. 2 Stunden   77.714,00 EUR

Abb. 6. Kalkulation einer Personalentwicklungsmaßnahme

1.4 Durchführung

Die Durchführung ist die „Produktionsphase" der Personalentwicklung im engen Sinne. Planvoll und situationsgerecht werden Wissen und Können „produziert". Dabei ist zu beachten, dass Menschen nicht „gelernt werden können", sondern die Durchführung der Personalentwicklung die Herstellung günstiger Lern- und Entwicklungsbedingungen betrifft. Wechsel der Leistungsart, Pausen, Beachtung von Störereignissen und die Anerkennung unterschiedlicher Ziele, persönlicher Präferenzen und Voraussetzungen stärken die Produktivität der Personalentwicklung.

Die *Durchführung* von Personalentwicklungsmaßnahmen erfolgt intern, extern, on-the-job, off-the-job und in Mischformen. Die Verantwortlichen stellen fest, ob die Durchführung planmäßig verläuft oder Korrekturen notwendig sind (Ziel-, Inhalts- und pädagogische Korrekturen). Teamorientiertes Arbeiten und gegenseitige Unterstützung im Lern- und Arbeitsprozess verändern die Personalentwicklung vor Ort. Insbesondere die Führungskräfte unterstützen in Team- und Gruppenkonzepten als Trainer, Berater, Coaches und Mentoren die Durchführung der Personalentwicklung. Die hauptamtlichen Personalentwickler unterstützen als „Facilitators" die Lern- und Arbeitsprozesse mit Medien, Moderation und Train-the-Trainer-Aktivitäten.

Der zu erzielende Mehrwert des Unternehmens durch Personalentwicklung muss dabei aus der dualen Perspektive der „Wissenszuwächse" einerseits und der dafür aufzuwendenden Kosten andererseits betrachtet werden. Die Kosten des Erwerbs von Befähigung können den Ertrag verbesserter Performanz übersteigen und damit die Maßnahme unter Kostengesichtspunkten unrentabel werden lassen.

Die Durchführung baut den Bestand an Wissen, Können, Verhalten und Einstellungen systematisch, d. h. unter weitgehendem Ausschluss des Zufalls oder durch Einplanung von Alternativszenarien der Durchführung, aus. So ist z.B. teilnehmerzentrierte und teilnehmeraktivierende Einzelarbeit vorzusehen, wenn unvorhergesehen ein Unterschreiten einer ausreichenden Teilnehmerzahl für Gruppenarbeit eintritt. Personalentwicklung ist so auszurichten, dass die Unternehmensleistung, die Nachahmungsresistenz und die Einzigartigkeit des Unternehmens nachhaltig gestärkt werden und die Personalentwicklung so einen signifikanten Beitrag zur Unternehmenssicherung leistet.

1.5 Erfolgskontrolle

Für die Personalentwicklung gilt in zunehmendem Maße: Was gemessen und bewertet werden kann, muss gemessen und bewertet werden. Und es gilt: If you cannot measure it you cannot manage it.

Der Erfolg der Personalentwicklung zeigt sich in der Veränderung von Wissen, Können und Verhalten derjenigen, die als Adressaten Personalentwicklung wahrgenommen haben und kann in Inputerfolg, Output-1-Erfolg und Output-2-Erfolg unterteilt werden.

Inputerfolg ist die gemeinsame und beurteilte Leistung z.B. des Trainers, der mit seinem Zeitbudget zurechtkommt und den geplanten Inhalt nach Breite und Tiefe vermittelt. Inputerfolg ist eine notwendige, aber noch keine hinreichende Bedingung für den Lernerfolg.

Output-1-Erfolg zeigt sich als Veränderung von Wissen und Können, von Verhalten und Einstellungen der Adressaten am Ende einer Maßnahme. Lernerfolg ist die durch die Eigenleistung des Lernenden erreichte Befähigung, begünstigt durch die Arbeit der Lernhelfer.

Die erfolgreiche Anwendung des Gelernten am Arbeitsplatz, hier als *Output-2-Erfolg* bezeichnet, zeigt, ob und inwieweit der Lernende nach erfolgreicher Personalentwicklung in der Lage ist, seine Aufgaben selbstständig und anforderungsgerecht zu erfüllen.

Die Erfolgskontrolle zeigt in der Praxis noch erhebliche methodische Mängel. Messpunkte sind nicht optimal bestimmt, Messverfahren messen nicht immer, was gemessen werden sollte, und der Zugang zu den eigentlichen Messwerten (Wissen, Können, Verhalten, Einstellungen) bleibt unvollständig. Trotzdem kann die Erfolgskontrolle zu relativ verlässlichen Ergebnissen gelangen, wenn die Standards operational gesetzt sind und sich damit als SOLL-IST-Vergleich der Qualifikationszuwachs ableiten lässt.

Die Erfolgskontrolle kann im Lernfeld *prozessbezogen* (z.B. während eines Seminars) oder *ergebnisbezogen* (nach der Durchführung der Personalentwicklungsmaßnahme) erfolgen. Die Erfolgskontrolle erfolgt in der Lernsituation anhand vorab formulierter Kriterien (Erfolgsindikatoren), z.B. am Ende einer *off-the-job* durchgeführten Personalentwicklungsmaßnahme wie Schulung und Seminar. Bei Personalentwicklungsmaßnahmen *on-the-job* entspricht das Lernfeld dem Arbeitsfeld. Das Erlernte wird unmittelbar in der Arbeitssituation angewendet. Der Lernerfolg ist zugleich Transfer- bzw. Anwendungserfolg. Die wichtigste Kontrolladresse sind insbesondere die Teilnehmer. Daneben können auch die Referenten der Personalentwicklungsmaßnahme (Trainer, Ausbilder, Vorgesetzte) befragt werden. Ob der Lernerfolg erreicht wird, hängt von der individuellen Einstellung der Teilnehmer und der Lernsituation ab. Diese wird wiederum vom Verhalten des Referenten, von der didaktischen Konzeption, von den angestrebten Lernzielen sowie den Umfeldbedingungen, wie Ort und Dauer der Veranstaltung, mitbestimmt. Bereits während einer Personalentwick-

---

Pädagogische Erfolgskontrolle richtet sich auf Entwicklungs- und Lernerfolge, stellt fest, ob angestrebte Qualifikationsveränderungen erreicht wurden, informiert über die Intensität des Einsatzes der veränderten Qualifikationen im Praxisfeld

Ziel: Bewertung der Wirtschaftlichkeit einer Maßnahme

Problem: Nutzenbestimmung schwierig, erfolgt zumeist über Indikatoren, Kausalitätszusammenhänge selten ermittelbar

Methoden:
- Kosten-Nutzen-Analysen
- Kontrollgruppenvergleiche
- Eingangs-, Ausgangstests
- Seminarbeurteilung MA/Referenten
- Gespräche MA/FK
- Personalbilanz

Betriebswirtschaftliche Erfolgskontrolle

Kostenkontrolle
- richtet sich auf die Wirtschaftlichkeit einer Maßnahme
- gibt Informationen über Art und Umfang der entstandenen Kosten und die verursachenden Kostenstellen
- erleichtert durch Kostenvergleichsrechnungen die Entscheidung zwischen alternativen Entwicklungsmaßnahmen

Rentabilitätskontrolle
- stellt Kosten-Nutzen-Relation her
- versucht den Erfolg der „Investition in Personalentwicklung" zu messen

---

Abb. 7. Pädagogische und betriebswirtschaftliche Erfolgskontrolle

lungsveranstaltung ist es möglich, Teillernziele zu überprüfen. Allerdings ist eine Überbewertung dieser Einflussmöglichkeiten zu vermeiden, da bereits in der Vorbereitung einer Personalentwicklungsveranstaltung Klarheit über die erfolgsbestimmenden Komponenten wie Programmkonzeption und Lehrmethoden bestehen sollte. Folglich ist es nicht Sinn des Verlaufscontrollings, eine Einengung oder Gefährdung der Lehrtätigkeit herbeizuführen. Die Erfolgsermittlung im Lernfeld dient vor allem als Entscheidungshilfe für die Planung künftiger Personalentwicklungsmaßnahmen. Einen Überblick über pädagogische und betriebswirtschaftliche Erfolgskontrolle gibt Abbildung 7.

1.6 Transfersicherung

Personalentwicklungsmaßnahmen sind erst dann erfolgreich abgeschlossen, wenn der Transfer des Gelernten auf die Arbeitssituation dauerhaft stattgefunden hat, d. h., wenn die Mitarbeiterinnen und Mitarbeiter das Gelernte am Arbeitsplatz dauerhaft zur Bewältigung ihrer Aufgaben anwenden. Die Transferkontrolle erfolgt im Arbeitsfeld und stellt fest, ob Probleme, die vor der Durchführung einer Personalentwicklungsmaßnahme bestanden, dauer-

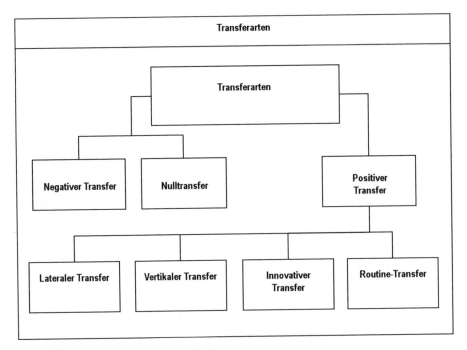

Abb. 8. Transferarten

haft behoben sind. Die *Transfersicherung* muss in enger Kooperation der Führungskräfte und der Mitarbeiter erfolgen. Die Führungskräfte leisten insbesondere dadurch Unterstützung, dass sie die Mitarbeiter ermuntern, die erworbenen Kenntnisse in ihre Arbeit einzubringen. Erfolgt Personalentwicklung am Arbeitsplatz und am konkreten Lernobjekt, dann ist die Transferproblematik überwunden, weil Lern- und Arbeitsfeld zusammenfallen.

Die Transfersicherung schließt die systematische Personalentwicklung im Funktionszyklus ab. Es wäre verfehlt, die Transfersicherung aufgrund ihrer Stellung am Ende des Funktionszyklus als Anforderung zu verstehen, die erst nach Abschluss einer Personalentwicklungsmaßnahme zu erfüllen ist. Transfersichernde Elemente setzen an allen Phasen des Funktionszyklus an und sorgen dafür, dass das durch eine Personalentwicklungsmaßnahme erreichte Qualifikationsniveau im Arbeitsfeld stabilisiert oder durch fortwährende Lernleistungen des Mitarbeiters weiter erhöht werden kann.

Dabei ist dann auch zu fragen, ob es sich bei der Transferleistung um eine eher mechanische Übertragung vom Lernfeld ins Arbeitsfeld handelt oder ob es sich um eine graduelle, weitgehende oder umfassende Transformation handelt. Transformation von Qualifikation in Performanz, so soll hier unterstellt werden, beinhaltet, in Abhängigkeit vom Reifegrad der Personalentwicklung, immer eine Transformation von Erlerntem in handlungsbezogene Kompetenz. Damit findet im Prozess der Personalentwicklung eine zweifache Transformation statt. Durch Lernen wird Begabung in Qualifikation umgewandelt (1. Transformationsschritt). Bei der Anwendung des Gelernten kann eine tätigkeitsbezogene Veränderung oder Erweiterung der vorhandenen Qualifikation erfolgen (2. Transformationsschritt als „positiver Transfer"), es kann aber auch zu einer unveränderten oder sogar verringerten Anwendung der vorhandenen Qualifikation kommen, wenn sich das Erlernte erschwerend auf das nachfolgende Arbeitshandeln auswirkt („Nulltransfer" bzw. „negativer Transfer"). Zusätzlich wirkt sich die erfolgte „doppelte" Transformation auf nachfolgende Lernprozesse und im Weiteren dann auch wieder auf die Übertragung von Lernen in Anwendung aus. Beständiges Weiterlernen über den Lebenszyklus des Mitarbeiters verhindert das Auftreten von Lernentwöhnung und begünstigt den Transfer in das Arbeitsfeld.

Die Steuerung des Transfersicherungsprozesses ist zentrale Aufgabe für die Führungskräfte als Personalentwickler vor Ort. Um Mitarbeitern eine wirksame Transferunterstützung geben zu können, müssen Vorgesetzte über alle Phasen des Funktionszyklus hinweg die Personalentwicklungsmaßnahme planend und gestaltend verantworten. Das Arbeitsumfeld als wesentlicher Transferfaktor zeigt sich z.B. an der Forderung, die Arbeitsbedingungen für ältere Mitarbeiter lern- und transferfördernd zu gestalten[1].

Auch an die Transferleistung der Mitarbeiter werden erhöhte Anforderungen gestellt. Die Zielsetzung, tätigkeitsbezogene Qualifikationen der Mitarbeiter zu entwickeln, wird ergänzt durch die Entwicklung von Schlüsselqualifikationen, z.B. sozialer Fähigkeiten, und der Persönlichkeitsentwicklung der Mitarbeiter. Maßnahmen mit dem Ziel der Persönlichkeitsentwicklung beinhalten die Förderung von Eigenschaften wie Eigeninitiative und Zielgerichtetheit sowie der Fähigkeit, individuelles Arbeitsverhalten zu reflektieren und durch selbst initiierte Lernprozesse zu verbessern. Transfersicherung baut grundlegend auf der Nutzung und Weiterentwicklung dieser Fähigkeiten des Mitarbeiters auf.

Eine hohe Transferleistung des Mitarbeiters ist zu erwarten, wenn die organisatorischen Voraussetzungen in Aufbau- und Ablaufstruktur an die Anforderungen des nun höher qualifizierten Mitarbeiters angepasst werden. Die Bereitschaft des Mitarbeiters, eigenständig Problemlösungen zu finden, ist durch die Führungskräfte anzuerkennen und zu fördern. Ein transferförderliches Umfeld räumt Mitarbeitern den erforderlichen Handlungsspielraum ein, um das Erlernte in angemessener Zeit zu erproben.

2. Zusammenfassung und Ausblick

Der Funktionszyklus muss mit Leben erfüllt werden. *Hauptverantwortung* und *Mitverantwortung* sind für jede Phase des Funktionszyklus zu bestimmen. So liegt z.B. die Hauptverantwortung für die Bedarfsanalyse bei den Führungskräften, weil diese für die anforderungsgerechte Bereitstellung der Humanressourcen zuständig sind. Die Verantwortung für das kreative Gestalten dagegen liegt hauptsächlich in der professionellen Verantwortung der Personalentwicklung.

Für den Funktionszyklus systematischer Personalentwicklung gilt zusammenfassend:

---

[1] Correll, W. (1983), S. 156. Vgl. zu einem Transfer-Modell Baldwin, T. & Ford, J. (1988).

- Der Funktionszyklus ist ein Instrument zur systematischen Gestaltung der Personalentwicklung.
- Die Elemente des Funktionszyklus sind miteinander verbunden und beeinflussen sich untereinander.
- Der Funktionszyklus ist durch die Ziele und Inhalte der Unternehmenstätigkeit, durch die Personalpolitik und die mit Priorität zu realisierenden Inhalte der Bildung, Förderung und Organisationsentwicklung vorbestimmt.
- Der Funktionszyklus ist als Mittel zur Erreichung der Personalentwicklungsziele anzulegen, er ist nicht Selbstzweck.
- Die Wirksamkeit der Gestaltung der Personalentwicklungsprozesse hängt vom Reifegrad des Unternehmens ab (drei Generationen der Unternehmensführung und der Personalentwicklung).[2]

Abschließend sind in Form einer Checkliste die wichtigsten Fragen zur systematischen Personalentwicklung im Funktionszyklus aufgeführt:

- Wurde der analytische Bedarf unter Nutzung der Tätigkeits-, Anforderungs- und Ursachenanalyse ermittelt? Welche Ursachen führen zum festgestellten Defizit?
- Welche Basis-, Richt- und Grobziele bilden die Grundlage der Zielbestimmung der Personalentwicklung und wie lassen sich diese auf der Maßnahmenebene in konkrete Feinziele übersetzen?
- Sind die vereinbarten Ziele von Akzeptanz getragen?
- Wurden in der Phase kreatives Gestalten die Maßnahmen entsprechend der optimalen Aufwands-Ertrags-Relation bestimmt?
- Wurden Entwicklungsvoraussetzungen, Rahmenbedingungen, finanzielle und personelle Möglichkeiten situationsgerecht beachtet, um die Personalentwicklung erfolgbringend zu gestalten?
- Verläuft die Durchführung der Personalentwicklungsmaßnahmen planmäßig? Sind bei der Durchführung Korrekturen notwendig?
- Wurden für die Erfolgskontrolle vorab Kriterien formuliert?
- Wurden Haupt- und Mitverantwortung für jede Phase des Funktionszyklus bestimmt?
- Erfolgt eine Transfersicherung? Sind Probleme, die vor der Personalentwicklungsmaßnahme bestanden, behoben?

---

[2] Vgl. zu den Ergebnissen der empirischen Untersuchung zur Gestaltung der Führungskräfteentwicklung und der Personalentwicklung im 3-Generationenmodell Becker, M./Beck, A./Herz, A. (2009). Vgl. auch zur Erfassung von Entwicklungstendenzen die erste Fundierung des 3-Generationenmodells bei Becker, M. & Schwertner, A. (2002).

Literatur

Baldwin, T. & Ford, J. (1988). Transfer of training: A review and directions for future research. *Personnel Psychology, 41.* S. 63–105.

Becker, M. (2005a). *Personalentwicklung, Bildung, Förderung und Organisationsentwicklung in Theorie und Praxis* (4., akt. u. überarb. Aufl.). Stuttgart: Schäffer-Poeschel.

Becker, M. (2005b). *Systematische Personalentwicklung – Planung, Steuerung und Kontrolle im Funktionszyklus.* Stuttgart: Schäffer-Poeschel.

Becker, M. & Schwertner, A. (2002). *Gestaltung der Personal- und Führungskräfteentwicklung. Empirische Erhebung, State of the Art und Entwicklungstendenzen* (1. Aufl.). München: Mering.

Becker, M., Beck, A. & Herz, A. (2009). *Wandel aktiv bewältigen! Empirische Befunde und Gestaltungshinweise zur reifegradorientierten Unternehmensführung und Personalentwicklung.* München: Mering.

Correll, W. (1983). *Lernpsychologie: Grundfragen und pädagogische Konsequenzen* (17. Aufl.). Donauwörth: Auer.

Wie messen? Umrisse eines modernen Bildungscontrollings

Klaus W. Döring

Im folgenden Kapitel wird am Beispiel eines modernen Bildungscontrollingansatzes gezeigt, dass „strategische" PE im Betrieb heute letztlich „systematische" PE heißen muss. Denn nach herkömmlichem Verständnis ist Bildungscontrolling die Frage nach dem Verhältnis von eingesetzten Mitteln zum messbaren Erfolg betrieblicher Bildungsmaßnahmen. Bildungscontrolling in diesem Sinne fragt – wie alle Geschäftsbereiche eines Unternehmens – nach dem Mehrwert spezifischer Maßnahmen, also nach deren Produktivität, Rentabilität, Effizienz und Wertschöpfung.

Dieses einseitig kostenorientierte Controllingverständnis ist für Bildungscontrolling interessanterweise überholt. Es hat sich vielmehr ein modernes Verständnis von Controlling für diesen Bereich durchgesetzt, den man als vierdimensional kennzeichnen kann. Diesbezüglich spricht man bereits von einem „Mehrebenencontrolling" (von Landsberg, 1995), das für den vorliegenden Zusammenhang von besonderem Interesse ist:

1. Dimension: Kosten- und Wirtschaftlichkeitscontrolling
2. Dimension: Qualitätscontrolling
3. Dimension: Strategisches Controlling
4. Dimension: Reporting.

Dieser moderne, breite Bildungscontrollingansatz wird im Folgenden näher dargelegt. Er spiegelt den Gedanken wider, dass PE im betrieblichen Geschäftsprozess sowohl

- eine wirtschaftliche,
- eine professionell-pädagogisch-psychologische,
- eine betrieblich-strategische als auch
- eine kommunikative

Seite hat und sich nur in dieser Vierdimensionalität voll erfassen lässt. Von daher geht jede einseitige Sicht des Problems an der Sache vorbei (siehe Abbildung 1).

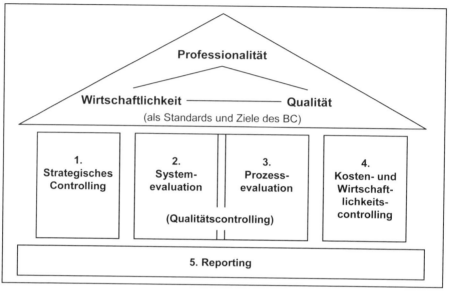

Abb. 1. Modell eines fünf Ebenen umfassenden Bildungscontrollings

1. Erste Begriffsklärung: Bildungscontrolling

Der Begriff *Bildungscontrolling* ist entwickelt worden aus einem allgemeinen betriebswirtschaftlichen Verständnis von Controlling. Dabei bezeichnet dieser Begriff entgegen verbreiteter Ansicht nicht so sehr den Aspekt der *Kontrolle* als vielmehr den der systematischen *Steuerung* auf der Basis spezieller Daten.

In diesem Verständnis ist er eng verwandt mit dem Begriff *Evaluation*. Dieser hat seinen Ursprung in der Erforschung schulischer Bildungsprogramme der 50er- und 60er-Jahre. Evaluation meint die systematische Anwendung aller wissenschaftlichen Methoden und Techniken:

1. zum Beweis der Nützlichkeit von Bildungsmaßnahmen und
2. zu deren praktischer Weiterentwicklung und Verbesserung.

In Kongruenz mit dem derzeitigen Sprachgebrauch ist aber *Bildungscontrolling* als Oberbegriff erhalten geblieben, während *Evaluation* bestimmte Teilbereiche von Bildungscontrolling terminologisch abdecken sollte, die sich ganz praktisch auf systemische und prozessuale Verbesserungen des betrieblichen Bildungsgeschehens beziehen. In diesem Sinne folgt die Begriffsbildung Wöltje und Egenberger (1996), die ausdrücklich kritisieren, dass der Begriff der Evaluation fälschlicherweise oft mit Erfolgskontrolle gleichgesetzt wird:

„Die Evaluation richtet sich demnach auf alle [...] Phasen der betrieblichen Weiterbildung. Evaluation soll damit beispielsweise auch prüfen, ob die Rahmenbedingungen optimal waren und in welchen Bereichen noch Verbesserungsmöglichkeiten liegen [...]. Der Erfolg einer Weiterbildungsaktivität hängt aber auch von Teilnehmern, Methoden, dem Trainer und den Rahmenbedingungen ab. Auch Medieneinsatz [...] oder Inhalte einer Weiterbildungsaktivität gehören zu diesen Erfolgsfaktoren [...]" (Wöltje & Egenberger, 1996, S. 208).

Für den vorliegenden Zusammenhang wird daher vorgeschlagen, den Bereich des Qualitätscontrollings mit den Termini

- Systemevaluation und
- Prozessevaluation

zu fassen:

> Bildungssystem- wie Bildungsprozessevaluation dienen nicht nur der Kontrolle und Steuerung der betrieblichen PE, sie dienen vor allem der ständigen Verbesserung und Förderung der Rahmenbedingungen und Prozesse betrieblicher Bildungsmaßnahmen.

Bildungscontrolling dient der Sicherung des Bildungserfolges durch systematische und professionelle Erfolgssteuerung. Welche Gründe sind es letztlich, die für eine systematische Erfolgssicherung der Weiterbildung sprechen?

2. Warum Bildungscontrolling?

Die jahre-, ja jahrzehntelange Vernachlässigung des betrieblichen Bildungscontrolling muss angesichts der enormen Finanzmittel, die insbesondere für die PE in den letzten Jahren aufgebracht wurden, überraschen. Diesbezüglich verhält es sich ähnlich wie mit dem Qualitätsmanagement. Auch hier glaubte man lange Zeit, sich die Mühe einer systematischen

Qualitätssicherung der Bildungsprozesse schenken zu können, mit der Folge, dass das Niveau traditioneller Formen der Weiterbildung teilweise unverantwortlich absank.

Schaut man sich jedoch die folgenden sechs Begründungen für ein systematisches Bildungscontrolling genauer an, so staunt man über die Breite der Perspektiven. So betrachtet liegt es im Interesse jedes betrieblichen Bildungssystems, sich nicht nur unter Zwang oder unternehmensinternem Druck, sondern auch aus Eigeninteresse den Aufgaben des Bildungscontrollings aktiv zu stellen.

1. Etablierung des wettbewerbsbezogenen und kostenbewussten Denkens auch im Bildungssektor,
2. Nachweis der eigenen Leistungsfähigkeit, Professionalität und Legitimität,
3. Sicherstellung des Erfolges und der Qualität aller betrieblichen Bildungsprozesse,
4. Schaffung von Transparenz auch für das Geschäftsfeld Personalentwicklung,
5. Führung des Nachweises, dass die betriebliche Bildung ein „normales" investives und innovatives Geschäftsfeld des Unternehmens darstellt,
6. Nutzung des Bildungscontrollings für ein effektives innerbetriebliches Geschäftsfeldmarketing.

3. Modellvorstellungen zum Bildungscontrolling

Es ist durchaus aufschlussreich – auch für die Praxis –, sich einmal verschiedene Modellbildungen zum Bildungscontrolling anzuschauen. Entsprechend dem uneinheitlichen Begriffsgebrauch von Bildungscontrolling weichen auch die Modellvorstellungen voneinander ab.

Zunächst ist der sogenannte *Control Cycle* von Interesse, weil er in allgemeiner Form über verschiedene Ansätze hinweg die Grundfunktionen eines modernen Bildungscontrollings rund um das Bildungsgeschehen – die „Performance" also – erfasst (siehe Abbildung 2).

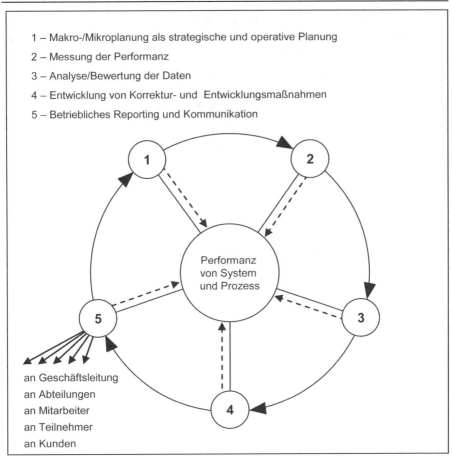

Abb. 2. *Control Cycle* des Bildungscontrollings

Das Modell überdeckt als solches alle drei Grundformen

- Kosten- und Wirtschaftlichkeitscontrolling,
- System- und Prozessevaluation,
- strategisches Controlling.

Wichtig ist, dass nach jedem abgeschlossenen Schritt alle verfügbaren Controllingdaten – im Sinne umfassender Transparenz nach innen – zunächst und unmittelbar wieder in das Bildungssystem und an alle Funktionsträger weitergeleitet werden. Dadurch lassen sich Korrekturen schon ins Auge fassen und einleiten, während der Gesamtprozess noch läuft.

Zwei grundlegend unterschiedliche Steuerungsmodelle des Bildungscontrollings lassen sich (nach von Landsberg, 1995, S. 358) weiter unterscheiden (siehe Abbildungen 3 und 4):

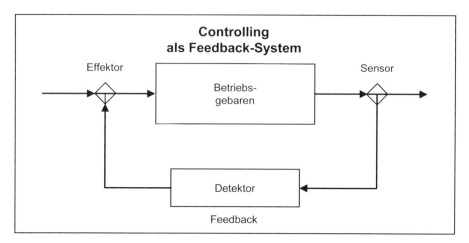

Abb. 3. Controlling als Feedback-Steuerung (nach von Landsberg, 1995, S. 358)

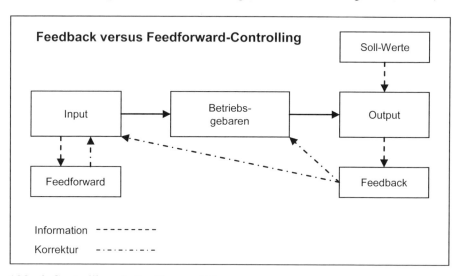

Abb. 4. Controlling als Feedforward-Steuerung

Beide Modelle unterscheiden sich letztlich dadurch voneinander, wie sie Bildungscontrolling als Steuerungsinstrument nutzen wollen:

- *Feedback-Steuerung* ist rückwärtsgewandt und versucht, aus Negativabweichungen zu Änderungen zu kommen.

- *Feedforward-Steuerung* ist vorwärtsgerichtet und versucht, aus allen verfügbaren Daten eine antizipierende Systemanpassung zu erreichen.

Entsprechend den beiden Modellen Feedback-Steuerung und Feedforward-Steuerung unterscheidet man die folgenden Controls (*Sensoren* als Mess-, *Effektoren* als Steuergrößen):

- *Steering Controls* beziehen sich auf die Feedforward-Steuerung, sind zukunftsbezogen und sollen Schäden verhindern (Bsp.: Ermittlung von Kunden-/Teilnehmererwartungen),
- *Post-Action-Controls* beziehen sich auf die Feedback-Steuerung und sind rückwärtsgerichtete Kontrollen über Vergangenes (Bsp.: Lernerfolgstests, Zufriedenheitstests),
- *Yes-No-Controls* beziehen sich auf prozessbegleitendes Controlling und stellen bestimmte Bedingungen auf, die mindestens erfüllt sein müssen, wenn der Prozess weiterlaufen soll (Bsp.: Zwischentests/Zwischenprüfungen).

4. Bildungscontrolling: Definition und Aufgabenstellungen

Nach dem bis hierher Gesagten lässt sich der Begriff *Bildungscontrolling* (BC) für den Bereich der betrieblichen Bildungsarbeit (PE) folgendermaßen definieren:

Der Begriff Bildungscontrolling

- bezeichnet die auf quantitative und qualitative Betriebsdaten gestützte systematische und operative Ausrichtung aller betrieblichen Bildungsprozesse auf Erfolg;
- beinhaltet deren gezieltes Aussteuern, Verbessern und Weiterentwickeln von Professionalität, Wirtschaftlichkeit und Qualität;
- richtet sich auf den betrieblichen Rahmen ebenso wie auf geplante und realisierte Maßnahmen einschließlich deren Konsequenzen;
- verwendet dazu wissenschaftlich erprobte Methoden und Instrumente und
- mündet in einem detaillierten Reporting mit systeminterner wie -externer Zielrichtung.

Moderne Erfolgssteuerung der betrieblichen PE kann nur gelingen, wenn ausgehend von einem umsichtigen Bildungscontrollingskonzept vorgestoßen wird zu einem praktizierbaren Bildungscontrollingsystem. Dieses System besteht aus den folgenden fünf Subsystemen, die zugleich die relevanten Funktionen und Aufgabenfelder einer modernen betrieblichen PE bezeichnen:

1. Strategisches Controlling
2. Systemevaluation
3. Prozessevaluation
4. Kosten- und Wirtschaftlichkeitscontrolling
5. Reporting

Im Folgenden sollen die Hauptaufgabenbereiche dieser fünf Subsysteme des Bildungscontrollings kurz aufgeführt werden.

Zu 1.: Strategisches Controlling

- Einbettung der Personalentwicklung in die Unternehmenskultur, Unternehmensziele und Abteilungspolitik.
- Aufstellung von Leitlinien, Standards und Kriterien qualitativer Personalentwicklungsarbeit.
- Aufstellung strategisch ausgerichteter Personalentwicklungspläne.
- Aufbau eines Skill-Management-Systems.
- Aufbau eines betriebsinternen Bildungspass-Systems für alle Mitarbeiter.
- Aufbau eines strategischen Bedarfs- und Transfermanagementsystems (besonders mit Blick auf lateralen Transfer).

Zu 2.: Systemevaluation

- Überprüfung und Entwicklung der Aufbau- und Ablauforganisation der betrieblichen Bildungsabteilung.
- Installierung, Betrieb und Entwicklung von Bildungsverwaltungssystemen.
- Qualitätssicherung aller systemischen Abläufe im Bildungsbereich.
- Vernetzung des betrieblichen Bildungssystems mit den Fachabteilungen (z. B. durch (Weiter-) Bildungsbeauftragte, Moderatoren, Verbesserungsteams, Qualitätszirkel etc.).
- Aufbau, Entwicklung und ständige Realisierung eines innovativen Performance Consultings (unter Einbeziehung von Benchmarking, TQM- und KVP-Ansätzen).

Zu 3.: Prozessevaluation

- Operatives Bedarfsmanagement:
  - Beobachtung und Befragung,
  - Moderationsmethode zur Bedarfsanalyse,
  - Einstellungs- und Klimaanalysen,
  - individuelle Bedarfsanalyse.
- *Professionelles Lernmanagement* – besonders nach folgenden Merkmalen:
  - didaktische Qualifizierung des Lehrpersonals,
  - Umsetzung eines modernen Lernbegriffs und teilnehmerzentrierter Lernverfahren,
  - Anwendung von Techniken der Stoffreduktion und des exemplarischen Lernens,
  - Methodenmix und Methodenrepertoire,
  - Medienmix und Medienrepertoire (= keine Folienschleuderei),
  - Verhaltensrepertoire des Lehrpersonals,
  - Arbeits- und Lernklima.
- Transfermanagement:
  - Führungskräfte-Mitarbeiter-Gespräche,
  - Abteilungsgespräche: Mitarbeiter – Mitarbeiter,
  - Follow-up-Veranstaltungen (z. B. Erfa-Seminare),
  - Coaching und Supervision,
  - Mehrfachnachbefragungen,
  - Beratungs- und Performance-Consulting-Verfahren.

Zu 4.: Kosten- und Wirtschaftlichkeitscontrolling

- Aufstellung und Kontrolle des Gesamtbudgets,
- Kostencontrolling aller Bildungsbetriebsvorgänge und -maßnahmen.
- Entwicklung von übergreifenden Kennzahlen für die betriebliche Bildungsabteilung zu: Produktivität, Rentabilität, Effizienz und Wertschöpfung.
- Aufstellung jährlicher Weiterbildungspläne für alle Abteilungen mit folgenden Kennzahlen: Teilnehmerzahl, Teilnehmertage, Anzahl der Maßnahmen, Inhalte der Maßnahmen, Schulungskosten insgesamt, Lohnausfallkosten.
- Erfassung und Steuerung der abteilungsinternen Personalkosten über folgende Kenngrößen:

- Personalbelastung und Verwendung der Arbeitszeit des Weiterbildungspersonals (z.B. Konzeptionierungen, Projekte, Realisierungen, Dozenten-/Moderatorentätigkeit etc.),
- Zielvereinbarungen und Entwicklung von Leistungsanreizsystemen zur Erhöhung der Produktivität,
- Leistungsstrukturanalysen zu den Arbeitsbereichen und Mitarbeitern.
• Entwicklung und Ausgestaltung eines controllinggerechten Rechnungswesens (z. B. Leistungsverrechnungssysteme, wonach die Bildungsabteilung ihre Dienstleistungen ganz normal wie andere auch zu marktüblichen Preisen anzubieten hat).

Zu 5.: Reporting

• Quartalsweise Berichterstattung über geleistete Bildungsarbeit mit den wichtigsten Kennzahlen im Rahmen des betrieblichen Personalcontrollings (inkl. Evaluations-, Qualitäts-, Zufriedenheitsdaten),
• Erstellung eines jährlichen Bildungsberichts mit folgenden Kennzahlen: Jahresbudget, Teilnehmerzahlen, Teilnehmertage, Verteilung der Teilnehmer auf die Abteilungen, Kosten pro Teilnehmertag, Weiterbildungskosten der Abteilungen, Lohnausfallkosten, Inhaltsübersicht der Schulungen, Qualitätsbericht gemäß Evaluationen, Teilnehmerzufriedenheit, Vorgesetztenzufriedenheit, Transfersicherungsreport,
• Entwicklung eines innerbetrieblichen (Weiter-) Bildungsinformationssystems (= Weiterbildungsreport, Weiterbildungsinfos, Weiterbildungszeitschrift),
• Erstellung eines turnusmäßigen halbjährlichen Bildungsprogrammberichts über Weiterbildungsmöglichkeiten innerbetrieblicher wie außerbetrieblicher Anbieter für Mitarbeiter und Führungskräfte,
• Aufstellung von Quartals- und Jahresstatistiken im Rahmen des abteilungseigenen Personalcontrollings der Bildungsabteilung mit folgenden Kennzahlen: Produktivität, Effizienz, Wertschöpfung,
• Erstellung und Kommunikation von betrieblichen Bildungsleitlinien (-grundsätzen) und betrieblichen Bildungsstandards.

5. Systembezogenes Bildungscontrolling: Kriterien, Praxis, Instrumente

Fasst man die bisher getroffenen Aussagen zum modernen Bildungscontrolling zusammen, so ergibt sich, dass ein so ausgestaltetes systemisches Bildungscontrolling mit der oben skizzierten systematischen PE deckungsgleich ist. Man kann es so formulieren: Modernes Bildungscontrolling ist praktischer Ausdruck systematischer und damit strategischer PE. Daher lässt sich feststellen:

1. Modernes Bildungscontrolling geht keinesfalls in Kosten- und Wirtschaftlichkeitscontrolling auf.
2. Vielmehr ist es erforderlich, das kostenbezogene Denken um ein
   - pädagogisch-psychologisches,
   - system- und prozessbezogenes sowie
   - kommunikatives Denken zu erweitern.
3. Als Kernaufgabe jedes betrieblichen Bildungswesens umfasst ein systembezogenes Bildungscontrolling heute also folgende Aspekte der betrieblichen Personalentwicklung (PE):
   - Strategische Aspekte der PE (Bildungsbedarfsmanagement; Transfermanagement),
   - Systemische Aspekte der PE (Bildungswesen/Bildungsbedingungen),
   - Prozessuale Aspekte der PE (Lehren, Lernen; operativer Bedarf und operativer Transfer),
   - Kosten- und wirtschaftlichkeitsbezogene Aspekte der PE (Budgetkontrolle, Marktorientierung),
   - Betriebsbezogene Berichterstattung zur PE (Statistiken, Qualitätsreports, Bildungsangebote).

Vor diesem Hintergrund stellt sich systembezogenes Bildungscontrolling im Alltag des betrieblichen Bildungswesens auf zweifache Art dar (vgl. Abbildung 5).

Systembezogenes Bildungscontrolling

- ist zum einen in operativer Perspektive in jeder einzelnen Bildungsmaßnahme in das bezeichnete System der Aufgaben, Funktionen und Maßnahmen einer modernen PE einzuordnen und entsprechend konkret zu bearbeiten, um den Erfolg jeder einzelnen Maßnahme sicherstellen zu helfen,
- zum anderen ist es als Kernaufgabe jeder betrieblichen Bildungsabteilung eine ständige, übergeordnete, die einzelne Bildungsmaßnahme übersteigende strategische Aufgabenstellung, die die Erfolgssteuerung des gesamten Systems sicherzustellen hat.

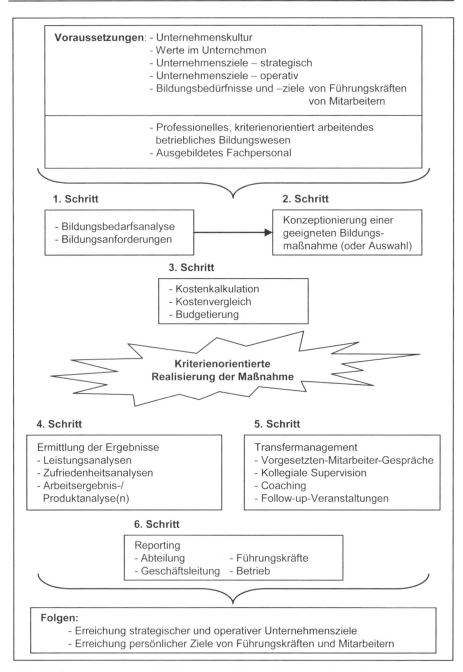

Abb. 5. Systembezogenes Bildungscontrolling als Kernaufgabe des betrieblichen Bildungswesens – bezogen auf die operative Ebene einer Maßnahme

Sowohl zum operativen als auch strategischen Bildungscontrolling bedient man sich spezifischer Instrumente:

- Interviews und Befragungen,
- Kosten- und Wirtschaftlichkeitsrechnungen,
- Coaching- und Beratungsprozesse,
- Follow-up-Veranstaltungen,
- ständige mehrdimensionale betriebsinterne Berichte,
- betriebsinterne Medien,
- Weiterbildungsangebote für Dozenten, Trainer, Ausbilder, Weiterbildungsfachkräfte, Führungskräfte,
- Leitfäden, Grundsätze, Richtlinien, Verträge, Vereinbarungen.

Professionelles Bildungscontrolling – so viel ist klar – ist ein unverzichtbares und wichtiges Instrument zur Integration der betrieblichen PE in den normalen Geschäftsprozess des Unternehmens. Es ist durchaus kein bloßes Legitimationsinstrument zum Nachweis dafür, dass auch die betriebliche Weiterbildung einen Deckungsbeitrag zum unternehmerischen Erfolg beisteuert. System- und prozessorientiert ausgerichtet verbindet modernes Bildungscontrolling vielmehr Ziele miteinander, die für den gesamtunternehmerischen Erfolg von ausschlaggebender Bedeutung sind. Erst Professionalität, Wirtschaftlichkeit und Qualität machen auch den betrieblichen Bildungsbereich zu jenem kundenorientierten und kundenzentrierten Personalentwicklungssystem, das landauf, landab gefordert wird. Die betriebliche PE leistet einen ganz entscheidenden Beitrag dazu, dass Personalentwicklung als investives System zu einem ganz normalen Geschäftsfeld jeder Unternehmung werden kann, indem sie professionell als ein System ausgerichtet wird. Dieses System sollte die folgenden Kriterien erfüllen und entsprechend ausgestaltet werden:

- Strategisches Controlling,
- Bildungssystemevaluation,
- Bildungsprozessevaluation,
- Kosten- und Wirtschaftlichkeitscontrolling und
- Reporting.

Professionelles Bildungscontrolling und systematische betriebliche PE kommen somit zur Deckung. Das Erstere ist nämlich praktischer Ausdruck des Letzteren. Damit steht es jedoch keinesfalls zum Besten. In der Literatur finden sich dazu die folgenden sieben Problemzonen:

1. Unternehmensentwicklungen und Personalentwicklungen sind nicht abgestimmt aufgrund
   - struktureller und
   - methodischer Defizite.

2. Personalentwicklungsplanung (besonders mit langfristiger strategischer Bedeutung) funktioniert nicht mangels
   - Beteiligung anderer Ressorts,
   - Kompetenzen im Personal- und Bildungsbereich,
   - geeigneter Instrumente und Methoden zur Umsetzung von Unternehmens- und Organisationsentwicklung in Personalentwicklung.

3. Weiterbildungsanalysen und Prognosen sind meist nachfrage- oder bedarfsorientiert. Autonome Entwicklungstrends werden vernachlässigt oder zu spät eher reaktiv einbezogen und wirken in vielen Bereichen eher demotivierend und entwicklungshemmend.

4. Personalentwicklung und Personalpolitik sind nicht ausreichend miteinander verbunden aufgrund
   - von Steuerungsproblemen und
   - Methodendefiziten.

5. Defizite in der Ansteuerung, aber auch im Methodisch-Instrumentellen führen zu Problemen zwischen
   - Nachfrage und Lernzielen,
   - Bedarf und curricularer Ausgestaltung,
   - persönlichen Karriereabsichten und Bildungsaktivitäten.

6. Volumen und Bedeutung betrieblicher Bildung nahmen zwar in letzter Zeit tendenziell zu. Entsprechende Anwendungen sind aber in vielen Betrieben noch eher nachrangig und unterliegen dem Risiko, bei Verlagerung der Engpassproblematik auf andere Bereiche wieder zurückgenommen zu werden – was jederzeit ja auch landauf, landab geschieht.

7. Bei der Einführung einer systematischen und professionellen betrieblichen PE entstehen erhebliche Durchsetzungsprobleme aufgrund von
   - falschen, nicht vorhandenen oder schlecht funktionierenden Regelkreisen,
   - mangelhaftem Verständnis, besonders im Linienbereich,
   - unvollständigen Informationsflüssen in beiden Richtungen,
   - fehlender Evaluation der Bildungsaktivitäten,
   - mangelhafter Vorbereitung der Betroffenen.

6. Fazit

Es gibt mehrere gute Beweggründe, die für die Einführung eines modernen, systematischen Bildungscontrollings sprechen und letztlich auch im eigenen Interesse eines jeden betrieblichen Bildungssystems liegen. Es wurde deutlich, dass eine einseitig kostenorientierte Sicht auf das Bildungscontrolling längst nicht mehr zeitgemäß und deswegen als überholt anzusehen ist. Durchgesetzt hat sich stattdessen ein Controlling auf mehreren Ebenen, welches aus den fünf Ebenen Kosten- und Wirtschaftlichkeitscontrolling, Systemevaluation, Prozessevaluation, strategisches Controlling sowie dem Reporting besteht.

Die Steuerung des Bildungscontrollings kann anhand von zwei grundlegend unterschiedlichen Modellen vorgenommen werden, der Feedforward-Steuerung sowie der Feedback-Steuerung. Eine moderne und erfolgsorientierte Steuerung der o. g. fünf Subsysteme gelingt jedoch nur mit einem praktizierbaren Bildungscontrollingsystem, das wiederum auf einem guten Bildungscontrollingkonzept beruht.

Ein richtig eingeführtes, systemisches Bildungscontrolling ist mit einer systemischen PE so gut wie identisch und kann signifikant mit dazu beitragen, dass PE fortan als investives System wahrgenommen werden kann.

Literatur

Bernatzeder, P. & Bergmann, G. (1997). Qualität in der Weiterbildung sichern – aber wie? *Harvard Businessmanager, 2,* S. 107 ff.

Döring, K. W. (1998). *Die Praxis der Weiterbildung.* Weinheim: Deutscher Studienverlag.

Landsberg, G. v. (1990). Weiterbildungscontrolling. In: Schlaffke & Weiß (Hrsg.): *Tendenzen betrieblicher Weiterbildung.* Köln: Schäffer-Poeschel.

Schneck, O. (2000). *Betriebswirtschaft.* Frankfurt, New York: Campus.

Wöltje, J. & Egenberger, U. (1996). *Zukunftssicherung durch systematische Weiterbildung.* München: Lexika.

Was vergleichen? Zum Sinn von PE-Benchmarks

Robert Girbig & Matthias T. Meifert

Nach wie vor sehen sich Personaler in deutschen Unternehmen pikanten Fragen ausgesetzt: Warum ist die Personalentwicklung pro Mitarbeiter so teuer? Kommen wir nicht auch mit weniger Mitarbeitern in der Personalentwicklung aus? Oder: Warum kann die Konkurrenz für 30 Prozent weniger Kosten das Veranstaltungsmanagement realisieren?

Im Kern geht es darum, welchen Wertschöpfungsbeitrag die Personalentwicklung für das Unternehmen erbringt. Die Sehnsucht ist groß, eine Antwort darauf anhand von personalwirtschaftlichen Kennzahlen zu finden, die die Personalentwicklung erfassbar und messbar machen. So verwundert es nicht, dass das Benchmarking für Personalbereiche aktueller ist denn je. Diese Methode, die auch gerne als systematischer Vergleich mit den Besten bezeichnet wird, ist recht alt. Bereits in den 70er-Jahren war der Betriebsvergleich eine gängige Methode, die vor allem auf Kernprozesse der Unternehmen wie Produktion und Logistik angewandt wurde. Prominente Beispiele sind Rank Xerox oder Motorola. Beide Unternehmen haben sich ihre Zukunftsfähigkeit von anderen abgeschaut.

Die Logik des Benchmarking im Personalbereich ist schlicht: Die eigenen Daten werden mit denen anderer Unternehmen verglichen. Fallen diese besser aus als bei der Konkurrenz, dann scheint der Personalbereich einen guten Job zu machen. Wenn nicht, besteht Handlungsbedarf. Tatsächlich? Der Personalökonom Drumm gibt sich eher pessimistisch: „Der Vergleich fremder mit eigenen personalwirtschaftlichen Methoden oder Leistungen sagt nichts darüber aus, wie diese innerhalb der eigenen Unternehmung auf die Unternehmensziele wirken." (Drumm, 2000, S. 676). Eins ist deutlich: Das Vorgehen ist umstritten. Vor diesem Hintergrund ist es unser Ziel aufzuzeigen, wann Benchmarking für Personalentwickler Sinn macht und was dabei berücksichtigt werden muss.

1. Grenzen der Aussagekraft

Wer sich intensiver mit dem Thema auseinandersetzt, erkennt schnell die begrenzte Aussagekraft des Benchmarking. In unseren Seminaren zu Kennzahlen in der Personalentwicklung führen wir regelmäßig ein sogenanntes Ad-hoc-Benchmarking durch. Die Teilnehmer werden dabei gebeten, anhand eines kurzen Fragebogens ihren Personalbereich und den Bereich der Personalentwicklung mit wenigen Angaben zu charakterisieren. Die Ergebnisse sorgen immer wieder für Überraschung. Selbst bei der gebräuchlichen Kennzahl Betreuungsquote des Personalbereichs[1] streuen die Ergebnisse stark. Noch stärker ist die Streuung bei der Betreuungsquote für die Personalentwicklung. Abbildung 1 zeigt die Daten aus einem Seminar.

Mitarbeiter des Unternehmens (Köpfe)	Mitarbeiter des Personalbereichs (Vollzeitbeschäftigte)	Betreuungsquote Personalbereich	Mitarbeiter mit PE-Funktionen (Vollzeitbeschäftigte)	Betreuungsquote Personalentwicklung
70.000	750,0	93	180,0	389
25.000	500,0	50	26,0	962
21.000	70,0	300	27,0	777
5.500	60,0	92	19,0	289
4.500	70,0	64	16,0	281
3.000	10,0	300	8,0	375
2.800	50,5	55	13,0	215
2.225	12,0	185	6,0	371
1.500	9,0	167	4,0	375
1.200	19,5	62	2,0	600
850	6,0	142	3,0	283
720	6,5	111	1,0	720
600	2,5	240	1,0	600
250	1,5	167	1,0	250
		Median: 98		Median: 250

Abb. 1. Ergebnisse eines Ad-hoc-Benchmarking

Auch wenn sich der Median bei der Betreuungsquote Personalbereich für die Seminarteilnehmer oft in der Nähe der Ergebnisse unserer regelmäßig erhobenen Studien (Median 1:98) bewegt, so zeigt doch der Blick

---

[1] Betreuungsquote des Personalbereichs ist das Verhältnis aus Mitarbeiter des Personalbereichs zu Mitarbeiter des gesamten Unternehmens. Unterschiede können sich bereits in der Definition der Kennzahl ergeben. Hier wurde sie als folgende Quote ausgedrückt: 1 Personaler (in Mitarbeiterkapazitäten) zu x Mitarbeitern des Unternehmens (in Köpfen). Andere Benchmarkinstitute vergleichen hier jeweils Full Time Equivalents (FTE).

auf die Detailergebnisse eine große Bandbreite der Werte. Eine Varianz von 1:50 bis 1:300 ist keine Seltenheit. Das gleiche Bild zeigt sich bei der Betreuungsquote der Personalentwicklung. Die in diesem Seminar erhobenen Daten schwanken zwischen 1:215 und 1:962, während der Median (1:250) ebenfalls den Angaben von Benchmarking-Anbietern entspricht. Dafür gibt es eine Vielzahl von Gründen, die sich zum einen auf die Spezifika der Unternehmen beziehen, zum anderen der Organisation der Personalarbeit zuzuschreiben sind.

Unternehmensspezifika

Ein offensichtlicher Einflussfaktor ist die Unternehmensgröße. Hier liegt die Vermutung nahe, dass die Effizienz der Personalentwicklung mit der Zahl der Beschäftigten steigt. Dies bestätigt sich in der Betreuungsquote nicht immer, da parallel auch oft der HR-Leistungsumfang steigt. Ein typisches Beispiel ist das in größeren Unternehmen oft deutlich umfangreichere Angebot von inhouse-erstellten Seminaren. Viel stärker jedoch macht sich auch die wirtschaftliche Situation des Unternehmens bemerkbar. Die jeweiligen Rahmenbedingungen des Unternehmens sind daher bei der Interpretation der Ergebnisse zwingend zu berücksichtigen. Es ist augenfällig, dass sich die Personalentwicklung und die dafür notwendigen Kapazitäten bei im Wachstum befindlichen Unternehmen deutlich von jenen unterscheiden, die von Stagnation oder gar Sanierung geprägt sind. Auch die Branchenzugehörigkeit kann ein starker Indikator für eine differierende Betreuungsquote der Personalentwicklung sein. So ist z. B. in Kraftwerken ein gewisses Maß an Schulungen gesetzlich vorgeschrieben.

Organisation der Personalentwicklung

Zu stark schwankenden Werten bei einem Benchmarking der Personalfunktion kann auch die Organisationsstruktur führen. Dies kann einerseits durch eine oftmals unsaubere bzw. teilweise auch schwer mögliche Abgrenzung beim Vergleich zentral vs. dezentral organisierter Personalbereiche geschehen, wenn Teile der Personalentwicklung in die operativen Bereiche verlagert sind, z. B. Seminarauswahl und Abstimmung mit den Trainern. Andererseits wirkt sich die derzeitige Reorganisation vieler Personalbereiche in Richtung einer Businesspartner-Organisation aus: Durch das One-face-to-the-customer-Prinzip wird die Beratungsintensität und -qualität für Führungskräfte durch die Businesspartner erhöht, während auf Mitarbeiterebene durch Self-Service-Portale und schlanke Prozesse Optimierungspotenziale realisiert werden.

Eine entscheidende Rolle spielen auch der Grad der IT-Unterstützung sowie die Nutzung von Outsourcing-Potenzialen. Beides führt zwar zu günstigeren Betreuungsquoten, aber auch zu erhöhten Sachkosten der Personalentwicklung. In diesem Fall ist der reine Vergleich von Mitarbeiterkapazitäten nicht aussagekräftig, sondern es kommt auf die gesamten Kosten des Bereichs der Personalentwicklung an. Diese wiederum sind durch die Berücksichtigung unterschiedlichster Kostenarten (Personal- und Sach-, aber auch System- und Lizenzkosten) und die notwendige Periodisierung nicht minder schwierig zu benchmarken. Des Weiteren beinhaltet diese Betrachtungsweise die Schwierigkeit, wo die Schulungskosten budgetiert sind – in der Personalentwicklung oder bei den Kostenstellen der Teilnehmer.

Im Rahmen der zunehmenden Internationalisierung der Personalentwicklung kommt ein weiterer Einflussfaktor hinzu, der die Vergleichbarkeit der Benchmarkdaten verringert. Es entsteht die Abgrenzungsproblematik, welche Leistungen für welche Betreuungsgruppen und welche Standorte erbracht werden.

Leichter sind offensichtliche Unterschiede im Leistungsspektrum der Personalentwicklung zu bereinigen. Werden z. B. eigene Trainer oder die Kapazitäten für die Berufsausbildung berücksichtigt? Diese Abgrenzung hat einen enormen Unterschied in der Betreuungsquote der Personalentwicklung zur Folge, die bei guten Anbietern von Benchmarkdaten aber entsprechend ausgewiesen sind. Die oben genannten Einflussfaktoren spielen bei der Interpretation von Benchmarkdaten eine nicht zu unterschätzende Rolle. Ähnliche Schwierigkeiten ergeben sich auch bei anderen typischen Benchmarkkennzahlen, wie z. B. Aufwand der Personalentwicklung je Teilnehmertag. Bei der Interpretation für und dem Transfer von Benchmarkzahlen auf das eigene Unternehmen ist das zu berücksichtigen.

Es besteht ein Dilemma der Anbieter von Benchmarkdaten, eine möglichst homogene Gruppe zur Vergleichbarkeit zu definieren und dabei noch ausreichend viele Nennungen für die statistische Zuverlässigkeit zu gewährleisten. Selbst bei den Anbietern mit einer großen Grundgesamtheit an Unternehmen reduziert sich die Vergleichsgruppe durch das Setzen von nur wenigen Einschränkungen, z. B. auf Unternehmen eines Landes der gleichen Branche mit vergleichbarer Unternehmensgröße. Weitere Selektionsgrößen wie die Zahl der zu betreuenden Standorte und die Unterscheidung nach den verwendeten IT-Systemen liefern nur noch eine Scheingenauigkeit. Die so erhaltenen Vergleichstabellen geben zwar erste Aufschlüsse darüber, wo das Unternehmen im Vergleich zu anderen steht, liefern jedoch keine Gründe, warum die Werte so ausfallen. Gerade dieser Aspekt ist aber das ursprüngliche Ziel des Benchmarking: Lösungsmöglichkeiten von Best-Practice-Unternehmen zu erhalten, um die eigene Personalentwicklung besser gestalten zu können. Darüber hinaus stellen wir häufig den zu leichtfertigen Umgang mit Benchmarkdaten fest. Oft werden auf Basis nicht ausreichend vergleichbarer Kennzahlen Fehlentscheidungen getroffen. In Beratungsprojekten nutzen wir daher diese Daten nur gemeinsam mit dem Klienten und nach tiefer gehenden Analysen.

2. Empfehlungen für wirksames Benchmarking

Diese kritische Betrachtung soll nicht das Benchmarking insgesamt infrage stellen – im Gegenteil: Auf dem Weg zum akzeptierten Businesspartner müssen Personalbereiche die Sprache der Geschäftsleitung und der Controller sprechen. Dabei helfen Kennzahlen und ihre Vergleiche. Vielmehr gilt es, den Blick dafür zu schärfen, die Stärken des Instruments sinnvoll auszunutzen und ein methodisch sauberes Benchmarking durchzuführen. Aus unseren Beratungsprojekten haben sich dabei folgende Empfehlungen für ein erfolgreiches Benchmarking herauskristallisiert:

1. **Hinterfragen von Lösungen statt reiner Zahlenbetrachtung:**
   Benchmarking wird zu oft als reiner Vergleich von HR-Kennzahlen verstanden. Dabei geht es um viel mehr. Es geht um das konsequente Aufspüren von Verbesserungspotenzialen, bei denen die Kennzahlen sicherlich ein erster Schritt sein können. Darüber hinaus muss aber nach den Gründen für die besseren Werte bei anderen Personalbereichen gesucht werden. Daher ist ein Vergleich in eher kleineren Benchmarkingkreisen von 8 bis 12 Unternehmen besser geeignet, in denen auch alternative Vorgehensweisen hinterfragt werden können, als sich nur auf Benchmarking-Tabellen zu beschränken.

2. **Suche nach geeigneten Vergleichspartnern:**
   Erfolgskritisch in einem Benchmarking-Projekt ist die Auswahl geeigneter Vergleichsunternehmen. Dabei ist einerseits auf eine hohe Vergleichbarkeit zu achten. Andererseits gilt es, Unternehmen mit Best-Practice-Lösungen einzubeziehen. Mit Blick auf die Vergleichbarkeit bietet sich sicherlich ein konzerninternes Benchmarking an.

Da hier meist schon eine einheitliche Definition der Kennzahlen existiert, ist die Vergleichbarkeit – auch über unterschiedliche Standorte und Regionen hinweg – gewährleistet. Man läuft allerdings auch Gefahr, „Schlendrian" mit „Schlendrian" zu vergleichen. Eine weitere Option sind Vergleiche innerhalb von Branchen oder Verbänden. Auch hier ist die Vergleichbarkeit hoch, allerdings ist nicht in allen Branchen die Bereitschaft gegeben, die Daten den Personalbereichen von Konkurrenzunternehmen offenzulegen. Außerdem kann gerade ein Blick über den Tellerrand zu anderen Branchen sehr hilfreich sein. Die Partner sind oft auskunftswilliger und die anderen Sichtweisen führen häufig zu innovativen Ideen. Als hilfreich haben sich in diesem Zusammenhang DGFP-Erfa-Kreise oder andere Netzwerke erwiesen.

3. **Exakte Definition von Kennzahlen:**
Unabdingbare Voraussetzung für ein seriöses Benchmarking ist die Einigung auf eine gemeinsame Definition der Vergleichszahlen. So kann bspw. die Berücksichtigung eigener Trainer in der Personalentwicklung zu enormen Unterschieden in der Betreuungsquote der Personalentwicklung führen. Ein weiteres Beispiel ist die stark differierende Definition bei Krankheitsquoten. Auch wenn die Definitions- und Abstimmungsphase mit den Benchmarkingteilnehmern oft sehr zeitintensiv ist und meist die zusätzliche Berechnung nach der neuen Definition zur Folge hat, so sichert doch nur eine einheitliche Verwendung der Kennzahlen deren Aussagefähigkeit.

4. **Kritische Betrachtung der Zahlenunterschiede:**
Auch bei einer einheitlichen Definition der Kennzahlen sollten die Ergebnisse eines Benchmarking immer kritisch hinterfragt werden, denn meistens werden nur die Aufwandskomponenten normiert. Grund für die unterschiedlichen Werte können aber ebenso die unterschiedliche Qualität der Leistungen oder andere Prozessabläufe sein. Gerade Letztere können gute Ansatzpunkte für Verbesserungen bieten.

5. **Exakte Aktivitätenanalyse:**
Selbst bei einer einheitlichen Definition der Kennzahl und detaillierter Abgrenzung ist eine hundertprozentige Vergleichbarkeit nicht gegeben. Es werden dann nicht mehr Äpfel mit Birnen verglichen, sondern „kalibrierte Äpfel mit kalibrierten Birnen". Unsere Erfahrung im Rahmen von Projekten zur Optimierung von Personalprozessen größerer Personalbereiche hat gezeigt, dass die Zerlegung der Personalarbeit in einzelne standardisierte Aktivitäten eine Reihe von Vorteilen mit sich bringt. Einerseits wird dadurch eine bessere Vergleichbarkeit realisiert, andererseits kann Transparenz hinsichtlich des Ressourcen-

einsatzes, z. B. die Unterscheidung in strategische oder administrative Personalentwicklung, geschaffen werden. Des Weiteren hilft eine solche Detailanalyse, um Ressourcenverschwendungen zu identifizieren.

6. **Verstärkter Einsatz von qualitativem Benchmarking:**
Im ursprünglichen Sinn des Benchmarking, der Identifikation von Wettbewerbsvorteilen anderer Unternehmen bzw. Personalbereiche, empfiehlt sich eine stärkere Konzentration auf das qualitative Benchmarking, d. h. auf den Vergleich von PE-Prozessen oder -Instrumenten von Best-Practice-Unternehmen. Hierbei ist zu berücksichtigen, dass Personalbereiche nicht in allen Prozessen wirklich Benchmark sind. Es sollte daher für die einzelnen Prozesse durchaus nach unterschiedlichen Partnern gesucht und die Übertragbarkeit von Vorgehensweisen auf die spezifische Unternehmenssituation überprüft werden. Innerhalb von Konzernen hat sich das Etablieren einer Best-Practice-Plattform zum regelmäßigen Erfahrungsaustausch unter den Personalbereichen der Teilkonzerne bewährt.

7. **Genaue Planung eines Benchmarking-Projektes:**
Erfolgreiches Benchmarking geht über einen einfachen Zahlenvergleich hinaus und bedarf wie jedes Projekt einer professionellen Planung und Durchführung. Ein beispielhafter Projektplan für ein Benchmarking ist in Abbildung 2 dargestellt.

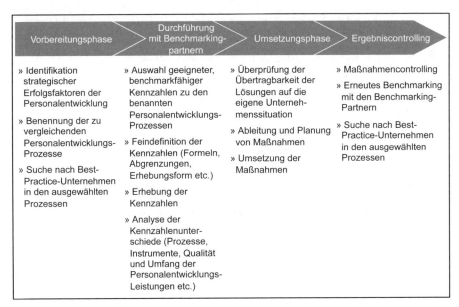

Abb. 2. Benchmarking-Projektplan

3. Fazit

Trotz aller Schwierigkeiten bei der Interpretation von PE-Kennzahlen kann das Benchmarking eine sehr wirkungsvolle Methode sein. Gerade die qualitative Sichtweise unterscheidet das Benchmarking von einem reinen Kennzahlenvergleich. Das Lernen von anderen ist die entscheidende Zielsetzung. Durch den Vergleich mit leistungsfähigeren Unternehmen wird eine kreative Unzufriedenheit geschaffen und es werden direkt praxiserprobte Lösungswege aufgezeigt. Durch die Beteiligung der Mitarbeiter bei der Identifikation der Ursachen von Leistungslücken kann eine höhere Veränderungsbereitschaft erreicht werden. Nicht zuletzt ist das aktive Nutzen von Benchmarking besser, als durch die Geschäftsführung mit Ergebnissen von Benchmarkstudien konfrontiert zu werden, die auf die jeweilige Situation nicht unbedingt übertragbar sind. Im Benchmarking liegt somit ein Schlüssel, um als Personalentwickler dem dauerhaften Rechtfertigungszwang proaktiv zu begegnen.

Literatur

Böttcher, A. (2002). Mit Benchmarking zum prozessorientierten Personalmanagement. *Personal, 2*, S. 54–59.

Brandl, J. (2002). Die Problematik der Kennzahlen in Personalinformationssystemen. *Personalführung, 9*, S. 42–47.

Dietmar, M. & Koch, S. (2003). Benchmarking. Personalkennzahlen DAX 30-Unternehmen. *Personal, 9*, S. 44–46.

Drumm, H. J. (2000). *Personalwirtschaft, (4. Aufl.)*. Berlin, Heidelberg, New York: Springer.

Komus, A. (2001). *Benchmarking als Instrument der intelligenten Organisation. Ansätze zur Steuerung und Steigerung organisatorischer Intelligenz.* Wiesbaden: Deutscher Universitäts-Verlag.

Pieler, D. (2003). *Neue Wege zur lernenden Organisation.* Wiesbaden: Gabler.

Schmidt, F. (2000). *Strategisches Benchmarking. Gestaltungskonzeptionen aus der Markt- und der Ressourcenperspektive.* Lohmar: Eul.

Wie lernen? Wissensmanagement in der lernenden Organisation

Silke Geithner, Veronika Krüger & Peter Pawlowsky

> **Unternehmensstrategie und Personalmanagement eines mittelständischen Automobilzulieferers – Status quo:**
>
> Herr Schulze ist seit 2004 Personalleiter des mittelständischen Automobilzulieferers Muster GmbH. Die Muster GmbH mit Sitz in Sachsen ist aus einem großen traditionellen Elektrotechnikunternehmen der DDR hervorgegangen und beschäftigt derzeit 220 Mitarbeiter.
>
> In den letzten Jahren hat das Unternehmen auf Anfrage eines Großkunden einen intelligenten Bremsassistenten entwickelt, der bei Unterschreiten eines Mindestabstandes den Fahrer eines PKWs warnt. Mit der aufwendigen Entwicklung dieser wissensintensiven und neuartigen Problemlösung wurde ein Wandel in der Unternehmensstrategie der Muster GmbH angestoßen. Die Bedürfnisse der Kunden werden als Ausgangspunkt genommen und auf sie zugeschnittene Problemlösungen angeboten. Hierzu sollen das Wissen und die Kompetenzen der Mitarbeiter genutzt werden.
>
> Der Bremsassistent wurde in enger Kooperation mit Spezialisten des Endproduzenten entwickelt. Auf Grundlage des gewachsenen Vertrauensverhältnisses zwischen der Muster GmbH und dem Endproduzenten kam ein Wissenstransfer zwischen den Mitarbeitern der F&E-Abteilungen der Unternehmen zustande.
>
> Seit Markteinführung des Bremsassistenten im Jahr 2003 zeichnet sich ein positiver Trend in der Geschäftslage der Muster GmbH ab. Nachdem in den 90er-Jahren im Zuge der Transformation fast 70 % der Belegschaft entlassen wurden, hat die gute Auftragslage nun zu Mitarbeiterengpässen im Unternehmen geführt.

> Aufgrund des sozialverträglichen Personalabbaus in den 90er-Jahren ist die Belegschaft recht altershomogen. Die Hälfte der Mitarbeiter ist über 50 Jahre alt, unter ihnen die wichtigsten Leistungs- und Wissensträger des Unternehmens. Mit einem Ausscheiden dieser Mitarbeiter in den nächsten 5 bis 10 Jahren verliert die Muster GmbH innerhalb kurzer Zeit umfassendes, wettbewerbsrelevantes Wissen und Kompetenzen. Dringend benötigt werden Facharbeiter und Ingenieure. Trotz der anhaltend hohen Arbeitslosigkeit konnten bislang die bundesweit ausgeschriebenen Stellen nicht besetzt werden.
>
> Nachdem sich die Anforderungen an die Personalarbeit in den letzten Jahren erhöht hatten, wurde ein Personalleiter eingestellt. Vor Einstellung von Herrn Schulze erledigte der Geschäftsführer der Muster GmbH die Personalarbeit quasi „nebenbei". Der neue Personalleiter soll nun den Wandel in der Unternehmensstrategie sowie den Aufwärtstrend der Muster GmbH durch eine Neuausrichtung des Personalmanagements unterstützen. In den 90er-Jahren war die Personalarbeit im Unternehmen durch massiven Personalabbau geprägt und stark operativ ausgerichtet. Personalentwicklung (PE) spielte in der Muster GmbH bislang nur eine untergeordnete Rolle. Dies ist u. a. an der niedrigen Ausbildungsquote des Unternehmens abzulesen. Die PE-Maßnahmen in der Muster GmbH basierten weder auf systematischen Bedarfsanalysen noch auf einer Personalentwicklungsplanung oder einer umfassenden Strategie.
>
> Der Personalleiter steht nun vor der Frage, wie die Neuausrichtung des Personalmanagements und insbesondere der Personalentwicklung zu gestalten ist, um organisationalen Wandel zu ermöglichen.

1. Personalentwicklung als Motor organisationalen Lernens?

So wie die Muster GmbH stehen gegenwärtig viele Unternehmen und deren Mitarbeiter vor komplexen Herausforderungen und einschneidenden Veränderungen: Traditionelle Unternehmensstrategien und -strukturen werden durch einen verschärften, zunehmend internationalen Wettbewerb infrage gestellt; die Ansprüche an Produkt- und Dienstleistungsangebote steigen; kundenorientierte, nicht selten maßgeschneiderte Problemlösungskonzepte sind gefragt.

Das derzeitige Management dieser Herausforderungen lässt Schwachstellen in der betrieblichen Personalentwicklung erkennen: Es mangelt an strategischer Ausrichtung, sodass die Entwicklung der Mitarbeiter häufig verspätet erfolgt und wenig zur Handlungsfähigkeit der Unternehmen beiträgt. Zudem liegt der Fokus der Personalentwicklung auf den einzelnen Mitarbeitern. Die organisationale Ebene wird ausgeklammert. Bislang gehen von der Personalentwicklung in den seltensten Fällen Impulse aus, welche über individuelles, regelbasiertes Lernen und die Deckung von Qualifikationsdefiziten hinausgehen.

Die Personalentwicklung in den neuen wie in den alten Bundesländern ist gefordert, die Handlungsfähigkeit der Unternehmen als Ganzes zu erhalten und zu fördern. Diese ist vor dem Hintergrund zunehmender Umweltdynamik und Komplexität untrennbar mit der Lernfähigkeit der Unternehmen verknüpft.

Welches sind die Bausteine einer solchen lernorientierten Personalentwicklung? Wie kann PE den aktuellen Herausforderungen gerecht werden und als Motor für organisationales Lernen dienen? Für die Personalentwicklung ergibt sich die Chance, ihre Rolle im Unternehmen neu zu gestalten. Sie beschäftigt sich ursächlich mit Wissen und Lernen.

2. Wissensbasierte Wirtschaft: Herausforderung für die Personalpolitik

Die Diskussion über zunehmende Umweltdynamik und Komplexität als Rahmenbedingungen für wirtschaftliches Handeln ist allgegenwärtig. Die nachfolgend skizzierten Entwicklungen stellen Puzzleteile des umfassenden gesellschaftlichen Strukturwandels dar. Dieser Wandel von einer industriell geprägten zu einer wissensbasierten Wirtschaft und Gesellschaft hat sich zunehmend ausgedehnt und drastisch beschleunigt:

Wissensintensivierung

Wie exemplarisch an der Muster GmbH verdeutlicht, werden Unternehmen in steigendem Maße wissensintensiv. Sowohl im Dienstleistungsbereich als auch in der Industrie gewinnt Wissen als Produktionsfaktor an Bedeutung (vgl. Wilkens & Pawlowsky, 2003). Der Wert eines Produktes – wie beispielsweise des intelligenten Bremsassistenten der Muster GmbH – basiert verstärkt weniger auf materiellen Ressourcen, sondern auf dem ganzheitlich am Kunden orientierten Problemlösungsangebot. Um dem Kunden eine spezifische Problemlösungskompetenz vermitteln zu können, müssen sich Unternehmen intensiv mit den Anliegen ihrer Kunden befassen.

Durch eine zunehmende Wissensanreicherung in der Wirtschaft werden herkömmliche Wertschöpfungsketten dekonstruiert. Ein Beleg hierfür ist, dass der Anteil wissensintensiver Tätigkeiten in den Unternehmen steigt und in zahlreichen Unternehmen wie in der Muster GmbH hoch qualifizierte Mitarbeiter dringend gesucht werden.

Aufweichung von Unternehmensgrenzen

Mit der Wissensanreicherung von Wertschöpfungsketten und Produkten weichen die Grenzen von Unternehmen zunehmend auf. Lange Zeit wurden Unternehmen durch die „Werksmauern" zusammengehalten. Heute basiert eine gemeinsame organisationale Identität stärker auf gedanklichen Verknüpfungen, wie gemeinsamen Zielen, gemeinsamem Wissen, der prozessualen Einbindung in Wertschöpfungs- und Problemlösungsprozesse, kooperativen Allianzen und dem Vertrauen der Individuen (vgl. Wilkens & Pawlowsky, 2003).

Die Aufweichung und Virtualisierung von Unternehmensgrenzen stehen mit sinkender Fertigungstiefe und einer steigenden Bedeutung von Kooperationen und Netzwerkbeziehungen in Zusammenhang. Diese setzen voraus, dass die Netzwerk- oder Kooperationspartner ihre Grenzen so weit öffnen, dass Synergien zwischen den Unternehmen entstehen können. Die erfolgreiche Kooperation zwischen der Muster GmbH und dem Endproduzenten baut auf dem gemeinsamen Ziel auf, als erste in der Branche einen funktionsfähigen Bremsassistenten als Problemlösung anbieten zu können.

Die zunehmende Aufweichung und Virtualisierung von Unternehmensgrenzen impliziert, dass der Blickwinkel der Personalentwicklung geweitet werden muss. Für die Personalentwicklung stellt sich damit die Frage nach dem Bezugspunkt ihrer Maßnahmen neu. Um die Handlungsfähigkeit der Netzwerke zu sichern, gilt es, auch die Lernfähigkeit auf dieser interorganisationalen Ebene zu fördern. In einem ersten Schritt muss die Personalentwicklung den Aufbau einer gemeinsamen Identität unterstützen. Dies stellt insbesondere in internationalen Kontexten eine neue Herausforderung dar.

Technikdynamik

Technische Innovationen werden in immer kürzeren Abständen auf den Markt gebracht, sodass von einer steigenden Technikdynamik gesprochen werden kann. Insbesondere die Entwicklungen im Bereich der Informations- & Kommunikationstechnologien zeigen deutliche Auswirkungen auf Produkt- und Prozessinnovationen in den Betrieben.

Immer kürzer werdende Produkt- und Prozessinnovationen entwerten Qualifikationen so rasch, dass die traditionelle Strategie der Deckung von aufgetretenen Qualifikationsdefiziten der neuen Anforderungsgeschwindigkeit nicht mehr gerecht wird.

Die wachsende Dynamik wirft daher für die Personalentwicklung die Frage nach neuen Lernformen auf, welche nicht reaktiv ausgerichtet sind, sondern z. B. die Selbstlernkompetenz und reflexives Handeln der Mitarbeiter fördern. Lernprozesse werden selbst zum Gegenstand des Lernens gemacht.

Veränderte Belegschaftsstrukturen und Regulationsformen

Aufgrund der Subjektivierung bzw. Individualisierung von Arbeit (vgl. Moldaschl & Voß, 2002) ist es notwendig, auch die betriebliche Personalarbeit zu individualisieren. Existieren zahlreiche unterschiedliche Beschäftigungsformen in einem Unternehmen, so ist Personalmanagement nach dem „Gießkannen-Prinzip" ungeeignet. Benötigt werden neue Arbeits- und Zeitstrukturen, neue Arbeitsvertragsformen, neue Karriere-, Lern- und Rollenmuster, die eine differenzierte Behandlung der Mitarbeiter zulassen.

Die Subjektivierung von Arbeit verlangt von der Personalentwicklung einerseits differenzierte Konzepte und Instrumente. Andererseits besteht die Herausforderung für die Personalentwicklung darin, das Zusammenspiel der Einzelnen zu managen. Ziel ist es, Lernen auf allen Ebenen des Unternehmens zu fördern. Personalentwicklung gewinnt zudem als Instrument der Motivation und Mitarbeiterbindung an Bedeutung, da traditionelle Modelle bei den neuen Arbeitskrafttypen nicht mehr greifen (vgl. Wilkens, 2004).

Demografische Entwicklung

Die demografische Entwicklung stellt eine große Herausforderung für das betriebliche Personalmanagement dar, welche von den meisten Unternehmen nach wie vor unterschätzt oder zumindest vernachlässigt wird (vgl.

WIREG, 2005). Da die Mehrzahl der Unternehmen in Deutschland bislang keine vorbeugenden Maßnahmen ergriffen hat und demnach ein personalwirtschaftliches Moratorium vorherrscht, droht der massive Geburtenrückgang zur demografischen Falle zu werden (vgl. Lutz & Wiener, 1999; Behr & Engel, 2001; Pawlowsky, 2001). In Ostdeutschland wird die Problematik des Geburtenrückgangs zusätzlich durch die Abwanderung junger, hoch qualifizierter Absolventen und Arbeitnehmer verstärkt.

Obwohl der demografische Wandel schon seit Jahren diskutiert wird (vgl. ebd.), trifft er viele Unternehmen ebenso unvorbereitet wie die Muster GmbH. Unter dem Eindruck des langjährigen Personalüberhangs wird bislang kaum eine Handlungsnotwendigkeit für systematische Personalentwicklung und für Wissensmanagement gesehen. Ein Verlust wettbewerbsrelevanten Wissens der älteren Mitarbeiter und ein massives Nachwuchsproblem drohen. Hierdurch wird die Dringlichkeit und Relevanz organisationalen Lernens unterstrichen.

Die Bedeutung von Wissen als Wettbewerbsfaktor, die Aufweichung und Virtualisierung von Unternehmensgrenzen, die große Technikdynamik sowie veränderte Belegschaftsstrukturen und der demografische Wandel verändern die bisherigen Gestaltungsprinzipien von Arbeit. Die Lernfähigkeit eines Unternehmens wird damit Dreh- und Angelpunkt zur Bewältigung der Herausforderungen. Organisationale Lernfähigkeit meint das „Potenzial einer Organisation, sich im Vergleich zum Wettbewerb durch eine proaktive Veränderung interner Prozesse und Strukturen schneller an beliebige Umwelten anpassen zu können" (Reinhardt, 1993, S. 82 f.). Damit verändern sich auch der Fokus und die Aufgabenstellung der Personalentwicklung.

3. Organisationales Lernen: Gestaltungsansätze in Theorie und Praxis

Wollen Unternehmen ihre Lernfähigkeit verbessern, stoßen sie immer wieder auf grundlegende Fragen: Wer lernt eigentlich im Unternehmen? Sind es nur die Mitarbeiter, die z. B. gerade auf einer Weiterbildungsmaßnahme sind? Können Teams oder das Unternehmen als Ganzes überhaupt lernen? Wie und wo findet Lernen statt und wie kann Lernen gefördert werden?

Komplexe und zunächst nicht sichtbare Zusammenhänge lassen das Konzept organisationalen Lernens für die Unternehmenspraxis häufig zu abstrakt, nebulös und wenig nachvollziehbar erscheinen. Insbesondere die Managementlehre ist daher aufgefordert, durch analytisches und systematisches Herangehen organisationales Lernen für die Praxis greif- und gestaltbar zu machen.

In der Literatur hat sich ein *analytisches Rahmenmodell* (vgl. Abbildung 1) etabliert, das unterschiedliche Dimensionen des organisationalen Lernens beleuchtet (vgl. Pawlowsky, 1998). Die verschiedenen „Brillen" sind:

- Dimension der Lernebenen: „Wer lernt?"
- Dimension der Lernformen: „Wie wird gelernt?"
- Dimension der Lerntypen: „Wie hoch ist die Lernintensität?"
- Dimension der Lernphasen: „Welche Phasen umfasst der Lernprozess?"

Im Sinne einer analytischen Trennung können diese vier Elemente des Lernens zwar abgegrenzt werden; sie stehen allerdings in vielfältiger Weise in Wechselwirkung miteinander (vgl. Pawlowsky & Geppert, 2005, S. 277 ff.). Für die Personalentwicklungsfunktion liefern sie Ansatzpunkte für eine Neuausrichtung.

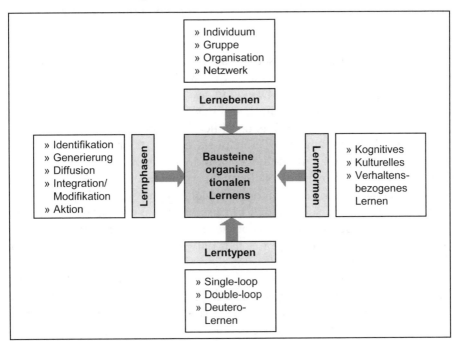

Abb. 1. Bausteine des organisationalen Lernens (nach Pawlowsky & Reinhardt, 2002, S. 4)

3.1 Wer lernt?

Lernen kann sich auf unterschiedlichen Ebenen der Organisation vollziehen. Die *individuelle Ebene* fokussiert auf Lernprozesse des Einzelnen, z. B. das Gelernte eines Mitarbeiters durch eine Schulung oder die Mitarbeit in einem Projekt. Eine besondere Bedeutung kommt der *Gruppen- oder Teamebene* zu, weil Gruppen die zentralen Einheiten organisationalen Lernens sind (vgl. Pawlowsky & Geppert, 2005, S. 278). Es geht beim Gruppenlernen um solche Handlungsweisen, die nur durch kollektive Lernprozesse möglich sind. Gruppen entwickeln im Zeitverlauf gemeinsam geteilte Konstruktionen und Interpretationen der Wirklichkeit. Ein Beispiel für Gruppenlernen ist das gemeinsame Spielen einer Fußballmannschaft und die daraus resultierende Perfektionierung von Spielzügen. Beim *Lernen von Organisationen* geht es um die Frage, wie eine Organisation als Gesamtheit lernen kann: Wie kann z. B. ein Erfahrungstransfer zwischen Projekten oder im Rahmen von F&E-Prozessen erfolgen? Die *Netzwerkebene* bezieht sich auf Lernprozesse, die sich durch die Beziehungen von Unternehmen zu Kunden, Zulieferern oder anderen Unternehmen ergeben. Häufig geht es hier um die Frage des Wissenstransfers mit dem Ziel, externe Wissenssysteme zur Förderung des Lernens zu nutzen.

Die Personalentwicklung setzt klassischerweise beim einzelnen Mitarbeiter an: Stellenanforderungen und Entwicklungsbedarfe werden ermittelt (Soll-Ist-Vergleich), zur Deckung des Bedarfs werden verschiedene Maßnahmen durchgeführt, danach soll das Gelernte in der Arbeitstätigkeit umgesetzt werden (Transfer) und schließlich wird der Erfolg der Maßnahme durch Befragung des Teilnehmers evaluiert. Problem dieser Verfahrensweise ist die zugrunde liegende individuumszentrierte Perspektive. Das Wissen des Einzelnen steht nicht automatisch den Kollegen der Arbeitsgruppe oder dem gesamten Unternehmen zur Verfügung. Dies wird Unternehmen häufig schmerzlich bewusst, wenn Wissensträger ausscheiden und keiner der Kollegen sofort in der Lage ist, die Tätigkeit zu erfüllen. Angesichts der demografischen Entwicklung und der zunehmenden Wissensintensivierung ist die Lösung dieses Problem entscheidend. Zudem sind individualisierte PE-Konzepte unzureichend, um Normen, Werte und Handlungsweisen zu vermitteln, die eine gemeinsame Bezugsbasis haben. Beispiel für das Ergebnis kollektiver Lernprozesse sind geteilte Überzeugungen über kundenorientierte Qualitätsstandards innerhalb von Arbeitsgruppen oder der Organisation.

Aus wissens- und lernorientierter Perspektive kann Personalentwicklung daher nicht mit dem Entlassen des Mitarbeiters aus einer Bildungsmaßnahme beendet sein, sondern erstreckt sich darüber hinaus auf den Prozess der Wissensteilung und Integration in die kollektive Wissensbasis eines Unternehmens (siehe hierzu die Phasen des Lernens, Kap. 3.4).

3.2 Wie wird gelernt?

Bei der Betrachtung von Lernformen werden unterschiedliche lerntheoretische Verständnisse thematisiert. *Kognitives Lernen* bezieht sich auf veränderte individuelle und kollektive kognitive Strukturen, z. B. in Form von veränderten Wissensstrukturen, einer veränderten Wissensbasis oder anderen Werten und Einstellungen. *Kulturbezogenes Lernen* beschreibt kollektive Lernprozesse, die mit der Veränderung gemeinsam geteilter Wirklichkeitsinterpretationen einhergehen. Gemeinsame Symbole, Metaphern, Rituale oder Mythen sind Ergebnis dieser Form des Lernens. *Verhaltensorientiertes Lernen* thematisiert die Wechselwirkung von Handlung und Erfahrungslernen, wobei die Umsetzung des Gelernten in konkretes Handeln im Mittelpunkt steht.

Betrachtet man die Lern- und Bildungsmaßnahmen im Rahmen der traditionellen Personalentwicklung, so lässt sich feststellen, dass kognitives Lernen überwiegt. So legen Seminare den Schwerpunkt auf die Vermittlung expliziten Wissens. Nach und nach nimmt die Personalentwicklung auch die Bedeutung des impliziten, erfahrungsbasierten Wissens für die Handlungsfähigkeit des Unternehmens wahr. Dies ist daran abzulesen, dass handlungsorientierte Schulungen eingesetzt werden. Auch den verhaltensorientierten Lernformen wird im Zuge der neueren Kompetenzdiskussion durch Formen des Lernens im Prozess der Arbeit wachsende Aufmerksamkeit geschenkt.

Insbesondere für die Wissensausbreitung im gesamten Unternehmen ist eine Kultur der Wissensteilung wichtig (Pawlowsky & Reinhardt, 2002, S. 17). Eine solche Kultur, als gemeinsam geteilte Werte und Normen verstanden, basiert auf einem kollektiven Lernprozess in Form kulturbezogenen Lernens. Konsequenterweise werden dabei nicht nur tradierte Handlungsmuster infrage gestellt und modifiziert, sondern der Lernprozess an sich reflektiert (siehe Typen des Lernens, Kap. 3.3).

3.3 Wie hoch ist die Lernintensität?

Die Unterscheidung in Lerntypen betont, dass Lernen in unterschiedlichen Entfaltungs- und Intensitätsgraden erfolgen kann (vgl. Argyris & Schön, 1978). *Single-loop-learning* ist Anpassungslernen: Bei Nichterreichen eines Ziels werden im Rahmen definierter Parameter die Steuerungsmechanismen angepasst. Als reine Verhaltensanpassung an die interne oder externe Umweltdynamik bleiben die vorgegebenen Ziele (z. B. für Produktqualität, Umsatz oder Leistung) unberührt. Es werden nur Maßnahmen und Mittel zur Zielerreichung modifiziert. Dies ist vergleichbar mit der Kurskorrektur eines Navigationssystems. *Double-loop-learning* ist Veränderungslernen und geht einen Schritt weiter, indem zugrunde liegende Normen und Handlungsweisen hinterfragt und verändert werden. Ziele werden selbst zum Objekt der Anpassung. Der Wandel in der Strategie eines Unternehmens von der technologischen Produktorientierung hin zur kundenorientierten Problemlösung ist ein Beispiel. Der dritte Lerntyp, das *deutero-learning* (Prozesslernen), hat die Lernfähigkeit einer Organisation selbst zum Gegenstand des Lernprozesses. Hier stehen z. B. Fragen des Abbaus von Lernhemmnissen im Interesse, die durch die Verdeutlichung und Verinnerlichung der Prozesse des Lernens erreicht werden sollen. Es geht somit um Reflexion und Bewusstwerden der Sinnzusammenhänge und Vorgänge des Anpassungs- und Veränderungslernens.

Bei der Personalentwicklung steht bis heute individuumszentriertes Anpassungslernen (single-loop-learning auf der Lernebene der Mitarbeiter) im Vordergrund. Auf Basis vorgegebener Unternehmensziele werden Anforderungsprofile erarbeitet. Die Qualifikationsausstattung der Mitarbeiter wird anschließend daran gespiegelt, um den Qualifizierungsbedarf zu ermitteln. Darauf folgen dann Bildungsmaßnahmen, um mögliche Lücken zu schließen. Dieses Vorgehen macht bei bestimmten Tätigkeiten wie z. B. repetitiven Fließbandtätigkeiten, standardisierten Bürotätigkeiten auch weiterhin Sinn. Probleme bereitet Anpassungslernen allerdings bei den zunehmend wissensintensiven Tätigkeiten, die ein viel stärkeres reflexives Handeln auf der Grundlage von double-loop-learning erfordern (z. B. Projektarbeit).

Die betriebliche Personalentwicklung selbst hinterfragt in den seltensten Fällen die ihr vorgegebenen Ziele. Möglich wird dies, wenn der Personalentwicklung im Unternehmen auch andere Funktionen als nur die Erfüllung von Strategien zugesprochen wird. Die Fokussierung auf Veränderungs- und Prozesslernen durch die PE geht mit einer veränderten strategischen Ausrichtung dieser einher. Wird Personalentwicklung als wichtiger Partner der Strategiegestaltung gesehen, so kann sie der Bereich sein, der Veränderungsprozesse initiiert. Es geht darum, gegenwärtige Handlungsstrategien und Ziele, zugrunde liegende Werte, Normen und Einstellungen auf Ebene der gesamten Organisation zu analysieren und auf ihre Tauglichkeit hin zu überprüfen. Dabei stehen auch die Lernprozesse und Lerninstrumente des gesamten Unternehmens zur Disposition (vgl. deutero-learning).

3.4 In welchen Phasen wird gelernt?

Der Differenzierung in unterschiedliche Lernphasen liegt ein Prozessverständnis zugrunde. Im Kern geht es dabei um die folgenden Aktivitäten (vgl. Pawlowsky, 1992, 1994, 1998):

- Systematische *Identifikation* von Wissen: Welches Wissen ist bereits im Unternehmen vorhanden? Wo bzw. bei wem liegt dieses Wissen? Welches externe Wissen (Wissen des Herstellers, der Zulieferer, der Fahrzeugkunden, von Forschungsinstitutionen) ist nützlich?
- *Generierung* von Wissen: Wie wird neues Wissen entwickelt?
- *Wissensdiffusion:* Wie wird Wissen im Unternehmen verteilt? Wie kann der Austausch von Wissen erfolgen?
- *Integration* und *Modifikation* von Wissen: Wie wird Wissen in die organisationale Wissensbasis des Unternehmens integriert? Wie verändert sich diese dadurch?
- *Aktion* und Nutzung von Wissen: Wie werden Erkenntnisse und neues Wissen in Handeln umgesetzt, damit es zur Verbesserung der Unternehmensprozesse und -leistungen führt?

Die Generierung von Wissen auf individueller Ebene ist klassischerweise Aufgabe der Personalentwicklung. Die Entwicklung des Einzelnen bedeutet aber noch lange nicht, dass das gewonnene Wissen für das Unternehmen verfügbar ist. Da organisationales Lernen das Unternehmen als Ganzes zur Bezugsgröße hat, stellt sich die Frage, wie das neue Wissen eines Mitarbeiters für die Organisation nutzbar gemacht werden kann. Gedanklich befinden wir uns hier in der Phase der Wissensintegration. Mit dieser Lernphase beschäftigt sich die Personalentwicklung in der Praxis bisher nicht. Es geht dabei nicht um den bloßen Austausch von Informationen oder die punktuelle Diffusion neuen Wissens, sondern um die Entwicklung des Wissenssystems der Organisation. Dieses zeigt sich in einem gemeinsamen Verständnis und bietet als übergeordnetes Muster

Orientierung für die Handlungen von Einzelnen und Arbeitsgruppen (vgl. Pawlowsky, 1995, S. 450). Hier ist die Verknüpfung von individuellem mit kollektivem Lernen sichtbar. Wissen in Organisationen kann dabei

- *horizontal* integriert werden, d. h. zwischen Subsystemen auf einer Hierarchieebene: Mitarbeiter teilen ihr Wissen mit Mitgliedern der Arbeitsgruppe.
- *vertikal* integriert werden, d. h. zwischen unterschiedlichen Hierarchieebenen: Mitarbeiter teilen ihr Wissen mit Vorgesetzten und Untergebenen.
- *temporal* integriert werden, d. h. zwischen vor- und nachgelagerten Systemebenen: Mitarbeiter oder Arbeitsgruppen teilen ihr Wissen mit Mitarbeitern/Arbeitsgruppen, die vor- oder nachgelagerte Arbeitsschritte ausführen (vgl. ebd.).

In der Regel de-integrieren klassische Personalentwicklungskonzepte jedoch, indem sie nur auf das Individuum und dessen Wissen fokussieren und nicht die Organisation als Ganzes im Blick haben.

Auch die Phase der Aktion (Wissen wird in Handeln umgesetzt) wird seitens der Personalentwicklung (bisher) eher stiefmütterlich behandelt – und das, obwohl die Transferproblematik zwischen Lern- und Anwendungsfeld bereits seit Längerem bekannt ist (vgl. Pawlowsky & Bäumer, 1996). Neue Konzepte wie das Lernen im Prozess der Arbeit sind Ansatzpunkte. Allerdings kann weder von einem befriedigenden Verbreitungsgrad in den Unternehmen noch von einer expliziten Berücksichtigung der Organisation als Ganzes ausgegangen werden. Personalentwicklung kann dies als Chance zur Gestaltung ansehen.

Mit dem analytischen Blick anhand des Rahmenmodells wird organisationales Lernen für die Unternehmenspraxis fassbar. Ziel ist es, die Wissensarchitektur einer Organisation zu beobachten und zu gestalten. Wichtig ist ein integratives Vorgehen, das die unterschiedlichen Lernebenen, -formen, -typen und -phasen gleichermaßen berücksichtigt. Angesetzt werden kann dabei bei einzelnen Mitarbeitern, bei den Prozessen und Strukturen im Unternehmen sowie bei der technischen Infrastruktur.

4. Lernwerkzeuge der Personalentwicklung

Unter Lernwerkzeug verstehen wir ein Instrument oder eine Intervention, mit dessen bzw. deren Hilfe organisationales Lernen gestaltet werden kann. Personalentwicklung kann diese im Unternehmen einsetzen, um Lernprozesse zu fördern und Lernbarrieren zu beseitigen. Anhand des Rahmenmodells können die Lernwerkzeuge dahingehend beschrieben werden, welche Effekte entsprechend der vier Dimensionen angestrebt werden (vgl. Pawlowsky & Reinhardt, 2002, S. 3 f.):

- **Lernebene:** Wird das Instrument zur Förderung des Lernens bei Individuen oder bei Gruppen eingesetzt? Zielt es auf die organisationale oder interorganisationale Ebene ab?
- **Lernformen:** Soll das Lerninstrument kognitives, kulturelles, verhaltensorientiertes Lernen oder alle drei Formen unterstützen?
- **Lerntypen:** Ermöglicht das Instrument einfaches Feedback über Fehler oder werden Lerntypen höherer Ordnung (double-loop und deutero-learning) gefördert?
- **Lernphasen:** Unterstützt ein Instrument eher einzelne Phasen, wie z. B. die Identifikation oder Verteilung von Wissen im Unternehmen, oder bezieht es sich sogar auf alle Phasen des organisationalen Lernens?

Tabelle 1[1] beschreibt Werkzeuge organisationalen Lernens hinsichtlich der Dimensionen. Sie kann Personalentwicklern dazu dienen, zielbezogen die Lerninstrumente einzusetzen.

---

[1] Eine ausführliche Beschreibung der Lerninstrumente sowie weitere Beispiele aus der Unternehmenspraxis finden sich in Pawlowsky & Reinhardt (2002).

Tabelle 1. Kategorisierung von Lernwerkzeugen (nach Pawlowsky & Reinhardt, 2002, S. 30)

Werkzeug	Lern-ebene	Lern-typ	Lern-form	Lern-phase
Quick market intelligence • Strukturierte Treffen verschiedener am Geschäftsprozess Beteiligter aus unterschiedlichen Bereichen, um Informationen aus verschiedenen Perspektiven und Positionen heraus zu sammeln, zu interpretieren und in praktische Problemlösungen zu übersetzen. • Ziel: Prozess der Informationssammlung, Interpretation, Entscheidungsfindung und Aktionsumsetzung beschleunigen.	Gruppen, Organisation	single- und double-loop learning	kognitives und kulturbezogenes Lernen	Identifikation
Gamma • Softwaretool, das die Methodik des vernetzten Denkens unterstützt. • Komplexe Zusammenhänge können einfach und schnell visualisiert und anschließend analysiert werden.	Gruppen	double-loop und deutero-learning	kognitiv mit Einfluss auf kulturelle Faktoren	Identifikation und Entwicklung
Social Software (User Generated Content) • Social (Organisational) Networks: Mitarbeiter veröffentlichen ihre Kompetenzen auf eigenen Profilseiten und nehmen in problemorientierten Beiträgen darauf Bezug.	Gruppen, Organisation, interorganisational	single- und double-loop learning	kognitives Lernen mit Einfluss auf verhaltensbezogene Faktoren	Identifikation

Tabelle 1. (Fortsetzung)

Werkzeug	Lern-ebene	Lern-typ	Lern-form	Lern-phase
• Wiki, Forum, Blog, Microblog, Social Tagging (oft verknüpft in Social Networks)	Gruppen, Organisation, interorganisational			Identifikation, Generierung, Diffusion
Open Space Technology				
• Ansatz zur Gestaltung von Großkonferenzen	Gruppen	double-loop und deutero-learning	kognitives und kulturbezogenes Lernen	Identifikation und Entwicklung
• Elaborierte Moderationstechnik mit dem Ziel, neue Ideen zu entwickeln.	Organisation			
Work-out				
• Zweieinhalbtägiges Work-out-Treffen zur Bearbeitung vorher durch Interviews im Unternehmen eruierter Problembereiche	Gruppen	double-loop und deutero-learning		Entwicklung
• Manager verpflichten sich, Problembereiche tatsächlich zu bearbeiten.				
• Initiierung eines Teamentwicklungsprozesses				
Dialog				
• Schaffung eines gemeinsamen Raums des Hinterfragens, indem die Aufmerksamkeit der Gruppenteilnehmer neu ausgerichtet wird.	Gruppen		kognitives und kulturbezogenes Lernen	Integration und Modifikation
• Entwicklung eines kollektiven Verständnisses der Situation/des Problems				

Tabelle 1. (Fortsetzung)

Werkzeug	Lern-ebene	Lern-typ	Lern-form	Lern-phase
Learning histories • Dient der Dokumentation von Fakten und Ereignissen, die in einem bestimmten Zeitraum (z. B. Projekt) passiert sind. • Ziel: Systematischer Zugang zu Erfahrungen aus früheren Veränderungsprozessen, damit andere davon lernen können.	inter-organisa-tional	deutero-learning	kognitives und kulturbezogenes Lernen	Diffusion
Learning contracts • Lernverträge sind formale Abkommen zwischen einem Lernenden und einem Trainer über Lernziele. • Der Lernende übernimmt eine aktive Rolle und Verantwortung für das Lernen.	Individuen	deutero-learning	kognitives und verhaltensbezogenes Lernen	Aktion
Shadowing • Lernprozess, bei dem der Lernende einen Kollegen bei der Arbeit beobachtet. • Ziel: Übermittlung impliziten Wissens von erfahrenen auf jüngere Mitarbeiter	Individuen	deutero-learning	verhaltensbezogenes Lernen	Aktion
Learning laboratories/Mikrowelten • Computerbasierte Simulationen und Fallstudien • Praktisches Feld zum Probieren von Handlungen und anschließendes Diskutieren und Reflektieren	Gruppen	double-loop und deutero-learning	verhaltensbezogenes Lernen	Aktion

5. Fazit und Ausblick

Personalentwicklungsaktivitäten erfolgen in der Praxis weitgehend unsystematisch und reaktiv. Im Vordergrund steht nach wie vor eine Qualifizierungspraxis, die meist technisch determinierte Anforderungen zum Ausgangspunkt hat. Personalentwicklung unterstützt als letztes Glied einer hierarchischen Kette innerhalb eines „Top-down"-Ansatzes die Strategieumsetzung: Nach Entwicklung einer Unternehmensstrategie werden Qualifikationsanforderungen formuliert. Ziel ist, eine optimale Deckung zwischen Anforderungen und Qualifikationen ohne Überschussressourcen herzustellen. Inhaltlich und zeitlich ordnet sich die PE allen strategischen Entscheidungen unter. Der Stellenwert von Wissen als eigenständiges Kapital wird unterschätzt. Wissenspotenziale werden selten als erstrebenswert erachtet (vgl. Pawlowsky & Bäumer, 1996).

Für die industriell geprägte Wirtschaft mag diese Vorgehensweise sinnvoll gewesen sein. Unternehmen in der wissensbasierten Wirtschaft sind unserer Ansicht nach gut beraten, die klassischen Prinzipien und Praktiken der Personalentwicklung infrage zu stellen und zu verändern, da die Steuerungsprinzipien der wissensbasierten Wirtschaft – wie gezeigt – gänzlich anders sind als in der Industriegesellschaft. Die Erneuerung und Entwicklung der organisationalen Wissensbasis mit dem Ziel der Lernfähigkeit stehen im Vordergrund. Das Rahmenmodell organisationalen Lernens und die Lernwerkzeuge dienen als Blaupause zur Analyse und Gestaltung der Personalentwicklungsaktivitäten. Die organisationale Lernfähigkeit liegt in der Verantwortung der Personalentwicklung. Damit verändert sich die Zielperspektive der Personalentwicklung: Maßstab für erfolgreiche Bildungsarbeit ist die Fähigkeit, organisationale (nicht individuelle) Lernprozesse zu initiieren und zu fördern.

Literatur

Argyris, C. & Schön, D. A. (1978). *On Organizational Learning.* Malden, MA: Blackwell Publishers Inc.

Behr, M. & Engel, T. (2001). Entwicklungsverläufe und Entwicklungsszenarien ostdeutscher Personalpolitik. Ursachen, Folgen und Risiken der personalpolitischen Stagnation. In: P. Pawlowsky & U. Wilkens (Hrsg.): *Zehn Jahre Personalarbeit in den neuen Bundesländern. Transformation und Demographie.* München. München, Mering: Hampp, S. 255–278.

Lutz, B. & Wiener, B. (1999). *Wege aus der demographischen Falle. Materialband II des Zentrums für Sozialforschung Halle „Industrielle Fachkräfte für das 21. Jahrhundert".* Halle: Zusammenkunft des Steuerkreises vom 15.04.1999.

Moldaschl, M. & Voß, G. G. (2002). *Subjektivierung von Arbeit.* München, Mering: Hampp.

Pawlowsky, P. (1995). Von der betrieblichen Weiterbildung zum Wissensmanagement. In: H. Geißler (Hrsg.): *Organisationslernen und Weiterbildung.* Berlin: Luchterhand.

Pawlowsky, P. (1998). *Wissensmanagement. Erfahrungen und Perspektiven.* Wiesbaden: Gabler.

Pawlowsky, P. (2001). Personalentwicklungsstrategien und die demographische Falle in den neuen Bundesländern. In: P. Pawlowsky & U. Wilkens (Hrsg.): *Zehn Jahre Personalarbeit in den neuen Bundesländern. Transformation und Demographie.* München, Mering: Hampp, S. 107–120.

Pawlowsky & Reinhardt (2002). *Wissensmanagement für die Praxis. Methoden und Instrumente zur erfolgreichen Umsetzung.* Neuwied/Krieftel: Luchterhand.

Pawlowsky, P. & Bäumer, J. (1996). *Betriebliche Weiterbildung. Management von Qualifikation und Wissen.* München: Beck.

Pawlowsky, P. & Geppert, M. (2005). Organisationales Lernen. In: E. Weik & R. Lang (Hrsg.): *Moderne Organisationstheorien 1.* Wiesbaden: Gabler, S. 259–293.

Pawlowsky, P. & Reinhardt, R. (2002). Instrumente Organisationalen Lernens. Die Verknüpfung zwischen Theorie und Praxis. In: P. Pawlowsky & R. Reinhardt (Hrsg.): *Wissensmanagement für die Praxis. Methoden und Instrumente zur erfolgreichen Umsetzung.* Berlin: Luchterhand.

Reinhardt, R. (1993). *Das Modell organisationaler Lernfähigkeit und die Gestaltung lernfähiger Organisationen. Volks- und Betriebswirtschaft, Band.* 1425, Frankfurt am Main: Lang.

Wilkens, U. (2004). *Management von Arbeitskraftunternehmern. Psychologische Vertragsbeziehungen und Perspektiven für die Arbeitskräftepolitik in wissensintensiven Organisationen.* Wiesbaden: DUV.

Wilkens, U. & Pawlowsky, P. (2003). Personalarbeit in einer wissensbasierten Wirtschaft. In: M. Becker & G. Rother (Hrsg.): *Personalwirtschaft in der Unternehmenstransformation. Stabilitas et Mutabilitas.* München, Mering: Hampp, S. 239–253.

WIREG – Wirtschaftsförderungsgesellschaft (2005). Fachkräftebedarf in der Wirtschaftsregion Chemnitz-Zwickau. Teil 1: Ergebnisse der Unternehmensbefragung. Pressekonferenz vom 23.09.2005.

Wie internationalisieren? Wege zu einer internationalen Personalentwicklung

Henriette-Muriel Müller, Alexander Thomas & Jan-Peter Müller

Vor dem Hintergrund der zunehmenden Globalisierung, Mobilisierung und Technologisierung in den letzten Jahrzehnten sollte es für Personalverantwortliche nicht um die Fragestellung gehen, warum das Thema Internationalisierung in die aktuelle Personalentwicklung zu integrieren ist. Stattdessen sollte vielmehr gefragt werden, wie man als Personalverantwortlicher in der heutigen westlichen Welt das Thema Internationalisierung von Personalentwicklung bisher außer Acht lassen konnte und wie auf diese Herausforderungen zu reagieren ist.

Wachstumschancen von Unternehmen können nur dann realisiert werden, wenn Unternehmen Expansionsmöglichkeiten ins Ausland wahrnehmen, internationale Wettbewerber können nur ganzheitlich mit unter die Lupe genommen werden, wenn ein ausreichendes Verständnis für ausländische Märkte vorhanden ist, und Kunden verlangen mit einem wachsenden Selbstverständnis ein gewisses Maß an interkultureller Sensibilität, interkulturellem Verständnis und die Bereitschaft, sich auf die besonderen Regeln, Normen, Sitten und Gebräuche der jeweiligen Heimatkultur einzustellen. Der demografische Wandel in Deutschland führt zudem zu einer Knappheit an qualifizierten Arbeitskräften. Maßnahmen wie der Abbau bürokratischer Hürden zum Arbeitsplatzwechsel innerhalb Europas verstärken das Zukunftsbild einer immer internationaler beschaffenen Workforce in Deutschland ansässiger Unternehmen. Es lässt sich konstatieren: Internationalität ist omnipräsent und eine Vorbereitung von Führungskräften und Mitarbeitern auf einen erfolgreichen Umgang mit Internationalität ist dringend notwendig, um im internationalen Wettbewerb bestehen zu können, ohne Erfolgschancen und Marktanteile einzubüßen. Internationale Handlungskompetenz, auf allen Führungsebenen verankert, bietet einen Wettbewerbsvorteil.

Im Kern geht es also um die Frage, wie das Thema Internationalisierung von Personalentwicklung wertschöpfend in einer Organisation verankert werden kann. Dieser Beitrag verfolgt nicht das Ziel, ein vollständiges Implementierungskonzept mit den entsprechenden Projektphasen, Meilensteinen und möglichst auch hinterlegten messbaren Kennzahlen vorzulegen. Stattdessen werden erste Schritte skizziert, um das Thema Internationalität ins Bewusstsein von Personalverantwortlichen sowie Entscheidern in einer Organisation zu rücken und Möglichkeiten einer erfolgreichen internationalen Personalpolitik in Form eines strategisch ausgerichteten internationalen Kompetenzmanagements aufzuzeigen.

Zunächst werden die Begriffe „Internationale Handlungskompetenz" und „Internationaler Handlungserfolg" als Grundlage und Ziel eines internationalen Kompetenzmanagements definiert. Darauf aufbauend wird die Bedeutsamkeit einer Verankerung des Wertschöpfungspotenzials internationaler Kompetenzen in der Unternehmensstrategie sowie Möglichkeiten der operativen Umsetzung von internationaler Personalentwicklung beschrieben. Im Anschluss daran sollen ausgewählte konkrete Beispiele veranschaulichen, wo und wie Internationalisierung von Personalentwicklung bereits erfolgreich praktiziert wird. Leitfragen bieten abschließend die Möglichkeit, den Status quo einer Internationalisierung der Personalentwicklung in der eigenen Organisation zu überprüfen.

1. Begriff der „Internationalen Handlungskompetenz"

Der Aufbau Internationaler Handlungskompetenzen bildet die Grundlage und Zielsetzung einer systematischen internationalen und auch interkulturellen Kompetenzentwicklung. Während der Kulturbegriff beliebig weit gefasst werden kann, indem bspw. von Fach-, Organisations- oder Regionalkulturen gesprochen wird, bezieht sich der Begriff „International" auf das Merkmal Nationalität als Unterscheidungsmerkmal und ist somit griffiger und daher in der Praxis weitverbreitet. Im vorliegenden Beitrag werden beide Begriffe verwendet, je nach gewünschter Fokussierung auf ein engeres versus weiteres Begriffsverständnis im jeweiligen Sinnzusammenhang.

Der Begriff „Interkulturelle Handlungskompetenz" wird in der „Intercultural Scientific Community" oft synonym zu einer Vielzahl anderer Begriffe verwendet, wie z. B. „cross-cultural effectiveness" (Kealey, 1989), „intercultural communication effectiveness" (Dean & Popp, 1990), „intercultural effectiveness" (Cui & Van den Berg, 1991), „intercultural sensitivity" (Bhawuk & Brislin, 1992) u. a. Diese Vielzahl an Begrifflichkeiten für ein und dasselbe Konstrukt liegt in der Unterschiedlichkeit des jeweiligen Forschungsfokus und der zugehörigen Theorien begründet.

Übereinstimmung besteht dahingehend, dass es sich bei interkultureller Handlungskompetenz um einen Sammelbegriff für all die Kenntnisse, Fähigkeiten und Fertigkeiten handelt, die interkulturellen Handlungserfolg bedingen (Stahl, 1998), sowie dahingehend, dass es sich um ein multidimensionales Konstrukt handelt (Cui & Van den Berg, 1991) und dass der Begriff sowohl die kognitive, die affektive als auch die Verhaltenskomponente einschließt.

Der Frage, was sich hinter dem Konstrukt interkulturelle Handlungskompetenz verbirgt, hat man sich von drei Seiten genähert. Untersucht wurden zum einen das Individuum und seine Persönlichkeit als Ursprung des Handels, zum zweiten die spezifischen Charakteristika der Situation, der sich ein Mensch gegenüber sieht, und drittens die Interaktion zwischen Person und Situation (Detweiler, Brislin & McCormack, 1983). Seit den 80er-Jahren hat sich der interaktionistische Ansatz durchgesetzt, d.h., es besteht Übereinstimmung dahingehend, dass Anpassungserfolg in einer interkulturellen Überschneidungssituation abhängig ist von der Passung zwischen Persönlichkeitsfaktoren und situativen Gegebenheiten.

So definiert Thomas (2000) internationale Handlungskompetenz als die Fähigkeit, kulturelle Einflussfaktoren im Wahrnehmen, Denken, Urteilen, Empfinden und Handeln

- einmal bei sich selbst und zum anderen bei kulturell fremden Personen
- zu erfassen, zu würdigen, zu respektieren und produktiv zu nutzen.

Darüber hinaus ist festzustellen, dass interkulturelle Handlungskompetenz keine isolierte Fähigkeit darstellt, über die zunächst niemand verfügt und die jeder somit von Grund auf neu erlernen müsste. Die engen Beziehungen einer allgemeinen sozialen Handlungskompetenz und einer interkulturellen Handlungskompetenz werden allein schon dadurch deutlich, dass je nachdem, wie weit oder eng der Kulturbegriff gefasst wird, auch jede soziale Interaktion als interkulturelle Interaktion verstanden werden kann. Außerdem wird interkulturelle Handlungskompetenz als das Ergebnis eines Lernprozesses verstanden und ist somit nicht einfach nur vorhanden, sondern entwickelt sich permanent weiter, wobei das Kompetenzniveau im Laufe der Zeit immer weiter gesteigert werden kann (Thomas, 2003).

In Anlehnung an Brislin (1994) kann internationaler Handlungserfolg definiert werden

- als persönliche Zufriedenheit im Sinne des Fehlens stressbezogener Symptome aus der Perspektive des Individuums
- als zufriedenstellende soziale Beziehungen aus Sicht aller beteiligten Partner
- als effektive Aufgabenerfüllung aus der Perspektive des Individuums und der Organisation.

Internationaler Handlungserfolg ist das Ziel eines erfolgreichen Aufbaus internationaler Handlungskompetenzen. Eine wertschöpfende interkulturelle Sensibilisierung und Ausrichtung der Personalentwicklung zeigt sich bspw., indem durch den Aufbau interkultureller Kompetenzen solche Fähigkeiten ausgebildet und geschult werden, die über interkulturelle Interaktionssituationen hinaus in vielerlei monokulturell kritischen Interaktionssituationen Handlungserfolg entscheidend beeinflussen. Darunter fallen bspw. Kompetenzen wie Offenheit, Flexibilität, Ambiguitätstoleranz und Erfolgszuversicht (vgl. Müller, 2004). Des Weiteren wird die Wertschöpfung einer international ausgerichteten Personalentwicklung dadurch sichtbar, dass die Kosten für eine interkulturelle Personalentwicklung im Vergleich zu den Kosten, die durch gescheiterte internationale Projekte und Auslandseinsätze entstehen, kaum nennenswert sind. So kostet bspw. die Fehlbesetzung einer Führungsposition im Ausland das entsendende Unternehmen in der Regel das Drei- bis Vierfache des Jahresgehalts, von den finanziellen Folgeschäden durch Imageverlust, gestörte Beziehungen zu einheimischen Mitarbeitern, Kunden und anderen einmal abgesehen (vgl. Stahl 1998).

2. Entwicklung eines internationalen Kompetenzmanagements

Was bedeutet das skizzierte Verständnis internationaler Handlungskompetenz und internationalen Handlungserfolgs in der Konsequenz für den Aufbau eines internationalen Kompetenzmanagements in einer Organisation?

Den Führungskräften eines Unternehmens kommt stets eine besondere Rolle zu. Sie fördern die konkrete Ausgestaltung der Unternehmenskultur und unterstützen ihre Mitarbeiter beim Erwecken der definierten Kulturwerte. Dementsprechend muss eine Verinnerlichung des Wertes „Diversity" bzw. „Kulturelle Vielfalt" und die Notwendigkeit eines wertschöpfenden Umgangs damit bei den Führungskräften beginnen. Erst wenn eine Sensibilisierung der Führungskräfte, der Unternehmensleitung und dann der Mitarbeiter auf allen Ebenen für kulturelle Unterschiede und kulturspezifisch unterschiedlich Erfolg versprechende Handlungsstrategien stattgefunden hat, können auf einer organisationalen Ebene die entsprechenden Strukturen, Prozesse und Systeme aufgebaut werden. Erst wenn Führungskräfte sowie Mitarbeiter verstanden haben, dass kulturelle Vielfalt Bereicherung bedeutet sowie spezifisches Handlungswissen erfordert, um damit produktiv umgehen zu können, sind die Grundlagen gelegt, um einen identitätsbildenden Change-Prozess im Sinne des Aufbaus eines systematischen interkulturellen Kompetenzmanagements einzuleiten. Nur wenn die Menschen motiviert, gewillt und befähigt sind, können Systeme erfolgreich umgestellt werden.

Der Personaler steht bekannterweise im Spannungsfeld seiner Rollen als „strategischer Businesspartner" versus „operativer Erfüllungsgehilfe" der anderen Organisationseinheiten, der Führungskräfte und der Unternehmensleitung. Beide Rollen sowie die damit verbundenen Aufgaben und Verantwortlichkeiten müssen im praktizierten interkulturellen Kompetenzmanagement abgebildet werden und zum Einsatz kommen.

2.1 Strategische Verankerung eines internationalen Kompetenzmanagements

Handlungsfelder für erfolgreiche Personalentwicklungsprojekte leiten sich aus der Unternehmens- bzw. Personalstrategie ab. Die entstehenden Projekte legitimieren sich somit aus der Strategie und ihr Beitrag zum Unternehmenserfolg ist offensichtlich. Das lässt sich auch für ein Projekt zum Aufbau eines internationalen Kompetenzmanagements konstatieren. An erster Stelle steht dabei die Entwicklung einer Vision bzw. eines Zukunftsbildes durch die Unternehmensleitung. Dies kann bspw. die Vision einer multikulturellen Belegschaft sein, die in produktiven Prozessen global erfolgreich miteinander kooperiert und der es gelingt, Synergieeffekte produktiv für den Unternehmenserfolg zu nutzen. Des Weiteren bedarf es einer strategischen Legitimierung seitens der Geschäftsführung bzw. des Vorstands, durch welche Schlüsselwerte wie „kulturelle Vielfalt", „Diversity" und „Internationalität" einen wichtigen Wertschöpfungsbeitrag zum unternehmerischen Erfolg darstellen und dieser auch beschrieben wird. Diese Schlüsselwerte sollten im Führungsleitbild als zentrale Paradigmen verankert sein.

Planerisch und zeitgleich zur Entwicklung einer Internationalisierungsstrategie auf Unternehmensleitungsebene muss die interkulturelle Personalentwicklung eine Personalstrategie entwickeln, die zur Gesamtstrategie des Unternehmens passt, entsprechende Instrumente zur Diagnose und Entwicklung von interkultureller Handlungskompetenz einsetzen und deren Qualität durch eine systematische Evaluation absichern.

2.2 Operative Umsetzung eines internationalen Kompetenzmanagements

Erste Schritte einer operativen Umsetzung für ein systematisches interkulturelles Kompetenzmanagement können anhand des HR-Zyklus von Kinast & Thomas (2003) verdeutlicht werden (siehe Abbildung 1).

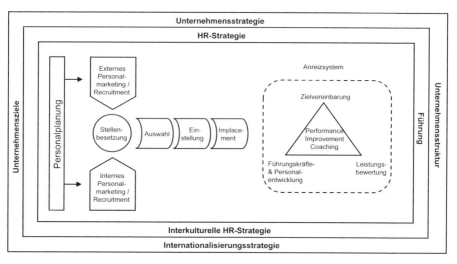

Abb. 1. Human-Resources-Zyklus (Kinast & Thomas, 2003)

Dieses Konzept macht deutlich, wie sich das Thema Internationalisierung der Personalentwicklung in jedem Aufgabengebiet der Organisationseinheit „Personal" wiederfindet. Für die Umsetzung einer konsequenten internationalen Personalpolitik in einer Organisation müssen demnach sämtliche HR-Prozesse restrukturiert werden. Wie kann das in einem ersten Schritt in der Praxis aussehen?

Für den Bereich der **Personalrekrutierung und des -marketings** können im Rahmen von Marketing- und Rekrutierungsveranstaltungen Fach- und Führungskräfte angesprochen werden, die Interesse an einer internationalen Karriere haben. Dies kann bspw. durch internationale Traineeprogramme oder Karriereseiten in mehreren Fremdsprachen auf der Homepage des Unternehmens initiiert werden. Entsprechend sollte im Rahmen des eigentlichen Auswahlprozesses neben der fachlichen, sozialen, individuellen und strategischen Kompetenz die interkulturelle Handlungskompetenz des Bewerbers eingeschätzt werden. Dazu ist die Methode des interkulturellen Assessment-Centers derzeit die Methode der Wahl. Wichtig ist hierbei u.a., im Interview die grundsätzliche Bereitschaft der Bewerber für internationale (Projekt-) Tätigkeiten versus längere oder regelmäßige Auslandsaufenthalte zu hinterfragen. Ebenso liefert der biografische Teil des Interviews, bspw. eine Reflexion über einen Schul- oder Studienaufenthalt im Ausland, wertvolle Informationen über das aktuelle Niveau interkultureller Kompetenzentwicklung. Wichtig ist hierbei, das Interview nicht als Versprachlichung des verschrifteten Lebenslaufs zu betrachten, sondern hieraus Ansätze für das aktuelle Kompetenzniveau interkultureller Reflexionsfähigkeiten abzuleiten, auf deren Basis weitere Personalentwicklung dann ansetzen kann.

Der Schwerpunkt jeder interkulturellen Personalentwicklungsmaßnahme liegt zweifelsohne im Bereich der **Qualifizierung**. Hierfür können interkulturelle Trainings und Coachings eingesetzt werden. Gegenstand interkultureller Trainings und Coachings ist die Förderung und Entwicklung interkultureller Handlungskompetenz. Jede Fach- und Führungskraft, die irgendwann einmal international arbeiten will oder im In- und Ausland mit fremdkulturell geprägten Partnern zu tun hat, sollte zumindest ein kulturallgemeines und dann jeweils ein zielkulturspezifisches Orientierungstraining durchlaufen haben. Zur Konzeption und Gestaltung bedarfsgerechter Trainings werden bspw. Ergebnisse aus Potenzialanalysen verwendet oder es wird ein interkulturelles Assessment-Center vorgeschaltet.

Interkulturelle Trainings, die sich in der Praxis bewährt haben und systematisch zum Einsatz kommen, erzielen einen hohen interkulturellen Lerneffekt. Die Ergebnisse von Evaluationsstudien bestätigen die Wirksamkeit interkultureller Trainings. So konnte Kinast (1998) in ihrer Forschungsarbeit nachweisen, dass Mitarbeiter in kulturallgemeinen interkulturellen Trainings die Kulturstandards anderer Kulturen kennenlernen und dieses Wissen dann in der Praxis verwenden, um sich in interkulturellen Überschneidungssituationen kuluradäquat zu verhalten. Hierdurch werden systematisch Kompetenzen zum Management und zur Führung multikultureller Teams aufgebaut. Darunter fallen Fähigkeiten wie interkulturelle Konfliktlösung, Kommunikation, Moderation, Verhandlungsführung oder auch Delegation. Zusätzlich kann ein transferorientiertes Prozesswissen aufgebaut werden, d.h., der Trainingsteilnehmer lernt zu identifizieren, nach welchen Regeln eine Kultur funktioniert, diese Regeln in sein eigenes Orientierungssystem zu implementieren und sich dann anzupassen, wenn es notwendig ist. Das ist dann die höchste Stufe internationaler Handlungskompetenz auf individueller Ebene.

In interkulturellen Coachings können darüber hinaus Interventionen sehr spezifisch auf Einzelbedarfe von Projektleitern bzw. Führungskräften ausgerichtet werden. Hier wird die aktuelle Befindlichkeit der Fach- oder Führungskraft bei der Erledigung ihrer Arbeitsaufgaben in den Mittelpunkt der Betrachtung gestellt. Interkulturelle Coachings können nicht nur als Vorbereitung auf, sondern auch unterstützend während eines Auslandsaufenthalts oder anhaltender regelmäßiger verantwortlicher internationaler Aktivitäten in Anspruch genommen werden. Ein interkulturelles Coaching ist vor allem auch für Personen sinnvoll, die schon im Ausland waren und spezielle Arbeitsplatz- oder aufgabenspezifische Anforderungen zu bewältigen haben.

Wenn internationale Handlungskompetenzen als neue Schlüsselkompetenzen von der Geschäftsführung/dem Vorstand gefordert sind, müssen entsprechende Maßnahmen zum Aufbau und zur Förderung in **Zielvereinbarungsprozessen** verankert sein. Die diesbezüglichen Vereinbarungen sind nachzuhalten. Zur Messung des Lernerfolgs kann hier bspw. mittels eines interkulturellen Assessment-Centers eine Evaluation durchgeführt werden.

Wenn Personen in Schlüsselfunktionen einer Organisation sensibilisiert sind für die Notwendigkeit des Erlernens interkultureller Kompetenzen, kann dieser von der Personalentwicklung initiierte Prozess interkulturellen Kompetenzerwerbs bereits zum Eintrittstermin neuer Mitarbeiter gestartet werden. So könnten bspw. in Form eines **Inplacement** internationale Welcome Days für weltweit neu eingestellte Fach- oder Führungskräfte an einem Ort auf der Welt veranstaltet oder internationale Einstiegsprogramme veranstaltet werden. Diese enthalten neben Projektarbeit in gemischtkulturellen Projektteams ein Qualifizierungsprogramm, das auch interkulturelle Trainings und Coachings integriert. Im Speziellen ist hier ein Fokus auf die Entwicklung eines Bewusstseins für Kriterien einer erfolgreichen Zusammenarbeit in multikulturellen Projektteams zu legen. International zusammengesetzte Projektteams müssen eine bestimmte internationale Handlungskompetenz besitzen, um ihre Leistung zu optimieren und Synergiepotenziale nutzen zu können (vgl. Stumpf & Thomas, 2003).

Des Weiteren könnten standardisiert nach spätestens 6 Monaten **interkulturelle Potenzialanalysen** des neuen Mitarbeiters durchgeführt werden. Hierfür eignet sich bspw. das Potenzialgespräch zwischen Vorgesetztem und Mitarbeiter im Rahmen des jährlichen Mitarbeitergesprächs oder ein Assessment-Center, das von der Personalabteilung durchgeführt wird. Im Rahmen interkultureller Personalentwicklung ist für beide Instrumente entscheidend, die Kriterien der interkulturellen Handlungskompetenz einzubauen und zu beurteilen.

Es sollten einerseits karriererelevante **Entwicklungswege** eindeutig festgelegt und andererseits für jeden Mitarbeiter transparent ausgewiesen werden, was eine internationale Fach- oder Führungskraft in der Vergangenheit alles getan haben sollte, um in der Zukunft eine bestimmte Position im Unternehmen einnehmen zu können. Diese Entwicklungswege sollten Arbeitserfahrungen und Herausforderungen in internationalen Umfeldern beinhalten, da dies eine sehr gute Möglichkeit zum interkulturellen Lernen bietet, zumal wenn Entwicklungswege und Qualifizierungsmaßnahmen miteinander verzahnt werden.

Das Erfolgsrezept einer nachhaltigen interkulturellen Personalentwicklung umfasst jedoch neben den genannten auf die verschiedenen Zielgruppen abgestimmten Maßnahmen und Programmen mit gleicher Wichtigkeit den parallelen Aufbau eines systematischen **Wissensaustausches und Networking** innerhalb der Organisation. Es bedarf eines Angebots zum Austausch und zur Vernetzung, das auf eine Vertiefung von Wissen innerhalb einer Organisation bezüglich interkultureller Fragen abzielt. Hierzu kann es bspw. einen Pool ehemaliger Expatriates geben, die als Länderreferenten in Workshops referieren oder ein Internetforum („News Net") mit kulturellen wie praktischen Informationen über bestimmte Länder. Überhaupt ist es an der Zeit, die vielfältigen kulturellen Erfahrungen von Mitarbeitern in Unternehmen als Ressource ernst zu nehmen und auch für Trainings zu nutzen.

Ebenso ist zu konstatieren, dass interkulturelles Lernen ein lebenslanger Prozess ist, der immer auch durch ein angemessenes **Selbstmanagement** eigenverantwortlich zu gestalten ist.

Internationale Handlungskompetenz kann nicht über die Erfahrung alleine aufgebaut werden.

Diese Erfahrung muss reflektiert und durch die entsprechenden Konzepte zu Kulturstandards und Wissen über länderspezifische Besonderheiten verstehbar gemacht werden. Ergänzt durch entsprechende Trainings und Supervisionen können so die gemachten Erfahrungen in neue Handlungen auf einem höheren Kompetenzniveau umgesetzt werden. Es bedarf also der Eigeninitiative, der entsprechenden Fachliteratur und der Verfügbarkeit interkulturell qualifizierter Personalentwickler oder Experten, um die persönliche internationale Handlungskompetenz aufzubauen und kontinuierlich weiterzuentwickeln. Dieser Kompetenzaufbau ist nur durch entsprechende Selbstmanagementtechniken zu steuern und zu gestalten. Als Literatur zum Selbststudium oder auch ergänzend zu allgemeinen interkulturellen Sensibilisierungstrainings kann auf die Trainingsreihe „Internationale Handlungskompetenz" (Verlag Vandenhoeck und Ruprecht) verwiesen werden. Es handelt sich hier um eine Publikationsreihe, die Fach- und Führungskräften aus über 30 Ländern eine Vorbereitung auf ihre kulturspezifischen internationalen Tätigkeiten bietet. Das Trainingsprogramm ist umfangreich evaluiert und praxisnah aufbereitet.

3. Praxisbeispiele einer Internationalisierung von Personalentwicklung

Die folgenden Praxisbeispiele sollen der Veranschaulichung dienen und Impulse für Umsetzungsmöglichkeiten einer erfolgreichen interkulturellen Personalentwicklung liefern.

3.1 Praxisbeispiel für ein integriertes Konzept interkultureller Kompetenzentwicklung

Die Robert Bosch Gruppe ist ein interessantes Beispiel einer integrierten, auf verschiedenen Hierarchieebenen angesiedelten interkulturellen Kompetenzentwicklung. Die Bosch Gruppe ist ein deutsches Unternehmen mit Sitz in Stuttgart, das rund 271.000 Mitarbeiter in mehr als 50 Ländern beschäftigt, wovon ungefähr 41 Prozent in Deutschland arbeiten. 70 Prozent des Umsatzes werden im Ausland erwirtschaftet. Bosch führt im Bewusstsein seiner gleichermaßen deutschen als auch internationalen Unternehmensidentität kulturelle Vielfalt als einen von sieben Bosch-Werten auf: „Wir bekennen uns zu unserer regionalen und kulturellen Herkunft und betrachten zugleich Vielfalt als Zugewinn und Voraussetzung für unseren weltweiten Erfolg."

Bosch entwickelt, um die Qualität der Zusammenarbeit zwischen den Tochtergesellschaften, Joint Ventures sowie mit externen Partnern zu verbessern, im Rahmen einer internationalen Personalpolitik die interkulturellen Kompetenzen in zwei wesentlichen Teilen: Zum einen gibt es ein integriertes, auf verschiedene Zielgruppen abgestimmtes Weiterbildungsangebot, zum anderen gibt es eine Gesamtheit an Angeboten für Austausch und Vernetzung im Rahmen eines systematischen interkulturellen Wissensmanagements. Der Weiterbildungskatalog besteht u.a. aus Trainings zur Entwicklung allgemeiner interkultureller Kompetenzen (wie kulturelle Sensibilität, Sprachkompetenz oder auch Ambiguitätstoleranz), Trainings zur Arbeit in (virtuellen) multikulturellen Teams oder auch Trainings für Expatriates und deren Familien, zu denen ehemalige Expatriates als Länderexperten eingeladen werden oder Reintegrationsworkshops für Führungskraft und Familie nach der Rückkehr. Das Wissensmanagement wird bspw. gesteuert über Treffen zum Austausch zwischen Rückkehrern aus bestimmten Ländern am Hauptsitz, Länderberichte oder Kulturprofile in mehreren Sprachen (mit kulturellen wie praktischen Informationen über die Zielländer) oder auch systematisch gesteuerte Feedbacks nach der Rückkehr an Mentoren oder HR-Manager, die die Expatriates während ihrer lokalen Integrationsphase begleitet haben.

Das Innovative bei Bosch ist vor allem ein ausgeprägtes Bewusstsein für eine doppelte Identität, die ohne Widerspruch gleichzeitig global und deutsch sein darf. Während die Kultur der Produkte und Dienstleistungen eher deutsch ist, ist die Kultur der Zusammenarbeit international. Die Integration dieser beiden Kulturbestandteile zeigt sich in den Personalentwicklungsmaßnahmen, aber auch in den Angeboten zur Vernetzung und zum gegenseitigen Wissensaustausch, in denen Mitarbeiter aus verschiedenen Ländern gemeinsam für die interkulturelle Zusammenarbeit geschult werden.

3.2 Praxisbeispiel für eine frühzeitige kulturallgemeine Sensibilisierung im Rahmen von Inplacement

In Maßnahmen für die Erstausbildung für die Allianz AG findet sich ein interessantes Beispiel für eine frühe Sensibilisierung von Mitarbeitern für das Thema Internationalität. Das Ziel ist es, den Auszubildenden frühzeitig ein Bewusstsein für die Tätigkeit in einem internationalen Konzern zu vermitteln. Die Allianz AG ist ein deutsches Unternehmen mit Sitz in München, das rund 182.000 Mitarbeiter in etwa 70 Ländern beschäftigt. Vielfalt findet sich in den Grundsätzen des Personalbereichs verankert:

„Wir betrachten Vielfalt (Diversity) als einen Wettbewerbsvorteil; daher fördern wir sie kontinuierlich, um weltweit noch besser auf die unterschiedlichsten Kundenbedürfnisse eingehen zu können."

Das Ausbildungskonzept „Going global" ist nach dem Prinzip des kontextgebundenen Lernens aufgebaut (vgl. Kammhuber 2000). Es läuft in verschiedenen Phasen ab. Zu Beginn findet ein 2,5-tägiges Seminar zur kulturallgemeinen Sensibilisierung statt mit dem Ziel, den Auszubildenden die kulturelle Bedingtheit von Verhalten in konkreten Arbeitssituationen bewusst sowie den eigenen Umgang mit Fremdheit und all seinen Auswirkungen auf der kognitiven, emotionalen sowie auf der Ebene des Verhaltens erfahrbar zu machen. Hierdurch soll eine kulturintegrative Haltung gefördert sowie der Entstehung von Stereotypen und Vorurteilen entgegengewirkt werden. Dies geschieht bspw. in Form von Kultursimulationsübungen, bei denen ein Teil der Gruppe sich mit einer Fantasiekultur auseinandersetzen muss, deren Werte, Normen und Regeln dem anderen Teil der Gruppe unbekannt sind. Darüber hinaus wird mit kulturell bedingt kritischen Interaktionssituationen aus unterschiedlichen Kulturkreisen gelernt. Anhand dieser wird die kulturelle Bedingtheit des eigenen Handelns deutlich gemacht, bspw. anhand der deutschen Kulturstandards. Wird das verstanden, ist eine weitere Sensibilisierung für die kulturelle Dimension der Wirklichkeitsinterpretation geschaffen. Ebenso wird die Diversität der Auszubildendengruppe in den Übungen mit anschließender Reflexion selber zum Thema gemacht.

Um den Transfer zu sichern, gibt es im Anschluss ein Lernprojekt, das daraus besteht, dass die Auszubildenden einen Lernbaustein für die interkulturelle Ausbildung entwickeln und diesen im Folgejahr umsetzen. Somit werden die Lernenden zu Lehrenden, es entwickelt sich eine stark ausgeprägte individuelle Lernmotivation und es findet eine verstärkte Auseinandersetzung mit dem Lerngegenstand statt. Dies wirkte sich zusätzlich positiv auf die sozialen Strukturen der Auszubildendengruppe aus. So wurde bspw. eine bislang zurückhaltende Deutsche türkischer Herkunft zur Expertin für den arabischen Kulturraum benannt. Sie übernahm diese wichtige Rolle für den geplanten Lernbaustein und vermittelte den Kollegen kulturspezifisches Wissen über diesen Kulturraum und bot ihnen Erfahrungsmöglichkeiten an.

3.3 Praxisbeispiel für einen systematischen Aufbau eines interkulturellen Erfahrungsmanagements

Ein Beispiel für den systematischen Aufbau von interkulturellem Erfahrungswissen findet sich im Global Learning Program (GLP) des internationalen Hochtechnologie-Unternehmens Giesecke und Devrient (Stengel und Debo, 2006). Giesecke und Devrient ist ein deutsches Unternehmen mit Sitz in München, das rund 9.000 Mitarbeiter in etwa 30 Ländern beschäftigt, wobei etwa 60 % außerhalb Deutschlands arbeiten.

Ziel des GLP ist es, kultur- und arbeitsplatzspezifisches Erfahrungswissen, das Führungskräfte während ihrer internationalen Tätigkeit aufbauen, z.B. in einem Technologieprojekt mit Ägypten oder als Expat in Indonesien, systematisch abzurufen und dann in aufbereiteter Form dem Unternehmen zur Verfügung zu stellen. Dieses Projekt verhindert, dass wertvolle fach- und kulturspezifische Erfahrungsberichte zu „Geschichten aus dem Busch" verkommen, die stark subjektiv verzerrt und vereinfacht sind und von denen die interkulturelle Trainingsforschung weiß, dass sie Vorurteile eher verstärken als auflösen. Methodisch ist das GLP so gestaltet, dass durch den Einbezug eines interkulturell qualifizierten Personalentwicklers oder eines externen Experten Erfahrungen in der interkulturellen Zusammenarbeit systematisch in Gruppenprozessen erhoben, die kulturkritischen Situationen daraufhin mehrperspektivisch im Sinne kooperativen Lernens analysiert werden und das Lernergebnis dann systematisch in Form einer Internetplattform verbreitet wird, sodass es anderen zur Vorbereitung und Begleitung ihrer internationalen Tätigkeiten zur Verfügung steht.

Das Programm enthält folgende Schritte:
1. Auftaktworkshop zum Kennenlernen grundlegender Konzepte interkultureller Zusammenarbeit
2. Interkulturelle Fallberatung in vier Sitzungen
3. Kulturraum-Dossiers: Erarbeitung in Teams während der Gesamtlaufzeit des GLP
4. Abschlussworkshop mit Präsentation der Kulturraumdossiers vor den Vorgesetzten der Teilnehmer

Es handelt sich beim GLP somit um eine Maßnahme, die nicht an Einzelpersonen gerichtet ist oder an spezifische Gruppen, sondern durch welche die Organisation systematisch interkulturellen Kompetenzaufbau betreibt und sich dadurch im Sinne eines interkulturell selbst lernenden Unternehmens positioniert.

4. Leitfragen für die Entwicklung eines internationalen Kompetenzmanagements

Nachfolgend sind prägnant die wichtigsten Fragen zusammengefasst, die als erste Schritte zum Aufbau eines strategisch ausgerichteten interkulturellen Kompetenzmanagements beachtet werden sollten:

1. Wie ist das Thema Internationalität in der Unternehmensstrategie sowie im Führungsleitbild verankert?
2. Wie ist die Personalstrategie auf der Internationalisierungsstrategie des Unternehmens aufgesetzt?
3. Wie wird ein differenziertes, übereinstimmendes Verständnis von interkulturellen Kompetenzen kaskadenförmig top-down in die Organisation kommuniziert?
4. Wer treibt und unterstützt das Projekt zum Aufbau interkultureller Kompetenzen? Der Vorstand? Führungskräfte? Interkulturell qualifizierte Personalentwickler? Eine Projektgruppe?
5. Wie werden die zentralen Bereiche der Personalentwicklung durch eine Integration einer systematischen interkulturellen Kompetenzentwicklung neu strukturiert?
6. Wie gestaltet sich eine Reflexion darüber, wie zukünftig die notwendigen Systeme auf organisationaler Ebene entsprechend angepasst werden können? Wird es bspw. ein globales Talentmanagement geben? Eine konzernweite Skilldatenbank? Einheitliche Funktionsbeschreibungen? Eine zentrale Abteilung für Mobilität? Eine global nutzbare IT-Infrastruktur?

Zielsetzung des Beitrags ist es, erste Schritte zum Aufbau eines internationalen Kompetenzmanagements zu beleuchten sowie zu verdeutlichen, dass Qualifizierungsziele einer strategisch ausgerichteten internationalen Personalentwicklung nur dann erreicht werden können, wenn Personalverantwortliche und Unternehmensleitung in enger Abstimmung die bereits implizit bestehende Internationalisierungsstrategie der Organisation auf den Prüfstand stellen und eine den aktuellen Herausforderungen gerecht werdende Personalstrategie verabschieden. Auf dieser Grundlage ist der Rahmen geschaffen, in dem der einzelne Mitarbeiter seine erworbenen interkulturellen Fähigkeiten zum Einsatz bringen kann. Somit positionieren sich Personalverantwortliche proaktiv als Initiatoren und Impulsgeber individueller sowie organisatorischer Lernprozesse und wirken zeitgleich darauf hin, dass interkulturell kompetent zu handeln Aufgabe des gesamten Unternehmens ist.

Literatur

Bhawuk, D.P.S. & Brislin, R.W. (1992). The measurement of intercultural sensitivity using the concepts of individualism and collectivism. *International Journal of Intercultural Relations*, 16, S. 413–436.

Brislin, R.W. (1994). Individualism and Collectivism as the Source of Many Specific Cultural Differences. In: R.W. Brislin & T. Yoshida (Eds.). *Improving Intercultural Interactions. Modules for Cross-Cultural Training Programs.* USA: Sage Publications, S. 71–88.

Cui, G. & Van Den Berg, S. (1991). Testing the construct validity of intercultural effectiveness. *International Journal of Intercultural Relations*, 15, S. 227–241.

Dean, O. & Popp, G.E. (1990). Intercultural communication effectiveness as perceived by American managers in Saudi Arabia and French managers in the U.S. *International Journal of Intercultural Relations*, 14, S. 405–424.

Detweiler, R.A., Brislin, R.W. & McCormack, W. (1983). Situational Analysis. In: D. Landis & R.W. Brislin (Eds.). *Handbook of Intercultural Training, Vol. II: Issues in Training and Methodology.* New York: Pergamon, S. 100–123.

Gudykunst, W. B. (1993). Toward a theory of effective interpersonal and intergroup communication: An anxiety/uncertainty Management (AUM) perspective. In: R. Wiseman & J. Koester (Eds.). *Intercultural competence.* Newbury Park: Sage, p. 33–71.

Kammhuber, S. (2000). *Interkulturelles Lernen und Lehren.* Wiesbaden: DUV.

Kammhuber, S. (2003). Anforderungen an interkulturelle Trainings. *Wirtschaftspsychologie*, 2, S. 26–30.

Kinast, E.-U. & Thomas, A. (2003). Interkulturelle Personalentwicklung in internationalen Unternehmen. In: A. Thomas, E.-U. Kinast & S. Schroll-Machl (Hrsg.). *Handbuch interkulturelle Kommunikation und Kooperation, Bd. 1: Grundlagen und Praxisfelder.* Göttingen: Vandenhoeck & Ruprecht, S. 243–256.

Müller, Henriette-Muriel (2004). *Bindungsqualität als Prädiktor für zentrale Kriterien internationaler Handlungskompetenz.* Unveröffentlichte Diplomarbeit. Universität Regensburg.

Stahl, G. (1998). *Internationaler Einsatz von Führungskräften.* München: Oldenbourg Verlag.

Stengel, V. & Debo, S. (2006). Lernen durch interkulturelle Fallberatung. *Personalführung*, 2, S. 40–45.

Stumpf, S. & Thomas, A. (2003). (Hrsg.). *Teamarbeit und Teamentwicklung.* Göttingen: Hogrefe.

Thomas, A. et al. (Hrsg.) (fortlaufend). *Trainingsreihe Internationale Handlungskompetenz im Ausland.* Göttingen: Vandenhoeck und Ruprecht.

Thomas, A. (2003). Interkulturelle Kompetenz – Grundlagen, Probleme und Konzepte. *Erwägen, Wissen, Ethik*, 14, S. 137–150.

Thomas, A., Stumpf, S. & Hagemann, K. (2003). Training interkultureller Kompetenz. In: N. Bergemann & A.L.J. Sourisseaux (Hrsg.), *Interkulturelles Management* (3. Aufl.). Berlin: Springer, S. 237–272.

Thomas, A. et al.(Hrsg.) (2003). *Handbuch interkulturelle Kommunikation und Kooperation.* Band 1 und 2. Göttingen: Vandenhoeck und Ruprecht.

Thomas (im Druck). Interkulturelles Training. In: *Gruppendynamik und Organisationsberatung, Themenheft: Theorie und Praxis interkultureller Trainings.* Leverkusen.

Zeutschel, Ulrich (2003). Plurikulturelle Arbeitsgruppen. In: S. Stumpf & A. Thomas (Hrsg.) *Teamarbeit und Teamentwicklung.* Göttingen: Hogrefe, S. 461–476.

Kapitel 4

Vision der strategischen Personalentwicklung

Erfolgsfaktor Organisationale Energie – Gezieltes Energiemanagement durch strategische Personalentwicklung

Heike Bruch & Justus Julius Kunz

Die vorangegangenen Kapitel des vorliegenden Buches haben entscheidende Erfolgsfaktoren der strategischen Personalentwicklung dargelegt. Dieser abschließende Beitrag fügt dem Thema Personalentwicklung eine neue innovative Perspektive hinzu: Im Folgenden wird aufgezeigt, wie moderne Personalentwicklung vom Einbezug des Phänomens der *Organisationalen Energie* maßgeblich profitieren kann.

Organisationale Energie wird als die Kraft betrachtet, mit der Unternehmen arbeiten und Dinge bewegen. Die Stärke der Organisationalen Energie zeigt an, in welchem Ausmaß Unternehmen ihr emotionales, kognitives und verhaltensbezogenes Potenzial zur Verfolgung zentraler Unternehmensziele aktiviert haben. Unsere umfangreiche Forschung am Institut für Führung und Personalmanagement (I.FPM) der Universität St. Gallen zeigt, wie entscheidend die Stärke und Qualität der Organisationalen Energie dafür ist, ob ein Unternehmen sich erfolgreich am Markt behaupten kann und schnell und effizient auf Veränderungen reagiert oder ob es träge und veränderungsresistent agiert und letztendlich scheitert.

Organisationale Energie ist im Bezug auf das Thema Personalentwicklung insbesondere deswegen interessant, weil Führungskräfte zwar häufig hervorragend darin geschult sind, den finanziellen Status eines Unternehmens genauestens zu analysieren und mittels geschickten Ressourceneinsatzes zu optimieren, hierbei allerdings eine gezielte Personalentwicklung, die auf ein systematisches Energiemanagement abzielt, vernachlässigen und somit wertvolles Potenzial aufseiten des Human Ressource Managements vergeben.

Das vorliegende Kapitel fokussiert auf die Verbindung zwischen Organisationaler Energie und Human Ressource Management und verdeutlicht, wie das Ausmaß an produktiver Organisationaler Energie die Effektivität und Effizienz der Unternehmensmitglieder und ihren Beitrag zum Unternehmenserfolg beeinflusst. Wir zeigen außerdem auf, wie ein gezielter Einbezug des Themenbereichs Organisationaler Energie in eine strategische Personalentwicklung zu einem erfolgreichen unternehmensweiten Energiemanagement und somit zum langfristigen Erfolg eines Unternehmens beiträgt.

Eine solche Ausnutzung dieses bisher unbeachteten Unternehmenspotenzials kann gerade in finanziell schwierigen Zeiten einen zentralen Wettbewerbsvorteil bedeuten. Dies soll allerdings nicht heißen, dass die Förderung eines gezielten Energiemanagements nur in Krisenzeiten von Bedeutung für ein Unternehmen ist. Eine Optimierung des Ausmaßes an produktiver Organisationaler Energie mittels gezielten Energiemanagements ist in jedem wirtschaftlichen beziehungsweise konjunkturellen Umfeld von enormer Bedeutung für ein Unternehmen. Dies gilt gerade in Phasen, die nach besonders viel Energie verlangen, wie beispielsweise Turnarounds, starke Wachstumsphasen, langwierige Veränderungsprozesse oder die Implementierung von Produktinnovationen im Markt.

Um die in diesem Kapitel diskutierten Implikationen von Organisationaler Energie für die Personalentwicklung besser verstehen zu können, werden die folgenden zwei Abschnitte zunächst eine Definition des Energiebegriffs sowie die Grundlagen für ein Verständnis der vier typischen Energiezustände liefern. Aufbauend auf dieses Wissen wird veranschaulicht, mit welchen Strategien ein gezieltes Energiemanagement im Unternehmen betrieben werden kann.

Im Anschluss werden wir diskutieren, welche Implikationen sich hieraus für eine Integration des Energiekonzepts in eine strategische Personalentwicklung ableiten lassen.

1. Das Phänomen der Organisationalen Energie – eine Definition

Die wissenschaftlichen Erkenntnisse, die im Rahmen des seit 2001 am I.FPM der Universität St. Gallen verankert *Organizational Energy Pro-*

grams (OEP) gewonnen werden konnten, lassen keinen Zweifel an der Relevanz des Phänomens der Organisationalen Energie für Unternehmen:

- Es konnte eindeutig nachgewiesen werden, dass eine hohe Ausprägung der produktiven Organisationalen Energie eine entscheidende Voraussetzung für Produktivität, Innovationskraft und Veränderungsbereitschaft auf Unternehmensebene darstellt (vgl. beispielsweise Bruch & Ghoshal, 2003b & 2004; Bruch & Vogel, 2005).
- Weiterhin gelang der Nachweis, dass es erfolgreichen Unternehmen im Vergleich zu weniger erfolgreichen Mitbewerbern gelingt, Organisationale Energie zu mobilisieren und gezielt für Innovations- und Veränderungsprozesse einzusetzen.
- Die genannten Erfolgszusammenhänge sind unabhängig von Branche und kulturellen Einflussfaktoren.

Diese Befunde basieren auf umfassenden empirischen Forschungsdaten, die die Aussagen von über 220.000 Personen aus 55 Ländern und 24 Sprachen für die Auswertung umfassen. Diese Daten bildeten die Grundlage eines iterativen Prozesses, in dessen Ergebnis ein umfassend validiertes Befragungsinstrument zur standardisierten Messung der Organisationalen Energie erstellt werden konnte. Der gefundene positive Einfluss von Organisationaler Energie auf den Unternehmenserfolg wurde in diesem Zusammenhang nicht nur in Großunternehmen (unter anderem ABB, ALSTOM Power Service, Hilti, Lufthansa, Unaxis und Tata Steel), sondern auch bei Messungen in einer Vielzahl von kleinen und mittelständischen Unternehmen (mit 20–5.000 Mitarbeitern) nachgewiesen.

Auf Basis der umfangreichen Forschungsergebnisse wird Organisationale Energie als die Kraft definiert, mit der Unternehmen arbeiten und Dinge bewegen. Die Stärke der Organisationalen Energie zeigt an, in welchem Ausmaß Unternehmen ihr emotionales, kognitives und verhaltensbezogenes Potenzial zur Verfolgung zentraler Unternehmensziele aktiviert haben (vgl. Bruch & Ghoshal, 2004).

Diese Definition von Organisationaler Energie verdeutlicht drei wichtige Aspekte:

1. Organisationale Energie wird als aktivierte und genutzte Energie verstanden und ist demgemäß mit dem physikalischen Begriff der kinetischen Energie vergleichbar.
2. Bei der Organisationalen Energie handelt es sich um eine kollektive Kraft. Organisationale Energie kann zwar neben der Gesamtunterneh-

mensebene auch auf Bereichs-, Team- oder Abteilungsebene angewandt/gemessen werden, entscheidend ist allerdings, dass sich Organisationale Energie nicht kumulativ aus der Energie der auf Unternehmens- oder Gruppenebene betrachteten einzelnen Mitarbeiter zusammensetzt. Vielmehr speist sie sich aus dem synergetischen Zusammenwirken der individuellen Mitarbeiterpotenziale. Hierbei spielen Interaktions- und kollektive Prozesse zwischen den Mitarbeitern sowie emotionale Ansteckungsprozesse und Spiraleffekte eine wichtige Rolle.

3. Eine zentrale Aussage dieser Energie-Definition ist es schließlich, dass eine reine Mobilisierung Organisationaler Energie nicht zwangsläufig zu den bereits genannten positiven Ergebnissen führt. Es ist entscheidend, dass das mobilisierte Potenzial auf gemeinsame, unternehmensrelevante Ziele ausgerichtet wird

Die Wichtigkeit dieser letzten Aussage und die negativen Folgen einer mangelnden Fokussierung der Organisationalen Energie verdeutlichen die in Abbildung 1 dargestellten vier typischen Energiezustände, welche im Rahmen des OEP identifiziert werden konnten und im folgenden Abschnitt detailliert erläutert werden.

2. Organisationale Energie – Dimensionen und Zustände

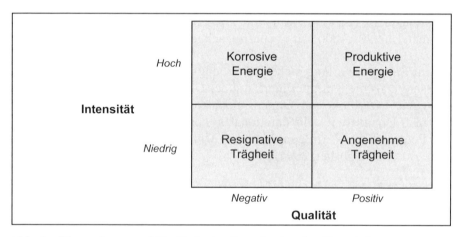

Abb. 1. „Dimensionen und Zustände der Organisationalen Energie"

Abbildung 1 verdeutlicht, dass sich die vier Energiezustände, die sich typischerweise simultan aber in unterschiedlichen Ausprägungen in Unternehmen identifizieren lassen, durch die Interaktion der Dimensionen *Intensität* und *Qualität* differenzieren lassen.

Durch die Dimension *Intensität* lassen sich Unternehmen, die in einem hohen Maße Organisationale Energie mobilisiert haben und dementsprechend über Mitarbeiter verfügen, die emotional involviert sind, mitdenken und sich anstrengen, von Unternehmen abgrenzen, die ihr Energiepotenzial nicht oder nur zu einem geringen Maße mobilisiert haben und deren Mitarbeiter dementsprechend ein geringes Aktivitätsniveau zeigen. Dass es dennoch trügerisch wäre, davon auszugehen, dass es dementsprechend nur darauf ankommt die Intensität Organisationaler Energie zu maximieren, wird durch den Einbezug der Dimension *Qualität* deutlich.

Die durch die Qualitätsdimension vorgenommene Differenzierung zwischen positiver Energie und negativer Energie zeigt, dass die alleinige Mobilisierung von Energie keine ausreichende Bedingung für den Unternehmenserfolg sein kann. In einem hochenergetischen Unternehmen, dessen Energie allerdings nicht auf Erreichung der Unternehmensziele ausgerichtet ist, sind die Mitarbeiter zwar emotional hochgradig involviert, denken mit und bringen sich ein – allerdings in und für Prozesse, die aktiv die Zielerreichung verhindern, die sich gegen Veränderungsmaßnahmen oder Innovationen richten und somit letztendlich dem Unternehmen schaden. Die Mitarbeiter in einem solchen Umfeld streben danach, den individuellen Nutzen zu optimieren und dies auf Kosten anderer Mitarbeiter und/oder Unternehmensteile. Aus diesem Grund ist bei einem gezielten Energiemanagement darauf zu achten, dass die freigesetzte Energie konstruktiv auf die Erreichung der gemeinsamen Ziele ausgerichtet ist.

Die dargelegte Unterscheidung zwischen der Intensität und Qualität der Organisationalen Energie führt somit zu der in Abbildung 1 gezeigten Matrix, die die vier typischen Energiezustände *angenehme Trägheit, resignative Trägheit, korrosive Energie* und *produktive Energie* beinhaltet. Die Charakteristika der einzelnen Energiedimensionen werden im Folgenden skizziert:

Angenehme Trägheit

Dieser Zustand niedriger positiver Energie zeichnet sich durch eine hohe Zufriedenheit mit dem Status quo aus und ist dementsprechend häufig in Unternehmen festzustellen, die auf eine lang anhaltende Erfolgsphase zurückblicken können. Dieser Erfolg wird auf die bestehenden Strukturen und Verhaltensweisen attribuiert, so dass diese als besonders schützenswert empfunden werden. Ein typisches Symptom der angenehmen Trägheit ist eine geringe Handlungsintensität; wenn gehandelt wird, dann häufig, um bestehende Strukturen zu optimieren. Dies führt zu einer reduzierten Innovations- und Change-Fähigkeit der Organisation. Veränderungen im Umfeld der Organisation (sowohl Chancen als auch Risiken betreffend) werden nur noch unzureichend wahrgenommen. Unsere Forschungsergebnisse belegen, dass angenehme Trägheit einen signifikant negativen Einfluss auf wichtige Leistungsindikatoren hat (beispielsweise auf Umsätze, Nettobetriebskapital, generelle und administrative Ausgaben).

Resignative Trägheit

Unternehmen, die sich im Zustand resignativer Trägheit befinden, zeigen zwar ebenso wie jene Organisationen, die sich durch angenehme Trägheit auszeichnen, eine stark eingeschränkte Veränderungs- und Innovationsfähigkeit, die Ursachen liegen allerdings anders: Langwierige – möglicherweise sogar erfolglose – Veränderungsprozesse und/oder längere Phasen mäßiger oder nicht befriedigender Unternehmensleistungen haben zu Enttäuschung, Frustration oder Gleichgültigkeit bei den Mitarbeitern geführt. Deren Aktivitätsniveau ist in der Folge niedrig, innerhalb der Organisation finden wenig Interaktions- und Kommunikationsprozesse statt und das Interesse an den Unternehmenszielen ist gering. Unsere Forschungsergebnisse verdeutlichen, dass resignative Trägheit zu einer geringeren Arbeitszufriedenheit und einer erhöhten Kündigungsabsicht beiträgt.

Korrosive Energie

Im Gegensatz zu den niedrigenergetischen Zuständen lässt sich in Unternehmen oder Unternehmensteilen, die korrosive Energie aufweisen, ein hohes Maß an Aktivität, Wachheit und emotionaler Involviertheit feststellen. Das aktivierte Potenzial wird allerdings nicht auf die Unternehmensziele fokussiert, vielmehr wird es für innengerichtete, oftmals destruktive Aktivitäten (interne Kämpfe, Spekulationen, mikropolitische Aktivitäten) aufgewandt, die dem Unternehmen schaden. Ursachen für korrosive Energie können wahrgenommene Ungerechtigkeiten, Verteilungskämpfe oder das Gefühl der Bedrohung durch andere im Unternehmen sein. Unsere Forschungsergebnisse zeigen deutlich, dass Unternehmen mit einer Vielzahl negativer Konsequenzen rechnen müssen, wenn es ihnen nicht gelingt, korrosive Energie auf ein Minimum zu reduzieren. Zu diesen negativen Konsequenzen zählen: Verlust der Kundenorientierung, mangelnde Aufmerksamkeit für kunden-, innovations-, produkt- und servicerelevante Themen sowie ein hoher Ressourceneinsatz für bürokratische und administrative Themen und für interne Kämpfe, Konflikte und Verhandlungen.

Produktive Energie

Ganz im Gegensatz zum Zustand der korrosiven Energie gelingt es Unternehmen mit hoch ausgeprägter produktiver Energie, Emotionen, Aufmerksamkeit und Anstrengung der Mitarbeiter auf die Erreichung gemeinsamer Ziele zu fokussieren. Erfolgskritische Aktivitäten werden somit mit hoher Kraft verfolgt, es herrscht eine hohe Sensibilität für unternehmensrelevante Informationen aus der Umwelt, wichtige Informationen werden umfassend und schnell kommuniziert. Dies unterstreichen unsere Forschungsergebnisse, die zeigen, dass Unternehmen mit hoher produktiver Energie eine erhöhte Profitabilität, hohe Mitarbeiterzufriedenheit und eine generell bessere Performance aufweisen.

3. Energiemanagement – Mobilisierungsstrategien

Sowohl unsere Forschungsergebnisse als auch unsere praktischen Erfahrungen im Unternehmenskontext verdeutlichen, dass die Aktivierung produktiver Organisationaler Energie maßgeblich durch die in einem Unternehmen praktizierte Führung beeinflusst ist. Dieser Abschnitt beleuchtet infolgedessen zwei Führungsstrategien und die mit ihnen verknüpften Führungsstile, die sich als besonders erfolgreich erwiesen haben, um ein Unternehmen aus einem niedrigenergetischen Zustand in den Bereich der produktiven Organisationalen Energie zu führen. Eine Mobilisierung des energetischen Potenzials kann hierbei entweder durch sich abzeichnende Bedrohungen (*Killing-the-Dragon-Strategie*) oder durch faszinierende Zukunftschancen (*Winning-the-Princess-Strategie*) erfolgen (vgl. Bruch & Ghoshal, 2004).

Killing-the-Dragon

Die Killing-the-Dragon-Strategie mobilisiert die Energie des Unternehmens, indem die Mitarbeiter in die Bewältigung einer externen Bedrohungssituation eingebunden werden. Bedrohungssituationen werden hierbei als externe Ereignisse verstanden. Beispiele hierfür sind Markteinbrüche, starke Wettbewerber oder der Verlust von Schlüsselkunden. Solche externe Bedrohungen führen allerdings nicht automatisch zur Freisetzung produktiver Energie, denn wird mit ihnen falsch umgegangen, können Angst und Resignation ein Unternehmen sogar lähmen. Folgende Punkte sind entscheidend, um mithilfe einer Bedrohung zu mobilisieren:

- Die Unternehmensführung muss eine externe Bedrohung identifizieren und als potenzielle Gefahr für das Unternehmen interpretieren.

- Eine weitere entscheidende Führungsaufgabe ist es, die Aufmerksamkeit der Mitarbeiter durch umfassende und gezielte Kommunikationsprozesse so zu lenken, dass die Bedrohung wahrgenommen und gleichzeitig ein Wir-Gefühl im Unternehmen geschaffen wird.
- Von zentraler Bedeutung ist es dabei, das Vertrauen der Mitarbeiter in die eigene Kompetenz zu stärken. Gelingt Letzteres, entsteht ein sogenannter Selbstwirksamkeitsglaube: Die Bedrohung wird nicht als übermächtig, sondern als bezwingbar und herausfordernd wahrgenommen. – Dies führt letztendlich zur Freisetzung der produktiven Energie.

Winning-the-Princess

Bei der Winning-the-Princess-Strategie, die sich besonders in einem Stadium resignativer Trägheit erfolgreich zur Energiemobilisierung einsetzen lässt, handelt es sich um das positive Pendant zur Killing-the-Dragon-Strategie (vgl. Bruch & Ghoshal, 2004). Statt einer Bedrohung beziehungsweise einer Verlustperspektive wird den Mitarbeitern eine Vision/Chance vermittelt, bei deren Erreichung sie mitwirken sollen und die eine produktive Spannung erzeugt (vgl. Senge, 1990). Beispiele für eine solche besondere Vision/Chance sind Innovationen, Wachstum oder die Erschließung neuer Märkte.

Obwohl es sich bei dieser Strategie grundsätzlich um ein ähnliches Muster wie bei der Killing-the-Dragon-Strategie handelt (Identifikation, Kommunikation, Stärkung des Selbstwirksamkeitsglaubens), gestaltet sich die Umsetzung deutlich schwieriger. Ursächlich hierfür ist, dass es sich bei einer Bedrohung zumeist um eine relativ objektive, in Kennzahlen messbare Situation handelt, deren Wichtigkeit den Mitarbeitern dementsprechend einfach vermittelt werden kann. Eine Vision ist in dieser Hinsicht problematischer, da sie weniger objektiv ist. Um die positive Mobilisierungsstrategie erfolgreich nutzen zu können, kommt es deshalb darauf an, eine Vision/Chance besonders plastisch, eindringlich und erstrebenswert zu vermittelten. Dies ist der kritische Faktor der Winning-the-Princess-Strategie: Unsere Analysen zeigen, dass Unternehmen vielfach zu allgemeine, komplexe oder zahlenlastige Visionen kommunizieren. Diese sind ungeeignet, um bei den Mitarbeitern produktive Energie freizusetzen.

Die vorgestellten Mobilisierungsstrategien Killing-the-Dragon und Winning-the-Princess korrespondieren mit zwei spezifischen Führungsstilen, nämlich der *problemorientierten* und der *inspirierenden Führung* (vgl. Bruch, Shamir & Cole 2005).

Unsere Forschungsergebnisse zeigen, dass die Winning-the-Princess Strategie, also eine unternehmensweite Mobilisierung mittels einer Vision, nur dann wirklich Erfolg versprechend ist, wenn nicht nur die Top-Führungskräfte aktiv mit der Vision arbeiten. Es ist vielmehr entscheidend, dass möglichst alle Führungskräfte des Unternehmens ihr Führungsverhalten an der identifizierten Vision ausrichten. Hierbei ist der Einsatz der inspirierenden Führung besonders entscheidend. Die Grundidee der inspirierenden Führung ist es, Mitarbeiter nicht allein durch extrinsische Motivatoren (beispielsweise Incentivierung) zu einem gewünschten Verhalten zu bewegen, sondern durch eine gezielte Veränderungen der Werte und Ziele der Mitarbeiter eine intrinsische Motivation zur Zielerreichung zu schaffen. Erreicht wird dies, indem Führungskräfte mittels Inspiration, Vision und einem persönlichen Vorbildhandeln die Emotionen ihrer Mitarbeiter ansprechen.

Der mit der Killing-the-Dragon-Strategie korrespondierende problemorientierte Führungsstil basiert auf aktuellen Forschungsbefunden, die eine klassische einseitig positive Betrachtung des Bedeutungsmanagements mittels Vision erweitern. Problemorientierte Führung bedeutet, dass Führungskräfte in Zeiten einer Krise bewusst eine Verlustperspektive einnehmen und ein Bedeutungsmanagement durch die Interpretation einer Bedrohung und somit einer negativen Vision betreiben können. Diese Erkenntnis geht auf Befunde aus der psychologischen Emotionsregulationsforschung zurück, die belegen, dass menschliches Handeln an zwei unterschiedlichen Zielen ausgerichtet ist, nämlich (1.) an erfolgsorientierten Zielen beziehungsweise dem Versuch, wünschenswerte Ergebnisse und Gewinne zu erzielen, und (2.) an präventions- oder problemorientierten Zielen beziehungsweise dem Wunsch, unerwünschte Ergebnisse und Verluste zu vermeiden. Es ist deshalb davon auszugehen, dass in Zeiten einer Bedrohung das Versprechen, Schlimmes zu verhindern und Gefahren vom Unternehmen abzuwenden, als Vision ebenso tauglich und handlungsrelevant ist wie eine positive Vision.

Inspirierende und problemorientierte Führung stehen allerdings nicht im Widerspruch zueinander: Die Beurteilung, welcher Führungsstil anzuwenden ist, ist vielmehr abhängig von Führungsaufgabe und Kontext. So kann in Zeiten von Expansion die erfolgsorientierte Führung als größter Motivator wirken, wohingegen die problemorientierte Führung besonders in Zeiten von akuten Krisen des Unternehmens besonders erfolgswirksam ist. Aber auch die gleichzeitige Anwendung beider Führungsstile (die sogenannte Doppelfokusführung) kann angeraten sein, beispielsweise um sicherzustellen, dass auch in Zeiten des Erfolges die Sensibilität für schwache Signale aus der Unternehmensumwelt aufrechterhalten wird.

4. Organisationale Energie und strategische Personalentwicklung

Die im vorangegangenen Abschnitt erläuterten Führungsstile zur Energiemobilisierung zeigen auf, welche Rolle einer strategischen Personalentwicklung im Rahmen eines gezielten Energiemanagements zukommt.

Um diesen Aspekt zu verdeutlichen, ist es wichtig darauf hinzuweisen, dass ein reiner Einsatz der Mobilisierungsstrategien Killing-the-Dragon und Winning-the-Princess nicht ausreichend ist, um die mobilisierte Energie langfristig zu erhalten.

Befinden sich Unternehmen im Zustand hoher produktiver Energie, steht nämlich nicht wie im letzten Abschnitt geschildert die Mobilisierung von Organisationaler Energie im Mittelpunkt des Aufgabenfokus. Vielmehr muss es im Energiemanagementprozess in diesem Fall um den Erhalt des produktiven Energiezustandes gehen.

Unternehmen, die ihr energetisches Potenzial voll mobilisiert haben, laufen mittel- bis langfristig Gefahr, in eine *Energiefalle* zu geraten. Drei Energiefallen gilt es hierbei zu berücksichtigen: die *Trägheitsfalle, die Korrosionsfalle und die Beschleunigungsfalle* (siehe Abbildung 2).

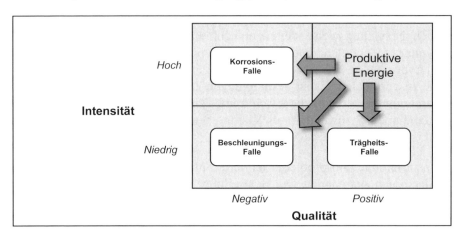

Abb. 2. „Energiefallen"

Die Trägheitsfalle

Organisationen können auf zwei möglichen Wegen in diese Falle geraten. Unternehmen, die aus dem Zustand produktiver Energie kommend langandauernde Erfolgsphasen durchlaufen haben, neigen dazu, sich verändernde Umweltbedingung nicht wahrzunehmen. Es fällt solchen Unternehmen schwer, sich von etablierten Erfolgsmustern loszusagen, selbst wenn diese in der veränderten Umwelt nicht mehr den erwünschten/erwarteten Erfolg liefern (vgl. Sull, 2005). Auch eine proaktive Entwicklung neuer Strategien wird von Unternehmen, die sich aufgrund ihres langanhaltenden Erfolges in die Trägheitsfalle manövriert haben, vernachlässigt.

Ein zweiter Grund, der Unternehmen in die Trägheitsfalle führen kann, ist ein dauerhaftes Arbeiten unterhalb der eigenen Möglichkeiten oder aber das Erzielen nur mittelmäßiger Erfolge, obwohl die Organisationsmitglieder den Eindruck haben, sich bestmöglich zu bemühen. Beide Prozesse resultieren letztendlich in einem mangelnden Vertrauen in die eigenen Kompetenzen. Die Trägheitsfalle speist sich demnach aus einem Mangel an Erfolgserlebnissen, was schlussendlich zu Resignation/Frustration führt.

Die Korrosionsfalle

Diese Falle kennzeichnet Prozesse, bei denen sich der Energiezustand des Unternehmens von hoher produktiver Energie geradewegs in einen Zustand massiver negativer Energie wandelt. Die Gründe hierfür sind verschiedenartig: Besonders häufig ist das Auftreten der Korrosionsfalle zu beobachten, wenn Mitarbeiter eine hohe Handlungsbereitschaft aufgrund eingeschränkter Handlungsmöglichkeiten und Verantwortungsbefugnisse nicht umsetzen können. Erleben Mitarbeiter solche Situationen, führt dies zu einem Verlust von Teamgeist, Identifikation und Einsatzbereitschaft (vgl. Bruch & Ghoshal, 2003a & 2003b). Mobilisierte Potenziale werden somit nicht im Sinne der Unternehmensziele genutzt, sondern kehren sich in korrosive Energie um.

Auch negatives Verhalten des Topmanagements kann eine Organisation in die Korrosionsfalle führen: Gerade eine als unzureichend wahrgenommene Unterstützung durch das Management, Manager, die als wenig einsatzfreudig erlebt werden oder denen unterstellt wird, unfair oder eigennützig zu handeln, sowie eine mangelnde Integrität des Managements sind Gründe, die auf Mitarbeiterseite zu negativen kollektiven Emotionen wie Ärger und Wut führen.

Da die Korrosionsfalle oftmals eine sehr hohe negative Eigendynamik entwickelt, die zu einem langfristigen Vertrauensverlust innerhalb des Unternehmens führen kann, stellt dieser Energiezustand für das Unternehmen einen besonders gefährlichen Zustand da.

Die Beschleunigungsfalle

Von dieser Falle sind Unternehmen betroffen, die im Vorfeld einen wünschenswerten Zustand hoher produktiver Energie aufgewiesen haben. Das Energieniveau von Organisationen, die sich in dieser Zeit hoher positiver Energie in zu viele Aktivitäten stürzen und die Organisationsmitglieder permanent an die Grenzen ihrer Belastbarkeit führen, sinkt schlussendlich in den Bereich der resignativen Energie.

Folgende Pathologie liegt diesem Vorgang zugrunde: Eine Überbeanspruchung der Organisationsmitglieder bedingt durch permanent erhöhten Einsatz in Kombination mit einer steigenden Geschwindigkeit und Intensität der Aktivitäten führt zu Ermüdungserscheinungen. Diese Ermüdungserscheinungen führen zu geringeren Leistungen, was versucht wird, durch einen erhöhten Druck auf die Mitarbeiter zu kompensieren. Die Folge ist Energiemangel, der sich beispielsweise in den Symptomen Change-Müdigkeit und organisationales Burn-out äußert.

Um einen langfristigen Energieerhalt im Unternehmen zu sichern und das Auftreten der beschriebenen Energiefallen zu vermeiden, muss es das Ziel sein, ein Managementsystem zu etablieren, dass die Eigeninitiative der Mitarbeiter fördert und dazu beiträgt, dass sich möglichst viele Personen in einem Unternehmen mit der Identifikation von Bedrohungen und Chancen beschäftigen.

Aus einer systemischen Managementperspektive handelt es sich bei einem solchen Managementsystem um das Zusammenspiel der drei Faktoren *Umgang mit Strategien*, *Umgang mit Leadership* und um den *Umgang mit Kultur*. Ein optimales Zusammenspiel dieser drei Faktoren führt zu einem Managementsystem, das eine Organisation davor bewahrt, träge zu werden und somit von einem Zustand hoher Energieintensität in niedrigenergetische Zustände zurückzufallen.

Der Aufbau eines solchen Managementsystems kann durch eine strategische Personalentwicklung gezielt gefördert werden. Dies gilt vor allem für den Führungsaspekt. Um eine starke Führung unter Einsatz der inspirierenden und der problemorientierten Führung sicherzustellen, ist die

Etablierung eines systematischen Führungsentwicklungsprogramms besonders Erfolg versprechend. Doch auch die Integration weiterer energierelevanter Dimensionen in ein systematisches Kompetenzmanagement ist in diesem Zusammenhang wichtig. Hier kann es beispielsweise darum gehen, bei den Führungskräften eine Sensibilität für den Energiezustand ihrer Organisationseinheit und den Einfluss des eigenen Verhaltens auf die Energie der Untergebenen zu verankern. Auch Kompetenzen wie die Fähigkeit zur effektiven Priorisierung und Delegation sind entscheidend für ein gezieltes Energiemanagement, das geeignet ist Energiefallen zu vermeiden. Für ein systematisches Kultur- und Retention Management – im Rahmen einer strategischen Personalentwicklung – kann wiederum das regelmäßige Monitoring der unternehmensinternen Energiezustände entscheidende Indikatoren für die Planung von Interventionsmaßnahmen liefern.

5. Fazit

Für Unternehmen, die strategische Initiativen, tief greifende Change-Prozesse oder Innovationen vorantreiben wollen, ist Organisationale Energie ein zentraler Erfolgsfaktor. Der energetische Zustand eines Unternehmens ist aber auch abseits solcher Initiativen im höchsten Maße erfolgsrelevant, da das Ausmaß der Organisationalen Energie entscheidende Faktoren wie Kundenorientierung oder Effizienz beeinflusst. Gezieltes Energiemanagement ist demnach zweifelsfrei eine Schlüsselführungsaufgabe des Topmanagements und der Linienführungskräfte. Eine strategische Personalentwicklung kann und sollte demnach die Führungskräfte entscheidend bei der Ausschöpfung und Entwicklung der Potenziale des Unternehmens unterstützen, indem es die benötigten Kompetenzen der Führungskräfte gezielt aufbaut.

Literatur

Bruch, H./Ghoshal, S. (2003a): Going beyond motivation to the power of volition. *MIT Sloan Management Review*, 42. Jg., Frühjahr 2003, S. 51–57.

Bruch, H./Ghoshal, S. (2003b): Unleashing organizational energy. *Sloan Management Review*, 44. Jg., Herbst 2003, S. 45–51.

Bruch, H./Ghoshal, S. (2004): The bold, decisive manager: cultivating a company of action-takers. *Ivey Business Journal*, Juli/August 2004, S. 16.

Bruch, H./Shamir, B./Cole, M. (2005): *Promotion-oriented leadership and prevention-oriented leadership: Two ways of influencing follower motivation.* Artikel vorgestellt auf der Academy of Management Meeting, Honolulu/HI.

Bruch, H./Vogel, B. (2005): *Organisationale Energie – Wie Sie das Potential Ihres Unternehmens ausschöpfen.* Wiesbaden: Gabler.

Senge, P. (1990): *The fifth discipline: The art and practice of the learning organization.* New York: Doubleday Business.

Sull, D.N. (2005): *Why Good Companies Go Bad and How Great Managers Remake Them.* Boston: Harvard Business School Publishing.

Anhang

Verzeichnisse

Glossar

Action Learning/Aktionsbasiertes Lernen:

Methode des Erfahrungslernens oder auch „Learning by Doing". Diese Lernform beruht auf der Überzeugung, dass man am besten anhand einer konkreten Herausforderung lernt.

Balanced Scorecard (BSC):

Kennzahlensystem, welches finanzielle Kennzahlen vergangener Leistungen um die treibenden Faktoren zukünftiger Leistungen ergänzt. Alle Kennzahlen werden über Ursache-Wirkungsbeziehungen mit den finanziellen Zielen des Unternehmens verknüpft. Die Unternehmensleistung wird aus vier Perspektiven betrachtet: die finanzielle Perspektive, die Kundenperspektive, die Perspektive der internen Geschäftsprozesse sowie die Innovationsperspektive.

Bedarfsmanagement:

Systematische Personalentwicklung auf der Grundlage spezifischer innerbetrieblicher Bildungsarbeit mithilfe von Techniken wie Skill-Analysen berufsrelevanter Tätigkeiten, Befragungen von Mitarbeitern und Fachleuten, Prozessanalysen durch Beobachtungen vor Ort, betriebsspezifische Produktanalysen (Verkaufszahlen, Regresse, Fehleranalysen etc.), Fachgespräche mit der Führung, fachliche Trendanalysen und Zukunftsperspektiven, Außenkontakte zum Weiterbildungsmarkt, betriebliche Vorgaben an systematisch/strategisch ausgerichteter Innovationsarbeit.

Benchmarking:

Methode zur Prüfung einer Leistung anhand eines dazu jeweils vorgegebenen Maßstabes. Zu den Zielen gehören die Positionierung des Betriebes im Vergleich zum Wettbewerb, die Erstellung und Umsetzung eines Maßnahmenplans zur Leistungsverbesserung und das Identifizieren von Stärken und Schwächen des Unternehmens.

Betriebspädagogik:

Wissenschaft der betrieblichen Lern-, Entwicklungs- und Veränderungsprozesse. Zu den betriebspädagogischen Aufgabenbereichen gehören unter anderem die Personalentwicklung, die betriebliche Aus- und Weiterbildung, die Organisationsentwicklung, die Unternehmenskultur, Führungskonzepte sowie Coaching.

Bildungsbedarfsanalyse:

Systematische Erfassung des individuellen, bereichs- und organisationsbezogenen Bildungsbedarfs. Eine Bildungsbedarfsanalyse liefert die Ziele und die Inhalte für Maßnahmen der Personalentwicklung. Durch aktuelle und zukünftige Anforderungsprofile können Bildungsmaßnahmen zielgruppenorientiert gesteuert und Fehlplanungen verhindert werden.

Bildungscontrolling:

Controlling von Bildungsaktivitäten, insbesondere von betrieblicher Fort- oder Weiterbildung mit dem Ziel, Planung, Durchführung und Kontrolle der Bildungsaktivitäten durch kontinuierliche Informationen zu unterstützen, diese aufzubereiten und Empfehlungen zu geben. Bildungscontrolling unterstützt damit auch die Personalentwicklung und das Personalmanagement.

Bildungsevaluation:

Bewertung der Angebote aus dem Bildungssektor: Evaluation in der Aus- und Weiterbildung, an Hochschulen, an Schulen in der beruflichen und betrieblichen Bildung sowie von Medien.

Bildungsmanagement:

Leitungsaktivitäten, mit deren Hilfe in Bildungseinrichtungen Lehr- und Lernprozesse initiiert, geplant, durchgeführt und ausgewertet werden. Zwei Formen können unterschieden werden: 1. Bildungsprozessmanagement: das Initiieren und Gestalten von Lehr- und Lernprozessen innerhalb eines organisationalen Rahmens. 2. Bildungsbetriebsmanagement: die Steuerung und Gestaltung von organisationalen, personalen und finanziellen Rahmenbedingungen einer Bildungseinrichtung (z. B. Organisationsentwicklung, Controlling).

Bildungspass-System:

Der Bildungspass ist eine Portfolio-Methode und soll durch Beschreibung und Dokumentation ein umfassendes Bild von fachlichen und nonfachlichen Kompetenzen eines Beschäftigten zeichnen. Es werden neben der formalen Bildung und Ausbildung auch Erfahrungen und praktische Anwendungen dokumentiert. Der Bildungspass soll einerseits als Standortbestimmung und Zwischenbilanz von bisher erworbenem Wissen und Fähigkeiten dienen, zum anderen aber auch eine vorausschauende Personalentwicklung ermöglichen.

Blended Learning:

Kombination der systematischen Wissensvermittlung im Präsenzlernen mit Phasen selbst gesteuerter Exploration durch das E-Learning.

Businesspartner:

Als Businesspartner werden eigentlich Unternehmen bezeichnet, die eine enge Kooperation untereinander eingehen. Eine Business Partnership ist aber auch innerhalb eines Unternehmens zwischen verschiedenen Kostenstellen sinnvoll. Es wird eine gemeinschaftliche Maximierung der Effizienz der Zusammenarbeit angestrebt, um ein bestmögliches Ergebnis zu erzielen.

Businessplan:

Schriftliche Fixierung der Unternehmensplanung zur betriebswirtschaftlichen Absicherung von Chancen und Risiken bei einer Neugründung oder Unternehmenserweiterung. Er enthält neben der Marktforschung vor allem die Wettbewerbsabgrenzung im Marketing sowie detaillierte Zielformulierungen für den Einsatz einzelner Produktionsfaktoren. Er beinhaltet klare Aussagen zur Strategie des Unternehmens in allen Einzelbereichen, insbesondere Personalentwicklung, Produktentwicklung, Patente, Investitionen in Anlagen, Gebäude und Vertrieb.

Business Process Reengineering (BPR):

Organisatorische Maßnahme, die auf die völlige Neugestaltung der Organisationsstruktur des Betriebs über eine tief greifende Analyse der bestehenden Abläufe abzielt. BPR beruht im Wesentlichen auf vier Grundaussagen: 1. Orientierung an den kritischen Geschäftsprozessen, 2. Ausrichtung der Prozesse auf die Kunden, 3. Konzentration des Unternehmens auf seine

Kernkompetenzen, 4. Intensive Nutzung der Möglichkeiten der aktuellen Informationstechnologie zur Prozessunterstützung.

Buy-Strukturen:

Bezeichnung für eine externe, d. h. outgesourcte Personalentwicklungseinheit, z. B. in Form von externen Unternehmens-, Personal- und Organisationsentwicklungsberatungsgesellschaften. Buy-Strukturen bedeuten für einen Betrieb die professionelle Steuerung der Personalentwicklungsfunktion und der anschließende Aufbau einer Infrastruktur für die künftige strategische Personalentwicklung.

Center of Competence:

Siehe Competence-Center.

Change Agent:

Experte für die konstruktive Herbeiführung von Klärungen in Entscheidungs- und Konfliktsituationen sowie von Innovationen bzw. Neuerungen und Veränderungen im persönlichen, organisatorischen, wirtschaftlich-technologischen oder politisch-sozialen Bereich.

Changemanagement:

Alle Aufgaben, Maßnahmen und Tätigkeiten, die eine umfassende, bereichsübergreifende und inhaltlich weitreichende Veränderung – zur Umsetzung von neuen Strategien, Strukturen, Systemen, Prozessen oder Verhaltensweisen – in einer Organisation bewirken sollen.

Coaching:

Zeitlich begrenzte Unterstützung von Führungskräften im beruflichen Kontext durch einen Experten zur nachhaltigen Steigerung der beruflichen Performance.

Commitment:

Identifikation einer Person mit der Organisation.

Competence-Center:

Organisatorische Teileinheit des Unternehmens mit der Aufgabe, Mitarbeiterkompetenzen zu beschreiben, sie transparent zu machen und den Transfer, die Nutzung und Entwicklung der Kompetenzen hinsichtlich strategischer Unternehmensziele sicherzustellen.

Cranet (Cranfield Network on International Strategic Human Resource Management):

Weltweites Forschungsnetzwerk aus mehr als 40 Universitäten bzw. Business Schools (mit jeweils einem nationalen Vertreter), das sich zum Ziel gemacht hat, Personalmanagementpraktiken international komparativ und im Zeitverlauf zu untersuchen. Seit Beginn des Jahres 2009 werden in allen 40 Cranet-Ländern neue Daten erhoben, deren Ergebnisse voraussichtlich im Laufe des Jahres 2010 veröffentlicht werden. Die deutsche Erhebung ist in Kooperation mit der Kienbaum Management Consultants GmbH erfolgt.

Curriculum:

Lehrplan, Lehrzielvorgabe.

CVTS III (Continuing Vocational Training Survey):

Bezeichnet die dritte Weiterbildungserhebung, die im Jahre 2006 von 25 europäischen Ländern in 76.000 Unternehmen durchgeführt wurde. Das vom Bundesinstitut für Berufsbildung koordinierte Projekt hatte zum Ziel, vergleichbare Daten zu den quantitativen und qualitativen Strukturen der betrieblichen Weiterbildung für alle Mitgliederstaaten der EU (inkl. der 9 Beitrittsländer und Norwegen) zu generieren.

Deutero-Learning:

Prozess- und Metalernen, das aus der Reflektion der bisherigen Lernprozesse und Einflussfaktoren sowie der Entwicklung von neuem Lernverhalten besteht.

DIN EN ISO 9000 ff.:

Qualitätsmanagement-System in Form mehrerer ISO-Normen zur Qualitätssicherung in einem Unternehmen.

Double-Loop-Learning:

Veränderungslernen: Lernen durch aktives Arbeiten an den eigenen mentalen Modellen, das zur Steigerung der Handlungsalternativen und der Verhaltensvielfalt führt.

European Foundation for Quality Management (EFQM):

Vertraglich geregeltes Netzwerk europäischer Qualitätsgesellschaften mit dem Ziel der intensiveren nationalen Verbreitung des EFQM-Exellence-Gedankenguts. Das EFQM-Modell für Excellence ist ein Total-Quality-Management-Modell, das alle Managementbereiche abdeckt und die Anwender zu exzellentem Management und exzellenten Geschäftsergebnissen führen soll.

E-Learning:

Lernen mithilfe elektronischer Medien und in computer- und netzwerkgestützten Umgebungen. Zu den Zielen gehören die Vermittlung von Inhalten auf der Wissens- und Verhaltensebene sowie die Stärkung der Eigenverantwortung der Mitarbeiter für ihren Lernfortschritt. Kennzeichen sind Multimedialität (Medienintegration), Multimodalität, Multicodalität (Vernetzung, Elaboration mentaler Modelle), Interaktivität und Kommunikabilität, Globalität sowie Reusability und Flexibilität (Modularisierung).

Employability (Beschäftigungsfähigkeit):

Employability, zu Deutsch Beschäftigungsfähigkeit oder Arbeitsmarktfähigkeit, beschreibt die Fähigkeit zur Teilhabe am Arbeitsmarkt und damit im Idealfall verbunden das Bemühen durch Weiterbildung beschäftigungsfähig zu bleiben.

Employee-Self-Services (ESS):

Dienstleistung für Arbeitnehmer zur eigenen Stamm- und Referenzdatenverwaltung.

Entwicklungsaudit:

HR-Instrument zur Erfassung und Beurteilung von Entwicklungspotenzialen.

ERP-System (Enterprise Resource Planning):

Besteht aus einer komplexen Anwendungssoftware zur Unterstützung der Ressourcenplanung einer ganzen Unternehmung.

Executrack ETWeb:

Webbasierte Software in Form eines Personalentwicklungssystems, das alle Bereiche des Human Capital Managements abdeckt.

Feedbackbasiertes Coaching:

Instrument einer strategieorientierten und bedarfsgerechten Führungskräfteentwicklung bestehend aus fünf Phasen, die den Aufbau und Ablauf eines Entwicklungsprozesses bestimmen: 1. Vorphase, 2. Feedbackphase, 3. Coaching-Phase, 4. Abschlussphase, 5. Reviewphase.

Full Time Equivalent (FTE):

Deutsch: Vollzeitäquivalent (VZÄ) drückt den Zeitwert aus, den eine Vollzeitarbeitskraft innerhalb eines bestimmten Zeitraumes erbringt.

Gamma:

Softwaretool, das die Methodik des vernetzten Denkens unterstützt und der einfachen und schnellen Visualisierung und der anschließenden Analyse dient.

Governance/Guidelines:

Regelung und Steuerung eines Betriebs in Bezug auf Verhaltensregeln, nach denen ein Betrieb geführt werden soll. Insbesondere werden hier Verantwortlichkeiten, Ausführungskapazitäten und ggf. Verrechnungsregeln festgelegt. Diese Rahmenbedingungen können von unterschiedlichsten Interessensgruppen wie Gesetzgeber, Eigentümer, Mitarbeiter, Aufsichts- und Verwaltungsrat, Management oder Geschäftspartner gesteckt werden.

GrapeVINE:

IT-System zum automatischen Organisieren und Verteilen von Informationen in einer Organisation auf Basis einer Stichwort-Datenbank. Ziel ist das Abrufen von Informationen, die in der Datenbank Lotus Notes oder im LAN gespeichert und vom speziellen Wissenssuchprofil eines Benutzers abhängig sind.

High Potential:

Häufig auch als Toptalente bezeichnet, sind Potenzialträger, die ein überdurchschnittliches Potenzial aufweisen. Hiermit sind häufig auch klare Erwartungen verbunden, wie eine überdurchschnittliche Entwicklungsgeschwindigkeit und Leistung.

Human Capital/Humankapital:

Das Humankapital eines Unternehmens beschreibt das Wissen und die Fertigkeiten der Mitarbeiter, also die personengebundenen Wissensbestandteile, die einem Unternehmen zur Verfügung stehen. Verwandte Begriffe sind: Humanvermögen, Humanressourcen, intellektuelles Kapital.

Industrial Relations:

Der Begriff stammt aus den Zeiten der Industrialisierung und beschreibt die Beziehungen zwischen dem Management eines Unternehmens und seinen Arbeitnehmern sowie die Beziehungen zwischen Arbeitgeberverbänden und Gewerkschaften. Im Deutschen ist die Lehnübersetzung „Industrielle Beziehungen" gebräuchlich.

International Management Pool (IMP):

Umfasst herausragende Leistungsträger des mittleren Führungskreises mit internationaler Ausrichtung und Potenzial für eine erfolgreiche Übernahme einer internationalen Führungsaufgabe in einer höheren Funktionsgruppe. Die Mitarbeiter haben bereits erste erfolgreiche Führungs- bzw. Projektleitungsaufgaben übernommen.

Junior Executive Pool (JEP):

Führungskräfteentwicklungsprogramm, das sich an junge, hoch motivierte Leistungsträger mit mindestens 2-3 Jahren Berufserfahrung richtet, die das Potenzial zur Übernahme einer weiterführenden Funktion im Rahmen einer Führungs-, Projekt- oder Expertenlaufbahn haben. Die Zielgruppe sind Mitarbeiter der oberen beiden Tarifgruppen, Mitarbeiter des mittleren Führungskreises in Deutschland sowie in vergleichbaren Funktionen im Ausland.

Kaizen:

Methode zur ständigen Verbesserung der Wettbewerbsposition von Führungskräften und Mitarbeitern. Gemäß der Philosophie des Kaizen weist nicht die sprunghafte Verbesserung durch Innovation, sondern die schrittweise Perfektionierung und Optimierung des bewährten Produktes den Weg zum Erfolg. Im Vordergrund steht nicht der finanzielle Gewinn, sondern die stetige Bemühung, die Qualität der Produkte und Prozesse zu steigern.

Kirkpatrick-Modell:

Mithilfe des Kirkpatrick-Modells lässt sich der Erfolg von Personalentwicklungsmaßnahmen stufenweise bewerten sowie der Reifegrad des Bildungscontrollings wiedergeben. Es werden die Stufen Zufriedenheitserfolg, Lernerfolg, Transfererfolg, Geschäftserfolg und Investitionserfolg unterschieden. Von Stufe 1 bis Stufe 5 nimmt die Verbreitung im Unternehmen stetig ab, die Aussagekraft, welche die jeweilige Stufe für den Erfolg der PE-Maßnahme hat, nimmt jedoch stark zu.

Key Performance Indicator (KPI):

Kennzahlen, anhand derer man den Fortschritt oder den Erfüllungsgrad hinsichtlich relevanter Zielsetzungen oder kritischer Erfolgsfaktoren innerhalb einer Organisation messen und/oder ermitteln kann.

KMU:

Kleine und mittlere Unternehmen mit einem Mitarbeiterstand von 10 bis 250 Mitarbeitern und einem jährlichen Umsatz von 2 bis 50 Mio. Euro; von der gewählten Rechtsform unabhängige Unternehmen des Mittelstandes.

Kompetenzmodell (strategisches):

In einem Kompetenzmodell werden sowohl die fachlichen als auch die sozialen und methodischen Kompetenzen abgebildet. Es gilt, die von Unternehmensseite her erforderlichen überfachlichen Kompetenzen zu bestimmen, die heute und in Zukunft gebraucht werden, um sie in der Folge bei Mitarbeitern und Führungskräften aufzubauen. Als „strategisch" ist ein Kompetenzmodell dann zu bewerten, wenn es die aus der Unternehmensstrategie resultierenden, zukünftigen Anforderungen integriert.

KVP (Kontinuierlicher Verbesserungsprozess):

Bezeichnung für den aus dem japanischen Managementprinzip des Kaizen entwickelten Versuch, positive Veränderungen im Unternehmen nicht in großen Sprüngen, sondern durch viele kleine Verbesserungen herbeizuführen. Im Vordergrund steht die Verbesserung der Produkt- und Prozessqualität. Besonderes Gewicht kommt dabei den Mitarbeitern zu, die ermutigt werden sollen, Verbesserungsvorschläge einzureichen. Es stehen aber nicht mitarbeiterbezogene Einzelvorschläge im Vordergrund, der Fokus liegt auf der Erarbeitung von gruppen-/teambezogenen Vorschlägen.

Learning histories:

Methode zur Dokumentation von Fakten und Ereignissen, die in einem bestimmten Zeitraum (z. B. Projekt) aufgetreten sind mit dem Ziel, einen systematischen Zugang zu Erfahrungen aus früheren Veränderungsprozessen zu erhalten.

Learning contracts:

(dt.: Lernverträge) Formale Abkommen zwischen einem Lernenden und einem Trainer über Lernziele, wobei der Lernende eine aktive Rolle und Verantwortung für das Lernen übernimmt.

Learning laboratories/Mikrowelten:

Computerbasierte Simulationen und Fallstudien als praktisches Feld zum Probieren von Handlungen und anschließendem Diskutieren und Reflektieren.

Long Term Incentives (LTI):

Anreizsystem zur Orientierung der Vergütung an der langfristigen Wertsteigerung des Unternehmens.

Make-Strukturen:

Interne Personalentwicklungseinheit, wie Ausbildungsbeauftragter, betriebsinterne Personalabteilung, Unternehmensspitze, Personalentwicklungsbeirat, Competence- bzw. Expert-Center. Auch in Projektform möglich.

Management Appraisal:

Wird häufig als Überbegriff für eignungsdiagnostische und potenzialanalytische Verfahren (hauptsächlich in Bezug auf das obere Management) verwendet. Subsumierte Verfahren sind das Einzel-Assessment-Center und das Management Audit.

Management Audit:

Ein Management Audit bezeichnet in der Betriebswirtschaftslehre – insbesondere im Personalmanagement – ein in der Regel von unternehmensexternen Beratungsfirmen durchgeführtes Verfahren zur Evaluation von Managern und Führungskräften. Auditierungen stellen dabei eine Mischform verschiedener Analyse- und Beratungsmethoden dar, die oftmals für den konkreten Einzelfall konzipiert bzw. zusammengestellt werden. Das Management Audit bedient sich hierbei verschiedener Methoden und Inhalte aus der Eignungsdiagnostik, der Organisationsentwicklung, der Cultural Due Diligence und der klassischen Unternehmensberatung.

MRP II:

(engl.: Manufacturing Resource Planning) Konzept zur Planung und Steuerung von Produktionsunternehmen, das eine Sukzessivplanung nach hierarchischen Planungsstufen vorsieht. Das MRP II berücksichtigt zusätzlich wirtschaftliche und strategische Gesichtspunkte der Produktionsplanung.

On-the-Job-Training:

Form der beruflichen Weiterbildung, die am jeweiligen Arbeitsplatz sowohl in der Einarbeitungsphase als auch in der Routinephase erfolgt, um dann durch Einbringen weiterer und neuer Aspekte in den jeweiligen Tätigkeitsablauf die Betriebsblindheit in einem Unternehmen zu vermeiden oder zurückzubilden.

Open Space Technology:

Ansatz zur Gestaltung von Großkonferenzen. Elaborierte Moderationstechnik mit dem Ziel, neue Ideen zu entwickeln.

Organisationsentwicklung (OE):

Systemische Neu- oder Umgestaltung von Aufbauorganisation und Ablauforganisation im Unternehmen. Die Organisationsentwicklung umfasst das Veränderungsmanagement des gesamten Unternehmens und wird als eigenständiger Prozess innerhalb des Managements verstanden. Sie ist eng mit der Personalentwicklung und dem Qualitätsmanagement verbunden.

Outsourcing:

Abgabe von Unternehmensaufgaben und -strukturen an Drittunternehmen. Outsourcing ist eine spezielle Form des Fremdbezugs von bisher intern erbrachter Leistung, wobei die Dauer wie der Gegenstand der Leistung vertraglich fixiert werden.

Pareto-Prinzip:

Auch 80/20-Regel genannt: Mit einem kleinen Teil des Aufwandes (20 %) wird ein großer Teil der Wirkung bzw. der Ergebnisse erzielt (80 %). Die verbleibenden 20 % verursachen somit die meiste Arbeit, der Grenznutzen für den Mehraufwand wird dadurch immer geringer.

People Strategy:

Ganzheitliche Strategie zur Weiterentwicklung des Humankapitals der Organisation, die sich an den strategischen Erfordernissen der Organisation orientiert.

perbit.views:

Softwaregestütztes Personalentwicklungssystem.

persisSQL:

Software für die Personalverwaltung und -entwicklung.

PE-Scorecard:

Kennzahlensystem zur Messung der Effizienz und Effektivität der Personalabteilung ausgehend von vier Perspektiven: die finanzielle Perspektive, die Kundenperspektive, die Perspektive der internen Geschäftsprozesse sowie die Innovationsperspektive.

Performancemanagement:

Stark an den Unternehmenszielen orientierte Unternehmenssteuerung mit dem Zweck, die Strategieumsetzung durch die Weitergabe der Unternehmensziele und davon abgeleiteter Ziele sowie die Erreichung des Unternehmensergebnisses zu unterstützen.

Personalcontrolling:

Integrierte Managementmethode zur Optimierung der Personalstrukturen und -kosten, die im Sinne des Controllings auf der Basis von bereits vorhandenen oder zu beschaffenden Personaldaten analysiert, plant, steuert und kontrolliert.

Personalentwicklungssystem:

Software-System für die Personalentwicklung, durch das die Mitarbeiter eine auf ihre mit den dienstlichen Interessen abgestimmte persönliche Weiterbildung erfahren können. Zu den webbasierten Spezialwerkzeugen für das Personalmanagement und die Personalentwicklung gehören Executrack ETWeb, persisSQL oder perbit.views.

Personalentwicklungsstrategie:

Die Personalentwicklungsstrategie dient dazu, die organisationsspezifischen Ziele der Personalentwicklung zu definieren und ihren Beitrag zum Unternehmenserfolg darzustellen. Sie definiert Regeln (Guidelines/Governance), wie PE-Arbeit in der Organisation funktioniert.

Personalinformationssystem (PIS):

System zur Gewinnung, Speicherung, Verarbeitung, Auswertung und Übertragung personal- und arbeitsplatzbezogener Informationen mithilfe technischer, methodischer und organisatorischer Mittel zur Versorgung der Führungskräfte, Personalsachbearbeiter und Arbeitnehmervertreter mit denjenigen relevanten Informationen, die eine zielorientierte Bewältigung der Führungs- und Administrationsaufgaben im Personalbereich unterstützen; z.B. SAP HR als Personaladministrations- und Abrechnungssystem.

Profit-Center:

Basiert auf dem Grundgedanken, innerbetriebliche Systeme wettbewerblich zu gestalten. Organisatorische Teileinheit eines Unternehmens, für die ein Gewinn ermittelt werden kann und deren Leitung gewinnverantwortlich ist.

Qualitätsmanagement:

Teil des funktionalen Managements mit dem Ziel der Optimierung von Arbeitsabläufen und Produktionsprozessen unter der Berücksichtigung von materiellen und zeitlichen Kontingenten sowie des Qualitätserhalts von Produkten bzw. Dienstleistungen und deren Weiterentwicklung. Von Belang sind die Optimierung von Kommunikationsstrukturen, professionelle Lösungsstrategien, die Erhaltung oder Steigerung der Zufriedenheit von Kunden oder Klienten sowie der Motivation der Mitarbeiter, die Standardisierungen bestimmter Handlungs- und Arbeitsprozesse, Normen für Produkte oder Leistungen, Dokumentationen.

Qualitätssicherung:

Unternehmensinterner Prozess, der sicherstellen soll, dass ein hergestelltes Produkt ein festgelegtes Qualitätsniveau erreicht. Dabei geht es nach DIN EN ISO 9000 nicht etwa darum, die Qualität eines Produktes zu optimieren, sondern ein vorgegebenes Niveau zu halten. Das Produkt kann dabei sowohl materiell als auch eine erbrachte Leistung oder eine verwendete Verfahrensweise sein.

Quick market intelligence:

Werkzeug organisationalen Lernens. Strukturiertes Treffen verschiedener am Geschäftsprozess Beteiligter aus unterschiedlichen Bereichen, um Informationen aus verschiedenen Perspektiven und Positionen zu sammeln, zu interpretieren und in praktische Problemlösungen zu übersetzen. Ziel ist es, den Prozess der Informationssammlung, der Interpretation, der Entscheidungsfindung und Aktionsumsetzung zu beschleunigen.

Reporting:

(dt.: Berichtswesen) Einrichtungen, Mittel und Maßnahmen eines Unternehmens zur Erarbeitung, Weiterleitung, Verarbeitung und Speicherung von Informationen über den Betrieb und seine Umwelt in Form von Berichten mit unter einer übergeordneten Zielsetzung zusammengefassten Informationen.

Retentionmanagement:

Ziel des Retentionmanagement ist es, die Mitarbeiter an ihr Unternehmen zu binden, indem sie ein persönliches Commitment herstellen. Es geht darum, eine Umgebung zu schaffen, die die Leistung und Loyalität und damit die Identifikation des Mitarbeiters mit dem Unternehmen fördert.

Return on Investment (ROI):

Der ROI ist ein Kennzahlensystem, das die Bestimmung der Rendite des investierten Kapitals und dessen Rückflussdauer ermöglicht. Er ist im Kennzahlensystem des DuPont-Konzerns als Spitzenkennzahl durch Multiplikation von Umsatzrenditen und Kapitalumschlag definiert.

Reviewphase:

(dt.: Rückblickphase) Teil des feedbackbasierten Coachingprozesses, in dem es zur Evaluation der Ergebnisse aus dem Coachingprozess kommt.

Shadowing:

Lernprozess, bei dem der Lernende einen Kollegen bei der Arbeit mit dem Ziel beobachtet, das implizite Wissen von einem erfahrenen auf einen jüngeren Mitarbeiter zu übermitteln.

Short Term Incentives (STI):

Kurzfristiger Anreiz, der sich auf das Geschäftsjahr bezieht.

Single-Loop-Learning:

Anpassungslernen. Anpassen des Verhaltens an die reale Welt, ohne das Verhalten grundlegend infrage zu stellen bzw. fundamental zu ändern.

Skill-Management-System:

System zur Auswahl von Mitarbeitern mit bestimmten Qualifikationen. Unterstützt die Aufdeckung und das systematische Nutzen von vorhandenen und zukünftigen Wissenspotenzialen im Unternehmen.

Stakeholder:

(dt.: Interessenvertreter, Anspruchsberechtigter) Person oder Gruppierung, die ihre berechtigten Interessen wahrnimmt.

Strategieorientiertes Weiterbildungsmanagement:

Fundamentale unternehmerische Aufgabe, bei der es darum geht, Humanressourcen auf strategische Ziele auszurichten und zu entwickeln. Strategieorientiertes Weiterbildungsmanagement verfolgt ebenso Ziele innerbetrieblicher Konfliktmoderation und fungiert als interne Beratungs- und Moderationsinstanz im Change Management.

Strategische Personalentwicklung:

Das Ziel der strategischen Personalentwicklung liegt in der konsequenten Orientierung der Personalentwicklung an der Unternehmensstrategie. Dies bedeutet, dass sämtliche Personalentwicklungsinstrumente und -aktivitäten auf die Unternehmensstrategie abgestimmt werden. Dadurch wird erreicht, dass die Personalentwicklung stärker an die anderen Organisationseinheiten heranrückt und stärker als Businesspartner wahrgenommen wird. In der Folge entwickelt sich die Personalentwicklung zu einem Geschäftsbereich mit eigenem Leistungsspektrum anstatt ausschließlich kostenproduzierend zu sein.

SWOT-Analyse:

Die **SWOT-Analyse** (aus dem Englischen für **S**trengths (Stärken), **W**eaknesses (Schwächen), **O**pportunities (Chancen) und **T**hreats (Gefahren)) ist ein Instrument des strategischen Managements. In ihrer Grundform werden sowohl innerbetriebliche Stärken und Schwächen (Strength/Weakness), als auch externe Chancen und Gefahren (Opportunities/Threats) betrachtet. Aus der Kombination der Stärken/Schwächen-Analyse und der Chancen/Gefahren-Analyse kann eine ganzheitliche Strategie für die weitere Ausrichtung der Organisation bzw. Organisationseinheit PE abgeleitet werden.

Teilautonome Arbeitsgruppe:

Gruppe von bis zu 10 Mitarbeitern, die sich eigenständig in Fragen der Urlaubs- und Einsatzplanung, der Auftragssteuerung, der Prozessverbesserung sowie in Teamkonflikten steuert.

Total-Compensation-Ansatz:

Ansatz, der zu den Komponenten der Vergütung sowohl das Grundgehalt, die variable Vergütung, die Altersversorgung und weitere Benefits bis hin zum Dienstwagen zählt. Ziel ist es, den Gesamtwert der gewährten Leistungen in den Vordergrund zu stellen und sich von der isolierten Betrachtung einzelner Entgeltkomponenten zu lösen.

Total Quality Managements (TQM):

Konzept zur ständigen Leistungsverbesserung aller Unternehmensbereiche, zur bestmöglichen Befriedigung der externen und internen Kundenerwartungen sowie zur Optimierung der Qualitätskennzahlen und Minimierung der Qualitätskosten.

Transfercontrolling:

Instrument der Qualitätssicherung und Teil des Bildungscontrollings zur Planung, Steuerung und Kontrolle des Lerntransfers vom Lern- ins Funktionsfeld.

Transfermanagement:

Form des innovativen Managements mit der Annahme, dass der Transfer von Weiterbildungsmaßnahmen vom Lern- zum Arbeitsplatz gestaltbar ist. Transfermanagement ist ein Synonym für eine aktive Gestaltung von Weiterbildung im Sinne einer Verbesserung der Effektivität.

USP – Unique Selling Proposition:

Im Deutschen als Alleinstellungsmerkmal oder auch veritabler Kundenvorteil bezeichnet, beschreibt das Leistungsmerkmal, durch das sich ein Angebot deutlich von der Konkurrenz anhebt.

Value Based Job Grading:

Wertorientierter Stellenbewertungsansatz, der maßgeblich zum Unternehmenserfolg beitragen und langfristig die Wettbewerbsfähigkeit der Organisation sicherstellen soll.

Weiterbildungsmanagement:

Management der Fortsetzung oder Wiederaufnahme organisierten Lernens nach Abschluss einer unterschiedlich ausgedehnten ersten Bildungsphase.

Wirtschaftlichkeitscontrolling:

Unternehmenssteuerung mit Fokus auf die Produktivität der Personalarbeit. Zu den Aufgaben gehören die Analyse und Evaluation der Durchführung von Aktivitäten im Personalbereich.

Wissensmanagement:

Prozess der systematischen Beschaffung, Erzeugung, Aufbereitung, Verwaltung, Präsentation, Verarbeitung, Publikation und Wiederverwendung von Wissen in Unternehmen. Unter der Wissensbasis eines Unternehmens werden alle Daten und Informationen, alles Wissen und alle Fähigkeiten verstanden, die diese Organisation zur Lösung ihrer vielfältigen Aufgaben benötigt. Dabei werden individuelles Wissen und Fähigkeiten (Humankapital) systematisch in der Organisation verankert.

Autoren

Becker, Manfred, Univ.-Prof. Dr., Jg. 1946, studierte, promovierte und habilitierte an der Johannes Gutenberg-Universität Mainz. Von 1980 bis 1990 war er in leitenden Funktionen der Personalentwicklung der Adam Opel AG Rüsselsheim tätig. Hierbei war er in internationalen Projekten tätig, Ausbildungsleiter, Leiter Weiterbildung und stellvertretender Leiter der Personalentwicklung. Von 1990 bis 1993 war er Universitätsprofessor für BWL, insbesondere Personalwirtschaft an der Gerhard-Mercator-Universität Duisburg. Seit 1993 ist er Inhaber des Lehrstuhls für BWL, insbesondere Organisation und Personalwirtschaft an der Martin-Luther-Universität Halle-Wittenberg, an der er zugleich geschäftsführender Direktor des Instituts für BWL ist und von 2003-2006 Dekan der Wirtschaftswissenschaftlichen Fakultät war. Er publizierte zahlreiche Bücher, Buchbeiträge und Zeitschriftenartikel zu Themen der Personalwirtschaft, der Organisation, insbesondere der Personal- und Organisationsentwicklung. Seine Forschungs- und Arbeitsschwerpunkte sind die Grundlagen und Konzeption der Personalentwicklung, Führungskräfteentwicklung, Humanvermögensrechnung, Kompetenzentwicklung und Diversity-Management, insbesondere Alters-Diversity-Management (ADM).

E-Mail: manfred.becker@eoipso-beratung.de

Bittlingmaier, Torsten, Jg. 1965, trat nach dem Studium der Betriebswirtschaftslehre in den Zentralbereich Personal- und Sozialwesen der ABB Management Services GmbH ein. Von 1994 bis 1997 war er im Bereich Personalentwicklung und -beschaffung bei der ABB Netzleittechnik GmbH tätig. Er wechselte als Spezialist für Personalverwaltung, Ausbildung und Altersversorgung zur Württembergischen und Badischen Versicherungs-AG, um anschließend als Referatsleiter Personalpolitik und Personalentwicklung bei der Linde AG Zentralverwaltung in Wiesbaden tätig zu werden. Von 2003 bis 2007 arbeitete Bittlingmaier als Leiter Personal- und Organisationsentwicklung für die MAN Nutzfahrzeuge AG in München. Von April 2007 bis 2009 war er als Vice President Human Resources für die Software AG in Darmstadt tätig. Aktuell leitet er das Corporate Talent Management bei der Deutschen Telekom AG.

E-Mail: Torsten.Bittlingmaier@telekom.de

Blang, Hans-Georg, Dr., Jg. 1953, gehört dem Bereich Human Resource Management der Kienbaum Management Consultants GmbH an. Als Mitglied der Geschäftsleitung und Partner ist er dort verantwortlich für die Entwicklung von Performancemanagement- und Vergütungssystemen. Seine Erfahrungen in über 15-jähriger Beratungstätigkeit umfassen die Beratung international ausgerichteter Unternehmen in Fragen des HRM und der strategischen und geschäftsorientierten Ausrichtung der Vergütungssysteme. Daneben besitzt Blang Erfahrungen in der Optimierung der Personalkosten und der Organisation. Er hat zahlreiche Projekte verantwortet für Klienten in Industrie, Verkehr und Logistik, Handel und Medien.

E-Mail: hansgeorg.blang@kienbaum.de

Bödeker, Nico, Dipl.-Psych., Jg. 1978, ist Senior Consultant der Kienbaum Management Consultants GmbH, Berlin, und arbeitet seit 2005 in dem Bereich Talent & Change Management. Nico Bödeker hat Psychologie an der Universität Bielefeld und der Justus-Liebig-Universität Gießen mit dem Schwerpunkt Work & Organizational Psychology studiert. Sein Beratungsschwerpunkt bei Kienbaum liegt in den Themenfeldern Talent & Succession Management, Employer Branding, Skill & Kompetenz Management, strategische Personalplanung, Personalentwicklungskonzepte und -instrumente sowie in der Begleitung von Veränderungsprozessen.

E-Mail: nico.boedeker@kienbaum.de

Bruch, Heike, Prof. Dr., ist Direktorin am Institut für Führung und Personalmanagement der Universität St. Gallen, Ordinaria an der Universität St. Gallen, sowie Direktorin des Organizational Energy Program (OEP). Sie ist Autorin einer Vielzahl von Büchern und Artikeln – inter alia „Organisationale Energie" (2005 zusammen mit Dr. Bernd Vogel) und "A Bias for Action" (2004 zusammen mit Prof. Sumantra Ghoshal). Ihre Forschungsschwerpunkte liegen in den Bereichen organisationale Energie, Leadership und zielgerichtetes Handeln von Managern.

E-Mail: heike.bruch@unisg.ch

Costa, Giuseppe, Dott., Jg. 1971. Nach seinem Studium der Betriebswirtschaftslehre an der Universitá Commerciale „Luigi Bocconi", Milano ist er seit 1998 bei der Kienbaum Management Consultants GmbH in Gummersbach tätig. Als Projektmanager zählen zu seinen Arbeitsschwerpunkten im Geschäftsfeld Compensation die Durchführung von Projekten mit den Schwerpunkten Vergütungssysteme, Performancemanagement sowie die Einführung von Job-Evaluation auf Grundlage des Value Based Job Grading-Ansatzes in Unternehmen verschiedener Größenordnungen und verschiedener Branchen.

E-Mail: giuseppe.costa@kienbaum.de

Döring, Klaus W., Prof. Dr., Jg. 1938 war von 1974 bis 2006 Ordinarius an der Technischen Universität Berlin. Seine Arbeitsgebiete sind Personalentwicklung im Betrieb, Unternehmensführung, sowie Organisation und Didaktik der betrieblichen Bildung. Er ist seit über 25 Jahren als Unternehmensberater im In- und Ausland tätig. Von 1988 bis 1992 leitete Döring für den Senat von Berlin die Begleitforschung Weiterbildung und organisierte im Rahmen der Qualifizierungsinitiative die Gründung von 38 Einrichtungen der Weiterbildung im Stadtraum von Berlin. Von 1992 bis 1996 war er im Topmanagement eines großen Berliner Unternehmens als Personalmanager tätig. 1998 war Döring für zwei Monate zu einem Arbeitsaufenthalt in China. Er ist Autor zahlreicher Artikel und Bücher. Trotz seiner Emeritierung im Jahre 2006 engagiert er sich nach wie vor stark in Forschung und Praxis.

E-Mail: k.w.doering@t-online.de

Fredersdorf, Frederic, Prof. Dr. phil. Jg. 1955, leitet den Forschungsschwerpunkt „Gesellschaftliche und sozialwirtschaftliche Entwicklung" an der Fachhochschule Vorarlberg (Österreich). Nach Studium der Leibeserziehung und Geschichte, Promotion in Soziologie und Habilitation in Erziehungswissenschaft (Weiterbildung) ist er seit 1988 im Bildungsmanagement tätig. Fredersdorf arbeitet als Trainer und Sozialforscher von Profit- und Non-Profit-Unternehmen, davon sechzehn Jahre in leitender Position. Er ist Mitherausgeber des Online-Journals „Soziales Kapital" und Einzelherausgeber der Reihe „Forschung und Entwicklung in der Sozial(arbeits)wissenschaft" im VS Verlag für Sozialwissenschaften.

E-Mail: fre@fhv.at

Geithner, Silke, Dipl.-Hdl., Jg. 1977, arbeitet derzeit im interdisziplinären Forschungsprojekt „Innolab-PRO – Innovationslabor Produktion: Logistik, Arbeit und Methoden" am Lehrstuhl Organisation und Arbeitswissenschaft an der TU Chemnitz. Davor hat sie Wirtschaftspädagogik studiert, war im Netzwerkmanagement von Schulen und als wissenschaftliche Mitarbeiterin am Lehrstuhl Personal und Führung der TU Chemnitz tätig. Forschungsschwerpunkte sind arbeitsprozessbezogene Personalentwicklungskonzepte auf Basis eines tätigkeitstheoretischen Arbeits- und Lernverständnisses.

E-Mail: silke.geithner@wirtschaft.tu-chemnitz.de

Girbig, Robert, Jg. 1974, ist Spezialist für Business Support Functions und Service Operations bei einer führenden internationalen Unternehmensberatung. Er optimiert sowohl unternehmerische Querschnittsfunktion wie Personal, Finanzen und Kommunikation als auch operative Bereiche von Dienstleistungsunternehmen wie Call Center, Vertragsverwaltung, Inkasso oder Kreditentscheidungen. Dabei hat er beides im Blick – sowohl die Effektivität als auch die Effizienz von Strukturen und Prozessen. Nach seinem Studium der Betriebswirtschaftslehre war er von 2000 bis 2007 bei Kienbaum Management Consultants tätig, zunächst als Assistent der Geschäftsleitung, später als Seniorberater spezialisiert auf die Felder HR-Strategie und -Organisation, Personalcontrolling sowie Kompetenzmanagement. Seine HR-Projekterfahrungen liegen insbesondere in der Entwicklung von Personalstrategien, der Restrukturierung von Personalbereichen, der Optimierung von Personalprozessen, der Messung und Gestaltung von Arbeitgeberattraktivität, der Karriere- und Nachfolgeplanung sowie der Einführung von HR-Planungs- und HR-Controllingsystemen wie der HR-Scorecard.

E-Mail: robert.girbig@web.de

Glasmacher, Beate, Jg. 1957, Diplom-Volkswirtin, ist nach verschiedenen Führungsfunktionen in Unternehmen in Deutschland und der Schweiz seit einigen Jahren selbstständig als Coach und Beraterin speziell in den Themen: Implementierung von Kompetenzmanagement in Unternehmen sowie Begleitung von Vorständen und Führungskräften tätig.

E-Mail: beate.glasmacher@t-online.de

Hartmann, Thomas, Jg. 1957, Bankkaufmann, Dipl.-Pädagoge, studierte in Braunschweig Erziehungswissenschaft, Psychologie und Soziologie und war als Ausbilder, Trainer, Coach, Personalentwickler und -referent in Banken tätig, davon 15 Jahre in leitenden Positionen. Heute ist er Senior-Expert der Kienbaum-Management-Consultants. Darüberhinaus hat Thomas Hartmann Lehraufträge an der Frankfurt School of Finance and Management, der WelfenAkademie und der Hochschule Harz in den Feldern „Personalmanagement" und „Führung". Thomas Hartmann ist außerdem im Vorstand und der Fachkommission der WelfenAkademie, University of Cooperative Education. Seine Kernkompetenzen liegen auf den Gebieten des Personalentwicklungs-/Bildungsmanagements, der Managementdiagnostik, der Didaktik und des multidimensionalen Trainings.

E-Mail: thomas.hartmann@kienbaum.de

Härzke, Peter, Jg. 1970, ist seit 2007 als Project Manager in der Division Human Resources bei der Kienbaum Management Consultants GmbH tätig. Er hat Betriebswirtschaftslehre studiert und verfügt über mehr als 12 Jahre Beratungserfahrung. U.a. war er 6 Jahre als Manager und Prokurist bei PricewaterhouseCoopers im Bereich Valuation & Strategy tätig. Seine Projekterfahrungen liegen insbesondere in der Konzeptionen und Umsetzungen konzernweiter HR-Strategien inkl. HR-Geschäftsmodellierung und Re-Organisation und der Steuerung von HR Compliance Projekten. Einen weiteren inhaltlichen Schwerpunkt seiner Tätigkeit bildet die Bewertung der HR Risiken im Rahmen von Due Diligence Projekten zu Zwecken der Kaufpreisermittlung sowie das HR Benchmarking zu HR Effectiveness und Efficiency. Er hat federführend mehrere Projekte und Studien zur Humankapitalbewertung durchgeführt.

E-Mail: peter.haerzke@kienbaum.de

Hölzle, Philipp, Dr. rer. Pol., Jg. 1970. Dr. Philipp Hölzle ist Mitglied der Geschäftsleitung der Kienbaum Management Consultants GmbH und als Director verantwortlich für den Geschäftsbereiches HR-Strategie- und Organisation. Seine Beratungsschwerpunkte liegen im Design neuer HR-Prozessmodelle und in der Optimierung strategischer Personalprozesse vom Konzept bis zur Implementierung inklusive IT-Abbildung und Change Management. So entwickelte er beispielsweise für verschiedene DAX-Konzerne strategische Talent- und Nachfolgemanagement-Systematiken, die er bis zur „schlüsselfertigen" Lösung begleitet. Nach seinem Studium des Wirtschaftsingenieurwesens und der Promotion zum Thema

„Prozessoptimierung in der Personalarbeit" sowie mehrjährigen operativen Tätigkeit als Personal-Controller in einem führenden Automobilkonzern war Herr Hölzle als Organisations- und IT-Berater in einem Systemhaus tätig. Seit dem Jahr 2000 berät der promovierte Wirtschaftsingenieur bei Kienbaum Klienten unterschiedlicher Branchen und Größe zur Optimierung des HR-Managements.

E-Mail: philipp.hoelzle@kienbaum.de

Hübbe, Eberhard, Dipl.-Psychologe, Jg. 1965. Eberhard Hübbe ist Mitglied der Geschäftsleitung und Partner der Kienbaum Management Consultants GmbH, Gummersbach. Er leitet den Bereich Talent und Change Management im Geschäftsfeld Human Resource Management. Herr Hübbe ist als Managementberater und Coach tätig. Schwerpunkte seiner Beratungstätigkeit liegen in den Themen Talent- und Nachfolgemanagement sowie dem Management komplexer Veränderungsprozesse. Zu seinen Beratungsschwerpunkten zählen außerdem Personalstrategie, strategische Personalentwicklung inkl. Diagnostik, Training und strategischem Skill- und Kompetenzmanagement sowie die Entwicklung, Konzeption und Implementierung von unternehmensweiten, integrierten Personalentwicklungssystemen und -prozessen. Eberhard Hübbe hat zahlreiche Projekte in großen und mittelständischen Unternehmen in den Bereichen Finanzdienstleistung, Multi Utility, in der verarbeitenden Industrie sowie im öffentlichen Sektor geleitet und blickt auf über 15 Jahre Erfahrung in der Managementberatung zurück. Sein Beratungsansatz ist hierbei ganzheitlich ausgerichtet sowie stets daran interessiert, den komplexen Herausforderungen der jeweiligen Organisationen gemeinsam mit dem Klienten mit der bestmöglichen Lösung zu begegnen.

E-Mail: eberhard.huebbe@kienbaum.de

Jochmann, Walter, Dr. phil., Jg. 1957. Dr. Walter Jochmann ist seit 1983 bei der Kienbaum Unternehmensgruppe. Seit 1997/98 ist er Vorsitzender der Geschäftsführung der Kienbaum Management Consultants GmbH, in der die Unternehmensberatungs-Aktivitäten der Kienbaum-Gruppe gebündelt sind und seit 1999 Geschäftsführer in der Kienbaum Holding. Operativ führt er den Bereich Human Resources Management mit den Kompetenzfeldern HR-Strategie & Organisation, Diagnostik, Training & Coaching sowie PE-Prozesse und Instrumente. Dr. Walter Jochmann berät das Topmanagement zahlreicher Großunternehmen sowie mittelständischer Firmen, insbesondere in Feldern der Entwicklung von Personalstrategien einschließlich ihrer Umsetzung über fachliches Coaching, Neubesetzungen, Prozessoptimierung und Einführung von Steuerungsmodellen. Er moderiert und begleitet die Entwicklung von Unternehmensstrategien sowie deren konsequente Verzahnung mit HR-Strategieprozessen. Ein weiterer Beratungsschwerpunkt liegt in der Durchführung von Management Audits/Management Appraisals auf der Basis strategischer Anforderungsanalysen für die Ebene Top- und Mittelmanagement sowie der Betreuung von Einzel-Assessments und internationalen Development Center-Projekten. Dr. Walter Jochmann publiziert regelmäßig in führenden Personalzeitschriften, u.a. zu Fragen der strategischen Ausrichtung von Personalbereichen, dem strategischen Kompetenzmanagement sowie effektiven Formen unternehmensweiten Change Managements.

E-Mail: walter.jochmann@kienbaum.de

Kabst, Rüdiger, Prof. Dr., Jg. 1966, ist Lehrstuhlinhaber für Betriebswirtschaftslehre insbesondere Personalmanagement an der Justus-Liebig-Universität Gießen. Er ist Direktor der interdisziplinären Forschungseinheit Evidence-based Management und Entrepreneurship an der Universität Gießen sowie deutscher Repräsentant des Cranfield Network on International Strategic Human Resource Management (Cranet). Forschungsaufenthalte führten ihn an die University of Illinois/Urbana-Champaign in 1996, an die University of California/Berkeley in 2001 und an die EWHA University/Seoul in 2006. Rüdiger Kabst ist Co-Herausgeber der wissenschaftlichen Fachzeitschrift „Management Revue: The International Review of Management Studies", der Schriftenreihe „Empirische Personal- und Organisationsforschung" sowie der Personalfachzeitschrift „Personal". Er ist Autor von sechs Büchern und Herausgeber von vier Special Issues wissenschaftlicher Fachzeitschriften und hat ca. 60 Buchbeiträge und Zeitschriftenaufsätze zu Fragestellungen des Personalmanagements, der internationalen Unternehmenstätigkeit sowie des Managements von mittelständischen und jungen Unternehmen verfasst. Seine derzeitigen Forschungsinteressen beinhalten das internationale Personalmanagement, Family-friendly Work Practices, Employer Branding, Managementpraktiken wie Outsourcing, Downsizing oder Interim Management, demographischer Wandel, internationale Unternehmenskooperationen, Internationalisierung mittelständischer Unternehmen, junge Technologieunternehmen und Entrepreneurship.

E-Mail: Ruediger.Kabst@wirtschaft.uni-giessen.de

Krüger, Veronika, Dipl.-Soz., Jg. 1977, ist Referentin für HR-Projekte und zentrale Ausbildung bei der Schüco International KG. Zuvor war sie wissenschaftliche Mitarbeiterin am Lehrstuhl Personal und Führung der Technischen Universität Chemnitz. Sie studierte Soziologie mit Praxisschwerpunkt Personal und Organisation und Sozialpsychologie.

E-Mail: vkrueger@schueco.com

Kunz, Justus Julius, M.A., ist ABO-Psychologe. Neben seiner Tätigkeit als Unternehmensberater promoviert er im Doktorats-Studiengang Betriebswirtschaftslehre mit dem Schwerpunkt Management & Strategy an der Universität St. Gallen. Er ist Mitarbeiter am Institut für Führung und Personalmanagement der Universität St. Gallen. Seine Forschungsschwerpunkte liegen in den Bereichen organisationale Energie und Leadership.

E-Mail: justusjulius.kunz@unisg.ch

Leinweber, Stefan, Dipl-Psych., Jg. 1976 ist Seniorberater der Kienbaum Management Consultants GmbH in Berlin. Nach seiner Ausbildung zum Industriekaufmann und seinem Studium der Arbeits-, Betriebs- und Organisationspsychologie ist er 2005 zu Kienbaum in das Geschäftsfeld Management Diagnostics & Development gekommen. Seine Beratungsschwerpunkte bei Kienbaum liegen in der Managementdiagnostik, der Konzeption und Durchführung von Führungskräfteentwicklungsprogrammen sowie dem Kompetenzmanagement. Als ausgebildeter Coach schult und begleitet er darüber hinaus Führungskräfte und Teams in Veränderungsprozessen.

E-Mail: stefan.leinweber@kienbaum.de

Meifert, Matthias T., Prof. Dr. phil., Jg. 1968, ist Partner der Kienbaum Management Consultants GmbH, Berlin, und leitet einen Teil des Geschäftsfelds Human Resource Management. Er ist als Managementberater, Coach und Trainer tätig. Seine Beratungsschwerpunkte liegen in den Themen strategische Personalentwicklung, Projektmanagement, wirkungsvolles Personalmanagement, Management von komplexen Veränderungsprojekten sowie Mitarbeiterführung. Er hat zahlreiche Unternehmen und Manager zur Mitarbeiterführung und zu Führungsinstrumenten beraten und gecoacht. Sein Consultingansatz ist stark praxisorientiert und ganzheitlich ausgerichtet. Seine Beratertätigkeit berücksichtigt neben seiner Ausbildung zum Wirtschaftspädagogen auch seine zwölfjährige Managementerfahrung in einer deutschen Großbank. Er ist Autor zahlreicher Publikationen, unter anderem auch zum Thema Strategische Personalentwicklung, und lehrt an der Otto-von-Guericke-Universität Magdeburg. Weitere Hochschulkooperationen unterhält er beispielsweise mit der European Business School.

E-Mail: matthias.meifert@kienbaum.de

Müller, Henriette-Muriel, Dipl.-Psych., Jg. 1977, Studium der Psychologie an der Universität Regensburg mit den Schwerpunkten Arbeits-, Organisations- und Interkulturelle Psychologie. Sie ist als Fachberaterin der Kienbaum Management Consultants GmbH in Berlin und Düsseldorf tätig. Dort begleitet sie branchenübergreifend Projekte im Geschäftsfeld Human Resource Management und unterstützt HR-Manager bei der Einführung von strategischen HR Development Prozessen sowie dem Aufbau von Shared Services. Neben Schwerpunkten in den Bereichen Personaldiagnostik und -entwicklung sowie dem Coaching von Fach- und Führungskräften hat sie fundierte Kenntnisse und Erfahrungen in den Bereichen strategisches internationales Kompetenzmanagement sowie Aufbau internationaler Handlungskompetenzen in multinationalen Organisationen. Sie ist als Dozentin zum Thema Schlüsselqualifikationen im internationalen Arbeitsmarkt für die Fachhochschule Koblenz tätig.

E-Mail: henriette-muriel.mueller@kienbaum.de

Müller, Jan-Peter, Jg. 1984, Studium „International Business and Politics" an der University Maastricht und der University of California Berkeley. Er ist als Berater der Kienbaum Management Consultants GmbH in Berlin tätig. Dort begleitet er branchenübergreifend Projekte im Geschäftsfeld Human Resource Management und ist auf die Felder HR-Strategie und -Organisation, Personalcontrolling, Risikomanagement, Transformation und Shared Services spezialisiert. Neben diesen Schwerpunkten hat er fundierte Kenntnisse und Erfahrungen in den Bereichen Employer Branding und strategische Corporate Social Responsibility (CSR).

E-Mail: jan-peter.mueller@kienbaum.de

Pawlowsky, Peter, Prof. Dr. rer. pol. habil., Jg. 1954, studierte Sozial- und Wirtschaftswissenschaften in Schweden, den USA und in Deutschland. Seit 1994 ist er Inhaber des Lehrstuhls Personal und Führung an der Technischen Universität Chemnitz und Direktor der Forschungsstelle für organisationale Kompetenz und Strategie (FOKUS; ehem. Forschungsstelle Sozialökonomik der Arbeit – FSA). Dort leitete er das Forschungsprojekt „METORA – Netzwerk für Wissenskooperation" (www.metora.de) sowie weitere internationale Forschungsprojekte zu Personalentwicklung, Organisationalem Lernen, Knowledge Management, Human Resource Management und Hochleistungsmanagement.

E-Mail: p.pawlowsky@wirtschaft.tu-chemnitz.de

Schmidt, Wibke, Jg. 1976. Nach ihrem Studium der Rechtswissenschaften an der Universität Regensburg und der Universitá "La Sapienza", Rom war sie zunächst als Rechtsanwältin mit den Schwerpunkten Arbeits- sowie Handels- und Gesellschaftsrecht in einer international tätigen Kanzlei beschäftigt. Seit 2007 ist sie als Beraterin bei der Kienbaum Management Consultants GmbH in Frankfurt tätig. Zu ihren Betätigungsfeldern im Geschäftsfeld Compensation zählen die rechtliche Unterstützung bei der Entwicklung und Implementierung von kurz- und langfristigen variablen Vergütungssystemen. Daneben betreut sie die Kienbaum Vorstands- und Aufsichtsratsstudie.

E-mail: wibke.schmidt@kienbaum.de

Thomas, Alexander, Prof. Dr., Jg. 1939, war von 1979 bis 2005 Professor für Sozial- und Organisationspsychologie an der Universität Regensburg. Seine Forschungsschwerpunkte liegen v.a. in den Bereichen Kulturvergleichende Psychologie und Interkulturelle Psychologie. Zu diesen Themenbereichen initiierte und betreute er zahlreiche Forschungsprojekte. Er ist Mitbegründer des Zusatzstudiums „Internationale Handlungskompetenz" und des „Instituts für Kooperationsmanagements" (IKO). IKO begleitet als internationale Organisationsberatung Unternehmen in den Feldern Interkulturelle Kompetenz, Kommunikation in Organisationen, Teamentwicklung und Führung, Personaldiagnostik und Lernen in Organisationen. Des Weiteren ist Thomas Mitglied des Rats für Migranten e.V. der Bundesrepublik Deutschland, Vorstandsmitglied im „Forschungsverbund Ost- und Südosteuropa" (Forost), wissenschaftlicher Beirat von „interculture journal" und Mitglied weiterer internationaler Fachgesellschaften, die sich mit interkulturellen Fragestellungen befassen. Er hat im Bereich der Sozialpsychologie und der Interkulturellen Psychologie eine große Zahl an Schriften veröffentlicht, die ihn als ebenso grundlagen- wie anwendungsorientierten Forscher ausweisen. 2003 erhielt er den Sonderpreis des Bayerischen Staatsministeriums für Wissenschaft, Forschung und Kunst für die Gründung des Studiengangs „Internationale Handlungskompetenz". 2004 erhielt er den Deutschen Psychologiepreis für seine wissenschaftliche Arbeit auf dem Gebiet der Interkulturellen Psychologie.

E-Mail: alexander.thomas@psychologie.uni-regensburg.de

Ulrich, Dave, Prof. PhD., Jg. 1953, ist Hochschullehrer für Business Administration an der University of Michigan und gilt als international führender Experte für das strategische Personalmanagement. Er ist ein viel gefragter Redner auf internationalen Konferenzen, lehrt regelmäßig im Michigan Executive Programm und ist Co-Direktor des Michigan's Human Resource Executive Programm sowie Advanced Human Resource Executive Programm. Seine Forschungsarbeiten widmet er der Frage: Wie muss eine Organisation gestaltet sein, damit sie einen Mehrwert für die Mitarbeiter, Klienten und Investoren liefert? Von der Business Week wurde er als einer der „top ten educators" im Management und als „the top educator" im Human Resources Management gelistet. Er hat über 90 Artikel und Buchbeiträge veröffentlicht u. a. Organizational Capability: Competing from the Inside/Out; The Boundaryless Organization: Breaking the Chains of Organization Structure; Human Resource Champions: The Next Agenda for Adding Value and Delivering Results; Tomorrow's (HR) Management; Learning Capability: Generating; Results Based Leadership: How Leaders Build the Business and Improve the Bottom Line; HR Scorecard: Linking People, Strategy, and Performance. Ulrich berät Unternehmen zu seinem Forschungsschwerpunkt und hat mit der Hälfte der Fortune 200-Unternehmen zusammengearbeitet. Er wurde mehrfach von der Society for Human Resource Management der International Association of Corporate and Professional Recruitment und der International Personnel Management Association sowie der Employment Management Association für seine Arbeiten und sein Lebenswerk ausgezeichnet.

E-Mail: dou@umich.edu

von Preen, Alexander, Dr., Jg. 1965, ist Geschäftsführer und Partner der Kienbaum Management Consultants GmbH. Nach seiner Offiziersausbildung studierte von Preen an der LMU München und promovierte über die „Sozioökonomische Leitbildentwicklung". 1997 trat er als Assistent der Geschäftsführung in die Kienbaum Management Consultants GmbH ein.

Von Preen wurde 1999 Geschäftsführer der Kienbaum AG Zürich. Zwei Jahre später erfolgte die Ernennung zum Partner der Kienbaum Management Consultants GmbH. Seit 2001 verantwortet er das internationale Geschäft von Kienbaum Human Resource Management in West- und Osteuropa. 2003 wurde von Preen zum Geschäftsführer der Kienbaum Management Consultants GmbH berufen. Im Jahr 2007 wurde er zum Gesellschafter der Kienbaum & Partner GmbH ernannt. Von Preen ist zentraler Ansprechpartner für strategische Management- und Steuerungssysteme sowie Top Executive Compensation und Corporate Governance.

E-Mail: alexander.vonpreen@kienbaum.com

Weh, Saskia-Maria, Dr. rer. nat., Jg. 1974. Dr. Saskia-Maria Weh ist Seniorberaterin bei der Kienbaum Management Consultants GmbH, Gummersbach. Sie studierte an der Universität Marburg Psychologie und hat sich im Rahmen ihrer Dissertation mit der Konzeption und Evaluation von Trainings zum Erholungs- und Stressmanagement auseinandergesetzt. Heute ist sie als Managementberaterin, Trainerin und Coach im Geschäftsfeld Human Resource Management tätig. Ihre Beratungsschwerpunkte liegen branchenübergreifend in den Themenfeldern Kulturmanagement, Diagnostik, Training und Coaching. So hat sie eine Vielzahl von Kulturentwicklungs- und Umsetzungsworkshops moderiert und zahlreiche Unternehmen bei der anschließenden Implementierung von Unternehmenswerten beraten. Im Bereich der Diagnostik ist sie schwerpunktmäßig mit der Entwicklung und Durchführung von Management Audits, Potenzialanalysen und Assessment Centern betraut. Ihre Trainingsschwerpunkte liegen u.a. im Bereich der Führung für Projektleiter und dem Stressmanagement. Darüber hinaus hat sie Mitarbeiterbefragungen und HR-Studien konzipiert, durchgeführt und ausgewertet.

E-Mail: saskia-maria.weh@kienbaum.de

Marius C. Wehner, Jg. 1980, ist wissenschaftlicher Mitarbeiter an der Professur für Betriebswirtschaftslehre insbesondere Personalmanagement von Prof. Dr. Rüdiger Kabst an der Justus-Liebig-Universität Gießen. Seine Forschungsschwerpunkte umfassen das international komparative Personalmanagement, Managementpraktiken wie Outsourcing oder Downsizing sowie junge Technologieunternehmen.

E-Mail: marius.wehner@wirtschaft.uni-giessen.de

Stichwortverzeichnis

A

Acht-Etappen-Konzept 24, 67, 70, 71

Aktivitätenprofil eines Unternehmens 17

Anforderungsanalyse 368

Arbeitgeberimage 9

Arbeitsmarkt 82, 291, 294, 295

Arbeitsmarktfähigkeit *Siehe* Employability

Arbeitsstrukturierung 4

Aus- und Weiterbildung 54

Ausbilder 262, 263, 295, 397

Auslandsentsendung 37

B

Balanced Scorecard 112, 114, 118, 124, 273, 275, 276, 280, 284, 461

Bedarfsanalyse 365–367, 370, 371, 374, 381

Benchmarking 34, 72, 94, 140, 172, 273, 276, 277, 392, 401–403, 405–408, 461

Betreuungsfunktion 31

Betriebliche Weiterbildung 245, 247

Betriebsrat 251, 255

Bildung 4, 10, 147, 164, 165, 249, 254, 257, 262, 265, 266, 268, 270–272, 274, 275, 278–281, 284, 346–348, 350, 352, 358, 359, 388, 391, 398, 462, 463

Bildungsarbeit 252, 262, 282, 346, 349, 359, 391, 394, 425, 461

Bildungsbeauftragter 392

Bildungsbedarfsanalyse 29, 30

Bildungsberater 282

Bildungscontrolling 9, 10, 136, 175, 247, 254, 256, 271–276, 278–281, 284, 347, 385–397, 399, 462

Bildungsmanagement 246, 247, 250–253, 264–266, 269, 271, 272, 283, 462

Blended Learning 11, 259

Budgetkürzung 9, 102, 345, 348

Bundesinstitut für Berufsbildung (BIBB) 262, 270, 278–280, 465

C

CBT 11, 361

Ceteris Paribus-Bedingung 8

Change Management 39, 176, 251, 476

Change Scorecard 37

Coach 6, 38, 40, 263, 272, 347, 358, 360

Coaching 11, 36, 175, 251, 253, 258, 263, 266, 346, 347, 393, 397, 462, 464, 467

Commitment 336

Control Cycle 389

Controllingsystem 105

Cranet 45, 46, 48, 54, 58

Critical Incident Technique 153, 173

Curriculare Inhalte 257

D

Demografische Entwicklung 83, 413

demografische Wandel 427

deutero-learning 418, 419, 421–424

double-loop-learning 418

Dozent 262, 272, 394, 397

E

Economic Value Added (EVA) 124, 208

Eingliederungsrisiko 87

E-Learning 11, 98, 259, 266, 267, 463, 466

Employability 348

Evaluationsschleifen 36

F

Feedback 5, 40, 68, 69, 95, 96, 168, 173, 176, 270, 272, 390, 391, 399, 421, 467

Fluktuation

Begriff 117, 138, 140, 291–293, 295, 297–300, 304, 307, 356

Kosten 293–295, 353

Risiken 297, 306–308

Folienschleuder 393

Führungskompetenz 77, 117, 155

Führungskräfteentwicklung 31, 467, 468

Funktionsfeld 477

Funktionsstrategien 21

Funktionszyklus 365, 366, 380–383

G

Geschäftserfolg 137, 184, 469

Geschäftsfeldstrategie 3, 84

Geschäftsmodell der PE 96

Governance Regelungen 80, 85, 152, 467, 473

Grundgehalt 188–190, 467

Guidelines 80, 85, 200, 467, 473

H

High Potential 55, 59

High-Potential-Pool 37

HR 5, 23, 30–34, 38–42, 68, 77–82, 85–87, 89, 90, 94, 95, 108, 109, 111, 112, 114, 116, 118–120, 139, 146, 169, 190, 194, 403, 405, 466, 473

Portal 116, 120

Professionals 30, 42

Prozesslandkarte 34

Risikomanagement 77, 86, 87

HR-Business-Partner 46–48, 53, 58, 59

HR-Management (HRM) 194

HR-Spezialisten 50

Human Capital
Siehe Humankapital

Human Capital Club 80

Human-Capital-Management 347

Humankapital 10, 20, 29, 33, 42, 80, 93, 123, 136, 277, 352, 478

Humanressource 216

I

Innovationsperspektive 255, 461, 472

Institutionalisierung 45, 46, 48, 58

Intangible Assets 33

Internationalisierung 404, 427, 428, 432, 436

J

Jobfamilien 68, 164–166, 169, 170, 172, 173, 176

Jobresultate 36

K

Kampagnenmanagement 21

Karriere 19, 37, 90, 413

Karriereplanung 4, 173

Kennzahlen 114–116, 119, 140, 141, 181, 195, 204, 208, 275–279, 281, 283, 347, 393, 394, 401, 402, 404–406, 408, 461, 469, 477

Kernprozesse der PE 91, 95, 111, 112, 118, 141, 401

Key Performance Indicator (KPI) 110, 112, 114, 116–120, 140, 141, 188, 191, 195, 198, 469

Killing-the-Dragon-Strategie 451–453

Kirkpatrick-Modell 36, 136, 137, 273, 274, 469

Kompetenz 240

Kompetenzanforderung 165, 255, 259

Kompetenzdimensionen 35, 95, 148, 151, 154, 156, 157, 166–171

Kompetenzen

Entwickelbarkeit 146, 149

Kompetenzfelder 154–156, 170

Kompetenzentwicklung 428, 433, 436, 440

Kompetenzmanagement 24, 31, 34, 35, 39, 67, 68, 74, 83, 145–147, 164, 171–176, 255, 431

Kompetenzmodell 14, 34, 37, 66, 73, 90, 97, 112, 145–148, 151, 152, 154, 156, 157, 165, 166, 168–172, 175, 176, 259, 261, 469

Kompetenzprofil 12, 18, 174

KPI-Quality-Report 118, 119

Kulturmanagement 70

L

Laufbahnentwicklung 30

Lehr- und Sozialformen 266, 270

Leistungsmotivation 149

Leistungsverbesserung 30, 461, 477

Leitbild 40, 84, 152, 276

Leitlinien 282, 283, 392

Lernfeld 360

Lernmanagement 393

Lernziele 257, 268, 371, 424, 470

M

Managementkompetenz 156, 262, 265, 266

Manager Desktop 120, 121

Medienrepertoire 393

Methoden der Weiterbildung 266

Methodenmix 393

Mid-/Long-Term-Incentive 188, 190

Mission Statement 19, 91–93

Mitarbeiterbindung 66, 190, 201, 280, 291, 292, 298–300, 303–305, 309, 413

Motivationsstruktur 149, 155

N

Nachfolgemanagement 115, 117, 183, 198

Neuausrichtung der PE 71, 72

Normativer Rahmen der PE 24

O

Off-the-Job-Qualifizierung 31

On-the-Job-Qualifizierung 31, 258, 266, 471

Organisation
   Einheit 7, 8, 12, 19, 23, 26, 73, 90, 112, 140, 181, 306, 309
   Entwicklung 4, 176, 198, 251, 259, 262, 272, 398, 462, 471
   Struktur 184, 186, 197, 403, 463

Organisationale Energie 445, 447, 448, 454, 458

P

Pareto-Prinzip 337

People Development Strategy 79

People Strategy 40, 79, 221, 472

PE-Projekt 115, 333, 334, 336–338

Performance Improvement Ansatz 275

Performancemanagement 24, 37, 39, 69, 181–183, 186–188, 197, 198, 213, 259, 347, 472

Performanceorientierung 181–185, 188, 190, 192, 213

Personalbedarfe 36, 86, 298

Personalbericht 106

Personalbetreuung 29, 96

Personalcontrolling 29, 105–108, 115, 116, 140, 394, 473

Personaldiagnostik 146, 173, 174

Personalentwicklung
   Akteure 12
   Steuerung 105, 464
   strategische 3, 464
   Systematische Personalentwicklung 365, 366, 383
   Träger und Akteure 38

Personalentwicklungscontrolling 347

Personalentwicklungsplanung 38, 398, 410

Personalentwicklungsstrategie 56, 77, 78, 87

Personalstrategie 21, 29, 72, 118, 432

Personalmanagementstrategie 52

Personalverwaltung 29, 472

Portfoliorisiko 87

Positionsbewertung 184, 185

Potenzialbeurteilung 227

Potenzialträger 219

Problemlösekompetenz 155

Professionalisierung 7, 8, 46, 49, 51, 59, 60, 262, 348, 356

Professionalisierungsdebatte 7

Projektphasenmodell 72

Q

Qualifizierungsinvestition 30, 41

Qualitätsmanagement 199, 264, 271, 273, 282–284, 387, 465, 472, 474

R

Rentabilität 30, 40–42, 277, 278, 385, 393

Retentionmanagement 25, 70, 71, 291, 303, 306, 474

Return on Investment (ROI) 138, 141, 275, 279, 355, 356, 475

Risiko
  Eingliederungsrisiko 87
  Portfolio-Risiko 87
  Vakanzrisiko 87
  Verfügbarkeitsrisiko 87

Rollen der PE
  Berater 93
  Business Partner 93
  Change Agent 93
  Dienstleister 93
  Experte 93
  Moderator 93
  Spezialist 93

S

Saarbrücker Formel 124

Schlüsselqualifikation 77, 247

Selbstorganisiertes Lernen 11

Seminarvorbereitung 282

Short Term Incentive 189, 197

single-loop-learning 418

Skill 240

Sozialisation 8, 19, 149

Sozialkapital 245, 265

Stakeholder der PE 246, 254, 255, 268, 272, 284, 475

Stellenbesetzung 9, 148, 176, 295, 353

Steuerung des Humankapitals 123

Steuerungsansätze 123

Steuerungsgröße 188, 195, 196, 200

Stoffreduktion 393

Strategieorientierte Weiterbildung 256, 258, 269, 281, 283, 284

Strategieumsetzung 19, 30, 146, 181, 472

Strategievergessenheit 6, 14, 15, 25

Strategisches Kompetenzmanagement 34, 68, 145, 146, 172, 175, 176, 190

Stretch Assignment 237

Substrategie 21

Subsystem PE 4, 252, 273, 392, 399, 420

SWOT-Analyse 5, 73, 88, 89, 476

System-Umwelt-Fit 18

T

Talent 219

Talentmanagement 24, 69, 170, 173, 174, 176, 215

Talent-Pool 232

Tätigkeitsanalyse 367

Technikdynamik 413, 414

Teilkompetenzen 157

Telelearning 11

Total Quality Management 273, 274, 281, 392, 466, 477

Total-Compensation-Ansatz 188, 189, 476

Transfer-Controlling 347

Transfermanagement 392, 393, 395, 477

Transfersicherung 365, 366, 379–382

U

Unique Competence Proposition 32

Unternehmensumwelt 18

Unterweisung 266

Ursachenanalyse 368, 382

V

Vakanzen 304

Vakanzrisiko 87

Value Based Job Grading 185, 186, 190

Verfügbarkeitsrisiko 87

Vergütung

   Bestandteile 189

   Modell 37

   System 187, 189

   variable 188, 193, 195, 476

Vorgesetzteneinschätzung 38

W

War for Talents 216

Web based Training (WBT) 11, 361

Weiterbildungsbedarf 55

Weiterbildungsmanagement 245–252, 256, 259, 262–266, 270–272, 281–285, 287, 288

Weiterbildungsmanager 262, 282

Weiterbildungsmarkt 247, 461

Wettbewerbsposition 9, 469

Winning-the-Princess-Strategie 452

Wissensmanagement 409, 414, 426

Wissenstransfer 409

Z

Zielvereinbarungsprozess 181, 199

Zusatzleistungen 189

Printing: Ten Brink, Meppel, The Netherlands
Binding: Stürtz, Würzburg, Germany

Die FAQ der PE

Frage	Nein? Dann fehlt es ...	Leseanregung
Wissen Sie, nach welchen Kriterien PE-Projekte im Unternehmen entschieden werden?	... an einer aktiven Gestaltung der Beziehung zu Ihren Auftraggebern.	Wie überzeugen? **Seite 333**
Wissen Sie, woher Sie noch PE-Budget erhalten können, wenn der Rotstift alle Budgets gestrichen hat?	...an einer nachhaltigen Begründung des Mehrwertes der PE.	Wie reagieren? **Seite 345**
Wissen Sie, wie Sie Ihre PE als einen geschlossenen Management-Prozess gestalten können?	... an einer konsequenten Orientierung der PE am „Funktionszyklus".	Wie gestalten? **Seite 365**
Wissen Sie, wie Sie die Leistungsfähigkeit der PE zahlengetrieben unter Beweis stellen können?	...an einem definierten Bildungscontrolling.	Wie messen? **Seite 385**
Wissen Sie, wie gut Ihre PE-Aktivitäten im Vergleich zu anderen Unternehmen zu beurteilen sind?	...an einem systematischen Benchmarking.	Was vergleichen? **Seite 401**
Wissen Sie, welche Lerninhalte in Ihrem Unternehmen zukünftig die entscheidenden sind?	...an einem gezielten Prozess zur Gestaltung eines lernenden Unternehmens.	Wie lernen? **Seite 409**
Wissen Sie, wie Sie die PE in Ihrem Unternehmen internationalisieren können?	... an einem geschlossenen Konzept der Internationalisierung.	Wie internationalisieren? **Seite 427**